Gottfried Wenzelmann
Nachfolge und Gemeinschaft

Calwer Theologische Monographien
Herausgeberkreis:
Jörg Baur, Martin Brecht, Jörg Jeremias, Manfred Seitz, Peter Stuhlmacher

Reihe C: Praktische Theologie und Missionswissenschaft
Herausgegeben von Manfred Seitz

Band 21:
Gottfried Wenzelmann
Nachfolge und Gemeinschaft

Gottfried Wenzelmann

Nachfolge und Gemeinschaft

Eine theologische Grundlegung
des kommunitären Lebens

Abs. => S. 7

Calwer Verlag Stuttgart

Die Deutsche Bibliothek – CIP-Einheitsaufnahme

Wenzelmann, Gottfried:
Nachfolge und Gemeinschaft: eine theologische Grundlegung des kommunitären Lebens / Gottfried Wenzelmann . – Stuttgart: Calwer Verl., 1994
(Calwer theologische Monographien: C, Praktische Theologie und Missionswissenschaft; Bd. 21)
ISBN 3–7668–3286–7
NE: Calwer theologische Monographien / C

ISBN 3–7668–3286–7

Druck und Verarbeitung: WB-Druck, Rieden am Forggense

Inhalt

Vorwort

Die vorliegende Arbeit umfaßt den zweiten Hauptteil einer Untersuchung über das kommunitäre Leben. Die gesamte Arbeit wurde 1991 an der Theologischen Fakultät der Universität Erlangen-Nürnberg als Inauguraldissertation vorgelegt. Das Erstgutachten verfaßte Prof. Dr. M. Seitz, das Zweitgutachten Prof. Dr. G. R. Schmidt.

Es könnte beim ersten Blick auf das Thema dieser Arbeit der Eindruck entstehen, als handele es sich hier um eine Randfrage des kirchlichen Lebens. Dann würde sich diese Untersuchung mit einem Thema befassen, das nur für einige wenige an "exotischen" theologischen Erscheinungen in der Kirche Interessierte relevant wäre. Es läßt sich jedoch bereits an dieser Stelle sagen, daß dieser Schein trügt. Zwar wird die Zahl derer, die ihr Christsein in Kommunitäten leben, gegenüber dem Ganzen der Kirche quantitativ sicher immer relativ klein sein. Aber von Zahlenverhältnissen her kann man die Bedeutung von Kommunitäten nicht angemessen erfassen. Wenn Kommunitäten gelegentlich als "Stachel der Kirche" bezeichnet werden konnten, dann ist es auch für die reformatorischen Kirchen wichtig, diesen Stachel auszuhalten und nicht vorschnell einen Schutzmantel anzulegen.

Seit dem Ende des Zweiten Weltkriegs sind im Raum der reformatorischen Kirchen an verschiedenen Orten Deutschlands Kommunitäten entstanden, die ihre eigene Entstehungsgeschichte und ihr eigenes Gepräge haben. Obwohl diese evangelischen Lebensgemeinschaften inzwischen nicht mehr aus dem kirchlichen Leben wegzudenken sind, besteht unter Protestanten immer wieder Unklarheit darüber, wie solche Erscheinungen im Kontext der reformatorischen Kirchen zu beurteilen sind. Volkskirchliches Christsein will zwar einer Vielfalt von Frömmigkeitsstilen Platz einräumen, aber manchen erscheint die kommunitäre Lebensform als "des Guten zuviel", als Extremismus, der Bedenken erweckt. Diese Arbeit versucht die Grundlagen kommunitären Lebens im Horizont reformatorischen Glaubens darzustellen und das Verhältnis der kommunitären Gemeinschaften zum Ganzen der Kirche herauszuarbeiten. Während auf der einen Seite immer offener und lautstärker vom Verfall der Volkskirche die Rede ist und auf der anderen Seite immer wieder das Verlangen nach einem neuen Lebensstil geäußert wird, leben Kommunitäten in unaufdringlicher Stille und unübersehbarer Konsequenz ein Leben aus der Kraft des Evangeliums. Dies gilt es zu beleuchten und umfassend zu würdigen.

Daß nur die zweite Hälfte der Studie veröffentlicht wird, hat nicht nur den pragmatischen Grund, daß bei einer Kürzung um die knappe Hälfte des Umfangs die Arbeit hätte neu geschrieben werden müssen. In sachlicher Hinsicht ist dieses Vorgehen dadurch gerechtfertigt, daß diese Untersuchung ihren inneren Schwerpunkt im vorliegenden Teil hat, der in sich eine geschlossene Einheit darstellt. Eine thesenartige Skizze in der Einführung ermöglicht einen Überblick über den ersten Hauptteil der Studie.

Viele haben zum Entstehen dieser Arbeit beigetragen, denen ich meinen Dank aussprechen will: An erster Stelle ist hier Prof. Dr. Albrecht Peters zu nennen, der diese Untersuchung angeregt und sie auch in der ersten Phase des Entstehens bis zu seinem überraschenden Tod 1987 begleitet hat. An zweiter Stelle gilt mein Dank Prof. Dr. Manfred Seitz, der die Fortführung dieser Arbeit bis zum Abschluß betreute. In großer wissenschaftlicher Empathie hat er sich auf die Begleitung des halbfertigen Werkes eingestellt. Ferner habe ich Prof. Dr. Gotthold Müller zu danken, bei dem ich sechs Jahre als Assistent am Lehrstuhl für systematische Theologie und Gegenwartsfragen in Würzburg mitarbeiten konnte. Er hat das Entstehen dieser Arbeit nicht allein dadurch unterstützt, daß er mir in der Assistentenzeit viel Raum zur persönlichen wissenschaftlichen Arbeit gelassen hat, sondern auch dadurch, daß er die Arbeit gründlich mitgelesen und Anregungen gegeben hat. Ein herzlicher Dank gilt auch Pfr. Dr. Johannes Halkenhäuser. Er gab mir an seinem reichen Wissen über theologische Fragen des kommunitären Lebens und an seiner reichhaltigen Literatursammlung zum Thema Anteil. Auch nahm er sich viel Zeit, um die entstehenden Kapitel gründlich mitzulesen und Anregungen zu geben. Nicht zu vergessen ist der Dank an die Brüder und Schwestern der Christusbruderschaft in Selbitz, in deren Gemeinschaft ich bis 1988 lebte und deren gemeinsames Leben mich davon abhielt, das Thema dieser Arbeit nur abstrakt und selbstzweckhaft abzuhandeln. Zu danken habe ich auch den Brüdern der Jesus-Bruderschaft in Gnadenthal, den Brüdern vom Domkloster in Ratzeburg, den Franziskanern in Fulda und den Benediktinern in Münsterschwarzach und in Maria Laach; in ihren Gemeinschaften konnte ich eine gewisse Zeit mitleben und erhielt von ihnen verschiedene Anregungen für diese Arbeit. Auch Michael Link, Würzburg, und Willi Lobenwein, Büchenbach, habe ich für ihre Geduld beim Korrekturlesen zu danken. Mein Dank gilt ferner dem Calwer Verlag für die Aufnahme dieses Buches in sein Verlagsprogramm und der Zantner-Busch-Stiftung sowie dem Landeskirchenrat der Evang.-Luth. Kirche in Bayern für ihre großzügigen Druckkostenzuschüsse. Nicht zu vergessen ist der Dank an meine Frau, deren geduldige Mithilfe in der Endphase die Fertigstellung dieser Arbeit erheblich erleichtert hat.

Zur Themenstellung - methodische Vorüberlegungen

Die Tatsache, daß es evangelisches kommunitäres Leben gibt, erzeugt im protestantischen Raum noch immer einiges Unbehagen. Kommt in protestantischen Kreisen das Gespräch auf bruderschaftliches oder kommunitäres Leben, so herrscht Unsicherheit, wie eine solche Lebensäußerung des Glaubens evangelisch zu beurteilen sei. Nicht selten denkt man an eine mittelalterliche Erscheinung, über die wir im zwanzigsten Jahrhundert hinausgewachsen sein sollten. Hinter solchen Vorbehalten stehen - mehr oder weniger bewußt - verschiedene Gründe:

Zunächst wirken hier Ängste nach vor dem in Ansätzen bereits frühkirchlich sich anbahnenden und im Mittelalter wirksamen Mißverständnis des monastischen Lebens als eines höheren, vollkommeneren Christseins. Es macht sich dabei die Angst vor einer Weitertradierung der Zwei-Stufen-Ethik im Gewand des Ordenslebens bemerkbar.

Weiter findet sich unter Christen protestantischer Prägung oft ein nivellierendes Denken, wenn es um konkrete Lebensformen als Konsequenz des Glaubens geht. Ungeschrieben gilt die Maxime: Was ein einzelner Christ lebt, sollen alle leben können. Eine Maxime dieser Art läßt sich als Variation des kantschen kategorischen Imperativs erkennen.[1] Eine christliche Lebensform eigener Ausprägung, wie sie in kommunitären Gemeinschaften vorliegt, erscheint im Kontext dieser Maxime suspekt.

Im Protestantismus findet sich außerdem gelegentlich ein Freiheitsverständnis, dessen Inhalt nicht vom christlichen Glauben her geprägt ist. Dieses Freiheitsverständnis sieht zwischen Freiheit und Verbindlichkeit einen Gegensatz. Für eine Gestalt des Glaubens, die sich in einer verbindlichen Lebensgemeinschaft äußert, besteht hier keine Existenzberechtigung mehr. Freiheit in Christus und Freiheit zur Hingabe als Christ in einer Kommunität erscheinen als Widerspruch. Schnell fallen Schlagworte wie "Gesetzlichkeit" oder "christlicher Extremismus".

Schließlich spielt in die protestantische Beurteilung des kommunitären Lebens eine Unsicherheit bezüglich des dritten Glaubensartikels hinein. Ein Leben in kommunitärer Gemeinschaft lebt wesentlich aus der Erfahrung und Gewißheit, von Gott zu einem solchen Leben gerufen zu sein. Mißbrauch von Worten wie "Führung" und "Berufung" sowie Fremdheit den damit angesprochenen Wirklichkeiten gegenüber verstellen leicht den Zugang zur geistlichen Realität

1 W. Hümmer, Bruderschaften S. 4

eines Rufes, einer Führung zum Leben in einer Kommunität durch das Wirken des heiligen Geistes.

Zu diesen Anfragen und Ängsten tritt mehr oder weniger klar formuliert noch eine weitere Frage hinzu: Hat das kommunitäre Leben überhaupt eine biblische Grundlage? Soll das "sola scriptura" seine Gültigkeit behalten, so wäre bei negativer Antwort auf diese Frage von protestantischer Seite her in der Tat jegliche Form kommunitären Lebens zu verneinen. Evangelische Kommunitäten müßten als unevangelisch betrachtet werden.

Die Aufgabe dieser Arbeit ist es, diesen angedeuteten Fragen nachzugehen. Sie wird im Neuen Testament das synoptische Zeugnis nach einer Grundlegung für das kommunitäre Leben befragen.[1] Die alttestamentliche Botschaft wird nur in dem Maße mitbedacht werden, als sie die herangezogenen neutestamentlichen Texte und Begriffe erhellt und deren Konturen klarer hervortreten läßt. Zwei Gefahren sind im Verlaufe dieser Untersuchung im Auge zu behalten:

Zum einen besteht die Gefahr, das neutestamentliche Zeugnis auf unsere Fragestellung hin zurechtzulegen. Als Ergebnis der exegetischen Untersuchungen würde festgestellt, was im voraus bereits feststünde. Um dieser Gefahr zu entgehen, wird es darauf ankommen, die zu bedenkenden neutestamentlichen Texte ihr eigenes Wort sagen zu lassen, wobei historisch-kritische Forschungsmeinungen zu berücksichtigen sein werden. Es muß dabei auch erkennbar werden, wo es sich um die Interpretation des biblischen Textes auf unser Thema hin handelt.

Zum anderen - mit der eben genannten Gefahr zusammenhängend - bedeutete es eine Überforderung sowohl der Texte als auch der Themenstellung, eine Anweisung für die Ausgestaltung des kommunitären Lebens in konkreten Einzelfragen zu erwarten. Es kann also nicht um die Eruierung eines bestimmten Typs des kommunitären Lebens aus den neutestamentlichen Texten gehen. Der Themenstellung dieser Arbeit entsprechend, wird eine Grundlegung angestrebt. Eine Grundlegung unterscheidet sich vom Bau eines Fertighauses. Sie zeigt auf, worauf ein Hausbau zu gründen ist. Es werden gewissermaßen die Grundfläche und das Fundament untersucht, innerhalb derer und auf denen alles weitere sinnvoll aufgebaut werden kann.

Das heißt: Es wird dem Zeugnis des Neuen Testaments unter dem Gesichtspunkt nachgegangen, wo es eine Offenheit oder noch mehr: ein implizites Gefälle auf eine kommunitäre Lebensform hin aufweist. Dabei werden Gemeinschaftsstrukturen modellhaften Charakters in den Blick kommen, die auf verbindliche Lebensgemeinschaft sowohl in vor- als auch in nachösterlicher Situation weisen. In formaler wie in theologisch-inhaltlicher Hinsicht wird es sich erweisen müssen, ob diese Gemeinschaftsstrukturen im neutestamentlichen Zeugnis als

---

1 Wir beschränken uns hier auf das synoptische Zeugnis, da die Berücksichtigung der übrigen neutestamentlichen Literatur den Rahmen dieser Arbeit sprengen würde. In inhaltlicher Hinsicht berechtigt das Thema der Nachfolge in den synoptischen Evangelien zu dieser Eingrenzung, da im Laufe der Ordengeschichte und der kurzen Geschichte der Kommunitäten diese Thematik von großer Bedeutung ist.

Strukturanalogien für ein Leben in kommunitärer Gemeinschaft betrachtet werden können.
Methodisch habe ich mich dafür entschieden, die exegetische Erarbeitung en bloc durchzuführen, so daß die Folgerungen und Thesen aus den besprochenen biblischen Texten sich ebenfalls en bloc anschließen. Dadurch soll der Gefahr entgangen werden, die Texte vorschnell auf die Themenstellung hin einzuengen. Diese Weise der Darlegung bringt freilich den Nachteil mit sich, daß über längere Abschnitte hinweg das Thema nicht unmittelbar in Sicht kommt.
Da es sich bei dieser Untersuchung um eine Grundlegung handelt, können die einzelnen biblischen Texte und Begriffe historisch-kritisch nicht in der ganzen Breite der Forschungsmeinungen ausdiskutiert werden. Sie ist jedoch angemessen berücksichtigt.
Wie im Vorwort bereits erwähnt, handelt es sich hier um die Veröffentlichung des zweiten Hauptteils einer breiter angelegten Studie. Der erste Hauptteil befaßt sich mit der Frage, welche Elemente des christlichen Glaubens und der Theologie der Kommunitäten für alle Christen der Kirche gemeinsam gelten. Die Ergebnisse dieses unveröffentlichten Teils sollen hier skizziert werden:

Am Beginn des ersten Hauptteiles standen Beobachtungen zum präsentischen und eschatologischen Charakter der Gottesreichsverkündigung Jesu; es zeigte sich, daß in Jesu Verkündigung beide Aspekte untrennbar zusammengehören. Außerdem ist seine Basileiabotschaft zentral auf seine Person, sein Verkündigen und Handeln hin orientiert.
Sodann wurde der Struktur der Basileia-Verkündigung nachgegangen:
Ihr indikativischer, den Menschen beschenkende Charakter zeigte sich in den Seligpreisungen (Mt 5,3-11; Lk 6,20-22), in denen Jesus den in verschiedener Hinsicht Bedürftigen das Heil zuspricht. Er zeigte sich ferner in den Aussagen über die vergebende Barmherzigkeit Gottes (Lk 15,11ff; 7,40-42 u.ö.).
Der imperativische, den Menschen beanspruchende Charakter der Gottesherrschaft wurde anhand der Gleichnisse vom Schatz im Acker und der kostbaren Perle (Mt 13,44-46) sowie vom betrügerischen Verwalter (Lk 16,1ff) herausgestellt. Er wurde ferner erkennbar in der Forderung der Umkehr, im Anspruch des Gehorsams (zwar verwendete Jesus diesen Begriff expressis verbis nicht, die Sache kommt jedoch in seiner Verkündigung und Lebenspraxis immer wieder zum Vorschein [Mt 7,24-27; 21,28-32; Lk 17,7-10]) und der Vollkommenheit, welche kein menschliches Ideal, sondern vielmehr ungeteilte Hingabe an Gott meint.
Im Verständnis des Glaubens fanden wir eine Klammer, die den indikativischen und den imperativischen Aspekt zusammenhält. Der Glaube ist auf Jesus gerichtetes Vertrauen, zugesprochene Realität (Mk 5,34 par; 10,52 par u.ö.); er fordert den Menschen zur Hingabe an Gott und den Nächsten heraus.
Im Teil 2 des ersten Hauptteils wurden Konsequenzen aus der Gottesreichsbotschaft Jesu im Hinblick auf das alle Christen - unabhängig von ihrer konkreten Lebensform - Verbindende gezogen:
Aus der Spannung zwischen dem präsentischen und dem eschatologischen

Aspekt der Gottesherrschaft ergibt sich, daß keine Form des Christseins sich mit dem Reich Gottes identifizieren kann.

Vom indikativischen Charakter der Basileiabotschaft Jesu her ist zu folgern: Christsein kommt sowohl in den als auch außerhalb der Kommunitäten vom zugesprochenen Heil her; auf dieser Grundlage ist jedes Lohndenken ausgeschlossen. Die vergebende Barmherzigkeit Gottes hat im Hinblick auf jedes Christsein die Konsequenz, daß es nur auf Grund der Gnade, der vergebenden Initiative Gottes, gelebt werden kann.
Die erste Seligpreisung rückt Wesenszüge eines allen Christen geltenden geistlichen Armutsverständnisses in den Blick: Dieses resultiert aus der Bedürftigkeit des Menschen vor Gott und der geschenkhaften Zuwendung Gottes zum Menschen; so hat es eine auffallende Nähe zu dem, was Glaube meint, und impliziert eine grundlegende Umwertung aller Werte. Solches Armutsverständnis wird sowohl in der Lebenshaltung wie auch in der Lebensgestaltung eines jeden Christen Auswirkungen haben, auch wenn sich diese voneinander unterscheiden werden, die mit der geistlichen Armut gegebene Erfahrung der "Lücke" also unterschiedlich aussehen wird. Der Geist evangelischer Armut ist vom Heil der Gottesherrschaft und von der Gottes- und Nächstenliebe getragen.
Von der sechsten Seligpreisung her wurde die Linie zu einem Verständnis der Reinheit bzw. Jungfräulichkeit hin gezogen: Der reine, jungfräuliche Mensch ist der von Gott begnadete Sünder, der in die Gemeinschaft mit Jesus Christus aufgenommen ist. Reinheit umfaßt sowohl die ungeteilte Hinwendung zu Gott als auch die von freier Hingabe geprägte Zuwendung zum Nächsten.

Vom imperativischen Verständnis der Basileiabotschaft her läßt sich folgern: Der Anspruch des Glaubens darf weder von der Gnade abgelöst noch mittels der Gnade beseitigt werden. Andernfalls könnte im Hinblick auf das kommunitäre Leben entweder eine aktivistische oder eine quietistische Akzentverlagerung die Folge sein. Vielmehr liegen der Glaubenszuspruch und -anspruch ineinander.
Indem Gott den Menschen beschenkt, fordert er ihn für sich ein. Unabhängig von ihrer konkreten Lebensführung haben alle Christen an der in der Verkündigung des Evangeliums geschichtlich ergehenden Berufung zum Heil und zur Gemeinschaft der Glaubenden teil. Diese läßt Raum für verschiedene Gestalten gelebten Christseins und schließt zugleich eine Höherbewertung entweder des kommunitären oder volkskirchlichen Christseins aus. Christen in Kommunitäten stellen sich auf ihre Weise der Berufung zum Heil.
Der Imperativ des Evangeliums sucht nach Konkretionen im Leben der Christen, die folgendermaßen zusammengefaßt werden können: Praxis einer wenn auch noch so bescheidenen Ordnung und Regelmäßigkeit im religiösen Leben, Stille vor Gott zum Hören auf das Wort Gottes und zum anbetenden, dankenden und bittenden Gebet, Gemeinschaft mit anderen Christen, Tun des Willens Gottes in der sozialen Dimension in Wort und Tat. Von solchen Gestaltwerdungen des Imperativs im gelebten Glauben kann sich, trotz der möglichen Vielfalt im

einzelnen[1], kein Christ dispensieren, da sowohl das Christsein in als auch außerhalb der Kommunitäten ganz unter dem Anspruch der Herrschaft Gottes und seines Geistes steht.
Zum Leben unter dem Anspruch der Gottesherrschaft gehört das Leben in der Buße als der immer neu vollzogenen, der Gnade antwortenden Hinkehr zu Gott und von daher zur Mitkreatur; der Glaube äußert sich in der anhaltenden Abkehr von der Sünde. Es würde in die Irre führen, kommunitäres Leben als "Stand der Buße" verstehen zu wollen.
Evangeliumsgemäßer Gehorsam als Implikat des Glaubens ist tätige Antwort des von der Gnade bestimmten Menschen auf Gottes Willen in seinem Wort. Gehorsam ist der Mut zur absoluten Bindung an Gott. Er ist das Handeln des von Jesus Christus von der Sünde der Eigenmächtigkeit und Selbstherrlichkeit Befreiten. Der Gehorsam lebende Christ versteht Autoritätsverhältnisse nicht als Bedrohung seiner unveräußerbaren Freiheit, Verantwortung und geistlichen Mündigkeit, sondern er wird in ihnen gemeinsam mit den Autoritätsträgern nach dem suchen, was bewahrend und lebensfördernd wirkt, um sich daran zu orientieren. Autoritätsträger und Gehorchende stehen gemeinsam unter und vor Gott und haben sowohl eine personalistische Engführung des Gehorsams als auch den Zwang der Verhältnisse zu vermeiden. Autorität und Gehorsam dienen in unterschiedlicher Weise dem gemeinsamen Ziel der von Initiativkraft geprägten Auferbauung des einen Leibes Christi. Das Gehorsamsverständnis ist damit nicht individualistisch, sondern gemeinschaftsbezogen. Außerdem ist es auf das Gebet derer bezogen, die an einer christlichen Verwirklichung des Gehorsams beteiligt sind. Der so skizzierte evangeliumsgemäße Gehorsam betrifft alle Christen. Eine Zweiteilung zwischen "religiösen Virtuosen" und den "Fußgängern der Kirche"[2] ist auch in dieser Frage nicht gestattet.
Der Imperativ der Gottesherrschaft betrifft zentral die Heiligung, die in der Rechtfertigung gründet und als Lebenserneuerung aus der Gnade im Glauben empfangen wird. Heiligung ist die Herausforderung, sich auf das Wachstum des neuen Lebens im Glauben durch den Heiligen Geist einzulasssen. Sie fordert jeden Christen in allen Dimensionen seines Daseins heraus, sich auf sie einzulassen, und darf nicht besonderen Ausprägungen des Christseins vorbehalten werden.
Die zum Imperativ des Glaubens gehörende evangeliumsgemäße Askese setzt den Glauben an Jesus Christus voraus und hat, weil sie von der Bejahung der Schöpfung ausgeht, mit dem Verzicht auf *positive* Güter und Werte im Dienst

---

1 Im Hinblick auf die Ausführungen über die kommunitäre Berufung sind die Ausführungen Trillhaas' (Ethik S. 87) zur differenzierten Struktur von Forderungen hilfreich: "Generelle Forderungen sind an alle Menschen gerichtet ... Partielle Forderungen richten sich an einen bestimmten Personenkreise ... singuläre Forderungen richten sich an einzelne Menschen ..." Diese Differenzierung läßt sich in der Unterscheidung zwischen der generellen oder universalen Berufung, der partiellen, nur einer Gruppe geltenden Berufung und der speziellen, nur einem einzelnen Christen geltenden Berufung fruchtbar machen.

2 Zulehner, Glauben S. 8

der Taufgnade zu tun. Sie ist Verzicht auf alles, was Gott im persönlichen und gemeinschaftlichen Verantwortungsbereich hindert, und ist gestaltwerdende Hingabe an Gott mitten in der Welt. Sie ist gelebter Aufbruch des Glaubens in eschatologischer Orientierung und reicht von der Stille vor Gott über die gemeindlich-soziale Askese bis zur Konsumaskese. Da die Askese ebenfalls allen Christen zugeordnet werden muß, verbietet sich auch von ihr her jeder Anklang einer Zwei-Stufen-Ethik.

Christliche Vollkommenheit (wie die vorhergehenden Begriffe ebenfalls dem Imperativ des Glaubens zugeordnet) gründet in der Gott eigenen, dem Menschen zugeeigneten Vollkommenheit als ein Leben gemäß der im Glauben empfangenen Gottebenbildlichkeit. Christliche Vollkommenheit prägt das Handeln des Christen in eschatologischer Hoffnung von der Gnade her auf das dem Willen Gottes Entsprechende hin; sie gibt so den Raum zu ihrer vielfältigen Verwirklichung frei und gilt allen Christen, wenn auch in unterschiedlicher Weise.

Als Ergebnis des ersten Hauptteils derArbeit kann festgehalten werden:

Kommunitäres Leben gründet seinem Wesen nach wie jedes andere Christsein im Indikativ der angebrochenen Gottesherrschaft, in der Erlösung durch Jesus Christus, im zugesprochenen Heil, in der vergebenden Barmherzigkeit Gottes, in der geistlichen Armut als gelebter radikaler Abhängigkeit von Gott und geschenkhaft empfangener Reinheit.

Mit allen anderen Christen leben diejenigen in Kommunitäten unter dem Imperativ des Glaubens, ihr Leben Gott zu übereignen. Jeder Christ steht unter der Berufung zum Heil der Gottesherrschaft und zur Gemeinschaft der Glaubenden; für jeden folgt aus dem Glauben verbindlicher Gehorsam des Glaubens. In der Heiligung ist jeder Christ unabhängig von seiner speziellen Lebensführung dazu gerufen, sich als Gottes Eigentum gestalten zu lassen. Allen Christen gilt die Askese als Verzicht im Dienst der Gnade in eschatologischer Orientierung. Die christliche Vollkommenheit will das Wesen aller Glaubenden prägen und zu guten Werken des Glaubens bewegen. Die Existenz eines jeden Christen hat Anteil an der eschatologischen Spannung des Glaubens.

So hat sich zum einen gezeigt, daß zwischen den für das kommunitäre Selbstverständnis zentralen Gedanken und dem Zentrum des Evangeliums eine feste Verbindung besteht. Zum anderen wurde erkennbar, daß die für das kommunitäre Selbstverständnis zentralen Gedanken die Christen in den Kommunitäten mit denen außerhalb verbinden; beide Ausprägungen des Christseins sind von daher zueinander gestellt. Die Gemeinsamkeit und wechselseitige Bezogenheit aufeinander führte W. Hümmer, Bodelschwingh zitierend, im Hinblick auf die Kommunitäten zu der Aussage: "Es ist eine Schande, daß es uns gibt."[1] Volkskirchliche Frömmigkeit und Theologie stehen offenbar in der Gefahr, allen Christen geltende Selbstverständlichkeiten des Glaubens zu vernachlässigen oder zu vergessen, die von Kommunitäten in spezieller Weise gelebt werden.

---

1 Bruderschaft S. 31

1 Nachfolge in der Situation des irdischen Jesus

Die Behauptung, es sei eine "Schande" für die Volkskirche, daß es Kommunitäten gäbe[1], ist als bewußt provokative These zu verstehen. Wäre mit ihr im Hinblick auf die Intention der Kommunitäten alles gesagt, so könnte man diese als eine Art gelebten Vorwurfs an die übrige Christenheit mißverstehen. Der Grund ihres Daseins wäre überwiegend eine Kritik an einem kirchlichen Defizit, eine Art von Negation der Negation. Daß ein solcher Aspekt der kommunitären Existenz innewohnt, wird in den folgenden Ausführungen zu erkennen sein. Die Basis für das kommunitäre Leben wäre jedoch entschieden zu schmal, würde sie in der Negation gegenüber Bestehendem verstanden werden. Wenn nun aber eine doppelte Verneinung eine Bejahung ergibt, so kann eine solche Bejahung auch ohne doppelte Verneinung ausgesagt werden. Im folgenden geht es darum, einige Linien der positiven Bedeutung kommunitärer Daseinsweise zu skizzieren. Es gilt, den Grundauftrag der Kommunitäten in den Blick zu nehmen.
Dabei wird die Hauptintention einer Grundlegung des kommunitären Lebens zu beachten sein, nämlich einen Rahmen für diese Existenzweise abzustecken. Dieser Intention entsprechend werden im folgenden zwei Schritte gegangen:
Der erste Schritt führt in das synoptische Zeugnis hinein. Dieses wird auf die Verkündigung und Lebenspraxis Jesu hin zu untersuchen sein. Dabei wird auf die Ansätze und Konkretionen einer speziellen Berufung und Lebenspraxis geachtet, die nicht allen, die Jesus Vertrauen schenken, in gleicher Weise gelten. Die von Jesus und seinen Jüngern gelebte Existenzweise wird nunmehr als Grundlage einer speziellen Ausprägung christlicher Existenz zu erheben sein.[2]
Der zweite Schritt befaßt sich mit einigen Konsequenzen aus den exegetischen Beobachtungen. Dabei wird es um die Darlegung einiger Wesensmerkmale kommunitären Lebens gehen. Die Konsequenzen werden unter dem Aspekt ihrer Gültigkeit für diejenigen Christen gezogen, die sich von einer speziellen Berufung betroffen wissen.
In dem in der Einführung skizzierten ersten Teil dieser Arbeit stand der Begriff

---

1 W.Hümmer, Warum Bruderschaft S. 31

2 Wir verstehen die Aufgabe einer biblischen Grundlegung nicht in dem Sinn, der sich bei Heufelder in den Worten ausdrückt: "Im alttestamentlichen Prophetentum und in den Prophetenschulen dürfen wir echte Vorläufer des neutestamentlichen Ordensstandes sehen" (Räte S. 60) oder bei Tschudy/Renner, Benedikt S. 12: "Christus lehrte und lebte das Leben eines Mönches." Auf der anderen Seite ist es auch zu undifferenziert, wenn Schutz (Entstehung S. 36) sagt: "Wir werden also die Grundlagen der klösterlichen Gemeinschaft nicht im Neuen Testament suchen" (Vgl. dazu unter Punkt 2 [die Einführung]).

der Gottesherrschaft im Mittelpunkt. Demgegenüber wurde ein anderer in der synoptischen Tradition wichtiger Begriff konsequent vermieden: der Begriff der Nachfolge. Er soll nun beleuchtet werden. Im Vordergrund steht die Frage nach der Nachfolge Jesu in der vorösterlichen Situation. Da sie ihren Ausgang bei der Jüngerwahl des Herrn nimmt, wird zuerst der Frage der Berufung anhand der Berufungsberichte und Nachfolgelogien nachgegangen. Dabei werden Wesenselemente und Bedingungen der Nachfolgeexistenz in Erscheinung treten, die sich aus dem Anspruch Jesu an die Nachfolger im engeren Sinn herleiten. Anschließend wird auf den mit der Nachfolge gegebenen Auftrag eingegangen. Hierzu werden die Aussendungsreden unter dem Gesichtspunkt ihrer Relevanz für den Auftrag und die Lebensweise der Kommunitäten Beachtung finden. Da eine Grundlegung des kommunitären Lebens keine exegetische Spezialuntersuchung zum Thema "Nachfolge in der synoptischen Evangelienliteratur" ist, können nicht sämtliche synoptischen Belege zur Nachfolge berücksichtigt werden. Die Veränderungen im Nachfolgeverständnis, die sich von Ostern her ergaben, bleiben zunächst weitgehend aus dem Blick. Sie werden am Ende dieses Abschnitts der exegetischen Darlegungen Erwähnung finden.

1.1 Elisas Berufung durch Elia (1. Kön 19,19-21)

Die Berufung Elisas hat einen starken Einfluß auf verschiedene Nachfolgeperikopen des NT ausgeübt. Bevor wir die Jüngerberufungen betrachten, soll hier deshalb etwas ausführlicher auf sie eingegangen werden.[1]
Innerhalb der größeren Einheit der Elia-Geschichten (1.Kön 17-19) erscheint 19,19-21 als eine eigenständige Überlieferung.[2] V 19 fügt die Perikope in den Kontext ein; die Erzählung wurde aber bereits durch V 16b vorbereitet. Danach handelt Elia auf göttlichen Befehl hin: "... und Elisa, den Sohn Saphats, von Abel Mehola, sollst du zum Propheten salben an deiner statt."[3] Von einer Salbung ist allerdings dann in der eigentlichen Berufungserzählung nicht mehr die Rede.
V 19 enthält das erste Strukturelement der Berufungserzählung: *die Situationsangabe*. Elia kommt vom Gottesberg Horeb her und befindet sich auf dem

1 Die Ausführungen zu den religionsgeschichtlichen Parallelen der Nachfolge sind hier ausgelassen.

2 Fohrer, Elia (AThANT 31) S. 39 (zitiert bei Helfmeyer, a.a.O. S. 64) u. ders., Einleitung S. 292 sowie Würthwein, Könige S. 232; D. Müller, a. a. O. S. 948; ferner die bei Pesch, Berufung S. 10 Anm. 51 genannte Literatur

3 Vgl. dazu Baltzer, Biographie S. 99

Rückweg nach der Wüste von Damaskus (V 15). Auf diesem Weg trifft der Prophet Elia den Elisa. Dieser geht seiner Berufsarbeit als Landmann nach. Elia "traf" Elisa beim Pflügen. Ähnlich wie bei der Einsetzung Sauls und Davids ist damit das Moment des Unerwarteten betont, das vom Menschen nicht geplant, jedoch von Gott so gefügt ist.
Als zweites Strukturelement der Erzählung folgt der *Ruf zum Anschluß* an den, der die Berufung vollzieht, die Aufforderung zum Eintritt in die Lebensgemeinschaft zwischen Rufendem und Berufenem. Im Vorübergehen wirft nun Elia seinen Mantel auf Elisa. An die Stelle eines Berufungswortes tritt in V 19c also eine prophetische Zeichenhandlung. Der Überwurf des Kleides, das Teil der Persönlichkeit seines Trägers darstellen konnte[1], ist Gestus der Besitzergreifung. Diese ist durch die charismatische Begabung des Propheten genügend legitimiert und motiviert. Letztlich ist in der Zeichenhandlung des Mantelüberwurfs Gott selbst der Rufende, der den Propheten dazu ermächtigt hat, ein Vorgang, der 1. Sam 16,1ff und 1. Kön 11,31ff vergleichbar ist. In eigener Initiative handelt Gott hier durch den Propheten ungemein provokativ. In einer überraschenden Handlung nimmt Gott Elisa in Beschlag. Allerdings wird er dadurch nicht gezwungen. Der Mantelwurf ist nicht als magische Handlung mißzuverstehen, die unabhängig von Elisas antwortender Entscheidung ihre Wirkung erreicht. Nach Baltzer handelt es sich hier um die "Nachfolgeregelung des prophetischen Amtes"[2], die vergleichbar mit der Folge Mose-Josua sei. Von seiten Elisas gibt es keinerlei Voraussetzungen für die Übertragung des prophetischen Amtes, weder von seiner Person noch von seiner Herkunft her.
VV 20f enthalten das dritte Strukturelement der Berufungserzählung: das Eingehen auf die Aufforderung im *Gehorsam.* Elisa verläßt sogleich die Rinder. Damit läßt er seinen Beruf hinter sich. Aber er erbittet von Elia die Erlaubnis, zuvor noch von seinen Angehörigen Abschied nehmen zu dürfen. Die etwas unklare Antwort des Elia in 20b: "Gehe hin und komme wieder, denn was habe ich dir getan!" muß sehr wahrscheinlich als Elias Erlaubnis auf Elisas Anfrage verstanden werden.[3] Auch wenn in V 20 das Verzögerungsmotiv erscheint, so ist damit das Motiv vom Verlassen des Vaters und damit der Verwandtschaft in seiner Radikalität festgehalten. Aus Anlaß seiner Berufung schlachtet Elisa das Joch Rinder (V 21), um seinen Verwandten ein Festmahl zu geben. Nach dem Text kann man die Rolle des Abschieds nur so verstehen, daß die Berufung Elisas die Trennung von seiner Familie zur Folge hat. Die göttliche Berufung

---

1 Zum Mantel vgl. 1. Sam 18,4; 24,6 u. Helfmeyer, a. a. O. S. 66; Würthwein, Könige S. 233.

2 A. a. O. S. 100.

3 So auch A. Schulz, Nachfolge S. 101. Zu den verschiedenen Übersetzungsmöglichkeiten s. Heinen/Weiser, a. a. O. S. 8f: Wenn die Übersetzung "Ich habe dir nichts getan" lautete, dann würde Elia gesagt haben, Elisa solle daheim bleiben, wenn ihm die Symbolhandlung nichts bedeutete. Hier drückte sich dann die Freiheit zur antwortenden Entscheidung des Elisa aus. Hahn (Nachfolge S. 16f) möchte statt von drei von vier Strukturelementen der Erzählung sprechen. Dazu betrachtet er das Verzögerungsmotiv als eigenes Element der Erzählung.

durch Elia steht über den familiären Banden. In dieser Berufungserzählung zeigt sich eine enge Verbindung zwischen dem Verlassen der Familie und des eigenen Besitzes, prophetischer Begabung, Schülerschaft und Dienst. "In einem radikalen Entschluß läßt Elisa alles hinter sich, was dem Menschen Sicherheit und Geborgenheit schenkt, und geht in eine ungewisse Zukunft hinein. Die Preisgabe seines Besitzes an die Menschen tut etwas kund, das für ihn nach Ausweis der Elischa-Erzählungen charakteristisch ist: Das Dasein für andere."[1] Seine prophetische Gabe erhält er nach 2. Kön 2,9f.15 erst vor der Entrückung Elisas.
Die Berufungserzählung endet V 21 mit der Feststellung: "Dann machte er (sc. Elisa) sich auf, folgte Elia nach und diente ihm." Ähnlich wie es von Josua hieß, daß er Diener des Mose war (Ex 24,13), so heißt es hier von Elisa, daß er Elia dient. Dabei ist in der Forschung umstritten, wie das Dienen zu verstehen und wie von daher das Wesen der Beziehung zwischen Elia und Elisa zu bestimmen sei.
Ein Hinweis auf das Besondere des Verhältnisses zwischen Elia und Elisa kann in 2. Kön 2,9 gesehen werden: Elisa erbittet von Elia den doppelten Anteil von dessen Geist. Nach Dt 21,17 ist dies der Anteil des ältesten Sohnes am Erbe des Vaters. Auffallenderweise wird Elia in demselben Kapitel als "Vater" (V 12) und "Herr" (VV 3.5) bezeichnet, Bezeichnungen, die in diesem Fall nicht nur formelle Titel sind. Die Berufung hat Elisa aus seinem Familienverband herausgelöst und eine neue Beziehung zu Elia geschaffen. 2. Kön 2,9 "bedeutet, daß hier das Verhältnis des Propheten zu seinem Diener und Nachfolger in familienrechtlichen Begriffen gesehen wird"[2]. Es ist von daher wahrscheinlich, daß das Verhältnis zwischen Elia und Elisa über ein reines Dienstverhältnis hinausgeht.

---

1 Heinen/Weiser, a. a. O. S. 10
2 Balzer, a. a. O. S. 101

1.2 Jüngerberufung

Zuerst ist hier auf die Berufung der ersten Jüngerpaare (Mk 1,16-20) einzugehen. Der Text untergliedert sich in zwei Szenen VV 16-18 und 19f.[1] V 16 setzt mit der Situationsangabe ein.[2] Hier greift die Berufungserzählung das alttestamentliche Berufungsschema 1.Kön 19,19-21 auf, das ebenfalls mit der Situationsangabe als dem ersten Glied einsetzt: V 16 nennt Jesu Wanderung am See von Galiläa. Er ist unterwegs in dem Land seiner ersten Verkündigungsphase. Der See bildet die Grenze zu den Völkern.[3] Im Vorübergehen sieht Jesus Simon mit seinem Bruder Andreas beim Fischen. Es fällt auf, daß das Brüderpaar griechische Namen trägt. Ob sich mit Jesu Umherwandern am See der Gedanke der Erwartung ausdrücken soll[4], kann nicht mit Sicherheit festgestellt werden. Über das Ansehen der Fischer bestehen unterschiedliche Urteile.[5] Wahrscheinlich kann der Fischerberuf als verbreiteter mittelständischer Beruf betrachtet werden und nicht als einer der Unterschicht.[6] Das wird auch dann gelten, wenn das Wurfnetz (ἀμφίβληστρον) das Arbeitsgerät der Ärmeren ist.[7] Die ausdrückliche Erwähnung des Fischerberufs bereitet die zweite Hälfte des Berufungslogions vor.

Scheinbar zufällig trifft Jesus Simon und Andreas bei der Verrichtung ihrer alltäglichen Arbeit. In dieser Zufälligkeit ereignet sich das Sehen Jesu (εἶδεν). Bereits hier kündigt sich Jesu Initiative an, die im Fortgang der Erzählung prägend sein wird.[8] Im scheinbar beiläufigen Vorübergehen Jesu und seinem

---

1 Für unseren Zusammenhang kann die Frage der ursprünglichen traditionsgeschichtlichen Zusammengehörigkeit der beiden Abschnitte übergangen werden; s. dazu als Exponenten entgegengesetzter Positionen: Klein, a. a. O. S. 12 u. Gnilka, Mk S. 72.

2 Zur Verbindung der Berufungserzählungen mit 1.Kön 19,19-21 vgl. Freyne, a.a.O. S. 108; Berger, Gesetzesauslegung S. 441; Kraft, Entstehung S. 106; A. Schulz, Jünger S. 49; Schmahl, Berufung S. 207; Merklein, Jüngerkreis S. 83f; Bouwman, Folgen S. 29f; Schneider, ἀκολουθέω S. 120f; Riesner, Jesus S. 415f; Gnilka, Mk S. 74; Schnackenburg, Botschaft[2] I S. 61; Schneider, Nachfolge S. 140 Anm 14; zur syntaktischen Analyse der Perikope s. Stock, Boten S. 42

3 Grundmann, Mk[5] S. 55

4 So Bieler, Berufung S. 7

5 Vgl. dazu Gnilka, Mk S. 73 u. Bill I S. 187

6 Dieses Mißverständnis legt sich - im Anschluß an Vergil (metam. 3.585ff, zitiert bei Gnilka, a. a. O. S. 73) - nahe, wenn Barclay (a.a.O. S. 33f) betont auf "schlichte Männer aus dem Volk" abhebt (ähnlich Bouwman, a.a.O. S. 53; Freyne, Twelve S. 14; Knoch, a. a. O. S. 50f; Bruce, a. a. O. S. 37). Fischer galten bei den Pharisäern als nicht gesetzestreu (s. Grundmann, Mk[3] S. 40 u. S. Schulz, Q S. 436). Auch Theißen (Verlassen S. 112) sieht die Fischer als zur sozialen Mittelschicht gehörig (ebenso Riesner, Soziologie S. 222 u. ders., Jesus S. 413). In jedem Fall gehören sie nicht "den führenden Schichten" an (Bornkamm, Jesus S. 133).

7 Vgl. Schweizer, Mk S. 22; Barclay, a. a. O. S. 33; zum Handwerkszeug vgl. Bill I S. 185f

8 Vgl. R. Pesch, Berufung S. 14; Schelkle, Jüngerschaft S. 14

Sehen geschieht die entscheidende Wahl Gottes für das Brüderpaar. Zusammen mit dem folgenden Vers macht bereits dieses Sehen deutlich, was für den Eintritt in die Jüngerschaft maßgebend ist. Im alttestamentlichen Kontext gehört zu Gottes Blick sein Schaffen; indem Gott blickt, schafft er (Gen 1,3). Sein Sehen ist lebensschaffend. Den Heil und Rettung schaffenden Aspekt des Sehens Gottes erfährt Abraham auf dem Berg Moria (Gott sieht).[1] Diesem Vorstellungskreis entsprechend, beinhaltet Jesu Sehen seine göttliche Wahl, die, so wird in V 17 zu erkennen sein, zur schöpferischen Tat wird. Die Nachfolge Jesu nimmt ihren Anfang beim erwählenden Blick Jesu.[2]
Mit V 17 geht die Erzählung zum zweiten von 1. Kön 19,19-21 her bekannten Strukturelement über: der Berufung. Während Elisa durch die Symbolhandlung des Mantelüberwurfs berufen wird, geschieht die Berufung des ersten Brüderpaares durch Jesu Wort. Jesus ruft sie an: Δεῦτε ὀπίσω μου ... Sowohl das Sehen Jesu als auch das Berufungswort müssen auf dem Hintergrund der summarischen Zusammenfassung der Verkündigung Jesu in V 15 desselben Kapitels gesehen werden.[3] Jesu Berufungswort erging auf dem Hintergrund seiner Basileiabotschaft. Sachlich - nicht unbedingt chronologisch[4] - geht der Berufung der Ruf Jesu von der Nähe der Gottesherrschaft voraus. Sie begründet den Ruf Jesu zur Nachfolge. Für das Berufungsgeschehen ist Jesus als das berufende Subjekt entscheidend. Hinter seinem Ruf steht seine unableitbare charismatische Vollmacht.[5] So prägt die mit Jesus anbrechende Gottesherrschaft das Wesen der Nachfolge. "Der Nachfolgeruf steht im Zeichen der einbrechenden Gottesherrschaft, und dieses Zeichen ist Jesus selbst in Person. Der Ruf in die Nachfolge ist also eschatologisch motiviert."[6] Jesus ist in der ganzen Erzählung, besonders jedoch in diesem Berufungsakt der Beherrschende; er ruft als Herr. In seinem Rufen liegt etwas Überraschendes. Alles in der Situationsangabe Berichtete läuft auf ihn zu. Jesus beruft am Beginn seines öffentlichen Wirkens Menschen zu sich. Er will nicht ohne Menschen als seine Nachfolger wirken.
Jesu ganze Autorität spricht sich in dem hoheitlich gebietenden "Hier her, mir nach!" aus. Δεῦτε, das mit "Komm (her)!" wiedergegeben werden kann, drückt eine Einladung oder Aufforderung aus. "... Immer wird eingeladen, etwas in Gemeinschaft mit dem Einladenden zu verwirklichen."[7] Nachfolge ist ein

---

1 Gen 22,8.14; vgl. außerdem 1.Sam 16,1; Sach 12,4 u.ö.

2 Außer V 16 ist dieser Blick Jesu in V 19; 2,14; 10,21; Lk 19,5 angesprochen

3 Vgl. dazu Bieler, a. a. O. S. 7; Hoffmann/Eid, Jesus S. 53; Bornkamm, Jesus S. 130; Schmahl, Zwölf S. 115; Held, Christusweg S. 83; Merklein, Gottesherrschaft S. 63f; ders., Jüngerkreis S. 87.96; Bracht, Jüngerschaft S. 157

4 K. L. Schmidt; Der Rahmen der Geschichte Jesu S. 22 (zitiert bei Bieler, a. a. O. S. 7); Görtz, Nachfolge S. 327; Strunk, Nachfolge S. 30; Gnilka, a. a. O. S. 75; Hemmerle, Ruf S. 1087; Lohse, Nachfolge S. 1287; Halkenhäuser, Kirche S. 242

5 R. Pesch, Berufung S. 16

6 Moltmann, Der gekreuzigte Gott S. 56; ähnlich Best, Discipleship S. 324

7 Stock, Boten S. 102; Rott, Nachfolge S. 383; Klassen, Gestalt S. 46; Best, a. a. O. S. 327

Geschehen der Gemeinschaft mit Jesus. Als Wort des Propheten Elisa findet sich in LXX diese Wendung an die Aramäer wortwörtlich.[1] Dort bezieht es sich aber nicht auf einen spezifisch gefüllten Nachfolgegedanken. In Jesu Mund bedeutet diese Aufforderung zunächst ganz wörtlich, daß die Angerufenen hinter ihm hergehen sollen. Sie begleiten ihn auf seinen Wegen.[2] So werden sie zu Zeugen seines Wirkens und zu Gehilfen bei seinen Aufgaben. Jesus nachzufolgen verlangt vom Berufenen, daß er mit Jesus dorthin zieht, wohin er vorangeht. Solches Mit-Jesus-Gehen erschöpft sich jedoch nicht im äußerlichen Dabei-Sein. Hier geht es vielmehr um eine Lebensgemeinschaft, in der Jesus der Bestimmende ist und bleibt. Jesu "Ruf in die Nachfolge ist ein Totalitätsanspruch an den Menschen"[3]. Indem Jesus in charismatischer Autorität das Berufungswort ausspricht, bindet er die Berufenen an seine Person. Der Ruf zu solcher Bindung ist der Art seiner Berufung wesenhaft eigen. Hierin kommt die Tiefe und Ungeheuerlichkeit des Nachfolgerufs Jesu zum Vorschein. In göttlicher Vollmacht greift Jesus in das Leben der berufenen Jünger ein. Die Initiative geht hier allein von ihm aus. Die Jünger wählen sich ihren neuen Weg nicht selbst. Sie sind in ihrer Jüngerschaft vielmehr vom Ruf Jesu abhängig. Dieser ruft vollmächtig wie ein Prophet. Aber im Unterschied zu ihnen beruft er sich im Vollzug nicht auf einen Auftrag von Gott. Weder hier noch sonst im NT erscheint die Botenformel: "So spricht Jahwe ..." oder "Spruch Jahwes ...". Auch in dieser formalen Beobachtung zeigt sich erneut die Unableitbarkeit und Göttlichkeit der Vollmacht und Autorität Jesu. Mit seinem schöpfungsmächtigen Wort schafft er Jüngerschaft.

Wenn die Berufenen "hinter ihn" gehen, so sollen sie Jesus, den Rufenden, in dem, was er lehren und tun wird, selbst kennenlernen. Der Ruf in die Nachfolge bedeutet für Petrus und seinen Bruder Andreas Teilhabe an Jesu Leben durch Anschluß an ihn. "Zweifellos ist das Wesen der Jüngerschaft Jesu von Anfang an bestimmt durch seine Person, an die sich die μαθηταί binden."[4] In Jesu Ruf liegt seine Verfügungsgewalt über die Jünger verborgen. Die Erzählung unterstreicht die Berufungsvollmacht Jesu dadurch, daß es sich nach dem zweiten Evangelisten um die erste Begegnung zwischen Jesus und ihnen als den Berufenen handelt. Der Ruf trifft sie ohne historische oder psychologische

---

1 LXX 4.Kön 6,19. Zitation durch Jesus ist nicht anzunehmen (Gnilka, a.a.O. S. 73; erwogen von R.Pesch, Berufung S. 15).

2 Vgl. Schnackenburg, Nachfolge S. 89; ders, Botschaft[2] S. 59; Merklein, Jüngerkreis S. 70; Jacobs, Nachfolge S. 250; Wendland, Ethik S. 29; Hemmerle, Nachfolge S. 29; Best, a.a.O. S. 329; Bouwman, a.a.O. S. 30; Bornkamm, Jesus S. 127; Burchard, Jesus S. 36; Kretschmar, Beitrag S. 50; Schnell, Berufen S. 9; Stolle, Nachfolge S. 145; Rott, Nachfolge S. 383; Schürmann, Jüngerkreis S. 52; A. Schulz, Nachfolge Christi S. 758; Schneider, ἀκολουθέω S. 118

3 Schnackenburg, Nachfolge S. 95; zum Vollmachtsanspruch Jesu vgl. auch A. Schulz, Nachfolge Christi S. 758.

4 D. Müller, a.a.O. S. 950; ähnlich A. Schulz, Nachfolge Christi S. 758; G. Müller, Nachfolge S. 936

Vorbereitung.[1] Jesu Wort der Berufung wirkt an den Brüdern mit unmittelbar bezwingender Gewalt. Es ergeht keine Frage nach der Bereitschaft der Angesprochenen, sondern ein Befehl, der den Berufenen als unentrinnbare Notwendigkeit trifft und andere Möglichkeiten des Lebens abschneidet[2]. Hierin entspricht er 1.Kön 19,19-21. Indem Jesus befiehlt wie Gott befiehlt, ergeht kein unmenschlicher Befehl. Hier ereignet sich vielmehr ein gnädiges Rufen Gottes. Historisch mag sich der Anschluß der ersten Jünger an Jesus als Übergang von Täuferjüngern zu Jesus ereignet haben.[3] Aber diese Zusammenhänge interessieren in dieser Erzählung für das Berufungsgeschehen nicht. Von V 17 auf V 16 zurückblickend, kann festgehalten werden, daß Jesu Ruf die beiden Brüder mitten in der täglichen Arbeit trifft, ähnlich unerwartet wie einst Amos, der von der Herde weggerufen wurde.[4] Ein flüchtiger Augenblick birgt hier den Einbruch der Ewigkeit durch die göttliche Offenbarung. In den Alltag bricht damit unerwartet ein unableitbares Wunder ein, das der Unableitbarkeit der Autorität Jesu entspricht. In diesem Wunder tritt Jesus als der göttliche Meister auf. Der Ruf in die Nachfolge ist das unbegründbare Werk dessen, der ruft. Jeder Versuch schlüssiger Erklärung muß hier zu kurz greifen.

Die Tatsache, daß Jesu Ruf Fischer bei ihrer gewöhnlichen Arbeit erreicht, unterstreicht die Voraussetzungslosigkeit seines Rufs von seiten des Berufenen. Dasselbe gilt im Hinblick auf das Ansehen der Jünger: Jesu Berufung richtet sich nicht nach der gesellschaftlichen Stellung des Berufenen. Nicht, was die Zeitgenossen der berufenen Fischer von ihnen halten, gibt den Ausschlag für oder gegen den Ruf Jesu. Diejenigen, denen die Berufung gilt, können hier weder positive noch negative Voraussetzungen mitbringen, die den einen geeigneter für den Ruf machten als den anderen. Das erwählende Sehen und die Geschichtsmächtigkeit des Rufes Jesu begründen sein berufendes Handeln.[5] Die Jünger können sich deshalb nicht selber bewerben, da ihnen von sich aus jede Qualifikation fehlt. Sie wird dem Jünger durch den schöpferischen Ruf Jesu zugeeignet; der Ruf selber macht ihn zum Jünger. Er stellt ihn in die ihn verwan-

---

1 Zur Unableitbarkeit des Rufes vgl. Bonhoeffer, Nachfolge S. 28; Best, a. a. O. S. 324; Schelkle, Jüngerschaft S. 13; Lohmeyer, Mk S. 31f; Schmithals, Mk S. 105; Schweizer, Mk S. 21f; ders., Kreuz S. 80; Jacobs, a. a. O. S. 250; Schniewind, Mt S. 35; Knoch, a. a. O. S. 14; Donaldson, Called S. 69; Hahn, Nachfolge S. 9f; Bornkamm, Jesus S. 128; A. Schulz, Nachfolgen S. 109.115

2 Donaldson, a. a. O. S. 69 (vgl. auch ebd. zur Initiative Jesu); Moltmann, Der gekreuzigte Gott S. 56; zur Berufung im AT vgl. Long, Berufung S. 675ff; Heinen/Weiser, a. a. O. S. 11; Neuhäusler, Jünger S. 1209; ders., Jüngerschaft S. 69; Schweizer, Erniedrigung S. 8; Schnackenburg, Nachfolge S. 89; ders., Botschaft[2] S. 60; Vögtle, Einzelne S. 72; Merklein, Jüngerkreis S. 71; Bornkamm, Jesus S. 128; Stolle, Nachfolge S. 146f; Schmahl, Zwölf S. 52.63; Lohse, Grundriß S. 41; Schrage, Ethik S. 50; Schneider, ἀκολουθέω S. 121; Nepper-Christensen, μαθητής S. 919; Riesner, Jesus S. 416; Rengstorf, μαθητής S. 447

3 Vgl. Joh 1,35ff. Grundmann, Mk[5] S. 54, Bornkamm (Jesus S. 128) u. Kraft (Entstehung S. 104) weisen auf diesen historischen Sachverhalt hin.

4 Am 7,14f

5 Knoch, a. a. O. S. 15; Stolle, Nachfolge S. 147

delnde Lebensgemeinschaft mit Jesus.[1] Der Jünger ist selbst abhängig vom und hat Teil am umfassenden Heilswirken Gottes, das Jesus dem ganzen Volk Israel vermittelt.

Die Berufung erfolgt an Simon und Andreas als Brüderpaar.[2] Die natürlich-menschliche Gemeinschaft wird hier durch den göttlichen Anruf Jesu in das Wirken Gottes an und mit dem Brüderpaar hineingenommen. Die Gemeinschaft zwischen Simon und Andreas erhält dadurch eine neue Basis. Sie beruht nicht mehr auf den natürlichen Gegebenheiten verwandtschaftlicher Verbundenheit der Berufenen. Sie ist durch Jesu Berufungsakt zu Jesus hin geöffnet. Damit basiert die Gemeinschaft der Berufenen auf der Gegenwart des die beiden beanspruchenden Gottes. Von nun an steht zwischen Simon und Andreas der Ruf des Meisters, der die natürlichen Bande des Blutes zwar nicht negiert, aber dennoch eine fundamental neue Art der Gemeinschaft schafft. Die Berufung des Brüderpaares gibt unmißverständlich zu verstehen, daß es sich beim Berufungsakt Jesu um ein Geschehen handelt, das eine neue Gemeinschaft stiftet: "Jesus beruft wohl auch Einzelne, aber nicht Vereinzelte."[3] Der Ruf richtet sich an den einzelnen. Insofern ist er ein Geschehen, das vom einzelnen individuell befolgt werden will. Aber indem beide Brüder von Jesus berufen sind, gehören sie als eine Gemeinschaft der Berufenen zusammen. Die paarweise Berufung - vor allem in der Sendung - dürfte die vorösterliche Situation zutreffend wiedergeben. Nach dem Ausweis mehrerer synoptischer Belege[4] gehören die von Jesus Berufenen paarweise zusammen.

Das Berufungswort Jesu bleibt nicht bei der Aufforderung stehen, hinter Jesus zu gehen. Die Berufung zur Bindung an Jesus hat eine Ausrichtung auf den Auftrag hin: καὶ ποιήσω ὑμᾶς γενέσθαι ἁλιεῖς ἀνθρώπων. Die Verbindung von Imperativ, καί und Futurum weist sehr wahrscheinlich auf semitischen Ursprung des Logions hin.[5] Auch wenn sich zu diesem Bild in der jüdischen Tradition keine direkten positiven Parallelen finden[6], muß diese Feststellung nicht gegen die Echtheit dieses Logions sprechen. Daß Jesus eine solche eigene Wortprägung zugestanden werden kann, legt der Kontext nahe, in den hinein dieses Berufungswort ergeht: Es ist an Fischer adressiert, die bei ihrem Handwerk sind.[7] In diese Situation paßt die Neuprägung der Metapher hinein.

---

1 Bornkamm, Jesus S. 128

2 Mt 4,18 stellt zuerst die Tatsache fest, daß es sich um zwei Brüder handelt. (Zu den Unterschieden zwischen Mt 4,18ff u. Mk 1,16ff vgl. Schniewind, Mt S. 35; Grundmann, Mt S. 109f; Roloff, NT S. 42.)

3 Bieler, a. a. O. S. 9; ähnlich Beinert, a. a. O. S. 28; Heufelder, Räte S. 16; Kraft, a. a. O. S. 107; vgl. dazu auch K. Barth, KD II,2 S. 347; Bonhoeffer, Nachfolge S. 70ff; Hengel, Nachfolge S. 68ff; Görtz, Nachfolge S. 327; v. Balthasar, Nachfolge S. 16

4 Vgl. Mk 6,7; 11,1; 14,13; Lk 7,18; 12,1; s. dazu unten Punkt 1.5

5 Zur Rückübersetzung des Logions ins Hebräisch-Aramäische vgl. Hengel, Nachfolge S. 85; dagegen Schmithals, Mk S. 105; Haenchen, Weg Jesu S. 81

6 Vgl. dazu Hengel, Nachfolge S. 86

7 Bultmann (Geschichte S. 27) verstellt sich ebendiesen Zugang, wenn er die ganze Berufungsszene aus dieser Metapher herausgesponnen sein läßt.

Jesus spricht zu den Berufenen nicht vom unheilvollen Einfangen zum Gericht. Das Bildwort bedeutet vielmehr im positiven, paradox-provozierenden Sinn, daß Jesus das Brüderpaar bevollmächtigt, im Zeichen der anbrechenden Gottesherrschaft Menschen für diese zu gewinnen. Legitimes "Fischen", legitimes Gewinnen der verlorenen Schafe des Hauses Israel, geschieht nicht in eigenmächtiger Weise, sondern im Auftrag des berufenden Herrn. Dabei schwingt in der Metapher wohl der Gedanke mit, daß die Jünger wie Jesus selber in der mit ihrer Berufung empfangenen Vollmacht dem Starken seine Beute abringen sollen.[1] Ihr Wort an das Volk Israel wird ebenfalls an der überwindenden und bindenden Macht des Gotteswortes Anteil haben. "They are to help in the function of preparing and preserving the holy people of messianic times."[2] Das Logion beinhaltet etwas Derbes, Frappierendes, wie es Jesu hyperbolischer Redeweise immer wieder eignet. Das Brüderpaar steht fortan im Auftrag Jesu. Ihr Wirken nimmt teil an Jesu eigener Sendung; er beteiligt seine Jünger aktiv an ihr. Ihr Dienst für die Basileia wird zugleich ein Dienst an Menschen sein, in dem diese für das Heil der Basileia gewonnen werden.
Die Berufung der Jünger enthält eine Verheißung, die sich sprachlich im Verb ποιήσω[3] (אֶעֱשֶׂה) andeutet. Aus dieser Verheißung spricht ebenfalls Vollmacht. In diesem Verb drückt sich die "Offenbarung göttlicher Herrlichkeit"[4] aus. In Jesu "Machen" geschieht göttliches, allmächtiges Machen. Was Jesus hier den Berufenen verheißt, zielt auf ihre Neuschöpfung, die sich in ihrem Dienst zu anderen Menschen hin fortsetzt. "Der berufende Herr stellt einen neuen Menschen in Aussicht."[5] Mit diesem Verheißungswort befiehlt Jesus nicht allein die Nachfolge, sondern er ermöglicht mit ihm missionarisches Wirken und ermächtigt zu ihm. Allein der neue, durch Jesu Anruf geschaffene Mensch kann seinerseits Menschen "fischen". Die Berufung hat zum Wandel ihres Lebens geführt, womit nun ein Wandel ihres Wirkens gegeben ist. "Fremd stehen und 'fischen' sie in einer fremden Welt, selbst einem Fremden dienstbar."[6] Jesu Berufung des Brüderpaares ist damit kein Selbstzweck. Nachfolge ist Indienstnahme, die den ganzen Einsatz des Berufenen für den neuen Dienst fordert. Als Nachfolgende werden Simon und Andreas in die Gemeinschaft mit Jesus einbezogen, weil sie den gleichen "Beruf" wie Jesus in Abhängigkeit von ihm ausüben werden. Die Jüngerberufung zielt auf die missionarische

---

1 Lk 13,16; 11,20 par; Mt 12,28f

2 Freyne, a. a. O. S. 44

3 Vgl. dazu Schmahl, Zwölf S. 94

4 Schelkle, Jüngerschaft S. 11

5 Bieler, Berufung S. 10

6 Lohmeyer, Mk S. 33; zum Dienstgedanken vgl. ferner Schmithals, a. a. O. S. 113; Freyne, a .a. O. S. 19; D. Müller, a. a. O. S. 951; Donaldson, a. a. O. S. 69; Beinert, a. a. O. S. 28; Schweizer, Erniedrigung S. 9; Bornkamm, Jesus S. 130f; Schrage, Ethik S. 53f; Schneider, a. a. O. S. 121; Wagner, Berufung S. 686; Grundmann, Mk[3] S. 54f; Roloff, Apostolat S. 154; Gnilka, a. a. O. S. 75; Merklein, Gottesherrschaft S. 63

"Intensivierung und Extensivierung der Gottesvorstellung"[1]. Nach Jesu Willen sind die Jünger damit nicht nur Empfänger der in Jesu Wort und Tat schon gegenwärtigen Basileia, sondern sie werden selbst aktiv in den Dienst ihrer Verkündigung und der Ausrichtung ihres Sieges mit hineingenommen.
Mit seiner Berufung führt Jesus Simon und Andreas sogleich ihre neue Tätigkeit vor Augen. Da sich die Nachfolge nicht vom Dienst trennen läßt, liegt die Würde des berufenen Brüderpaares in ihrer Gemeinschaft mit Jesus und ihrem Tun, das Menschen für die Gottesherrschaft gewinnt. Nachfolge und Zeugenschaft können zwar unterschieden, nicht aber voneinander getrennt werden. Hier kommt zum Ausdruck, daß die Jüngerschaft dem Zeugendienst zeitlich vorausging.[2] Die Jünger werden in den Auftrag und das Wirken Jesu hineingenommen.
Schließlich stellt Jesu Verheißung im Berufungswort den neuen Beruf des Menschenfischers dem alten Fischerberuf des Brüderpaares gegenüber. Der Ruf, der sie während der Arbeit traf, ruft sie in einen neuen Beruf hinein; Jesus designiert Simon und Andreas zu einer neuen Tätigkeit. Die Arbeit als Fischer ist für sie der Raum, in dem sie Jesus zu sich ruft, um sie andersartig zu beauftragen. Die Hingabe, die sie im alten Fischerberuf gelebt haben, wird durch Jesu Berufung in eine ganz neue Richtung gelenkt. Jesu göttliche Vollmacht löst das Brüderpaar aus seinem bisherigen Lebenszusammenhang heraus und schafft einen neuen. "Beruf und Berufung sind nicht identisch."[3] Der neue Beruf ist an Jesu Person und Werk orientiert und hat den Befehl zur Voraussetzung, in die Lebensgemeinschaft mit Jesus einzutreten. Die Nachfolge des Brüderpaares geht nicht am neuen Dienst vorbei, sondern wird in ihm konkret. Durch das berufende Wort Jesu wird das Brüderpaar in den "Dienst am Wort"[4] genommen. "Berufung, Nachfolge und Sendung gehören zusammen."[5] Der Berufungswechsel dient dazu, daß Jesus Simon und Andreas zu anderen Menschen senden kann. Der neue Beruf ist somit der Dienst für den neuen Herrn, der sie berufen hat, im Dienst für den neuen Menschen, den die Gottesherrschaft schafft. An die Stelle

---

1 R. Pesch, Berufung S. 20; ähnlich Grundmann, Mk[5] S. 55f; Knoch, a. a. O. S. 11f.18. Zum Missionsgedanken vgl. Pesch, Berufung S. 16; Watson, Jüngerschaft S. 17. Ob mit dem Menschenfischerwort daran gedacht ist, daß die Jünger Israel aus der Zerstreuung heimholen sollen (ebd. S. 22; ähnlich Jeremias, Theologie S. 133.166.227; Gnilka, a.a.O. S. 74), bleibt zu fragen.

2 Vgl. dazu Klein, Berufung S. 17; ähnlich bereits Bruce, Twelve S. 11; außerdem Stock, a. a. O. S. 47

3 Bieler, Berufung S. 9; vgl. ferner Grundmann, Mk[3] S. 40; R. Pesch, Berufung S. 21; Knoch, a. a. O. S. 12; Hahn, Nachfolge S. 11.18f; Stock, a. a. O. S. 49; Riesner, Formen S. 13; Schmahl, Zwölf S. 115; W. Pesch, Begründung S. 40; Schneider, Nachfolge S. 139; Blendinger, a. a. O. S. 946; A. Schulz, Jünger S. 20f; Blinzler, Jüngerschaft S. 13; Wagner, Berufung S. 685; Nepper-Christensen, μαθητής S. 919

4 Schniewind, Mk S. 35; vgl. auch Held, Christusweg S. 83. Freilich, so wird sich im Fortgang dieser Untersuchung zeigen, umfaßt ihr Dienst auch die vollmächtige Tat.

5 R. Pesch, Berufung S. 15; vgl. weiter Roloff, Apostolat S. 154; Lohse, Nachfolge S. 1287; Schnieder, Nachfolge S. 141; Hahn, Mission S. 32; Stock, a. a. O. S. 188.191.108; Schrage, Ethik S. 54; dagegen Klein, a. a. O. S. 12

des Werkes, für das sie sich bisher einsetzten, tritt nun Jesus, der sie zu neuem Einsatz befähigt. Im neuen Beruf für die mit Jesus angebrochene Gottesherrschaft erfüllt sich fortan ihre Berufung zur Lebensgemeinschaft mit ihm. In der Berufung wie in der neuen Beauftragung ereignet sich Gottes Gnade, ohne daß ausdrücklich von Gnade gesprochen werden muß.[1]
V 18 greift das dritte von der Elisaberufung her bekannte Strukturelement auf: Das Gehorsamsmotiv, den Vollzugsbericht.[2] Die Jünger folgen Jesu Ruf (ἠκολούθησαν αὐτῷ). Unableitbar wie der Ruf Jesu ist auch der Gehorsam der Jünger. Bewußt wird keine Begründung für ihren Anschluß an Jesus gegeben; sie folgen als Jünger unmittelbar dem Ruf Jesu. Ihr Gehorsam ist die einzig mögliche, dem machtvollen Ruf korrespondierende Antwort. Auf Jesu berufendes Wort hin kann in V 18 nur noch die Bestätigung der wunderbar bezwingenden Macht des göttlichen Wortes im Gehorsam folgen.[3] Die mit der Berufung gegebene Verwandlung der Berufenen bleibt nicht innerlich, im Verborgenen. Der Schritt in die Nachfolge dokumentiert für die Zeitgenossen sichtbar, daß durch Jesus im Leben von Simon und Andreas etwas anders geworden ist. Ihre gehorsame Nachfolge scheidet sie von ihrer bisherigen Lebensweise. Der Ruf Jesu nötigt sie, alles zu verlassen. Nachfolgend vollziehen sie im Gehorsam gegenüber Jesus dieses Verlassen (ἀφέντες τὰ δίκτυα). Im Gehorsam haben Simon und Andreas mit ihrem alten Beruf auch ihre Existenzsicherung zu verlassen. Im vollzogenen Gehorsam wird die Spannung zwischen Beruf und Berufung für das Brüderpaar offenbar.[4] Dabei bedeutet das Aufgeben der Existenzsicherung nicht Weltflucht, sondern es dient der Lebensgemeinschaft mit Jesus und der Sendung durch ihn. Wie die Nachfolge so ist auch der ihr zugeordnete Gehorsam kein Selbstzweck. Er führt zur Konkretion der Nachfolgegemeinschaft und Beauftragung durch Jesus. In solcher Gemeinschaft ereignet sich in Raum und Zeit die eschatologische Gemeinschaft als Gottesgemeinschaft der Gottesherrschaft.[5] Das Berufungswort hatte die Loslösung aus dem bisherigen Berufsleben bewirkt. Im Gehorsam geben Simon und Andreas in der Nachfolge Jesu der neuen Wirklichkeit in ihrem Lebensvollzug Recht. Sie entsagen gehorsam ihrem bisherigen Berufsleben und willigen mit dem Verlassen der Netze in den Berufswechsel ein. So bringt der Gehorsam für sie eine konkrete Wendung von den Sachen zum berufenden Herrn mit sich. Die Netze verlassend, bringen sie sich selber Jesus dar.[6] Vom unmittelbar ihm nachfolgenden Jünger erwartet Jesus die Loslösung von den beruflichen Bindungen. Hier kommt es zum "Bruch mit allem, was dem früheren

---

1 Schweizer, Mk S. 22; u. ders., Kreuz S. 81; Schürmann, Jüngerkreis S. 51

2 Hahn, Nachfolge S. 11; vgl. auch Zimmermann, Nachfolge S. 245; Egger, Weg S. 157f; Watson, Jüngerschaft S. 15

3 So auch Lohmeyer, Mk S. 31; Görtz, Nachfolge S. 327

4 Vgl. dazu Knoch, a. a. O. S. 15; Schrage, Ethik S. 54; S. Schulz, Q S. 437

5 So auch Lohmeyer, Mk S. 32; Grundmann, Mk[5] S. 56

6 "Die Berufenen können nichts mitnehmen außer sich selber" (Bieler, Berufung S. 12; ähnlich Zimmermann, a. a. O. S. 247; Merklein, Jüngerkreis S. 70).

Leben Sinn und Verantwortung gegeben hat"[1]. Die Vollmacht Jesu über die Berufenen heißt Verfügungsgewalt über sie. Zur Nachfolge im engeren Sinn gehört das Aufgeben des bisherigen Lebenskreises wesensmäßig hinzu. Dem negativen Aspekt des Verlassens im Gehorsam entspricht der positive, daß die Jünger, die Jesus nachfolgen, in seine Gemeinschaft eintreten und tätig seine Sendung weitertragen. So ist die Nachfolge Jesu Tat, in die die Jünger im Gehorsam mit ihrem Leben einwilligen. Der Ruf Jesu entsprang göttlicher Freiheit; er ruft beim Brüderpaar nach der freien Antwort im freien Gehorsam. Das berufende Wort Jesu hat eine überwindende Kraft, so daß die Frage nicht weiterführt, ob dieses Wort die freie Entscheidung des Berufenen durch Jesu hoheitlich regierenden Willen unterbindet oder freigibt. "Denn das Besondere dieser Erfahrung (sc. der Berufung) ist, daß sich hier beides zugleich ereignet: die göttliche Stimme gebietet und der Mensch ist - gerade indem er folgt - ganz frei, d.h. er kommt endlich dazu, das zu tun, was er eigentlich möchte. Wahre Freiheit gibt es für den Menschen ... nur im steten Hören auf das befreiende Wort, in bleibender Bindung an Gott, der dem Menschen in dieser Bindung Freiheit schenkt."[2] Für Simon und Andreas hat in diesem Sinn der Gehorsam der Nachfolge mit dem ihnen widerfahrenden Geschenk göttlicher Freiheit mitten in ihrer begrenzten menschlichen Existenz zu tun. In ihrem Gehorsam geht es für sie als Jünger um die persönliche Reaktion auf Jesus selber. Der Gehorsam als Dank ist die einzig mögliche Antwort des Brüderpaares auf die Berufung.[3] Durch Jesus bewahrheitet sich im Hinblick auf die Jünger das, was A. Schulz in die Worte faßt[4]: "Gottes Wort an den Menschen berücksichtigt dessen vornehmste Fähigkeit, sein Vermögen zu personaler Gemeinschaft." Gehorsame Nachfolge ist bejahte personale Bindung des Jüngers an Jesus als seinen neuen Herrn. Sprach die Berufung dem Brüderpaar das neue Leben zu, so ist der Gehorsam die freie Annahme der Bevollmächtigung, dieses neue Leben in der Nachfolge Jesu nun auch zu führen. Hier geht es um eine dem Gehorsam eigene Entscheidung, von der gilt[5]: "Die Entscheidung fällt immer innerhalb der Berufung zur 'Nachfolge'." Im Gehorsam bejaht das Brüderpaar Jesu Entscheidung über sich, und so vollzieht es seinerseits die Entscheidung für ihn.

Mit dem Eintritt in die Nachfolge sind Simon und Andreas noch nicht unmittelbar missionarisch tätig. Im Laufe ihrer gehorsamen Nachfolge werden sie vielmehr erst zu Menschenfischern heranwachsen. Die Zeit der Nachfolgegemeinschaft bereitet sie auf ihr eigenes missionarisches Wirken vor, ohne freilich über die bleibende Abhängigkeit von Jesus hinauszuführen.

Ein Unterschied zwischen dem dritten Strukturelement der Berufungserzählung

---

1 Ebd. S. 71; Vgl. dazu auch Neuhäusler, Jünger S. 1208; A. Schulz, Grundlegung S. 445

2 Schmithals, Mk S. 106

3 So auch Bieler, Berufung S. 11f; Barclay, Mk S. 11; Heinen/Weiser, a. a. O. S. 11; Schelkle, Jüngerschaft S. 12; A. Schulz, Grundlegung S. 445

4 Anspruch S. 13; ähnlich Neuhäusler (Anspruch S. 193): "Jede Gemeinschaft von Person zu Person ist freies Geschenk des Aufnehmenden."

5 Ebd. S. 188

Elisas und dem der Berufung des Brüderpaares verdient noch Beachtung: In 1. Kön 19,20 tauchte das Verzögerungsmotiv auf. Elisa will sich von seinen Eltern verabschieden. Dieses Motiv fehlt in Mk 1,16ff ersatzlos.[1] Hier deutet sich im Hinblick auf die Nachfolge Jesu eine eschatologisch-rigoristische Verschärfung an. Die Jesusnachfolge radikalisiert die prophetisch-charismatische Berufung. In der Nachfolge Jesu gibt es für Simon und Andreas keinen Aufschub. Der dem Ruf Jesu antwortende Gehorsam duldet keine Bedingungen, die der Berufene stellen könnte.[2] So sagt V 18, daß das Brüderpaar εὐθύς gehorchte. Hier geschieht das Wagnis der Hingabe des eigenen Selbst als Wagnis einer der Berufung antwortenden Liebe. Im unverzüglichen Gehorsam manifestiert sich die Freiheit der Berufung für ihren neuen Auftrag.

Wie bereits festgestellt, gibt es für die Nachfolge keine menschlichen Voraussetzungen; das gilt sowohl in berufsmäßiger, religiöser als auch in menschlicher Hinsicht. Mit Merklein wäre freilich eine Einschränkung hinzuzufügen[3]: "Man könnte höchstens von einer 'Voraussetzung' sprechen, die vom Jünger verlangt wird: daß er nämlich den Ruf Jesu fraglos und entschieden annimmt." Im bedingungslosen Gehorsam geschieht die bedingungslose Bindung an Jesu Person. Dem voraussetzungslosen Ruf entspricht der bedingungslose Gehorsam. Er lebt vom rufenden Gegenüber in Gestalt der Person Jesu. Im Gehorsam sprechen sie ein existentielles Ja zur Autorität Jesu.

Die zweite Berufungsszene V 19f ist der ersten parallel gestaltet; sie kann noch knapper als die erste formulieren. Parallel zu V 16 beginnt V 19 mit der Situationsangabe: Jesus geht ein Stück weiter (ὀλίγον) am See Gennezaret und sieht das zweite Brüderpaar Jakobus und Johannes, die Söhne des Zebedäus. "Beide werden bei Markus mit Ausnahme von 9,38 stets zusammen genannt und bilden darüber hinaus mit Petrus eine Gruppe der Drei (5,37; 9,2; 14,33). Im Gegensatz zu Simon und Andreas haben sie semitische Namen."[4] Das zweite Brüderpaar ist gegenüber dem ersten als wohlhabender gezeichnet. Es hat Kutter und Schleppnetz, Tagelöhner arbeiten mit ihnen zusammen.[5] Wieder handelt es

---

1 zu Mt 8,21f par Lk 9,59f vgl. Punkt 1.4.1; s. zum fehlenden Verzögerungsmotiv Schmahl, Berufung S. 207; Merklein, Jüngerkreis S. 84

2 R. Pesch, Berufung S. 12; A. Schulz, Nachfolgen S. 102; Freyne, a. a. O. S. 19.108. Der Wegfall des Verzögerungsmotivs unterstreicht zugleich das Vorbildhafte der Berufungserzählung. Zum Gehorsam vgl. ferner Zimmermann, a. a. O. S. 245f: "Mit göttlicher Vollmacht ruft der Herr, darum wird seinem Rufe unbedingt entsprochen." S. auch Beinert, a. a. O. S. 27; Stock, S. 48; Schweizer, Erniedrigung S. 9; Schnackenburg, Nachfolge S. 89; Merklein, Jüngerkreis S. 69f.72; Best, a. a. O. S.324; Riesner, Formen S. 13; Schmahl, Zwölf S. 52; Neuhäusler, Jüngerschaft S. 69; ders., Jünger S. 1208f; Bracht, a. a. O. S. 157; Vögtle, Einzelne S. 72; Schürmann, Jüngerkreis S. 51f; Wendland, Ethik S. 30; Schrage, Ethik S. 52; Grundmann, Mk[5] S.55f; Wagner, Berufung S. 685; Breytenbach, Nachfolge S. 273; Lohse, Nachfolge S. 1287

3 Jüngerkreis S. 71; vgl. auch Bornkamm, Jesus S. 129; Strunk, Nachfolge S. 28

4 Gnilka, a. a. O. S. 74

5 Vgl. dazu Lohmeyer, Mk S. 33; Bruce, a.a.O. S. 16

sich um eine Einzelberufung.[1] Sie dokumentiert, daß Jesus bestimmte Menschen in seiner Nachfolge haben will. Erneut erscheint das theologisch gefüllte εἶδεν.[2] Formal V 16 überschießend wird in V 19 der Vater erwähnt. Er wird im Hinblick auf das dritte Strukturelement der Berufungsszene bedeutsam werden. Entsprechend dem ersten Brüderpaar trifft Jesus das zweite ebenfalls bei seiner täglichen Arbeit; auch ihm tritt Jesus in seiner gewohnten Umgebung gegenüber. Im Unterschied zum ersten Brüderpaar befinden sich Jakobus und Johannes im Boot und flicken die Netze.[3]
V 20 setzt mit dem zweiten Strukturelement der Berufungserzählung ein: der Berufung (καὶ εὐθὺς ἐκάλεσεν αὐτούς). Im Unterschied zur ersten Berufungsszene steht hier kein ausgeführtes Berufungswort. An dessen Stelle erscheint das zusammenfassende Verb καλεῖν. Nach der ersten Berufungsszene genügt dieses. Dieses Verb ist zunächst "ein weltläufiges Wort"[4], das mit "rufen" oder "einladen" übersetzt werden kann. Wo allerdings eine besondere Betonung auf ihm liegt, drängt sich die Übersetzung mit "berufen" auf. Nach alttestamentlicher Auffassung ist der Berufende immer Gott. So ist es bezeichnend, daß etwa in der Berufungsgeschichte Elisas das Verb καλέω nicht auftaucht.[5] Gottes Ruf ist Heilsgeschehen und kann sich an einen einzelnen[6] oder an Israel als ganzes Volk richten[7]. V 20 spricht nun vom καλεῖν Jesu. Im MkEv wird nur noch in 2,17 vom Rufen als der Tätigkeit Jesu gesprochen. Der seltene Gebrauch dieses Verbs legt es nahe, einen sehr bewußten Gebrauch durch Mk anzunehmen.[8] In Mk 1,20 wird nicht angegeben, wozu Jesus das Brüderpaar ruft. Die Parallelität zum Berufungswort in V 17 legt eindeutig nahe, daß es sich um das Berufen Jesu zur Nachfolge handelt. "Das καλεῖν von V 20 ist offensichtlich terminus technicus für das, was in V 17 (2,14) konkret in seinem Vorgang beschrieben wird, für Jesu Ruf in die Nachfolge."[9] Das Rufen Jesu ist der Vollzug der Berufung Gottes.[10] Im Rufen Jesu tritt Gott den Berufenen gegenüber. Wie in V 17 ist auch hier Jesus im Berufungsgeschehen das bestimmende Subjekt. Im καλεῖν entfaltet sich die Macht seines göttlichen

---

1 So auch Jeremias, Theologie S. 157; Stolle, Nachfolge S. 146

2 S. o. zu V 16

3 Zum Unterschied in der Tätigkeit vgl. Gnilka, a. a. O. S. 72.

4 K. L. Schmidt, καλέω S. 488; vgl. auch Daumoser, Berufung S. 72; Grundmann, Mk[5] S. 56; Lohmeyer, Mk S. 33; Schmithals, a. a. O. S. 107; Bauer/Aland Wörterbuch S. 809f

5 Schmahl, Zwölf S. 53 (Anm. 56)

6 Z. B. Gen 12,1-3; 15,1-6

7 Jes 41,8; 42,6 u. ö.; vgl. auch Hemmerle Ruf S. 1067

8 Vgl. Stock, a. a. O. S. 45. Mt kennt ebenfalls nur zwei Belege (4,21; 9,13), Lk einen (5,32), Johannes keinen.

9 Ebd. S. 42 Anm 99; vgl. auch ebd S. 45; Hahn, Nachfolge S. 12; Schneider, Nachfolge S. 139 u. R. Pesch, Berufung S. 15: "V 20a interpretiert V 17 wie V 20a von V 17 seinen Inhalt empfängt."

10 Hier liegt ein mit Paulus verwandter Sprachgebrauch von καλεῖν vor (vgl. dazu K. L. Schmidt, a .a. O. S. 489; Stock, a.a.O. S. 45; Schmahl, Zwölf S. 53; Wagner, Berufung II S. 684.686).

Wortes, die auch das zweite Brüderpaar unwiderruflich-vollmächtig in Bann ziehen wird.[1] Damit tritt auch in der zweiten Berufungsszene die Eigentümlichkeit der Berufung Jesu zutage, daß sie ohne jede Begründung ergeht. "Er (sc. der Ruf) trägt offenbar seine Vollmacht und Legitimation in sich selbst, indem er von Jesus ausgeht."[2] Indem Jesus die Fischer bei ihrer alltäglichen Arbeit ruft, beruft er sie. Jesu Rufen macht die Angerufenen zu Empfängern seines worthaften Handelns.

Die Initiative geht - wie in der ersten Szene - auch hier von Jesus aus. Erneut bringt dieses Moment den eigentümlichen Wesenszug der charismatischen Vollmacht Jesu in Wort und Tat zum Ausdruck. Die Initiative Jesu schließt im Ansatz das Bauen auf eigene Leistung in der Nachfolge des Brüderpaares aus. Das καλεῖν schließt von vornherein jeden 'Synergismus' aus. Wie das erste Brüderpaar, so stellt Jesu Ruf auch das zweite auf einen neuen Grund und schafft so eine neue Gemeinschaft unter ihnen. Der Doppelruf steht im Makrotext des MkEv in Verbindung mit der Kollegiatenmission: Die Jünger werden zu zweit ausgesandt.

V 20b bringt das dritte Strukturelement der Berufungserzählung zur Sprache: den Gehorsam. Als Antwort auf das vollmächtige, charismatische Berufen Jesu, der bisher alleiniges Subjekt der Handlung war, werden nun hier die Brüder 'Sekundär'-Subjekte. Im Gehorsam entsprechen sie dem Anruf Jesu. Wie in der ersten Szene führt auch in der zweiten Jesu Ruf die Berufenen dazu, ihren alten Beruf zu verlassen, auch wenn in V 20 der neue Beruf nicht genannt ist. Jesus löst die Brüder aus dem einen Lebenszusammenhang heraus, um sie in einen neuen hineinzuführen, auf den sie sich im Gehorsam einlassen.

Im Unterschied zur ersten Szene taucht, in V 19 durch die Erwähnung des Zebedäus bereits vorbereitet, das Vatermotiv auf. Nicht nur die Netze und Schiffe verlassen sie, sondern auch ihren Vater samt den Tagelöhnern. Dieses Motiv radikalisiert den Nachfolgegedanken.[3] Im Zerreißen der Familienbande und dem Verlassen eines gewissen Wohlstandes läßt sich eine leise Steigerung der zweiten Szene gegenüber der ersten beobachten. Für Jakobus und Johannes schließt die Nachfolge Jesu die Trennung vom Vater mit ein. Die Nachfolge Jesu bringt für den Nachfolger die Loslösung von allen Bindungen an Beruf und Familie mit sich. Auch hier entspricht es dem Vollmachtsanspruch Jesu, alles andere aufzugeben. Für Jakobus und Johannes gehören auch die engsten Lebensbeziehungen dazu. Indem sie Jesu Ruf folgen, ordnen sie Jesu Ruf ihrer Sohnespflicht über. Ihr Entschluß ist "frei von Härte gegen den Vater"[4], da er

---

1 Vgl. dazu ebd. S. 685; s. auch Egger, Weg S. 171

2 Wendland, Ethik S. 30; vgl. auch Grundmann, Mk5 S. 53

3 Vgl. ebd. S. 74; Stolle, a. a. O. S. 148; R. Pesch, Berufung S. 17; Hengel, Nachfolge S. 63; G. Lohfink, Gemeinde S. 60f; Moltmann, Der gekreuzigte Gott S. 56; Bieler, Berufung S. 13; Merklein, Gottesherrschaft S. 56; Held, a. a. O. S. 92; Busemann, Jüngergemeinde S. 76; S. Schulz, Ethik S. 63; Schweizer, Mk S. 22

4 Schlatter, Mk S. 45 (zitiert bei Grundmann, Mk[5] S. 56 u. R. Pesch, Berufung S. 17; zur Verschärfung dieses Zuges bei Mt vgl. Grundmann, Mt S. 110 Anm 4)

Tagelöhner hat. Die Berufung Jesu schneidet alle falschen, der Basileia Gottes widerstreitenden Wünsche von seiten der Verwandten ab. Im Gehorsam begeben sich die Berufenen, die alten Bindungen loslassend, mit dem rufenden Wanderer auf die Wanderschaft.[1] Die Entscheidung Jesu für sie hat sie zur antwortenden Entscheidung für Jesus herausgefordert. Jesus nachfolgend, lassen sie sich auf das "unabdingbare Gehorsamsverhältnis"[2] ihm gegenüber ein. So machen sie sich ganz frei, um sich mit all ihren Kräften und mit ihrer Zeit in den Dienst der Nachfolge Jesu zu stellen.[3]

Wenn von der Berufung der Jünger in den synoptischen Evangelien die Rede ist, dann muß die *Berufung des Zwölferkreises* mitbedacht werden. Die Berücksichtigung der Perikope von der Zwölferberufung ist für unserern Zusammenhang deshalb fruchtbar, weil sie die bisher anhand der Einzelberufungserzählungen gemachten Beobachtungen nicht nur unterstreicht, sondern um einige Aspekte ergänzt.

Es wurde verschiedentlich beobachtet, daß sich die Einsetzung der Zwölf Mk 3,13-19 aus zwei Abschnitten zusammensetzt[4]: die Einsetzung des Zwölferkreises und eine Namenliste der Zwölf. V 13 setzt mit dem Hinaufgehen Jesu auf den Berg ein (καὶ ἀναβαίνει εἰς τὸ ὄρος). Der Berg ist der Ort besonderer göttlicher Geheimnisse, Offenbarungen und göttlicher Nähe.[5] In VV 7ff war die Stätte der Begegnung mit der Volksmenge der Meeresstrand. Die Zwölferberufung geschieht auf dem einsamen Berg, dem Ort des Rückzugs. "Die 12-Berufung erfolgt nicht am Arbeitsplatz der Berufenen, sondern am 'Arbeitsplatz' Jesu."[6] Wer die Begleiter Jesu sind, aus denen er den Zwölferkreis beruft, wird nicht gesagt. Es muß eine größere Schar von Nachfolgern Jesu vorausgesetzt werden. Die Schar der nachfolgenden Jünger und der Zwölferkreis sind nicht identisch.[7] Hinsichtlich seiner Berufung ist das Besondere des

---

1 Vgl. H. D. Betz, a. a. O. S. 13f; Bruce, a.a.O. S. 16

2 Riesner, Formen S. 11

3 In der ausführlichen Fassung folgte hier die Exegese von Mk 2,14 (die Berufung des Levi). Sie bringt gegenüber Mk 1,16-20 nur für unser Thema unwesentliche neue Aspekte. Die Tatsache, daß es sich hier beim Berufenen um einen Zöllner handelt, unterstreicht das Wunder der Gnade im Berufungsgeschehen und die Voraussetzungslosigkeit von seiten des Berufenen. Außerdem ist das Verlassen der Berufswelt bei Levi härter als bei den Fischern, da eine Rückkehr an den verlassenen Zolltisch nicht mehr möglich ist.

4 So etwa Gnilka, a. a. O. S. 136; Schweizer, Mk S. 39f; Grundmann, Mk^5 S. 101. Für unseren Zusammenhang ist eine genauere Analyse der traditionellen und redaktionellen Schichten der Perikope nicht von Interesse (vgl. dazu die Kommentare).

5 Vgl. Ex 19,20; 1.Sam 12,6; 1.Kön 12,31; 19,8; 2.Chr 2,18; Mk 6,46; 9,2ff; zur Bedeutung des Berges vgl. Lohmeyer, a.a.O. S. 74; Gnilka, a.a.O. S. 138f; Schweizer, Mk S. 40; Grundmann, Mk^5 S. 101; Foerster, ὄρος S. 475-486. Ob hier allerdings in V 13 an eine bewußte Anspielung an den Sinai vorliegt (Grundmann, Mk^5 S. 101), kann nicht sicher gesagt werden. Rigaux (Zwölf S. 288) meint, der Berg spiele keine theologische Rolle.

6 Stock, a. a. O. S. 41; vgl. auch Schmahl, Zwölf S. 51

7 Bracht, a. a. O. S. 154 Anm 52; Freyne, a. a. O. S. 23.83; Rigaux, Zwölf S. 284.296; Kümmel, Jesus S. 291; Hahn, Nachfolge S. 18; Donaldson, a. a. O. S. 75; Neuhäusler,

Zwölferkreises, daß bereits berufene Jünger zu einer festen Zwölfergruppe berufen werden.[1] Jesus war somit auf seiner Wanderschaft zunächst von einem größeren Jüngerkreis umgeben, dessen Existenz für ein zahlenmäßig nicht näher bestimmtes Wachstum offen war. Aus dieser größeren Zahl der Jünger ruft Jesus zu sich, welche er will (προσκαλεῖται οὕς ἤθελεν αὐτός). In diesen Worten faßt Mk das zusammen, was 1,16-20 und 2,14 von einzelnen ausführlicher berichtete. Προσκαλεῖσθαι bezeichnet das Geschehen göttlicher Erwählung einzelner oder hier einer kleinen Gruppe durch Jesus. Das Verb weist auf ein Abhängigkeits- und Unterordnungsverhältnis zwischen Jesus und den Berufenen. Jesus steht über ihnen.[2] Er gewährt ihnen aber dadurch ein besonderes Gemeinschaftsverhältnis mit sich. Im Herbeirufen erwählt Jesus die Berufenen in königlicher Hoheit. Αὐτός unterstreicht seine Initiative. V 13 abschließend heißt es von den Berufenen: ἀπῆλθον πρὸς αὐτόν. Die Gerufenen gehen gehorsam zu Jesus als dem sie rufenden Herrn hin. Das Verhältnis zwischen Jesus und den Gerufenen ist zwar eine verborgene, innere Beziehung; sie äußert sich jedoch in ganz konkreten, wahrnehmbaren Vorgängen. Jesus hat in ihr Leben eingegriffen, und sie lassen sich dadurch zu konkreten Schritten bewegen. Die Gerufenen verlassen ihren Platz beim Volk bzw bei der größeren Schar der Nachfolger. Ihre Reaktion auf Jesu Berufung hin ist Aufbruch. Sich Jesus anschließend, vollziehen sie das Verlassen von allem, was sie bisher umgab und band. "Es ist wichtig, daß hier alles auf seinen (sc. Jesu) Willen abgestellt ist."[3] Jesus stellt den Mittelpunkt der Szene dar.
V 13 explizierend und spezifizierend fährt V 14 fort: καὶ ἐποίησεν δώδεκα. Diese archaische, semitisierende Wendung hat Parallelen in LXX. 1.Kön 13,33; 2.Chr 2,17 und 1.Sam 12,6 gibt ποιεῖν mit Akkusativobjekt das hebr Verb עָשָׂה wieder.[4] Die erwähnten Stellen sprechen jedoch von der Einsetzung von Priestern.[5] In 3,14 bezeichnet das Akkusativobjekt δώδεκα das Ergebnis der Einsetzung. Die Zwölf berufend, schafft und ernennt sie Jesus als fest umrissenen Kreis. Wie bei den Einzelberufungen steht auch hier das Handeln Jesu bewußt in

---

Jünger S. 1209; ders., Jüngerschaft S. 69; A. Schulz, Nachfolgen S. 952; Merklein, Jüngerkreis S. 92; Lohse, Grundriß S. 42; Schrage, Ethik S. 52; Schmahl, Zwölf S. 116; Bornkamm, Jesus S. 132.136; H. D. Betz, a.a.O. S. 14; Nepper-Christensen, a. a. O. S. 917; Rengstorf, μαθητής S. 448.454; ders., δώδεκα S. 325; Gerhardsson, Boten S. 91.107; Bieler, a. a. O. S. 22f; Stock, a. a. O. S. 48.200; Roloff, Apostel S. 433; Daumoser, a. a. O. S. 75.177; Lohfink, Gemeinde S. 44

1 Freyne, a. a. O. S. 109

2 Stock, a. a. O. S. 12; Albrecht, Er rief S. 11

3 Lohmeyer, a. a. O. S. 74; vgl. auch Schmahl, Zwölf, S. 209; Bieler, Berufung S. 13; Stock, a. a. O. S. 13.47; Stegemann, Rolle S. 369; Tannhill, Jünger S. 43

4 Vgl. dazu Roloff, Apostolat S. 145; Gnilka, a. a. O. S. 139; Hahn, Nachfolge S. 32f; Vögtle, Einzelne S. 71f; Rigaux, Zwölf S. 288; G. Lohfink, Gemeinde S. 20. An den Schöpfungsgedanken ist hier nicht unmittelbar zu denken (mit Gnilka, a. a. O. S. 139 gegen Grundmann, Mk[5] S. 102; Schmahl, Berufung S. 210) auch wenn es sich bei der Berufung um ein göttliches kreatives Tun handelt.

5 Vgl. Hebr 3,2; Apg 2,36 (von der Einsetzung Jesu zum Kyrios) Apk 5,10 (von der Einsetzung von Priestern)

Parallele zum Tun Gottes im AT. Jesus konstituiert die zwölf Jünger als einen festen Kreis, als eine Institution. Für den Zwölferkreis gilt in nicht geringerem Maße das, was für die Einzelberufungen gilt: Nicht das Wählen der Zwölf begründet ihren Kreis, sondern Gottes Wählen und Berufen durch Jesus. Sie sind in diesem Sinn Objekt des Handelns Jesu. Mk 3 stellt Jesus als von drei Personenkreisen umgeben dar: Den äußersten Kreis bildet die Volksmenge. Aus ihr heraus ist ein engerer Kreis von Jüngern herausgetreten. Die Zwölf bilden den innersten Kreis.

Mit δώδεκα ist ein Schlüsselwort gefallen, das Licht auf Jesu Auftrag und Person wirft. Jesus wandte sich mit seiner Botschaft vom anbrechenden Gottesreich an das ganze Volk Israel. Er erstrebte, darin Johannes d.T. verwandt, die Sammlung und Erneuerung Israels für die eschatologische Stunde.[1] Die Zahl zwölf gehört untrennbar zu Israel als dem Zwölfstämmevolk hinzu: "The people of God was essentially a twelve-tribe people."[2] Seit dem Fall Samarias war Israel als Zwölfstämmevolk politische Vergangenheit. Jedoch bestand die Hoffnung der Wiederherstellung des Gottesvolkes in den ursprünglichen idealen Dimensionen der zwölf Stämme fort. In der exilischen Prophetie (Jer, Ez und DtJes) ist sie zu finden. Die Zwölfzahl symbolisiert in diesem Vorstellungskreis Israel in seiner Ganzheit und Einheit. Für die Endzeit erwartet man die Wiederherstellung des idealen Zwölfstämmevolkes. Die traditionsgeschichtlichen Wurzeln der Zwölfzahl liegen also im AT. Zweifellos steht der Zwölferkreis in unlösbarer Beziehung zum Zwölfstämmevolk der Endzeit. Er macht den unmittelbaren Zusammenhang zwischen Jesu Sendung und dem Gottesvolk der zwölf Stämme manifest; ist Zeichen der eschatologischen Wiederherstellung des eschatologischen Gottesvolkes, die mit Jesus beginnt.[3] Jesu Wirken zielt auf die Schaffung des neuen Zwölfstämmevolkes. In ihrer Zwölfzahl stellen die Jünger des engeren Kreises auf der einen Seite die Repräsentanten des eschatologischen Israel dar.[4] Zugleich sind sie auf der anderen Seite leibhafter Anspruch Jesu auf das ganze Gottesvolk. Jesus will durch seine zwölf Jünger als dem Kern der ständig Nachfolgenden ganz Israel mit seinem Ruf erreichen. Jesus erhebt diesen Anspruch auf Gesamtisrael so, daß er in der Gestalt dieses Zwölferkreises um sich herum dieses neue Gottesvolk bereits zeichenhaft im voraus darstellt und in Geltung setzt. So gehört die Schaffung des Zwölferkreises zu einer der zentralen prophetischen Zeichenhandlungen in der irdischen Wirksamkeit Jesu.[5] Durch

---

1 Vgl. Geist, Jesus S. 44

2 Freyne, a. a. O. S. 25; so auch Rengstorf, δώδεκα S. 322; Gerhardsson, Boten S. 128; Stock, a. a. O. S. 37f

3 Vgl. dazu Stock, a.a.O. S. 36

4 "Jesus mag in ihm (sc. dem Jüngerkreis), insbesondere im Zwölferkreis eine Ankündigung oder zeichenhafte Vorausdarstellung des neuen Gottesvolkes gesehen haben" (Goppelt, Theologie S. 259).

5 Die Geschichtlichkeit des Zwölferkreises kann als gesichert betrachtet werden. Für sie spricht vor allem die Zugehörigkeit des Verräters Judas zu diesem Kreis. Die Geschichtlichkeit dieses Kreises vertreten Geist, a. a. O. S. 50; Freyne, a. a. O. S. 35f; Goppelt, Theologie S. 258; Roloff, Apostolat S. 151ff; ders., Apostel S. 433; Beilner,

Jesu Berufung sind die Zwölf gleichsam der Kern und die Vorläufer des endzeitlichen Israel, der eschatologisch erneuerten Heilsgemeinde. Sie sind dies freilich nur in ihrem Bezug auf das ganze Volk Israel als geschichtlicher Größe. "Jesus kennt nur ein Israel, das empirische Israel, dem er als endzeitlicher Hirte das Heil bringen will, das das Gottesvolk der Heilszeit werden soll."[1] Im Zwölferkreis wird das eschatologische Erfüllungsgeschehen, das mit Jesu Botschaft und Wirken eingesetzt hat, für Gesamtisrael evident. Er bildet keine neue Sondergemeinde und keine "reine Gemeinde" - davon reden die synoptischen Evangelien nicht -, auch nicht den heiligen Rest des Volkes. Eher ist dieser als der Kern derer zu betrachten, die Gottes neuen Bund mit seinem Volk vorweg darstellen. Die jetzt anbrechende Gottesherrschaft läßt die für die Heilszeit erwartete Wiederherstellung des Zwölfstämmevolkes in Erfüllung gehen. So sind die zwölf Jünger ein leibhaftes eschatologisches Zeichen für die heilvolle Nähe der Gottesherrschaft. Mit ihnen beginnt bereits die Existenz des eschatologischen Israel[2] und die Sammlung der kranken und verlorenen Schafe Israels durch den messianischen Hirten (Ez 34,23f).

Die sprachlich problematischen parataktischen Finalsätze sprechen nun die Funktionen des Zwölferkreises an. Die eine wird in den Worten zusammengefaßt: ἵνα ὦσιν μετ' αὐτοῦ. Die Zwölf sollen einen engen Kreis um Jesus bilden. Damit ist zugleich ausgesagt, daß diese Funktion allein in der Bindung an Jesu Person erhalten bleibt. Ihre Jesu Anspruch an das Gottesvolk repräsentierende Funktion ist nicht von Jesus ablösbar. Das ποιεῖν Jesu bleibt über ihnen

---

Nachfolge S. 20; Kraft, Entstehung S. 116.140; Rengstorf, δώδεκα S. 325f; Bornkamm, Jesus S. 132; 204; K. H. Müller, a. a. O. S. 21 (er sieht in diesem Kreis eine Maßnahme der Sicherung einer nach der galiläischen Krise nachfolgenden Jüngerschar); Gerhardsson, a. a. O. S. 91.101.127; Merklein, Jüngerkreis S. 92; Holtz, δώδεκα S. 878; Flusser, Qumran S. 137; Rigaux, Apostel S. 240; ders., Zwölf S. 296.299; v. Campenhausen, Apostelbegriff S. 105; Trilling, Entstehung S. 204ff; Jeremias, Theologie S. 224; ders., Verheißung S. 18; Grundmann, Mk^5 S. 105; Gnilka, Mk S. 141f; Schürmann, Jüngerkreis S. 46; Blinzler, Jüngerschaft S. 18; Vögtle, Einzelne S. 71; Riesner, Formen S. 10; ders., Jesus S. 483; Daumoser, a.a.O. S. 78; Lohse, Grundriß S. 42; Hengel, Nachfolge S. 76; Hahn, Mission S. 22ff. Gegen die Geschichtlichkeit des Zwölferkreises äußern sich H. W. Kuhn, Nachfolge S. 311f; Klein, Apostel S. 34-38; Hirsch, Evangelien I S. 21 (zitiert bei Haenchen, Weg S. 137); Vielhauer, Gottesreich S. 59-62; Conzelmann, Geschichte S. 23f.127ff; Schleiermacher, Über die Schriften des Lk 1817 (zitiert bei Rengstorf, δώδεκα S. 325 Anm 34); R. Schütz (zitiert bei Daumoser, a. a. O. S. 78 Anm 20). Über den Zeitpunkt seiner Entstehung in Jesu Wirksamkeit läßt sich nichts Sicheres sagen. Vögtle (Einzelne S. 73) hält seine Entstehung nach der galiläischen Krise für möglich als Akt vordergründiger Sicherung einer dem Messias nachfolgenden Jüngertruppe. Der Zwölferkreis brächte dann zum Ausdruck, daß Jesus trotz des Sich-Versagens des Volkes den Anspruch nicht preisgab, das ganze Volk Israel als Heilserben zu gewinnen. Auch Bruce (a. a. O. S. 11ff) möchte eine stufenweise Berufung der Jünger durch Jesus erkennen, allerdings aus mehr pragmatischen Gründen: Der Zwölferkreis diene der größeren Beweglichkeit für die Wanderschaft Jesu.

1 Vögtle, Einzelne S. 67

2 Vgl. G. Lohfink, Gemeinde S. 21.85

entscheidend. Er wirkt durch sie in der Gemeinschaft mit ihm, so daß der Zwölferkreis keine heilsmächtige Realität in sich ist.
Das "Mit-ihm-Sein" des Zwölferkreises stellt zugleich eine Zurüstung und Befähigung für den Dienst dar, für den Jesus sie gebraucht. In der Lebensgemeinschaft mit Jesus lernen sie den Gotteswillen. Im Hören und Tun des Wortes Jesu vollzieht der Zwölferkreis "zeichenhafte Realverkündigung für das verheißene Heil ..."[1] Sie leben als solche, die zu dem in Jesu Wirken sich bekundenden Gotteswillen positiv Stellung beziehen. Sie demonstrieren im Mit-Sein mit Jesus, daß sie familia Dei sind, zu der wesenhaft das Hören und Tun des Willens Gottes gehört.[2] Der Zwölferkreis lebt diese familia Dei in exemplarischer Weise. Hier wird erkennbar, daß das Wesen der familia Dei, die Erfüllung des Gotteswillens, aus dem lebendigen Umgang mit Jesus erwächst, der selber dient und die Zwölf zum Dienen anleitet.[3] Sie bekunden mit ihrer Existenz, daß sie in der Lebensgemeinschaft mit Jesus nie auslernen. So stellen sie als eine Nachfolgegemeinschaft gleichsam ein "Modell"[4] einer Jesus hingegebenen Existenz dar.
Im "Sein mit Jesus" ist untrennbar das Mitsein der Zwölf untereinander gesetzt. Wie die Gemeinschaft mit Jesus die Botschaft von der Basileia verleiblicht, so verleiblicht die Gemeinschaft der Jünger untereinander in Abhängigkeit von derjenigen mit Jesus nicht minder diese Botschaft. "So erlangt der Gemeinschaftsgedanke unter den Anhängern Jesu sein besonderes Gewicht. Hier verwirklicht sich das Gottesreich."[5] Der Gemeinschaftsgedanke ist damit Teil der prophetischen Zeichenhaftigkeit des Zwölferkreises. Freilich steht auch seine Gemeinschaft unter dem eschatologischen Vorbehalt. Auch die Zwölf warten auf die zukünftige Endvollendung der Basileia Gottes. Diese Tatsache mindert jedoch nicht den Wert dieser Zeichenhaftigkeit ihrer Gemeinschaft für das Gottesreich. Die Zwölf - und ebenso der größere Kreis der Jünger - sind kraft ihrer Berufung ein Stück Kontrastgesellschaft, eine Familie von Brüdern und Schwestern. Jesu Wirken richtet sich weder an den isolierten einzelnen noch an die Welt im ganzen, sondern an das endzeitliche Gottesvolk. "So bleibt nur ein Weg: Daß Gott an irgendeiner Stelle mitten in der Welt anfängt, das Neue zu schaffen: in seinem Volk. Und als dieses Volk unbewegt bleibt, in einer noch kleineren Gruppe: in der neuen Familie der Jünger, die Jesus um sich sammelt." Jesus will Gemeinschaft mit den berufenen Zwölfen. In ihrem Kreis geht die Gemeinschaft mit Jesus ihrer Gemeinschaft untereinander und ihrer Sendung sachlich voraus. "Die Koinonia kommt vor der missio."[6]
Der zweite parataktische Finalsatz spricht in seinem ersten Teil vom Sendungs-

---

1 Schürmann, Jüngerkreis S. 46; vgl. auch ebd. S. 47f.51.

2 So charakterisiert Jesu Wort Mk 3,35 die innere Mitte des Jüngerkreises.

3 Vgl. Mk 6,35-44; 14,12-16; Lk 8,1-3 u. ö.

4 Schweizer, Kreuz S. 79

5 Kraft, Entstehung S. 108. Ebd. (S. 108) spricht er davon, daß der Gemeinschaftsgedanke bei Jesus von vornherein im Mittelpunkt gestanden habe.

6 Bieler, Berufung S. 24

auftrag der Zwölf: ἵνα ἀποστέλλῃ αὐτοὺς κηρύσσειν ... Der Zwölferkreis ist nicht Selbstzweck. Er ist vielmehr eine Schöpfung für das Volk. Von Jesus ist er dazu eingesetzt, sein Werk in der Sendung durch sich fortzusetzen. Jesus hat sie mit der Botschaft der anbrechenden Basileia ausgerüstet, die sie als Boten in ihrer Verkündigung weitertragen sollen. Als Gesandte sind sie zum Dienst am Wort berufen. "Κηρύσσειν müssen wir in seinem ursprünglichen Wortsinn zu verstehen suchen: als κῆρυξ, als Herold mit einer neuen, guten Botschaft auftreten."[1] Verkündigend bringen sie zur Sprache, daß jetzt, mit Jesu Erscheinen, die erwartete Heilszeit kommt und bereits angebrochen ist. Der Zweck der Nachfolge liegt damit wesentlich in der vollmächtigen Ansage der Gottesherrschaft. So rufen die Zwölf die Hörer Israels zur Umkehr. Aus dem Sein mit Jesus erwächst durch Gemeinschaft unter dem eschatologischen Vorbehalt. Auch die Zwölf warten auf die zukünftige Endvollendung der Basileia Gottes. Diese Tatsache mindert jedoch nicht den Wert dieser Zeichenhaftigkeit ihrer Gemeinschaft für das Gottesreich. Die Zwölf - und ebenso der größere Kreis der Jünger - sind kraft ihrer Berufung ein Stück Kontrastgesellschaft, eine Familie von Brüdern und Schwestern. G.Lohfink weist darauf hin[2], daß sich Jesu Wirken weder an den isolierten einzelnen noch an die Welt im ganzen richtet, sondern an das endzeitliche Gottesvolk. "So bleibt nur ein Weg: Daß Gott an irgendeiner Stelle mitten in der Welt anfängt, das Neue zu schaffen: in seinem Volk. Und als dieses Volk unbewegt bleibt, in einer noch kleineren Gruppe: in der neuen Familie der Jünger, die Jesus um sich sammelt." Jesus will Gemeinschaft mit den berufenen Zwölfen. In ihrem Kreis geht die Gemeinschaft mit Jesus ihrer Gemeinschaft untereinander und ihrer Sendung sachlich voraus. "Die Koinonia kommt vor der missio."[3]

Der zweite parataktische Finalsatz spricht in seinem ersten Teil vom Sendungsauftrag der Zwölf: ἵνα ἀποστέλλῃ αὐτοὺς κηρύσσειν ... Der Zwölferkreis ist nicht Selbstzweck. Er ist vielmehr eine Schöpfung für das Volk. Von Jesus ist er dazu eingesetzt, sein Werk in der Sendung durch sich fortzusetzen. Jesus hat sie mit der Botschaft der anbrechenden Basileia ausgerüstet, die sie als Boten in ihrer Verkündigung weitertragen sollen. Als Gesandte sind sie zum Dienst am Wort berufen. "Κηρύσσειν müssen wir in seinem ursprünglichen Wortsinn zu verstehen suchen: als κῆρυξ, als Herold mit einer neuen, guten Botschaft auftreten."[4] Verkündigend bringen sie zur Sprache, daß jetzt, mit Jesu Erscheinen, die erwartete Heilszeit kommt und bereits angebrochen ist. Der Zweck der Nachfolge liegt damit wesentlich in der vollmächtigen Ansage der Gottesherrschaft. So rufen die Zwölf die Hörer Israels zur Umkehr. Aus dem Sein mit Jesus erwächst durch Jesu Sendung der Zwölf

---

1 Ebd.; vgl. auch Friedrich, κῆρυξ S. 682ff; Tannhill, Jünger S. 54; zum Auftrag vgl. auch Theißen, Verlassen S. 108; Bühner, ἀποστέλλω S. 340ff

2 Gemeinde S. 88

3 Bieler, Berufung S. 24

4 Ebd.; vgl. auch Friedrich, κῆρυξ S. 682ff; Tannhill, Jünger S. 54; zum Auftrag vgl. auch Theißen, Verlassen S. 108; Bühner, ἀποστέλλω S. 340ff

ihre Bestimmung zu ihrem von Jesus abhängigen, aber doch selbständigen Wirken.[1] Das Sein mit Jesus läßt die Zwölf in die Werke Jesu selbst eintreten und macht sie zu aktiven Teilhabern an dem durch Jesus gewirkten Geschehen. Ihre Autorität in der Verkündigung gründet in ihrem Verhältnis zu ihm. Gerade in ihrem missionarischen Verkündigen der Basileia Gottes erweist sich ihre Abhängigkeit von und ihre Einheit mit Jesus. Auch in der Sendung zur Verkündigung wird die gesamte Existenz der Zwölf in den Weg Jesu hineingezogen. Zum Wesen der Nachfolge des Zwölferkreises gehört ihre Sendung, die Weitergabe ihres bevollmächtigten Zeugnisses. Als Boten Jesu stehen sie, die Gottesherrschaft proklamierend, im Dienst an der Sammlung des jüdischen Volkes durch Jesus. "Sie sind 'aktiver Kristallisationskern' des endzeitlichen Gottesvolkes, das den neuen Bund annimmt."[2] In der Sendung der Zwölf zur Verkündigung realisiert sich die Ausrichtung des Anspruchs Jesu auf das ganze Gottesvolk im mit der gesamten Existenz verantworteten, verheißenden und mahnenden worthaften Wirken. Innerhalb des MkEv ist 3,14 die erste Erfüllung von 1,17.[3]
Der zweite Teil des zweiten Finalsatzes spricht von einer weiteren Art der Tätigkeit des Zwölferkreises: καὶ ἔχειν ἐξουσίαν ἐκβάλλειν τὰ δαιμόνια. Gottes Macht bekundet sich in der gefallenen Welt gerade da, wo die Macht des Bösen überwunden wird. Mit Jesu Kommen beginnt die endgültige Überwindung der Satansherrschaft. "Jesus will, daß seine Jünger an dieser Front mit ihm streiten und Gottes Macht als gegenwärtig bekunden."[4] Die Zwölf sind damit neben der Verkündigung zum Befreiungsdienst beauftragt. Der Zweck der Nachfolge besteht nach dieser zweiten Aussage in der vollmächtigen exorzistischen Tat, in der sich die Gegenwart des Gottesreichs manifestiert. Für die Verpflichtung zu diesem Dienst an der Basileia Gottes erhalten die Zwölf Vollmacht. Das Bild von 3,15 ergänzend, läßt 6,13 erkennen, daß offenbar auch im Volk die Meinung herrschte, daß Jesu Jünger an seiner Gewalt über die Mächte des Unheils Anteil hatten. Durch Jesu Berufung und Beauftragung sind sie begabt mit der Jesus eigenen, eschatologischen Kraft, die sein gesamtes Auftreten kennzeichnete. Ihre Vollmacht hat dieselbe Ausrichtung wie diejenige Jesu. Daß die Wirksamkeit der Jünger eine direkte Fortsetzung der eigenen Wirksamkeit Jesu ist, läßt das MkEv deutlich erkennen: "Indeed ...1,38f, we saw that these two, preaching an exorcism, are connected to describe the activity of Jesus."[5] Neben der Verkündigung geschieht auch im exorzistischen Handeln der

1 Mk mag beide Angaben, das Mit-Jesus-Sein und die Sendung, als zeitliche Abfolge verstanden haben (vgl. Roloff, Apostolat S. 146; ferner Bühner, ἀπόστολος S. 347).

2 Stock, a. a. O. S. 37 (mit Zitat aus Goppelt, Typos S. 129); ähnlich auch G. Lohfink, Gemeinde S. 45

3 Donaldson, a. a. O. S. 72

4 Schürmann, Jüngerkreis S. 50; vgl. zum Exorzismus auch Stegemann, Rolle S. 369; v. Campenhausen, Apostelbegriff S. 111; A. Schulz, Jünger S. 19; Coutts, Authority S. 112; Bornkamm, Jesus S. 131; Kertelge, Funktion S. 200f; Jeremias, Theologie S. 98f; Nepper-Christensen, a.a.O. S. 920; Merendino, Er geht euch voran S. 22; Bieler, Berufung S. 25

5 Freyne, a. a. O. S. 143; vgl. auch Bruce, a. a. O. S. 102; Donaldson, a. a. O. S. 72;

Zwölf die Sammlung und Bereitung des Gottesvolkes für die anbrechende Gottesherrschaft. In den Exorzismen kommt beispielhaft zum Ausdruck, daß der Satan von Jesus besiegt ist. So manifestieren sie das gegenwärtige Anbrechen der Basileia Gottes.
VV 16-19 führen eine Liste der Namen der Zwölf auf.[1] Hier seien nur die Andeutungen über die Verschiedenheiten der zwölf Jünger bezüglich ihrer Herkunft und Prägung aufgegriffen. Zum engen Kreis um Jesus gehören nach Mk 3,18 par Lk 6,15 Simon, der Zelot, und nach Mt 10,3 der Zöllner Matthäus. Ihrer Herkunft nach stehen sie sich religiös-politisch als Todfeinde gegenüber. Die Berufung und Beauftragung Jesu stellt sie mit den übrigen des Zwölferkreises zusammen. Jesu Berufung durchbricht nicht nur soziale Schichten, sondern auch weltanschauliche Grenzen. Die gemeinsame Bindung an Jesu Person und Auftrag hält den Zwölferkreis zusammen. Alle sind trotz ihrer Verschiedenheit Nachfolger des einen Herrn. Der Kreis der Zwölf faßt gleichsam alle Kräfte und Gedanken des Volkes zusammen, auch da, wo sie stark divergieren. So repräsentiert er das Volk Gottes als ein vielfältiges, differenziertes Gebilde. Weil der Zwölferkreis die stammesmäßigen und geistigen Grundprobleme des auserwählten Volkes widerspiegelt, wird durch diesen Kreis ersichtlich, daß Jesus einen Anspruch auf die Lösung auch derartiger Probleme des Gottesvolkes erhebt. Da ihre Gemeinschaft nicht auf Zuneigung, sondern auf der Bindung an Jesus beruht, steht sie auch unter seiner Fürsorge und Verantwortung.

1.3 Einige zusammenfassende Gedanken zu Berufung und Nachfolge

Bevor wir konkreter auf die Nachfolgebedingungen eingehen, sollen aus dem bisher Dargelegten einige Wesenszüge der Berufung durch Jesus herausgestellt werden. Dabei sind einige weitere den Gebrauch des Begriffs "Nachfolgen" be-

---

Heinen/Weiser, a.a.O. S.18; Held, Christusweg S. 87f; Kraft, Entstehung S. 139; Schmahl, Zwölf S. 58f.64; ders., Berufung S. 211f; Kertelge, Funktion S. 202.204; Merendino, a. a. O. S. 22; Stock, a. a. O. S. 59; G. Lohfink, Gemeinde S. 20; A. Schulz, Nachfolgen S. 68

1 Es ist für unseren Zusammenhang nicht notwendig, auf einzelne Fragen der Namensliste einzugehen. S. dazu außer den Kommentaren Cullmann, Der zwölfte Apostel S. 214ff; Burchard, Jesus S. 16f; Roloff, Apostolat S. 152; ders., Apostel S. 434; Daumoser, a. a. O. S. 77; Kraft, Entstehung S. 109

treffende exegetische Beobachtungen einzubringen, um die Nachfolgerealität in den größeren Kontext der synoptischen Evangelien einzuordnen.
Der Vorstellungskreis der Nachfolge Jesu ist weitgehend auf die Evangelien beschränkt. Außerhalb ihrer bezieht sich ἀκολουθέω nur in Apk 14,4 auf den erhöhten Christus.[1] Ähnlich gilt für den Begriff μαθητής, daß er überwiegend in den Evangelien Verwendung findet. Nur in Apg 6,1-21,16 kommt er mehrmals vor.[2] Bereits diese wortstatistische Beobachtung weist die Nachfolge und Jüngerschaft schwerpunktartig dem geschichtlichen Auftreten des irdischen Jesus zu. Im wörtlichen Sinn war die Nachfolge Jesu nur während seiner Erdentage bis zur Kreuzigung und Erhöhung möglich. Bis auf wenige Ausnahmen bezeichnet μαθητής diejenigen, die sich Jesus als ihrem Meister und Herrn anschließen. Zugleich fällt auf, daß im ganzen NT von "nachfolgen" nur verbal gesprochen wird. Hierdurch kommt unmißverständlich zum Ausdruck, daß es bei der Nachfolge um keinen Zustand, sondern um einen Vollzug geht.[3] Daß dieses Verb überwiegend auf Jesus bezogen ist, weist auf die Tatsache hin, daß er allein Grund und Kraft der Nachfolge der Jünger ist.
In den Evangelien bedeutet das Verb im wörtlichen Sinn folgen, hinter jemandem hergehen, ferner im spezifisch theologischen Sinn "nachfolgen". In ersterem Sinn wird vom nachfolgenden Volk gesprochen.[4] Diese unspezifische Nachfolge des Volkes bezieht sich auf das zeitweilige Gehen mit Jesus auf seinem Weg. Das Volk tritt jedoch nicht insgesamt in die Nachfolge im spezifischen Sinn ein. Es läßt sich von Jesu Worten und Taten eine gewisse Zeit anziehen. "Dieser allgemeinen Nachfolge der Leute haftet etwas Unbestimmtes, Ungeklärtes und Zufälliges an."[5] Sie hat etwas mit zeitweiliger Begeisterung zu tun, die nicht zu einer festen Beziehung zu Jesus führen muß.
Von eigentlicher Nachfolge kann nur bei den Jüngern gesprochen werden. "Der gemeinsame Sprachgebrauch für eine im konkreten Vollzug unterschiedliche Betätigung ist für das Verständnis des Rufes Jesu bedeutsam: Jesus hat nicht eine esoterische Jüngergemeinde gebildet, sondern sich grundsätzlich an das ganze Volk mit der Einladung gewandt, sich ihm anzuschließen. Aber er beruft Jünger in seine engere Nachfolge, nimmt sie zu seinen Begleitern an und gebraucht sie auch als seine Boten ..."[6] Die Nachfolge im spezifisch theologischen Sinn hat mit

---

1 Vgl. Moulton/Geden, Concordance S. 33f.

2 Vgl. Moulton/Geden, a. a. O. S. 68ff; ferner Rigaux, Zwölf S. 284; Blendinger, a. a. O. S. 949; Degenhardt, Lk S. 33ff; Riesner, Jesus S. 408; A. Schulz, Gemeinschaften S. 53; ders., Nachfolgen S. 45.144.155; Nepper-Christensen, a. a. O. S. 916; Rengstorf, μαθητής S. 444

3 Kittel, a. a. O. S. 215; K. Barth, KD IV/2 S. 605; Rott, Nachfolge S. 383

4 Mk 2,15; 3,7; Mt 8,1.10; Lk 19,2; 20,19 u. ö. Vgl. dazu Schneider, ἀκολουθέω S. 118; A. Schulz, Nachfolgen S. 65; ders., Jünger S. 17; Donaldson, a. a. O. S. 74; Blendinger, a. a. O. S. 946

5 Stolle, a. a. O. S. 146; ähnlich Freyne, a. a. O. S. 116

6 Schnackenburg, Botschaft[2] I S. 59; zu diesem Gedanken der speziellen Nachfolge vgl. ferner Bouwman, a. a. O. S. 27; Blendinger, a. a. O. S. 946; Søe, Ethik S. 66; S. Schulz, Ethik S. 61; Kretschmar, Beitrag S. 49.

charakteristischen Zügen von Berufung und Jüngerschaft zu tun, die nach der bisherigen Untersuchung der markinischen Berufungsperikopen wie folgt zusammengefaßt werden können:
Tragender Grund für die Nachfolge ist die *Berufung durch Jesus.* Die entscheidende Initiative für das Nachfolgeverständnis geht von ihm aus. Hier kommt seine göttliche Vollmacht zum Vorschein. "Immer wenn Jesus etwas in Vollmacht tut, in Vollmacht predigt oder Sünden vergibt oder heilt oder aber in die Nachfolge ruft, beansprucht er damit Gottes Vollmacht für sich. Jesus begegnet den Jüngern mit der Ausschließlichkeit Gottes ..."[1] Die Initiative Jesu in seinem berufenden Wort nimmt der Nachfolge den Charakter einer von Menschen angetragenen Anhängerschaft. Nachfolge ist damit im präzisen Sinn das Ergebnis der direkten Ansprache in der Berufung, mit der Jesus auf bestimmte Menschen zugeht. Alles Gewicht für die Bildung des Jüngerkreises und seine Zusammensetzung liegt bei Jesu berufender Initiative. In ihr spricht sich eine Vollmacht aus, die sich nur auf dem Vorstellungshintergrund des eschatologisch-charismatischen Prophetentums begreifen läßt.[2] Von Jesu Seite aus ist die Berufung an keine menschlichen Bedingungen gebunden. Mit dem Ruf Jesu ist Jüngerschaft und Nachfolge von Anfang an in den Kontext der anbrechenden Gottesherrschaft gestellt. Ebensowenig wie diese menschlich herbeigeführt werden kann, wird auch die Berufung und Nachfolge Jesu nicht durch menschliche Entschlußkraft hervorgebracht. "Man muß dazu vielmehr ermächtigt werden. Darum ist Nachfolge ein charismatischer Vorgang."[3] Die Berufung Jesu beschenkt den Berufenen mit einer individuellen Berufung zur Nachfolge. In diesem Sinn ist die Beobachtung wichtig, daß es sich bei den bisher bedachten Perikopen überwiegend um Einzelberufungen handelt.
Die Berufung ist *Bindung an die Person Jesu.* Sie ist ein sinnenfälliger Ausdruck seiner Autorität, in der er sich auf originale Weise ausspricht. In seiner Person liegt ein besonderer, einmaliger Anspruch begründet, der im "Ruf zur Nachfolge ... ein eigentümliches Verhältnis der Gerufenen zu ihm (sc. Jesus) selbst"[4] begründet. Die Nachfolge Jesu im spezifischen Sinn ist geprägt vom theologisch verstandenen Anschluß an seine Person. Jesus selbst prägt die Eigenart der Beziehung seiner Jünger zu sich; er ist ihr Meister und Führer. Das Urjüngerverhältnis ist durch eine persönliche Bindung an ihn charakterisiert und damit an Gott und seine Herrschaft im Gehorsam. Sie ereignet sich im Hören auf Jesus und im Mitgehen mit ihm. "Eins ist sicher, der Ruf zur Nachfolge erreicht letzten Endes seine Vollendung nur in der personalen Gemeinschaft mit Jesus."[5] Die spezifische Bindung an Jesu Person, an die das eschatologische Anbrechen der Gottesherrschaft gebunden ist, kann mit dem Titel "Lehrer"

---

1 Stolle, a. a. O. S. 149; ähnlich Strunk, a. a. O. S. 28
2 Vgl. Hengel, Nachfolge S. 46.79; Heufelder, a. a. O. S. 23
3 Strunk, a. a. O. S. 35
4 Schnackenburg, Nachfolge S. 87; vgl. auch K. S. Frank, Einführung (in: Askese ...) S. 2
5 Neuhäusler, Anspruch S. 190

letztlich nicht eingefangen werden. Sicher ist im Verhältnis zwischen Jesus und seinen Jüngern die Komponente des beispielhaften Vorlebens von seiten Jesu und des Einlebens in ethische Grundeinstellungen Jesu von seiten der Jünger nicht auszuschließen.[1] Der eschatologische Charakter der Gottesherrschaft und der ihr zugeordneten Nachfolge läßt sich jedoch in solchen Kategorien nicht angemessen erfassen. Die Gottesherrschaft prägt in der persönlichen Bindung an Jesus das Leben des Nachfolgers. "Die Bestimmtheit der μαθηταί durch den Mann, dem sie sich angeschlossen haben, umfaßt für das NT auch den innersten Lebensbezirk."[2] Die Jesu Ruf antwortende Entscheidung des Jüngers stellt die Einwilligung des Berufenen in dieses persönliche Verhältnis zu Jesus dar. "Es (sc. das Verhältnis Jesus - Jünger) ist durchaus persönlicher Art, und zwar sowohl von Jesus zu seinen Jüngern hin als auch von den Jüngern zu Jesus hin. Der Faktor, bei dem alles Gewicht liegt, ist allerdings ausschließlich die Person Jesu."[3] An der bindenden Orientierung an der Person Jesu empfängt die Nachfolge ihre eigentümliche Begabung. Das charismatische Verhältnis zur Person Jesu führt zu immer neuer Orientierung an Jesus und zur immer neuen Entsprechung mit ihm. "Vom Menschen her gesehen, ist Nachfolge ein Akt des Glaubens."[4]

Da Jesus von seinen Jüngern als der geschichtliche Haftpunkt und Anfang des verheißenen Gottesreiches erfahren wird[5], vollzieht sich die Nachfolge als *Lebens- und Schicksalsgemeinsschaft mit ihm.* Weil Jesus selbst seine Lehre ist, kann sich Jüngerschaft nur in Lebenseinheit mit ihm ereignen. Da diese unüberholbar ist, ist die Lebensgemeinschaft zwischen Jesus und dem Jünger im Unterwegssein mit Jesus unverzichtbar. Nachfolge im engeren Sinn heißt, in engste Gemeinschaft mit Jesus treten und so an seinem Leben in Hingabe Anteil zu haben. Die Aufnahme in die volle Lebensgemeinschaft mit Jesus ist der Beginn eschatologisch-messianischer Gemeinschaft. Solche Gemeinschaft ist nicht der Beginn einer Karriere; sie ist vielmehr Erfüllung in der Jüngerexistenz. Die Jünger Jesu lassen sich in der Lebensgemeinschaft mit ihrem Herrn bleibend formen. Mit ihrem ganzen Leben werden sie in den Weg Jesu hineingezogen, empfangen so die Verheißung, die mit diesem Weg verbunden ist.

In solcher Nachfolge wird das Geschick Jesu auch zu dem des Jüngers. Der Weg Jesu ins Leiden wird zum Leidensweg auch für den Jünger, ohne daß damit die bleibende Differenz zwischen Herr und Jünger nivelliert würde. So ist Nachfolgegemeinschaft Schicksalsgemeinschaft mit Jesus.[6] In diesem Sinn

---

1 Vgl. dazu Knoch, a. a. O. S. 13; Riesner, Jesus passim

2 Rengstorf, μαθητής S. 444. Sie erstreckt sich bis zum Gebet (Lk 11,1).

3 Ebd S. 448; vgl. auch Strunk, a. a. O. S. 35

4 Neuhäusler, Anspruch S. 187; ähnlich auch G. Müller, Nachfolge (ZEE) S. 323. "Die Berufungserzählungen insinuieren für den Betroffenen eine Art intuitiver Erkenntnis Jesu" (Beinert, Einzelne S. 29).

5 Vgl. dazu Kertelge, Jesus S. 106

6 Wir können hier nicht ausführlicher auf den Gedanken der Leidens- und Schicksalsgemeinschaft eingehen, ebensowenig auf Mk 8,34. Vgl. dazu außer den

fordert Jesus nach Mk 8,34 in seiner Nachfolge Selbstverleugnung (ἀπαρνασάσθω) und Kreuzübernahme (ἀράτω τὸν σταυρὸν). Sie schließt Lebenshingabe und Martyriumsbereitschaft mit ein. Die Lebens- und Leidensgemeinschaft mit Jesus nimmt der Jünger deshalb auf sich, weil sie durch die Teilhabe am eschatologischen Heil entsteht. Die Selbstzueignung des Herrn in seinem Ruf und in seiner Hingabe ist die motivierende Kraft dafür.

Das dem Vollmachtsanspruch Jesu entsprechende Verhalten des Nachfolgers äußert sich im unverzüglichen *Gehorsam* als Eintritt in die Nachfolge. Der Ruf Jesu überwindet den Berufenen und fordert unaufschiebbare Einwilligung, die den Nachfolgenden zu unverzüglichen Schritten auf dem neuen Weg mit Jesus führt. Dem Ausschließlichkeitsanspruch Jesu entspricht der bedingungslose Gehorsam des Nachfolgers. Der Ruf Jesu ergeht provozierend unbedingt (Mk 1,17.19); ebenso unbedingt gehorcht der Jünger (Mk 1,18.20). Im Gehorsam gegenüber dem Ruf Jesu geschieht absoluter Gehorsam gegenüber dem Willen Gottes für den Berufenen. Dies ist für ihn konkrete Nachfolge. Im Gehorsam läßt er das Handeln Gottes Ereignis werden - an sich selbst und durch sein Tun. Der Jünger Jesu beugt sich vorbehaltlos dem Autoritätsanspruch Jesu, - und dies nicht nur innerlich im Glauben, sondern auch äußerlich im gehorsamen Mitgehen mit Jesus. "Hier wird Jesus gehorcht, weil ihm geglaubt wird, daß er der Messias ist."[1] Im Gehorsam läßt sich der Berufene total für die Gottesherrschaft beanspruchen. Frei wie der Ruf Jesu muß auch die Antwort auf die Berufung im Gehorsam gegeben werden. Der Nachfolgende gibt sich um Jesu willen selbst hin. Diese Selbsthingabe ist weit entfernt davon, eine Form der Unmenschlichkeit zu sein. "Weil der Glaube die Form der Gottesliebe ist, ist Selbstaufgabe aus Liebe nicht Selbstverlust, sondern ein Weg zur Selbstfindung."[2]

Die von Jesus zur Nachfolge Gerufenen sind in der Lebensgemeinschaft mit Jesus dazu gerufen, *radikal alles zu verlassen.* Der Anschluß der Jünger an Jesus wird mit der Formulierung ἀφέντες πάντα ἠκολούθησαν αὐτῷ charakterisiert.[3] Das Jesus-zu-eigen-sein bringt mit sich, daß der Nachfolger um

---

Kommentaren Dinkler, Kreuztragen S. 77ff; Dillmann, Eigentlich S. 55.82; Frerichs, Nachfolge S. 1498; Schneider, ἀκολουθέω S. 121; Neuhäusler, Jüngerschaft S. 69; ders., Anspruch S. 187; Vögtle, Einzelne S. 72; A. Schulz, Jünger S. 30ff; ders., Nachfolgen S. 80.85f.88; Bornkamm, Jesus S. 129; Schweizer, Erniedrigung S. 18; ders., Kreuz S. 79; H. W. Kuhn, Nachfolge S. 11O; Mußner, Räte S. 489; Strunk, a. a. O. S. 40ff; Best, Discipleship S. 329; Schrage, Ethik S. 51; Roloff, Bedeutung S. 100; Bouwman, a.a.O. S. 83; G. Lohfink, Gemeinde S. 44; W. Pesch, Räte S. 89; D. Müller, a. a. O. S. 951; Hengel, Nachfolge S. 98; Halkenhäuser, Kommunität S. 145; Bracht, a.a.O. S. 158; H. D. Betz, a. a. O. S. 28f; Kittel, a. a. O. S. 214; Schnackenburg, Botschaft[1] S. 29; v. Balthasar, Nachfolge S. 14.16; S. Schulz, Ethik S. 64f.81; Nepper-Christensen, a. a. O. S. 919; Schelkle, Jüngerschaft S. 20; Stolle, a. a. O. S. 150; Riesner, Jesus S. 418; Wendland, Ethik S. 30; Jacob, Nachfolge S. 251f

1 Rengstorf, μαθητής S. 452

2 Beinert, Einzelne S. 29; ähnlich Heufelder, a. a. O. S. 23.25

3 Vgl. dazu Stock, a. a. O. S. 168 (der auf die Umkehrung ἀφέντες αὐτὸν ἔφυγον πάντες [14,50] hinweist)

seinetwillen alles, was ihn hindert, verläßt: In einem zur Tat führenden Entschluß verlassen die Jünger auf Jesu Ruf hin ihren Beruf und verzichten auf die bisherige Sicherung ihres Lebensunterhaltes. So äußert sich die Teilnahme am Leben konkreter Armut in der Nachfolge. Die Berufenen werden mit Jesu Anspruch zum Verlassen vor unerbittliche Forderungen gestellt. "Nachgehen hinter dem Herrn her schließt jedes andere ὀπίσω aus ..."[1] Das Verlassen betrifft auch die engsten Beziehungen. Der Nachfolger ist zur Loslösung von den irdischen Familienbanden gerufen, zum Verzicht auf Dinge und auf menschliche Bindungen, die - für sich betrachtet - wertvoll sind.

Die Forderung, alles zu verlassen, ist kein asketischer Selbstzweck. Sie dient vielmehr der *Freiheit für den Auftrag* und verleiblicht das Moment des Ausschließlichen und Absoluten im Dienstverhältnis zwischen Jesus und seinen Jüngern. Damit steht der Verzicht im Dienst der anbrechenden Gottesherrschaft. Der Jünger ist zum ungeteilten Einsatz seiner ganzen Existenz gerufen. Die Berufung Jesu stellt den Jünger in einen neuen Beruf: die Nachfolge. Jesus weiß sich selbst an das ihm von Gott aufgetragene Werk gebunden, und er verpflichtet seine Jünger zu derselben Aufgabe. In der Lebens- und Schicksalsgemeinschaft mit Jesus haben die Jünger Anteil an seiner Sendung. "Die unbedingte Weise, in der Jesus seine Jünger - ähnlich wie Gott im AT Propheten - beruft, läßt vermuten, daß es bei Nachfolge um Indienstnahme geht, konkret um Indienstnahme für die Sache der Gottesherrschaft."[2] Die eschatologische Motivation des Nachfolgerufs findet ihre Realisierung in der eschatologischen Ausrichtung der Sendung. Die Jünger sind zum einen dazu gerufen, daß sie "um ihn seien", um in ihrer Beziehung zu Jesus eschatologische Gemeinschaft zu realisieren, zum andern werden sie aber auch ausgesandt, um die Gottesherrschaft zu verkündigen, Kranke zu heilen und Dämonen auszutreiben. Die Weitergabe der Basileiabotschaft und das heilende Handeln gehören im Auftrag der Jünger zusammen. Sie sind dazu bestimmt, Menschenfischer zu sein und so die messianische Sendung Jesu in Abhängigkeit von ihm weiterzutragen. Dieser Auftrag stellt hohe Anforderungen an sie. Das dem Eintreten der Jünger in die Lebensbeziehung Jesu entsprechende Berufsethos, das sie in ihrem Lebensstil verpflichtet, ist ihrem Dienst für die Gottesherrschaft zugeordnet. Nicht ihr Verzicht, sondern die Berufung und Lebensgemeinschaft mit ihm befähigt die Jünger zur Ausführung ihres Auftrags. Das Wesen der Jüngerschaft muß primär eschatologisch und erst sekundär ethisch-asketisch begriffen werden.

Im Umkreis Jesu ist in der markinischen Redaktion der *Zwölfer- und der Dreierkreis* als ein weiterer und ein engerer Kreis zu unterscheiden. Ursprünglich war der Jüngerkreis umfangreicher und auch fluktuierend (Joh 6,66). Der nach Mk 2,14 berufene Levi erscheint nicht in der Kap 3,16-18 aufgeführten Zwölferliste. "Die Existenz des Levi spricht bei Mk schon gegen die

---

1 Neuhäusler, Anspruch S. 187

2 Merklein, Gottesherrschaft S. 63

Identifizierung der Jünger mit den Zwölfen!"[1] Der Zwölferkreis offenbart Jesu Anspruch, von Gott zum Heil an das Zwölfstämmevolk gesandt zu sein. Jesus hat die Zwölf zu Repräsentanten des Zwölfstämmevolks und zu Boten an dieses bestellt. Er verheißt ihnen ihre Mitbeteiligung im eschatologischen Gericht über das Gottesvolk. Mit ihrer Existenz leben sie aus, was es bedeutet, auf Jesus zu hören und bei ihm zu lernen. Ihr Auftrag umfaßt den Verkündigungs-, den Heilungs- und den exorzistischen Befreiungsdienst.
Bei den Erstberufenen ging es um Einzelberufungen. In der Zwölferberufung ging es um die Berufung als Gruppe. Bereits durch seine Zwölfzahl ist dieser engere Jüngerkreis ein missionarisches Instrument in der Wirksamkeit Jesu. Ihre Lebensgemeinschaft mit Jesus schafft ein Beziehungsgefüge unter ihnen, das einer Familiengemeinschaft ähnlich ist. Ihre verbindliche Beziehung zu Jesus schafft auch zwischen ihnen eine verbindliche Beziehung. Die Berufung Jesu gibt dem Zwölferkreis, der sich weder seine Aufgabe noch seine Lebensform noch seine Zusammensetzung suchte, seine innere Stabilität. Da die Gemeinschaft des Zwölferkreises nicht auf Sympathie, sondern auf Jesu Anruf basiert, kann nicht von einer Wahlfamilie gesprochen werden. In ihrem Kreis sind von ihrer religiös-politischen Herkunft her entgegengesetzte Personen als Nachfolger zusammengeschlossen. Die Berufung des Zwölferkreises - sowie des größeren Jüngerkreises - führt zu einem auf Jesus zurückgehenden "Sozialisierungsprozeß", zur "Bildung von Gemeinschaften und (Gruppen), in denen eine bestürzend widerfahrene Neuheitserfahrung Gottes aufgenommen und gelebt wird"[2]. Der Jüngerkreis und die größere Schar der Jünger verleiblichen die notwendige praktische Dimension der Reaktion auf Jesu Anruf.
Neben dem Zwölferkreis erwähnt Mk an verschiedenen Stellen einen Dreierkreis[3], bestehend aus Petrus und den Zebedaiden. Dieser Dreierkreis ist "Zeuge besonderen Offenbarungsgeschehens"[4] und könnte vor der Erwählung des Zwölferkreises als kleinere Gruppe um Jesus existiert haben. Am Ende der Beobachtungen zu den verschiedenen konzentrischen Jüngerkreisen um Jesus ist darauf hinzuweisen, daß die Basileia Gottes zwar in der Nachfolge wirksam zum Zuge kommt, aber noch eine Realität bleibt, die nicht mit der Jüngererfahrung des Zwölfer- und des Dreierkreises identifiziert werden kann. Auch sie sind trotz der in Jesu Wirken anbrechenden Gottesherrschaft auf das kommende Gottesreich hingeordnet. Auch sie sind "wartende Reich-Gottes-Anwärter" und "Vorstufe der Basileia"[5].
Der Zuspruch und Anspruch der Gottesherrschaft in Jesu Wort und Tat richtet

---

1 R. Pesch, Levi-Matthäus S. 50 Anm 37

2 Hoffmann/Eid, Jesus S. 18

3 Mk 5,37; 9,2; 14,33

4 Bracht, a. a. O. S. 153. Vgl. zum Dreierkreis Nepper-Christensen, a. a. O. S. 918; Roloff, Apostel S. 434; ders., Apostolat S. 152; Kraft, a. a. O. S. 124; Stegemann, a. a. O. S. 371; Blinzler, Jüngerschaft S. 18; Gnilka, a. a. O. S. 140; Schmahl, Zwölf S. 139; Grundmann, Mk[5] S. 105

5 Kertelge, Jüngerschaft S. 108; ähnlich Strunk, a. a. O. S. 30

sich an das gesamte Gottesvolk. In der Folge der Ansage der Gottesherrschaft mag es in der Volksmenge zu einem Nachfolgen im weiteren Sinn gekommen sein. Die spezifische Nachfolge bezieht sich jedoch auf die Gruppe von Menschen, die Jesus die meiste Zeit seines Wirkens begleiten. Zu diesem Kreis gehören diejenigen, die durch Jesu Berufung zur Nachfolge ermächtigt worden sind. Unter dem Gesichtspunkt der Berufung und Beauftragung zu besonderen Aufgaben unterschied Jesu Blick die Menschen. Diese *Nachfolge und Jüngerschaft gilt nicht allen Anhängern des irdischen Jesus.*[1] Hinsichtlich des Adressatenkreises ist vom allen geltenden Heilsangebot der den Jüngern geltenden besondere Anruf Jesu zu unterscheiden. Jesus erhebt die Zugehörigkeit zum Jüngerkreis für seine Zeitgenossen in keiner Weise zur Heilsbedingung. Er fordert das Verlassen von Besitz und Menschen lediglich als Berufsbedingung. Nirgends werden die nicht mitziehenden Anhänger Jesu als unentschlossen oder halbherzig getadelt; sie werden auch nicht als zweitrangig gegenüber den Jüngern gekennzeichnet.

Berufung und Nachfolge Jesu entlassen die Nachfolger bei aller grundlegenden Bezogenheit auf das eine Heil der Gottesherrschaft in die Vielfalt verschiedener spezieller Berufungen. Die Namensnennungen in den Berufungsperikopen weisen sehr deutlich darauf hin, daß die Berufung und Nachfolge einzelnen Gerufenen gilt. Jesus erhebt sie nicht zum jedermann geltenden Prinzip. Er ruft je und je in die Nachfolge; wenn er ruft, dann ist freilich der Gehorsam die einzig angemessene Antwort. Jesu Nachfolgeruf richtet "nicht in gleichmacherischer Gesetzlichkeit an alle dieselben Forderungen"[2]. In der Nachfolge handelt es sich um ein nicht in allgemeinen Begriffen einzufangendes Geschehen. Nachfolge als charismatischer Akt kann nicht zur allgemeingültigen Norm erhoben werden. Nicht jeder erfährt den gleichen Anruf. "An den 'Jüngern im besonderen Sinn' ... wird also nur in besonderem Maße offenbar, was 'Nachfolge' heißt, ohne daß die anderen von diesen Aufgaben und Verpflichtungen grundsätzlich entbunden wären."[3] Zwar können und brauchen nicht alle Anhänger Jesu mit ihm auf den Straßen Palästinas umherzuziehen. Aber doch erfährt jeder eine Änderung seiner Lebensorientierung, und keiner darf sich durch die Dinge dieser Welt, durch Menschen oder durch sich selbst gefangennehmen lassen. Die von Jesus geforderte Umkehr auf die Gottesherrschaft hin wird entweder "durch die

---

1 Auf diese Tatsache wird zurecht verschiedentlich hingewiesen: Beinert, a. a. O. S. 28; Schnackenburg, Nachfolge S. 91f; ders., Botschaft[2]I S. 32f; Schweizer, Kreuz S. 78; Merklein, Jüngerkreis S. 90; ders., Gottesherrschaft S. 60; Riesner, Formen S. 9f; Vögtle, Einzelne S. 75; Daumoser, a. a. O. S. 84; Kittel, a. a. O. S. 215; R. Pesch, Berufung S.19; H. D. Betz, a.a.O. S. 20; N. Lohfink, Armut S. 325; Bornkamm, Jesus S. 129.136; Kümmel, Jesus S. 291; K. Barth, KD IV/2 S. 605; Strunk, a. a. O. S. 36; Heufelder, a. a. O. S. 16; H. W. Kuhn, Nachfolgen passim; Schrage, Ethik S. 51ff; ders , Ethik I (TRE) S. 438; Goppelt, Theologie S. 255; W. Pesch, Darlegungen S. 36; Hengel, Nachfolge S. 66.68; Heinen/Weiser, a. a. O. S. 16; Blinzler, Jüngerschaft S. 16; Knoch, a. a. O. S. 71f; Stegemann, a. a. O. S. 368; v. Balthasar, Nachfolge S. 18; S. Schulz, Ethik S. 61f.

2 Halkenhäuser, Kirche S. 245; vgl. auch ebd. S. 244.246

3 Schnackenburg, Nachfolge S. 92f

Nachfolge oder durch Glauben auf Grund seiner persönlichen Zuwendung zu einzelnen realisiert."[1] Der Gedanke einer doppelten Jüngerschaft im Sinne einer Zwei-Stufen-Ethik liegt hierbei fern. Denn das Ziel des Wirkens Jesu war nicht, alle seine Hörer zu Jüngern im engeren Sinn zu machen. Die speziellen Forderungen sind vielmehr funktional. Sie ergeben sich aus dem Gesandtsein der Jünger. Die Mitte der Verkündigung Jesu, die Gottesherrschaft und der mit ihr gegebene Gotteswille, ist nicht allein den mit ihm umherziehenden Jüngern zugänglich.

1.4 Nachfolgebedingungen

Wenn wir uns nun solchen Texten zuwenden, in denen von den Nachfolgebedingungen die Rede ist, so greifen wir eine Thematik auf, die bereits in den bisher betrachteten Berufungsgeschichten immer wieder angeklungen ist. In den folgenden exegetischen Ausführungen ist die Thematik des Besitzverzichts, des Berufswechsels und des Verlassens der engsten Familienbeziehungen auszuweiten und zu vertiefen. Gleichzeitig wird deutlich werden, daß die Frage der Berufung in diesem Abschnitt nicht gänzlich verlassen wird. Hinter allen Perikopen steht tragend - mehr oder minder explizit - die Wirklichkeit der Jüngerberufung durch Jesus.

1.4.1 Dreierlei Nachfolger (Lk 9,57-62)

Die ersten beiden Nachfolgeerzählungen (VV 57f u. 59f) stammen aus Q, die dritte (VV 61f) ist dem Sondergut des Lk zuzurechnen.[2] Es handelt sich um eine Dreiergruppe in zweiteiliger Kompositionstechnik. Drei vor der Nachfolge stehende Personen fragen Jesus die Nachfolge betreffende Dinge; in seiner Antwort weist Jesus jeweils die Erwartungen der Frager zurück. Alle Nebenzüge werden - wie es bereits in Mk 1,16ff; 2,14 der Fall war - weggelassen. Psychologische Begründungen fehlen ebenfalls. Im Unterschied zur vormarkinischen Tra-

---

1 Goppelt, Theologie S. 255

2 Für diese Arbeit ist eine ins einzelne gehende traditions- und redaktionsgeschichtliche Analyse nicht notwendig. Vgl. dazu die Kommentare; außerdem Hengel, Nachfolge S. 3 (u. die ebd. Anm. 9 aufgeführte Literatur); Merklein, Jüngerkreis S. 78f; ders., Gottesherrschaft S. 56ff; Jeremias, Sprache S. 180ff; S. Schulz, Q S. 434ff; H. W. Kuhn, Nachfolge S. 115.

dition treten in den Berufungserzählungen aus Q anonyme Nachfolgewillige bzw. zur Nachfolge Berufene an Jesus heran.
V 57 beschreibt Jesus auf der Reise. Ein nicht näher gekennzeichneter Mann (τὶς[1]) tritt an Jesus heran und stellt sich in einem kühnen Versprechen freiwillig für die Nachfolge Jesu zur Verfügung, und zwar ὅπου ἐὰν ἀπέρχῃ. In dieser Bestimmung ist "eine Bekräftigung für den Ernst des Vorhabens (sc. der Nachfolge) ... zu sehen."[2] Jesus weist den Frager auf seine eigene Existenz in Heimat- und Besitzlosigkeit hin. Dieses Logion trägt sprichwortartigen Charakter und ähnelt inhaltlich Worten aus dem hellenistischen Bereich.[3] Das Wort Jesu besagt, daß die Lebensform des Messias-Menschensohnes noch ungesicherter als die Existenz der Tiere ist. Dabei klingt hier die Heimat- und Besitzlosigkeit nicht allein im materiell-vordergründigen Sinn an. Der irdische Menschensohn Jesus steht "in unversöhnlichem Gegensatz zu dieser Generation, weil die Feindschaft ganz Israel dem Endzeitpropheten jegliche Heimat verweigert"[4]. So war Jesu Heimatlosigkeit bedingt durch seine ruhelose Tätigkeit als Wanderprediger auf der einen und der ständig zunehmenden Bedrohung seines Lebens durch Verfolgung auf der anderen Seite. Zugleich mag hier der Topos der Heimatlosigkeit der Propheten anklingen, wie er auch in Hebr 11,37f auftaucht. "Unter den prophetischen Leiden spielt die Heimatlosigkeit die Hauptrolle ..."[5] Jesu Wirken war zunehmend bedroht durch Widerstände von außen. In diesem Logion erscheint Jesus als "der gänzlich Arme und rastlos Wirkende"[6]. Die Jünger Jesu hatten trotz ihrer friedlichen Gesinnung das Leben von Partisanen zu führen.
Die Antwort Jesu auf die Anfrage des Nachfolgewilligen stellt weder ein klares Ja noch ein klares Nein dar.[7] Sie bedeutet allerdings eine eindringliche Warnung

---

1 Mt 8,19 spricht von einem γραμματεύς. Bultmann (Geschichte S. 55) vermutet, daß diese Umwandlung bei Mt der Überzeugung entspringe, der Berufene habe sich nicht zur Nachfolge entschließen können.

2 A. Schulz, Nachfolgen S. 106. Ebd. weist er auf das Verständnis dieser Wendung als mögliches Anerbieten einer ständigen Schülerschaft des Unbekannten hin.

3 Grundmann, Lk S. 205 (dort auch der Beleg aus Plut.Tib.Gracch. 9p.828c)

4 S. Schulz, Q 439; zur Heimatlosigkeit Jesu vgl. ders., Ethik S. 63; Heinen/Weiser, Jüngerschaft S. 13; Bieler, Berufung S. 26; W. Pesch, Begründung S. 39; Schnackenburg, Nachfolge S. 95; Colpe, υἱός S. 433; Riebl, Nachfolge S. 223

5 Kraft, Entstehung S. 162. Kraft meint (ebd S. 163), dieser Topos müsse vorchristlichen Ursprungs sein. Freilich muß man nicht - gegen Kraft - ausschließen, daß sich die Pointe dieses Logions nicht auf die Nachfolge beziehen könne, da sich diese aus dem Kontext der ersten Szene ergibt. Als traditionsgeschichtlichen Hintergrund gibt Hoffman (Studien S. 181f) das Motiv der heimatlosen Weisheit an.

6 Schlatter, Mt S. 286; vgl. auch Keck, Armut S. 77; Riesner, Formen S. 13

7 Vom Text her läßt sich deshalb nicht notwendig die Interpretation Schelkles (Jüngerschaft S. 15) erschließen: "Hier drängt der menschliche Wille, und der göttliche Ruf ist nicht am Werk. Der von selber kam, tritt wieder zurück, wie er von der Härte der Nachfolge hört." Aus Jesu Antwort läßt sich auch nicht notwendig die Folgerung Schürmanns (Jüngerkreis S. 51) ziehen, der meint, die Bitte des Nachfolgewilligen sei für Jesus "letztlich irrelevant". Sollte der Nachfolgewillige bei seinem Ja zur Nachfolge

vor den Strapazen und vor der Heimatlosigkeit, die zur Existenz des Nachfolgers hinzugehören. Mit seiner Antwort weist Jesus den Nachfolgewilligen nüchtern auf seine Lage hin. Sollte er in seinem Anschluß an Jesus äußere Geborgenheit erwartet haben, so erfährt er eine Ernüchterung. Jesus will ihn vor blindem Übereifer und damit vor einer Enttäuschung bewahren. Jesu eigenes Geschick betrifft auch das seines Nachfolgers. Dieser wird ebenfalls ein unbehaustes Dasein zu führen haben. Auf dem Weg der Wanderschaft hat der Nachfolger "die damit verbundene Niedrigkeit"[1] zu teilen. Die Lebensweise des Jüngers Jesu bildet das Bewußtsein aus, in der Lebensweise von anderen Menschen grundsätzlich geschieden zu sein, und schafft damit ein besonderes Gemeinschaftsgefühl. Jesus gibt damit dem Nachfolgewilligen zu bedenken: "Bevor du mir folgst, bedenke die Folgen." Mit dem Hinweis auf seine eigene Heimatlosigkeit stellt Jesus der Spontaneität des Fragers die Ausschließlichkeit seines Anspruchs in der Nachfolge gegenüber. Sie bedeutet Verzicht auf alle äußere Sicherheit. So spricht dieses Logion (und ebenso die folgenden Szenen) den "Verzicht auf die großen 'Selbstverständlichkeiten' von Besitz, Heimat und Familie ... die Absage an das zutiefst menschliche Verlangen nach Ansehen, Selbstbestimmung und Macht"[2] an. Die Konfrontation des spontanen Fragers mit der Heimatlosigkeit Jesu macht ersteren auf die Schwere der Nachfolge aufmerksam und stellt ihn vor ein klares Entweder-Oder.

Die unstete Wanderschaft als Bedingung der Nachfolge steht im Dienst der Bezeugung der Nähe der Gottesherrschaft. Ihretwegen fordert Jesus bedingungslose, kompromißlose Hingabe des ganzen Menschen. Auch für diese Szene VV 57f gilt der Satz Küvens[3]: "Nachfolge ist ein Begriff, der ganz und nur zum Evangelium von der Herrschaft Gottes gehört." Entsprechendes gilt auch für die Heimatlosigkeit Jesu und seiner Jünger. Die Nachfolge in Heimatlosigkeit stellt keine asketisch-selbstzweckhafte Übung dar, sondern bedeutet die Wanderschaft mit dem Herrn, der in Vollmacht die Gottesherrschaft bringt.

Während in der ersten Szene die Initiative für die Nachfolge vom Nachfolgewilligen ausging, fordert Jesus in der zweiten (V 59) selber zur Nachfolge auf.

---

bleiben, so erführe dieses durch Jesu Antwort eine Reinigung und Vertiefung und damit eine Verwandlung. Jesu Antwort ist eher als eine Warnung "vor unüberlegtem Entschluß" (ebd. S. 52) zu bezeichnen. Vgl. auch dazu Küven, Weisung S. 50f. In jedem Fall gilt, "daß Jüngerschaft durch Berufung zustande kommt" (Blinzler, Jüngerschaft S. 17). S. auch A. Schulz, Nachfolgen S. 106; Bouwman, Nachfolgen S. 62f.

1 Bieler, Berufung S. 27; ähnlich Schweizer, Erniedrigung S. 12; Hahn, Nachfolge S. 25; Hengel, Nachfolge S. 60; Glombitza, Nachfolgeworte S. 18

2 Halkenhäuser, Kirche S. 244; vgl. auch Riebl, Nachfolge S. 223; Theißen, Jesusbewegung S. 16: "Die Aufgabe der stabilitas loci gehörte konstitutiv zur Nachfolge." Hier gehe es um das "Ethos der Heimat-, Familien-, Besitz- und Schutzlosigkeit" (ebd.; s. auch ders., Wanderradikalismus S. 83). A. Schulz weist darauf hin (Nachfolgen S. 93), daß es sich hier um eine der wenigen Stellen handelt, in der die Forderung Jesu an seinen Jünger in Beziehung zum Vorbild und persönlichen Schicksal des Messias gestellt ist (vgl. auch Schelkle, Jüngerschaft S. 19f; Hoffmann, Studien S. 149; Stöger, Armut S. 46.49; A. Schulz, Grundlegung S. 445).

3 Weisung S. 49

Vollmächtig spricht er das Berufungswort aus: ἀκολούθει μοι. Dieses Berufungswort konfrontiert den Berufenen mit dem Anspruch Gottes. "Er (sc. der zur Nachfolge Aufgeforderte) ist 'angenommen', und zwar ohne daß ihm schon bewußt war, was sich damit alles auf sein Leben gelegt hatte."[1] Jesu Berufungsanspruch begegnet beim Berufenen zwar der Bereitschaft zur Nachfolge. Dieser will jedoch zuvor die Pflichten wahrnehmen, die ihm der Tod des Vaters auferlegt. Das πρῶτον läßt erkennen, daß der von Jesus Angesprochene schon irgendwie an Nachfolge denken mag.[2] Darüber nachzudenken, ob der Vater bereits gestorben ist, oder ob sein Tod erst in unbestimmter Zeit zu erwarten sei, ist müßig, da es in Jesu Logion zentral um das "Zuerst" geht.[3] Im Unterschied zum εὐθύς der Nachfolge des Petrus und Andreas (Mk 1,18) gibt es für den hier Aufgeforderten ein πρῶτον. "Mit dem verdächtigen 'Zuerst' hat er aber gerade deutlich gemacht, daß er Jesus nicht verstanden hat: es gibt nichts, was vor Jesus kommt."[4] So begegnet Jesus hier einem Menschen mit dem Verlangen zum Kompromiß.

Jesu Antwort auf dieses Verlangen mußte für jüdische Ohren schockierend klingen: Ἄφες τοὺς νεκροὺς θάψαι τοὺς ἑαυτῶν νεκρούς. Der Erweis der Pietät des Sohnes seinem Vater gegenüber war im Gesetz vorgeschrieben. Jesu Antwort konnte als Angriff auf das vierte Gebot und der mit diesem Gebot geforderten Pietät gegenüber den Eltern aufgefaßt werden.[5] Aber noch mehr: Die Schärfe dieses Logions ist damit gegeben, daß es ein Herzstück der jüdischen Frömmigkeit, die Liebeswerke, mißachtet. "Unter chasidischpharisäischem Einfluß war der letzte Dienst an den Toten mit an die Spitze aller guten Werke gerückt."[6] Lev 21,11f untersagte dem Hohenpriester, sich am Leichnam seiner

---

1 Küven, a. a. O. S. 52

2 Freilich muß man daraus nicht folgern, daß die einleitende Nachfolgeaufforderung von Lk eingeschaltet wurde (gegen Schneider, Lk S. 232; vgl. auch Klemm, Selbstbestattung S. 61).

3 Während Grundmann (Lk S. 205) aus dem Partizip ἀπελθόντι schließen will, daß der Aufgeforderte bereits auf dem Wege zur Erfüllung seiner Sohnespflicht sei, möchte Barclay (Lk S. 146) die Aussage des zur Nachfolge Aufgeforderten so verstehen: "Erst wenn mein Vater tot ist, werde ich dir nachfolgen." Der Text legt weder die eine noch die andere Deutungsvariante nahe, so daß sich in jeder Äußerung zu dieser Frage die subjektive Neigung des Auslegers niederschlagen muß (vgl. dazu noch Klemm, a. a. O. S. 67; Eckert, Radikalismen S. 303; Rengstorf, Lk S. 131; Hengel, Nachfolge S. 7).

4 Bieler, Berufung S. 28; ähnlich auch A. Schulz, Nachfolgen S. 107; Wendland, Ethik S. 130; Schelkle, Jüngerschaft S. 15; Lindemann, Herrschaft Gottes S. 206; Schürmann, Jüngerkreis S. 52. In dem zeitlich zu verstehenden πρῶτον ist die sachlich wertende Komponente nicht zu überhören.

5 Zur zentralen Bedeutung des vierten Gebotes im Judentum vgl. Bill I S. 705ff.902f.

6 Hengel, Nachfolge S. 9. S. ebd. das Zitat aus Ber 3,1a, wonach derjenige, dem sein Toter vor Augen liege, befreit sei, das Schema' aufzusagen, das Achzehnbittengebet zu beten und alle Gebote der Thora zu halten (bei Hengel, ebd. auch weitere Zitate). Vgl. ferner Schrage, Ethik S. 63f; Schneider, Nachfolge S. 136f; zur Bedeutung der Totenbestattung im Judentum s. Bill I S. 487-489.

Eltern zu verunreinigen.[1] Da Jesus allerdings eine kultisch-rituelle Begründung seiner ethischen Forderungen fernlag, kann man diese vereinzelten Parallelen wohl nicht heranziehen. Jahwes Verbot an Ezechiel, die Totenklage bei seiner verstorbenen Frau zu vollziehen (24,15-24) und das Verbot der Totenklage für Jeremia (16,5-7) sind zwar Gedankenanalogien, aber keine echten Sachparallelen zu diesem schockierenden Nachfolgeruf Jesu.[2] Durch diese wird jedoch deutlich: Jesu Forderungen an seine Nachfolger, sich über das vierte Gebot und die Liebeswerke hinwegzusetzen, sind noch schärfer als diejenigen Jahwes im Hinblick auf den Gehorsam einzelner Propheten dem Gesetz gegenüber. Auch die Essener forderten von ihren eintretenden Novizen den Bruch mit der Familie. Aber während der Novize "damit in den esoterischen, abgeschlossenen, rituell reinen und im Gesetzesgehorsam vollkommenen Kreis des wahren Israels und heiligen Restes ein-(trat) ... (vollzog) Jesus eine solche Absonderung vom Volke als ganzem eben nicht..."[3]

Das Logion erschließt sich vom prophetisch-apokalyptischen Motiv des Zerbrechens der Familie in der Endzeit mit ihrer letzten Versuchung her.[4] Das Logion V 60 liegt auf der Linie anderer Worte Jesu, die ebenfalls das apokalyptische Thema der Entzweiung der nächsten Verwandten und Hausgenossen in der Zeit vor der eschatologischen Heilswende ansprechen. Nach Mt 10,34 par Lk 12,51 ist Jesus nicht gekommen, um Frieden zu bringen, sondern das Schwert. Die Entscheidung für Jesus führt zu einem Bruch in den Familien. In der mit Jesu Wirken angebrochenen Endzeit geht es um die Freiheit von allen Familienbindungen. In geradezu verletzender Ausdrucksweise spricht Jesus von denjenigen, die sich seiner Botschaft verschließen, als von νεκρούς. Dabei sind Tote im übertragenen Sinn zu verstehen. Jesus sieht die gottferne Menschenwelt um sich herum als dem Todesraum verhaftet. Dieser erstreckt sich bis in den Bereich der Lebenden hinein. "Wo immer Menschen durch die Frohbotschaft überwunden werden und sich dem neuen Gottesvolk zugesellen, treten sie aus der Welt des Todes in die Welt des Lebens."[5] Im Hören und

---

1 Vgl. Num 6,6, wo dasselbe für die Nasiräer gilt (s. auch Klemm, a. a. O. S. 62; Stöger, Armut S. 46f; Glombitza, Nachfolgeworte S. 19, der meint, daß der Anklang an Lev 21,10ff auf das hohepriesterliche Amt Jesu weise. Diese Deutung des Logions ist jedoch zu konstruiert.)

2 So auch S. Schulz, Q S. 440; etwas anders Hengel, Nachfolge S. 13

3 Ebd S. 15

4 So Mi 7,6; Sach 13,3 - in der synoptischen Überlieferung s. Mk 13,12 parr; Mt 10,35 par Lk 12,53. Vgl. dazu Hengel, Nachfolge S. 14; Schneider, Lk S. 232; ders., Anfragen S. 137; Theißen, Wanderradikalismus S. 84; S. Schulz, Ethik S. 65; ders., Q S. 440f. S. Schulz (ebd.) will allerdings von einer charismatisch-eschatologischen Thoraverschärfung sprechen, wogegen sich zu Recht Merklein (Gottesherrschaft S. 61f) wendet. Theißen (Verlassen S. 130) denkt bei diesem Logion Jesu als Analogie an die Praxis der Widerstandskämpfer, Überläufer zu töten und ohne Begräbnis liegen zu lassen.

5 Jeremias, Theologie S. 175; vgl. zu den "geistlich Toten" auch Merklein, Jüngerkreis S. 79; ders., Gottesherrschaft S. 58f; Schlatter, Mt S. 289; Bultmann, Tradition S. 28; Hengel, Nachfolge S. 8f; Klemm, a. a. O. S. 65; Stolle, a.a.O. S. 149; Bieler, Nachfolge S. 28f; Daumoser, a.a.O. S. 85; S. Schulz, Q S. 439 Anm 264; Glombitza, a. a. O. S. 20. Diese

dankbaren Annehmen der Botschaft Jesu fällt die Entscheidung über Leben und Tod im geistlichen Sinn. Der zur Nachfolge Berufene soll das Geschäft der Totenbestattung den geistlich Toten überlassen. "Wer so spricht und dabei alle bisherige Ordnung für den Gerufenen aufhebt, weiß um ein Leben, das nicht unter der Gewalt des Todes steht. Jesu Ruf in seine Nachfolge ist Ruf in dieses Leben, dessen Bringer er ist."[1]
Jesu Antwort auf den Einwand des zur Nachfolge Gerufenen bezeugt eine bedingungslose Freiheit gegenüber Gesetz und Brauch. Hier bricht Jesus in ebenso schockierender und provozierender wie souveräner Weise die Schranke von Pietät und Sitte. Die Nachfolge Jesu duldet keine menschlichen Bedingungen; es geht um eine zu allem bereite Fügsamkeit des Berufenen. Zwischen Jesus und den Nachfolger darf nicht das Gesetz und die Sitte treten. Damit hat sich der Nachfolger von den Bestattungspraktiken loszusagen und sich für den zu entscheiden, der mit der Gottesherrschaft das wahre Leben bringt. In der Nachfolge dessen, der durch das Sterben hindurch ins Leben geht, ist die Macht und der Anspruch des Todes abgetan. "Die Unterordnung unter den besonderen Ruf Gottes ist so vordringlich, daß sie gar keinen Verzug duldet."[2] Die Nachfolge Jesu hat uneingeschränkten Vorrang vor allen Bindungen. Hier kommt erneut der "afamiliäre Zug"[3] zum Ausdruck, der die Nachfolge Jesu prägt. "Der Widerspruch Jesu (sc. zwischen den zweierlei Arten von Toten in diesem Logion) zeigt ... die Inkommensurabilität der Nachfolge gegenüber allen menschlichen 'Wertordnungen' und Vorstellungen."[4] Mit seiner Antwort zeigt Jesus ebenso wie in der ersten Szene den Ernst, die Kompromißlosigkeit und die Unbedingtheit der Nachfolge mit aller Deutlichkeit auf. "Wer so redet, läßt nicht mit sich reden."[5]
Wie für die erste Szene, so gilt auch für die zweite, daß dieser Rigorismus Jesu kein Selbstzweck ist. Er ist vielmehr eschatologisch orientiert. Darauf weist S. Schulz hin[6]: "Die Zeit ist angesichts der angebrochenen Gottesherrschaft für den

---

Aussage über die geistlich Toten meint nicht, "daß abgesehen von der Jüngerexistenz, alles 'tot' ist (d.h. wesenlos, jenseits des Bruches liegend)" (Kraft, a. a. O. S. 73). Mit diesem Wort ist wohl nicht an die endzeitliche Totenerweckung beim Kommen des Messias gedacht (gegen Riebl, a. a. O. S. 223). Auch die andere Deutung ist unwahrscheinlich, nach der das Logion sagen wolle: "Es ist unmöglich, daß ein Toter aus dem Grab klettert, um einen anderen zu begraben. Genauso unmöglich ist es, daß du mir nicht nachfolgst"(ebd.). Der Einwand Schweizers (Erniedrigung S. 13 Anm 23; ähnlich Glombitza, a.a.O. passim), daß mit der Deutung der νεκρούς als geistlich Tote das gewollte Paradox abgeschwächt würde, besteht zu Unrecht.

1 Grundmann, Lk S. 305; vgl. auch Schneider, Lk S. 332; Stöger, Armut S. 43f

2 A. Schulz, Nachfolgen S. 107; vgl. auch Conzelmann, Theologie S. 132; Hahn, Nachfolge S. 17

3 Theißen, Jesusbewegung S. 17; ähnlich Hengel, Nachfolge S. 9; Merklein, Gottesherrschaft S. 59.64; Strunk, a. a. O. S. 23; Schrage, Ethik S. 51; Eggert, Radikalismen S. 305; Lippert, Räte S. 665

4 Hengel, Nachfolge S. 7

5 Klemm, a. a. O. S. 64; vgl. auch Eggert, a. a. O. S. 302

6 Ethik S. 63

Jünger so knapp, daß er sich die zeitraubende, tagelange Teilnahme an den Totenklagen, Leichenmahlen und Totenfesten nicht leisten kann." In diesem Sinn formuliert V 60c: σὺ δὲ ἀπελθὼν διάγγελλε τὴν βασιλείαν τοῦ θεοῦ.[1] Die unerbittliche Härte Jesu ist nur zu verstehen aus seiner einzigartigen Vollmacht als Verkünder und Bringer der nahen Gottesherrschaft. Die Basileia ist bereits so drängend nahe, daß keine Zeit mehr verlorengehen darf. Die Nachfolge muß deshalb ohne Aufschub und unter Verzicht auf alle Bindungen an Familie und Gesetz erfolgen. Die harte Bedingungslosigkeit der Forderung Jesu an den Nachfolger ist ein Implikat der Gottesherrschaft. Der Nachfolger ist betraut mit dem Auftrag, die Gottesherrschaft anzukündigen. Dieser Dienst bringt die Bedingung mit sich, für die Nachfolge sich über die Pietätspflichten hinwegzusetzen und die Familie zu verlassen. "Das vorbehaltlose 'aber', das ein 'zuerst' beinhaltet, meint nach dieser Antwort des Herrn nicht mehr ein bloß zeitliches 'zuvor', sondern das der Rangordnung nach zu bewertende 'vor allem'."[2] Die Gottesherrschaft steht über dem Gesetz und schließt jede mit ihr konkurrierende Größe aus. Den Verzicht, um den es hier geht, begründet Jesus "mit der Ausschließlichkeit des Gottesdienstes, aber auch mit der Nachfolge"[3]. So ist die Forderung der Nachfolge und der Ruf zur Verkündigung verbunden mit der Absage an alles, was dies in Frage stellt. Wie bereits in Mk 1,16ff wird hier erneut erkennbar: Der Nachfolger wird durch den Verkündigungsauftrag Jesu mit seiner ganzen Existenz in die Arbeit Jesu hineingenommen.

Das Verhalten des dritten Unbekannten (VV 61f) verbindet dasjenige der beiden anderen in der ersten und zweiten Szene miteinander.[4] Wie in V 57 bietet sich ein Namenloser als Jünger an (ἕτερος). Allerdings fügt er wie der zweite, der zur Nachfolge gerufen wurde, eine einschränkende Auflage hinzu. Er will zuerst (πρῶτον[5]) seine Pflicht erfüllen und von seinen Hausgenossen Abschied nehmen. Hier findet sich ein deutlicher Anklang an die Berufungsgeschichte des Elisa. Auch die Antwort Jesu knüpft an diese Berufungsgeschichte an: Elia traf Elisa beim Pflügen an. Jesus greift in seiner Antwort das Motiv vom Pflügen auf. In sachlicher Hinsicht ähnelt das Logion Äußerungen griechischer Popularphilosophen, die vielleicht schon von jüdisch-christlichem Denken beeinflußt sind.[6]

---

1 Die Frage, ob V 60c erläuternder Zusatz des Lk ist, kann hier auf sich beruhen (vgl. dazu die bei Eggert, a. a. O. S. 303 Anm 7 genannte Literatur; ferner Klemm, a. a. O. S. 63). Inhaltlich entspricht dieser Versteil in jedem Fall der Verkündigungsintention Jesu.

2 Küven, Weisung S. 52

3 Neuhäusler, Anspruch S. 190; vgl. auch A. Schulz, Jünger S. 19; Bouwman, a. a. O. S. 40; Glombitza, Nachfolgeworte S. 17.20; Zimmermann, Christus S. 254; Klemm, a. a. O. S. 63: "Wer die Königsherrschaft in aller Welt zu verkünden hat, der darf nicht nur, der muß eine solche verwandtschaftliche Verpflichtung hinter sich lassen."

4 Vgl. dazu Schmithals, Lk S. 120; A. Schulz, Nachfolgen S. 78; Schneider, Lk S. 233

5 Vgl. auch V 59

6 Vgl. Schweizer, Lk S. 112; vgl. ebd. und bei Grundmann (Lk S. 206) das Zitat aus Simplicius comm. in Epictet enchir. 74,322 (aber auch schon Hesiod, opp.443). In diesem Zusammenhang ist auch an die allgemeine Wendung des Paulus aus Phil 3,13

Jesus verbietet dem Frager das Zurückblicken. Der Abschied von den Verwandten stellt wieder, wie in der voraufgehenden Szene, eine den Gehorsam und die Dringlichkeit des Auftrags gefährdende Verzögerung dar. Von der Antwort Jesu auf die Anfrage des bedingt Nachfolgewilligen her ist nun noch einmal auf die Berufung Elisas zurückzublicken: Elisa bat Elia darum, von seinen Eltern Abschied nehmen zu dürfen. Seine Bitte wurde ihm gewährt. Im Unterschied dazu lehnt Jesus die entsprechende Bitte beim Nachfolger ab. Die Nachfolge drängt so sehr, daß selbst der Abschied von den Angehörigen unterbleiben muß. "Wer aber von den Verwandten ohne Abschied einfach weggeht, der bricht mit ihnen."[1] Gegenüber der Berufung des Elisa findet sich für die Nachfolge Jesu eine rigoristische Verschärfung. In der drängenden Endzeit, in der die Basileia im Kommen ist, bleibt kein Raum für das Verzögerungsmotiv.[2] Jeder Aufschub des Gehorsams muß vermieden werden. Die Antwort Jesu erhebt an den Nachfolger den bedingungslosen Anspruch sofortiger Nachfolge. Es handelt sich "bei der Gefolgschaft für diesen Herrn um einen Dienst ..., in dem er so beansprucht wird, daß er seinen Verpflichtungen gegen die von ihm abhängigen Glieder seines Hauswesens nicht mehr nachkommen kann ... Der Träger der königlichen Vollmacht aber kann für seine Gefolgsleute nur einen alles andere ausschließenden Anspruch erheben."[3] Wer zurückblickt und sich nicht bedingungslos für den Dienst Jesu fordern läßt, ist nicht εὔθετος für die Nachfolge. Das griechische Wort kann mit "brauchbar"[4],"gut gegründet"[5], "taugen"[6] oder "tüchtig, geschickt"[7] übersetzt werden. Für die Nachfolge Jesu ist derjenige geeignet, der seinen Blick auf das Ziel der Basileiaverkündigung in Wort und Tat richtet. Mit diesem Wort ist die Tauglichkeit für solchen Verkündigungsdienst angesprochen. Hierzu ist eine sofortige, ungeteilte und rückhaltlose Hingabe gefragt. Die Blickrichtung auf das Ziel steht unter dem eschatologischen "Sofort". Derjenige erweist sich für die Nachfolge geschickt, der dem berufenden Anspruch Jesu sofort folgt und auf diese Weise vorwärts schaut. Bedingte Bereitschaft für die Nachfolge dagegen ist für die Gottesherrschaft unbrauchbar. Das Zurückblicken kann als ein Blicken

---

zu erinnern. In harten Worten können auch die Rabbinen den Verzicht um der Thora willen fordern (Bill II S. 165f).

1 Hahn, Nachfolge S. 17; vgl. auch Schweizer, Lk S. 112; R. Pesch, Berufung S. 11f; Søe, Ethik S. 67; Egger, Weg S. 159f Anm. 39

2 Glombitza, a. a. O. S. 21; Heinen/Weiser, a. a. O. S. 13; Hengel, Nachfolge S. 18; Rngstorf, Lk S. 131; Schmahl, Zwölf S. 64; Schnackenburg, Nachfolge S. 95; A. Schulz, Nachfolgen S. 101.106

3 Glombitza, a. a. O. S. 21; ähnlich Schnackenburg, Nachfolge S. 95; Stöger, Armut S. 47. VV 61f wird man (gegen Schürmann, Jüngerkreis S. 51) nicht zu den Stellen rechnen müssen, in denen Jesus die Aufnahme ablehnt.

4 Conzelmann, Grundriß S. 130; Schrage, Ethik S. 53; A. Schulz, Nachfolgen S. 78

5 Schelkle, Jüngerschaft S. 18

6 Stolle, a. a. O. S. 149; Schneider, Lk S. 233

7 Stöger, Armut S. 49

zurück in den "Todesraum"[1] verstanden werden, aus dem der Jünger herausgerufen ist. Der Jünger ist für die Zukunft Gottes, für die Zukunft der Basileia berufen. Der Ruf Jesu ruft ihn zur eschatologischen Ausrichtung: "Berufung und Eschatologie gehören zusammen. Der Berufene hofft."[2]
Der zur Nachfolge Berufene hat an dem ihm zugewiesenen Platz zu dienen. Die Sorge um die Familie, die beim Abschiednehmen mitschwingen mag, hat er dem ihn berufenden Herrn zu überlassen. Seine Sorge soll sich vielmehr auf den Dienst für die anbrechende Gottesherrschaft richten. Wie in Mk 1,17 will Jesus auch hier den zur Nachfolge Berufenen am Wirken für die Basileia beteiligen. Das Logion läßt die eschatologische Begründung der Bedingungslosigkeit und Radikalität der Nachfolge Jesu klar zutage treten. Jesus duldet für die Nachfolge keine Vorbehalte und Bedingungen, "denn dadurch wird die Nachfolge eine menschliche Angelegenheit, etwas, worüber der Mensch selber verfügt"[3]. Diese Haltung widerspräche dem Dienst an der anbrechenden Gottesherrschaft und dem hoheitlichen Anspruch des berufenden Jesus.
Als Bedingung für den Eintritt in die Nachfolge stellen die drei Nachfolgeszenen unmißverständlich die Dringlichkeit des Nachfolgegeschehens vor Augen. Der zur Nachfolge Berufene hat sich der Forderung zu stellen, ihre Härte auf sich zu nehmen. In unerhörter Radikalität beansprucht die Nachfolge Jesu den Nachfolger sofort und ganz. Die drei Szenen schärfen so den Ernst der Nachfolge ein. "In allen drei Aussagen ist deutlich, daß Nachfolge keine sichtbaren Vorteile bringt, sondern in Verzicht und Entbehrung hinein führt, wobei das erste Wort ausdrücklich voraussetzt, daß der Nachfolger das Schicksal des Meisters teilt."[4] Die drei Szenen zeigen jedoch ebenso unmißverständlich, daß die Nachfolgebedingungen eng mit dem missionarischen Auftrag im Dienste der Gottesherrschaft und im Dienste Jesu verbunden sind. Im Vergleich mit den oben exegesierten Nachfolgeperikopen bei Mk fällt dabei auf: Die markinischen Nachfolgeperikopen berichten von einem unverzüglichen Gehorchen der Berufenen. In den lukanischen Nachfolgeszenen dagegen bleibt der Eintritt in die Nachfolge in der Schwebe.

---

1 Bieler, Berufung S. 30

2 Ebd S. 31

3 Bouwman, a. a. O. S. 41; vgl. auch A. Schulz, Nachfolgen S. 45: Jesu "Lehren" werde "zu einer rückhaltlosen Beanspruchung des ganzen Menschen". Ebd. S. 108: "Der Gehorsam gegen den unmittelbaren göttlichen Ruf oder der eigene Entschluß zur Nachfolge sind niemals in das Belieben des Jüngers gestellt."

4 Schweizer, Erniedrigung S. 13; vgl. auch Schmahl, Zwölf S.53: "Alle diese Worte umschreiben das Wesen der Nachfolge, indem sie die Forderungen festhalten, die jeder zu erfüllen hat, der in die Gefolgschaft Jesu eintreten möchte."

1.4.2 Besitz, Armut und Nachfolge

Geht es darum, die Nachfolgebedingungen in den Blick zu nehmen, so kann nicht am Zusammenhang zwischen der Nachfolge Jesu und der Armut des Nachfolgers vorbeigegangen werden. Um eine differenzierte Sicht für Jesu Stellung zu Besitz und Armut zu bekommen, wird hier nicht allein Jesu Forderung des Besitzverzichts nach Mk 10,17-22(23-30) betrachtet. Es sollen vielmehr einige Linien des synoptischen Zeugnisses zu dieser Frage nachgezeichnet werden.
Da diese sowohl in innerer Kontinuität als auch Diskontinuität zum AT stehen, sind zuerst einige wesentliche *Aspekte des Alten Testaments zu Besitz und Reichtum* herauszuarbeiten. Zur Zeit der nomadischen Existenz, in der Frühzeit Israels, gab es wahrscheinlich keinen großen Unterschied zwischen Reichen und Armen in den israelitischen Volksgruppen. Eine soziale Problematik gab es kaum.[1] Zur Zeit der Seßhaftwerdung kamen die Israeliten mit Kanaanäern in Kontakt, die, z.T. in Städten lebend, mehr oder weniger ausgeprägte soziale Unterschiede kannten. Die Frage von Reichtum und Armut wurde für Israel erst durch den wirtschaftlichen Aufschwung der Königszeit zu einem sowohl sozialen als auch religiösen Problem. Bis zur Königszeit "war das Volk vom ungebrochenen Verlangen nach irdischen Gütern beherrscht, die in naiver Weise als Gabe Gottes betrachtet wurden"[2]. Für die Patriarchen war Reichtum Implikation und Konsequenz des Segens Gottes. Der Oberknecht Abrahams kann etwa sagen: "Jahwe hat meinen Herrn reichlich gesegnet, so daß er reich geworden ist."[3] Israels positive Einstellung zu den irdischen Gütern gründet in seinem Schöpfungsglauben. In solchem religiösen Kontext muß Armut als ein Übel empfunden werden. Sie steht dem natürlichen Empfinden des Menschen entgegen. "Jahwe will die Armut nicht. Er ist nicht schuldig an der Armut, sondern Schöpfer des Reichtums."[4] Die Vorstellung, daß Reichtum Segen ist, findet sich ausgeprägt in weisheitlichem Denken. Nach Ps 37,25 spricht der Psalmist: "Nie sah ich den Gerechten verlassen und seine Kinder nach Brot gehen." Die Weisheitsliteratur äußert sich zur Frage des Reichtums unter dem Gesichtspunkt praktischer Lebenserfahrung. So wird etwa davon gesprochen, daß derjenige reich wird, der tüchtig ist (Prov 10,4; 11,4). Armut ist hier Folge fehlenden Sachverstandes und fehlender Tüchtigkeit. Reich wird auch, wer gut

---

1 So auch Marxner, a. a. O. S. 37; vgl. auch Hauck/Kasch, πλοῦτος S. 321; Loth, Jüdische Religion S. 10f

2 Marxner, a. a. O. S. 37; vgl auch Fürst, Armut S. 15; Hauck/Kasch, a. a. O. S. 321; Loth, a. a. O. S. 11; W. Pesch, Räte S. 92; Degenhardt, Lk S. 19; v. Rad, Theologie II S. 147; Verhey, Armut S. 342; Ebach, Eigentum S. 405

3 Gen 24,35; ferner Gen 13,2; 26,12ff; 30, 44; 28,13ff; zur Frage des Reichtums und der Armut in der Weisheit vgl. Hauck/Kasch a. a. O. S. 322; Marxner, a. a. O. S. 38; Hengel, Eigentum S. 25; D. Michl, Armut S. 72; Fürst, a. a. O. S. 18f; Bammel, πτωχός S. 193f; Kutsch, Armut S. 622; Wulf, Ev. Armut S. 10; Kramer, Protestantismus S. 43f; Lefèvre, Armut S. 40; Berve, Alles S. 7. In weisheitlichem Kontext ist Armut weniger Folge von Unterdrückung als vielmehr Folge eigener Schuld.

4 Degenhardt, Lk S. 20

haushält (Prov 24,4), wer fleißig ist (Sir 31,3) und wer sich der Laster enthält (Sir 19,1ff). Zu den Früchten des Reichtums gehört nach 1.Chr 29,28 ein glückliches, erfülltes Leben. Jedoch verkennt das sapientiale Denken die Gefahren des Reichtums nicht. Er kann zum Hochmut führen, der dem Fall vorausgeht (Prov 11,28; 18,10ff) oder er führt zur Selbstüberschätzung (Prov 28,11). Nach Ps 49,7; 52,9 verleitet der Reichtum die Frevler dazu, sich auf ihn zu verlassen anstatt auf Gott. Das Streben nach Reichtum führt leicht zur Gefahr, auf den verkehrten Weg zu gelangen (Prov 28,6). In der Weisheit wird verschiedentlich ein ungebrochener Vergeltungsglaube sichtbar, der auf der einen Seite Reichsein und Frömmigkeit, auf der anderen Seite Armut und Gottlosigkeit als naturnotwendig zusammengehörig betrachtet (Prov 3,16; 22,4; 10,15). Das Verständnis des Reichtums als Segen tritt im weisheitlichen Denken dann hervor, wenn er als Gabe Gottes an den Gerechten angesprochen wird (Prov 10,22; 15,16). Nach Prov 13,18 hat derjenige Armut und Schande, der Zucht mißachtet.[1]

Bei den Propheten nimmt die Kritik am Reichtum immer wieder leidenschaftliche Formen an. Im Laufe der Geschichte Israels hatten sich gegenüber den nomadischen Ursprüngen die sozialen Verhältnisse in der Königszeit erheblich verändert. "Die Gründung der Residenzstädte Jerusalem und Samaria hatte zur Bildung einer relativ schmalen Oberschicht geführt, der eine breite Masse von Mittellosen und Entrechteten gegenüberstand (vgl Jes 3; Jer 5; Ez 22; Am 2; Mi 2-3). Die ungesunde soziale Struktur hatte die schwersten Mißstände zur Folge."[2] Die prophetische Kritik richtet sich gegen die Unterdrückung von Witwen und Waisen sowie der kleinen Leute (Jes 5,8-24), gegen Fronarbeit (Am 5,7-12), gegen die Versklavung von Volkgenossen (Jer 34,8-11) u.a. Die reiche Oberschicht bedrohte durch ihre protzige Selbstbehauptung den Bestand des Volkes (Jer 2,6; 31,31; Ez 20,5-26; Am 2,10; Mi 6,3ff). Die Angehörigen der Oberschicht, die auf betrügerische Weise reich geworden sind, können als "Gottlose" bezeichnet werden (Jer 5,26; Jes 53,9). Die Vorwürfe und Unheilsweissagungen wenden sich weniger an den einzelnen als vielmehr an die Gruppe der Reichen. Die Propheten sprechen nirgendwo der Armut einen religiösen Wert zu. "Es gibt kein Armutsideal. Denn Armut ist keine gottgewollte Sache, sondern die Folge ungerechter Besitzverteilung und frevelhafter Ausübung von Macht und Einfluß. Die Armen werden folglich auch nicht getadelt. Aber dem Reichtum als solchem haftet auch nicht Böses an..."[3]

---

1 Vgl. ferner Prov 6,10f; 20,13; 23,21 u. ö.

2 Marxner, a. a. O. S. 40; zur prophetischen Kritik am Reichtum s. ferner Hauck/Kasch, a. a. O. S. 322; Hengel, Eigentum S. 20ff; Kramer, Protestantismus S. 48; Ebach, a. a. O. S. 405f; D. Michl, a. a. O. S. 73; Kutsch, a. a. O. S. 623; Loth, a. a. O. S. 13; Degenhardt, Lk S. 21; v. Rad, Theologie II S. 148; Bammel, a. a. O. S. 890; Verhey, a. a. O. S. 343; Dillmann, Eigentliche S. 63. Zum Wandel von der vorstaatlichen zur staatlichen Zeit vgl. Loth, a. a. O. S. 10ff; Degenhardt, Lk S. 19f; Hauck/Kasch, a. a. O. S. 322

3 Loth, a. a .O. S. 13; vgl. auch Dillmann, a. a. O. S. 63; Hengel, Eigentum S. 25; Fürst, a. a. O. S. 20

Diese Feststellung ändert freilich nichts an der Tatsache der eigentumskritischen Impulse in der prophetischen Botschaft.
In Verbindung mit der sozialen Botschaft der Propheten ist die Thora, besonders das Dtn, zu erwähnen. Denn erstere fand zumindest teilweise in der Thora ihren Niederschlag.[1] Sowohl in der Thora insgesamt als auch speziell im Dtn lassen sich zahlreiche soziale Schutzbestimmungen für die sozial Schwachen finden. Im Erlaßjahr wurden alle sieben Jahre ein allgemeiner Schulderlaß erteilt und alle Schuldsklaven freigelassen (Dt 15,1ff.12ff). Im alle fünfzig Jahre gefeierten Jobeljahr sollte aller in der Zwischenzeit verkaufte Grundbesitz an den ursprünglichen Eigentümer zurückgegeben werden (Lev 25,8ff). Die Israeliten sind nur Schutzbürger und Beisassen im Eigentumsland Jahwes. Solche Regelungen hielten das Bewußtsein im Volk für Jahwe als den Beschützer der Armen wach (z.B. 2. Sam 12,1-4; 1. Kön 17,7-24). Dieses Bewußtsein wurde in der Armutsfrömmigkeit der Psalmen vertieft, in der der Arme der Fromme ist.[2] Ps 34,11 zeigt, daß der Gottesglaube stärker als die Erfahrung des Mangels ist. Jahwe wird zugunsten des Armen eingreifen, so daß eine Umkehrung des bisherigen Zustandes erfolgen wird (1. Sam 2,4-8). Armut kann hier zum Strafmittel in der Hand Jahwes werden. Hoffnung ergibt sich für den Armen durch den Gottesglauben. "Man unterwirft sich Gott in der Hoffnung, belohnt zu werden."[3] Im Rückblick auf die Erfahrung der Hilfe Gottes weiß Jeremia davon zu erzählen (20,12f), daß der Arme keineswegs von Gott verlassen ist. Die rabbinische Frömmigkeit bemühte sich, den Gegensatz zwischen Arm und Reich auszugleichen oder wenigstens zu lindern.[4] Die Überzeugung, daß Almosengeben Gott wohlgefällig sei, wirkte als starke Triebfeder für die Armenunterstützung. Der Reichtum dient dem Reichen als Chance, Liebe zu üben. Grundsätzliche Kritik am Reichtum und die Aufgabe des eigenen Besitzes wurden bei den Rabbinen eher vermieden. Durfte doch das Volksvermögen nicht vergeudet werden. Außerdem sollte der Rigorist später nicht selber der Gemeinde zur Last fallen. "Überhaupt bricht im Rabbinat wieder die alte weisheitliche Hochschätzung des Reichtums und die Verachtung der Armut mehr und mehr durch."[5] Entsprechend konnte man in der Armut einen Fluch sehen. Freilich werden die Gefahren des Reichtums nicht übersehen. Reichtum kann leicht zur Auflehnung gegen Gott und zu Unsegen führen, wenn der Besitzer seine Hand gegenüber dem Armen verschließt.[6] Die Sekte von Qumran, in der die gegenwärtige Weltzeit der künftigen strikt entgegengesetzt wird, lehnt

---

1 So Hengel, Eigentum S. 22; vgl. zum Dtn ferner Marxner, a. a. O. S. 41ff

2 Vgl. dazu Jes 49,13; 57,15; 61,1-2; 66,1f

3 Fürst, a. a. O. S. 19

4 Zur rabbinischen Einstellung in der Armuts- bzw Reichtumsfrage vgl. Bill I S. 826ff; Hengel, Eigentum S. 27ff; ders., Nachfolge S. 35f Anm 58; Degenhardt, Lk S. 23ff; Loth, a. a. O. S. 15ff; Hauck/Kasch, a. a. O. S. 323f; Bammel, a. a. O. S.901ff; Stöger, a. a. O. S. 56f; Dillmann, a. a. O. S. 68f

5 Hengel, Eigentum S. 28

6 Vgl. dazu Bill I S. 826f

allen irdischen Besitz entschieden ab. Für diese Sekte sind Reichtum und Besitz der "sichtbarste Ausdruck der Verhaftung an diese vergehende Welt"[1]. Besitz zu erwerben ist ein Streben, das bei Menschen zu finden ist, die Lüge reden (1 QS XI,2). "Arm", "fromm" und "auserwählt" sind bei den Qumranessenern nahezu deckungsgleich; die essenische Heilsgemeinde versteht sich selbst als die "Armen". Ähnlich wie in verschiedenen Psalmbelegen wird hier der Begriff zu einer religiösen Gruppenbezeichnung. Der persönliche Besitz der Gruppenmitglieder geht in den Gemeinschaftsbesitz über. "Besitz (ist) dann unrechter Besitz (sc. für die Qumrangemeinde) ..., wenn er sich in der Hand von Menschen befindet, die nicht als rechtschaffen bezeichnet werden dürfen"[2], d.h. in den Händen derer, die nicht zur Heilsgemeinde gehören.
Wenden wir uns nun *Jesu Verkündigung in der Besitz- und Armutsfrage* zu, so fällt auf, daß bei den Synoptikern eine grundsätzliche Reflexion über das Wesen und Recht des Besitzes fehlt. "Die Frage nach dem Eigentum ist weder ein zentrales noch ein sehr brennendes Problem, und was über das Eigentum gesagt wird, geschieht im Zusammenhang anderer Ausführungen. Selbstverständlich kennt aber das Neue Testament den Begriff des Eigentums, setzt das Bestehen von Privateigentum überall voraus und benutzt dafür eine Reihe der verschiedensten Begriffe."[3] Die Verschiedenheit und Häufigkeit der verwendeten Begriffe weisen darauf hin, daß in der Verkündigung Jesu überall das Vorhandensein von Besitz vorausgesetzt wird. Jesu Einstellung zu Eigentum und Besitz ist nicht von radikaler Ablehnung geprägt. Er selbst kam nicht aus dem Proletariat der landlosen Pächter und Tagelöhner; er gehörte vielmehr dem handwerklichen Mittelstand Galiläas zu. "Er selbst war - wie sein Vater - 'Bauhandwerker' (tékton), das heißt Maurer, Zimmermann, Wagner und Tischler in einem (Mk 6,3) ... Die Jünger, die er in seine Nachfolge berief, kamen soweit wir es erkennen können, aus einem ähnlichen sozialen Milieu."[4] Jesus läßt sich mit dem Eigentum seiner Anhängerinnen und Anhänger unterstützen (Lk 8,2f; 10,38f; 19,5). Er gibt seinen Jüngern Anweisungen für das Verhalten bei Gastmählern, bei denen sie als Gastgeber wirken (Lk 14,12f). In Kapernaum besucht er das Haus seines Jüngers Petrus, ohne diesen Besitz zu problematisieren (Mk 1,29 parr). Wurde Jesus von Reichen und Vornehmen zu Gastmählern eingeladen, hat er den Kontakt mit ihnen durchaus nicht gemieden (Lk 7,36ff; 14,1.12; Mk 14,3ff). Dies ließ ihn in frommen Kreisen in Mißkredit geraten (Mt 11,19; Lk 7,34). Jesus kennt kein Armutsideal aus einer Verachtung des Reichtums heraus. Sein Lebensstil ist auch nicht an einem asketischen Ideal

---

1 Hauck/Kasch, a. a. O. S. 323; zur Sicht Qumrans in der Armutsfrage vgl. ferner Hengel, Eigentum S. 26f; Marxner, a. a. O. S. 45f; Fürst, a. a. O. S. 20f(dort auch weitere Belege); Dillmann, a. a. O. S. 63ff; Kutsch, a. a. O. S. 623; Bammel, a. a. O. S. 896ff

2 Dillmann, a. a. O. S. 64

3 Kümmel, Eigentum S. 271. Häufiger werden in den Synoptikern die Begriffe τὰ ὑπάρχοντα (Mt 19,21; 24,17 par; Lk 12,44; Mt 25,14; Lk 8,3 u.ö.), ὁ βίος (Mk 12,44 par Lk 21,4; Lk 8,43; 15,12.30), ὅσα ἔχεις (Mk 10,21 par Lk 18,22; Mk 12,44; Mt 13,44.46 u.ö.) und τό ἐμον, τό σόν (Mt 25,27; Lk 15,31; Mt 20,14; 25,25 u.ö.) verwendet.

4 Hengel, Eigentum S. 34

orientiert. Ohne eine soziale Polemik zu Wort kommen zu lassen, schildert Jesus in seinen Gleichnissen häufig das soziale Milieu Galiläas mit seinen Gutsverwaltern und Sklaven, mit Großgrundbesitzern und Landpächtern. All dies legt eine freie Haltung Jesu zum Eigentum zutage. Jesus war in der Besitzfrage kein Klassenfanatiker. "Er ist für alle da, die ihn brauchen, auch für die Reichen."[1] Soziale Reformabsichten liegen nicht im Gesichtskreis seiner Sendung durch Gott.[2]

Mit diesem den Reichtum nicht grundsätzlich verurteilenden Aspekt der Botschaft Jesu ist freilich nur die eine Seite derselben dargelegt. Bliebe es dabei, so wäre die Botschaft Jesu empfindlich verkürzt. Die Logienquelle bietet als eine der frühen Schichten des NT eine Reihe von Aussagen, die das Eigentum als etwas Gefährliches brandmarken. Unmißverständlich sagt Mt 6,24 (Lk 16,13): "Niemand kann zwei Herren dienen ... Ihr könnt nicht Gott dienen und dem Mammon." Das ins Griechische transskribiert erhalten gebliebene aramäische Wort מָמוֹנָא meint Geld und Besitz.[3] In der Transskription wurde der Begriff zu einer Art Götzennamen. Durch den Mammonsdienst herrschen das Geld und der Besitz über den Menschen. Wer den Mammon zum Herrn über sich erhebt, für den ist Gott nicht mehr der einzige Herr; er kann Gott nicht mehr "mit all seiner Kraft" (Dt 6,5) dienen und wird damit am Hauptgebot der Gottesliebe schuldig. Die Liebe zum Mammon "mit ganzem Herzen" impliziert den Haß gegenüber dem lebendigen Gott. Das Logion nennt den Götzen Mammon als Hauptkonkurrenten Gottes. Es weiß darum, daß der Besitz dämonischen Charakter annehmen kann, weil er den Menschen binden und gegenüber dem Anruf Gottes verschließen kann. So kann er den Menschen hindern, sein Verhältnis zu Gott in Ordnung zu bringen. Dem Reichtum wohnt eine Dynamik inne, das Herz des Menschen zu gewinnen, so daß sich der Mensch auf seinen Besitz verläßt und diesem vertraut. Darauf weist sehr eindrücklich das Gleichnis vom reichen Kornbauern hin.[4] Der Kornbauer redet mit seiner Seele, mit sich selbst, der sich in seinem fröhlichen Leben sicher fühlen kann. Er gibt sich einer eudämonistischen Lebenseinstellung hin. V 19 innerhalb des Gleichnisses deutet die Erwartung eines genußreichen und sicheren Lebens an. In diese Selbstsicherheit

---

1 Böckmann, Ev.Armut S. 489. Auf die Tatsache, daß Jesus keine gesetzliche Kritik am Reichtum übt, weisen A. Schulz, Grundlegung S. 445; Böckmann, Impulse S. 222; Berve, Gemeinsam S. 6; Fürst, a. a. O. S. 27; Verhey, a. a. O. S. 343; Hillmann, Armut S. 169; Hoch, Räte S. 39; Guillet, Armut S. 12f; Kümmel, Eigentum S. 274; Neuhäusler, Anspruch S. 182; Kutsch, a. a. O. S. 623; Schürmann, Jüngerkreis S. 53; v. Campenhausen, Askese S. 12f; Trzaskalik, Katholizismus S. 27f; Degenhardt, Lk S. 121.

2 Lk 12,13f (vgl. dazu A. Schulz, Grundlegung S. 449)

3 Vgl. R. Pesch, Hauptgebot S. 101; Hengel, Eigentum S. 32.37f; Neuhäusler, Anspruch S. 171; Degenhardt, Lk S. 76.121; Kümmel, Eigentum S. 273f; Jeremias, Theologie S. 214. Degenhardt (Lk S. 211) erkennt in den Worten Jesu eher eine distanzierte Einstellung zum Besitz als eine positiv fördernde (s. auch ebd S. 149ff). Vgl. ferner Wulf, Ev.Armut S. 11.14; Giblet, Armut S. 191f.

4 Lk 12,16-10; vgl. zum Gleichnis besonders Grundmann, Lk S. 257f; Degenhardt, Lk S. 76ff

des Reichen spricht Gott hinein: "Tor". Diese Anrede macht ihm auf dem Hintergrund von Ps 14,1 deutlich, daß er Gott verlassen und vergessen hat. Er hat auch seine Mitmenschen vergessen, denen er mit seinem Reichtum hätte helfen können.[1] In seiner Torheit hat der Reiche Gott und seinen Nächsten außer acht gelassen und nur an sich selber gedacht. Seine Seele wird von ihm gefordert. "Die Seele, mit der der Reiche das Selbstgespräch geführt hatte, wird ihm abgefordert, er hat sie nicht als festen Besitz, sondern als Lehen. Woran er sich mit seiner Seele gehängt hat, kann er nicht behalten."[2] Was der Mensch für wertvoll hält, das beeinflußt seine Willensorientierung, daran hängt er sein Herz.[3] Mt 6,19f zeigt, daß niemand durch Ansammlung vergänglicher Dinge seine Lebensangst überwinden und sein Streben nach Sicherheit befriedigen kann. Im Kontext der Kritik Jesu am Reichtum ist auch Mk 8,36 zu erwähnen. Das Leben, an dem man Schaden nehmen könnte, ist das Leben in der kommenden Welt, das Leben unter der Gottesherrschaft. Das Wort weist darauf hin, daß der Wert, der in der Gewinnung des Kosmos läge, den des Lebens in der Gottesherrschaft nicht aufwiegen kann. Hier geschieht nicht weniger als eine Umwertung aller Werte; Besitz und Reichtum werden von der Gottesherrschaft her in Frage gestellt und relativiert. "Weil das 'Leben', d.h. die Gottesherrschaft (Mk 9,47; Mt 18,9), ein solcher Wert ist, daß alles dafür hingegeben werden muß, darum hat alles andere, was sonst Wert hat in der Welt, keinen Wert mehr."[4] Jesus ruft seine Hörer zu einer letzten Distanz zum irdischen Besitz, da die Basileia Gottes nahe ist. So ist die Preisgabe der innerweltlichen Güter theozentrisch und eschatologisch motiviert. Der Reichtum kann zur Ursache werden, die das Heil gefährdet oder sogar den Zugang zu ihm verstellt.[5] Dieses Problem der Reichen faßt Böckmann treffend in die Worte[6]: "Die Reichen haben keine Lücke mehr, durch die Gottes Reich Eingang findet."
Für Jesu Haltung gegenüber dem Besitz ist die Forderung aus Mt 6,33 grundlegend: "Trachtet zuerst nach dem Reich Gottes und nach seiner Gerechtigkeit, und dies alles wird euch dazugegeben werden." Wie die Verse zuvor (VV 25-32) zeigen, fordert die Nähe der Gottesherrschaft nicht nur die Freiheit gegenüber dem Besitz, sondern auch den Verzicht auf alles Sorgen. Das μεριμνᾶν meint ein ängstliches Sich-Sorgen und Sich-Abmühen im Hinblick auf die Zukunft. Das Gegenteil des Sorgens ist das völlige Vertrauen in die Fürsorge

---

1 Vgl. Prov 11,16
2 Grundmann, Lk S. 258
3 Mt 6,21; vgl. dazu Neuhäusler, Anspruch S. 170; S. Schulz, Ethik S. 68f
4 Neuhäusler, Anspruch S. 172; vgl. zur Relativierung des Besitzes durch die Basileia Trzaskalik, a. a. O. S. 28; Degenhardt, Lk S. 127; Kümmel, Eigentum S. 272; Böckmann, Ev.Armut S. 490; Hoffmann/Eid, Jesus S. 53; Wendland, Ethik S. 32; Merkel, Eigentum S. 411; Stuhlmacher, Gesetz S. 313f.
5 Wahrscheinlich in der nachösterlichen Situation entstanden, weist Mk 4,19 parr auf diesen Sachverhalt; zur Gefahr des Reichtums vgl. auch Kramer, a. a. O. S. 49; Wiebering, Handeln S. 124; W. Pesch, Begründung S. 39; Vögtle, Einzelne S. 75.
6 Impulse S. 222; vgl. auch Kümmel, Eigentum S. 277

und Liebe des gütigen, himmlischen Vaters.[1] Der von der Sorge Befreite ist frei, sein Leben für die Basileia einzusetzen.[2]
Gegen den "bürgerlichen" Schluß, es gehe Jesus ausschließlich darum, ein treuer Verwalter des Mammon zu sein, spricht ferner die Tatsache, daß Jesus selber besitzlos lebt. Darauf weist vor allem das bereits exegesierte Logion Lk 9,58=Mt 8,20 hin.[3] Als der Verkünder und Bringer der anbrechenden Gottesherrschaft führte er das Leben eines Armen. Mit seiner eigenen Existenz als Armer steht Jesus in konkret gelebter Freiheit allem Besitzen und Haben gegenüber. Sein eigenes Beispiel setzt seine Botschaft in die Tat um. Als Wanderprediger in Galiläa und Judäa hat er kein Eigentum. "Er verdient sich nicht selbst seinen Lebensunterhalt, sondern er ist auf das Almosen der frommen Frauen angewiesen, die sich ihm angeschlossen haben. Er führt ein hartes Leben, leidet Hunger und Durst...und erfährt die Zufälligkeit der gastlichen Aufnahme und der verschlossenen Türe."[4] Die Armut Jesu ist Ausdruck seiner vollkommenen Hingabe an Gott und die Menschen im Dienste der mit ihm anbrechenden Basileia. So ist sein Tod am Kreuz letzte Konsequenz seiner Armut. Er schenkt alles weiter, indem er sich selber verschenkt. Jesu Hingabe seiner selbst offenbart den Geist seiner Armut: Der soteriologische Aspekt seiner Armut läßt das Ziel der Überwindung der Armut ans Licht treten. "Christi Armwerden in den verschiedenen Formen will die Armut heilen."[5] Er ist der Arme bis in den innersten Kern seiner Haltung, indem er vor Gott demütig lebt. Darin steht Jesu eigene Armut im Dienst der Armen. Seine Kraft der Hingabe schenkt er den in verschiedener Hinsicht Armen, ohne daß er eine Vorliebe für das Elend hätte. Nach Q ist Jesu Sendung auf die Armen ausgerichtet.[6] Diese erleben unmittelbar, daß der Mensch keine innerweltliche Lebenssicherheit herstellen kann. Mit seiner Zuwendung zu den Armen greift Jesus das alttestamentlich-jüdische Erbe auf, wonach Gott sich der Armen annimmt. In Jesu Botschaft und Verhalten

---

1 Zu Mt 6,25-34 vgl. ausführlich Merklein, Gottesherrschaft S. 174-183; S. Schulz, Ethik S. 70ff; Degenhardt, Lk 80-85 (zu Lk 12,22-31).

2 Daß bei Lk die Frage des Reichtums und der Armut einen größeren Raum einnimmt, sei hier nur erwähnt. Vgl. dazu Kramer, a. a. O. S. 50f (, der in Jesu Zuwendung zu den Armen die Zuwendung zu den Sündern erkennt); Kümmel, Eigentum S. 274; Keck, Armut S. 78; Marxner, Armut S. 33 (vor allem Anm. 7); Hauck/Kasch, a. a. O. S. 326 (hier wird die These vertreten, daß die Reichen die jüdischen Gegner Jesu sind); A. Schulz, Grundlegung S. 446 (vgl. ebd. Anm 4 den Vergleich zwischen mehreren lk Versen mit den entsprechenden mk Parallelen); ders., Nachfolgen S. 91, ders., Jünger S. 37; Zimmermann, a. a. O. S. 253; Schottroff/Stegemann, Jesus S. 89ff; Neuhäusler, Anspruch S. 171; zum hellenistischen Hintergrund des Lk vgl. Hengel, Nachfolge S. 36 (vor allem Anm 60).

3 S.o. Punkt 1.5.1; zum Aspekt der Armut Jesu vgl. Kümmel, Eigentum S. 273; Hengel, Eigentum S. 33.38; Trzaskalik, a.a.O. S. 28; Keck, Armut S. 77; Guillet, Armut S. 11ff; Böckmann, Ev.Armut S. 489; A. Schulz, Grundlegung S. 453

4 Marxner, a. a. O. S. 47; vgl. auch Giblet, Armut S. 189ff

5 Böckmann, Ev.Armut S. 489; ähnlich Fürst, a. a. O. S. 23.53

6 Mt 11,4f=Lk 7,22; so auch Böckmann, Impulse S. 223: "Nicht die Zugehörigkeit zu einer Gruppe, sondern die Hilfebedürftigkeit der Person ist ausschlaggebend."

deutet sich die kommende eschatologische Wende an.[1] Durch Jesu Wirken beginnt Gott damit, den Armen ihr Recht zu verschaffen. Deshalb sind die Armen die eigentlich von Gott Gesegneten. Die Armut bei Jesus ist von keinem selbstzweckhaften Interesse. Sie ist ein Übel, das bekämpft werden muß. Jesus sieht sie aber in Relation zur anbrechenden Gottesherrschaft. "Seine (sc. Jesu) Liebe gilt den Armen, weil sie die menschliche Erlösungsbedürftigkeit schlechthin repräsentieren und weil sie in ihrer Not seiner Botschaft zugänglich sind."[2]
Bei den bisherigen Überlegungen wurde deutlich: Weder verdammt Jesus den Besitz noch glorifiziert er die Armut. Eine Verbindung zwischen Armut und Reichtum ist für ihn vom Besitzenden her in der Wohltätigkeit gegeben. Armut ist für den Reichen eine Chance, mit seinem Reichtum zu dienen und sich des Armen zu erbarmen. Immer wieder ermahnt Jesus dazu, mit Hilfe seines Besitzes dem Notleidenden zu helfen.[3] Hier wird die innere Freiheit vom Besitz konkret, indem der Besitzende von dem Seinen weitergibt, ohne eigenen Nutzen davon zu haben. Es geht zwar nicht für jeden Hörer Jesu um die Aufgabe des eigenen Vermögens, aber um den Vollzug der Wohltätigkeit.

Vom dargelegten Hintergrund her kann nun die *Armut des Jüngers im Dienst der Nachfolge* ins Auge gefaßt werden. Die Armut als Bedingung der Nachfolgeexistenz tritt in der Erzählung vom reichen Mann eindrucksvoll zutage. Im wesentlichen wenden wir uns Mk 10,17ff zu. Nur in der Frage des bei Mt eingefügten Vollkommenheitsgedankens wird die Mt-Perikope herangezogen, da dieser Gedanke wirkungsgeschichtlich für das monastische Leben von Bedeutung war.
Die Perikope Mk 10,17-30 gliedert sich in drei Abschnitte: I VV 17-22; II VV 23-27; III VV 28-30.[4] Sie beginnt mit der Frage nach dem ewigen Leben und endet mit der Verheißung ewigen Lebens. Teil I ist eine knapp ausgeführte Erzählung. V 17 verbindet sie lose mit dem vorherigen Geschehen: Jesus geht aus dem Bereich des Hauses (V 10) auf den Weg hinaus. Τὶς[5], irgendeiner, läuft dabei auf ihn zu. Bei Mk fehlt ihm jede nähere Kennzeichnung. Er kommt aus eigener Initiative und fällt vor Jesus bei seiner Frage auf die Knie (γονυπετῶν). Der Kniefall ist Zeichen äußerster huldigender Ehrfurcht und bekundet einen

---

1 Vgl. Keck, Armut S. 79

2 Verhey, Armut S. 343; vgl. auch Kutsch, Armut S. 623

3 Mt 25,40; 6,2; Mk 12,42ff; Lk 10,30-37; 12,33; zur Frage der Wohltätigkeit vgl. Kramer, a.a.O. S. 51.53; Kümmel, Eigentum S. 273; Degenhardt, Lk S. 212; Hengel, Eigentum S. 35; Böckmann, Impulse S. 222f; Fürst, a. a. O. S. 22.26; v. Campenhausen, Askese S. 13; Schrage, Ethik IV S. 445; Schottroff/Stegemann, Jesus S. 140ff.

4 Zur Einzelanalyse des ganzen Abschnitts vgl. außer den Kommentaren Busemann, Jüngergemeinde S. 39-102; Dillmann, a.a.O. S. 48ff; Degenhardt, Lk S. 136ff; Egger, Weg S. 60ff; Haenchen, Weg S. 350ff; Merklein, Gottesherrschaft S. 96ff; Berger, Gesetzesauslegung S. 369ff; Fischer, Radikalisierung S. 11ff; Walter, Analyse S. 206ff

5 τὶς=εἷς; vgl Mt 8,19; 9,18 (vgl. Lohmeyer, Mk S. 107; Haenchen, Weg S. 352; Bl-Debr § 247,2)

großen Respekt des Mannes vor Jesus; er ordnet sich mit dieser Geste Jesus unter.[1] Die im Jüdischen ungewöhnliche, im Hellenistischen hin und wieder verwendete Anrede (διδάσκαλε) ἀγαθέ[2] ist Ausdruck außergewöhnlicher Verehrung, ja, ein göttliches Prädikat. "Wird ein Einzelner damit angeredet, so wird er damit über die Sphäre des Menschlichen hinausgehoben. 'Gottbegnadeter oder auch göttlicher oder heiliger Meister' - diese Umschreibung würde den allgemeinen Sinn ... wiedergeben."[3] Der Unbekannte gibt mit dieser Anrede zu verstehen, daß er in Jesus einen einzigartigen Lehrer sieht. Er fragt Jesus nach der ζωή αἰώνιος. Die Wendung "ewiges Leben", bei Mk eine Seltenheit[4], ist für das Israel des AT und des Frühjudentums keineswegs unbekannt. Gerade das Israel des AT weiß, daß Leben etwas mit Gott zu tun hat und daß da, wo Gott nahe ist, auch das Leben ist.[5] Die Lebensverheißung hat zunächst ihren besonderen Ort an den kultischen, heiligen Orten. Hier erfuhr der Besucher des Heiligtums die Nähe seines Gottes, und der Priester erteilte die Thora, die unter der Lebensverheißung steht. In Mk 10,17 ist es ein einzelner, der mehr tun will als andere zu tun pflegen. Seine Frage nach dem ewigen Leben ist die Frage nach dem Leben im eschatologischen Sinn. Das wahre, erfüllte Leben ist als Auferstehungsleben das zukünftige, das über den Tod hinausreicht.[6] Daß dieses im Blick ist, unterstreicht das Adjektiv αἰώνιος.[7] Mit der Frage nach dem ewigen Leben geht es zugleich um die Frage des endgültigen Bestehens vor Gott. Außerdem stehen hier die Einlaßbedingungen für das Reich Gottes zur Debatte. Ewiges Leben ist die von Gott über den Tod hinaus durchgehaltene Existenz des Menschen, ein Geschenk, das dem Menschen gnadenhaft als von Gott verheißene Zukunft zuteil wird. Der Begriff rückt in unmittelbare Nähe desjenigen der Gottesherrschaft. "Ewiges Leben ist Leben im Reich Gottes."[8] Heil und Unheil stehen für den unbekannten Frager auf dem Spiel. Offenbar hält er Jesus für kompetent und berechtigt, ihm eine verbindliche Antwort zu geben. Der Unbekannte fragt Jesus so wie ein Jude einen Rabbi nach den Ausführungsbestimmungen der Thora fragen konnte.[9] Erben (κληρονομεῖν), ein

---

1 Berger (Gesetzesauslegung S. 429) rechnet hier mit dem Einfluß hellenistisch-jüdischer Bekehrungsgeschichten. Zum Gedanken der Unterordnung vgl. Egger, Weg S. 143.

2 Vgl. dazu Grundmann, Mk^5 S. 280 Anm 14 u. 16; Lohmeyer, Mk S. 208 Anm 2; Busemann, a. a. O. S. 91; Schmithals, Mk S. 450f; Fischer, Radikalisierung S. 12; Schweizer, Mk S. 115; Gnilka, Mk S. 85 Anm 9

3 Lohmeyer, Mk S. 208. Gnilka (Mk S. 85) u. Bonhoeffer (Nachfolge S. 44) verstehen die Anrede als captatio benevoletiae.

4 Vgl. V 30; in einfacherer Form s. Mk 9,43.45 ("Eingehen ins Leben"). Zur Frage des ewigen Lebens im Judentum s. Zimmerli, Frage S. 93.

5 v. Rad, Gerechtigkeit S. 418-437; vgl. zum Hintergrund des Tempelbesuches Ps 16; 24,3-6 u. Zimmerli, Frage S. 93; Schweizer, Mk S. 113

6 So auch Dillmann, a. a. O. S. 55; Lohmeyer, Mk S. 208; Bultmann, ζάω S. 851f (vgl. Dan 12,2.9)

7 Vgl. Sasse, αἰώνιος S. 209

8 Grundmann, Mk^5 S. 281; vgl. auch Schmithals, Mk S. 451; Berger, a. a. O. S. 397

9 Vgl. dazu Neuhäusler, Anspruch S. 174; Dillmann, a. a. O. S. 55; Lohmeyer, Mk S. 58f

für Israel von der Landverheißung vertrauter Begriff[1], wird hier in Verbindung mit dem ewigen Leben gebraucht und gilt nicht dem ganzen Volk, sondern einem Individuum.
In V 18 beginnt Jesus seine Antwort mit einer Gegenfrage: Τί με λέγεις ἀγαθόν; Jesus lehnt für sich den Titel "gut" ab. Indem er das tut, lehnt er es ab, einen eigenen, besseren Weg zum ewigen Leben angeben zu wollen.[2] Gott, der allein gut ist, gab die Gebote, und weil Gott allein gut ist, verweist Jesus auf die Gebote. Jesus verkündet nichts anderes als den Willen Gottes. Er weist auf Gott, der allein die Antwort auf die Frage nach dem ewigen Leben geben kann. Jesus verachtet die Frage des Unbekannten nicht.[3] Aber konsequenterweise weist er auf den im Dekalog offenbarten Willen Gottes. Ist er doch, wie die Thora insgesamt, Ausdruck des Willens Gottes und Quelle des Lebens. Er stellt dem Fragenden das "Grundgesetz Israels"[4] in seiner zweiten Hälfte vor Augen und verweist ihn in der Frage nach dem Gut-sein an den Mitmenschen. Jesus gibt mit seiner Antwort die Frage an das Wissen des Fragestellers zurück, und nichts deutet darauf, daß der Hinweis auf den Dekalog nicht als klare, zufriedenstellende Antwort gemeint war. Es fällt auf, daß Jesus keine Auslegung der Gebote auf die konkrete Einzelsituation des Fragers gibt. Eine genaue Anleitung zum konkreten Tun und der damit verbundene Legalismus fehlen.
Die Antwort des Unbekannten, er habe alles von Jugend an gehalten, ist nicht als

---

1 Zu κληρονομεῖν vgl. Grundmann, Mk[5] S. 280f

2 So auch Berger, Gesetzesauslegung S. 399 u. Dillmann, a. a. O. S. 61 (beide im Anschluß an Wellhausen, Mk S. 86 [zitiert bei Berger, a. a. O. S. 398 Anm 1]). Zu den vier hauptsächlich vertretenen Positionen vgl. Fischer, a. a. O. S. 12. Bouwman (Folgen S. 42) meint, es handle sich um das eigene Urteil des jungen Mannes, das Jesus korrigiere. Psychologisierend meint Barclay (Mk S. 218), der Mann sei in einem "Augenblick überschwenglichen Gefühls" zu Jesus gekommen und werde ernüchtert. R. Pesch (Hauptgebot S. 104) u. Schmithals (Mk S. 451) erkennen in Jesu Antwort den Hinweis auf das 1. Gebot. Lohmeyer (Mk S. 209) bemerkt, hier sei eine Kluft zwischen dem allein guten Gott und den Menschen aufgerissen, womit ein Dualismus einer asketischen Gnosis hineinspiele. Degenhardt (Lk S. 139) sieht hier von Jesus die Heilsbedürftigkeit des Menschen angesprochen. Vgl. zur Antwort Jesu auch Haenchen, Weg S. 356f; Egger, Weg S. 114ff; ders, Verzicht S. 128.

3 anders Grundmann, Mk[5] S. 282

4 Gnilka, Mk S. 86. Zu den textkritischen Problemen u. denen des traditionsgeschichtlichen Hintergrundes vgl. ebd. u. Haenchen, Weg S. 350; Lohmeyer, Mk S. 209 (Im Hinblick auf die Wendung μὴ ἀποστερήσης meint Lohmeyer, sie fasse das 9. u. 10. Gebot zusammen. Ihm schließt sich Schnackenburg, Nachfolge S. 96 Anm. 19 an.); vgl. auch Grundmanns (Mk[5] S. 282) Hinweis auf Dt 14,14; Sir 4,1; Jak 5,4. Berger (a. a. O. S. 418; ihm folgen Dillmann, a.a.O. S. 61f u. Busemann, Jüngergemeinde S. 92ff) erkennt in dem Gebotekatalog eine soziale Reihe. Egger (Verzicht S. 128) versteht die Nennung der Gebote nicht als Weisung, sondern "als Aufforderung, die Frage nach dem Tun angesichts des Dekalogs zu überdenken". Die Verbindung von Gebotserfüllung und Lebenszusage findet sich besonders ausgeprägt im Dt und in der Weisheitsliteratur (vgl. dazu Berger, a. a. O. S. 421 u. ebd. Anm. 2). Vgl. ferner zu den Dekaloggeboten Degenhardt, Lk S. 140; Schweizer, Mk S. 114; Dillmann, a. a. O. S. 58.60; Kümmel, Traditionsgedanke S. 26; Bornkamm, Jesus S. 130; Zimmerli, Frage.

Hochmut abzuwerten.[1] Sie ist vielmehr Ausdruck ernsthaften Bemühens. Er bekennt sich dazu, ein ernsthafter Israelit sein zu wollen. Für den Juden hat der Mensch die sittliche Kraft, in der Erfüllung der Thora das Gute zur Durchführung zu bringen. V 20 wirft auf V 17 rückwirkend ein Licht: Die Eingangsfrage ließ zwei Verständnisweisen zu. Entweder konnte sich die Frage auf die Grenzen innerhalb der Thora beziehen, oder sie bezog sich auf ein Mehr über die Thoraerfüllung hinaus. V 20 entscheidet diese Möglichkeiten im letzteren Sinn. Er spürt offenbar, daß ihm trotz seines Thoragehorsams etwas fehlt. Jesus blickt ihn an und gewinnt ihn liebt (ἠγάπησεν); er erkennt den Unbekannten vorbehaltlos an. "Jesu Zuneigung gilt seinem Gesprächspartner ganz eindeutig - auch wenn er unmittelbar darauf die Erfüllung seiner Forderungen verweigert, weil sein Reichtum ihn daran hindert."[2] Jesu Liebe wird für den Unbekannten zur Einladung, die im weiteren Gesprächsgang hinter Jesu Worten steht.

Wie bei den bisher betrachteten Berufungsgeschichten handelt Jesus nun in eigener Autorität und spricht die folgenden Forderungen aus. Er stellt fest: ἕν σε ὑστερεῖ. Im Verb ὑστερέω schwingt eine eschatologische Bedeugung mit[3], die sich bereits durch den Kontext der Frage nach dem ewigen Leben als der Frage nach dem eschatologischen Heil nahelegt. "Der Mangel, den Jesus bei dem Frager feststellt, ist also ein Mangel in bezug auf das ewige Leben. Es geht nicht darum, was der Frager noch zusätzlich tun muß zu dem, was er schon getan hat: dem Halten der Gebote. Vielmehr geht es darum, daß er erst dann Heil bzw. Leben von Gott erwerben wird, wenn er Jesu Forderung folgt."[4] Nicht ein Zusatz zum Bisherigen steht zur Debatte, sondern das, was jetzt fehlt, um das Heil zu erlangen. Jesus weiß um den Mangel des Fragers, und in den nun folgenden Anforderungen deckt er diesen Mangel auf. Damit hebt Jesus die genannten Gebote als Grund glaubenden Handelns nicht auf. Aber er zeigt, daß der Wille Gottes für den Frager konkret werden muß. Das Eine, was für diesen Mann noch fehlt, wird im Anruf Jesu für ihn zum Alles. "Dem Reichen fehlt also nicht noch eines, sondern das Eine, das zwar nicht gegen das Viele steht, es aber

---

1 So mit den meisten Auslegern (vgl. dazu auch Bill I S. 814ff; IV S. 7f); anders Grundmann, M[5] S. 282f (er spricht vom Leistungsstolz des Pharisäers) u. Zimmerli, Frage S. 92

2 Busemann, a. a. O. S. 98; vgl. auch Schmithals, Mk S. 452; Knoch, a. a. O. S. 62. Gnilka (Mk S. 87) meint, die liebevolle Geste Jesu sei nicht Anerkennung der religiösen Leistung des Mannes, sondern Einladung. Es ist unberechtigt, den Gedanken der Sympathie Jesu auszuschließen und ἠγάπησεν allein als ein "quasi-hoheitliches Tun dessen, der (Rechts-) Belehrung und -entscheide gibt" zu interpretieren (so Berger, a. a. O. S. 398 und sich ihm anschließend Dillmann, a. a. O. S. 56.70). Egger (Weg S. 98.213 u. ders., Verzicht S. 134 - vgl. auch Walter, Analyse S. 214 Anm. 36) erkennt das Liebesgebot als Ausdruck der Berufung. S. ferner v. Campenhausen, Askese S. 7 Anm. 9; Schweizer, Erniedrigung S. 10.

3 Dasselbe gilt auch für Hebr 4,1; 12,15; Röm 3,23. Vgl. dazu Wilckens, ὑστερέω S. 594f; Dillmann, a. a. O. S. 70

4 Ebd.

auch nicht bloß ergänzt."[1] Der Mangel des Unbekannten wird in der Weisung aufgedeckt, seinen Besitz zu verkaufen und ihn den Armen zu geben. Jesus verheißt ihm dadurch einen Schatz im Himmel, also bei Gott. Der Jude schätzt Almosen und Liebeswerke so hoch ein, daß sie alle Gebote in der Thora aufwiegen.[2] Um eines dauernden Almosens und Liebeswerkes willen wurde der Mildtätigkeit jedoch Schranken gesetzt. Jesus fordert hier nur die Preisgabe des gesamten Besitzes. Zu dem "Einen", dem für den Angesprochenen entscheidenden Schritt, durch den er das Ziel des ewigen Lebens erreicht, gehört die Hingabe des ganzen Eigentums. Dem Juden, für den Reichtum durchaus als Erweis der Gnade Gottes gilt, muß das Gebot, alle Habe zu verkaufen und den Armen zu geben, befremdlich sein. Der Aufruf zur freiwilligen Armut erfolgt nicht als asketischer Selbstzweck, sondern kommt den Armen zugut und steht unter der Verheißung eines Schatzes bei Gott.[3] Damit ist jedoch wiederum nur ein untergeordnetes Teilziel genannt.

Das letzte und umfassende Ziel der freiwilligen Armut fassen die Worte zusammen: ...καὶ δεῦρο ἀκολούθει μοι. Das Entscheidende, was diesem Mann fehlt, ist die Nachfolge. Treffend formuliert Lohmeyer den Stellenwert der freiwilligen Armut[4]: "Mehr als alle Erfüllung, mehr als alle Hilfe an Armen, mehr als alles freiwillige Armwerden ist also dieses Nachfolgen. Es führt ... unbedingt und sicher zum Leben." Dabei stehen Nachfolge und Liebeswerke sicher nicht beziehungslos nebeneinander. Askese ist hier kein rein negativer Begriff, keine Interesselosigkeit den Armen gegenüber. Jesus beruft den Mann zur Lebensgemeinschaft mit sich, in der er selbst ein Leben der freiwilligen Armut führt. Er, der als Wandercharismatiker das Ethos der Besitzlosigkeit vertritt und lebt, ruft hier einen konkreten Menschen zur gleichen Lebensform im persönlichen Anschluß an sich selbst. Die Nachfolger Jesu hatten ebenso mittellos zu leben wie ihr Meister. Das Aufgeben des Reichtums ist dabei eigentlich nicht als Vorbedingung für die Nachfolge zu betrachten. Es ist vielmehr, wie in Mk 1,18.20; 2,14, die Konsequenz der Nachfolge: Im Aufgeben des Besitzes vollzieht sich die Nachfolge Jesu.[5] Als Lebens- und Dienstge-

---

1 Schmithals, Mk S. 453

2 Vgl. Jes 58,8; Belege s. bei Grundmann, Mk[5] S. 283; vgl. zu weiteren jüdischen Parallelen auch Lohmeyer, Mk S. 211; Degenhardt, Lk S. 140.145; zum Bild des Schatzes s. Bill I S. 429ff

3 In diesem Teil der Forderung Jesu besteht eine gewisse Nähe zur pharisäischen Lehre.

4 Mk S. 212; ähnlich Degenhardt, Lk S. 143.147.213; Schnackenburg, Nachfolge S. 96; Fischer, a. a. O. S. 14; H. W. Kuhn, Nachfolge S. 127; Jeremias, Theologie S. 171; Merkel, Eigentum S. 412; Keck, Armut S. 77; Neuhäusler, Anspruch S. 182; Dillmann, a. a. O. S. 73; v. Campenhausen, Askese S. 10; Schnackenburg, Botschaft[1] S. 32; Held, Nachfolge S. 92; Strunk, a. a. O. S. 29; Fürst, Armut S. 54; Berve, Gemeinsam S. 8. Es verkürzt jedoch den Sachverhalt, wenn Schnackenburg (Botschaft[2] Bd. 1 S. 63) äußert, das Außergewöhnliche der Forderung Jeus sei "die Konsequenz seiner 'Option für die Armen'". Es ist auch zu fragen, ob man mit Theißen (Jesusbewegung S. 18) als ein Merkmal urchristlichen Wandercharismatikertums "die Kritik am Reichtum und Besitz" sehen soll.

5 So auch Schweizer, Jüngerschaft S. 79; anders Egger, Weg S. 126.214

meinschaft mit ihm übertrifft sie die Beobachtung aller Gebote, indem sie diese aktualisiert und konkretisiert. Die Nachfolge Jesu ist für diesen Mann die Offenbarung des Willens Gottes. So hat für diesen Frager die Nachfolge eschatologisch rettende Bedeutung. "Soteriologische Bedeutung aber hat primär die Nachfolge Jesu, der der Besitzverzicht untergeordnet ... ist."[1] Mit der Nachfolge ruft Jesus den unbekannten Mann in eine Freiheit, die die Freiheit vom Besitz einschließt. Für diesen Reichen ist die Nachfolge Jesu die einzige Möglichkeit, vor Gott gerecht zu werden. Die Forderung ist in diesem Sinn nicht als zusätzliches elftes Gebot zu begreifen.[2] Sie umgreift vielmehr für den Berufenen in diesem Augenblick alle einzelnen Gebote. Jesu Forderung steht ganz im Zeichen des Rufs in den Dienst der Nachfolge. Das Eine, das fehlt, ist keine quantitative Überbietung des Bisherigen, sondern es ist deshalb das Entscheidende, weil es in ihm um den Anschluß an Jesus geht. In der Person Jesu tritt der Gotteswille endgültig hervor.[3] Die in seinem Wirken anbrechende Gottesherrschaft impliziert eine radikal neue Bewertung des Besitzes. Der Besitzverzicht ist eschatologisch, von der Nähe der Basileia her begründet. Zwischen die Basileia und den Berufenen darf nicht der Besitz treten. Die Ausschließlichkeit der Bindung des Berufenen an Jesus macht die Einzelforderungen, hier die der Armut, verständlich. Das Geschenk des Rufes Jesu kostet den Reichen seinen Besitz, unwiderruflich. Das weist auf die Unwiderruflichkeit der Bindung des Jüngers an Jesus, in der es um eine Entscheidung auf den vorgängigen Anruf Jesu hin geht. Jesu Antwort auf die Frage des Reichen nach dem ewigen Leben ist damit: Werde mein Jünger! "Im Ruf in seine Nachfolge wird die Lebenszusage gültige Gegenwart."[4] Die anbrechende Gottesherrschaft ruft um der Gefolgschaft Jesu willen nach seiner bedingungslosen Bereitschaft, alles zurückzulassen. Die Nachfolge Jesu beansprucht auch im Falle des Reichen ihn als ganzen Menschen. "Die Armut erscheint als Ausdruck des Vorranges des Reiches Gottes, das allem vorzuziehen

---

1 Gnilka, Mk S. 87

2 Vgl. auch Zimmerli, Frage S. 97; Bornkamm, Jesus S. 130f; H. D. Betz, a. a. O. S. 29; Merklein, Jüngerkreis S. 91; Thielicke, Ethik I S. 32f.400f; verkürzend umschriebt Barclay (Mk S. 219) den Sinn der Anforderung Jesu: "...Schenk dich und alles, was du hast, den andern. Dann wirst du zeitlich und ewig glücklich sein." Das Ziel des Wegschenkens ist auch nicht "Freiheit vor Gott" (H. D. Betz, a. a. O. S. 29), sondern eben Nachfolge. Auch v. Campenhausen (Askese S. 12) lehnt zurecht den Gedanken der Voranstellung des Eigentums in der Jüngerexistenz ab.

3 So auch Degenhardt, Lk S. 140f.222. Damit geht es letztlich um den Glauben an Jesu Person als dem Gottgesandten und nicht zuerst um ein menschliches Verhalten zu den irdischen Gütern oder zu einem bestimmten sozialen Verhalten (vgl. dazu Hillmann, Armut S. 169; Degenhardt, Lk S. 141f; Zimmerli, Frage S. 96; Neuhäusler, Anspruch S. 182; Egger, Weg S. 88.111.210; Kretschmar, Askese S. 54; W. Pesch, Räte S. 92). W. Pesch meint ebd.: "Die Besitzlosigkeit wird nicht verlangt, weil der Mann am Gelde hing, sondern weil sich in seinem Besitz ein überholtes religiöses Programm verkörperte." Ersteres darf freilich nicht ausgeschlossen werden.

4 Zimmerli, Frage S. 97; vgl. auch Schelkle, Jüngerschaft S. 18; A. Schulz, Nachfolgen S. 67.76f; Egger, Weg S. 126.149; Berger, a. a. O. S. 422.

ist."[1] Dieser Vorzug legitimiert den ungeheuer großen Anspruch Jesu an den Reichen. Da es sich für den reichen Mann um einen gebieterischen Anspruch Jesu handelt, kann man nur bedingt von einem "freiwilligen Verzicht des Besitzes"[2] sprechen. Für Mk 10,21 ist auch die Bezeichnung "Rat" unzureichend.[3] Es handelt sich hierbei vielmehr um eine hoheitliche, unbedingte Berufung, die nicht in das Belieben des Berufenen gestellt ist. Sie stellt ihn durch ein neugewonnenes Verhältnis zu Gott in "eine neue Freiheit auch zu den Gütern dieser Welt"[4].

Aus den Darlegungen zu V 21 wurde deutlich, daß es sich bei den Anforderungen Jesu bezüglich der Armut um den Preis der Jüngerschaft handelt. Sie beanspruchen eine konkrete Einzelperson, sind Wort Gottes an diesen Reichen.[5] Die Erzählung betrachtet also Armut nicht als den allgemeingültigen ökonomischen Status eines jeden Sympathisanten Jesu, sondern Armut ist konkrete Jüngerberufung. Das Verlassen allen Besitzes beschränkt Jesus auf diejenigen unter seinen Anhängern, die ihn in unmittelbarer Nachfolge begleiten. Besitzverzicht ist konkreter Gehorsamsakt auf die Einzelberufung hin. Die Perikope handelt nicht allgemein vom Problem Reichtum und Christsein, sondern vom Problem Besitz und Nachfolge. Damit ist das elitäre, exklusiv-sektenhafte Mißverständnis von Nachfolge und Armut ausgeschlossen. "... Die mit Jesu souveränem Ruf zur persönlichen Jüngerschaft verbundenen Sonderforderungen entspringen eindeutig gerade nicht der Tendenz einer Aussonderung von Heilsanwärtern, des heiligen Restes, des wahren Israel. Sie bestätigen vielmehr nur die missionarische Hinordnung des Jüngerkreises auf die 'Menschenfischerei' ..."[6]

V 22 berichtet von der individuellen Antwort des Reichen auf den Ruf Jesu. Er

---

1 Daniélou, Stellung S. 417; vgl. ferner Bornkamm, Jesus S. 131; Merkel, Eigentum S. 412; Knoch, a. a. O. S. 62

2 Kramer, a. a. O. S. 53. Von "Forderung" spricht auch H. D. Betz, Nachfolge S. 29; vgl. auch Egger, Weg S. 149.215. Die Umschreibung des Zwecks der Forderung Jesu an den Reichen als "besseren Weg des Dienstes" (Hoch, Räte S. 40) fängt die Bedeutung der Anforderung Jesu an ihn nur teilweise ein.

3 Mit Degenhardt, Lk S. 141; Berve, a. a. O. S. 7; Knoch, a. a. O. S. 65f; Schnackenburg, Mt S. 184

4 Kramer, a. a. O. S. 53

5 So die meisten Ausleger. Haenchen (Weg S. 355) meint zu unrecht, hier werde allgemein von Christen gesprochen. Er sieht hinter der Perikope ein asketisches Judenchristentum stehen. Berger (a. a. O. S. 396.404.436) dagegen denkt als Hintergrund der Erzählung an jüdisch-hellenistische Bekehrungstradition. Von ihm wird die tragende Funktion der Nachfolge Jesu für die Erzählung verkannt. Lohmeyer (Mk S. 212) versteht den Reichtum als grundsätzliches Hindernis zum Leben. Leben erlange nur der Arme (ähnlich Walter, Analyse S. 212). Daraus folgt, daß das Ziel dieser Perikope nicht darin besteht, das Verlassen des Reichtums willkürlich zu praktizieren und zu kopieren (so auch v. Campenhausen, Askese S. 10f; Egger, Weg S. 199.204.217; Schnackenburg, Nachfolge S. 96).

6 Vögtle, Einzelne S. 75; vgl. auch Degenhardt, Lk S. 201 (im Vergleich zu entsprechenden Forderungen in Qumran) u. S. 214; v. Campenhausen, Askese S. 6; ähnlich A. Schulz, Nachfolgen S. 95.

wurde betrübt (στυγνάσας) über dieses Wort Jesu und ging traurig weg (ἀπῆλθεν λυπούμενος). In der Berufung zur Nachfolge ging es für ihn um das Ganze seiner religiösen Existenz. Die Reaktion auf Jesu Anspruch an ihn offenbart sein Versagen angesichts des Angebotes Gottes für ihn. Er kann sich von Jesu Berufung nicht beschenken und beanspruchen lassen. Für ihn gibt es nur die buchstäbliche, "asketische" Auslegung der Forderung des Besitzverzichts, nicht die "liberale". Seine mangelnde Entschlußkraft ist ein Versagen im Sich-versagen dem Gehorsam Jesus gegenüber. "Diese Jüngerwahl ist mißglückt."[1] Der Besitz des Reichen erweist sich als entscheidendes Hindernis für den Anschluß an Jesus und damit als Heilsgefährdung. Hier wird die dem Reichtum eigene dämonische Faszination zur Realität. Der Reiche ist gebunden. Sein Reichtum wird ihm zum Verderben; er ist von ihm besessen. Er läßt sich von ihm die Freiheit zur rechten Entscheidung im Gehorsam nehmen. Für ihn sind die irdischen Güter nicht neutral geblieben, da sie zwischen ihn und Jesus getreten sind. Er kann so der Basileia nicht kompromißlos den Vorrang lassen. Aber nicht das Halten der Gebote verbürgt schon das ewige Leben, sondern der Gehorsam dem Anruf Jesu gegenüber. Mit seiner bleibenden Zuwendung zum Besitz wendet er sich vom ewigen Leben ab. Die Verweigerung von Besitzverzicht und Nachfolge enthüllt ihn als einen, der trotz der Observanz aller Gebote Gott nicht als den Einzigen lieben kann. Als mosaisch guter Mensch befindet er sich nicht auf dem Weg des Lebens. "Weil der Reiche durch die Verweigerung der völligen Nachfolge Jesus die Liebe und Gott die Anerkennung, die das erste Gebot fordert, verweigert hatte, erlangt er keinen Zugang zur Herrschaft dieses Gottes."[2] Da Jesus in göttlicher Vollmacht handelt und beruft und da jetzt das Verhältnis zu Gott vom Verhalten zu Jesus abhängig ist, entzieht sich der reiche Mann mit der Verweigerung des Gehorsams Jesus gegenüber zugleich dem Gehorsam Gott gegenüber. Er schlägt den Ruf zur heilsentscheidenden Zugehörigkeit zum Menschensohn aus und hat Gott nicht mit seiner ganzen Kraft geliebt. Er hat seinen Besitz aus der Gottesrelation ausgeklammert. Damit konnte aber auch seine Frömmigkeit nicht die sozialen Beziehungen prägen. An der Verweigerung der Hingabe seines Besitzes entscheidet sich die Verweigerung der Totalität seiner Gottesliebe. "Indem der Reiche nun diesen Ruf ausschlägt, verfehlt er aber nicht nur die Nachfolge,

---

1 v. Campenhausen, Askese S. 8; vgl. auch S. 10: "Es reicht auf alle Fälle nicht aus, nur an eine innere Gemeinschaft und Verähnlichung gegenüber Christus zu denken, wie es Klemens von Alexandrien in erster Linie tun will." Zur erfolglosen Jüngerberufung s. auch Berger, a. a. O. S. 421; Merkel, Eigentum S. 411; Zimmerli, Frage S. 97; W. Pesch, Begründung S. 36; Hahn, Nachfolge S. 19; Egger, Weg S. 186; ders., Verzicht S. 134; Kretschmar, Beitrag S. 54.

2 Neuhäusler, Anspruch S. 178. Die Verbindungslinie zum ersten Gebot ziehen auch Schniewind, Mk S. 134; R. Pesch, Hauptgebot S. 104 (vgl. ebd. S. 105: "Der Reiche glaubt, bei seinem Tun sich selbst als Reichen heraushalten zu können."); Lefèvre, Armut S. 44; Grundmann, Mk[5] S. 283; W. Pesch, Begründung S. 36; Egger, Weg S. 188 Anm 45.

sondern zugleich das ewige Leben."[1] Er scheitert damit am Glauben. Die Frage nach dem ewigen Leben erweist sich in der Verweigerung der Nachfolge als von ihm nicht radikal und existentiell genug gestellt. Er ist nicht fähig und willig zu der "Mobilität derer, die auf der Erde keine feste Heimat haben, weil ihre Heimat in den Himmeln ist"[2].

Der Abschluß der Perikope macht somit zweierlei deutlich: Zum einen wird beim reichen Mann ersichtlich, daß die Berufung Jesu den Berufenen nicht entmündigt. Jesu Ruf zur Nachfolge achtet die antwortende Freiheit der menschlichen Entscheidung. "The call of Peter and other fishermen seemed irresistible; but it is not always so; the primitiv community knew, that the gospel was faithfully preached and yet in some strange way one man would accept it and another reject it."[3] Berufung ist Gnade Gottes, aber sie übergeht die Person des Berufenen nicht. In der Berufung ist er gefragt, selbst zum Gehorsam bereit zu sein und einzuwilligen. So kann der Mensch im Ungehorsam seine Berufung verspielen.

Zum andern zeigt der Ausgang der Perikope in Verbindung mit dem Eingang in V 17, daß Nachfolge entscheidend von Jesu Initiative abhängt. Hier ging die Initiative vom fragenden reichen Mann aus, - und die Nachfolge kam nicht zustande. Mk 5,18 par geht die Nachfolge vom geheilten Gerasener aus; auch dort kommt es nicht zur Nachfolge, weil Jesus das Ersuchen ablehnt. Das Anerbieten genügt noch nicht als Grundlage für seine Berufung. Hier kommt zum Ausdruck, "daß niemand Gott sich nähern kann, ohne daß Gott selber ihn rufe"[4].

Auf die folgenden VV 23-31 gehen wir nun überblickhaft ein.[5] Nach dem Weggang des Reichen wendet sich Jesus allen Jüngern zu. V 23 zieht das Fazit aus der vorangehenden Erzählung. In immer tiefergreifenderen, verstärkenden Worten wird die Gefährlichkeit des Reichtums festgestellt. Bezieht V 23 die Schwierigkeit, in das Reich Gottes zu gelangen, auf den Reichtum, dehnt V 24 diese Schwierigkeit auf alle Menschen aus. Hauck/Kasch[6] weisen darauf hin, daß der πλούσιος praktisch für jedermann steht: "Er ist der Mensch nach der Struktur dieser Welt ..." Diese Deutung legt sich von den folgenden VV 25-27 her nahe. Hyperbolisch[7] redet Jesus im Bild vom Kamel und vom Nadelöhr von

---

1 H. W. Kuhn, Nachfolge S. 128; ähnlich Bornkamm, Jesus S. 131; Schmithals, Mk S. 452

2 Strunk, Nachfolge S. 29

3 Best, Discipleship S. 333; vgl. auch Hahn, Nachfolge S. 19; A. Schulz, Nachfolgen S. 105; Bouwman, a. a. O. S. 45. Lohmeyer (Mk S. 212) meint, der Reiche gehe nicht aus Ungehorsam gegen ein Gebot, sondern "wie aus Trauer über ein Verhängnis" fort.

4 Bouwman, a. a. O. S. 45; vgl. dazu auch Schweizer, Kreuz S. 78; Donaldson, Discipleship S. 70 Anm. 7

5 Vgl. dazu die oben S. 62 Anm. 4 genannte Literatur

6 A. a. O. S. 325. Erwägenswert ist Eggers (Weg S. 216f) Position, nach der es sich in V 24 nicht um einen allgemeingültigen Satz handle, sondern um einen situationsgemäßen verallgemeinernden Kommentar.

7 Busemann (Jüngergemeinde S. 59) spricht von einem "Oxymoron".

der Unmöglichkeit, daß ein Reicher gerettet werden kann. V 27 schließt den kommentierenden Abschnitt von V 23 an in alttestamentlicher Weise[1] mit der Aussage ab, daß bei Gott kein Ding unmöglich ist. Allen Menschen wird vorgehalten, daß sie zu ihrer Rettung auf Gott angewiesen sind. Die Problematik des Reichtums ist hier zum übertragbaren Exempel geworden. Grundsätzlich besteht für alle Menschen eine ähnliche Schwierigkeit wie für den Reichen. Gott kann aber das Menschenunmögliche möglich machen. Der Mensch ist total auf Gottes Gnade angewiesen. "Betrachtet man als Wurzel der von Jesus geforderten Loslösung vom Reichtum die Umkehr, dann wird hier deutlich, daß sie im tiefsten Grunde Gnade ist, eine Kraft, die von Gott verliehen werden muß."[2] Das Geschehen der Nachfolge ist ganz Gottes Geschenk und Tat, das im Gehorsam bewahrt wird und sich bewährt. Damit steht im Zentrum dieser den Besitz betreffenden Aussagen weniger eine soziale als eine eschatologische Fragestellung.

Die VV 28-30 bringen die dritte Einheit innerhalb des Abschnitts. Die Verbindungslinien zwischen VV 17-27 und 28-30 sind zahlreich[3]: Die VV 17-21 stellen die Verbindung von Nachfolge und die Frage nach dem ewigen Leben her. Die VV 28-30 verbinden die Frage nach dem Lohn der Nachfolge mit der Verheißung des ewigen Lebens. V 17 (Frage nach dem ewigen Leben) und V 30 (Verheißung ewigen Lebens) entsprechen einander. Die Jünger haben das getan, was Jesus von dem Reichen beanspruchte, indem sie der Nachfolge wegen alles verließen. "Ewiges Leben" und "Nachfolge" sind die den Gesamttext zusammenhaltenden Stichworte. So dient auf der einen Seite das Verhalten des Reichen als Beispiel, um die Gefahren des Reichtums zu demonstrieren, auf der anderen Seite stellen die Jünger ein positives Beispiel der Nachfolge dar. VV 28-30 werden zugleich in ihrem jetzigen Kontext bestätigendes Zeichen zu V 27. Diese Verse sind Erfüllung der allgemein gehaltenen Aussage "bei Gott sind alle Dinge möglich". Sprachen die VV 23-27 vom Besitz und Reichtum, der das Eingehen in die Basileia gefährdet, so sprechen die VV 28-30 vom Vollzug des Verlassens und der dazugehörigen Verheißung.

Petrus als der Sprecher des Jüngerkreises äußert Jesus gegenüber (V. 28), daß sie als Jünger alles verlassen (ἀφήκαμεν πάντα) und sich der Nachfolge hingegeben hätten (ἠκολουθήκαμεν σοι). Die Nachrichten, daß die Jünger um der Nachfolge Jesu willen alles verlassen haben, sind verschieden. Nach 1.Kor 9,5 führte Petrus später seine Frau auf seinen Missionsreisen mit.[4] Nach Mk 1,29 kehrte Jesus in

---

1 Z. B. Gen 18,14; Hiob 10,13; 42,2; Sach 8,6 (vgl. Schweizer, Mk S. 115; Gnilka, Mk II S. 89; Lohmeyer, Mk S. 215; Grundmann, Mk⁵ S. 115)

2 Schnackenburg, Umkehr S. 46f. Damit legt der Abschnitt den Schwerpunkt auf die Gnade und nicht "wird Askese gegen Jesu Willen zum Gesetz " (Grundmann, Mk⁵ S. 280; ähnlich Fischer, a.a.O. S. 15) erhoben. Richtig dagegen Egger, Weg S. 104: "... Die Kritik am Reichtum (ist) nicht Hauptzweck des Textes" (ähnlich Marxner, Armut S. 49).

3 Vgl. dazu vor allem Dillmann, a.a.O. S. 52f; zur Einzelanalyse vgl. die S. 64 Anm. 1 erwähnte Literatur.

4 Schweizer (Mk S. 217) fragt, ob deshalb in der Liste V 29 die Frau nicht erwähnt sei. Fürst (a. a. O. S. 21) führt dagegen das Fehlen der Frau in der Aufzählung darauf

das Haus Simons und Andreas ein. Für Petrus war das Verlassen offenbar nur ein zeitweiliges Sich-entfernen, nicht jedoch ein beständiges Sich-entäußern. "Hier ist sicherlich gemeint, daß die Jünger ein Leben freiwilliger Armut mit ihrem Meister geführt haben, und dieser Gedanke scheint durch einige Jüngeraussprüche Jesu bestätigt zu werden (Mt 10,37; Lk 14,26)."[1] Die Hinkehr zu Jesus, auf seinen Ruf in die Nachfolge hin, hat sie zur Abkehr von den Gütern dieser Welt veranlaßt. Damit lenkt V 28 andeutend auf die Berufungsgeschichten Mk 1,16-20; 2,14 zurück: Die Jünger kamen der Aufforderung Jesu in einer Entscheidung, die alle anderen Lebensbindungen und -bedingungen aufhob, ohne Zögern nach (εὐθύς). Sie haben den Lebensstil des heimatlosen, armen Jesus geteilt. Jesus antwortet auf den Einwand des Petrus mit einer Verheißung (VV 29f). Diese Verheißung ist der konsequente Endpunkt der Variation des Syntagmas "Tun, um Leben zu erben"[2] im gesamten Abschnitt VV 17-30: In den VV 17-21 wird der Satz "Tun, um Leben zu erben" in den Satz umgewandelt: "Verlassen und einen Schatz haben". An die Stelle des ἵνα tritt ein καί. So wird der Finalzusammenhang gelöst. Indem das Nachfolgen in V 21 an den Schluß gesetzt wird, wird es vom Tun-Ergehen-Zusammenhang freigehalten. Die VV 26f haben das beim Menschen Unmögliche für durch Gott überwindbar erklärt. Die Variation des Syntagmas in VV 29f enthält nun die Verheißung Jesu an seine Jünger. Sie stellt die Lebensform des Wanderradikalismus mit der Aufzählung der hundertfachen Vergeltung als sinnvoll dar. Die erste Hälfte der Verheißung (V 29) spricht noch einmal ausführlich vom Verzicht und greift auf diese Weise das πάντα aus V 28 entfaltend auf. Hier werden eine große Anzahl der Nachfolgebedingungen dargelegt. Diese Aussagen greifen das gefährliche und entbehrungsreiche Leben des Jüngers in dieser Welt auf. Mit οἰκία ist das Aufgeben des Besitzes angesprochen[3], während die einzelne Nennung der verschiedenen Personen engen Verwandtschaftsgrades auf den Abbruch der engsten zwischenmenschlichen Beziehungen um der Nachfolge willen hinweist. Die Bindung an Jesus ist stärker als die beim Orientalen ausgeprägte Gebundenheit an den Familien- und Sippenverband. Die Nachfolge löst den

---

zurück, daß die Frau nach jüdischem Recht kein Scheidungsrecht habe. S. auch Lohmeyer, Mk S. 216; Theißen, Wanderradikalismus S. 84 u. Bauer, Uxores S. 94ff (zu 1. Kor 9,5).

1 Lohmeyer, Mk S. 216; zu Lk 14,26 vgl. Punkt 1.4.4. Das Verlassen aller Bindungen heben auch Schelkle, Jüngerschaft S. 17; Schrage, Ethik IV S. 442; v. Campenhausen, Askese S. 8; Walter, Analyse S. 213; Schnackenburg, Botschaft² I S.62; Busemann, Jüngergemeinde S. 70; Eckert, a. a. O. S. 305 Anm. 17; Schweizer, Erniedrigung S. 11 hervor. Berger (a. a. O. S. 424) sieht die Jünger Jesu, die Verwandtschaft und Besitz verlassen, nach dem Bild prophetischer Leviten gezeichnet. - Die Existenz zweier Sozialformen der Anhängerschaft Jesu macht es nicht nötig, den Grundbestand des Wortes erst in nachösterlicher Zeit anzusetzen.

2 Vgl. dazu und zum folgenden Egger, Verzicht S. 130f; u. ders., Weg S. 121ff; zu den Verheißungsworten an die Jünger vgl. Riesner, Jesus S. 428

3 Das Wort entspricht dem hebräischen בַּיִת. Busemann (Jüngergemeinde S. 78) möchte οἰκία mit "Hausgemeinschaft" oder "Familie" wiedergeben.

Jünger aus diesem Verband.[1] Das Verlassen ist mit der Bindung an Jesus und an das Evangelium motiviert. "Die neue Ordnung und die neue Welt, die mit der Basileia Gottes beginnt, ist aufs engste mit Jesus selbst verknüpft."[2] Alle Hingabe geschieht um Jesu und des Evangeliums willen. V 30 geht zum eigentlichen Inhalt der Verheißung über. Der Verzicht wird vielfältig wiedererstattet werden. Dem ἀφῆκεν in V 29 entspricht in V 30 das λάβῃ. Der Klan und der persönliche Anteil am Land werden verlassen, weil jetzt die Gottesherrschaft anbricht. Die Verheißung ist ein Trost für die in der Nachfolge erfahrene Entbehrung. Für die verlassenen Häuser, Eltern, Geschwister und Kinder erhält der Nachfolger hundertfachen Ersatz an Brüdern und Schwestern des Glaubens samt Häusern und Äckern in der jetzigen Zeit. Der hundertfache Ersatz für die Aufgabe aller Güter ist in der Zeit der Jüngerschaft mit Verfolgungen verbunden, die den neu erhaltenen Besitz gefährden.[3] Die Mehrzahl οἰκίας und μητέρας bringt zum Ausdruck, daß die wiederholenden Begriffe mit neuem Inhalt zu verstehen sind. "Einen Vater erhält der Verlassende nicht mehr - wohl deswegen, weil für Jesus Gott allein der Vater ist."[4] Die Gegenwart des Jüngers ist nicht nur durch das Verlassen und den Verzicht gekennzeichnet, sondern auch durch geschenkten Gewinn. Die Zusage gilt unter dem Vorzeichen von V 27. Der neue Besitz und das ewige Leben werden nicht durch Hingabe und Verlassen verdient, sondern als Geschenk Gottes empfangen. "Der Zusammenhang zwischen menschlichem Tun und ewigem Leben ist nicht durch menschliche Leistung und menschliches Können hergestellt, sondern durch Gott, der alles ermöglicht."[5] Dieser Sachverhalt drückt sich in der Form der Verheißung an die Jünger aus, die das Leben des Wandercharismatikers Jesus teilen. Der wunderbare Gewinn kommt dem Nachfolger aufgrund der Verheißung zu, nicht aufgrund einer verrechenbaren und einklagbaren Lohnrechnung. Nachfolge und ihr Lohn sind eine von Jesus verheißene und geschenkte Gabe. So übersteigt der Gewinn den Wert der verlassenen Güter. Dies gilt nicht allein im Hinblick auf den Gewinn des ewigen Lebens, sondern auch im Hinblick auf die gegenwärtig entstehende neue Gemeinschaft. Während das Verlassen nur das eine oder andere betrifft (... ἤ ... ἤ), ist der Gewinn kumulativ (... καί ... καί).[6] Zwar taucht hier der Lohngedanke auf, er wird jedoch von innen her gesprengt.[7] Der Neugewinn der geistlichen Gemeinschaft spricht die Zugehörigkeit des Nachfolgers zur familia Dei an.[8] Eine

1 Vgl. Fürst, a. a. O. S. 50

2 Stöger, Armut S. 48

3 Berger (a. a. O. S. 425f) sieht im Verfolgungsmotiv ein Motiv der hellenistisch-jüdischen Bekehrungsgeschichten. Dieses Motiv paßt jedoch sehr wohl in die Situation der Wirksamkeit des geschichtlichen Jesus.

4 Egger, Weg S. 130

5 Ebd. S. 135; vgl. auch ebd. S. 209.211.221

6 Ders., Verzicht S. 136

7 Zum Lohngedanken vgl. A. Schulz, Nachfolgen S. 117ff

8 Zum Gedanken der familia Dei vgl. Riesner, Jesus S. 428; G. Lohfink, Gemeinde S. 55

gewisse Verwandtschaft mit V 30 weist Mk 3,34f[1] auf. An beiden Stellen handelt es sich um konditionale Rechtssätze. An beiden Stellen werden als geistlich Verwandte Mutter, Bruder und Schwester aufgeführt. In Mk 3,34f ist ein besonderes Verständnis der Familie Jesu zum Ausdruck gebracht. Zur Familie Jesu gehören diejenigen, die um ihn sitzen und als seine Anhängerschaft den Willen Gottes tun. Jesus konstituiert damit die vielgliedrige Schar seiner Anhänger als familia Dei. In dieser erfahren und praktizieren die zu ihr Gehörenden eine Gemeinschaft, die auch die materiellen Güter einbezieht (Mk 10,30). Hier teilt man Hab und Gut miteinander (vgl Lk 8,2f). So wird am positiven Beispiel der Jünger gezeigt, daß Nachfolge sinnvoll ist: Sie führt zu einer neuen Gemeinschaft und zu neuem Besitz. Die Verheißung Jesu läßt erkennen, daß die Armut in der Nachfolge kein neues Gesetz propagiert. Auch wenn an der Tatsache des Besitzverzichts und des Verlassens der engsten Verwandten um der Nachfolge willen nichts abgestrichen werden darf, ist Nachfolge eine "Einladung, das Geschenk des Lebens schon hier im Sichverschenken zu finden"[2]. Die Wanderschaft mit Jesus ist keine trübsinnige Angelegenheit, keine bittere Weltentsagung. Sie steht vielmehr unter dem freudigen Vorzeichen der anbrechenden Gottesherrschaft. Der Ruf Jesu und die mit ihm gegebene Verheißung machen den Besitz und alle übrigen Beziehungen vergleichsweise entbehrlich. Das Ziel der Nachfolge ist die gnadenhaft zugesagte heilsame Fülle des Lebens. "Nachfolge begibt sich ... in den Horizont einer Wirklichkeit, die lauter Fülle und Ganzheit, die Schalom ist ... Nachfolge schließt ... Abschied, Entwurzelung, Verluste notwendig ein, aber sie schließt damit nicht ab."[3] Wohl sollten die Jünger alles verlassen, aber Jesus berief sie nicht zu freudloser Vereinsamung und Entbehrung. Realistisch hält die Verheißung fest, daß alles Verheißene in der Nachfolge μετὰ διωγμῶν empfangen wird. Aber sie weiß um die volle Erfüllung in der Vollendung der Gottesherrschaft in der kommenden Welt. Sie ist der Inhalt und das Ziel des überreichen Lohnes.
Von den Parallelabschnitten zu Mk 10,17-32 muß in unserem Zusammenhang nur noch Mt 19,21 Beachtung finden. Nach Tschudy/Renner[4] gehört dieser Vers zur "Magna Charta des christlichen Mönchtums". Nachdem der junge Mann gefragt hat (V 20) "Was fehlt mir noch?" spricht Jesus zu ihm (V 21): "Wenn du vollkommen sein willst (εἰ θέλεις τέλειος εἶναι), gehe hin, verkaufe deine Habe ..." Hier erscheint im MtEv der Begriff τέλειος nach Mt 5,48 zum zweitenmal. Als einziger unter den Evangelisten verwendet Mt diesen Begriff. Mit ihm faßt er das Ziel der Jüngerschaft zusammen. Τέλειος zu werden, war das Ziel für den

---

1 Parr Mt 12,49f; Lk 8,21; vgl. dazu G.Lohfink, Gemeinde S. 54ff; Theißen, Jesusbewegung S. 18; Neuhäusler, Anspruch S. 112; S. Schulz, Ethik S. 63; Nepper-Christensen, a. a. O. S. 919

2 Schweizer, Mk S. 115; vgl. auch Fischer, a. a. O. S. 19; Schnackenburg, Nachfolge S. 94

3 Strunk, Nachfolge S. 24f

4 A. a. O. S. 11. Zu den übrigen Veränderungen bei Mt u. Lk vgl. die Kommentare, außerdem Dillmann, a. a. O. S. 74ff; Berger, Gesetzesauslegung S. 444

νεανίσκος. Jesus ruft hier den jungen Mann dazu, in seinem Verhältnis zu Gott und im Willen seiner Glaubenshingabe ganz und vollständig zu werden.
Für das mt Verständnis von τέλειος sind nun folgende Beobachtungen wichtig: Die in V 19 aufgeführte Dekalogreihe endet mit dem Liebesgebot. Bereits dieser Kontext läßt für Mt eine inhaltliche Verbindung des Vollkommenheitsbegriffs mit dem Liebesgebot vermuten, ist das Liebesgebot doch dem mk Text von Mt zugefügt worden.[1] Diese Vermutung wird durch den Kontext, in dem τέλειος in Kap 5,48 Verwendung findet, unterstützt: Auch dort geht es um die Liebe, die die letzte Antithese in der Feindesliebe besonders markant heraustreten läßt, die aber hinter allen Antithesen zu sehen ist. Das Ziel des Lebens aller Anhänger Jesu besteht in der Vollkommenheit, die in praktizierter Liebe verwirklicht wird. In dieselbe Richtung weist auch das Doppelgebot der Liebe.[2] Die Allgemeinheit der Aussage von 5,48 ist jedoch auf Konkretion im Leben eines jeden Hörers Jesu aus. Mt 19,17ff ist eine solche Konkretion der für alle geltenden Forderung aus Mt 5,48. Für den reichen jungen Mann wird durch die Berufung Jesu das Verlassen seiner Güter zur für ihn notwendigen Konkretion der Gottes- und Nächstenliebe. Jesus ruft ihn dazu, die Erfüllung des Doppelgebotes in seiner Nachfolge zu lernen, indem er sich bedingungslos von seinem Besitz löst. V 22 zeigt: An diesen ist er so gebunden, daß er zur ungeteilten Hingabe an Gott und den Nächsten unfähig ist. Mochte es in der Frage des jungen Mannes von V 20 (τί ἔτι ὑστερῶ) noch um ein quantitatives Mehr gegenüber der gewöhnlichen Gesetzeserfüllung gehen, so wird durch die dargelegte Deutung von τέλειος offenbar, daß es für den νεανίσκος um alles geht. Durch die Verweigerung der Nachfolge bleibt er in der Verweigerung des Gehorsams; so bleibt er "unvollkommen".
Mit diesem Verständnis des Vollkommenheitsbegriffs ist zweierlei festgehalten: Zum einen gilt auch von der Perikope vom reichen Mann in der Fassung des Mt her unverrückt, daß die Forderung der Vollkommenheit allen Anhängern Jesu gilt. Die Meinung, es gäbe für Mt innerhalb der Jüngerschaft Jesu eine höhere Stufe der Frömmigkeit, die zwar besonderen Lohn erwarten dürfe, aber nicht zum Heil notwendig sei und allein die Bezeichnung "Vollkommenheit" verdiene, muß als Mißverständnis abgelehnt werden.[3] Mt vertritt hier keine doppelte Ethik für perfecti auf der einen und rudi auf der anderen Seite.
Zum anderen weist Mt auf die unverzichtbar individuelle Komponente im

---

1 Auch bei Lk 18,20 fehlt dieser Begriff.

2 Mt 22,34-40. Vgl. Dillmann, a. a. O. S. 79: "In der Verwirklichung des Doppelgebotes der Liebe erweist sich der Jünger als 'vollkommen'."

3 So auch Schweizer, Mt S. 253; Merkel, Eigentum S. 411; Schnackenburg, Mt S. 184; Berve, Gemeinsam S. 7. Im Sinne der Zweistufenethik deuten V 21 fälschlicherweise Bammel, a. a. O. S. 903; Braun, Radikalismus II S. 76. Haenchen (Weg S. 358) meint, Mt stelle das Halten der Gebote als für den Vollkommenen unzureichend dar; wie für Mk übersieht er auch hier die individuelle Komponente. Auch die Deutung Bergers (a. a. O. S. 447) verfehlt die Intention des Mt, wenn er die Vollkommenheit als den sich durchhaltenden, dauernden Status der Bewährung in direkter Fortsetzung der Haltung der Niedrigkeit und des Verzichts versteht.

biblischen Vollkommenheitsbegriff hin. Die Forderung Jesu an den jungen Mann, seinen Besitz zu verkaufen und den Armen zu geben, richtet sich nicht unterschiedslos an jeden. Von dieser individuellen Komponente ist dabei jede Andeutung einer Höherbewertung fernzuhalten. Der Jünger Jesu gehört nicht zu einer höheren Heilsklasse gegenüber anderen unter seinen Anhängern. Es muß jedoch im Hinblick auf die individuelle Komponente im Vollkommenheitsbegriff unterstrichen werden: "Es läßt sich nur sagen, daß von einigen eine besondere Form des Dienstes gefordert und ihnen geschenkt wird, die ihnen größere Verantwortung und reicheres Wirken verleiht."[1] Die Forderung der Vollkommenheit ruft den Jünger zu einem persönlichen Entschluß im persönlichen Anschluß an Jesus auf einen persönlichen Anruf hin.

Die Beobachtungen zur Armut des Nachfolgers haben einen Zug der Berufungsgeschichten bestätigt und vertieft: Von seinen Jüngern im engeren Sinn verlangt Jesus, daß sie ihr Eigentum aufgeben, um ihm zu folgen. Die Lebens- und Wirkgemeinschaft des Jüngerkreises verlangt eine unbedingte Gelöstheit von allen Besitzverhältnissen. Für sie genügt eine innere Gelöstheit nicht; von ihnen ist vielmehr ein schroffes Nein zum Besitz gefordert. "Jesus fordert einzelne auf, ihren vorgegebenen Lebenszusammenhang (Grundbesitz, Familie, Handwerksbetrieb oder anderen Erwerb) und den damit gegebenen Lebensstil zu verlassen und mit ihm oder für ihn über die Dörfer zu ziehen, um die Ankunft der Gottesherrschaft auszurufen."[2] In ihrer gelebten Armut sind die Jünger ein lebendiges Zeichen des Freiseins vom Besitz. Die anbrechende Gottesherrschaft und der Reichtum schließen sich für Jesus und seine Jünger aus. Sie sind mit dem Verlassen des Besitzes zu einer speziellen Verfügbarkeit im Mitleben des Schicksals Jesu gerufen.[3]

Für das Verständnis der Jüngerarmut ist die Beobachtung ihres Geistes entscheidend, da sonst die Gefahr besteht, bei den äußeren Phänomenen stehenzubleiben. Die Armut des Jüngers erhält ihren Geist von der anbrechenden Gottesherrschaft her. Sie ist Besitzlosigkeit um der Basileia willen. Die Berufung des Jüngers durch Jesus zur Nachfolge spricht dem Jünger die mit der Gottesherrschaft verbundene Freiheit von allen Bindungen, auch die des Besitzes, zu. "... Gott und seine Königsherrschaft sind der Maßstab, mit dem Jesus sein Werturteil über 'arm' und 'reich' begründet."[4] Damit stehen die Aussagen

---

1 Schweizer, Mk S. 253; auf die individuelle Komponente weisen auch Lohmeyer, Mk S. 287; Kretschmar, Beitrag S. 57. Die Lehre von den "evangelischen Räten" ist also auch nicht auf Mt zurückzuführen, da der Gedanke der Vollkommenheit nichts ins Belieben des einzelnen stellt (vgl. dazu Fürst, a. a. O. S. 52; Daumoser, a. a. O. S. 83 Anm. 6).

2 N. Lohfink, Armut S. 328; vgl. zur Armut des Jüngers allgemein Böckmann, Impulse S. 223; dies., Ev.Armut S. 459f; Hengel, Eigentum S. 34; Schürmann, Jüngerkreis S. 53; A. Schulz, Jünger S. 35; S. Schulz, Ethik S. 70f; Kraft, Entstehung S. 121; W. Pesch, Räte S. 93; Marxner, Armut S. 52f; Schottroff/Stegemann, Jesus S. 102.104f.

3 Einige Perikopen weisen darauf hin, daß Jesus und seine Jünger ohne Geld unterwegs waren. Mt 17,24-27; Mk 12,13-17 parr; vgl. andererseits aber auch Mk 6,37; Lk 9,13; Joh 6,5; Mk 14,12-17 parr, wo eine gemeinsame Kasse vorauszusetzen ist.

4 A. Schulz, Armut S. 448; vgl. dazu auch ebd. S. 451 u. N. Lohfink, Armut S. 326

über die Jüngerarmut in direkter Verbindung mit dem Herzstück der Botschaft und des Wirkens Jesu. Armut ist die der Erfüllungszeit entsprechende Lebensweise des Jüngers. Das Herzstück der Verkündigung Jesu, die anbrechende Basileia, macht die Armutsforderung an den Nachfolger lebbar. Es fällt auf, daß ihr alle Verbissenheit fehlt, obwohl sie an Radikalität nichts zu wünschen übrig läßt. Darin drückt sich die Tatsache aus, daß die Gottesherrschaft die Armut des Jüngers mit Freude erfüllt. Der Besitzverzicht steht und fällt mit der personalen Bindung an Jesus, an dessen Lebensschicksal er teilnimmt. Besitzverzicht um der Verfügbarkeit für die Gottesherrschaft willen geschieht "allein aus liebendem Glauben"[1]. Die Liebe zu dem ihn berufenden Jesus bestimmt den Geist der Jüngerarmut. Sie schafft die geistliche Freiheit als Geist des Besitzverzichts. Die gelebte Armut wurzelt in der Grundhaltung der Armut des Jüngers vor Gott.

Den Geist der Armut bringt auch ein Abschnitt zum Ausdruck, der seinen ursprünglichen Sitz im Leben in der Jüngerunterweisung haben wird[2]: Mt 6,25-34; Lk 12,22-32. Anstelle der das Leben sichernden Vorsorge soll der Jünger beim Kommen der Basileia auf Gottes Vorsorge für sich vertrauen. Das Vertrauen des Jüngers gilt dem sich als gütig erweisenden himmlischen Vater. Wenn der Jünger "in den Tag hineinlebt"[3], lebt er nicht verantwortungslos, sondern er vertraut auf den Gott, der in Jesu Wirken eschatologisch zur Herrschaft kommt. In ihrer Armut praktizieren die Jünger, zuerst das Reich Gottes zu suchen, im Vertrauen darauf, daß Gott ihnen alles Übrige zufallen läßt. Aus den Worten dieses Abschnitts aus Q spricht allerdings "die Härte der heimat- und schutzlosen, vogelfreien Existenz wandernder Charismatiker, die ohne Besitz und Arbeit durch die Lande zogen"[4].

Derselbe Geist kommt in der Brotbitte des Vaterunsers zum Ausdruck, die wahrscheinlich ursprünglich ihren Sitz im Leben ebenfalls in der Lebensgemeinschaft der Jünger mit Jesus hat.[5] Die umherziehenden Jünger bitten Gott mit dieser Bitte um das tägliche Brot, die Tagesration. Sie sollen damit rechnen, daß Gott ihnen das notwendige Existenzminimum an Nahrung zukommen läßt. Der

---

1 Albrecht, Er rief S. 16. In diesem Sinn spricht W. Pesch (Räte S. 93) davon, daß Nachfolge Jesu "... eine grundsätzliche Selbstverleugnung (verlange) und einen unbedingten Anschluß an den Herrn".

2 Vgl. Schürmann, Jüngerkreis S. 53; Theissen, Jesusbewegung S. 19; ders., Wanderradikalismus S. 85; Hoffman, Studien S. 327f; Hoch, Räte S. 50; Neuhäusler, Anspruch S. 53.182; Schnackenburg, Botschaft[2] I S. 65; Degenhardt, Lk S. 80ff.214; Schottroff/Stegemann, Jesus S. 59ff.

3 Vgl. Mt 6,34. Zur Haltung "vertrauensvoller Gelassenheit" des Jüngers s. Schürmann, Jüngerkreis S. 55.

4 Theißen, Jesusbewegung S. 19. Zum Gedanken der Verantwortung Jesu für seine Jünger vgl. Daube, Responsibilities S. 1ff.

5 Mt 6,11; Lk 11,3. Vgl. zur Frage des Sitzes im Leben in der Jüngergemeinschaft Schnackenburg, Botschaft[2] I S. 65; Theißen, Jesusbewegung S. 19; S. Schulz, Ethik S. 65f (allerdings muß man nicht mit S. Schulz [ebd S. 66] die apokalyptische Motivation für diese Vaterunserbitte übernehmen).

Jünger soll hier die mögliche Sorge um die tägliche Verpflegung der Fürsorge des himmlischen Vaters überlassen. So lebt er seine Bereitschaft, sich mit seiner ganzen Existenz für die Verkündigung der Gottesherrschaft in enger Lebensgemeinschaft mit Jesus einzusetzen. Der Jünger, der in Armut Jesus nachfolgt, setzt so Jesu Botschaft in die Tat um. Die Armut des Nachfolgers weist in besonderer Weise auf zweierlei hin: Zum einen weist sie auf den gütig fürsorgenden und liebenden Gott, auf den, der die Fülle hat und dem auch das Diesseits am Herzen liegt. Da, wo Gott seine Herrschaft antritt, wird die äußere Not und Bedürftigkeit des Menschen von Gott nicht übersehen. Nicht der Besitz der Jünger sichert ihr Leben. So relativieren sie die Bewertung des Besitzes. Ihre Armut weist auf den Indikativ der Basileiabotschaft. Zum andern weist die Armut des Jüngers auf den Anspruch der Gottesherrschaft in Jesus Christus auf den ganzen Menschen. Der arm lebende Jünger ist ein existentiell-leibhaftiger Hinweis auf diesen Anspruch und die eschatologische Dynamik der Basileia. So weist die Jüngerarmut auch auf den Imperativ der Gottesherrschaft. Der Jüngerkreis lebt exemplarisch die von Gott eröffnete neue Lebensmöglichkeit. Zusammenfassend läßt sich mit Böckmann sagen[1]: "Der Verzicht des reichen Mannes (und Entsprechendes läßt sich auf den Jünger übertragen [Erg. v. Verf.]) auf seinen Reichtum, Unterpfand des Segens Gottes und der Anteilnahme am Endheil, ist Zeichen für das Neue und die unvergleichliche Größe des in der Person Jesu hereinbrechenden Reiches Gottes ... Im Glauben an ihn liegt nun alles Heil und alle Sicherheit." Die Jüngerarmut ist Teil des Wunders der sich um Jesus herum sichtbar verändernden Welt, Antwort auf einen Ruf zum zeichenhaften Verzicht und Vollzug gehorsamer Hingabe.

1.4.3 Jesu Stellung zu Ehe und Ehelosigkeit

Wenn von den Bedingungen der Nachfolge gesprochen wird, dann muß auch Jesu Stellung zur Ehelosigkeit bedacht werden. Um einer kurzschlüssigen Blickverengung vorzubeugen, soll dieses Thema nicht isoliert betrachtet werden, sondern in dem Kontext belassen werden, in dem es auch für Jesus stand, nämlich seiner Stellung zur Ehe. In der Frage der Ehe und der Ehelosigkeit ist der Vergleich mit dem alttestamentlich-jüdischen Hintergrund besonders fruchtbar, da er das Neue in Jesu Stellung vor allem zur Ehelosigkeit hervorhebt. So soll zunächst die *alttestamentliche Botschaft zur Ehe* ins Auge gefaßt werden.[2]
Für die jüdische Sicht der Geschlechtlichkeit und Ehe grundlegend sind die

---

1 Ev.Armut S. 490; ähnlich Hillmann, Armut S. 170. Vgl. zum Gedanken der Armut im Dienst des Jüngerauftrags Hengel, Eigentum S. 38; A. Schulz, Armut S. 444.

2 Vertiefende Literatur zu diesem Frage: dazu Scharbert, Ehe S. 311ff(Lit!); Balthensweiler, Ehe S. 19ff; Bardtke; Ehe S. 996ff; Eilers, Grundlagen S. 60f; Rusche, Ehelosigkeit S. 12ff; Horst, Ehe S. 316ff; Molinski, Ehe S. 83ff; Auer, Ehe S. 273ff; W. Pesch, Räte S. 87f; P. N. Levinson, Jüdische Religion S. 13ff.

Aussagen der Schöpfungsberichte. Nach Gen 1,27 gehört zum Wesen der Gottebenbildlichkeit des Menschen das Mann- und Frausein. In Gen 2,18 ist mit der Aussage, es sei nicht gut, daß der Mensch allein sei, festgehalten, daß Mann und Frau auf Gemeinschaft miteinander und gegenseitige Ergänzung angelegt sind. Gott hat den Menschen zur vollmenschlichen Erfüllung nicht in der Vereinzelung bestimmt, sondern in der Ergänzung durch den ihm zubestimmten anderen; der Mensch ist in der Partnerbeziehung auf eine wesenhaft gleichwertige Gehilfin verwiesen. Gott gibt dem Menschen eine gleichwertige Gehilfin. Dies ist der Vollzug der gegenseitigen Ergänzung und ganzheitlichen Gemeinschaft zwischen Mann und Frau, zu der auch die sexuelle Gemeinschaft der beiden Partner gehört. In ihr haben Mann und Frau nach Gen 1,28 ("Seid fruchtbar und mehret euch.") teil am Schöpfungsauftrag Gottes. Sie ist Teil des gegenseitigen Erkennens der Ehepartner (Gen 4,1 u.ö.). Die Sexualität steht mit der Gottebenbildlichkeit von Mann und Frau und der gottgewollten Institution der Ehe[1] unter Gottes Ja und Segen. Da, wo Gott als der Schöpfer des Menschen auch hinsichtlich seiner Leiblichkeit betrachtet wird, kann von Leibfeindlichkeit nicht die Rede sein. So kann nur die Aussage Barclays unterstrichen werden[2]: "Kein Volk hat je die Ehe höher eingeschätzt als die Juden." Die freudige Bejahung der Ehe im Judentum kommt in der festlichen Feier der Eheschließung zum Ausdruck[3], und von der geschlechtlichen Liebe und Freude sprechen verschiedene Stellen des AT.[4] Für die Frau - und ihren Mann - ist ihre reiche Fruchtbarkeit in besonderem Maße ein Sichtbar-werden des Segens Gottes. In diesem Sinn heißt es in Ps 127,3[5] prägnant: "Siehe, Söhne sind eine Gabe des Herrn, und ein Lohn ist die Frucht des Leibes." Andererseits wird die Unfruchtbarkeit der Frau und ihre Kinderlosigkeit als Gericht und Fluch verstanden.[6]

Die Institution der Ehe dient wesentlich der Erhaltung der Sippe. Die Sicht des Kindersegens ist tief in der Geschichtsbezogenheit des Jahweglaubens verankert: "Sie (sc. die atl Gottesoffenbarung) ... verwirklicht sich im Beginn und Fortgang der Heilsgeschichte, so daß die Heilsgemeinde Gottes das Heil in seiner ganzen Verwirklichung nur durch die Geschichte erreicht, mit anderen Worten im Fortgang der Generationen."[7] Gottes Handeln in der Geschichte richtet sich auf sein Ziel in der Zukunft. Da, wo sein Handeln das Vollmaß erreicht, geschieht die endgültige Heilsverwirklichung. "Weil also das Heil im Vollmaß ... nur durch den Fortgang der gottgefügten Geschichte und der Geschichtszeit erreichbar ist,

---

1 Mal 2,14-16 nennt die Ehe einen vor Jahwe geschlossenen Bund.

2 Mt S. 184. Vgl. auch Eilers, Grundlegung S. 61: "Die biblischen Schriften bezeugen nirgendwo eine Ehe- oder Leibfeindlichkeit, und nirgendwo wird das Geschlechtliche abgewertet."

3 Gen 29,22; Ri 14,10; Hiob 3,11; Ps 19,6 u. ö.

4 Gen 29,30; 1. Sam 1,5; 19,1ff; 2. Sam 3,15; Jer 2,2

5 Vgl. auch Ps 128,1-6; Gen 1,28; 24,60; 29,31ff

6 Vgl. 1. Sam 1,4ff; Jes 4,1; 47,8f; Hos 9,11-14

7 Hillmann, Grundlagen S. 162

für jeden einzelnen also einzig durch den Fortgang der Generationen, darum ist im Alten Bunde die Nachkommenschaft heilsbedeutsam ..."[1]
Für das Judentum galt es als eine heilige Pflicht, eine Ehe zu schließen. Das Rabbinentum äußerte sich über die Ehe im Zusammenhang der Nachfolge Jahwes. Es deutete Stellen über die Nachfolge Jahwes rein praktisch auf menschliche Beschäftigungen. Man sah in der vom Menschen geforderten Erfüllung verschiedener Gebote die Nachahmung eines Tuns Gottes. Dazu gehörte auch das Gebot des Kinderzeugens.[2] Zum Gebot der Vermehrung, das schon Adam aufgetragen war (Gen 1,28a) und Noah gegenüber wiederholt wurde (Gen 9,1) trägt El^{e}azar b. Azaria Folgendes vor: "Jeder, der die Fortpflanzung und Vermehrung unterläßt, dem rechnet es die Schrift an, wie wenn er die Gottähnlichkeit vermindert hätte; denn es heißt ... (Gen 1,28; 9,7)" (GenR Par.34). Kraft der Schöpfungsaufgabe Gottes soll der Mensch ebenfalls Kinder zeugen, so wie Gott den Menschen zu seinem Bilde schuf. Im Hinblick auf das Zeugungsgebot geht R.Eliezer noch weiter: "Wenn jemand die Fortpflanzung unterläßt, so ist es, wie wenn er Blut vergießen würde, denn es heißt ... (es folgt der Hinweis auf Gen 9,6f)" (bJeb 63b). In solcher religiös-geistigen Umgebung kann dauernde Ehelosigkeit keine positive Bewertung finden. Sie muß alttestamentlich-jüdischem Denken fremd bleiben. Ri 11,37f; Jes 54,4 lassen die Schmach erkennen, die der Jude in der Jungfrauschaft sieht.
Gleichwohl taucht gelebte Jungfrauschaft vereinzelt im AT auf. Zuerst ist hier die Ehelosigkeit als vorübergehendes Stadium zu nennen. Sie wird von der Ehe als Mutterschaft abgelöst. Eine zeitweilige Enthaltsamkeit kennt das AT aus Gründen ritueller Reinheit und Heiligkeit: Um kultischer Reinheit willen sollen die israelitischen Männer keine sexuelle Gemeinschaft mit ihren Frauen haben (vgl Ex 19,15; 1.Sam 21,5ff). Möglicherweise lebten die Propheten Elia und Elisa unverheiratet.[3]
Sicher hat Jeremia, wie Jer 16,1ff bezeugt, ehelos gelebt. Allerdings zeigt seine Ehelosigkeit, daß diese Lebensform ein Zeichen mit negativem Charakter ist. Jeremia hat dem treulos gewordenen Volk (2,2.19) das Gericht anzukündigen (6,8). Mit seiner ganzen Existenz soll er Bote des Gerichts sein. Er empfängt das Wort Jahwes: "Du sollst dir kein Weib nehmen und sollst keine Söhne haben und keine Töchter an diesem Orte. Denn so spricht der Herr über die Söhne und Töchter ...: Den Seuchentod sollen sie sterben unbeklagt und unbegraben ..." (Jer 16,2-4). Nicht nur zu zeitweiliger, sondern zu lebenslanger Ehelosigkeit ist Jeremia von Gott berufen. Sie ist Teil seines prophetischen Auftrags. "Jeremias' forlorn celibacy is nothing but an enacted prophecy of the imminent doom.

---

1 Ebd. S. 163; vgl. auch Rusche, a. a. O. S. 12f; W. Pesch, Räte S. 88; Schütz, Entstehung S. 49

2 Vgl. dazu Kosmala, Nachfolge II S. 80ff; die beiden folgenden Zitate ebd. S. 81; s. ferner Legrand, Jungfräulichkeit S. 16 Anm. 2. Zur Ehe im Judentum s. Falk, Ehe S. 313ff; P. V. Levinson, Jüdische Religion S. 17f; Baltensweiler, Ehe S. 35ff; Bill II S. 372f.

3 Vgl. dazu Schnackenburg, Mt S. 181 u. Legrand, Meaning S. 98

Calamity will be such as a prophecy in action."[1] Jeremia hat mit seinem Leben Zeuge der Zerstörung Israels zu sein. Seine Ehelosigkeit, seine prophetische Vereinsamung, war eine Antizipation des bevorstehenden Verhängnisses im Gottesgericht. In der Zeichenhandlung des Propheten wirft der Tod als Gericht Gottes seine Unheilsschatten voraus. Im Handeln Jeremias geschieht Gottes Auftrag aus Gen 1,28 in entgegengesetzter Richtung. Das ganze Leben des Propheten hat nun einen Bezug zum Gericht Gottes.

Auch das Judentum der zwischentestamentlichen bis neutestamentlichen Zeit kennt vereinzelte Beispiele von Ehelosigkeit. Zunächst sei die Gruppe der Qumranessener genannt. Einige, nicht alle[2] unter ihnen, lebten im Verzicht auf die Ehe. Über die Motive ihrer Ehelosigkeit liegen nur vage Andeutungen vor.[3] Anläßlich des eschatologischen Krieges wissen die Essener um eine zeitweilige Ehelosigkeit.[4] Einige Gruppen unter ihnen stellen einen interessanten Fall wohl dauernder vorchristlicher Ehelosigkeit dar.[5] Die Position der Qumrangruppe in dieser Frage ist unklar. "M.E. ist das Motiv des Eheverzichts in Qumran in der Ritualangst vor kultischer Verunreinigung durch den Sexualverkehr zu suchen ... Der erwartete Offenbarungsempfang, der permanente priesterliche Dienst und der Dienst im hl. Krieg bzw die Vorbereitung darauf setzen rituelle Reinheit und damit auch Sexualverzicht voraus."[6] Im Judentum wird die Ehelosigkeit ferner von R. Ben Azzai bezeugt, der wegen seiner Ehelosigkeit angegriffen wird, obwohl er als guter Thoralehrer anerkannt wird. Auf die Angriffe gegen ihn wegen seiner Lebensform antwortet er: "Was soll ich tun? Meine Seele hängt an der Thora, mag die Welt durch andere erhalten werden."[7]

Schließlich ist noch auf die Gestalt Johannes d.T. zu verweisen. Von ihm wird zwar nirgends bezeugt, daß er die Ehelosigkeit gepredigt hätte. Er übte jedoch Askese und diese in verschiedener Hinsicht; dazu gehört auch die Ehelosigkeit.[8]

Die synoptische Überlieferung läßt erkennen, daß Jesus keine allgemeine Lehre über die Ehe gegeben hat. Es sind gelegentliche Äußerungen, die bedingt sind

---

1 Ebd. S. 99; vgl. hierzu auch ders., Jüngfräulichkeit S. 23ff; Rusche, Ehelosigkeit S. 13f; Thurian, Ehe S. 39; Bouyer, Spiritualität S. 206; Haspecke, Ehe S. 677

2 Vgl. CD 7,6f

3 Josephus (de bello judaico II 8,2) u. Philo (nach Eusebius, Praep.eb.VIII,11) reduzieren die Ehelosigkeit der Essener auf Frauenhaß. Plinius (His.nat,V,17) meint, ihre Ehelosigkeit sei stoischen Typs (Hinweise bei Legrand, Meaning S. 98f).

4 1QM VII,3,4; aber CD VII 6f setzt Ehe und Kinderzeugung voraus (Belege bei Niederwimmer, Askese S. 57 Anm 26).

5 1QS (vgl. bei Niederwimmer, ebd.)

6 Ebd. Anm. 26 (unter Bezugnahme auf A. Steiner, BZ 15(1971) S. 1ff); vgl. dazu auch Schnackenburg, Botschaft[2] I S. 62f; Vögtle, Einzelne S. 74 (vgl. ebd. Anm. 68 auch den Hinweis auf J. Maier, Die Texte vom Toten Meer I 1960 S. 10f).

7 Tos.Jeb,8,4 (zitiert bei Schweizer, Mt S. 250; J. Schneider, εὐνοῦχος S.765; Grundmann, Mt S. 429. Ebd. Anm. 15 ist der Satz Ben Azzais wiedergegeben, nach dem die Schrift es dem, der sich nicht mit der Fortpflanzung befasse, anrechne, als ob er das göttliche Ebenbild vermindere.)

8 Mk 1,6 par Mt 11,7ff; vgl. auch v. Campenhausen, Askese S. 25

durch die Fragen des Ehebruchs und des jüdischen Eherechts. Sie legen jedoch die Grundlagen der Eheauffassung Jesu offen. Wir gehen ihnen zunächst unter der Fragestellung nach, was sich in ihnen an Bejahung der Ehe und der Geschlechtlichkeit des Menschen andeutet.[1] Wir fragen dann weiter, was für die Ehe aus der Verkündigung der Gottesherrschaft folgt.
Jesus greift selbstverständlich Gen 1,27 und 2,24 auf (Mk 10,6f par Mt 19,4). Damit sieht Jesus die Ehe als eine mit Beginn der Schöpfung gestiftete Institution menschlicher Gemeinschaft. Der Rückgriff auf den Ursprung der Schöpfung dient ihm zur Herausstellung des ursprünglichen Sinns der Ehe. Sie ist eine unauflösliche Einheit von Mann und Frau, ein auf Lebenszeit gültiges Gelöbnis. Im ehelichen Zusammenschluß zweier Menschen sieht Jesus - hierin mit den Rabbinen verwandt[2] - Gott am Werk. Dieser führt zwei Menschen zusammen und spannt sie in ein "Joch" (συνέζευξεν); sie sollen als eheliches Gespann zusammenbleiben. "Indem Jesus von den Verheirateten sagt, daß Gott sie miteinander unter dasselbe Joch gebracht habe, bejaht er die natürlichen Vorgänge ohne Einschränkung, weil er sie von Gottes Wirken völlig abhängig macht. ... Die göttliche Regierung vollzieht sich auch durch die menschliche Freiheit, und die Ehe bleibt für Jesus...Gottes Werk."[3] Mit dem Rückgriff auf Gen 1,27; 2,24 hält Jesus fest, daß Gott den Menschen von Anfang an als geschlechtliches, mit Leiblichkeit begabtes Wesen gewollt hat und damit auch ihre ganzheitliche Verbindung, die die sexuelle Einswerdung einschließt, bejaht. So versteht Jesus die Sexualität des Menschen als gute Gabe des Schöpfers.
Daß Jesus die Ehe achtet, läßt sich indirekt auch daraus ersehen, daß sich unter denjenigen, denen sein heilvolles Wirken gilt, verheiratete Personen finden. So heilt er die Schwiegermutter des Petrus (Mk 1,29-34). Unter denen, die Jesus von Galiläa her nachfolgten und ihm dienten, sind auch verheiratete Frauen (Mk 15,40). Auf diesem Hintergrund äußert Reicke[4]: "Die neutestamentlichen Mitteilungen und Mahnungen setzen Ehestand und Familie als normal voraus (Mt 5,27f.31f; 19,1 par vgl Lk 8,3 ...) ..." Sicher ist dabei der Ausdruck "normal" für die Verkündigung und Lebenspraxis Jesu etwas zu undifferenziert.
Die bisherigen Andeutungen zum Eheverständnis Jesu bedürfen einer Weiterführung vom Zentrum der Verkündigung Jesu, der Basileia, her. Nach Mt 5,17 bringt Jesus mit der Basileia nicht die Abschaffung des Gesetzes, sondern seine Radikalisierung. Das zeigt sich u.a. auch in der Unauflöslichkeit der Ehe, die Jesus Mt 5,32 verkündigt. Jesu Kompromißlosigkeit und Unbedingtheit bezüglich des Willens Gottes in dieser Frage folgt nicht aus einer Gesetzlichkeit, sondern aus dem Anspruch der anbrechenden Gottesherrschaft. Dieser führt auch hier zu dem bereits beobachteten ethischen Radikalismus. Seine Untersuchungen über die Radikalisierung des jüdischen Sexualrigorismus durch

---

1 Hier kann es nicht um eine eingehende Behandlung der Ehefrage in der Jesusverkündigung gehen.

2 Vgl. Grundmann, Mt S. 428 u. Schnackenburg, Mt S. 179 zu Mt 19,6

3 Schlatter, Mt S. 570

4 Ehe S. 319

Jesus zusammenfassend, formuliert Niederwimmer zutreffend[1]: "Gott fordert - und wenn er fordert, fordert er alles; und was er fordert, fordert er ganz. In diesem Sinn ist die Forderung Jesu eschatologischer Natur (ihrem Inhalt nach) - und dies ist sie auch dann, wenn die Beziehung zu der Vorstellung von der kommenden Gottesherrschaft nicht ausdrücklich mit der Forderung verbunden ist."
Auf der einen Seite radikalisiert also die Basileia die Forderung der ehelichen Treue und stellt den Ehebund auf eine feste Grundlage. Auf der anderen Seite relativiert die anbrechende Basileia die Institution der Ehe. Beides ist kein Widerspruch. Jesus qualifiziert die Ehe eindeutig als eine Institution dieser Weltzeit.[2] Sie ist eine vorläufige Lebensform, die in ihrer gegenwärtigen Gestalt keine Geltung beim endgültigen Offenbarwerden der Gottesherrschaft haben wird. Im Lichte der Basileia wird die Ehe als Ordnung des alten Äons relativiert. Der Anspruch des Gottesreichs hat der Ehe gegenüber Vorrang. Lk 14,20 zeigt, daß vor dem Ruf zum Heil der Basileia die Belange der Ehe zurücktreten müssen. Demnach macht Heiraten den Menschen vor Gott sogar schuldig, wenn er dadurch die Bereitschaft verliert, dem in der Gottesherrschaft ihn einfordernden Ruf Gottes zu antworten. "Bei der wesentlich eschatologischen Einstellung und Erwartung Jesu war diese im Hinblick auf das Ende relativierende Sicht der Ehe wohl im Vordergrund des Bewußtseins Jesu, aber eben doch nicht so, daß der Blick für die Eigenbedeutung der Ehe dadurch verstellt wurde."[3] Für Jesus ist das eheliche Leben eine eigenständige Lebensmöglichkeit angesichts der anbrechenden Gottesherrschaft.

Wenden wir uns nun *Jesu Stellung zur Ehelosigkeit* zu, so kann zu Beginn festgehalten werden: In der biblisch begründeten Ehelosigkeit ist keine Spur von Leibfeindlichkeit zu entdecken. Solche Züge entstammen nichtchristlichen Quellen späterer Zeit. Für Jesus ist die Ehelosigkeit nicht Folge einer negativen Bewertung der Materie und damit der Leiblichkeit. Das Ziel der Ehelosigkeit wäre für Jesus gründlich verfehlt, wollte man sie als Abspaltung des menschlichen Geistes von seinem Leib begreifen. Ist doch der Mensch in allem, was er in seiner Geistigkeit tut, an den Leib gebunden. Jesu Äußerungen zur Ehelosigkeit stellen nicht - gleichsam nachträglich - den Wert und die Würde der Ehe in Frage. Mit dem Verzicht auf die Ehe redet Jesus keiner "Minder-

---

1 Askese S. 24; ähnlich Legrand, Jungfräulichkeit S. 44. Konkreter auf die Frage der ehelichen Treue hin zugespitzt, äußert Stöger (Armut S. 57): "... Auch die von Gottes Willen getragene ... Unauflöslichkeit der Ehe (ist) Zeichen der anbrechenden Gottesherrschaft."

2 Mk 12,15 parr.; vgl. dazu Greeven, Ehe S. 318; Auer, Ehe S. 275; Molinski, Ehe S. 86; Matura, Ehelosigkeit S. 42f; Michl, Ehe S. 677; Schrage, Ethik IV S. 442; W. Pesch, Begründung S. 137. Da es in Mk 12,18-27 im Unterschied zur Verwendung dieser Perikope in der Tradition, nicht um die Begründung der Ehelosigkeit als mögliche Lebensform geht (vgl. dazu Niederwimmer, a. a. O. S. 54; Matura, a. a. O. S. 43), muß V 25 nicht unter dem nächsten Punkt bedacht werden.

3 Molinski, Ehe S. 86

bewertung von Ehe und ganzheitlicher Liebe, die das Geschlechtliche umgreift"[1], das Wort.

Jesu Worte zur Frage der Ehelosigkeit sind nach dem synoptischen Zeugnis selten, aber markant. Zu ihnen gehört Mt 19,10-12: Nach dem Streitgespräch Jesu mit den Pharisäern über die Ehe, Ehescheidung und Unzucht führt V 10 zum Jüngergespräch über die Ehelosigkeit weiter.[2] Die Jünger fragen ratlos, ob es unter den Umständen strikter Unauflösbarkeit der Ehe nicht besser sei, überhaupt auf das Heiraten zu verzichten. Diese Bemerkung klingt wie eine Abwertung der Ehe, die jedoch nicht der Intention Jesu entspricht. VV 11f sprechen aber davon, daß es doch Menschen gibt, für die er den Verzicht auf die Ehe gelten läßt. V 11 setzt mit der Feststellung ein, daß nicht alle τὸν λόγον (τοῦτον) fassen. Die Wendung "diese Worte" bezieht sich nicht auf Jesu Wort über die Ehescheidung (V 9), auch nicht auf das Jüngerwort (V 10), sondern auf den folgenden Spruch über die Eunuchen (V 12).[3] Auf diese Verbindung weist in V 12 γάρ. V 11 bezeichnet die Aussage V 12 als Geheimnis, das Gott (δέδοται pass div) dem Menschen schenken muß; von sich aus ist der Mensch unfähig, dieses Geheimnis zu verstehen.

V 12 ist der entscheidende Vers. Er zerfällt in zwei Teile: Den ersten Teil bildet der Eunuchenspruch, der seinerseits aus drei Gliedern besteht (V 12abc). Den zweiten Teil bildet der paränetische Abschluß (V 12 d). Der erste Teil spricht von εὐνοῦχοι. Das Wort εὐνοῦχος beinhaltet einen auffälligen, schockierenden Unterton; weder bei Juden noch bei Griechen hat es einen positiven Klang.[4] Im Unterschied zu ἄγαμος (der Ehelose, der Unverheiratete) ist εὐνοῦχος der Zeugungsunfähige, der Kastrat. Er ist unfähig, eine Ehe einzugehen und sexuelle Gemeinschaft zu vollziehen. Die Sitte des Kastrierens, ursprünglich dem Griechentum fremd, gelangte aus Asien nach Griechenland. Als kultischer Akt erhielt die Selbstkastration im Kybele- und Serapiskult, im Attiskult, im Kult der ephesinischen Artemis und der syrischen Astarte Bedeutung.[5]

Das hebräische Äquivalent סָרִיס dient sowohl zur Bezeichnung einer militärischen Würde, als auch zur Bezeichnung eines Eunuchen.[6] Im AT ist die Kastration von

---

1 Eilers, Grundlegung S. 40; vgl. auch v. Campenhausen, Askese S. 26; de Vries, Ehelos S. 418

2 Mit den meisten Exegeten ist mt Redaktion am Werk zu sehen; im Aufbau komponiert Mt ähnlich wie Mk 12,1-9.10-12 (vgl. auch Mk 10,17-22 par Mt 19,16-22.23-26).

3 Mit Schnackenburg, Mt S. 180; Baltensweiler, Ehe S. 110; Blinzler, Mt 19,12 S. 264ff (‚der gewichtige Gründe dafür anführt, daß V 11 ursprünglich hinter dem Eunuchenspruch V 12 stand; Baltensweiler, a. a. O. S. 110 folgt ihm hierin). Als abwegig muß Ranke-Heinemanns (a. a. O. S. 36f) Position bezeichnet werden, nach der sich V 11f auf V 9 zurückbezieht und nach der es hier um freiwilligen Verzicht auf die zweite Ehe, auf Ehebruch gehe. Daumoser (a. a. O. S. 86 Anm. 10) bezieht "dieses Wort" auf V 10.

4 Vgl. Blinzler, Mt 19,12 S. 257; Niederwimmer, Askese S. 55

5 Vgl. dazu J. Schneider, εὐνοῦχος S. 763; Friedrich, Sexualität S. 58f; Blinzler, Mt 19,12 S. 258 Anm. 15; Baltensweiler, Ehe S. 104

6 Im ersteren Sinn taucht es 2. Kön 25,19; Gen 39,1 auf. Vgl. zur Kastration im AT J. Schneider, a. a. O. S. 764; Baltensweiler, a. a. O. S. 104; Friedrich, Sexualität S. 59.

Menschen und Tieren verboten, da sie dem göttlichen Schöpfungswillen widerspricht. Nach Dtn 23,1 darf kein Eunuch in die Gemeinde Jahwes aufgenommen werden. So schützte sich das Judentum vor dem Eindringen fremder Kulte in seine Religionsgemeinschaft. Eine deutlich veränderte Haltung in der Eunuchenfrage tritt bei Trito-Jesaja (56,3-5) zutage. Im Zuge der universalistischen Tendenz in der Prophetie wird hier den Eunuchen in der letzten Heilszeit die Gemeinschaft mit Jahwe und seinem Volk gewährt. Sie haben Zutritt zur Gemeinde Gottes, da Gott ihnen einen Namen macht (V 5). Die letztendliche Aufnahme der Eunuchen in die Heilsgemeinde entspricht der vielfältigen Umwertung alles bis dahin Bestehenden. Hier "will der Prophet ... absichtlich etwas ganz Ungeheuerliches aussagen, um die Größe des gnädigen Handelns Gottes auszudrücken"[1].

Für die Argumentation des rabbinischen Judentums ist der Schöpferwille Gottes entscheidend.[2] Da, wo die Eheschließung Pflichtgebot ist, muß die Kastration verabscheut und verboten werden. Als Begründung dient Lev 22,24f; wo die Opferung kastrierter Tiere verboten wird; hieraus folgerte das Rabbinat das Verbot der Kastration überhaupt. Wahrscheinlich unter hellenistischem Einfluß hat sich eine laxere Praxis eingeschlichen. Josephus berichtet von drei Kämmerern des Herodes, die Eunuchen waren.[3] Herodes besaß auch einen δοῦλος εὐνοῦχος als Lehrer und Erzieher seines Sohnes.

Jesus nennt nun drei Gruppen von εὐνοῦχοι. Die beiden ersten sind auch im Judentum bekannt.[4] Der סְרִיס חַמָּה ist der "Naturkastrat", der von Geburt an oder durch eine Krankheit verstümmelte Geschlechtsorgane hat. Er wurde als unter dem Strafgericht Gottes stehend betrachtet. Ihm entspricht der εὐνοῦχος ἐκ κοιλίας μητρός im Logion Jesu. Der סְרִיס אָדָם ist der von Menschenhand Verschnittene. Im Wort Jesu entspricht er den εὐνοῦχοι ὑπὸ τῶν ἀνθρώπων. Diese beiden Gruppen sprechen von physischer Eunuchie. Mit der Nennung der dritten Art von Eunuchie erweitert Jesus die offizielle rabbinische Zusammenstellung. Es sind die εὐνοῦχοι οἵτινες εὐνούχισαν ἑαυτοὺς διὰ τὴν βασιλείαν τῶν οὐρανῶν. "Daß die Gottesherrschaft mit der Selbstkastration in Verbindung gebracht wird, muß für den Juden ans Ungeheuerliche grenzen."[5] Es gibt also solche, die weder von Mutterleib an, noch durch Krankheit, noch durch Menschenhand verschnitten sind, sondern die sich selbst verschnitten und so zur Ehe untauglich gemacht haben. Dies geschieht bei ihnen διὰ τὴν βασιλείαν. Im

---

1 Niederwimmer, Askese S. 55 Anm. 16

2 Vgl. zur Beurteilung der Kastration im Judentum J. Schneider, a. a. O. S. 765; Niederwimmer, Askese S. 55 Anm. 16; Blinzler, Mt 19,12 S. 260 Anm. 16; Bill I S. 807; Baltensweiler, a. a. O. S. 104

3 Bell 1,488 (Hinweis auf dieses u. das folgende Zitat bei J. Schneider, a. a. O. S. 764 u. Baltensweiler, a .a. O. S. 105)

4 Vgl. dazu Bill I S. 805-807; J. Schneider, a. a. O. S. 765; Schutz, Entstehung S. 50; Blinzler, Mt 19,12 S. 258; Niederwimmer, Askese S. 56 Anm. 18 (vgl. ebd. auch den Hinweis auf den סְרִיס שָׁמַיִ, den von Gott Verschnittenen); Baltensweiler, a. a. O. S. 163 Anm 78; Eilers, Grundlagen S. 64 Anm. 20

5 Niederwimmer, Askese S. 56; ähnlich Thurian, Ehe S. 37

biblischen Griechisch bezeichnet διά c. Acc. Kausalität oder Finalität. Legrand meint[1]: "It is obvious that, in this context, the meaning must be of finality." Jedoch ist hier der kausale Aspekt nicht auszuschließen. Die anbrechende Gottesherrschaft erfaßt manche kraft der durch Jesus ergehenden Berufung Gottes so, daß sie zur Ehe untauglich werden. Der finale Aspekt der Präposition ist in diesem Logion sicher mitzuhören. Die Eunuchie um des Himmelreiches willen steht im Dienst der kommenden Gottesherrschaft. Schmidt[2] deutet das Verb εὐνουχίζω in dem Sinn, daß Jesus sagen wolle, "man müsse bedenken, daß sich um des Gottesreiches willen manche zu Eunuchen gemacht haben ... Es soll bedacht werden, was Menschen, denen es ganz ernst war mit der Gottesherrschaft, da und dort auf sich genommen haben bis hin zur Selbstentmannung ..." Schmidt denkt also wie bei der ersten und zweiten Gruppe so auch bei der dritten an physisch Entmannte. Hier erhebt sich allerdings die Frage, wer damit gemeint gewesen sein sollte; zur Stützung dieser Annahme fehlt jede Spur eines Zeugnisses. Auf dem Hintergrund der Verpönung der Kastration im Judentum ist das wortwörtliche Verständnis von V 12c unwahrscheinlich. Es liegt deshalb näher, das Verb für die dritte Gruppe von Eunuchen im übertragenen Sinn zu verstehen. Es handelt sich um eine drastische Ausdrucksweise, die zu der immer wieder zu beobachtenden hyperbolischen Redeweise Jesu durchaus paßt (z.B. Mt 5,29f; Lk 14,26; Mk 9,45). In diese Richtung weist auch Legrands Aussage[3]: "It is the kind of coarse Semitic paradox, frequent in the Bible, quite appealing to the rough peasants of Palestine accustomed to the loud and often brutal eloquence of the prophets." Diese dritte Gruppe von Eunuchen ist als Höhepunkt an den Schluß gestellt; sie bildet den Gipfel der Klimax von der ersten bis zur dritten Eunuchengruppe. Sie ist jedoch zugleich abgehoben; mit einem Überraschungsmoment betont sie ein völlig Neues, anderes. Das Paradox besteht darin: Der letzte Fall von Eunuchie, scheinbar der schlimmste, wird von Jesus gutgeheißen. Die positive Bewertung der dritten Gruppe von Eunuchen gibt der Zusatz "um des Himmelreichs willen" zu erkennen. Die εὐνοῦχοι der dritten Gruppe sind Eheuntaugliche eigener Art: Sie können nicht anders als auf die Ehe verzichten, ohne sich jedoch physisch zu entmannen. Sie sind unter die Faszination der Gottesherrschaft gekommen. Das Reich Gottes hat sie eheunfähig gemacht; es hat sie kraft ihrer Berufung übermächtigt, so daß sie im übertragenen Sinn - geistlich verstanden - zeugungsunfähig geworden sind.

Ein weiterer Aspekt kommt durch die Frage nach dem wahrscheinlichen Sitz im

---

1 Celibacy II S. 15; ders., Jungfräulichkeit S. 39. Eilers (a. a. O. S. 64) meint sogar, διά habe in der Bibel durchweg kausalen Charakter.

2 βασιλεία S. 590. Theißen (Jesusbewegung S. 17) spricht vom "Lob der Kastration". Ders. (Wanderradikalismus S. 84 Anm 13) meint, es sei schwer zu sagen, wieweit das Logion wörtlich zu nehmen sei.

3 Celibacy II S. 14. Der übertragenen Deutung schließen sich an Baltensweiler, a. a. O. S. 106ff; Schweizer, Mt S. 250; Schutz, Entstehung S. 48f; Bockmühl, Gesetz S. 278; Lau, Askese S. 647; Schweizer, Mt S. 250; Ranke-Heinemann, a.a.O. S. 36; Daumoser, a.a.O. S. 56 Anm 12; Friedrich, Sexualität S. 59; Blinzler, Mt 19,12 S. 260f.

Leben dieses Logions ins Spiel. Blinzler[1] hat gezeigt, daß sich das Logion Mt 19,12 nicht an die Adresse der Jünger, sondern an die der Gegner Jesu richtet. Pharisäer und Schriftgelehrte hätten ihm danach nicht nur seinen Verkehr mit Zöllnern und Sündern (Mk 2,16; Lk 15,2), seine Heilung am Sabbat (Mk 3,2), seine Sündenvergebung (Mk 2,7), seine Teilnahme an Gastmählern (Mt 11,19=Lk 7,34), sein Wunderwirken (Mk 3,22 parr), außerdem das Ährenraufen seiner Jünger (Mk 2,24), ihr Nichtfasten (Mk 2,18) und ihre Nichtbeachtung der rituellen Waschungen (Mk 7,5) zum Vorwurf gemacht, sondern auch seinen und seiner Jünger Eheverzicht. In einer Umgebung, in der die Ehe und die Zeugung von Nachkommenschaft geradezu ein Pflichtgebot war[2], werden Vorhaltungen gegen Jesus wegen der Mißachtung dieses Gebotes sicher nicht gefehlt haben. Derjenige, der von ihnen wegen seiner Teilnahme an Gastmählern "Fresser und Weinsäufer" genannt wurde, mag von ihnen auch zusammen mit seinen Nachfolgern "Eunuch" genannt worden sein. Jesus habe hier einen Ausdruck seiner Kritiker aufgegriffen. Er antwortete ihnen, daß es solche gebe, die sich selbst verschnittten, sich selbst zur Ehe untauglich gemacht haben. Nicht durch ein natürliches Unglück, nicht durch eine physische, in die Schöpfung eingreifende Operation geschehe dies, sondern von innen her, durch Gottes gnädiges Handeln an ihnen und durch die restlose Hingabe ihrer selbst an das Gottesreich, das in der Person Jesu angebrochen ist. Auf diese Weise geben sie Antwort auf den unbedingten Anspruch Gottes an sie. Die Eheunfähigkeit der dritten Eunuchengruppe ist damit eschatologisch und christologisch verankert.[3] Es handelt sich bei ihr um ein "Selbstverschulden", aber dieses ist kein Frevel gegen Gott. Es wird von ihm gutgeheißen, indem er selbst mit seiner Berufung dahintersteht. Es gibt Menschen, die sich um Gottes willen in die Schar der Eheunfähigen einreihen. Sie verzichten um der anbrechenden Gottesherrschaft willen auf jene einzigartige menschliche Partnerschaft in der Ehe, nach der der Mensch in seiner Geschöpflichkeit verlangt. Weil Gott sie berufen hat[4], ist bei einigen eigene Vaterschaft im physischen Sinn unerwünscht; deswegen üben einige radikale Sexualaskese. Das Wort εὐνοῦχος wird in diesem Logion wohl auch aus einem Grund verwendet, auf den Schlatter verweist[5]: "Von der Selbstverstümmelung spricht Jesus darum, weil er nicht an einen unfertigen, nur

---

1 Ebd. S. 268ff. Ihm schließen sich an Friedrich, Sexualität S. 60; Baltensweiler, Ehe S. 108ff; Schweizer, Mt S. 250 (er hält diesen Sitz im Leben für "möglich"); Eckert, a. a. O. S. 208; Eilers, a. a. O. S. 63f; W. Pesch, Begründung S. 37; Greeven, NTS 15(1968/69) S. 372f (zitiert bei Niederwimmer, Askese S. 57 Anm.23, der diesen Sitz im Leben zu unrecht für zu gezwungen hält).

2 Vgl. außer den oben unter diesem Punkt angegebenen Zitaten noch R. Eleasar (Jeb.63a; zitiert bei Blinzler, Mt 19,12 S. 269): "Jeder Mensch, der keine Frau hat, ist kein Mensch."

3 So auch Wulf, Ehelosigkeit S. 342; ders., Zölibat S. 107.109

4 "Freiwillig gewählte sexuelle Enthaltsamkeit" (Niederwimmer, Askese S. 56;) bringt zu wenig den Verbindlichkeitscharakter der Berufung zum ehelichen Verzicht zum Ausdruck.

5 Mt S. 573; so auch Thurian, Ehe S. 48f. Nach Daumoser (a. a. O. S. 87 Anm.12) weist auch der Aorist auf den dauernden Verzicht hin.

zeitweiligen Verzicht auf die Ehe, sondern an eine Verhinderung denkt, die sie zur völligen Unfähigkeit macht ... (Jesus) ... beschreibt den Verzicht auf die Ehe als die fertige, entschlossene Unfähigkeit zu ihr, die dem, der ihn auf sich nimmt, nichts anderes möglich macht als die Ehelosigkeit." Einige leben in einem Stand endgültigen, unwiderruflichen Eheverzichts. Für sie gibt es aus ihm keinen Rückweg mehr - um der an sie ergangenen Berufung willen.

In diesem Logion steht erneut das Ganze der Botschaft Jesu von der Basileia zur Debatte. Die Eunuchie um der Gottesherrschaft willen hat teil an der Doppelheit der Struktur dieser Botschaft[1]: Mit dem Kommen Jesu ist die Gottesherrschaft, die eschatologisch-zukünftige Welt, schon beginnend anwesend. Hier gewinnt die Eunuchie um der Basileia willen ihren Wert: Sie ist ein Zeichen[2] für die Gottesherrschaft, bei dem die angesprochene Doppelstruktur zum Vorschein kommt. Die eine Seite dieser Doppelstruktur des Zeichens besteht in seinem Hinweischarakter auf den Indikativ des im Anbruch befindlichen Gottesreiches. Ein Zeichen im biblischen Sinn enthält - wenn auch noch verhüllt - die zukünftige Wirklichkeit. Die Eunuchie um des Gottesreichs willen gehört, darin den Wundern Jesu verwandt, zu den Zeichen der anbrechend-zukünftigen Heilsvollendung und des neuen Lebens. Sie ist Zeichen für den Einbruch der Herrlichkeit der kommenden Welt und den durch und durch eschatologischen Charakter des Glaubens. In der Antwort auf ihre Berufung bringen sie ungeteilte Liebe zu ihrem Herrn greifbar zum Ausdruck, eine Liebe, die für sie stärker ist als die eheliche Liebe. Jesus selber hat seine engsten Jünger dazu bewegt, aus Liebe zu ihm an der Ehe vorüberzugehen.[3] Sie sind von Jesus so ergriffen, so fasziniert, daß sie zur Ehe unfähig geworden sind. Das Wesen der Eunuchie der dritten von Jesus genannten Gruppe ist nicht der Verzicht, sondern das Erfülltsein von einer brennenden Liebe zum beschenkenden Herrn. Diese Liebe hat sie in die eschatologisch bedingte Freiheit von der familiären Bindung geführt. Damit leben sie aus Liebe heraus in "einer Protesthaltung gegenüber diesem Äon"[4]. Hier wird in der Verkündigung Jesu erkennbar, daß für ihn die eheliche Gemeinschaft wie alles Innerweltliche als etwas Vorläufiges und Vorletztes gilt, auf das verzichtet werden kann. Die dritte Art der Eunuchie ist ein sinnenfälliger Ausdruck für die unsichtbare Realität und Macht der Liebe und Gnade Gottes, ohne die sie nicht lebbar ist. Der Jünger Jesu bringt zum Ausdruck, daß er seinen existentiellen Mittelpunkt aus dem Bereich des Sichtbaren und Erfahrbaren herausverlagert hat.

Die andere Seite der Doppelstruktur der Eunuchie als Zeichen der Gottesherr-

---

1 Auf die Verbindung von Eheunfähigkeit und Basileia gehen ein Legrand, Jungfräulichkeit S. 40ff; Blinzler, Mt 19,12 S. 261ff; Rusche, Ehelosigkeit S. 15f.

2 Vgl. dazu unten Punkt 2.3; zum biblisch verstandenen Zeichen s. Legrand, Jungfräulichkeit S. 41f; ders., Celibacy I S. 104; Mußner, Räte S. 490f; Thurian, Ehe S. 45.

3 Den Gedanken der Liebe zu Jesus heben auch hervor: Picard, Jungfräulichkeit S. 56; ders., Aufgabe S. 377; Häring, Liebe S. 104f; Wulf, Zölibat S. 112.

4 Eckert, a. a. O. S. 308 (ähnlich auch ebd. S. 318.322); vgl. auch Schrage, Ethik IV S. 442; Wulf, Ehelosigkeit S. 342f; Greeven, Ehe S. 318; Kretschmar, Beitrag S. 58f

schaft ist das Leben unter dem mit der Basileia Gottes gegebenen Imperativ. Die Eheunfähigen der dritten Kategorie in Mt 19,12 sind vom Auftrag des Himmelreichs so intensiv eingenommen, daß sie dadurch die Fähigkeit zur ehelichen Beziehung verlieren. In ihrem ungeteilten Dienen findet der geschlechtliche Trieb keinen Raum mehr.[1] Sie stehen unter dem Anspruch, die geforderte Ganzhingabe für das Gottesreich in der Weise des Eheverzichts zu leben. Sie stehen im Dienst Jesu und seiner Sendung zu seinem Volk. Die mit Jesu Kommen wirksam gewordene Macht der anbrechenden Basileia hat sie so erfaßt, daß sie ihre ganze Kraft und alle Zeit in den Dienst Gottes, in den Dienst Jesu stellen. Sie wissen sich beansprucht, der Durchsetzung des Gotteswillens in ihrem gesamten Sein zur Verfügung zu stehen und leben radikale Offenheit Gott und dem Nächsten gegenüber. Für die Jünger hat die radikale Gnade die radikale Lebensform geistlicher Eunuchie zur Folge. So konkretisiert sich für sie Mt 6,33. V 12d schließt mit der Paränese: ὁ δυνάμενος χωρεῖν χωρείτω. Zusammen mit V 11 bildet dieser Versteil durch die Verwendung des Verbs χωρεῖν eine Klammer um V 12abc. Dieses Verb bedeutet nicht allein ein geistiges Erfassen; es spricht vielmehr ein bereitwilliges, existentielles "Raum-geben" an. "Der Ausdruck χωρεῖν ... läßt erkennen, daß Erschließung des Geheimnisses Eröffnung eines neuen Verstehensraumes ist, aus dem allein das Verhältnis der Christenheit zur Welt sich gestalten kann."[2] So betont der Abschluß des Verses die Gnadenhaftigkeit der dritten Art von Eunuchie; sie ist eine Gabe. Gott muß diese Gnade der Glaubenserfahrung schenken, soll diese Lebensform wirklich geistlich lebbar sein. VV 11.12d sprechen vom Geheimnis der Berufung, ohne diesen Begriff zu verwenden: Gott öffnet einigen die Augen so, daß sie zum existentiellen Verstehen des Eheverzichts für sich finden. Die Berufung als die personale Betroffenheit dessen, der von dem Ruf des Herrn beansprucht wurde, führt den Berufenen dazu, seine Person dem rufenden Herrn zur Verfügung zu stellen. In behutsamer Weise drückt χωρεῖν die mit der anbrechenden Gottesherrschaft gegebene Möglichkeit des Verzichts auf Ehe und Familie aus. Er ist also nicht menschlich-religiöse Höchstleistung, um mit ihr Gott zu gefallen, sondern der Ruf Jesu macht ihn als Lebensform zum Geschenk. Da Gott als der Schöpfer den Menschen in seiner Geschöpflichkeit gewollt hat und liebt, darf geistliche Eunuchie nicht als Akt der Willkür gelebt und mißverstanden werden. Gott muß vielmehr in der Berufung seinen Willen zu einem solchen Lebensweg offenbaren. In diesem Sinn kann man die mit χωρεῖν angesprochene Berufung zur Eheunfähigkeit als ein Handeln Gottes begreifen, der "das Vorbeigehen an der Welt (in den sog. evangelischen Räten) eigens gestattet"[3]. Da, wo von

---

1 Vgl. dazu Grundmann, Mt S. 429; Picard, Jungfräulichkeit S. 70; W. Pesch, Räte S. 90f; Blinzler, Jüngerschaft S. 14; Schnackenburg, Mt S. 181; Legrand, Celibacy II S. 13 ("The Kingdom of God does make exacting demands upon its members."); Friedrich, Sexualität S. 60; J. Schneider, a. a. O. S. 766; Rusche, Ehelosigkeit S. 16; Eckert, a. a. O. S. 310; K. G. Kuhn, Askese S. 643

2 Grundmann, Mt S. 429; vgl. auch Schnackenburg, Mt S. 180

3 Rahner, Entsagung S. 69. Hierin gehört aus dem paulinischen Sprachgebrauch der Begriff "Charisma".

Berufung die Rede ist, steht erneut die Frage des Gehorsams zur Debatte.[1] Die dritte Art der von Jesus angeführten Eunuchie stellt für die dazu Berufenen die Antwort des Gehorsams auf die an sie ergangene Berufung dar. Unter dem Gesichtspunkt des Gehorsams sagt V 11.12d, daß der zu diesem Weg Berufene auch diesen Weg ergreifen soll. In seinem Eheverzicht lebt er Gehorsam. Wo aber die Eheunfähigkeit als Gehorsam gelebt wird, ist der Begriff "Rat" ungeeignet[2]: Er läßt zu leicht das Mißverständnis der Unverbindlichkeit aufkommen. Wie ein Zusammenfassung des mit χωρεῖν Gemeinten klingt der Satz Härings[3]: "Ehelosigkeit um des Himmelreiches willen ist nur zu verstehen von einer besonderen Berufung her, das ist von einer besonderen Liebe Christi zu dem Menschen, den Er verstehen läßt, daß er Ihm in ungeteilter Liebe nachfolgen darf."

Mit den Darlegungen zur Eunuchie als Berufung ist bereits gesagt, daß sie nicht allen gelten kann. Das "Erfassen" ist nicht jedermanns Sache und soll es auch nicht sein. Jesus vertritt im Logion Mt 19,12 kein Prinzip. Für den einzelnen kann der herausfordernde Ruf zum Verzicht auf die Ehe allerdings sehr wohl ein Gebot der Stunde und also verpflichtend sein. Es handelt sich hier um einen situationsbezogenen Ruf[4], in dem sich der Anspruch des Reiches Gottes an den Berufenen konkretisiert. Eine Gabe kann jedoch nicht unangemessen generalisiert werden, etwa als Heilsvoraussetzung. Vom Eheverzicht um der Gottesherrschaft willen ist auch jeder Gedanke einer doppelstöckigen Moral im Sinne der Zwei-Stufen-Ethik fernzuhalten. Eher kann man von "Berufsbedingungen"[5] reden. Im Hinblick auf diejenigen, die mit Mt 19,12 gemeint sind, ist festzuhalten: Das εἰσίν εὐνοῦχοι διὰ τὴν βασιλείαν kann sich wohl nur auf die engsten Jünger Jesu beziehen. Sie haben sich von Jesu Gottesreichspredigt und von seinem Ruf so treffen lassen, daß sie sich ihm völlig zum Dienst für die Basileia verschrieben haben. Infolge ihrer Bindung an Jesus und seinen Auftrag waren die Jünger "außerstande ..., eine Ehe einzugehen oder, wenn bereits verheiratet, das eheliche Leben fortzusetzen"[6] Der einmalige, der Vergangenheit angehörende[7] Ruf-Akt der "Verschneidung" fiel vermutlich mit dem gehorsamen Eintritt in die Nachfolge Jesu im engeren Sinn zusammen. Auf die Nachfolger Jesu trifft Jesu Feststellung in V 12c in vollem Maß zu; die Mitglieder des engeren Jüngerkreises erhalten hier von Jesus ihre geistliche Deckung.

---

1 Vgl. dazu W. Pesch, Räte S. 94

2 In diesem Sinn hat sich Schnackenburg Botschaft[2] I S. 64 gegenüber Botschaft[1] zutreffend korrigiert. Vgl. auch Picard, Jungfräulichkeit S. 32f

3 Ehelosigkeit S. 104

4 Ähnlich die meisten Ausleger

5 Eckert, Radikalismen S. 310.323. Daumoser (Berufung S. 87) erkennt in Mt 19,11f keine Beziehung zum Jüngerberuf.

6 Blinzler, Jüngerschaft S. 14; vgl. auch ders., Mt 19,12 S. 261.264; Kretschmar, Beitrag S. 56; Schürmann, Jüngerkreis S. 55; Burchard, Jesus S. 26; W. Pesch, Begründung S. 37; G. Lohfink, Gemeinde S. 51

7 Εὐνούχισαν ist effektiver Aorist.

Das "Alles-verlassen" um Jesu willen umfaßt bei ihnen auch Frau und Familie. Eheverzicht ist für sie Ausdruck der inneren Gelöstheit von allen Dingen. An die Stelle der nicht eingegangenen Familienbeziehungen tritt für den Jünger die neue Gemeinschaft mit Jesus und der Jünger untereinander.
Jesu Stellung zu Ehe und Ehelosigkeit läßt sich abschließend so zusammenfassen: Er fordert weder Ehe noch Eheverzicht allgemein; in dieser Frage erhebt er keine allgemeingültigen Forderungen. Auf der allgemeinen Ebene läßt sich lediglich festhalten: "Jesus teilt das ungebrochene Ja zur guten Schöpfung Gottes, in der auch die Ehe begründet ist, mit seinem ganzen Volk, wenn auch vom Himmelreich, d.h. von der kommenden Welt Gottes her, Licht auf die Ehelosigkeit fallen kann. Während der Mensch im allgemeinen das Ja zur Schöpfung Gottes in seiner Ehe und dem Werden seiner Kinder bezeugt, werden einige herausgerufen, zugleich an das Ende und das Ziel der Schöpfung zu erinnern, an die neue Welt Gottes, in der nicht mehr geheiratet und verheiratet wird (22,30)."[1] Wie Jesus die Institution der Ehe heiligt, so bekennt er sich nach Mt 19,12 auch positiv zur Eheunfähigkeit, die die dazu Berufenen um der Gottesherrschaft willen auf sich nehmen. Wie jemand zur Ehe berufen sein kann, so kann jemand anderes von Jesus zum Verzicht auf die Ehe gerufen werden. In Jesu Worten über die Ehe und den Eheverzicht kommt die Spannung zwischen dem "Schon" und dem "Noch-nicht" der Gottesherrschaft zum Vorschein. Das Geheimnis der Ehe, das im Schöpfungswillen Gottes gründet, und das der Eheunfähigkeit um der Basileia willen können nicht gegeneinander ausgespielt werden. Jesus leistet keinem unglücklichen Schielen von einem zum anderen Stand Vorschub. Weder betrachtet die Jesusverkündigung die Ehe als das "natürlichere" noch die Ehelosigkeit als das "heiligere". "Die beiden Wege sind in der Kirche zwar nicht gleichartig, aber durchaus gleichwertig."[2] So steht für die Anhänger Jesu neben dem Gebrauch des Rechtes zur Ehe der Verzicht auf sie. Jesus hat seine Jünger im engeren Sinn zur Freiheit von der ehelichen Bindung berufen. Die Verknüpfung dieses Eheverzichts mit der Berufung zeigt, daß er an Bedingungen gebunden ist, über welche die Wahl des Menschen nicht verfügt. Jesu Verkündigung der dritten Art von Eunuchie hat keine anderen motiva credibilitatis nötig als das eine "um des Himmelreichs willen". Eine anthropologische Höherbewertung für sie hat bei ihm keine Grundlage. Damit entfällt aber zugleich für den Eheverzicht jede eigene, nicht durch die Gottesherrschaft bestimmte Werthaftigkeit. Sie wird vollzogen um der Nachfolge Jesu willen und ist für Jesus nicht Ergebnis persönlichen Beliebens. Mit dem

---

1 Schweizer, Mt S. 250; vgl. auch dazu Friedrich, Sexualität S. 61; Stöger, Armut S. 27; Thurian, Ehe S. 35; G. Lohfink, Gemeinde S. 52; Lohmeyer, Mt S. 283; de Vries, Ehelos S. 418; Leuret, Gedanken S. 56. Es ist unhaltbar, wenn Ranke-Heinemann (a. a. O. S. 41) behauptet, daß "Jesus zur Ehelosigkeit sich überhaupt nicht geäußert hat".

2 Hoch, Räte S. 41 (ähnlich Halkenhäuser, Engagement S. 66; vgl. auch Schlatter, Mt S. 573: "Um Gottes willen wird die Ehe unauflöslich gemacht, und um Gottes willen wird auch die Eheunfähigkeit ein begehrenswertes Ziel." u. G. Lohfink, Gemeinde S. 52: "Beide Lebensformen sind in dieser radikalen Gestalt nur möglich angesichts des Reiches Gottes."

Bezug zur Nachfolge und zur Gottesherrschaft hat der Eheverzicht der Nachfolger einen funktionalen Aspekt: Nicht nur mit ihrer Predigt und den begleitenden Zeichen verkündigen die Jünger das Kommen der Gottesherrschaft, sondern auch mit ihrer Lebensform des Eheverzichts.

1.4.4 Die Nachfolgebedingungen nach Lk 14,25-33

Wie ein Kompendium der Nachfolgebedingungen erscheint der Abschnitt Lk 14,25-33. Die Perikope gliedert sich in drei Unterabschnitte, die wahrscheinlich keine ursprüngliche Einheit bildeten[1]: I VV 25-27; II VV 28-32; III V 33. V 25 gibt zu Beginn die Situation an.[2] Eine große Volksmenge (ὄχλοι πολλοί)[3] war mit Jesus unterwegs. Sie geht hinter dem umherziehenden Wandercharismatiker her. Jesus wendet sich dieser Volksmenge zu. In den folgenden Versen wird gesagt, wie aus solchen, die hinter Jesus hergehen, Nachfolger im prägnanten Sinn werden können.[4] Die Volksmenge wird mit strengen Bedingungen der Jüngernachfolge konfrontiert. Der konditionale Satz V 26 beginnt εἴ τις ἔρχεται πρός με ... Die Wendung "zu mir kommen" meint ein Sich-nähern Jesus gegenüber, um sein Jünger zu werden. Die erste Forderung betrifft das Verhältnis zu den Verwandten. Dieses Verhältnis ist mit μισεῖν charakterisiert. Wie in Dtn 21,15-17 und Lk 16,13=Mt 6,24 spricht solches "Hassen" keinen psychologischen Sachverhalt an. Es bedeutet vielmehr eine bewußte Abkehr und Ablehnung, der Vollzug eines entschiedenen "Hintansetzens". Es ist in komparativischem Sinn verwendet.[5] Derjenige, der dem μισεῖν nachkommt, vollzieht eine bewußte Absage, wahrscheinlich sogar ein Verlassen. Es handelt

---

1 So auch die meisten Ausleger. Schmithals (Lk S. 161) nimmt V 33 zu V 32; meist werden noch VV 34f hinzugenommen, die bei Mt und Mk in anderem Kontext erscheinen (vgl. Mk 5,13; Mk 9,50). Für die Frage der Nachfolgebedingungen tragen sie nichts bei.

2 Zur redaktionskritischen Beurteilung dieses und der folgenden Verse vgl. außer den Kommentaren Degenhardt, Lk S. 105ff; S. Schulz, Q S. 430ff.446ff; Mußner, Räte S. 487; Merklein, Jüngerkreis S. 73f.

3 Zu beachten ist der Plural (wie in 5,15). Die "große Menge" erinnert im jetzigen Kontext an VV 21.23.

4 Ob man im Hinblick auf die Volksmenge bereits von "Nachfolgewilligen" (G. Schneider, Lk S. 320) sprechen kann, bleibt zu fragen.

5 Degenhardt, Lk S. 105f. Dt 33,9 spricht davon, daß Levi seine nächsten Angehörigen nicht mehr kennen will, da ihm Gottes Bund und Thora über alles geht. A. Schulz, Nachfolgen S. 81; ders., Jünger S. 27: Das Verb "... bezeichnet ein absichtliches, wertendes Zurücksetzen der innerweltlichen, an sich guten Bindungen der Schöpfungsordnung zugunsten einer unmittelbaren Beanspruchung durch Gott, der Gehorsam verlangt"; Daumoser, Berufung S. 85; Blinzler, Jüngerschaft S. 13; Knoch, a. a. O. S. 29. Es verleitet zu sehr zu Mißverständnissen, wenn von Verpflichtung zum "Haß aller Angehörigen" (Theißen, Jesusbewegung S. 17; ähnlich ders., Wir haben alles verlassen S. 130) gesprochen wird. Auch Schmithals (Lk S. 458) trifft die Bedeutung des Verbs in V 26 nicht, wenn er meint, dieser Spruch schärfe "die Krisis zwischen den Kindern dieses Äons und den Erwählten ein".

sich dabei um einen pneumatischen und christozentrischen Vorgang. Die Mt-Variante dieses Logions (10, 37), die gegenüber Lk 14,26 wohl sekundär ist, gibt frei aber treffend wieder: ὁ φιλῶν ... ὑπὲρ ἐμέ ... Jesus fordert von den bei ihm Zusammenkommenden, daß sie alles, gerade auch die engsten Verwandten, gegenüber der Bindung an ihn in der Nachfolge zurückstellen. So unterstreicht dieses Wort die Bedingungslosigkeit, Dringlichkeit und Konkurrenzlosigkeit der Entscheidung für Jesus. Die Aufzählung der Verwandten ist mit Mk 10,29 zu vergleichen; wie Lk 18,29 ist jedoch auch hier die Frau hinzugefügt. Die detaillierte Aufzählung der engsten verwandtschaftlichen Beziehungen schneidet jede Möglichkeit einer Ausflucht ab. Jüngerschaft bei Jesus verlangt das Aufgeben auch der engsten personhaften Bindungen, die beispielhaft für jede Bindung stehen. Sie dürfen den Berufenen nicht hindern, dem Ruf Jesu nachzukommen. Hier tritt die inhaltliche Verwandtschaft mit der Perikope über die verschiedenen Nachfolger (Lk 9,57ff) zutage. Wie dort[1] so ist auch hinter der Forderung nach Verzicht auf Familienbindungen das prophetisch-apokalyptische Motiv des Zerbrechens der Familie im Zuge der Endzeiterwartung zu sehen. "Nur jemand, der bereit ist, auf alle menschlichen Bindungen zu verzichten, ist zum Mitarbeiter des Messias im Dienst der kommenden Königsherrschaft tauglich ... Der Erwählte darf dem Rufe Gottes keine andere Bindung vorziehen."[2] Um der anbrechenden Gottesherrschaft willen verzichtet der Jünger entschieden auf den Anspruch der Bande des Blutes und realisiert so die eschatologische Freiheit von ihr. Hier drückt sich das Wissen aus, daß nicht nur das Böse, sondern auch das Große und Gute sich zum Hinderungsgrund für die Nachfolge erheben kann. Der restlose Verzicht auf alle bisherigen Beziehungen, das "afamiliäre Ethos"[3] des Nachfolgers ist Ausdruck völliger Hingabe an die Gottesherrschaft. Der vorbehaltlose Einsatz für sie kann zeitweiligen oder dauerhaften Verzicht auf häusliche Beziehungen erfordern. Die Verfügungsbereitschaft für und mit Jesus hat so umfassend zu sein, daß der Jünger sein eigenes Leben hassen soll (ἔτι τε καὶ τὴν ψυχὴν ἑαυτοῦ). Seine Absage an eigene Selbstverwirklichungsbedürfnisse um der Liebe zu Jesus willen macht auch nicht vor dem innersten Bezirk der eigenen Existenz Halt. "Die Preisgabe dessen, was dem Menschen zugehört, könnte für sich genommen leicht einen gesetzlichen Charakter gewinnen, wenn es nicht zutiefst um die Selbstpreisgabe des Menschen ginge, die ihrerseits mit der totalen Bindung an Jesu Person und sein Geschick korrespondiert."[4] Der Nachfolger gehört nicht

---

1 S. o. Punkt 1.4.1; vgl. auch Lk 12,52f; zur Trennung von der Familie in Qumran s. S. Schulz, Q S. 448 Anm 335

2 A. Schulz, Jünger S. 27; vgl. auch dazu W. Pesch, Begründung S. 38; Daumoser, a. a. O. S. 85f; Klassen, Nachfolge S. 49. S. Schulz (Ethik S. 64) nennt das Motiv für die Lösung der Familienbindungen allein die intensive Endzeiterwartung, nicht aber den Bezug zur Person Jesu. R. Pesch (Hauptgebot S. 103f) sieht hinter diesem Logion die Orientierung am 1. Gebot.

3 Theißen, Wanderradikalismus S. 83

4 Hahn, Nachfolge S. 20; vgl. auch v. Balthasar, Nachfolge S. 19f; Zimmermann, Nachfolgen S. 251 u. S. 254: "'Nachfolge', die im Dienst der Verkündigung des Gottesreiches

mehr sich selbst, sondern dem Herrn, der ihn berufen hat. Er wird als ganzer in seiner Personmitte gefordert und beschlagnahmt. Die Totalität personaler Bindung Jesus gegenüber hat den Jünger sich selbst zugunsten des neuen Herrn enteignet.

V 27 ist eine mögliche Konsequenz aus dem soeben Gesagten. Dieser Vers nennt als zweite Bedingung des Jüngers das Kreuz-tragen. Der Jünger soll sein eigenes (ἑαυτοῦ)[1] Kreuz tragen. Der Jünger, der im buchstäblichen Sinn hinter Jesus hergeht, ist auch dann zur Lebensgemeinschaft mit Jesus gerufen und verpflichtet, wenn dazu das Leiden und der Widerstand anderer gehört. Ursprünglich liegt ein Bildwort vor für den Nachfolger, "der mit seinem Leben abgeschlossen bzw ein Nein zu seinem eigenen Ich gesagt hat, ... wobei als letzte Konsequenz die Hingabe des Lebens in den Tod denkbar ist"[2]. Zur Jüngernachfolge gehört die Bereitschaft, Leiden und Martyrium auf sich zu nehmen. Der Jünger bleibt ein Gerufener, auch wenn ihn Verfolgungen treffen, denn Nachfolge ist ein Wagnis, das zum Tod führen kann. Hier ist also erneut die Schicksalsgemeinschaft des Jüngers mit Jesus und der Ernst der Nachfolge angesprochen. Es genügt für den Jünger nicht, "zu Jesus zu kommen", sondern er muß in allen Lagen hinter ihm hergehen und Ausdauer auch in Verfolgungen bewahren.

Der Ruf Jesu in VV 26f will die Hörer nicht überfahren. So schließt sich - inhaltlich folgerichtig - ein Doppelgleichnis an. "In die Handlungsfolge von Ruf und Nachfolge ist nach Lk 14,28-32 auch die Überlegung einzuordnen, ob einer die Kraft zur Nachfolge hat."[3] Das Doppelgleichnis kontrastiert in den beiden geschilderten Verhältnissen: Das erste Beispiel (VV 28-30) entspricht dem Leben eines kleinen Mannes, der, wie etwa Jes 5,2, (vielleicht in einem Weinberg) einen Turm bauen will.[4] Selbstverständlich wird er vor einem solchen Bauunternehmen überschlagen, ob seine finanzellen Mittel zur Durchführung ausreichen. Ohne Kalkulation entstünde die Gefahr, das Bauunternehmen abbrechen zu müssen. So forderte er den Spott derer heraus, die es sehen. Um solchen Spott zu vermeiden, wäre es besser, das Unternehmen gar nicht erst zu beginnen. Im zweiten Beispiel tritt statt des kleinen Bauherrn ein großer König auf. Er steht vor der Entscheidung, sich auf kriegerische Auseinandersetzungen einzulassen. Wie der Bauherr muß er vorher überlegen, und zwar in diesem Fall, ob er mit

---

steht, erfordert den ganzen Menschen mit seiner ungeteilten Hingabe." Schmithals (Lk S. 161) u. Degenhardt (Lk S. 106) denken hier an die Verfolgungssituation und die Bereitschaft zum Martyrium.

1 Das Possessivpronomen verbietet die Deutung des "Kreuzes" als Metapher für die Kreuzigung Jesu (so auch S. Schulz, Q S. 431).

2 J.Schneider, σταυρός S. 579; ähnlich auch S. Schulz, Q S. 432f; Egger, Weg S. 159. Grundmann (Lk S. 302f) meint V 27 spreche von der völligen Hingabe an Gott, die keine irdischen Bindungen beeinträchtigen dürften.

3 Egger, Weg S. 160

4 Vgl. dazu Schweizer, Lk S. 159; Grundmann, Lk S. 303 (er hält auch die Deutung von πύργος als "Wirtschaftsgebäude" für möglich). Τίς ἐξ ὑμῶν leitet im Doppelgleichnis "emphatische Fragesätze" (Degenhardt, Lk S. 109) ein.

seinem Heer gegen einen überlegenen Gegner antreten will. Im Falle der Unterlegenheit ist es für ihn und sein Heer besser, sich ohne kriegerische Auseinandersetzungen zu unterwerfen.[1] Das Doppelgleichnis schildert also in seinen beiden Teilen die Situation vor dem Beginn eines Unternehmens. Es fordert die Hörer zu realistischer Einschätzung der Lage vor dem Antritt der Nachfolge Jesu auf.[2] Jesu Ruf zur Nachfolge verlangt eine gründliche und nüchterne Überlegung, ehe man in ihn einwilligt. Hier wird vor einem übereilten Schritt gewarnt. Die große Volksmenge von V 25 ist zur Prüfung aufgefordert, ob sie zur ganzen Nachfolge bereit ist. Sie entsteht nicht aufgrund von Propaganda und augenblicklicher Begeisterung; sie kann vielmehr Warnungen und Prüfungen aushalten, weil es darum geht, alles dranzugeben. Nicht jeder ist für das Unternehmen der Nachfolge geeignet. Vom Doppelgleichnis her ist zu erschließen, daß es zwei Formen der Anhängerschaft Jesu gibt: Die eine bezieht sich auf die Sympathisanten Jesu, die vor Ort bleiben. Die andere bezieht sich auf die Nachfolge Jesu im eigentlichen Sinn; diese hat das Doppelgleichnis im Blick.[3] Wer nicht wirklich ganz Jesu Nachfolger sein will, soll nicht hinter ihm hergehen, denn er hielte nicht durch und würde zum Gespött der Leute.

V 33, ursprünglich wohl an die Jünger im engeren Sinn gerichtet[4], wendet sich jetzt bei Lk an das ganze Volk[5] und zieht mit οὕτως οὖν ... die Folgerung aus dem Doppelgleichnis. Erneut werden im Sinn der Nachfolgeworte VV 26f der Ernst und die Dringlichkeit der Entscheidung für die Nachfolge Jesu unterstrichen. In einer Reihe mit dem dortigen Verlassen der engsten Verwandten steht hier die Absage an den Besitz. Im Hinblick auf das Vermögen ist in spezifisch lukanischer Weise das ἀποτάσσειν[6] gefordert. Nach Mußner[7] ist dieses Verb mit "verzichten auf", "Abschied nehmen", "Lebewohl sagen", "sich abkehren", "sich loslassen von" wiederzugeben. Von seinen Jüngern verlangt Jesus, daß sie sich von ihrem Eigentum trennen und so ihre bisherige Existenzgrundlage aufgeben. Niemand, der an seinem eigenen Besitz hängt, kann sein Jünger sein. Im "Abschied-nehmen" vom Besitz drückt sich die Haltung einer inneren Freiheit aus. Zutreffend formuliert G.Schneider zusammenfassend[8]: "Waren in den Gleichnissen das Vermögen (für den Bau) und der Bestand an Truppen (für die Kriegführung) ausschlaggebend, so gilt nun umgekehrt: Die nötige Ausrüstung

---

1 Vgl. zu "bitten um Frieden" 2. Sam 8.16. Zu den Parallelen in der Stoa (Epiktet, diss III 15,8f) u. Philo, De Abrahamo § 105 s. bei Schneider, Lk S. 321.

2 In diesem Gedanken findet sich eine inhaltliche Parallelität zu Lk 9, 57-62.

3 Vgl. dazu Stöger, Armut S. 54; A. Schulz, Nachfolgen S. 95; Egger, Weg S. 160: "...'Nachfolge' erscheint demnach nicht als der einzige Weg zum Heil."

4 so auch Jeremias, Theologie S. 214; Schweizer, Lk S. 159

5 Ebd. Der Vers steht 12,33 u. 18,22 nahe.

6 Das Verb kommt in die Nähe von "verkaufen". Degenhardt (Lk S. 111) u. Schmithals (Lk S. 162) denken hierbei an einen Verzicht auf den Besitz um des Teilens mit den anderen Bekennern willen. Das Präsens des Verbs weist darauf hin, daß die Entsagung weitergeht (Fürst, Armut S. 53).

7 Räte S. 489

8 Lk S. 321; vgl. auch K. G. Kuhn, Askese S. 643

für den Jesusjünger ist, kein Vermögen zu behalten." So variiert der ganze Abschnitt einen Grundgedanken: Die Berufung zur Nachfolge beansprucht den Gerufenen ganz. Sie impliziert eine Zurückstellung der Beziehungen zu den Nächststehenden um der Basileia willen, ferner auch Schicksalsgemeinschaft mit dem umherziehenden Jesus, die Anfeindungen bis hin zum Martyrium mit sich bringen kann, und schließlich den Verzicht auf Existenzsicherung mit Hilfe des eigenen Vermögens. Der geforderte Gehorsam steht nicht im Widerspruch zur realen Selbstprüfung hinsichtlich der eigenen Einsatzbereitschaft. Es ist deutlich geworden, daß es sich in Lk 14,25-33 trotz verallgemeinernder Tendenzen um unerbittliche Nachfolgebedingungen an die μαθηταί im engeren Sinn handelt.

Als Ergebnis der Untersuchung der Perikopen über die Nachfolgebedingungen kann festgehalten werden, daß Jesus an seine Jünger Forderungen von äußerster Schärfe erhoben hat, die das Letzte von ihnen beanspruchen. Er hat sehr offen von den Voraussetzungen gesprochen, die zur Jüngernachfolge gehören. In diesen harten Forderungen proklamiert Jesus kein neues asketisches Ideal, keinen esoterischen Heilsweg für speziell Erlesene. Es handelt sich vielmehr um berufsbedingte Bedürfnislosigkeit des Jüngers. "Jede einzelne dieser Forderungen stößt ... unmittelbar ins Existenzzentrum vor und signalisiert die totale Inanspruchnahme des betroffenen Menschen. Dem Menschen wird dadurch die Freiheit nicht genommen, aber er wird unausweichlich vor die Frage des Gehorsams gestellt."[1] Von seinen Nachfolgern verlangt Jesus die Zurückstellung aller anderen Bindungen und Rücksichten, um in der Lebensgemeinschaft mit ihm, im Anschluß an seine Person, der anbrechenden Gottesherrschaft zu dienen. "Ein von ihm (sc. Jesus) für seine 'Nachfolge' Auserwählter tritt ... in eine neue Lebensordnung ein. Er ergreift darin einen Beruf, der sein künftiges Leben gänzlich ausfüllen wird."[2] Diese Berufsbedingungen von seiten Jesu dulden von seiten des Jüngers keine Vorbehalte Jesus gegenüber. Zwischen Jesus und den Nachfolger darf keine Bindung an andere Personen oder Dinge treten. Der verbindliche Ruf zur Nachfolge darf weder durch eine eheliche Bindung noch durch die Bindung an irgendein irdisches Gut in Frage gestellt werden. Der Dienst für Jesus und die Basileia macht die Absage an hohe, mit der Schöpfung gegebene Werte notwendig. Der Jünger lebt die gehorsame Preisgabe seiner selbst an Gott und seinen Mitmenschen. Die Summe allen Verzichts ist für ihn nicht religiöse Leistung, sondern Lebenshingabe an Gott. In der gelebten Antwort auf die radikale Beanspruchung durch Jesus hin vollzieht der Jünger bis in seinen Lebensstil hinein die radikale Verlagerung seiner Existenzmitte aus dem Greifbaren heraus in Gott hinein. Die Bedingungen für die Nachfolge - Armut, Eheverzicht und Gehorsam - dienen "dem Bemühen, die Nachfolge im Jüngerkreis als eine Lern- und Lebensgemeinschaft einerseits, eine Wirk- und Schicksalsgemeinschaft andererseits zu ermöglichen und abzusichern. ... Jesus hat

---

1 Hahn, Nachfolge S. 27

2 A. Schulz, Nachfolgen S. 79. Wichtig ist die Abgrenzung ebd. S. 80: "Als Berufsvoraussetzungen sind die Forderungen Jesu an seine 'Schüler' jedoch nicht mit der Nachfolge selbst zu identifizieren" (vgl. auch ders., Nachfolge Christi S. 758).

an die Jünger als solche keine anderen sittlichen Forderungen gerichtet als an alle Glaubens- und Hörwilligen im Volk (so daß es bei ihm keine doppelte Moral gibt). Die speziellen Forderungen Jesu an seine nachfolgenden Jünger erklären sich aus dem zeichenhaften Charakter des Jüngerkreises, der repräsentativ für das gesamte Gottesvolk Verheißung und Anspruch bezeugen sollte ... Indem sie sich nachfolgend sichtbar zu Jesu Schülern machen, bekennen sie sich ostentativ zu Jesus und seinem Wort."[1] In der Radikalität seiner Ganzhingabe ist der Jünger Zeichen für die "Neuheit des kommenden und jetzt schon anbrechenden Endzeitgeschehens"[2]. Diese Forderungen begründen damit keine höhere Form der Anhängerschaft Jesu. Die Botschaft Jesu intendiert mit ihnen auch kein unterschiedsloses Gesetz. Die Nachfolgebedingungen richten sich vielmehr an jene unter den Anhängern Jesu, die zur Nachfolge Jesu im präzisen Sinn berufen sind.

1.5 Der Auftrag (die Missionsreden)

Die bisherigen Untersuchungen führten immer wieder zum Auftrag der Jünger hin. Mit den Aussendungsreden der synoptischen Überlieferung kommt deshalb kein völlig neues Thema in den Blick. Außerdem enthalten sie konkrete Angaben über die Ausrüstung des Boten und führen damit den letzten Abschnitt über die Nachfolgebedingungen weiter. Die Betrachtung der Aussendungsreden (nach Lk 10,1-16[3]) soll deshalb am Ende der Untersuchung der Nachfolgeperikopen stehen und das bisher Dargelegte vertiefen. Mit einer redaktionellen Einleitung beginnt Lk 10,1, die Einsetzung (ἀνέδειξεν) der 70 bzw. 72 Boten für die Aussendung zu berichten. Diese Zahl entspricht der Zahl der Völker nach Gen 10.[4] Sie hat symbolischen Wert. In ihr wird sich die

---

1 Schürmann, Jüngerkreis S. 56; vgl. auch G. Lohfink, Gemeinde S. 46

2 Hahn, Nachfolge S. 25

3 Die traditions- und redaktionsgeschichtlichen Probleme müssen hier weitgehend unberücksichtigt bleiben. Hier wird (mit Jeremias, Theologie S. 222) davon ausgegangen, daß im wesentlichen zwei Überlieferungsstränge vorliegen: Der eine ist mit Mk 6,7-12 vertreten, dem sich Lk 9,1-6 anschließt. Der andere fußt auf dem Stoff der Logienquelle, der in Lk 10,1-16 verarbeitet ist. Mt 9, 37-10,16 vereinigt beide Traditionsstränge. Zu den Aussendungsreden vgl. außer den Kommentaren Riesner, Jesus S. 453ff; Hahn, Mission S. 33ff; Schmahl, Zwölf S. 67ff; S. Schulz, Q S. 404ff; Degenhardt, Lk S. 60ff; Roloff, Apostolat S. 150ff; Hoffmann, Logienquelle S. 237ff; Strunk, Nachfolge S. 37ff; Schürmann, Mt 10,5b.6 S. 270ff; ders., Lk S. 504f; Freyne, a.a.O. S. 81ff; Bieder, Sendung S. 3ff; Wir gehen hier von Lk 10,1-16 als der Textgestalt aus, die aus Q die älteste Tradition aufgenommen hat.

4 Der hebräische Text gibt die Zahl 70, LXX gibt 72 an (vgl. dazu Schweizer, Lk S. 114; Grundmann, Lk S. 208; Nepper-Christensen, a. a. O. S. 920). Zur Zahl 70 vgl. ferner Ex 1,5; 24,1; Dt 32,8; Num 11,16. Kraft (Entstehung S. 149) bringt die Zahl 70 bzw 72 mit

zutreffende Erinnerung an eine, den Zwölferkreis übergreifende Aussendung durch den geschichtlichen Jesus niedergeschlagen haben.[1] Wie Mk 6,7, so spricht auch Lk 10,1 von einer paarweisen Sendung der Jünger. Nach Pred 4,9 sind besser zwei als einer. Im israelitischen Gerichtsverfahren war erst die übereinstimmende Aussage zweier Zeugen glaubwürdig (Dtn 17,6; 19,15). Die Erwähnung der Aussendung von "je zwei und zwei" knüpft an die paarweise Sendung im Judentum an. Dabei bekräftigt der Jochgenosse die Botschaft und gibt ihr Rechtsgültigkeit. "In der Aussendung bevollmächtigter Botenpaare kommt das von sämtlichen Evangelien bezeugte Hoheitsbewußtsein Jesu, der Gottgesandte zu sein (Mt 15,24; Mk 9,37; Lk 4,18; Joh 5,36ff u.ö.), zum Ausdruck."[2] Wegen der unsicheren Reise- und Wegverhältnisse kommt der paarweisen Sendung zugleich praktische Bedeutung zu.

Lk 10,2 (Mt 9,37f) spricht, ein alttestamentliches, aus der Apokalyptik bekanntes Bild aufgreifend (Jes 9,2; 27,12 u.ö.), von der Ernte. Sie steht für das eschatologische Gottesgericht. Die Gottesherrschaft ist im Anbrechen; damit ist für Jesus bereits Erntezeit. Die Erntearbeiter sind nach diesem Logion die Boten Jesu, die Jünger selbst. In ihrem Engelsdienst hebt die eschatologische Sammlung Israels an. Die Gegenwart ihrer Missionsarbeit in Israel ist also das in der Apokalyptik als zukünftig erwartete Endzeitgeschehen. In ihrer Erntearbeit bringen die Jünger Jesu als seine Boten das erweckte Israel, zu dem diejenigen gehören, die sich auf die mit Jesus anbrechende Gottesherrschaft einlassen, für das endzeitliche Heil ein. "Der weitere wie der engere Jüngerkreis der Zwölfe sind ein missionarisches Instrument im Ringen um sein Volk."[3] Die Jünger werden zum Beten aufgerufen. Gott erwählt sich durch Jesus seine Boten.

V 3 (Mt 10,16a) schließt sich nach V 2 wie eine Antwort auf die Bitte um Erntearbeiter an. Der Imperativ ὑπάγετε faßt ihre Sendung zusammen. Dieser Vers redet als einziger aus der Q-Tradition[4] von einer Sendung der Jünger durch

---

der möglichst raschen Erfüllung des Auftrags in Verbindung. Mk (6,7) u. Mt (10,1) beginnen ihre Aussendungsreden mit dem Herbeirufen der Zwölf; diese werden bei ihnen ausgesandt.

1 Für die Geschichtlichkeit der Jüngeraussendung - wenn auch nicht unbedingt für die des Zwölferkreises - treten ein Hahn, Mission S. 36 (er zitiert ebd. S. 33 Anm. 1 v. Harnack, Mission und Ausbreitung I S. 41f); Jeremias, Theologie S. 222f; ders., Sendung S. 136; Cerfaux, Mission S. 55; S. Schulz, Ethik S. 78f; Schnackenburg, Botschaft[2] S. 66; Schrage, Ethik S. 54; Hengel, Nachfolge S. 82; Hoffmann, Logienquelle S. 161; Vögtle, Einzelne S. 73; Goppelt, Theologie S. 259; Roloff, Apostolat S. 151; ders., Apostel S. 433; Riesner, Jesus S. 453f; Merklein, Jüngerkreis S. 95; Degenhardt, Lk S. 61; Schniewind Mt S. 126f; Kümmel, Anfänge S. 293; Schweizer, Kreuz S. 79; ders., Mk S. 68; Blinzler, Jüngerschaft S. 16f; A. Schulz, Nachfolgen S. 71f; Bruce, a. a. O. S. 32.

2 Jeremias, Sendung S. 136. Mt 10,2-4 erwähnt diese nicht expressis verbis, führt aber die Namen der Zwölferliste, mit Ausnahme der ersten vier Namen, paarweise auf. Zur paarweisen Sendung der Jünger vgl. Jeremias, ebd. S. 132ff; Kraft, Entstehung S. 147. Nach Lk 10,1 dient die Aussendung der 70 bzw 72 der Vorbereitung für Jesu eigenes Erscheinen in den Ortschaften; die Jünger verweisen auf ihn selbst.

3 Vögtle, Einzelne S. 74; vgl. dazu auch G. Lohfink, Gemeinde S. 45

4 Vgl. Hoffmann, Logienquelle S. 293

Jesus. Die Erntearbeit im Zuge der Sendung ist für die Jünger äußerst gefährlich. Sie werden von eschatologischen Drangsalen betroffen. "Jesus (fordert) von seinen Boten das radikale Ethos der Schutzlosigkeit ... Mörderische Konflikte bis hin zum Martyrium werden für die Endzeitboten und Erntearbeiter Jesu nicht ausbleiben."[1] Die Jünger sind als Gesandte wehrlos der Willkür ihrer Gegner ausgeliefert und dabei auf das Vertrauen zu Gott gestellt. Die Trennungslinie zwischen Feind und Freund verläuft hier nicht zwischen Israel und den Völkern, sondern zwischen den Jüngern und Israel. Ihre Sendung an Israel ist durch Jesus selbst legitimiert.

Nach der Aussendung folgt die Regelung der Ausrüstung. Mit den anderen Aussendungsreden gemeinsam ist das Verbot, einen Reisesack (πήρα) - mit dem Bettelsack ist auch die Bettelei abgelehnt - und Geld bzw. einen Geldbeutel mitzunehmen. Im Unterschied zu Mk 6,8 verbietet Lk 10,3 wie auch Mt 10,10 die Sandalen.[2] Mit Mt untersagt Lk gegen Mk außerdem den Wanderstab, der als Waffe dient.[3] Alles nicht unbedingt Notwendige beschwert und hindert den Jünger im Dienst. Der besitzlose Jesus sendet seine Jünger ohne Eigentum aus. Sie sind um der Erfüllung ihres Auftrags willen zum Verzicht auf - für einen Wanderer zur Normalausrüstung gehörende - Gegenstände und so zu radikaler Armut verpflichtet. So leben sie konkret im Vertrauen auf Gottes Fürsorge und Schutz. Sie bleiben auf die Gastfreundschaft anderer angewiesen. Solche Armut steht im Dienst des Jüngerberufs, in dem es aus der Lebensgemeinschaft mit Jesus heraus zentral um die Sendung geht. Dieser Verzicht ist von der uneingeschränkten Verfügbarkeit bestimmt. Als Bote der ankommenden Gottesherrschaft soll der Jünger "heimat-, familien-, besitz-, und wehrlos von Haus zu Haus ... ziehen"[4]. Der Dienst an der Basileia verwehrt, die Härte der Ausrüstungsbestimmungen als heroische oder asketische Leistung mißzuverstehen.

Nur Lk verbietet nach V 4b den Gruß. Eine Veranschaulichung findet diese sonderbare Anweisung in 2.Kön 4,29: Gehasi wird vom Propheten Elisa mit einer speziellen Sendung beauftragt. Er soll auf dem Weg niemand grüßen. Der Auftrag des Jüngers ist so dringlich, daß keine Zeit durch das Grüßen verloren

---

1 S. Schulz, Ethik S. 78; er weist ebd. auf die dahinterstehende deuteronomistische Prophetenaussage, nach der zahllose Propheten und Boten der göttlichen Weisheit von Israel abgewiesen und ermordet wurden (vgl. auch Bill I S. 574; Gundmann, Lk S. 209; Hoffmann, Logienquelle S. 294).

2 Degenhardt (Lk S. 65) möchte hier nur an ein Verbot, Ersatzschuhe mitzunehmen, denken - sicher zu unrecht. Mk 6,8//Lk 9,3 untersagen das Mitnehmen von Reiseproviant (ἄρτος). Mk 6,8//Mt 10,10//Lk 9,3 verbieten das Anziehen (bzw den Besitz) von zwei Untergewändern, Zeichen eines besonderen Luxus. "Die Zulassung von Reisestab und Sandalen ist offensichtlich eine Konzession." Hahn, Mission S. 35; so auch S. Schulz, Q S. 415; Hoffmann, Logienquelle S. 276; anders A. Schulz, Grundlegung S. 44; ders., Jünger S. 36; Kümmel, Eigentum S. 273; Fürst, a. a. O. S. 47; Degenhardt, Lk S. 62. Vgl. zum jüdischen Hintergrund Hoffmann, Logienquelle S. 315ff.

3 Lohfink Gemeinde S. 67

4 S. Schulz, Ethik S. 79; vgl. auch Stock, Boten S. 91; Böckmann, Ev.Armut S. 49; N. Lohfink, Armut S. 329; Bornkamm, Jesus S. 131; Hengel, Nachfolge S. 93

gehen soll.[1] In höchster Eile sollen sie ihren Auftrag erfüllen. Der Grußverweigerung kommt zeichenhafte Bedeutung zu.
Nach V 5 sollen die Jünger beim Eintreten in ein Haus Frieden zusprechen. Grußverbot und Friedensgruß stehen unmittelbar nebeneinander. Hinter εἰρήνη ist das atl שָׁלוֹם zu sehen; es bezeichnet das Heil im umfassenden Sinn. "Jesus scheint den Gruß mit neuem Inhalt gefüllt zu haben, insofern εἰρήνη nicht nur das Wohlbefinden, sondern das eschatologische Heilsein des ganzen Menschen umschließt."[2] Das wehrlose Auftreten der Jünger ohne Stock unterstreicht ihre Friedensbotschaft. Der Friede steht bei den Jüngern als Boten Jesu unter dem Vorzeichen der anbrechenden Gottesherrschaft. Beim Zuspruch dieses Friedens handelt es sich um ein wirksames, eine neue Realität setzendes Sprechen: Der zugesprochene Friede ist Heilsansage, Heilsanbruch. Er wirkt wie eine Heilskraft, die bei den Aufnahmewilligen bleibt und im Falle der Ablehnung auf den Jünger zurückkommt (V 6). Diejenigen, denen der Friede Gottes zugesprochen wird, sind zu einer Stellungnahme zu ihm herausgefordert. "Weil es um solche Entscheidungen geht, setzt die Verkündigung auch beim einzelnen Haus, ja beim einzelnen 'Sohn des Friedens', bei dem von Gottes Frieden überwundenen Menschen an ... Alles neue Leben (ist) letztlich Gottes Tat ..., ohne daß dieses doch zum Zwang wird."[3]
Während der gesandte Jünger Jesu dem ihn beherbergenden Haus den eschatologischen Frieden wie ein Gastgeschenk weitergibt, empfängt er selber Gastfreundschaft (V 7). Der Jünger soll das ihn beherbergende Haus nicht wechseln, solange er in einem Ort seiner Mission nachkommt. Er soll nicht komfortablere Quartiere suchen.[4] Das brächte Gastgeber und Gast sehr leicht in Verruf. Selbst wenn der Jünger eine gewisse Zeit in ein und derselben Unterkunft bleibt, so widerspricht das nicht seiner Verpflichtung zur Heimatlosigkeit. Der Jünger ist zum Wanderleben verpflichtet. Er wird ermahnt, alles, was ihm vorgesetzt wird, zu essen. Mit der Mahlgemeinschaft sind die Boten in die Hausgemeinschaft aufgenommen. Die Gastfreundschaft dient hier den Jüngern

---

1 Grundmann (Lk S. 209) u. S. Schulz, (Ethik S. 79 u. Q S. 416) denken an das umständliche Begrüßungszeremoniell des Orientalen (von Schweizer, Lk S. 209 abgelehnt). Schlatter (Lk S. 276f, zitiert bei Grundmann, Lk S. 209) meint, Jesus verwerfe den zeremoniellen Gruß, weil er ihn mit neuem Inhalt fülle. Theißen (Wanderradikalismus S. 93f) sieht den Sinn dieses Verbotes in der Vermeidung des Anscheins, die christlichen Missionare seien Bettler (ders. [verlassen S. 131] spricht jedoch von "Bettelei höherer Ordnung, charismatische Bettelei"; vgl. auch ders., Jesusbewegung S. 19). Jeremias (Theologie S. 134) denkt beim Grußverbot an den verbotenen Anschluß an in dieselbe Richtung Reisende. Zur Frage des Grüßens im Judentum vgl Bill I S. 380-385; zum Friedensgruß im AT s. Ri 19,20; 1.Chr 12,18.

2 Grundmann, Lk S. 209; vgl. auch Hahn, Mission S. 35. In Num 11,25; 2. Kön 2,15 ist vom Ruhen des Geistes auf Menschen in einer Weise die Rede, wie die derjenigen vom Ruhen des Friedens auf einem Haus in Lk 10,6 ähnelt.

3 Schweizer, Lk S. 115. Den Entscheidungscharakter bei der Konfrontation mit dem Zuspruch umschreibt Mt 10,13 mit ἄξιος.

4 Anders Did XI,5, wo jemand, der länger als drei Tage verweilt, als Pseudoprophet gilt (vgl. Theißen, Wanderradikalismus S. 87).

Jesu als Möglichkeit, andere für Jesus und die anbrechende Gottesherrschaft zu gewinnen, und auf diese Weise den Weg nach "draußen" zu gehen. Der Jünger als Bote Jesu verrichtet eine Arbeit, aus der ihm ein Recht auf Lohn erwächst. Die eschatologischen Erntearbeiter haben Anspruch auf Lohn[1], d.h. konkret auf Unterbringung und Verpflegung.

Dasselbe, was nach V 5f für das Haus gilt, gilt nach V 8 auch für die Stadt. V 9 nennt für den ausgesandten Jünger einen doppelten Auftrag: Er soll Kranke heilen und die anbrechende Gottesherrschaft verkündigen. Dieser Doppelauftrag findet sich in allen Aussendungsreden.[2] Er ist für den Sendungsauftrag der Jünger charakteristisch. Sie sind dazu beauftragt und bevollmächtigt, dasselbe zu tun, was Jesus tat, denn sie nehmen an der messianischen Heilstätigkeit Jesu teil. "Indem sie im Namen und in der Vollmacht Jesu verkündigen und heilen, vervielfältigen sie das Wirken ihres Herrn."[3] Im Wort und in der Wundertat der gesandten Jünger bricht wie im Wirken Jesu die Basileia an. Die Gottesherrschaft wird auch in ihrem Wirken heilvolle Gegenwart. Das Auftreten der Jünger trägt "im Ganzen charismatisch-prophetische und theurgische Züge"[4]. Ihre Heilungswunder demonstrieren nicht ihre Wundermacht, sondern begleiten ihre Botschaft von der anbrechenden Basileia; Verkündigung und Heilung gehören zusammen. So rufen und sammeln sie im Auftrag Jesu das Gottesvolk angesichts der wirkmächtig durchbrechenden Gottesherrschaft. Radikale Armut lebend, erweisen die Jünger in Verkündigung, Heilung und Exorzismus die Kraft Gottes, der mit der anbrechenden Gottesherrschaft leere Hände füllt.

An den Häusern und Orten, die die Wanderprediger aufnehmen, geht das eschatologische Gericht vorbei. VV 10-12 zeigen, V 6 aufgreifend, daß die Jünger mit Ablehnung zu rechnen haben. Sie sollen die sie ablehnende Stadt verlassen und auch den Staub, der sich an ihre Füße gehängt hat, abschütteln. Das Abschütteln des Staubs ist Zeichen dafür, daß zwischen den Jüngern und der

---

1 Mt 10,10 spricht statt von μισθός von τροφή. Bei Paulus erinnert 1.Kor 9,14 an Lk 10,7.

2 Mk 6,7.12f; Mt 10,7; Lk 9,1f; alle drei nennen die Beauftragung zum Exorzismus.

3 Degenhardt, Lk S. 62. Diesem Gedanken widmen zurecht viele Ausleger Aufmerksamkeit: A. Schulz, Grundlegung S. 72; ders., Jünger S. 20; Cerfaux, Mission S. 96; S. Schulz, Q S. 427f; Hahn, Mission S. 32f; ders., Nachfolge S. 31; Hoffmann, Logienquelle S. 297.299.329; Riesner, Jesus S. 455; Schweizer, Mk S. 153f; Hengel, Nachfolge S. 81.83; Grundmann, Mt S. 290; Tannhill, Jünger S. 55; Roloff, Apostel S. 455; Strunk, Nachfolge S. 37f; Schnackenburg, Nachfolge S. 90; Beinert, Einzelne S. 33; Burchard, Jesus S. 36; H. W. Kuhn, Nachfolge S. 125; K. Müller, Naherwartung S. 21; Nepper-Christensen, a. a. O. S. 920; G. Lohfink, Gemeinde S. 84f; Bruce, a. a. O. S. 30.99; Freyne, a. a. O. S. 104f.142; Kraft, Entstehung S. 146f. Schmahl, Zwölf S. 75f.78.145; Schrage, Ethik S. 54; Donaldson, Discipleship S. 74; Schürmann, Jüngerkreis S. 50; Knoch, a. a. O. S. 96f. Mk 6,7; Mt 10,1; Lk 9,1 nennen als drittes Element des Auftrags die Übertragung der ἐξουσία über die unreinen Geister (bzw Dämonen). Der Anbruch der Basileia in der Person Jesu bringt seinen Einbruch in das Satansreich mit sich (vgl. dazu Jeremias, Theologie S. 228: "Die Boten haben Teil an Christi Sieg über den Satan."). Jesus läßt seine Jünger an seiner messianischen Vollmacht partizipieren. (Mk 6,12 faßt die Verkündigung der ausgesandten Jünger lediglich in der Forderung der Umkehr zusammen.)

4 Hoffmann, Logienquelle S. 329

sie abweisenden Stadt keine Gemeinschaft mehr besteht. "Nach Lk 10,10f.12.13-15 setzen die Boten, falls sie abgewiesen werden, einen endzeitlichen Vergeltungsmechanismus in Bewegung: Sie heben die Gemeinschaft mit dem Ort auf ..."[1] Nicht allein die Ablehnung Jesu, sondern auch die der von ihm ausgesandten Jünger hat eschatologische Konsequenzen. Somit umfaßt die dem ausgesandten Jünger Jesu übertragene Vollmacht nicht allein die Vermittlung des Heils, sondern auch die des Gerichts. Die Botschaft des Jüngers ist nicht zuerst informierender Lehrvortrag, sondern vollmächtiges Wort, das unter der Hörerschaft eine Scheidung hervorruft.[2] So faßt V 16 die Jüngerinstruktion zusammen: "Wer euch hört, der hört mich ..." Im Boten kommt Jesus selbst. Die Jünger haben die Stellung von Gesandten. "Botendienst ist seinem Wesen nach Stellvertretung Jesu."[3] Die als Boten ausgesandten Jünger repräsentieren Jesus; in ihnen wird er transparent. Deshalb bleiben sie auch an den sie Sendenden und seinen Auftrag gebunden. Ebensowenig wie die Nachfolge ist die Jüngeraussendung von der Person Jesu, der die Vollmacht verleiht, ablösbar. "... Die Jünger (sollen) nicht Jesu Lehre, sondern seine Person vertreten."[4] So kommt die Sendung des Jüngers nicht in der Weitergabe der Lehre Jesu zu ihrem Ziel, sondern durch die Vermittlung des Anschlusses an seine Person.

Die Aussendungsreden lassen erkennen, daß der Jünger im Auftrag Jesu um der Erweckung Israels willen ein unstetes Wanderleben führt. Sie sind Anweisung für ein Leben als mittellose Wandercharismatiker. Dabei ist es möglich, daß sich die Aussendungsinstruktion Jesu an seine Jünger auf ein einmaliges Ereignis in der vorösterlichen Situation bezieht. Vereinzelte Verse weisen in diese Richtung.[5] Die Jüngeraussendung könnte demnach ein einmaliges, zeitlich begrenztes Geschehen zu Jesu Lebzeiten gewesen sein. In jedem Fall erwächst die Sendung des Jüngers aus der Lebensgemeinschaft mit Jesus und führt in diese zurück; sie und der missionarische Dienst können nicht gegeneinander ausgespielt werden, denn in der Lebenspraxis des Nachfolgers Jesu sind sie nahtlos miteinander verknüpft. Im Vordergrund der Nachfolge und Jüngeraus-

---

1 Hoffmann, Logienquelle S. 302; vgl. auch Bill I S. 571; Schmahl, Zwölf S. 72f; Degenhardt, Lk S. 63: "Die Bewohner sollen den Jesusjüngern wie Heiden gelten, deren Gebiet unrein ist, so daß selbst der Staub an den Schuhen abgeschüttelt werden soll." Auch Theißen (Jesusbewegung S. 30); Cerfaux (Mission S. 56) u. S. Schulz (Ethik S. 80) weisen auf die Parallelität hinsichtlich des Gerichtsgedankens bei der Ablehnung Jesu und der seiner Jünger.

2 Da Lk 10,13-15 einem anderen Zusammenhang angehört (vgl. Mt 11,21-23) können diese Verse hier übersprungen werden; vgl Grundmann, Lk S. 211: "Das abschließende Wort (sc. V 16) gehört ursprünglich hinter V 12 ..."

3 Jeremias, Theologie S. 229; vgl. auch Freyne, a. a. O. S. 34; Bruce, a. a. O. S. 113; Schelkle, Jüngerschaft S. 28; Beinert, Einzelne S. 33; S. Schulz, Q S. 458; Hahn, Nachfolge S. 31; Theißen, Wanderradikalismus S. 88; Knoch, a. a. O. S. 52; Merklein, Jüngerkreis S. 95; Roloff, Apostolat S. 163

4 Goppelt, Theologie S. 259. Entsprechend kommt der Person und dem Handeln der Jünger "keine 'soteriologische' Dignität" (Hengel, Nachfolge S. 88) zu.

5 Vgl. Mk 3,13-19; 6,30; Lk 10,17; s. dazu A. Schulz, Nachfolgen S. 72f

sendung steht nicht die Sicherung des persönlichen Heils, sondern die Lebensgemeinschaft mit Jesus und der Dienst an der Gottesherrschaft. "Die Bindung der Nachfolge ist also nicht nur eine persönliche, sondern auch eine 'sachliche', nämlich die Beteiligung an der Verkündigung der Gottesherrschaft."[1]

1.6 Seßhafte Sympathisanten und Wandercharismatiker

Die Untersuchung zu den Nachfolgeperikopen und Aussendungsreden haben gezeigt, daß das Ethos der Nachfolge dasjenige von Wandercharismatikern ist. Unter den Hörern Jesu sind jedoch die Jünger Jesu nicht als einzige Gruppe vorauszusetzen. Von ihnen ist die Gruppe derjenigen zu unterscheiden, die sich Jesu Botschaft öffnen, die aber in ihrer Ortschaft bleiben und dort auf das Offenbarwerden der Gottesherrschaft warten; sie zählen ebenfalls zu den Gliedern des neuen Gottesvolkes. "Wo Jesus auftritt, läßt er Anhänger zurück, die mit ihren Familien auf die Königsherrschaft warten und die ihn und seine Boten aufnehmen; sie finden sich im ganzen Land, vor allem in Galiläa, aber auch in Judäa, z.B. in Bethanien, und in der Dekapolis ..."[2] Der von seiner Besessenheit befreite Gerasener etwa bittet Jesus nach seiner Befreiung, ἵνα μετ᾽ αὐτοῦ ᾖ.[3] Jesu Reaktion darauf lautet: οὐκ ἀφῆκεν αὐτόν. Hier handelt es sich um ein weiteres Beispiel für die Souveränität Jesu im Berufungsgeschehen: Das Interesse für die Nachfolge muß von der Berufung zur Nachfolge unterschieden werden. Jesus verlangt von ihm nicht, daß er alles verläßt, sondern er schickt ihn zu den Seinen zurück, um das von Jesus Erfahrene in seiner Umgebung zu verkündigen. Die Begegnung mit Jesus kann zur Nachfolge und zur Verkündigung ohne Nachfolge führen.
Auch viele andere Evangelienberichte machen offenkundig, daß sich Anhänger Jesu ihm und seiner Gottesherrschaft anvertrauten, ohne deshalb mit ihm auf Wanderschaft zu gehen. Dem geheilten Blinden bei Jericho legt Jesus keine Verpflichtungen auf (Mk 10,52; vgl auch Lk 17,24). Im Unterschied zum Zöllner Levi fordert Jesus von Zachäus nicht die Aufgabe seines ganzen Besitzes (Lk 19,8). Maria und Marta wohnen in einem Haus, in dem sie Jesus aufnehmen können (Lk 10,38-42). Dasselbe gilt für Simon den Aussätzigen, in dessen Haus Jesus gesalbt wird (Mk 14,3). Daß nicht alle mit Jesus Umherziehenden alle ihre Habe weggeben mußten, zeigt auch Lk 8,3: Frauen[4] in der Umgebung Jesu

---

1 Wendland, Ethik S. 31

2 Jeremias, Theologie S. 164; vgl. auch Riesner, Formen S. 9; O. Dibelius, Jünger S. 11.61; Kretschmar, Beitrag S. 48; Kraft, Entstehung S. 120

3 Diese Wendung entspricht ziemlich genau der Angabe des Zwecks der Zwölferberufung in Mk 3,14 (vgl. dazu Donaldson, a.a.O. S. 68 Anm. 3; Schmahl, Zwölf S. 56f).

4 Riesner (Formen S. 9) denkt von den jüdischen Rechtsverhältnissen her an Witwen.

dienten ihm mit ihrer Habe. Alle diese Anhänger Jesu erhielten keine besonderen Auflagen durch Jesus. Sie blieben in ihrer Umgebung, in ihren Familien. "Und trotzdem ändern sich die Familien derer, die bleiben. Sie werden verfügbarer, offener."[1] Mag die Zahl der seßhaften Sympathisanten Jesu innerhalb der Jesusbewegung vorösterlich prozentual größer gewesen sein als die der wandernden, so nimmt in den Evangelien die Überlieferung von wandernden Jüngern einen weitaus größeren Raum ein. Den Unterschied zwischen beiden Gruppen hinsichtlich ihrer leibhaften Beziehung zu Jesus charakterisiert Tannehill wie folgt[2]: "Während jene Menschen, die von Jesus geheilt wurden, nur zum Teil eine ständige Beziehung zu ihm unterhalten, haben die 'Jünger', d.h. die Menschen, die ihm 'nachfolgten', eine andauernde Beziehung zu ihm." Wie Jesus selbst, so wirkten auch die Jünger nicht ortsbezogen. Sie zogen mit Jesus - oder von ihm als seine Boten ausgesandt - durch Galiläa bzw Judäa (und Samaria). Ihr Wanderleben bringt ethisch radikalere Forderungen mit sich als das seßhaft-ortsfeste Leben. Der Jünger Jesu hatte radikale Armut und Verzicht auf die eheliche Gemeinschaft zu leben. "Nachfolge war am Anfang konkret. Die Jünger verließen Wohnort und Familie, Besitz und Beruf."[3] In solcher Lebensform gibt der Jünger der an ihn durch Jesus ergangenen Berufung im Gehorsam Antwort; so vertraut er auf Gott. Nachfolge ist zutreffend als "Beruf"[4] zu bezeichnen, der den Dienst an der kommenden Gottesherrschaft zum Inhalt hat. Der Jünger wirkt als Verkündiger der anbrechenden Basileia mit zeichenhaften, vollmächtigen Heilungen und Exorzismen. In diesem Sinn formuliert Egger präzis[5]: "Es gibt einen doppelten Weg zum Leben, zwei Weisen des Wandels vor Gott." Ein Rückfall in die Zwei-Stufen-Ethik ist das nicht. Diese Feststellung ergibt sich aus der Beobachtung, daß die radikale Forderung an die Wandercharismatiker keine allgemeingültige Heilsverpflichtung darstellt. Nachfolge ist keine neue Heilsmethode. "Die Überlieferung bietet denn auch keinen Anhaltspunkt dafür, daß Jesus in der Öffentlichkeit je eine andere Voraussetzung für das Eingehen in das Gottesreich verkündet hätte als die For-

---

1 G. Lohfink, Gemeinde S. 57

2 Jünger S. 43. Bereits Bengel weist auf Jesus als Wanderprediger hin (zu Mt 8,23): "Habebat Scholam ambulantam." (zitiert bei Hengel, Nachfolge S. 59 Anm. 59).

3 Theißen, verlassen S. 106

4 A. Schulz, Nachfolgen S. 95. Der Aspekt der Berufung kommt bei Theißen (Jesusbewegung) kaum in den Blick, wenn er (ebd. S. 21) schreibt: "Nur in einer Bewegung von Außenseitern hatte es (sc. das Ethos des Wanderradikalen; ähnlich ders, Wanderradikalismus S. 97) eine Chance." Theißen (verlassen S. 110) erwähnt andeutend "religiöse Motive" für den Aufbruch in die Nachfolge. Zur kritischen Auseinandersetzung mit Theißen vgl. Riesner, Jesus S. 420f. Zum Verhältnis von gesellschaftlicher Lage und den verschiedenen Sozialformen in der Jesusbewegung bemerkt Schrage (Ethik S. 51) zutreffend: "Gewiß kennt die urchristliche Jesusbewegung verschiedene Sozialformen, doch sind diese mehr Ergebnis als Voraussetzung des Nachfolgeberufs, der eben ... mit unterschiedlichen 'Berufungen' und spezieller Betroffenheit rechnet."

5 Verzicht S. 131

derung der gehorsamen Annahme seiner Heilsbotschaft ..."[1] Die ortsfesten Anhänger werden weder als die Unentschlossenen, Halbherzigen getadelt, noch werden sie von der Basileia Gottes ausgeschlossen. Für den Berufenen freilich steht es nicht in seiner Beliebigkeit und Willkür, ob er den Nachfolgeforderungen im Gehorsam nachkommt oder nicht.

Bei den beiden Gruppen von Anhängern Jesu ist nicht an ein beziehungsloses Nebeneinander zu denken. Die Verzahnung besteht vielmehr wechselseitig.[2] Auf der einen Seite empfangen die Jünger von den ortsfesten Sympathisanten materielle Hilfe. Die als Wandercharismatiker lebenden Jünger können sich nicht selbst versorgen und sind deshalb auf Häuser angewiesen, in denen sie Aufnahme finden. Sie leben im Vertrauen und in der Erwartung, daß sich immer wieder freiwillige Unterstützer für sie fänden. Hier werden die ortsfesten Anhänger Jesu eine wichtige Funktion übernommen haben.[3]

Auf der anderen Seite empfangen die ortsfesten Anhänger von den Jüngern als Boten Jesu: Als zahlenmäßig nicht sehr große Schar von Wandercharismatikern wirken die Jünger unter den ortsfesten Anhängern, indem sie in den Ortschaften missionarisch arbeiten. Die Jünger mit der Verkündigung der Gottesherrschaft, mit charismatischen Heilungen und Exorzismen. Was beide Gruppen in der Tiefe verbindet, drückt der Satz Riesners aus[4]: "Die Autorität des Messias reichte über spezifische Lebensformen hinaus." Die Bindung an die Präsenz der hereinbrechenden Gottesherrschaft in der Person Jesu und in seinem Wirken, die sich verschieden in der Existenz von Wandercharismatikern und seßhaften Anhängern konkretisiert, bildet bei aller Verschiedenheit den gemeinsamen Fluchtpunkt. Seßhafte und wandernde Anhänger gehören zusammen als familia Dei. Jesus hat mit der anbrechenden Gottesherrschaft eine neue Familienbeziehung unter den ihr Zugehörigen gestiftet, in der beide Sozialformen nicht nur nebeneinander Raum haben, sondern einander dienen und ergänzen. Ebenso wie das Phänomen der Nachfolge ein Zeichen der anbrechenden Basileia darstellt, so ist auch diese neue Gemeinschaft der familia Dei ein Zeichen derselben.

---

1 Vögtle, Einzelne S. 88; vgl. auch Knoch, a. a. O. S. 101

2 Auf strukturelle Parallelerscheinungen bei den Essenern weisen Degenhardt, Lk S. 202 und Theißen, Jesusbewegung S. 25f: Auch dort gibt es ein Neben- und Miteinander zwischen besitz- und z.T. ehelos lebenden Mitgliedern und solchen, die in ihren früheren Bindungen bleiben. Zwischen beiden herrscht auch bei ihnen reger Verkehr. Auf dieses Miteinander weist auch indirekt Schnackenburg (Nachfolge S. 93) mit seiner Aussage, daß am "Jünger im besonderen Sinn" die Bedeutung der Nachfolge ersichtlich werde, "ohne daß die anderen von diesen Aufgaben und Verpflichtungen grundsätzlich entbunden wären" (vgl. auch G. Lohfink, Gemeinde S. 51.56 u. N. Lohfink, Armut S. 330; Picard, Jungfräulichkeit S. 58).

3 Aus der Tatsache, daß den Jüngern das Einsammeln von Spenden untersagt ist, kann man nicht notwendig schließen, daß sie sich mit ihrer Botschaft in erster Linie an Jesu Anhänger zu wenden gehabt hätten (gegen Kraft, Entstehung S. 150).

4 Soziologie S. 216

1.7 Nachfolge nach Ostern

Die Nachfolge Jesu im wortwörtlichen Sinn hat mit Jesu Kreuzigung ihr Ende gefunden. Die Himmelfahrt (Lk 24,50-53; Apg 1,9-11) ist das Ende seiner irdischen, leibhaft gegenwärtigen Wirksamkeit, zugleich aber auch der Beginn der lebendigen, ständig präsenten Wirksamkeit des auferstandenen und erhöhten Herrn. Die neue Gegenwart des Auferstandenen hat nachösterlich zu erheblichen Umprägungen in der Nachfolgevorstellung geführt. Einigen Linien soll hier nachgegangen werden.[1] Zunächst gehen wir von der Kontinuität im Nachfolgegedanken aus: Diese ist mit der Existenz von Wandercharismatikern sowohl in vorösterlicher als auch in nachösterlicher Zeit gegeben. "In welchem Maß die Zwölf ihre vorösterliche Lebensform fortsetzen, ist uns nicht mehr genügend deutlich. Dennoch kann man die Frage positiv beantworten ..."[2] Nach der Krise von Passion und Kreuzestod Jesu wurde der vorösterliche (Zwölfer-) Kreis von Jüngern neu konstituiert (1.Kor 15,5). In nachösterlicher Zeit zogen christliche Wanderapostel durch die Ortschaften, die das vorösterliche Nachfolgeverhalten hinsichtlich der Heimat-, Familien- und Besitzlosigkeit praktizieren. Sie riefen ihre Anhänger nicht allein zum Vertrauen auf Jesus Christus als den erhöhten Herrn, sondern bestimmte einzelne unter ihnen in eine radikale Nachfolge. Ostern setzte auf wunderbare Weise die Bereitschaft frei, erneut dem Herrn nachzufolgen. Solche Wanderapostel besuchten sehr wahrscheinlich bereits entstandene Gemeinden bzw einzelne Anhänger der nachösterlichen Jesusbewegung in den Städten und Dörfern. "Die Autoritäten der Ortsgemeinden waren zunächst Wandercharismatiker."[3] Zwischen den Ortsgemeinden, in denen sich die in den alten Ordnungen verbleibenden Christen versammelten, und den Wanderaposteln fand ein für die frühe Kirche wesentliches Wechselspiel statt. Dieses machte in dem Gefüge von Einzelgemeinden der Kirche des Anfangs die Armut des Wandercharismatikers möglich.

---

1 Im Rahmen dieser Arbeit kann es nur um exemplarische Andeutungen zu dieser Frage gehen. Vgl. dazu: Daumoser, a. a. O. S. 240ff; A. Schulz, Nachfolgen S. 131ff; Strunk, a. a. O. S. 46ff.52ff; Schnackenburg, Botschaft[1] S. 164ff; ders., Nachfolgen S. 97ff; Heinen/Weiser, Jüngerschaft S. 19ff; Moulde, Mission S. 451; Roloff, Bedeutung S. 102ff.

2 Riesner, Formen S. 22 (vgl. ebd. zur Orientierung der Lebensform des Paulus an den Weisungen für den vorösterlichen Jüngerkreis); vgl. auch Burchard, Jesus S. 50; H. W. Kuhn, Nachfolge S. 120; Hoffmann, Logienquelle S. 329; K. Müller, Naherwartung S. 18; Schürmann, Jüngerkreis S. 58; G. Schneider, Anfragen S. 140f; Rengstorf, μαθητής S. 449; Kretschmar, Beitrag S. 48f. Theißen (Jesusbewegung passim; Wanderradikalismus passim; verlassen passim) und Kretschmar (Beitrag passim) haben sich mit dem Phänomen des Wanderradikalismus ausführlich befaßt.

3 Theißen, Jesusbewegung S. 23; ähnlich auch N. Lohfink, Armut S. 330ff; Egger, Verzicht S. 132; Imhof, Überlegungen S. 21; Strunk, a. a. O. S. 53; Kretschmar, Beitrag S. 37: "In der Didache erscheinen die Apostel, Propheten Lehrer geradezu als die Amtsträger der 'seßhaften Christen'."

Es ist eine auffällige Tatsache, daß die spätere Gemeinde ihr eigenes Bild nicht in der Gruppe der seßhaften Sympathisanten Jesu, sondern in der seiner Jünger erblickte.[1] Neben dem bereits erwähnten nachösterlichen Auftreten von Wandercharismatikern wird einer der entscheidenden Gründe für diese Tatsache darin liegen, daß die personhafte Bindung an Jesus das Wesen der Zugehörigkeit zur Kirche als dem Gottesvolk der Endzeit ausmacht. Der Christ ist in die Gemeinschaft mit seinem erhöhten Herrn hineingenommen. Diese für das Christsein fundamentale Beziehung zu Jesus Christus eröffnete die Möglichkeit, die Worte "nachfolgen" und "Jünger" übertragen zu gebrauchen. "Die Nachfolge der Jünger während des irdischen Lebens Jesu geht über in die Nachfolge aller Christusjünger im Glauben an Jesus."[2] An die Stelle der irdischen Gemeinschaft mit Jesus tritt der Glaube. Jesus nachfolgen heißt nun: an ihn glauben. Der Glaube läßt Christus Herr im eigenen Leben sein. Der Nachfolger nach Ostern ist der Diener des erhöhten Herrn in vertrauendem Glauben. "Glaube ist genauso ausschließlich Bindung an Jesus, wie es die Nachfolge Jesu war."[3] Der μαθητής wird als der Glaubende, der Christ überhaupt verstanden.[4] Dabei wird nachösterliche Nachfolge gemeindebildend verstanden und gelebt.
Die speziellen Forderungen an die Jünger zur Zeit des irdischen Jesus werden nun im Hinblick auf den Hörerkreis verallgemeinert und zum Ausdruck für die vom erhöhten Herrn geforderte uneingeschränkte Übergabe an seine Person und sein Wort. Die Gemeinschaft mit Christus im Glauben ist nicht das Ergebnis der so verstandenen Nachfolge, sondern ihre Voraussetzung und ihr Vollzug. Radikaler, totaler Glaube kann auch nachösterlich zu radikalen und totalen Konsequenzen führen. "Ostentatives Glauben" und "demonstratives Hören"[5] gibt es auch nach Jesu Auferstehung. Der persönliche Heilsglaube ist zugleich "naturnotwendig" geistliches Leben - entweder in den alten Ordnungen oder diese aufgrund einer speziellen Berufung in eine spezielle Lebensform überschreitend. In konkreten Schritten des Glaubens nimmt der Glaubende zum Anspruch des gegenwärtig-zukünftigen Gottesreiches Stellung. "Nach wie vor stellen sich Menschen total in den Dienst der Reichgottes-Verkündigung und damit in die Gemeinschaft mit Leben und Wirken des nunmehr erhöhten Herrn... Das bisherige Mit-Sein mit Jesus intensiviert sich in der nachösterlichen

---

1 Vgl. dazu Bornkamm, Jesus S. 133f; A. Schulz, Jünger S. 24; Kretschmar, Beitrag S. 48; Imhof, Überlegungen S. 27

2 Pesch, Berufung S. 29; ähnlich auch Stolle, a. a. O. S. 153; Hengel, Nachfolge S. 69; D. Müller, a. a. O. S. 952; S. Schulz, Ethik S. 61; Held, Christusweg S. 81; Beinert, Einzelne S. 29; Heinen/Weiser, a. a. O. S. 16; Eid, Nachfolge S. 853; Roloff, Bedeutung S. 112. An diesen Gebrauch knüpft Luther in der Auseinandersetzung mit dem mittelalterlichen Nachfolgeverständnis an (darauf ist jedoch hier nicht weiter einzugehen; vgl. dazu die geschichtlichen Abhandlungen der Lexikaartikel zum Stichwort "Nachfolge" u. Søe, Ethik S. 69; Bouwman, a. a. O. S. 56ff).

3 Stolle, a. a. O. S. 156

4 Vgl. dazu den Gebrauch des Begriffs in der Apg oder z. B. Mk 16,16.

5 Schürmann, Jüngerkreis S. 49

Situation als In-Sein in Christus."[1] Die gehorsame Liebe gegenüber dem Wort Christi nimmt auch in der Kirche immer wieder konkrete, radikale Gestalt an. Nachfolge nach Ostern ist die Wahrnehmung der Verantwortung vor dem Gott, der sich in Jesus Christus dem Menschen offenbart hat und der das ganze Leben für das Heil der Gottesherrschaft beansprucht.

Die Tendenz zur Verallgemeinerung von ursprünglich an einen engeren Hörerkreis gerichteten Jüngerworten läßt sich z.B. sehr deutlich an Lk 9,23 im Vergleich mit Mk 8,34 zeigen: Nennt bereits Mk als Adressatenkreis τὸν ὄχλον σὺν τοῖς μαθηταῖς, so läßt Lk die folgenden Worte πρὸς πάντας gerichtet sein.[2] Das Anliegen der Verallgemeinerung bringt jedoch das Logion vom Kreuztragen zum Ausdruck: Von Mk übernimmt Lk ἀράτω τὸν σταυρὸν αὐτοῦ. Er fügt jedoch καθ᾽ ἡμέραν hinzu. "Lukas denkt nicht in erster Linie an das Martyrium, sondern versteht das Wort als völlige Hingabe an Gott und Preisgabe des eigenen Selbst ..., die täglich neu und unter vielen Bedrängnissen erfolgen muß."[3] Die Nachfolge des Jüngers nach Ostern ist Antwort auf die Berufung Jesu. Nach Jesu Auferstehung gilt: "Individuelle Berufungen durch Jesus waren nicht mehr möglich; an die Stelle trat der charismatische Anruf durch den Heiligen Geist."[4] In den Berufungsperikopen sah die nachösterliche Kirche die Vollmacht Jesu, in der Gott in ein Menschenleben eingreifen kann. Das Leben des von einer Berufung Betroffenen wird aus den alten Bindungen herausgelöst. Gott will von diesem Ereignis her sein Leben bestimmen und ihn in die Verantwortung des Gehorsams im Glauben stellen. Die Berufungswirklichkeit begründet damit eine weitere wichtige Kontinuität zwischen der vor- und nachösterlichen Situation. Daß Menschen vom erhöhten Herrn angerufen werden und diese ihm mit ihrem ganzen Leben antworten, das ereignet sich immer wieder.

Gleichwohl nimmt die Berufung einen neuen Aspekt auf. Für diesen neuen Akzent legt Joh 1,35-51 ein beredtes Zeugnis ab. Der erste Hinweis auf Jesus geht bei denen, die nach Joh berufen werden, nicht von Jesus selbst aus.[5] "Vielmehr ruft ursprünglich wohl überall der Zeuge Jesu ... Es ist dann immer wieder der Gerufene, der seinerseits wieder einen anderen findet und ihn zu Jesus schickt. Damit will Johannes unterstreichen, daß der Ruf Jesu in der nachösterlichen Kirche weitergeht."[6] Aber dennoch ist es auch hier Jesus

1 Beinert, Einzelne S. 30; vgl. auch ebd.: "Nachfolge wird in dieser Perspektive (sc. des Doppelgebotes der Liebe) die Eröffnung eines Dialogs mit der 'Welt', die das Konkretum der Nachfolge ist."

2 Vgl. dazu G. Schneider, Anfragen S. 141

3 Grundmann, Lk S. 190

4 Schnackenburg, Botschaft² I S. 66; vgl. auch Schweizer, Jüngerschaft S. 79; Beinert, Einzelne S. 30: "Die ursprüngliche Form der Berufung bleibt erhalten."

5 Auch V 43 nicht (da εὑρίσκει sich wahrscheinlich nicht auf Jesus, sondern auf Petrus bezieht)

6 Schweizer, Jüngerschaft S. 82; vgl. auch Bieder, Berufung S. 31ff; A. Schulz, Jünger S. 54ff; ders., Nachfolgen S. 141f

Christus, der als der erhöhte Herr beruft. Der Glaubende kann nur Zeuge des selber berufenden Herrn sein. Nachfolge ist bei Johannes das geistliche Sich-Anschließen des Berufenen im Glauben an Jesus Christus. Der Nachfolgende wird ebenfalls dort sein, wo Jesus selber ist (Joh 12,26).
Für die Beobachtungen zur Frage der (Dis-)Kontinuität in der Situation vor und nach Ostern sei auch auf die Aussendungsreden hingewiesen. Die Mission wird als Weisung des Auferstandenen begriffen[1], die sich zunächst an den jüdischen Volksverband richtet, bald aber über die Grenzen Israels hinausdringt.
Es ist auffallend, daß in den synoptischen Evangelien der Gedanke der Imitatio kaum auftaucht.[2] Die Evangelien entwickeln auch für die nachösterliche Zeit kein (pseudo-) christliches Prinzip der Nachahmung. Weder das Leben Jesu noch das der Apostel wird als Ideal dargestellt, das für jeden - unter Absehung der persönlichen Berufung - anzustreben wäre. Die Intention der Evangelien ist nicht, hinter Kreuz und Auferstehung Jesu zurückzugehen. "Aus Glauben wird ein Identifikationsprozeß mit dem irdischen, häufig nur vermeintlichen Bild Jesu Christi gemacht. Damit tritt ein frommes Werk an die Stelle des Glaubens."[3]
Für unseren Zusammenhang ist wichtig: Mit der Frage danach, was Nachfolge Jesu nach Ostern bedeutet, stehen wir beim Urspung der frühchristlichen Askese. Sie ist das zentrale Bindeglied zwischen der Jüngernachfolge in den Evangelien und dem kommunitären Leben als einer möglichen Gestalt gelebten Christusglaubens. Die Geschichte des Wanderasketentums "geht zurück auf den Stand charismatischer Propheten und Lehrer, die als Missionare im palästinisch-syrischen Judentum wirkten ..."[4] Ihre eigene Lebensweise verstanden sie als Nachfolge Jesu, die viele Analogien zur Wanderschaft der Jünger mit dem irdischen Jesus aufwies. Nach Ostern machten sie den seßhaften Christen gegenüber klar, daß Jesu Ruf zur Nachfolge auch nach Jesu Auferstehung die gesetzmäßigen Ordnungen durchbricht und wiesen die Welt auf das, was das

---

1 Mt 28,29; Mk 16,15; Lk 24,47. Bei Lk wird "die Wanderung nach Jerusalem zur Wanderung durch die Welt bis zur 'Hinaufnahme' in den Himmel; es bleibt Missionsarbeit und Verfolgung ..." (Stöger, a. a. O. S. 52; vgl auch Degenhardt, Lk S. 220; Cerfaux, Mission S. 55; Dowden, Significance S. 40ff). Zu Mk 10,32; 14,28; 16,7 schreibt R. Pesch (Berufung S. 30): "Jesus geht nach seinem Tod als der Auferstandene den Jüngern nach Galiläa, ins Land der missionarischen Verkündigung, zu den Heiden, voraus. Somit bedeutet seine Nachfolge zugleich missionarisches Wirken: Sendung."

2 Vgl. aber Mk 10,43ff. Wir erwähnen diesen Gedanken hier, ohne ihn eingehender zu erörtern; s. dazu H. D. Betz, a. a. O. S. 48ff; G. Schneider, Nachfolge S. 132ff; Iserloh, Nachfolge S. 762ff; Schnackenburg, Nachfolge S. 100f (ebd. S. 101 schreibt er: "Im Verhältnis des Christen zu Christus bleibt immer die Nachfolge das Hauptmoment, die Nachahmung ist nur ein Teilaspekt."); A. Schulz, Nachfolgen S. 199ff; Stolle, Nachfolge S. 155ff; Scheerer/Schönpflug, Nachahmung S. 319ff; Arndt, Nachfolge S. 351ff; Stunk, Nachfolge S. 120ff; Knoch, a. a. O. S. 143ff; Sudbrack, Nachfolge S. 36

3 Stolle, a. a. O. S. 156

4 Kretschmar, Beitrag S. 65; vgl. auch ebd.: "Der eigentliche geschichtliche Ursprung der christlichen Askese im syrisch-palästinischen Raum liegt dann in dem Versuch, den Ruf Jesu zur Nachfolge und seine Jüngerbelehrung in eine christliche Lebensordnung umzuprägen."

eine Notwendige des Glaubens als radikales Gottvertrauen ist. Sie legten in emphatisch-demonstrativer Weise dar, daß der Glaube alle Sicherheiten und Bindungen dieser Welt durchbricht, weil er den ganzen Menschen an den erhöhten Herrn bindet. Diese Lebensform geht vom Glauben aus, daß der Auferstandene in besonderer Weise gegenwärtig ist und durch seinen Geist in die leibhafte Realität hineinwirkt. Der Glaube ist eine Realität, die vollberuflich, total-existentiell in Dienst nehmen kann. In ihrer Lebensweise sind die Wanderpropheten freier für den Dienst am Gottesreich. Sie weisen "nach Art eines Modells auf Wesentliches in bezug auf die Verhältnisbestimmung zwischen christlicher Existenz und 'Welt' hin"[1]. Durch ihre Lebensform wird erkennbar, daß jede Form nachösterlicher Nachfolge nur möglich ist durch eine lebendige, gnadenhafte Verbundenheit mit dem erhöhten Herrn. Eine spezielle Berufung führte sie zum Leben des Verzichts um der Gottesherrschaft willen. Als Wanderapostel lassen sie sich von Jesu Christi Geist die Richtung ihres Lebens weisen. Sie legen der Welt dar, daß das Vertrauen zu Gott nicht vor radikalen Forderungen Christi als Implikat des Evangeliums zurückschrecken läßt, da sie in eine tiefe innere Freude und Freiheit des Glaubens hineingestellt sind. Die Wanderapostel leben auf greifbare Weise das Geheimnis, die Welt mitten im Dienst an der Welt als Bürger einer anderen Welt zu verlassen. So weisen sie mit ihrer Existenz auf die Verbindung des Glaubens mit der praxis pietatis als des Gehorsams gegenüber Jesus Christus. Innerhalb der Verschiedenheit möglicher Glaubenswege kommt der "Nachfolge Jesu" vorösterlich und nachösterlich ein spezifischer Auftrag zu. Die Lebensform des Wandercharismatikers hat ebenso etwas Zeichenhaftes wie die Kommunitäten. In diesem Sinn sind auch die folgenden Sätze Schürmanns zu verstehen[2], die bereits zum zweiten Teil dieser Arbeit überleiten: "Wenn die 'drei Räte' der kirchlichen Tradition hier (sc. in der Nachfolgetradition des NT) in ihrer Dreiheit auch noch nicht thematisch formuliert sind - sie werden schon im Jüngerkreis Jesu praktisch verlangt und gelebt. Insofern ist der Jüngerkreis Jesu das Urbild des nachösterlichen kirchlichen Rätestandes. Deutlich wird im Blick auf den Jüngerkreis Jesu aber auch, wie sehr die Räte Teil und Bedingung eines lebendigen Gesamtvollzuges sind, der sich auf das Hören des Wortes Gottes und den Dienst mit Jesus in dieser herausgehobenen, zeichenhaften Weise verpflichtet weiß ... Die drei Räte ... sind selbstverständlicher Ausdruck eines Lebens und Wirkens mit dem Herrn. Wer so folgsam und gelöst von Familie und Haus lebt, ist damit gekennzeichnet; er bezeugt durch sein Leben, was das eine Notwendige ist."

---

1 Heinen/Weiser, a. a. O. S. 17

2 Jüngerkreis S. 54

2 Konsequenzen aus der Nachfolge für das kommunitäre Leben

Der erste Teil dieser Arbeit galt dem synoptischen Zeugnis von der (vorösterlichen) Nachfolge. Punkt 1.7 wies bereits auf einige Verbindungslinien zwischen dem Nachfolgegedanken vor und nach Ostern hin. Diesen ist nun im Hinblick auf eine Grundlegung des kommunitären Lebens nachzugehen. Dabei kann es nicht um eine allgemeine systematische und praktische Lehre über die Nachfolge gehen. Aus dem umfassenden Problembereich wird hier der das kommunitäre Leben betreffende Ausschnitt beleuchtet.
Als Einführung soll zuerst auf die Verbindung zwischen der *Nachfolge nach Ostern und dem kommunitären Leben* eingegangen werden. Der Nachfolgegedanke enthält verschiedene Spannungsmomente, die zu Gefahren werden und den Zugang zum kommunitären Leben empfindlich erschweren können.
Zunächst besteht die im vorherigen Abschnitt erwähnte Spannung zwischen dem vor- und nachösterlichen Nachfolgeverständnis. Vor Ostern hatte das Wort "Nachfolge" einen einfachen, untheoretischen Sinn. Menschen entschlossen sich, auf den Anruf Jesu hin ihren Beruf, Besitz und ihre Familienbindungen zu verlassen, um mit Jesus zu gehen. Nachösterlich erfährt dieser einfache, untheoretische Sinn der Nachfolge durch die Erhöhung des auferstandenen Christus erhebliche Änderungen[1]: Nachfolge wird zum Leben aus Glauben an den gekreuzigten und auferweckten Herrn einschließlich der damit gegebenen Konsequenzen für das Handeln. Wird dieser Unterschied nicht berücksichtigt, entsteht das Mißverständnis der Imitatio Jesu.[2] Im Mittelpunkt steht dann nicht mehr die personale Beziehung des Glaubenden zu Jesus Christus und eine daraus sich ergebende Lebensgestaltung, sondern das Kopieren der einen oder anderen Verhaltensweise. Legitimes kommunitäres Leben auf reformatorischem Boden muß sich entschieden von einem solchen Selbst(-miß-)verständnis freihalten. Andernfalls hielte in seinem Ansatz eine Gesetzlichkeit Einzug, die in einer veräußerlichten Angleichung an Jesus als einem Vorbild bestünde. Für reformatorisches Christsein ist dies kein Weg zur Begründung kommunitärer Gemeinschaften.
Ein zweites Spannungsmoment beinhaltet das Nachfolgeverständnis hinsichtlich

---

1 Vgl. außer Punkt 1.7 Beilner, Nachfolge S. 15. Sudbrack (Nachfolge S. 34) bringt das hier gegebene Problem mit der folgenden Frage auf einen Nenner: "Darf man - sobald der Raum des unmittelbaren Einflusses Jesu verlassen wird - überhaupt von 'Nachfolge Jesu' sprechen?"

2 Zur Literatur s. o. S. 109 Anm. 2

seines Adressatenkreises: Vor Ostern betraf es nur einen kleinen, relativ fest umrissenen Kreis unter den Sympathisanten Jesu. In dieser Weise gilt das nach Ostern für die Evangelien bereits nicht mehr uneingeschränkt. Lk 14,25 z.B. läßt die ursprünglich an die Jünger im engeren Sinn gerichteten Worte an eine große Volksmenge gerichtet sein. Eine entsprechende Ausweitung im Jüngerbegriff läßt sich bereits im MkEv beobachten.[1] Ganz in diesem Sinn formuliert Halkenhäuser, "daß Nachfolge Christi ... Urform jedes christlichen Leben aus Glauben"[2] ist. Das Spannungsmoment in der nachösterlichen Nachfolgewirklichkeit besteht nun darin, daß sie jeden Christen betrifft, - aber nicht in derselben Weise. Vom Evangelium her begründetes kommunitäres Leben ist deshalb innerhalb der alle Christen betreffenden Nachfolge zu begreifen. Zugleich ist es jedoch eine konkrete, besondere Ausformung derselben, die sich nicht als Norm der Kirche versteht. Nachfolge als kommunitäre Gemeinschaft gelebt, geht davon aus, daß die eine Wirklichkeit der Nachfolge sich verschieden ausformen darf und muß, um die Fülle der in ihr enthaltenen Aspekte zur Darstellung zu bringen. Dabei dürfen die unterschiedlichen Weisen der Nachfolge nicht gegeneinander ausgespielt werden. Dieses Spannungsverhältnis wird nach seiner fruchtbaren Seite hin in der Verhältnisbestimmung von Kirche und Kommunität zu bedenken sein.

Ein weiteres Spannungsmoment der Nachfolge, läßt sich mit dem Gegensatzpaar "innen - außen" umschreiben. Der christliche Glaube greift hinein bis in die verborgensten Bereiche der Person. Er umfaßt die Wurzeln der menschlichen Existenz, indem er bis in die innersten Bezirke des Willens, der Gefühle und der Motive des Handelns hineinwirkt. So eignet dem Glauben eine urpersönliche, verborgene Komponente, die nicht nach außen gekehrt werden kann und darf. Nachfolge als Glaubensvollzug hat von daher eine unanschauliche Dimension. Damit ist allerdings nur die eine Seite der Nachfolge genannt. Mit gleicher Betonung ist darauf hinzuweisen, daß Nachfolge als Glauben zur Lebensgestaltung aus Glauben führt. Konstituiert die Gotteskindschaft aus Glauben das Wesen der Nachfolge, so will der Nachfolger als Gottes Kind den Willen seines himmlischen Vaters täglich tun.[3] Damit wird zwar der Glaube nicht demonstrierbar, jedoch manifestieren sich auf diese Weise mögliche Auswirkungen desselben. Kommunitäre Gemeinschaften haben als Nachfolgegruppen eigener Art teil an dieser Spannung zwischen "innen" und "außen". Sie kommen in ihrem Selbstverständnis von einem Anruf Gottes an sie her. Dieser Anruf ist unvorzeigbar. Als Geheimnis des kommunitär lebenden Christen kommt ihm notwendig eine bleibend verborgene Dimension zu. Jedoch führt die Antwort

---

1 Vgl. dazu z. B. Schmahl, Zwölf passim; Stock, Boten passim

2 Evangelium S. 494; so auch W. Hümmer, Leben S. 117; Bonhoeffer, Nachfolge passim; Beilner, Nachfolge S. 15; G.Müller, Nachfolge S. 327; Vierig, Nachfolge S. 8: "Nachfolge ist nach evangelischem Verständnis nicht Sache einer besonderen Gruppe, sondern ist Sache jedes einzelnen."

3 In diesem Sinn umschriebt Labourdette (Berufung S. 327) Heiligkeit als "die Weise, zu leben 'gemäß dem Geist der Kindschaft' ..."

auf dieses verborgene Geheimnis des göttlichen Anrufs zu sichtbaren Konsequenzen. Die Begegnung mit dem lebendig aktuell beanspruchenden Gott läßt den von ihm beanspruchten kommunitär lebenden Christen sein Leben von diesem Anspruch her gestalten. Das Spannungsmoment "innen und außen" wird im Zusammenhang der kommunitären Nachfolgebedingungen und des Auftrags weiter bedacht werden.

Schließlich beinhaltet die Wirklichkeit der Nachfolge als weiteres Spannungsmoment das zwischen Rechtfertigung und Heiligung. Auf dieses weist Sudbrack, wenn er sagt[1]: "Überall nämlich, wo es um 'Nachfolge' geht, droht die Gefahr des 'Leistungsdenkens'. Die Alternative zur Nachfolge als 'Wille' zur Leistung heißt - gut reformatorisch - 'Rechtfertigung durch Gott'." Das Heil kommt jedem Nachfolger allein aus der Gnade der göttlichen Heilszuwendung, der gegenwärtigen-zukünftigen Basileia, zu. Die kommunitäre Ausprägung der Nachfolge dient nicht einem sichereren Erlangen des Heils, sondern kommt vom empfangenen Heil her. Die in der Taufe zugesprochene und zugeeignete Gnade fordert von jedem Christen eine Ganzentscheidung. In diese Richtung weist auch die Äußerung O.Dibelius'[2]: "Und dann müssen Menschen da sein, die die Wahrheit (sc. des Evangeliums) zusammen mit dem Meister durchleben und durchleiden. Also nicht nur solche, die sie sich anhören." Jeder Christ ist dazu gerufen, ganz und gar Christ zu sein, der Aufforderung "Folge mir nach!" zu antworten, indem er alle Lebensbezüge von ihr prägen läßt. Kommunitäten nehmen diese Aufforderung auf ihre Weise wahr. Sie leben in ihrer Lebensform die mit der Rechtfertigung aufgegebene Heiligung. Dabei halten sie ihre Lebensform weder für die im Hinblick auf die Heiligung einzig mögliche noch für eine im Vergleich zu anderen christlichen Lebensformen bessere. Dort, wo Rechtfertigung und Nachfolge zu unvereinbaren Gegensätzen werden, wird aus der lebendigen Nachfolge der dynamischen Rechtfertigung ein System von Meinungen und Sätzen. Christen in Kommunitäten wollen diese Polarität als Spannungseinheit leben. In Verbindung mit der speziellen Berufung und den Nachfolgebedingungen wird die Frage dieser Spannungseinheit präsent sein.

Am Ende dieses einführenden Einblicks kann bereits auf den oben erwähnten Satz von R.Schutz eingegangen werden[3]: "Wir werden also die Grundlagen der klösterlichen Gemeinschaft nicht im Neuen Testament suchen." Dieser Satz ist ebenso richtig wie falsch. Im Hinblick auf die synoptische Nachfolgeüberlieferung ist daran sicher richtig, daß es sich beim Verhältnis zwischen Jesus und seinen Jüngern nicht um eine kommunitäre Gemeinschaft handelte. Die kommunitäre Fragestellung liegt von daher nicht in der Linie dieser Überlieferung, weshalb die Nachfolgeworte Jesu auch nicht undifferenziert zu kommunitären

---

1 Nachfolge S. 35; Sudbrack überholt ebd. in biblischer Weise die falsche Alternative, die aus diesem Spannungsfeld gemacht worden ist.

2 Jünger S. 5; vgl. auch Heinz-Mohr, Kommunitäten S. 42; G. Müller, Nachfolge (Ev.Soziallexikon) S. 938. Rott (Nachfolge S. 384) sieht zurecht, daß "die Verpflichtung zur Nachfolge Jesu die Frage nach einem christlichen Lebensstil wach werden" läßt.

3 Entstehung S. 36 (s. o. Punkt 1)

Grundsatzregeln erklärt werden können. Eben diese Nachfolgeworte richten aber einen Anspruch an jeden Menschen, der damit zu einer persönlichen Antwort herausgefordert ist. Im Horizont der Nachfolgeworte Jesu sind auf der Basis der Gottesherrschaft Grundfragen an die menschliche Existenz gestellt, die in jeder Zeit zu neuer christlicher Lebensgestaltung herausfordern. Christen in kommunitärer Gemeinschaft geben in und mit ihrer Lebensform eine Antwort auf diese Herausforderung. Manche Nachfolgeworte blieben unverwirklicht, gäbe es in der Kirche nicht auch kommunitäre Gemeinschaften. Der Ruf Jesu zur Nachfolge z.B. beinhaltet einen Ehe- und Besitzverzicht, welche die Möglichkeit einer kommunitären Nachfolgeform freigeben. So ist der Satz von Schutz durch die Äußerung K. S. Franks zu ergänzen: "Niemand wird behaupten wollen, daß die einzig mögliche Konsequenz aus diesen Schriftworten (sc. Mt 19,12; Lk 9,23 u.a.) das Leben im Ordensstand sei. Aber ebensowenig ist doch abzulehnen, daß diese Worte ein solches Leben legitimieren können."[1] In diesem Sinn wird im folgenden denjenigen Aspekten der synoptischen Tradition nachgegangen, die eine Offenheit für das Leben in kommunitärer Gemeinschaft aufweisen.

2.1 Die kommunitäre Berufung

Mit dem Begriff "Berufung" wenden wir uns einem Stichwort zu, das in der kommunitären Literatur einen mehr oder weniger zentralen Platz einnimmt. Das Gemeinte ist in jedem Fall konstitutiv für die Existenz der Kommunitäten. Beispielhaft sei ein diesbezüglicher Satz aus der Selbstdarstellung der Christusbruderschaft/Selbitz wiedergegeben[2]: "Voraussetzung zum Eintritt in die Christusbruderschaft ist das Wissen um eine Berufung." Vergleichbare Äußerungen finden sich auch in anderen kommunitären Schriften. Bei derartigen Aussagen fällt auf, daß sie weitgehend thetisch und ohne viele Erläuterungen von Berufung sprechen. Darin sind sie dem thetisch knappen Erzählstil der synoptischen Berufungserzählungen sehr verwandt. Sie reden mehr konstatierend als erklärend über die Realität der Berufung. Diese Beobachtung scheint kein Zufall zu sein; sie liegt vielmehr in der Natur der Sache. "Berufung ist das persönlichste Geschehen, das es zwischen Himmel und Erde, zwischen

---

1 Reaktion S. 295; vgl. auch Lippert, Räte S. 663ff. Daß die oben wiedergegebene Meinung von R. Schutz nicht einseitig gemeint ist, zeigt die folgende Äußerung von ihm: "Auf manches Gebot Christi, auf manche Seite des Neuen Testaments scheint nur eine klösterliche Gemeinschaft ein Echo geben zu können." Vgl. zur Stellung Taizés in dieser Frage auch Stökl, Taizé S. 73f.

2 Christusbruderschaft 1987 S. 27; vgl. auch H. Hümmer, Gott ruft S. 42; ähnlich Pfister, Communität, in: Mohaupt, Modelle S. 94

dem rufenden, erhöhten Herrn und dem antwortenden Menschen gibt."[1] Das Geheimnis der Berufung ist kein Rätsel, das gelöst werden könnte und dann offen zutage läge; es wohnt ihm eine Verborgenheit inne. Dennoch kann von ihr in andeutenden, bezeugenden Worten gesprochen werden, die dem Geheimnischarakter Rechnung tragen und zugleich etwas vom entbergenden Charakter der in der Berufung gegebenen persönlichen Offenbarung einfangen.

Wenn nun im folgenden von der kommunitären Berufung gesprochen wird, soll dieses Geheimnis weder gelüftet noch zerredet werden. Es sollen jedoch einige Orientierungen gegeben werden wie sie zur Grundlegung eines kommunitären Lebens gehören.

Wir gehen zunächst auf den *indikativischen Aspekt* der kommunitären Berufung ein. Der Christ in Kommunitäten erkennt den Grund seiner persönlichen Berufung in der Wahl Gottes, der ihn - wie jeden Christen - zu seinem Partner berufen hat. Er kommt von der Erfahrung her, daß Gott zwischen sich und ihm eine Beziehung des Vertrauens gestiftet hat. Diese Vertrauensbeziehung ist das Geschenk seiner Gnade, das auf göttlicher Initiative basiert. Jede Art biblisch begründeter Berufung ist daher zuerst Ermöglichung durch Gott. Sie lebt aus und von der göttlichen Schöpfung aus dem Nichts. Gottes Gnade nimmt den Menschen in die Gemeinschaft mit sich hinein, indem er sie stiftet. Sie lebt vom Gespräch Gottes mit dem Menschen und dem des Menschen mit Gott; sie lebt von und mit dem überlieferten und lebendigen Wort Gottes.

Die Gemeinschaft mit dem sich in Jesus Christus offenbarenden Gott ist offen für Gottes Führungen. Der Christ lebt in der Gewißheit, daß jede solche Führung Gottes Ausdruck seiner gnädigen Zuwendung ist. Solche Führungen können ein Leben mehr oder weniger tiefgreifend verändern; sie haben mehr oder weniger einschneidende Änderungen zur Folge. Die Berufung des kommunitären Christen ist eine spezielle Möglichkeit dieser Fülle möglicher Führungen eines Menschen durch Gott. So wie jedes Reden Gottes von der Basileia her Vollzug seiner Gnade ist, so ist auch die kommunitäre Berufung als Führung zu einem gemeinsamen Leben in einer Kommunität Ausdruck derselben Gnade. Den vom Heil der Basileia Betroffenen kann unableitbar ein göttlicher Ruf zu einem verbindlichen Leben treffen. "Unser Leben ist unter die Faszination des Reiches Gottes geraten, unter die Anziehungskraft der köstlichen Perle."[2] Der Ruf zum kommunitären Leben kann als ein "existentielles Betroffensein durch den Nachfolgeruf des Herrn"[3] bezeichnet werden. Er erwächst aus einer lebendigen Begegnung mit Gott in seinem Wort, im Gebet, in der Stille und in der Begegnung mit anderen Christen. Es ist der Ruf der Gnade, der den Berufenen persönlich anspricht. Damit ist zugleich hervorgehoben, daß auch die kommunitäre Berufung Akt der Souveränität Gottes ist, ebenso wie die grundsätzliche Berufung zum Heil. "Wo Gott selber am Werk ist, da können wir nur in großer Demut 'unsere Schuhe ausziehen', denn wir betreten heiliges

---

1 Albrecht, Welt S. 58

2 W. Hümmer, Kommunitäten S. 124

3 Halkenhäuser, Communität III, in: Mohaupt, a.a.O. S. 95

Land... Dieser Ruf kann auch ganz andere, bisher ungewohnte, unserem Denken unverständliche Wege zum Menschen wählen. Er kann unsere Systeme und Prinzipien ... über den Haufen werfen."[1] Mit der Zuordnung der kommunitären Berufung zur unverfügbaren Gnade ist ihr ein Moment des Spontanen und des Unvermittelten eigen. Sie kann weder verordnet noch rational erklärt werden. Mögen manche geschichtlichen und persönlich-biographischen Linien eine gewisse "Disposition" für den Entschluß, sich einer Kommunität anzuschließen, entstehen lassen, - das Moment des Spontanen und des Unvermittelten wird sich nie ganz in solche Linien hinein auflösen lassen. Diese Momente wachsen der kommunitären Berufung aus der pneumatologischen Dimension zu. So, wie nach CA V der heilige Geist durch die Gnadenmittel Glauben erweckt und zum Heil ruft "ubi et quando visum est deo", so gilt Entsprechendes für eine Berufung zum kommunitären Leben für den, den sie erreicht. Eine Volkskirche, die die pneumatologische Dimension teilweise ausblendet, wird folgerichtig auch mit der dieser Dimension zugeordneten speziellen Berufung Schwierigkeiten haben. Die Ferne zur Realität des heiligen Geistes führt zur Ferne von der Realität der speziellen Berufung und Führung. Das spontane unvermittelte Moment bringt M.Pfister zum Ausdruck, wenn sie formuliert: "Ich denke an die Einbrüche Gottes, die am Anfang unserer Berufung standen und die sich - so weiß und glaube ich - dann und wann wiederholen. Das ist etwas Kostbares."[2] Freilich fügt sie, seelsorgerlich verantwortlich und einer schwärmerischen Gesetzlichkeit vorbeugend, hinzu: "Aber wir sollten nicht damit rechnen, daß das der Normalzustand ist oder uns gar quälen, wenn es nicht so ist. Das kommt und geht."[3]

Was von der kommunitären Berufung für den einzelnen Christen gilt, das gilt auch für die kommunitäre Gemeinschaft als ganze. Sie hat ihren Grund und Bestand im Gnadenruf des Evangeliums. Wie der einzelne Christ in ihr so verdankt sich auch die ganze kommunitäre Gemeinschaft als ein Stück des Leibes Christi dem gnädigen Anruf Gottes. Ihre Entstehung ist Ausdruck der gnädigen Zuwendung Gottes nicht allein für sie selber, sondern auch für alle diejenigen, die Gott durch ihr Dasein erreicht, denen er durch ihr Dasein dient. Indem die kommunitäre Berufung der Gnade zugeordnet ist, vermag sie das berechtigte Grundanliegen des Protestantismus, die Rechtfertigung des Sünders allein aus Gnaden ohne Werke, unverkürzt aufrechtzuerhalten. "An der Unversehrtheit und Eindeutigkeit dieses 'evangelischen Vorbehalts' - dem Hauptartikel von der Rechtfertigung - muß sich jedes Christsein in Kommunitäten messen lassen. Die Kommunitäten anerkennen das bleibende Recht dieses biblisch-prophetischen Protests gegen jedes Verdienstdenken ... in dem Wissen, daß auch (und gerade) das kommunitäre Leben in der Erfahrung der unbedingten Gnade gründet, sich als gehorsame Antwort dankender Liebe auf den

1 Schober, Berufung S. 3
2 Glaube S. 45
3 Ebd.

Ruf Gottes versteht ..."[1] Die der Rechtfertigung allein aus dem Glauben zugeordnete Berufung widerstreitet also in keiner Weise dem Primat der Gnade; sie steht auf der Basis dessen, was Gott in Jesus Christus auch für den Christen in Kommunitäten getan hat. Sie entfaltet die Gnade in einer dem Glauben innewohnenden möglichen Richtung, die zu achten und zu fördern ist.
Die Gnade Gottes schützt die kommunitäre Berufung in zweierlei Hinsicht: Sie schützt die zum kommunitären Leben berufenen Christen vor ungnädigen Angriffen "von außen". Eben weil sie von der Rechtfertigung allein aus Glauben leben, bedürfen sie nicht der Rechtfertigung durch das Verständnis bzw. Unverständnis mancher protestantischer (oder anderer) Kreise. Anfragen an die kommunitäre Berufung mögen dem Christen in Kommunitäten dazu dienen, wirklich aus dem Primat der Gnade zu leben und sich seiner speziellen Berufung zu vergewissern. Die Gnade wird die kommunitäre Berufung aber auch gegenüber ungnädigen Angriffen "von innen" schützen: Weil sie Geschenk ist, muß und kann sie nicht durch eigene Leistung vertieft werden. Der Blick auf eigene besonders religiöse Anlagen und moralische Vorzüge verdunkelt nur das Geheimnis kommunitärer Berufung. Im Vollzug dieser Lebensform darf sich nicht der Gedanke einmischen, vor Gott durch sie eine bessere Ausgangsposition für das Heil zu erlangen. Den Christen in Kommunitäten rechtfertigt nicht seine Lebensform, sondern sein Glaube an den ihn rechtfertigenden Gott. Die Aussage Heinz-Mohrs ist von daher zu unterstreichen[2]: "Gott ist nicht an die Kommunitäten gebunden. Aber sie sind an ihn gebunden." Im Vollzug des kommunitären Lebens gilt es das durchzuhalten, was Wulf für die erste Entscheidung zum Ordensleben festhält[3]: "Der Entscheidung eines Christen zum Ordensleben muß eine religiöse, theologisch gesprochen: gnadenhafte Berufung vorausgehen. Denn die Lebensform der sog. 'evangelischen Räte' ... gilt als eine göttliche Gabe ... Der Entschluß zum Ordensleben hat also seinen Ursprung nicht im - noch so frommen - Willen des Menschen, sondern im Ruf Gottes, in einem charismatischen Ruf Gottes." Christen in Kommunitäten wissen, daß ihre Lebensform für bloß menschliche Kräfte immer zu groß ist. Dieses "Zu-groß" stellt für sie jedoch keine Entmutigung dar, sondern wird von ihnen erkannt und angenommen. Da es von der bedingungslosen Gnade und der geschenkhaften Berufung getragen ist, kann es im Vertrauen gelebt werden. Im Stil des Gebets schreibt Hemmerle ganz in diesem Sinn[4]: "Weil du (sc. Gott) mich zu etwas rufst,

---

1 Halkenhäuser, Beurteilung S. 305; ähnlich auch Daumoser, Berufung S. 126

2 A. a. O. S. 123

3 Beurteilung S. 309f; vgl. auch ebd. S. 312: "Gott ist hier ausdrücklich der Ersthandelnde, nicht der Mensch." Zu vergleichen ist auch W. Hümmer (Bruderschaft S. 7): "Bruderschaft wird nicht gemacht, sondern sie kommt als Gabe zu uns." Vgl. ders., Herausforderung S. 12; O. Dibelius, a. a. O. S. 57; Rahner, Wagnis S. 148ff; v. Balthasar, Nachfolge S. 17; Schneider, Ausbildung S. 225; Schutz, Taizé S. 137; Christusbruderschaft 1987 S. 28; Mohaupt, a. a. O. S. 135. Auch Kommunitäten können und wollen nicht das Reich Gottes bauen; es ist und bleibt Gabe der Gnade (vgl. dazu Stott, Reich Gottes S. 24).

4 Orden S. 137

was zu groß ist für mich, wirst du es in mir wirken:" Jesus selbst steht den zum kommunitären Leben Berufenen mit seiner suchenden Liebe bei. Die kommunitäre Berufung ist christologisch als gnadenhafter Ruf in die Nachfolge Christi zu verstehen.

Es ist nunmehr der *imperativische Aspekt der Berufung* in den Blick zu nehmen. Die kommunitäre Berufung wird zwar nicht aus eigener Kraft, sondern aus der Kraft des heiligen Geistes gelebt. Diese Tatsache macht jedoch das Berufungsgeschehen nicht zu einem unverbindlichen Ereignis im Sinne der "billigen Gnade". Das Geschenk birgt in sich den Anspruch der Gnade. "Gerufensein und Antwortsein bedeuten Gegebensein, das befähigt, Gabe zu werden, die sich selber gibt."[1] Es ist dabei festzuhalten, daß eine solche Berufung völlig ungeschuldet ergeht. Als solche will sie aber von den zum kommunitären Leben Berufenen in einer freien Antwort ergriffen werden. Der Ruf soll geprüft, aber dann gehorsam gelebt werden. Ist der Ruf Gottes Ausdruck seiner Liebe, so soll die verbindliche Antwort auch aus sich hingebender Liebe heraus erfolgen. Der kommunitäre Christ weiß sich zur existentiellen Bejahung des an ihn ergangenen Rufs herausgefordert.[2] Er läßt sich von der Kraft des Rufes bewegen. Das entspricht der soeben erwähnten dialogischen Beziehung. Die Antwort, die der kommunitäre Christ mit seinem Leben gibt, ist eben seine unverwechselbare Antwort, seine Lebenspraxis. Auch wenn die kommunitäre Nachfolge dem Ruf gegenüber nachgeordnet ist, so will diese Nachordnung gelebt werden. Sie ist die Annahme der dem Berufenen zugedachten Daseinsweise.

Diese Herausforderung durch die Berufung hat in Freiheit von jeder Art von äußerem Zwang zu geschehen. Trifft den Christen ein solcher Ruf, so ist er vor eine ernste Entscheidung gestellt, die dem Ernst der Entscheidung zur Jüngerschaft vor Ostern entspricht. Die Kommunitäten sehen auch darum zu Recht in den Jüngerberufungen des NT ein Modell ihrer eigenen Berufung. Der Ernst einer solchen Entscheidung und die Freiheit in der Annahme der Berufung widersprechen sich nicht, denn die Einwilligung, das Jawort zur Berufung ist Ausdruck höchster Freiheit. Die Berufung entmündigt den Berufenen nicht; sie nimmt ihm seine Antwort nicht ab. Er vollzieht auf die für ihn zugedachte Weise die berufungsgemäße Auslieferung seines ganzen Lebens an Gott. Hier kann etwa die Sorge um irdische Dinge oder menschlicher Stolz die Annahme der Berufung hindern. Der mit dem Ruf verbundene totale Anspruch fordert vom kommunitären Christen ein totales Loslassen und Folgen. Wer sich dem Ruf versagt und die Führung des heiligen Geistes ausschlägt, verschließt sich seinem Wirken. Ohne Glaubensentscheidung ist keine Nachfolge möglich. Ein ergangener spezieller Ruf setzt im Leben des Berufenen neue Prioritäten, so daß

---

1 Hemmerle, Berufung S. 6; ähnlich Wulf, Beurteilung S. 310; Gehrig, Einführung S. 7; Neuhäusler, Ruf S. 48f; Butte, Opfer S. 87

2 Vgl. dazu Krüger, Lebensformen S. 21; Albrecht, Nachfolge S. 33.38; Knoch, Auf, mir nach S. 87; Görtz, Nachfolge S. 338; Schober, a. a. O. S.8f

irdische Interessen und Sorgen zurücktreten. Dem Ruf nachkommend, gibt der kommunitäre Christ Gottes Souveränität recht und verzichtet als durch Christus befreite Kreatur auf eine Fülle von Möglichkeiten, seine Existenz als Christ zu verwirklichen. Der Berufene steht unter dem göttlichen Anspruch, der im Wagnis des Glaubens allen Mut beansprucht. "Niemand hat mehr Mut, ich zu sagen, als jener, der weiß: ich bin gerufen, ich bin gemeint. Er sagt: Da bin ich. Und wenn er dies sagt, dann weiß er, daß fortan sein Ichsagen in Anspruch genommen ist von dem, der ihn ins Dasein und im Dasein ruft. Freiheit wird zur Bindung, zur Möglichkeit einer Hingabe, die das Kreisen ums Ich, die Sorge ums Ich aus der Hand legt ... Ichstärke als Kraft der Ich-gabe, Mut zum ersten Schritt als Antwort, dies ist die neue Qualität in einer Anthropologie des Rufes."[1] Es geht um einen wagenden Absprung als Vertrauensschritt auf die Berufung hin. Der Berufene hat sich aus allen Sicherungen und Erfüllungen herausrufen lassen. Für sein Leben ist die Hingabe an Gott als ein lebendiges Opfer konstitutiv. Dazu kann die Aufgabe eines Berufs gehören. In jedem Fall gehört dazu die Hingabe des Selbst an Jesus Christus. Der Berufene läßt nun die Gabe seiner Berufung sich zur Aufgabe werden. Als Gabe betrachtet, kann die kommunitäre Berufung als gnadenhafte Bevorzugung erlebt werden; wird sie als Aufgabe im Sinn des Imperativs verstanden, kann sie als Last erfahren werden. Für den zum kommunitären Leben Berufenen gilt auf seine Weise, was W.Hümmer für den Christen allgemein feststellt[2]: "Er steht unter einem heiligen Zwang, für Gott und seine Sache da sein zu müssen, sich dafür hergeben zu müssen." Trotz aller Verbindlichkeit der Berufung kommt ihr weniger der Charakter eines harten Befehls als einer Einladung, eines Angebots zu. Der Imperativ der speziellen Berufung ist charakterisiert durch die Worte Jesu: "Wer es fassen kann, der fasse es" (Mt 19,12). Der Christ in Kommunitäten möchte nicht nur möglichst viel von Gott wissen, sondern er will das Gehörte tun. Das, was er als Berufener ist, möchte er nun auch werden. Die Berufung ist also dem zugeordnet, was G. Müller als "Ethik der Freiheit" oder als "Glaubens-Ethik"[3] bezeichnet. Sie ist Vollzug der Freiheit des Glaubens und des Tuns, Vollzug des existentiellen Sich-öffnens für die immer neu beanspruchende Zuwendung Gottes.

Der Imperativ im kommunitären Ruf ist der Ruf zur Kontinuität, der Ruf zum Bleiben vor dem Herrn in einer speziellen Lebensform. Er ist der Ruf zu bedingungsloser Bereitschaft. "Berufung fordert alt- wie neutestamentlich zunächst bedingungslose, uneingeschränkte Bereitschaft zu allem, wozu Gott den von ihm Angerufenen verwenden und senden könnte und wollte..."[4] Aus der

---

1 Hemmerle, Berufung S. 12f; vgl. auch A. Schulz; Heil S. 45; W. Hümmer, Bruderschaft S. 29; Christusbruderschaft 1987 S. 28

2 Ehelosigkeit S. 135; vgl. auch Pfister, Abraham S. 6; Butte, a.a.O. S. 43; H. Hümmer, Gott ruft S. 43

3 Nachfolge S. 325; Vgl. auch Eid, Nachfolge S. 853

4 v. Balthasar, Berufung S. 4 (vgl. auch Görtz, Nachfolge S. 327). v. Balthasar unterstreicht ebd. S. 11 den Gedanken der freien Verfügung mit dem Begriff der "Zwecklosigkeit"; ähnlich Schwinge in I. Reimer, Leben S. 69.

Haltung grenzenloser Einsatzbereitschaft heraus setzt der Berufene alles auf die Karte des an ihn ergangenen Rufes und damit auf den Rufenden selbst. Ein nur bedingtes Jawort lähmt die kommunitäre Berufung, denn sie beansprucht die ganze Existenz. "Es geht ihm (sc. Jesus) ... darum, daß ihm der Berufene die Herrschaft über das eigene Leben überträgt."[1] So hält der Gnadenimperativ den Berufenen auf dem manchmal rauhen und schmerzvollen Weg zwischen dem Beginn und der Vollendung in Gott.

Der kommunitären Berufung kommt ein *individueller Aspekt* zu. Im Abschnitt über die vorösterliche Berufung wurde vor allem unter Punkt 1.7 bereits deutlich, daß Jesu Berufung zur Nachfolge unter seinen Anhängern eine Differenzierung mit sich brachte. Nachfolge im engeren Sinn betraf nur die Gruppe der Wandercharismatiker. Diese Tatsache ist für die kommunitäre Berufung zu bedenken. Sicher ist von allen Christen die Ganzhingabe an Gott gefordert. Keinem ist die Wahl gelassen, ob er alles auf Jesus Christus, seinen Herrn, beziehen will. Diese allgemeingültige christliche Wahrheit gilt jedoch nicht für jeden auf die gleiche Weise. Ausgangspunkt für solche Differenzierung ist kein (pseudo-)religiöses Bedürfnis nach Extravaganz. Hier hat vielmehr die kommunitäre Berufung ihren theologisch-sachlichen Ort. Die für alle gleiche Berufung zum Leben aus der Taufe[2] konkretisiert sich für den Christen in Kommunitäten durch seine spezielle Führung in einer speziellen Lebensform. Die kommunitäre Nachfolge hat deshalb einen individuellen Aspekt, weil neutestamentliche Nachfolge nicht die Masse, sondern den einzelnen fordert. Die kommunitäre Berufung hat es mit dem Grundmuster "Bei deinem Namen habe ich dich gerufen (Jes 43,1; 45,3)" zu tun. Wie der Name so hat auch das Berufungsgeschehen eine individuelle Seite. Die Berufung kann nur persönlich ergehen und als persönlicher Imperativ gedeutet werden: entsprechend ist auch die Antwort auf sie persönlich. Hier geht es somit um ein Thema, das dem Bereich der existentiellen Ethik zuzuordnen ist. "Es gibt den irreduktiblen, individuellen Anruf Gottes an den Menschen als einzelnen, der nicht als bloße Summe und als der bloße Schnittpunkt der allgemeinen Prinzipien angesehen werden kann. Und dieser individuelle und auf allgemeine Normen nicht reduzierbare Anruf Gottes ist nicht bloß der Zuruf des Möglichen und des für den Menschen Erlaubten, im übrigen aber Gleichgültigen, sondern mindestens unter Umständen absolut auch der Anruf Gottes zum Heilbedeutsamen und Gesollten."[3] Gottes Anruf zum kommunitären Leben stellt für den Christen in Kommunitäten nicht lediglich etwas Erlaubtes oder Mögliches dar, sondern er bestimmt und verpflichtet ihn zu seinem konkreten Auftrag. Die kommunitäre Berufung ermöglicht es, auch im Hinblick auf die Lebensform der Kommunitäten von "Selbstverwirklichung" zu reden. Denn das Selbst des kommunitären

---

1 Knoch, a. a. O. S. 73

2 Vgl. zur Verknüpfung von Nachfolge und Taufe Frerichs, Nachfolge S. 1498

3 Rahner, Einzelne S. 525; vgl. auch ebd. S. 521.529 zum Begriff "Existentialethik" und ders., Räte S. 411

Christen ist von seinem speziellen Ruf bestimmt. Selbstverwirklichung ist so vom Glauben her definiert.
Aus dem Ruf Gottes an bestimmte Menschen kann und darf kein allgemeines Gesetz herausgelesen werden. Protestantisches Denken hat zur Kenntnis zu nehmen, daß es charismatische Berufungen zur Koinonia gibt, die Christen zu unterschiedlichen Gemeinschaftsformen verbinden und manche zu radikaler Verwirklichung des Evangeliums anhalten. "Er (sc. der Geist Gottes) liebt nicht die Schablone, sondern das Originale."[1] Die eine Gnade Gottes in Jesus Christus führt Menschen individuell verschiedene Wege zur Vollendung in Gott. Der heilige Geist teilt jedem seine individuell-spezifischen Aufgaben zu. So ist die spezielle Berufung unter der Kategorie des Charismas zu betrachten; von hier aus öffnet sich der Blick für die Ausdrucksfülle möglicher geistlicher Lebensformen und -aufgaben. Das kommunitäre Leben deckt von diesen einen Teilbereich ab. Maßstab zur Überprüfung der Legitimation individuell-vielfältiger Nachfolge ist letztlich der von seinem Wort und seiner Vollmacht getragene Ruf Jesu Christi. Es ist dazu wichtig, daß jeder Christ seinen Blick auf den Herrn gerichtet hält, der ihn mit seinem Ruf beansprucht.
Diese Darlegungen ermöglichen einige *Abgrenzungen gegenüber verschiedenen Mißverständnissen.* Das Wissen um eine besondere Berufung in den Kommunitäten muß im Vergleich zu anderen Berufungen von jeglicher Bewertung freigehalten werden. Wer einem speziellen Ruf folgt, ist damit *kein besserer Christ* als andere. "Dadurch daß einige einer persönlichen Berufung auf einen besonderen Weg folgen, wird keine moralische Beurteilung über andere Wege vollzogen."[2] Moralische Kategorien sind in diesem Zusammenhang irreführend. Kommunitäten vertreten keine Heldenmoral, um anderen ein außergewöhnliches Leben vorzuleben. Wie es Jesus für seine Jüngerschaft nicht um die Sammlung besonders frommer und bedeutender Leute ging, so geht es auch den Kommunitäten nicht um ein solches Anliegen. Begriffe und Kategorien, die an ein Elitechristentum erinnern, müssen vermieden werden.[3]
Die Tatsache, daß es hier zuerst um einen Ruf des erhöhten Herrn geht, enthebt das kommunitäre Leben der Problematik quantitativ verstandener Vollkommenheit. So gilt auf der einen Seite das, was M. Thurian, Bruder von Taizé, in die Worte faßt[4]: "Ganz gewiß sind wir ein extremes Zeichen dessen,

---

1 Class, Bruderschaft S. 7; ähnlich Rahner, Räte S. 411; Sudbrack, Nachfolge S. 41; Beilner, Einzelne S. 31f; Halkenhäuser, Hinter offenen Türen S. 7; Schleiter, Mönchtum S. 71; Labourdette, a. a. O. S. 358; O. Dibelius, a.a.O. S. 57; Knoch, a. a. O. S. 72; Heß, Bruderschaft S. 63; v. Balthasar, Berufung neutestamentlich S. 17; Denter, Kriterien S. 44; W. Hümmer, Orden S. 104: "Doch bei etwa einem oder zwei Prozent freut er (sc. Christus) sich, wenn sie um seines Dienstes willen in eine 'unbürgerliche' Form seiner Nachfolge einwilligen."

2 Heinz-Mohr, a. a. O. S. 65; vgl. auch Meyer/Schütte, CA S. 318; Labourdette, Berufung S. 358; O. Dibelius, a. a. O. S. 8

3 Schelkle (Elite S. 257ff) versucht den Elitebegriff von der Erwählung der Christen her neu zu füllen.

4 Communauté de Cluny S. 111

was Zugehörigkeit zum Leib Christi bedeuten kann." Dieses "extreme Zeichen" ist jedoch fern von aller Wertung im Hinblick auf die gesamte Kirche. Darauf weist das folgende Zitat aus einer Darstellung Taizés[1]: "Die Brüder fühlen sich keineswegs als die besseren Christen. Niemals werden sie einen anderen Unterschied zwischen sich und den übrigen Christen anerkennen als den, der sich aus ihrer Berufung zum gemeinsamen Leben unter dem Evangelium ergibt." Die Bejahung der Unterschiede in der Nachfolge steht im Einklang mit der Ablehnung ihrer Beurteilung als höherwertig. So ergibt sich gerade von der Tatsache einer speziellen Berufung her, daß eine Zwei-Stufen-Ethik das kommunitäre Anliegen im Kern verfehlt. Denn diese Sicht geht davon aus, daß die ordensmäßige Nachfolge die eigentlich anzustrebende darstellt. Das Wesen der kommunitären Berufung korrigiert eine solche Fehlsicht: Kommunitäres Leben will weder ein Ideal noch die höchste Form der Nachfolge sein. Noch mehr: Für denjenigen, der dieses Leben nicht aufgrund eines charismatischen Anrufs - wie immer dieser sich ereignen mag -, sondern aus überwiegend menschlichen Motiven - etwa aus Flucht vor der Verantwortung für das eigene Leben - lebt, ist diese Lebensform, geistlich betrachtet, Ungehorsam. Da, wo die spezielle Berufung ernstgenommen wird, gibt es wohl verschiedene Wege der Nachfolge. Diese sind der Frage der Ganzhingabe unter- und zugeordnet: "Diesem Willen zur christlichen Ganzheit gegenüber ist die Standesfrage geradezu sekundär, die Entscheidung zum Ergreifen der evangelischen 'Räte' hängt dann ab von der Erfahrung persönlichen Berufenseins (wenn dieses fehlt, wäre es unvollkommen, ja freventlich, sich eigenmächtig in sie einzudrängen, und ist es entschieden vollkommener, den 'Weltstand' zu wählen)."[2] Es geht darum, daß für alle verschiedenen Wege der Nachfolge Führungen Gottes vorliegen.

Kommunitäten ringen um eine konkrete Gestalt ihres gemeinsamen Lebens. Diese ist ihrer speziellen Berufung zugeordnet und deshalb nicht mit dem Schlagwort "Gesetzlichkeit" zu belegen. Das *Mißverständnis der Gesetzlichkeit* entsteht erst durch zwei Fehlentwicklungen: Die eine ergibt sich, wenn sich der Zusammenhang zwischen einer Gestalt des geistlichen Lebens und der kommunitären Berufung nicht mehr erkennen läßt. In diesem Sinn wären Formen, die selbstzweckhaft festgehalten werden, nur weil sie einmal in einer früheren geschichtlichen Stunde sinnvoll waren, Ausdruck von Gesetzlichkeit und Unbeweglichkeit. Die andere Fehlentwicklung ergibt sich aus einer unzulässigen Ausweitung des Geltungsbereiches der speziellen Berufung auf Christen außerhalb der Kommunitäten. Gesetzlichkeit macht hier das Maß eigener Führung zum Maß für andere, denen diese nicht gilt. Dagegen ist festzuhalten, daß jeder Christ bezüglich seiner Lebensentscheidung letztlich Gott und sich selbst überlassen bleibt. Jeder hat schlicht seiner Berufung zu leben. Entsprechend sind Versuche, das kommunitäre Leben ohne eine Berufung dazu

---

1 Schutz, Taizé, in: Präger, a. a. O. S. 133

2 v. Balthasar, Theologie S. 27; ähnlich Schober, a. a. O. S. 15

nachzuahmen, ohne Verheißung und müssen früher oder später fehlschlagen. Es kann nicht um eine gesetzliche Verklösterlichung des kirchlichen Lebens gehen. Wenn für alle Christen gilt, daß sie "insofern heilig sind, als Gott ihnen seinen heiligen Geist gibt"[1], dann darf die *Heiligung nicht in besonderem Ausmaß dem Christsein in Kommunitäten zugeordnet* werden. Sonst könnte sich unversehens das Mißverständnis einschleichen, der Christ in Kommunitäten habe eine größere Nähe zum Heil. Das Leben in verbindlicher Gemeinschaft kann und will nicht die Teilhabe an Jesu Sterben und seiner Auferstehung vergrößern. Von Phil 3,14 her spricht Schober in diesem Zusammenhang von der "himmlischen Berufung"[2]. "Davon zu unterscheiden ist die 'irdische Berufung', durch die mich Gott in eine ganz bestimmte Arbeit stellt, während er meinen Mitmenschen vielleicht in eine ganz andere Tätigkeit ruft ... (Die eine [sc. Berufung] gehört bei systematischer Entfaltung in die Dogmatik, die andere in die Ethik.)"[3]
Ein Mißverständnis droht der Berufung durch eine *unsachgemäße Individualisierung*[4]. Das "Bei-deinem-Namen Rufen" hat unzweifelhaft eine individuelle Seite, deren Negierung nichts weniger als den Verlust der speziellen Berufung zur Folge hätte. Jedoch wäre eine Kommunität als Ansammlung frommer Individualisten das Zerrbild einer geistlichen Gemeinschaft. Die Gemeinschaft des Glaubens ist für den Christen in Kommunitäten ebenso Geschenk und Auftrag wie seine persönliche Berufung. Der notwendig individuelle Aspekt der speziellen Berufung steht deshalb in fruchtbarer Spannung zum gemeinschaftlichen. Gott und der Bruder bzw. die Schwester im Glauben dürfen auch hier nicht gegeneinander ausgespielt werden.
Die bisher bedachten Mißverständnisse ergaben sich aus der Vereinseitigung des individuellen Aspekts in der kommunitären Berufung. Im protestantischen Raum ist nun allerdings die entgegengesetzte *Vereinseitigung durch die Nivellierung der speziellen Berufung* eingetreten. Sie hängt mit dem Verständnis des Berufungsbegriffs zusammen, das hier angedeutet werden soll. Da die Reformation zur Neuorientierung des Berufsverständnisses einen wichtigen Beitrag leistete, ist es sinnvoll für unsere Fragestellung, hier einzusetzen.[5] Luther entwickelte sein Berufsverständnis in Auseinandersetzung mit der Sicht der römischen Kirche des Mittelalters in dieser Frage. Der theologische "Wert des Berufs konnte im Mittelalter nicht ins Licht treten, da die katholische Kirche die Erhebung der vita speculativa über die vita activa aus der Antike übernahm und in der Hochstellung der mönchischen perfectio christiana sogar in das christliche Lebensideal aufnahm"[6]. Entsprechend wurde eine persönliche Berufung zum

---

1 Riches, Heiligung S. 720 (für das pln. Verständnis); zur Verbindung von Nachfolge und Heiligung vgl. Frerichs, Nachfolge S. 1497.

2 A. a. O. S. 4

3 Ebd. S. 4f (vgl. auch ebd. S. 12)

4 Ausführlicher zum Gemeinschaftsaspekt vgl. unten Punkt 2.1.2

5 Vgl. dazu und zur Berufsfrage Wingren, Luthers Lehre vom Beruf passim; Gatzen, Beruf S. 437f; Kerber, Beruf S. 497ff; Wehowsky, Beruf S. 166; Lemme, Beruf S. 652ff; Hack, Beruf S. 100ff; Wagner, Berufung S. 689ff

6 Lemme, Berufung S. 654

Heil nicht mehr auf alle Christen der Kirche bezogen, sondern auf das Leben in speziellen geistlichen Ständen. Das Bewußtsein besonderer Berufung verbindet sich so mit dem Mönchtum, in dem die ausschließliche Hinwendung zu Gott vollzogen werden soll. Die Erfahrung von Berufung und die Spezialisierung innerhalb des institutionalisierten Christentums gehen hier miteinander einher. Dadurch erfahren das Berufungs- sowie das Berufsverständnis eine Einengung, die der Wirklichkeit des Leibes Christi in seinen verschiedenen Funktionen nicht gerecht werden kann.

Luther spricht sich gegen diese Einengung durch die Höherbewertung des Mönchsstandes aus. Jeder Christ, egal in welchem Stand und Amt, darf sich als von Gott berufen wissen. Luther unterscheidet dabei zweierlei Arten von Berufung, die nicht voneinander getrennt werden dürfen, wohl aber unterschieden werden müssen[1]: Die eine Berufung, *vocatio spiritualis* genannt, ist die allen Christen in gleicher Weise geltende Berufung zum christlichen Glauben. Die andere, *vocatio externa* bezeichnete Berufung, ist irdisch, auch wenn sie als irdische göttlich ist. Luther gewinnt mit dieser Sicht die vocatio spiritualis - der mittelalterlichen monastischen Engführung entgegengesetzt - für das allgemeine Priestertum der Gläubigen zurück. Gott ist als der Berufende sowohl bei Personen im geistlichen wie im weltlichen Stand am Werk. Beruf und Berufung fallen hier nicht auseinander; sie sind vielmehr theologisch zusammengehalten. Der Christ übt seinen Beruf als göttlich-sittlich geordnete Verantwortung aus, da Beruf und Berufung auf dem einheitlichen theologischen Grund stehen. Der weltliche Stand untersteht dem bestätigenden und korrigierenden Anspruch des Gebotes Gottes, das zur Liebe und zur Entfaltung des Lebens ruft. Unter der Berufung gelebt, ist der weltliche Beruf Gottesdienst.

Im 18./19. Jhd. kommt es im Berufungsverständnis zu bedeutsamen Veränderungen[2]: Im 18. Jhd. wird die Vorstellung des "inneren Berufs" als Neigung und Fähigkeit enwickelt. Die Einheit von Beruf und Berufung zerfällt, so daß letztere lediglich ein Moment im ordo salutis wird. Der "äußere Beruf" differenziert sich im 19. Jhd. als die objektiv-geschichtliche Seite im "Berufsstand" und die "Berufsarbeit". Das Problem im neuzeitlichen Denken besteht nun darin: "Wo die 'Berufung' mit dem 'Berufsstand' und dem 'inneren Beruf' identifiziert wird, werden überkommene persönliche und gesellschaftliche Strukturen sanktioniert, die 'Berufsarbeit' aber wird ausgeklammert."[3] Die Trennung der drei Berufsfaktoren von "Berufung" überläßt alle drei ihrer Eigengesetzlichkeit. Das Christsein hat im Beruf wenig oder keine Konsequenzen. Wo, wie im 20. Jhd., Beruf zum Synonym für Arbeit geworden ist, besteht die akute Gefahr, daß die

---

1 Vgl. WA 34/2 S. 300.306 (zitiert bei Wagner, Berufung S. 691); ferner auch Gatzen, a. a. O. S. 437f; Stupperich, Bruderschaften S. 201

2 Hierauf braucht in diesem Rahmen nicht im Detail eingegangen zu werden; vgl. dazu Gatzen, Beruf S. 438ff; Wagner, Berufung S. 692f.

3 Gatzen, a. a. O. S. 439. In der Folge entsteht das Problem der "christlichen Verklärung und Heiligsprechung der Berufs- und Arbeitswelt" (Wendland, Bruderschaften S. 24; vgl. auch Heyer, Mönchtum S. 404).

Tätigkeit des Menschen nicht mehr unter dem Anspruch der Gottesherrschaft gesehen und gelebt wird. Zum einen hat der Christ in seinem auf Erwerbstätigkeit abgestellten Beruf Gottes Willen zu erkennen und zu tun und so seinen Glauben zu bewähren. Er wird wachsam sein gegenüber solchen Entwicklungen, die der spezifisch christlich-ethischen Orientierung den Weg verstellen. Im weltlichen Beruf ist der Christ keinem theologisch-ethischen Indifferenzbereich überlassen, der Gottes Wirken grundsätzlich entzogen wäre. Für den Christen kann der Beruf nicht ausschließlich Funktion des Wirtschaftsprozesses sein. In der Nachfolge ist der Christ dazu gerufen, dem Gott, der sich in Jesus Christus offenbart hat, zu dienen, seine Liebe zu realisieren und so die Schöpfung hineinzunehmen in das Lob und die Ehre Gottes.

Zum andern erfährt nun aber der protestantisch eingeengte Berufsbegriff von der speziellen Berufung her eine notwendige Korrektur: Gottes Führungen lassen sich nicht auf die Grenzen des Berufs fixieren. Einige wenige Christen ruft Gottes Geist zu einer unbürgerlichen Verwirklichung der Nachfolge. "Die so auf die Neukonstituierung des Menschen abzielende Berufung kann auch die Berufung zu besonderen Tätigkeiten, Existenzweisen und Berufen innerhalb der christlichen Gemeinde einschließen (Vokationen)."[1] Während Gottes Geist die einen zur Treue im weltlichen Beruf unter dem Anspruch Gottes anhält und sie so zum Gottesdienst im Alltag ruft, führt er andere zeichenhaft aus dem weltlichen Beruf heraus, damit sie dem Herrn an anderer Stelle dienen. Der erhöhte Herr kann z.B. Menschen zu Tätigkeiten im mitmenschlichen Bereich rufen, die geistlich sinnvoll sind, auch wenn sie nicht auf in Geld umsetzbare Äquivalente zielen.[2] Die neue Identität des Glaubenden kann für einige die Konsequenzen eines neuen Berufs haben. Der lebendige Herr kann den Menschen mit seinem Ruf so treffen, daß dieser aus einer beruflich vorgezeichneten Bahn geradezu herausgeschleudert wird, ohne daß er diese als in sich verachtenswürdig betrachtet. Gottes Befehl kann sehr wohl auch in beruflicher Hinsicht "ein Aufbrechen der Gerundetheit" bedeuten, "in der die Welt in sich selber ruhen möchte"[3]. Das "Alles-verlassen" des Nachfolgers kann bei einigen zu einer sehr konkret erkennbaren Antwort führen. "Es kann heißen, daß die Betroffenen unter Umständen aus ihrer erlernten Berufstätigkeit wegberufen werden, die sie wacker, gut und christlich ausgeübt haben."[4] Der Verlust der speziellen Berufung im Protestantismus hatte gravierend negative Folgeerscheinungen: Die Rechtfertigung wurde zum Prinzip, mit dem man sich gegen Gottes Forderungen abschirmen konnte. Für das biblisch begründet charismatische Element in der Kirche blieb wenig Raum. Alles Besondere wurde der Gesetzlichkeit oder der Rekatholisierung verdächtigt. "Alles Pneumatische, alles Charismatische, alles in diesem Sinn vom Hl. Geist unmittelbar echt

---

1 Wagner, a. a. O. S. 711

2 Vgl. dazu Wehowsky, a. a. O. S. 157

3 Rahner, Passion S. 96

4 Eisenberg, Berufung S. 27; vgl. auch Schober, a. a. O. S. 10; Hemmerle, Ruf S. 1069

lebendig in der Kirche Bewegte (würgen wir) ab ..."[1] Diese Aussage Rahners trifft auch weitgehend für den protestantisch-volkskirchlichen Bereich zu. Das Fehlen der Einsicht in die geistliche Möglichkeit einer speziellen Berufung führte gern und bequem zur Rechtfertigung des Bestehenden.

2.1.1 Einige Kriterien für die kommunitäre Berufung

Sich zu Kriterien für eine spezielle Berufung zu äußern, ist problematisch. Kommt dies nicht einem Versuch gleich, dem erhöhten Herrn Vorschriften machen zu wollen? Heißt nicht, von Kriterien für eine kommunitäre Berufung zu sprechen, sich der Gefahr auszusetzen, den Geist zu dämpfen? Solche Gefahren bestehen in der Tat. Sie müssen im Auge behalten werden, um das lebendige Wirken Gottes nicht unter das Joch menschlicher Wünsche und Idealvorstellungen zu spannen. Kriterien, die dem Erkennen einer speziellen Berufung zu dienen hätten, könnten eine hemmende Eigendynamik entwickeln und zu einer Berufungskasuistik entarten.
Freilich ist damit erst die eine Seite der Gefährdung genannt. Die andere Seite enthält keine geringeren Probleme. Werden menschliche Grundvoraussetzungen übersprungen und "fromm" zugedeckt, so ergeben sich für den einzelnen wie für die kommunitäre Gemeinschaft möglicherweise unnötige Schwierigkeiten, die bei Berücksichtigung gewisser menschlicher und geistlicher Voraussetzungen vermieden werden könnten. Da echte Berufungen von Gott stammen und weder vom einzelnen noch von der Gemeinschaft erzwungen werden können, wollen Kriterien den Geist Gottes nicht dämpfen. Sie wollen aber dazu helfen, das Wirken des heiligen Geistes von eigenen oder fremden Wunschvorstellungen (oder auch Blockaden) zu unterscheiden. Es ist also zu berücksichtigen, daß sowohl ein Zuviel, als auch ein Zuwenig an zur Klärung führenden Kriterien gleichermaßen Gefährdungen mit sich bringt. Das freie Wirken des heiligen Geistes wird nicht dadurch eingeschränkt, daß es unter verschiedenen Gesichtspunkten geprüft wird. Es gewinnt im Gegenteil durch geistliche Prüfung an Klarheit. In diesem Sinn spricht aus der Regula Benedicti (Kap 58)[2] eine große Weisheit, wenn der Abt einer Klostergemeinschaft dem Neuankömmling den Eintritt in die Gemeinschaft nicht leicht machen soll. Erst wenn der Neuling beharrlich angeklopft hat, die Schwierigkeiten des Eintritts geduldig auf sich genommen hat und dennoch auf seiner Bitte um Aufnahme besteht, soll er ins Kloster aufgenommen werden. Wird bei den Kriterien auch nach den menschlichen Voraussetzungen beim Eintretenden gefragt, so liegt die theologische Berechtigung dafür in der Tatsache, daß das Wirken des heiligen Geistes die Schöpfung nicht übergeht oder zerstört. Schöpfungslehre und Pneumatologie dürfen auch für die Berufung nicht gegeneinander ausgespielt werden. Das

---

1 Rahner, Anspruch S. 533; vgl. auch dazu Bockmühl, Gesetz S. 286
2 Vgl. dazu Holzherr, Regel S. 269ff; zur Frage der Prüfung vgl. Schober, a. a. O. S. 16ff.

Wirken des heiligen Geistes übergeht die schöpfungsmäßig-psychologischen Zusammenhänge nicht, auch wenn sie keine absolute Grenze für dasselbe darstellen.[1] Die kommunitäre Berufung führt nicht zur Scheinalternative: "Entweder wird der Mensch willenlos gezogen von Gott, oder er geht seinen Weg aus eigener Kraft. Gottes Macht und die eigene Kraft sind hier keine streitenden Prinzipien..."[2] Die Neigung und die Eignung des Eintretenden sollen möglichst nahe beieinanderliegen.

Zu den Kriterien ist außerdem zu sagen, daß keine Vollständigkeit angestrebt wird[3]; diese ist wohl auch nicht möglich, da es sich beim Erkennen und Prüfen einer kommunitären Berufung um einen lebendigen, vielschichtigen Vorgang handelt. Jeder Christ, der sich mit dem Gedanken des Eintritts in eine Kommunität beschäftigt, hat seine Individualität, die bei der Prüfung einer Berufung durch andere berücksichtigt werden will und muß. So werden bei verschiedenen Personen auch verschiedene Kriterien eine Rolle spielen können und dementsprechend unterschiedlich beachtet werden. Auch bezieht sich solches Prüfen nicht nur auf eine Prüfung durch andere, sondern auch auf die Selbstprüfung. Eine spezielle Berufung fällt meist nicht vom Himmel. Es gilt vielmehr das, was Schober bemerkt[4]: "Fast immer setzt sich diese irdische Berufung wie ein Mosaikbild aus vielen kleinen Partikeln - aus dem Schöpfungsbereich - zusammen." So wird man häufig eher von einer Berufungsgeschichte als von einem punktuellen Berufungsereignis sprechen können. Unter der Herrschaft Jesu Christi gilt es, Ereignisse, Situationen und Begegnungen deuten zu lernen und in ihnen und durch sie den Ruf des Herrn zu vernehmen. Ob die Berufung nun mehr in einer Geschichte von Ereignissen oder mehr durch ein punktuelles Geschehen dem Berufenen zuwächst, in jedem Fall ist es bei jedem individuell verschieden. Dabei gilt es, so gut wie möglich Gottes Willen vom eigenen unterscheiden zu lernen.

Vorweg ist schließlich zu sagen, daß Kriterien für eine kommunitäre Berufung keine falsche Absicherung für den kommunitären Lebensweg bieten wollen und dürfen. Sie können und wollen der Entscheidung für einen solchen Weg nicht den Charakter des Wagnisses abnehmen, der für einen solchen Weg unabdingbar ist. Dies durch ein System von Sicherungen ausschließen zu wollen, widerspräche dem Wesen des Glaubens als Vertrauen auf den führenden Herrn.

Als erstes Kriterium soll dasjenige der *persönlichen Berufungsgewißheit*, von

---

1 Hier besteht eine Strukturparallele zu dem anderen theologischen Sachverhalt, wonach die Erlösung die Schöpfung nicht vernichtet oder übergeht, sondern sie durch Erneuerung verwandelt.

2 Sudbrack, Nachfolge S. 49. Die Fortsetzung stellt nun allerdings eine Verkürzung dar, wenn Sudbrack (ebd.) schreibt: "... sondern sind dasselbe." Gottes Macht und die eigene Kraft sind sehr wohl zu unterscheiden.

3 Vgl. zu den Kriterien "Das Wirken des Geistes deuten" passim; Hemmerle/Heinz, Berufungspastoral, passim; Heimler, Opferbereitschaft S. 347ff; Ritter, Erfahrungen S. 53ff; A. Schneider, Ausbildung S. 221ff; v. Balthasar, Berufung S. 15ff; Knoch, a.a.O. S. 66ff

4 A. a. O. S. 12

Gott zum kommunitären Leben gerufen zu sein, genannt werden. Der Grund für eine solche Gewißheit wird in der Erfahrung eines persönlichen Rufs gelegt, die aus einer lebendigen Begegnung mit Jesus Christus und seinem Wort erwächst. Es handelt sich dabei um ein geistliches Gezogenwerden, das sich auf vielfältige persönliche Weise ereignet. Diese Begegnung mag noch undeutlich sein, sie muß im Kern jedoch vorhanden sein, damit eine geistliche Hingabe als Christ in einer Kommunität wachsen kann. Daß dieses Kriterium nicht untrüglich ist, wird anhand der folgenden einsichtig. Die berufene Person hat aber als die zuerst Betroffene das erste Mitspracherecht in der Beurteilung. Sie soll auszusagen versuchen, was sie zum Eintritt in eine bestimmte Lebensgemeinschaft bewegt. Persönliche Aussagen im Hinblick auf eine kommunitäre Berufung haben ein großes Gewicht. Es bedarf schon eines sorgfältigen Abwägens und gewichtiger Gegenargumente, wenn solche Selbstaussagen infrage gestellt werden. Die um Aufnahme bittende Person bleibt der erste Zeuge der eigenen speziellen Berufung. Sie hat die letzte Entscheidung nicht nur selber zu treffen, sondern sich auch in ihr zu bewähren. Ist ein beständiger Wille zur demütigen und ausschließlichen Hingabe an Gott für seinen Dienst innerhalb einer konkreten kommunitären Gemeinschaft vorhanden, so kann dies als Hinweis auf eine kommunitäre Berufung gelten. Nicht selten ist die Bereitschaft zum Eintritt beim Berufenen von innerem Frieden und Freude begleitet. Zu erinnern ist an den Hinweis v. Balthasars[1]: "Gott will einen freudigen Geber, auch wenn die Gabe vielleicht immer mehr zum Kreuz wird; fehlt die ursprüngliche Geberfreude ..., dann ist die Berufung nicht echt."

Als weiteres Kriterium kann die *Selbstannahme* genannt werden. Kommen bei den Kriterien humanwissenschaftliche Erkenntnisse der Psychologie in den Blick, so wird die Gnade nicht der Humanwissenschaft unterstellt. Theologie und Psychologie haben wechselseitig ihre Grenzen zu achten. Die Beachtung humanwissenschaftlicher, psychologischer Einsichten ist jedoch für das kommunitäre Leben deshalb wichtig, da das gemeinsame Leben besonders intensiv mit psychologisch-gruppendynamischen Abläufen konfrontiert. Hier können evangelische Kommunitäten von ihren römisch-katholischen Schwestergemeinschaften lernen, "daß außer den Zeichen eines echten übernatürlichen Berufes die moralische, geistige, physische und psychische Eignung sorgfältig geprüft werden muß"[2]. Eingehende Gespräche des um Eintritt Ersuchenden mit seelsorgerlich-psychologisch erfahrenen Personen einerseits und mit im kommunitären Leben erfahrenen Personen andererseits können helfen, pathologische Anlagen zu erkennen, die für den geistlich-menschlichen Entscheidungsprozeß von Bedeutung sein können. Dazu gehört der Bereich der

---

1 Berufung S. 16

2 Ritter, Erfahrungen S. 53; ebd. S. 55 spricht er in der Praxis von einer Zusammenarbeit zwischen Seelsorgern, Psychologen und Psychiatern. Vom Lernprozeß im Gespräch mit römisch-katholischen Schwestergemeinschaften legen die Veröffentlichungen der Communität Casteller Ring (vor allem Schwanberger Reihe 7; 12 u. 15) ein beredtes Zeugnis ab.

Selbstannahme. Das kommunitäre Leben erfordert die Bereitschaft zum Verzicht auf eigene Rechte und Interessen. Diesem Verzicht wird immer wieder ein geistlich gewichtiger Stellenwert zukommen.[1] Solcher Verzicht kann jedoch auch von sehr fraglichen, nicht tragfähigen Motiven bestimmt sein. Echte Motive können von mangelnder Selbstannahme überlagert oder verdrängt werden. Ein Mensch, der sich selbst nicht annimmt, mag - vielleicht in frommen Worten - von "Selbstverzicht" und "Opferbereitschaft" sprechen. Aus Selbstverzicht wird bei mangelnder Selbstannahme sehr leicht Selbstverkümmerung, die auf längere Sicht zu menschlichen Verhärtungen und damit zur Belastung des gemeinsamen Lebens führt. Das Liebesgebot kann auf dem Hintergrund mangelnder Selbstannahme zu "altrustischer Ausklammerung des Selbst"[2] führen. Um Selbstannahme auf christliche Weise zu leben, müssen die Motive von solchen Mißverständnissen und neurotisierenden Überlagerungen befreit werden. Um einer kommunitären Berufung nachkommen zu können, bedarf es des Fähig-werdens zur Selbstannahme "im Sinne einer Askese der Selbstannahme; tiefgreifender noch: der Selbstwerdung"[3]. Die Selbstannahme will vom Glaubenden u.U. erst erlernt werden, indem er fähig wird, entwicklungsbedingte Selbstblockaden abzubauen und den Selbstausdruck nachreifen zu lassen. Das existentielle Antworten auf eine kommunitäre Berufung meint nicht, sich der eigenen Gefühle und Bedürfnisse nicht mehr bewußt sein zu dürfen. Es soll nicht Selbst-Unwertgefühle oder eine Abscheu gegenüber dem eigenen Leben fördern. Im Zuge der Prüfung, ob im konkreten Fall eine kommunitäre Berufung vorliegt, bedarf es einer differenzierten Beurteilung dessen, was Selbsthingabe für den um Eintritt Ersuchenden meint. "Biblisch orientierte Selbsthingabe steht nicht in unversöhntem Gegensatz zum Selbstbewußtsein, zur Selbstannahme und zur Selbstrechtfertigung des Glaubenden."[4] Wer sich selber in seinem Sosein aus Gottes Hand empfangen und annehmen kann, vermag sich auch ganz hinzugeben. Der sich selbst annehmende Christ in Kommunitäten wird sich dankbar seiner Gaben freuen, seine Grenzen nüchtern sehen, ohne sich durch sie deprimieren zu lassen, und an ihnen in Gelassenheit und Einsatz arbeiten.

Eine Gefährdung der kommunitären Berufung kann auch von der entgegengesetzten Seite erfolgen, der naiven Selbstverwirklichung. So ist nun von der *Selbsthingabe* zu sprechen. Sucht jemand den Eintritt in eine Lebensgemeinschaft, um einen Lebensraum zu erhalten, in dem er seine Bedürfnisse und Gefühle möglichst ungehindert zum Ausdruck bringen kann, so spricht eine solche Haltung nicht für ein tiefes Erfassen der kommunitären Berufung. Denn der geistliche Umgang mit den eigenen Bedürfnissen und Gefühlen bezieht diejenigen des Nächsten - zumal wenn es sich um eine verbindliche geistliche Gemeinschaft handelt - mit ein. Er setzt außerdem die eigenen Gefühle und

---

1 Vgl. dazu unten Punkt 2.2 und Bonhoeffer, Gemeinsames Leben S. 81ff

2 Heimler, Opferbereitschaft S. 347

3 Ebd. S. 348; ähnlich Sudbrack, Leben S. 150

4 A. Schneider, a. a. O. S. 223

Bedürfnisse in Beziehung zu dem rufenden Herrn und seinem Auftrag. "Zu dem entschlossenen Leben im Ruf gehört es auch, jemand und etwas lassen, ihn dem göttlichen Du lassen zu können."[1] Im Unterschied zu naiver Selbstverwirklichung gehört zu wahrer Selbstwerdung echte Opferbereitschaft. Die Berufung zum kommunitären Leben ist von mangelnder Selbstannahme wie von naiver Selbstverwirklichung gleich weit entfernt. Der richtige Weg will als "Selbstverwirklichung unter der Entwicklungshilfe Gottes (=Gnade)"[2] gelebt werden. Es bedarf der Befreiung von der Fixierung auf das Selbst zur Ausrichtung auf das Du des rufenden Gottes. Für den Christen in Kommunitäten heißt geistliche Selbstverwirklichung: Selbsthingabe in der gehorsamen Antwort auf den Ruf.
Mit der kommunitären Berufung ist wesensmäßig eine mehr oder minder intensive Gemeinschaftsbeziehung gegeben, die eine *Gemeinschaftsfähigkeit* erfordert. Auch die Prüfung, ob im konkreten Fall eine kommunitäre Berufung vorliegt oder nicht, ist ein mehr oder minder gemeinschaftlicher Vorgang. Die Gemeinschaft darf und soll hierbei mithören. Unfähigkeit oder Unwilligkeit, sich auf intensive, mit der Berufung gegebene Gemeinschaftserfahrung einzulassen, sprechen nicht für das Vorliegen einer solchen Berufung. Gilt bereits für jeden Christen der Kirche, daß zur christlichen Liebe "Zuwendung und Zulassung"[3] gehören, so gilt dies verstärkt für das Christsein in Kommunitäten. Der Ruf Gottes stellt hier in eine intensive Beziehung zum Mitberufenen - und nicht nur zu ihm. In der Liebe zu Gott ist auch für den Christen unter der kommunitären Berufung die Liebe zum Nächsten mitgesetzt. Ein Bewerber für eine kommunitäre Lebensform wird bei einer tatsächlich vorliegenden Berufung ein aufgaben-, du- und wir-bezogenes Leben bejahen. Er wird sich einlassen auf die umstrukturierende Einübung der Ich-Überschreitung in Richtung auf die Gemeinschaft, die sich in einer gesunden Begegnungs- und Anpassungsfähigkeit sowie der Bereitschaft, sich korrigieren zu lassen und sich aktiv einzubringen, äußern wird.
Für das Leben in Kommunitäten sind gesundes *Urteilsvermögen* und *Entscheidungsfähigkeit* wichtig. Die Wirklichkeit will wahr- und angenommen werden; das gilt nicht zuletzt im Hinblick auf die Unvollkommenheit gerade auch einer christlichen Gemeinschaft. Ein Bewerber, der sie idealisiert, steht in der Gefahr, mehr einem Idealbild kommunitären Lebens nachzulaufen als einer realen Berufung. Seine Idealisierung muß früher oder später in Desillusionierung enden. Dies muß im Zuge der Prüfung einer Berufung ins Auge gefaßt werden. Trotz des vorgegebenen und aufgegebenen "Solls" einer geistlichen Gemeinschaft "muß gerade diese fehlerhafte sündhafte Wirklichkeit menschlicher Existenz angenommen werden"[4]. Die Urteilsfähigkeit bezieht sich auch auf die Selbstwahrnehmung des Bewerbers. Diese ist für die Entscheidungsfindung und -fähig-

---

1 Hemmerle, Berufungspastoral S. 13
2 Heimler, a. a. O. S. 353
3 Hemmerle, Berufungspastoral S. 13
4 Denter, Kriterien S. 49

keit von großer Bedeutung. Der Bewerber soll im realistischen Wahrnehmen seiner eigenen Stärken und Schwächen zu Entscheidungen finden können, zu denen er stehen kann, indem er seiner (geistlichen) Identität gemäß lebt.
Folgender Hinweis Sudbracks ist dabei zu berücksichtigen[1]: "Es ist wohl auch eine spezifische Eigenart unserer Zeit, daß die Last der Entscheidung stärker empfunden wird als deren Freude." Bei einem entscheidungsschwachen Menschen besteht die Gefahr, daß er eine falsche Anlehnung an eine Gemeinschaft sucht, um die Last eigenverantwortlichen Lebens abzuwälzen. Nimmt ein derartiges Motiv einen zu breiten Raum für den Eintritt in eine kommunitäre Gemeinschaft ein, wird sich daraus nur schwer ein erfülltes Leben dankbarer Hingabe entwickeln. Das Hören auf das Wort Gottes und den Anruf seines Geistes entbinden auch den Christen in Kommunitäten nicht von persönlicher Verantwortung und Entscheidung. Die Gemeinschaft wird einen Bewerber mit solcher Entscheidungsschwäche sehr bald mehr als Last denn als mittragendes Glied erfahren. Zum gemeinsamen Leben gehört die Bereitschaft, eine vor Gott und Menschen verantwortete Entscheidung zu treffen im Wissen darum, daß die Konsequenzen - gerade auch im Hinblick auf eine kommunitäre Berufung - zu tragen sind.
Die kommunitäre Berufung erfordert vom Berufenen *Beständigkeit und Geduld*, da sie ihn nicht nur für kurze Zeit beansprucht. Derjenige, der einen Eintritt in eine Kommunität erwägt, hat sich von Haltungen prägen zu lassen, die für das Leben geistlicher Gemeinschaft zeitlebens von Bedeutung sind. Hierzu gehört ein "Durchhaltevermögen, ein gewisses Maß an Beständigkeit und Ausdauer ... das Gegenteil von Starrheit und Unbelehrbarkeit"[2]. Es ist die Beständigkeit, die sich aus der Treue und Liebe zum rufenden Herrn ergibt. Diese Treue steht im Einklang mit der dauernden Bereitschaft, sich auf den je neuen Anruf des Herrn einzulassen. Wer lediglich vom Hochgefühl mehr oder weniger augenblicklicher Gemeinschaftserlebnisse mitgerissen ist, muß noch nicht zum kommunitären Leben berufen sein. Das Ja zu einer kommunitären Berufung schließt ein Ja zur Stetigkeit auch in Zeiten ein, in denen die Gemeinschaft als Last erfahren wird. Es umfaßt die Geduld mit sich selbst und mit den anderen. In vielen Fällen wächst die Gewißheit der kommunitären Berufung erst auf dem Weg. Unter dem Gesichtspunkt der Beständigkeit umfaßt die kommunitäre Berufung beides: "Geh fort und geh einher. Zuerst das Kommen, das Herausgerufenwerden aus vorherigen Zusammenhängen und Bezügen. Und dann das Bleiben. Oder wie es in der Profeß heißt: das Ausharren, das Darunterbleiben."[3] Dazu ist Geduld erforderlich. So ist die Bereitschaft gefragt, Phasen geduldigen Wartens nicht zu scheuen. Hinzu kommt: "Genauso

---

1 Nachfolge S. 48; vgl. auch Heinz, Berufungspastoral S. 26

2 Denter, a. a. O. S. 48

3 Pfister, Abraham S. 6; zur Frage eines lebenslangen verbindlichen Jawortes s. unten Punkt 2.2.4

wichtig wie die Hinführung zu einer Berufung ist ihre Erhaltung und Reifung."[1] Ein Bewerber, der nicht bereit ist, hier Geduld aufzubringen, wird im gemeinsamen Leben leicht sich und andere überfordern. Wachstum läßt sich weder persönlich noch für die Gemeinschaft erzwingen.

In der Frage des Eintrittsalters bindende Angaben machen zu wollen ist nicht möglich und nicht nötig. Kein Eintrittsalter ist eine Garantie für die Beständigkeit im kommunitären Christsein. Man wird jedoch als Richtlinie sagen können, daß weder ein zu niedriges noch ein zu hohes Eintrittsalter für das Gelingen einer kommunitären Berufung förderlich sind, so daß bevorzugt der Lebensabschnitt zwischen dem 25. und dem 40. Lebensjahr für einen Eintritt in Frage kommt. Auf der einen Seite kann der Bewerber bis zum 25. Lebensjahr genügend Erfahrungen in der eigenständigen Bewältigung seines Lebens sammeln und außerdem bereits einige wichtige Entwicklungsphasen durchlaufen. Auf der anderen Seite fällt es dem Menschen mit zunehmendem Alter immer schwerer, sich auf eine neue gemeinschaftliche Lebensform einzustellen. Die Entscheidungen und Erfahrungen des bereits gelebten Lebens prägen ihn dann so sehr, daß die Eingliederung in eine kommunitäre Gemeinschaft immer schwieriger werden kann.

Der Weg in eine Kommunität sollte *keine Entscheidung aufgrund von Enttäuschungserfahrungen* sein. In den Jahren, in denen es um Grundentscheidungen in partnerschaftlicher oder beruflicher Hinsicht geht, kann es durch auseinanderbrechende Beziehungen zu tiefgehenden Enttäuschungserfahrungen kommen, die Wunden hinterlassen, welche ein Beziehungsvakuum erzeugen oder verstärken können. So kann ein starkes Verlangen nach tragenden Beziehungen in einer Gemeinschaft entstehen. Subjektiv ehrlich gemeint, mag jemand auf dem Hintergrund von Enttäuschungserlebnissen von einer persönlichen Berufung sprechen. Die Gefahr jedoch, daß sich hierbei Nebenmotive einmischen, ist in einer solchen Situation mitzubedenken. Freilich mögen Enttäuschungserfahrungen durch zerbrochene Beziehungen tatsächlich ein Anstoß sein, den Gott dazu dienen läßt, daß sich ein Berufener für den kommunitären Lebensweg öffnet. In jedem Fall wird dann zur Reifung einer kommunitären Berufung die seelsorgerliche Verarbeitung der erfahrenen Verletzungen gehören.

Ein weiteres Kriterium ist auch der *Bezug zu gemeinsamen Glaubensvollzügen.* Nach den überwiegend anthropologisch-psychologischen Kriterien zur Prüfung einer kommunitären Berufung müssen nun auch geistliche Kriterien berücksichtigt werden, um einer humanwissenschaftlichen Engführung entgegenzuwirken. Für jede kommunitäre Gemeinschaft sind Zeiten des Gottesdienstes, des Gebets, des Gesprächs unter dem Wort der Heiligen Schrift etc. tragende Elemente des gemeinsamen Lebens. Ein Bewerber, der sich für gemeinschaftliche Glaubensvollzüge nicht öffnen kann und will, muß sich fragen lassen, ob eine Berufung zum gemeinsamen Leben für ihn vorliegen kann. Die

---

1 Wulf, Ordensreform S. 371; ähnlich auch Haskamp/Schalück, Führungsstil S. 253

Gefahr einer heilsindividualistisch verengten Vorstellung vom kommunitären Leben ist in einem solchen Fall nicht auszuschließen. Liegt eine Berufung zum kommunitären Leben vor, so wird mit ihr auch die Liebe zu den gemeinschaftlichen Glaubensvollzügen vorhanden sein oder zumindet mit der Zeit gelebter Praxis wachsen. Da die kommunitäre Berufung in der Zugehörigkeit zu einer bestimmten Kommunität konkret wird, wird sich die Liebe auch auf die konkreten gemeinschaftlichen Glaubensvollzüge der in Frage kommenden Gemeinschaft beziehen müssen. Jede Kommunität hat ihre Frömmigkeits geschichte und -prägung, die vom Bewerber angenommen und mitgestaltet werden will. Hat der um Aufnahme Bittende etwa wenig Beziehung zu liturgischen Ausdrucksformen des Glaubens, so ist dies für ihn bei der Frage des Eintritts in eine Kommunität mit ausgeprägt liturgischer Tradition mitzubedenken; dasselbe gilt im umgekehrten Fall.

Das Leben in Kommunitäten erfordert ein hohes Maß an Gemeinschaftsfähigkeit. Diese muß sich jedoch immer neu in einer *Vertrautheit mit einsamen Glaubensvollzügen* aus einem persönlichen Stehen vor Gott speisen, wenn die Gemeinschaft nicht verflachen und mehr und mehr zur Last werden soll. Nicht nur in gemeinsamen Glaubensvollzügen, sondern auch in der persönlichen Öffnung für die Gegenwart Gottes entsteht und nährt sich lebendiger Glaube. Hier wächst auch die Fähigkeit, als Glied am Leib der Gemeinschaft u. U. allein gegen den Strom zu schwimmen, wo dieses gefordert ist. Scheut ein Bewerber die Einsamkeit vor Gott in Gebet, persönlicher Wortbetrachtung etc., so steht er in der Gefahr, die Gemeinschaft zu überfordern, indem er in sie hineinflieht. Gott ist der letzte tragende Grund einer geistlichen Gemeinschaft. Die Pflege der persönlichen Beziehung zu diesem Fundament muß demjenigen, der einer Kommunität beitreten will, von Anfang an klar vor Augen stehen. Er sollte auch Grunderfahrungen im persönlichen Umgang mit der Heiligen Schrift und im persönlichen Gebet vor seinem Eintritt in eine verbindliche Lebensgemeinschaft gesammelt haben.

Zu den Kriterien gehört auch eine *Liebe zum Auftrag einer Kommunität.* Jede Kommunität hat ihre spezifische Sendung. So kann die eine unter ihnen einen mehr diakonischen, eine andere einen mehr missionarischen, eine dritte einen mehr kontemplativ-fürbittenden Auftrag haben. Ein Bewerber, der den Eintritt in eine bestimmte Kommunität bewegt, wird ihren spezifischen Auftrag wahrzunehmen versuchen und ihn zu dem in Beziehung setzen, was er für sich selber als Auftrag erkennt. Zeigt sich hierbei eine tiefgreifende Diastase zwischen beiden Aufträgen, so ist eine Berufung zu dieser konkreten Kommunität nicht sehr wahrscheinlich. Die Berufung zum Leben in einer konkreten Gemeinschaft geht nicht an deren Lebens- und Auftragsgestalt vorbei.

Das Leben in Kommunitäten steht unter dem Anruf Gottes und ist ein *Leben im Aufbruch.* Es kommt vom Ruf Gottes her und führt zur Bejahung des Vorläufigkeitscharakters in der kommunitären Nachfolge. Einem Bewerber muß klar sein, daß er mit dem Jawort zur kommunitären Berufung sein Ja zu dieser Vorläufigkeit gibt. Er ist mit seinem Eintritt nicht am Ziel, sondern am Start der

Nachfolge angekommen. In diesem Sinn verlangt Benedikt als Voraussetzung zum klösterlichen Leben keinen hohen Stand, auch nicht Wissensfülle oder Vermögen, sondern einzig: "Ob er wirklich Gott sucht (... ob er Eifer hat für das Gotteslob, für den Gehorsam und für die Verdemütigungen)."[1] Dieses Gottsuchen, das aus der Bindung an ihn erwächst, hört innerhalb des geistlichen Gemeinschaftslebens nicht auf. Bei der kommunitären Nachfolge geht es nicht um ein geruhsames Leben. Solche Motive stehen einer echten Berufung im Wege.

Es ließen sich gewiß noch weitere Kriterien zur Prüfung kommunitärer Berufung nennen.[2] Sie ergeben sich aus den Ausführungen zu den kommunitären Nachfolgebedingungen (Punkt 2.2). Eine Verlängerung der Liste führte jedoch keine grundsätzlich neuen Fragebereiche auf. Abschließend sei noch einmal betont: Was den Berufenen bei seiner Berufung hält, ist nicht die möglichst vollständige Erfüllung irgendwelcher Kriterien, sondern der den Berufenen haltende Gott selber. Die schöpferische Fülle, die dem Geist Gottes eigen ist, drückt sich in der Vielfalt aus, in der Gott die spezielle Berufung dem einzelnen zukommen läßt. Hier hat der Hinweis v. Balthasars Gültigkeit[3]: "Berufungen können objektiv und subjektiv abgestuft sein. Objektiv kann es sehr wohl Abstufungen der Dringlichkeit geben, mit der ein Ruf vom Herrn ergeht ... Davon zu unterscheiden ist die subjektive Abstufung in der Weise, wie ein Mensch den Ruf vernimmt ..." Beim einen kann die Berufung mit der inneren Unruhe in der Nachfolgefrage, im Hören auf das biblische Zeugnis beginnen, bei einem anderen durch das Erlebnis lebendiger Glaubensgemeinschaft; sie kann auch durch einen unmittelbaren Anruf des heiligen Geistes erfolgen, durch den Hinweis auf die Möglichkeit des kommunitären Lebens oder durch das Zeugnis von einer Berufung zum verbindlichen geistlichen Leben. In den meisten Fällen wird das Empfangen einer kommunitären Berufung mit einer hörenden und offen-erwartenden Haltung dem Wort Gottes gegenüber einhergehen.

2.1.2 Aspekte des mit der Berufung gegebenen geistlichen Lebens

Eine Grundlegung des kommunitären Lebens könnte der Gefahr erliegen, die Existenz von Kommunitäten vorwiegend unter dem Blickwinkel ihrer ausweisbaren Nützlichkeit zu betrachten. Dabei wären hauptsächlich diejenigen Phänomene kommunitärer Existenz von Interesse, deren gesellschaftliche Brauchbarkeit aufgezeigt werden könnte. Ein solcher Blickwinkel stellte jedoch eine ungute Verengung der Betrachtungsweise dar. Es gibt Züge im kommunitären Leben, die dabei als bedeutungslos übergangen würden, denen aber für das Verständnis des Wesens kommunitärer Daseinsweise einiges

---

1 RB Kap 58

2 Eine Liste von 10 Kriterien führt Hemmerle (Kriterien S.52ff) auf. Thurian (Ehe S. 83ff) nennt vier Kriterien.

3 Berufung S. 16

Gewicht zukommt. So sollen zuerst solche Aspekte des mit der Berufung gegebenen geistlichen Lebens bedacht werden, die den Ausdruck der Gottesbeziehung und der mit ihr verbundenen Gemeinschaftsbeziehung unter den Brüdern und Schwestern betreffen. Eine strenge Abgrenzung gegenüber den folgenden Punkten ist dabei nicht immer möglich, da das geistliche Leben die Nachfolgebedingungen einschließt und dem kommunitären Auftrag dient. In den Blick kommen diejenigen Züge kommunitären Lebens, die in den folgenden Punkten über die Nachfolgebedingungen und den Auftrag nicht aufgehen. Sie werden überwiegend unter dem Gesichtspunkt des Indikativs gesehen. Es ist dabei zu beachten, daß das Leben des Christen nicht in zwei getrennte Bereiche zerfällt. Gebet und Gottesdienst stellen nicht das eigentliche Leben dar, während die tägliche Arbeit zum notwendigen Übel zu rechnen wäre. Dagegen gilt: "Das ganze Leben des Mönchs ist ein Opus dei, ein Wirken für Gott und zugleich ein Wirken Gottes im Menschen."[1] Wenn hier einige Aspekte des mit der Berufung gegebenen geistlichen Imperativs hervorgehoben werden, dann dient das der Markierung spezifischer Akzente des kommunitären Lebens.

Ein reiches *Gebetsleben* ist eines der wesentlichsten Elemente des mit der speziellen Berufung gegebenen verbindlichen Gemeinschaftslebens. Im Gebet lebt der kommunitäre Christ seine Liebe zum berufenden Herrn und seine Hingabe an ihn in Ehrfurcht und Demut. Hier geschieht die Pflege der Glaubensbeziehung zu Gott dem Vater durch den Sohn im heiligen Geist und die Sammlung der eigenen Existenz auf Jesus Christus hin. Täglich neu öffnet sich der Christ in Kommunitäten für die unverfügbar ihm zukommenden Erfahrungen der Gottesbegegnung. Hier geschieht die Einwurzelung in den Weg, auf den seine Berufung zur persönlichen und gemeinschaftlichen Nachfolge ihn gestellt hat. Im Gebet findet das "in allem Gott suchen, Christus nichts vorziehen und ... (das) Leben unter der Führung des Evangeliums gestalten"[2] einen realen Ausdruck. Der Christ in Kommunitäten läßt sich in ausgeprägter Weise auf die Entdeckung eines von der Liebe zu Gott und vom Gebet erfüllten Daseins ein. Er läßt sich von seinem rufenden Herrn sowie von seinen Brüdern und Schwestern auf die Gabe des Gebets als der entscheidenden Voraussetzung für sein Tun hinweisen. Die Christen in Kommunitäten wollen die Wahrheit des Satzes leben: "Weil sie bei Gott heimisch sind, darum können die Jünger nicht leben, ohne zu beten."[3] Darin versuchen sie neben aller aktiven Dienstbereitschaft dem Beten in Zurückgezogenheit genügend Raum freizuhalten. "Es geht uns um das Bestimmtsein durch die Vertikale in jedem Augenblick, damit die Horizontale unseres Lebens nicht Werkerei, Managerei, eigener Weg werden ..."[4] Der kommunitäre Christ nimmt einigen Verzicht auf sich, um sich frei zu halten für die Pflege der Gottesbeziehung. Das Gebet

---

1 Tschudy/Renner, Benedikt S. 169

2 Pfister, Chance S. 57; vgl. auch dies., Communität Casteller Ring, in: Mohaupt, a. a. O S. 45

3 O. Dibelius, a. a. O. S. 67

4 W. Hümmer, Kommunitäten S. 125

bedeutet für ihn das Atem-holen der Seele im Lobpreis und in der Anbetung Gottes[1], das vertrauende Sich-öffnen seiner Gegenwart und das Ausschütten des Herzens vor ihm. Er läßt das Lob Gottes die Mitte seines Lebens bilden im Wissen darum, daß Gott weder auf seinen Lobpreis noch auf seine Fürbitte angewiesen ist. "Weder das religiöse Bedürfnis noch eine besondere Disposition der Brüder ermöglicht das Gebet, sondern allein der souveräne, menschlich unbegründbare Wille des Herrn."[2] Weil der kommunitäre Christ in spezieller Weise zum Dasein für Gott gerufen ist, nimmt er die Gabe des Gebets auch persönlich in ausgeprägter Weise wahr. Dabei zeigt sich gerade in der Regelmäßigkeit des Gebets und in seiner Absichtslosigkeit die "Gratuität des Evangeliums"[3] auch für den einzelnen Christen in Kommunitäten. Die Regelmäßigkeit des persönlichen Gebets ist für ihn eine Hilfe sowohl in Zeiten der Freude als auch in Zeiten geistlicher Dürre. Er weiß zwar, daß sein Leben an allen Orten und unter allen Umständen zum Gebet werden soll. Er weiß auch, daß er allein im Gebet ganz er selbst wird: Mensch für Gott und Mensch für die Menschen.[4] Um aber in diese alles prägende Haltung des Gebets hineinzuwachsen, sucht und braucht auch er persönlich das Gebet in äußerer und innerer Sammlung zu festgesetzter Zeit.[5] Das Leben in Christus findet als Wachen im Gebet und als beständiges Suchen seines Willens gerade auch in Zeiten persönlichen Betens eine wesentliche Konkretion. Daher bereiten Christen in Kommunitäten ihrem Herrn betend immer neu den Raum im täglichen Leben.

Von ihrer Berufung her ist den Kommunitäten *Stille und Meditation* wichtig. Die Bischofskonferenz der Vereinigten Evangelisch-Lutherischen Kirche Deutschlands faßte 1976 ihre Begegnung und Beschäftigung mit den Kommunitäten in Punkt 2 ihrer Stellungnahme folgendermaßen zusammen[6]: "In unserer Begegnung mit den Kommunitäten konnten wir erkennen, wie stark sie sich bemühen, dem Gottesdienst, dem Gebet und der Stille den Vorrang innerhalb der Anforderungen ihres Arbeitstages zu geben ..." Als für die Kommunitäten typisch wird in diesem Zitat zu recht das Leben der Stille in Verbindung mit dem Gebet hervorgehoben. Dazu wissen sich Christen in Kommunitäten gerufen und nehmen darin für sich Mt 6,6 ernst. Sie vollziehen Stille wesentlich als ein intensives Hören auf das biblische Zeugnis und bemühen

---

1 Vgl. Riesner, Formen S. 42; Knoch, Erneuerung S. 71; W. Hümmer, Bruderschaft S. 32; ders., Leben S. 121

2 Stökl, Taizé S. 110

3 Ebd. S. 116. Stökl äußert (ebd. S. 117): "Das 'absichtslose Gebet', ein Gebet ohne 'um zu', entspricht nach Meinung der Brüder (sc. Taizès) der evangelischen Funktion des Gebets" (vgl. auch Bsteh, Auftrag S. 197).

4 Vgl. dazu Louf, a. a. O. S. 6

5 Ähnlich Bouyer, Spiritualität S. 204f

6 L. Mohaupt, Modelle S. 142 (vgl. dazu Halkenhäuser, Kirche S. 34; ders., Grundauftrag S. 99; ders., Frei für Gott S. 27) ferner W. Hümmer, Christusbruderschaft S. 183; Riesner, Formen S. 42; Schleiter, Mönchtum S. 9; Heinz-Mohr, a. a. O. S. 97ff; Schutz, Warten S. 90

sich darum, "die in der Bibel bezeugte göttliche und geistliche Wirklichkeit zu erfassen ... Dazu gehört freilich auch eine andere Art des Aufnehmens, nämlich das lauschende Hören, das beschauliche Verweilen und das vertiefende Wiederholen."[1] So ist den Kommunitäten, wenn auch bei den einzelnen in sehr unterschiedlichem Ausmaß, ein kontemplativer Wesenszug eigen. "Zu den Gemeinschaften, die besonders durch ihr kontemplatives Leben charakterisiert sind, müßte man die meisten Bruderschaften und Kommunitäten rechnen, denn dies gehört zu ihrem Wesen."[2] Da ein Leben der Stille nur in regelmäßiger Übung wachsen kann, praktizieren sie diese Regelmäßigkeit, indem sie Zeiten des Tages für Schweigezeiten freihalten. Sie "empfangen Zeit aus der Ewigkeit, der sie sich zugewandt haben. Sie haben nicht für alles Zeit".[3] In der meditierenden Begegnung mit dem Wort Gottes lassen sie sich auf das unverfügbare Reden Gottes ein und öffnen sich für die lebendige Wirksamkeit des heiligen Geistes. Meditation ist für sie keine zeitlose Verschmelzung mit dem Göttlichen oder Überzeitlich-Ewigen, sondern die Öffnung des Herzens für den in seinem Wort sich offenbarenden Gott. "Diese innere Konfrontation zwischen Wort und Herz wird von altersher als meditatio bezeichnet."[4] In der Meditation lebt der kommunitäre Christ den ungestörten Innen- und Intimraum zwischen Gott und sich in der Bindung an das Wort Gottes. Äußerer Ausdruck für diesen Intimraum ist die Klausur, um die die meisten Kommunitäten bemüht sind.
Das Leben der Stille und der Meditation erfordert die Annahme der Einsamkeitserfahrung im sich vertrauend-wagenden Einlassen auf sie. "Ein Leben des Gebets und der 'Zweckfreiheit' erfordert den gläubigen Mut, sich immer wieder in einen Raum des Schweigens, der Einsamkeit und der 'Wüste' hineinzuwagen, sich seiner eigenen Armut und Leere auszusetzen ..."[5] Der Christ in Kommunitäten bejaht solche Einsamkeit. Wie Beilner zutreffend bemerkt, ist das nichts Selbstverständliches: "Nicht uninteressant ist, daß Alleinsein kaum ein christliches Ideal ist."[6] Von der Vereinsamung unterscheidet sich solches im Evangelium begründetes Alleinsein durch den "Anblick Gottes", seine lebendige Gegenwart, die in die Einsamkeit der Stille hineinwirkt. Es ist die Einsamkeit im Stehen vor Gott. So "dient alle Einsamkeit und alles Schweigen im Horchen auf Gott und dem Gehorchen gegenüber seinem Willen"[7]. Hierin greifen die kommunitären Christen einen Zug der lukanischen Jesusüberlieferung auf (Lk 4,1; 6,12). In der Einsamkeit der Stille fliehen sie die Welt nicht, aber gehen in Distanz zu ihr. Sie lassen sich dabei auf die beiden Seiten der Einsamkeit ein: Die eine ist die Erfahrung der eigenen äußersten Armut. "Unweigerlich kommt in

---

1 Planck, Michaelsbruderschaft S. 305f
2 I. Reimer, Leben S. 33
3 Bohren, Lebensstil S. 59; vgl. auch Greshake, Erwartungen S. 92; I. Reimer, Leben S. 141
4 Louf, a. a. O. S. 61; vgl. auch Deichgräber, Zeichenhaftes Leben S. 141
5 Schellenberger, Zweckverbände S. 66; vgl. auch Nouwen, Gottes Clown sein S. 40
6 Nachfolge S. 35
7 Lechner, Benedikt S. 35; ähnlich Bouyer, Spiritualität S. 205

der Einsamkeit das Herz des Menschen an die Oberfläche ..."[1] Solche Erfahrung kann erschrecken. Sie schließt die Erkenntnis eigener Nacktheit, Wehrlosigkeit und Ohnmacht Gott gegenüber in sich. Zu ihr gehören auch Zeiten der Trockenheit und Trostlosigkeit, in die der von ihr Betroffene nicht eingreifen, die er nicht überspringen kann. Der Christ in Kommunitäten will solchen Erfahrungen nicht ausweichen. Er versucht dabei, die Fluchtmöglichkeiten aus der Hand zu geben und sich selber so auszuhalten, wie er ist. Er praktiziert das, was Class so formuliert: "Ausharren im Gespräch mit Gott - darum geht es in jeder Kommunität."[2] Er nimmt die damit verbundene Entsagung und Selbstlosigkeit auf sich.

Er erlebt aber auch die andere Seite der Einsamkeit, die Louf so andeutet[3]: "Einsamkeit verweist uns ... auf Gott ... auf die grenzenlose Liebe und Barmherzigkeit Gottes." Indem der Christ in Kommunitäten immer wieder die Einsamkeit der Stille sucht, macht er sich bedingungslos für das Gespräch mit Gott verfügbar. Gottes Geist bringt die Wüste der Einsamkeit zum Blühen. Solche Erfahrung der Gottesbegegnung in der Einsamkeit vor ihm läßt den Christen in Kommunitäten eine tiefe Erfüllung ihres Lebens zuwachsen. Stille und Meditation sind für sie ein wesentliches Element wahrnehmender Existenz. Hier geschieht Wahrnehmung der Gnade in ihrem Geschenkcharakter und in ihrem Anspruch. In diesem Sinn lebt der kommunitäre Christ in der Stille die "ästhetische" Dimension seiner Existenz.

Die Äußerungen zum persönlichen Gebet, zu Stille und Meditation tangieren den Bereich dessen, was mit dem Begriff *"Muße"* angesprochen wird. Die Muße steht allem Zweckmäßigkeitsdenken schroff entgegen.[4] Sie hat es mit der Zeit zum Ausspannen, mit einem Zur-Ruhe-Kommen, mit dem Feiern, mit der Freude am Dasein und der Kreativität zu tun. In der Muße herrscht kein Zwang zur Arbeit, kein Druck persönlicher oder gemeinschaftlicher Art. Muße meint jedoch nicht einfach ein Nichtstun, sondern ein Tun besonderer Art: ein Tun ohne Hast, ein Tun aus Freude und Neigung heraus, ein Tun ohne Erfolgsdruck; in Freiheit gestaltete Zeit, die nicht zur Trägheit und Erschlaffung führt.[5] In seinem Leben der Hingabe kommt dem Christen in Kommunitäten der Raum zum zweckfreien Tun, zum Ausspannen und zum Distanznehmen von seiner Arbeit zu. So reicht seine Muße von persönlicher Entspannung bis zur zweckfreien Anbetung Gottes, die von der Welt nicht verstanden werden mag, die aber dennoch ein tiefes geistliches Recht für sich hat. In der Muße kann er -

---

1 Louf, a. a. O. S. 101; vgl. auch Deichgräber, Zeichenhaftes Leben S. 27; Wenningmann, Armut S. 19

2 Class, Kommunitäten S. 9; vgl. auch Schutz, Warten S. 87

3 A. a. O. S. 97

4 Vgl. zur Frage der Muße im kommunitären Leben vor allem Schellenberger, Zweckverbände S. 61ff; Sießen, Geistliche Lebensordnung S. 297f; Schalück, Freiheit S. 85 und den unveröffentlichten Aufsatz C. Bambergs, Hat Muße Platz im Kloster?

5 In diesem Fall würde aus der Muße Müßiggang. Beides ist streng voneinander zu unterscheiden.

vor allem Tun und nach ihm - seine Seele atmen lassen. Muße ist ein spielerisches Geschehen, ohne deshalb unernst zu sein. Sie hält im kommunitären Leben das Wissen darum wach, daß diese Lebensform nicht fromme Leistungsmenschen züchten will. Wohl ist der kommunitäre Christ dazu berufen, auf Gottes Ruf hin Gottes Schaffen in seiner Lebensgestalt fortzusetzen. Dieser aber beruft den Christen in Kommunitäten nicht zuerst zu einem frommen Tun, sondern zu einem frommen Sein, zum Kind-sein gegenüber dem himmlischen Vater. Das Wahrnehmen des Elements der Muße im kommunitären Leben wird auch auf den Dienst der kommunitären Gemeinschaft zurückwirken. Das Moment des Zweckfreien wird immer wieder den Mut zu Diensten hervorbringen, die in den Augen der Menschen als unrentabel gelten.[1]

Ihre theologische Deutung gewinnt die Muße von der Rechtfertigung um Jesu Christi willen her. Sie hat zentral mit dem Leben aus dem Gnade zu tun, mit dem Leben als erlöster Mensch, ist gelebte Entspanntheit des Glaubens. Muße bewahrt das Gebet, die Stille und die Meditation des Christen in Kommunitäten vor frommem Erfolgsdruck und seinen Dienst vor Arbeitswut. Sie erwächst als Gelassenheit und Ruhe aus der Vertrauensbeziehung zu Gott. Daß auch für den kommunitären Christen die Muße in Beziehung zu seinem Dienst und dem seiner Gemeinschaft zu sehen ist, wird vor allem aus den Ausführungen zum Auftrag der Kommunitäten hervorgehen. Der Bezug der Muße zum Dienst, zum Mitmenschen - und hinter allem zu Gott - bewahrt sie vor Depravierung durch Individualisierung. Recht verstandene Muße steht auch für die Kommunitäten nicht im Gegensatz zum Dienen als Weltgestaltung aus dem christlichen Glauben heraus. Muße heißt nicht: "vita contemplativa" contra "vitam activam". Sie meint vielmehr: Konkretes Leben aus der Gnade bei aller Beanspruchung durch die Gnade.

Kurz und bündig formuliert Halkenhäuser zur Frage der *(Einzel-)Beichte*[2]: "Wir (sc. die Communität Casteller Ring) haben den Weg zu Seelsorge und Einzelbeichte gefunden." Die Praxis der Einzelbeichte wird in den Kommunitäten wieder geübt. Sie soll im Abschnitt über die Aspekte des mit der Berufung gegebenen geistlichen Lebens wenigstens erwähnt werden. Es ist kein Zufall, daß Angehörige geistlicher Gemeinschaften, die aus der Gnade leben wollen, die Einzelbeichte als Angebot dankbar annehmen. Hier wird exemplarisch konkret, daß die Kommunitäten "auf der Basis der Heiligen Schrift stehen und die Rechtfertigung allein aus Glauben leben wollen"[3]. Die Berufung zum kommunitären Leben hat sie von der Selbstgerechtigkeit weggerufen. Das gemeinsame Leben führt ihnen vor Augen, daß die Gnade kein sicherer Besitz ist.Daher lassen sie sich im bekennenden Ablegen ihrer Schuld immer neu von der mit ihrer speziellen Berufung gegebenen Gnade erfassen.

Von ihrer Berufung her ist den Kommunitäten die *Gemeinschaft* ein zentrales Anliegen. Bisher wurden vorrangig diejenigen Aspekte des mit der speziellen

---

1 Vgl. dazu Greshake, Erwartungen S. 93 u. Schellenberger, Zweckverbände S. 67

2 Hinter offenen Türen S. 12

3 Stellungnahme, in: Mohaupt a. a. O. S. 142f

Berufung gegebenen geistlichen Lebens betrachtet, die die persönliche Seite des kommunitären Glaubenslebens betreffen. So könnte es einem individualistischen Mißverständnis erliegen, von dem es ebenso weit entfernt ist wie vom kollektivistischen. Beilner stellt am Ende der Untersuchung einer Reihe neutestamentlicher Textstellen zutreffend fest[1]: "Von den erwähnten neutestamentlichen Hinweisen her wird man sagen müssen, daß weder eine 'kollektiv-normierende' noch eine 'individualistische' Frömmigkeit in der Richtung der neutestamentlichen Leitbilder liegen." Wenn der kommunitäre Lebensvollzug zunächst unter dem Blickwinkel der individuellen Seite betrachtet wurde, so bedeutet dies nicht, daß diese der gemeinschaftlichen des kommunitären Lebens übergeordnet wäre.

Wenden wir uns nun dem mit der Berufung gegebenen Gemeinschaftsaspekt zu, so ist gleich zu Beginn daran zu erinnern, daß Jesu Ruf in die Nachfolge den Gemeinschaftsbezug voraussetzt und herstellt. Er schließt die Bereitschaft zur Gemeinschaft mit den Mitberufenen wesensmäßig mit ein. Den Kommunitäten geht es um die Verwirklichung geistlichen Lebens in brüderlich-schwesterlicher Gemeinschaft aus der Christusgemeinschaft heraus. Sie wissen, daß Jüngerschaft nicht ohne Jüngergemeinschaft zu haben ist. Kommunitäre Gemeinschaft "erwächst daraus, daß Menschen den gleichen göttlichen Ruf gehört haben, von dem gleichen Licht erleuchtet, von der gleichen Kraft bewegt sind"[2]. Sie ist Berufungsgemeinschaft und damit Bruderschaft in Christus. Die gemeinsame Verbindung mit dem durch seinen Geist wirkenden Christus macht die Christen in Kommunitäten untereinander in intensiver Weise zu Brüdern und Schwestern und verpflichtet sie zu beständiger Gemeinschaft. Es hört sich beinahe wie eine auch für Kommunitäten gültige Definition an, wenn Lippert schreibt[3]: "Das Erstbedeutsame am Ordensleben ist es, daß hier eine Gruppe von Menschen im Glauben an eine bestimmte, an sie ergangene Berufung zusammenlebt und gemeinsam tätig ist." Weil kommunitäre Christen davon leben, daß Jesus sich ihnen zum Freund gemacht hat, sind sie zur tragfähigen Gemeinschaft untereinander befähigt. So geht es im kommunitären Leben um eine Art geistlicher Freundschaftsbeziehung, die nicht auf bloße Sympathie gegründet ist. Die Intensität der Beziehung, die zwischen den Berufenen durch die gemeinsame Berufung besteht, deutet sich in der Darstellung der "Wesensart der Christusbruderschaft" von H.Hümmer an[4]: "Sie (sc. die Christusbruderschaft) lebt als eine große Familie Christi." Die Christusgemeinschaft des Glaubens ist untrennbar mit der Bruderschaft der Liebe verbunden, die zuerst in der Beziehung zu den Mitberufenen gelebt werden will. Für das kommunitäre Leben

---

1 Nachfolge S. 36 (ders., Einzelne S. 31); so auch Wulf/Bamberg/Schulz, Nachfolge als Zeichen S. 38; Hemmerle, Orden S. 125; Sudbrack, Nachfolge S. 47; Stählin, Bruderschaft S. 113

2 Ebd. S. 12; ähnlich Micheli, Grandchamp S. 141; Heinz-Mohr, a. a. O. S. 66

3 Ordensgemeinschaften S. 51; so auch Hemmerle, Orden S. 125; Schleiter, Mönchtum S. 9

4 Gott ruft S. 27

typisch formuliert Halkenhäuser[1]: "Wir haben viele Stellen im Neuen Testament begreifen gelernt, in denen von der Liebe zum Bruder, zur Schwester die Rede ist." In ihrem gemeinsamen Leben geben die Kommunitäten der Gemeinschaft stiftenden Liebe Gottes Raum. Die mit der gemeinsamen Berufung gesetzte verbindliche Beziehung untereinander findet meist ihren Ausdruck in einer schriftlich fixierten Ordnung oder Regel.

Ist vom gemeinsamen Leben die Rede, so darf der Hinweis auf *die Gottesdienste und die Stundengebete* nicht fehlen. Das gottesdienstliche Leben gehört zu den tragenden Elementen des kommunitären Lebens. Man wird sagen können: Im eigentlichen sind die Kommunitäten vom Gottesdienst her zu begreifen. Nicht nur für die Kommunität in Taizé gilt, was Heinz-Mohr im Hinblick auf sie formuliert[2]: "Die tragende Mitte ihres Auftrags ist der Gottesdienst." Im Tageslauf nehmen die Gottesdienste bzw. Stundengebete eine beherrschende Stellung ein. Das Leben in den Kommunitäten ist nicht zuletzt dadurch von einer klaren Zeiteinteilung bestimmt. So kommt es zu einem gesunden Rhythmus zwischen Zeiten der Arbeit und Zeiten des gemeinsamen (neben Zeiten des persönlichen) Gebets. Auch auf die Kommunitäten ist das benediktinische Leitwort zu beziehen: "Nichts soll dem Opus Dei vorgezogen werden." (RB Kap 43). Es liegt auf der Linie dieses Wortes, wenn H. Hümmer äußert[3]: "Gebetszeiten bestimmen den Rhythmus der Arbeit, nicht aber die Arbeit die Gebetsmöglichkeiten." Für die Kommunitäten ist diese Ausrichtung Folge ihres Grundsatzes, daß der Liebe zu Christus nichts vorgezogen werden soll. Hier erhält ihr Leben täglich seine Mitte: So wie Gott für den Menschen Zeit hat, so wollen sie im gemeinsamen Gebet Zeit haben für ihn. Im gottesdienstlichen Leben zeigt sich, daß der kommunitäre Christ sich von der Haltung des Hörens und der Hingabe an Gott prägen lassen will. Die Gottesdienste wollen etwas von der Ehrfurcht vor Gottes Majestät, von der Liebe zu ihm und vom Bewußtsein, daß ihm Dank und Lob gebührt, einfangen. Das regelmäßige, geordnete gottesdienstliche Leben ist für die Kommunitäten eine ihnen angemessene Praxis evangelischer Freiheit, die sowohl den persönlichen Glauben als auch das Gemeinschaftsleben stärkt. Es weist darauf hin, daß vor der Aktion die Kontemplation kommt und hilft zur Ausrichtung der gesamten Existenz auf Gott hin. "Und wie strömt so der Segen echten, lebendigen, regelmäßigen Gebets auf den Beter zurück! Geordnetes Gebet stärkt mächtig im Glauben, entzündet in der Liebe und führt in die Gemeinschaft des Friedens mit Gott und den Menschen. Solches Gebetsleben zieht und führt zu

---

1 Hinter offenen Türen S. 12; ähnlich Herbstrith, Zellen S. 184

2 A. a. O. S. 18 (u. S. 73); ähnlich Deichgräber, Zeichenhaftes Leben S. 6; Krüger, Lebensformen S. 135

3 Zitiert in: Christusbruderschaft 1987 S. 20; vgl. auch Gerhartz, Arm S. 328. Freilich muß hier die Problematik zwischen Theorie und Praxis gesehen werden: Da wo kommunitäre Christen beruflich eingespannt sind, können solche Grundsätze häufig nicht geradlinig verwirklicht werden.

immer neuer und freudiger Anbetung Gottes. Da wird auch erfahren, daß das Gebet der Pulsschlag unseres Glaubens ist."[1]
In ihrem gottesdienstlichen Leben haben die Kommunitäten geprägte, liturgische Ausdrucksformen schätzen gelernt. Sie wissen, daß ihr ganzes Leben Liturgie, Anbetung Gottes, sein soll. Die Liturgie als Ordnung des Gottesdienstes und der Stundengebete kommt für sie von ihrer Sein und Tun umfassenden Anbetung Gottes her und will erneut zu ihr hinführen. "Leiturgia ist also zunächst eine bestimmte gottesdienstliche Haltung. Erst aus ihr ergibt sich die Liturgie als geordneter Vollzug des Gottesdienstes."[2] Viele Kommunitäten haben neu entdeckt, daß der Gottesdienst und das Stundengebet Anteil geben an der Freude und Fülle Gottes. Diese haben sie zum Reichtum intensiver liturgischer Gestaltung geführt, in der ihr Glaube eine sinnenfällige Verleiblichung findet. Zweifellos besteht einer der Vorzüge der Liturgie darin, das "Wir" selbst einer größeren Gemeinschaft im gemeinsamen Beten zusammenzufassen und ihm eine Sprache zu verleihen. Die Liturgie bindet die einzelnen Glaubenden zu einer lobenden, anbetenden - oder auch klagenden - Einheit zusammen und führt gleichsam zu einer mehr "objektiven" Seite des Betens hin. Sie bindet, wo sie bereits bewährte, von den Stimmen der betenden Kirche geprägte Formen aufgreift, die Gemeinschaft der gegenwärtig Feiernden mit der Gemeinschaft der Glaubenden früherer Zeiten zusammen, in der die Kommunitäten in der Gegenwart nur Zellen sind. Von seiner Erfahrung in der Brüdergemeinschaft Taizés her sagt R. Schutz dazu: "Die zu diesem gemeinsamen Lauf notwendige Kraft schöpfen wir aus dem Gebetsschatz aller Jahrhunderte."[3] Mit ihrem Erleben intensiver geistlicher Gemeinschaft suchen Kommunitäten täglich den Raum des Gebets, den die Liturgie gewährt. "Die primäre Erfahrung der Bruderschaften war das Erlebnis der Gemeinschaft, und aus diesem Erlebnis kamen sie mit innerer Folgerichtigkeit zur Liturgie. Denn dem Verlust der Liturgie geht allemal der Verlust der Gemeinschaft voraus ... Das Wesen der Liturgie ist die gemeinsame Anbetung Gottes ..."[4] Sie suchen dabei eine möglichst schöne Gestalt ihres Gottesdienstes, um Gott gemeinsam aus ihrer Armut heraus zu preisen. So steht für sie bei der Liturgie nicht die Ästhetik selbstzweckhaft im Vordergrund. Vielmehr dient alle Schönheit der Ehre Gottes. In diesem Sinn kommt die Liturgie von einem Ergriffensein von Gottes Gegenwart her und führt auf sie zu. "Die Liturgie ist nicht die Sache der Nüchternen. Liturgie und Anbetung ist die Sache der Begeisterten. Es ist die

---

1 Wohlemacher, Humiliaten-Orden S. 222; vgl. dazu auch I. Reimer, Leben S. 21; Waschelitz, Jesus-Bruderschaft S. 41; Rosenkranz, Communität Casteller Ring S. 36; Halkenhäuser, Hinter offenen Türen S. 6: "Wir erlebten Gottesdienste und Stundengebete, die uns dazu verlockten, uns auf das Abenteuer der ungeteilten Verfügbarkeit für Gott und die Menschen einzulassen."

2 Planck, Michaelsbruderschaft S. 302; vgl. dazu ferner Christusbruderschaft 1987 S. 20

3 Heute S. 84

4 Deichgräber, Zeichenhaftes Leben S. 24; vgl. ferner Heinz-Mohr, a. a. O. S. 76; Fritzsche, Hauptstücke S. 216; Pontoppidan, Pomeyral S. 99; Class, Armut S. 17

Haltung derer, die hingerissen sind, die überwältigt sind von Gott und die es nun nicht mehr lassen können, Tag und Nacht seine Güte zu preisen."[1] Solche Liturgie ist nicht fromme Gebetsleistung, sondern "Echo des Beschenktseins"[2]. Liturgie ist darin mit der Muße verwandt (oder sogar ein Teil von ihr), daß sie im Lob und in der Anbetung Gottes ebenfalls ein deutliches Moment des Zweckfreien enthält. Kommunitäten stellen auch dankbar einen weiteren Vorzug der Liturgie in ihren Dienst: Die geprägte Form hat etwas Entlastendes an sich. Sie ist mit einem Haus vergleichbar, das nicht erst gebaut werden muß. Es ist bereits bezugsfertig. Aus der Belastung des kommunitären Alltags kann jeder täglich hier einkehren, ohne in eigenen Gedanken und Formulierungen gefordert zu sein. Hierbei tritt auch die Stärke im Gesetz der Wiederholung zutage: Die Wiederholung in der Liturgie leitet dazu an, sich im Beten der Liturgie zur Stille und Meditation hinführen zu lassen. Sie hilft zur Sammlung der Gedanken auf Gott hin und hält dazu an, sich und seine Probleme vertrauend loszulassen. Die meditative Komponente der Liturgie ermöglicht eine Geborgenheitserfahrung im geistlichen Aufatmen, die zu neuer Kommunikation und Tragfähigkeit innerhalb der Gemeinschaft befähigt. Schließlich birgt die Liturgie einen Zug der Beständigkeit in sich, die dem Weg geistlicher Beständigkeit, auf den sich die Kommunitäten gerufen wissen, entspricht. Im kommunitären Leben stellt das gemeinsame liturgische Gebet eine fruchtbare Spannung her zum gemeinsamen freien Gebet und zur persönlichen Stille. Zusammen mit dem persönlichen Gebet entsteht hier ein notwendiger Rhythmus zwischen Einsamkeit und Gemeinschaft im Gebetsleben der Kommunitäten.

Den Kommunitäten ist das *Mahl des Herrn* zu einem wesentlichen Bestandteil ihres gemeinsamen Lebens geworden. In seinem Abschnitt "Die häufige und regelmäßige Feier des Abendmahls" stellt Deichgräber gleich zu Beginn fest: "In vielen Bruderschaften gehört die Wiederentdeckung der Eucharistie zu den ersten geistlichen Erfahrungen."[3] Das Abendmahl ist für die Christen in Kommunitäten weder eine bloße Verzierung für besonders hohe Festlichkeiten noch eine vom Hauptgottesdienst abgelöste Feier.[4] Wie die Liturgie erleben sie die gemeinsame Abendmahlsfeier als Kraftquelle für ihr gemeinsames Leben. Unter ihnen lebt das Verlangen, das Mahl des Herrn häufig zu empfangen. Sie nehmen dieses Mahl dankbar an als geistliche Stärkung für Pilger, die zu ihrer eschatologischen Heimat hin unterwegs sind. Sie empfangen hier den Herrn, der sich in Brot und Wein auch ihrer Armut schenkt. Im Mahl des Herrn suchen sie Stillung für ihr Verlangen nach dem Du Gottes. Hier haben sie eine wichtige Quelle gefunden, in der sich ihnen immer wieder die Welt Gottes öffnet. In

---

1 Deichgräber, Zeichenhaftes Leben S. 25

2 Altenähr, Orden S. 134

3 Zeichenhaftes Leben S. 20; vgl. zur Bedeutung des Abendmahls für das kommunitäre Leben auch Halkenhäuser, Frei für Gott S. 29; Pfister, Eucharistie S. 5ff; Heinz-Mohr, a. a. O. S. 76f; Stökl, a. a. O. S. 121; Peters, Dienst S. 203ff

4 Vor diesen Gefahren ist die protestantisch-volkskirchliche Abendmahlspraxis nicht immer geschützt.

solcher Kommunion mit dem Herrn und seinem Heilswirken erhält ihr Leben als Gemeinschaft Tiefe und Kraft. Sie empfangen Christi Leib, der sie als Kommunität zu seinem Leib macht. Die ekklesiale Komponente des Herrnmahls stellt so für das kommunitäre Leben einen tragenden Pfeiler dar.

2.2 Kommunitäre Nachfolgebedingungen

Die Untersuchung der Nachfolgeworte unter Punkt 1.4 hat ergeben, daß die ursprüngliche Jesus-Nachfolge vom Jünger im engeren Sinn konkreten Verzicht forderte. Die Berufung zur kommunitären Nachfolge beinhaltet ebenfalls Nachfolgebedingungen analog denen der ursprünglichen Nachfolge. In dem nun folgenden Abschnitt sind die Konsequenzen zu bedenken, die sich aus der *Nachfolge Jesu* für die *Nachfolge in Kommunitäten* ergeben. In der Reihenfolge der Darlegung halten wir uns an die traditionelle Trias Armut, Zölibat und Gehorsam. Zusammenfassende Gedanken zu Askese, Weltdistanz, Vollkommenheit und Verbindlichkeit werden diesen Teil abschließen.

2.2.1 Die kommunitäre Armut

Punkt 1.4.2 legte Jesu Stellung zu (Besitz und) Armut vorwiegend im Hinblick auf ihre Zuordnung zur Nachfolge dar. Diese Ausführungen sind im folgenden vorausgesetzt und nun im Hinblick auf die kommunitäre Nachfolge zu bedenken. Dabei kommen Orientierungshilfen als Rahmenmarkierungen für die kommunitäre Armutspraxis in den Blick.
Sogleich erhebt sich hier die Frage: *Kann Armut ein Ideal sein?* Armut zeigt einen mehr oder weniger akuten Mangel an äußeren Mitteln und Lebensmöglichkeiten an. Sie hat unverkennbar eine unmenschliche Seite gerade da, wo es um ein Dasein am Existenzminimum, um Unfreiheit, Hilflosigkeit und Angst geht. Sollen nun Kommunitäten etwas Negatives, ein Übel zu einem Ideal erklären? Ein undifferenziertes Verständnis könnte leicht dazu führen, daß das, was in der Welt als zu überwindender Notstand betrachtet wird, in den Kommunitäten als erstrebenswert ausgegeben wird. Das Ergebnis wäre hier eine religiös idealisierende Verbrämung der Armut. Im Handumdrehen könnte die Seligpreisung der Armen verkehrt werden zu einem Instrument der Unterdrückung der Armen innerhalb einer Kommunität. Ein Mangel an Brüderlichkeit und Schwesterlichkeit ließe sich so legitimieren. Auf solche Weise würde für den kommunitären Christen die Armut undifferenziert als Seligkeit

proklamiert, und es müßte von ihm eine "Karriere nach unten"[1] angestrebt werden.
Eine Idealisierung der Armut führt zu permanenter Überforderung der "Armut nach dem Evangelium". Wird ein nicht lebbares Ideal vor Augen gestellt, treibt es denjenigen, der es leben will, in einen ständigen Konflikt: Das Unmögliche ist unmöglich zu erreichen. Der Versuch, es doch erreichen zu wollen, führt zu Gewissenskonflikten und kann eine Persönlichkeit belasten oder durch Überlastung im Extremfall zerstören. Eine falsche Verabsolutierung der Armut bringt leicht Verhärtungen mit sich, und leicht schleicht sich in sie eine Haltung der Verurteilung ein.[2] Die Einladung zur evangelischen Armut schlägt dann um in vorwurfsvolle Forderungen, die, mit Bitterkeit vermischt, eher zersetzend als aufbauend wirken. Von solchem Geist getragen, nähme die kommunitäre Armut etwas Sektiererisches an und würde zu Armutsfanatismus und -propaganda. Dazu ist mit Kamphaus zu sagen[3]: "Nichts dient der Armut weniger als ein verbaler Radikalismus, der die offenkundigen Schwierigkeiten überspielt und unsere Leidenschaft allenfalls vorübergehend stimuliert." Wenn heute der kommunitären Armut aufgrund der Übersättigung mit Wohlstandsgütern am wenigsten Widerstand unter den drei Engagements entgegengebracht wird[4], so ist diese Tatsache im Hinblick auf das geistliche Verständnis kommunitärer Armut ambivalent zu beurteilen. Sicher ist eine freiwillige Beschränkung bei Konsumgütern zu begrüßen. Dieses Motiv kann jedoch den Blick für die Verankerung der kommunitären Armut in der Heilsfrage und in der Nachfolge verdecken. Unter der Hand hält dann das Mißverständnis Einzug, das die Armutsbotschaft des Evangeliums zu einer Klassenbotschaft degradiert. Das belastete die kommunitäre Armut und erschwerte ein fruchtbares Miteinander zwischen dem Gesamtleib der Kirche und den einzelnen Kommunitäten.
Gegenüber den erwähnten Idealisierungen der Armut ist bereits hier festzuhalten: Zum einen ist die Armut auch in Kommunitäten kein Wert an sich; ihr kommt als Faktum keine positive Qualifikation zu. Sie kann immer nur ein Zeichen und Mittel sein für den Geist, aus dem der Christ in Kommunitäten lebt. So ist die kommunitäre Armut ständig nach ihrem Geist zu befragen; sie ist an ihn zu binden. Auch der Christ in Kommunitäten muß die Armut immer prüfen in dem Wissen darum, daß eine zweifache Armut zu unterscheiden ist: "die Armut aus Gnade oder die evangelische Armut und die Armut aus Sünde oder die untermenschliche Armut"[5]. Zum andern ist daran zu erinnern, daß auch Jesu reichtumskritische Äußerungen die Armut nicht kanonisieren (Punkt 1.4.2). Für ihn ist die Armut kein feststehendes, ideologisches Programm. "Als sollte die

---

1 So der gleichlautende Titel des Aufsatzes von Adams in GuL 52(1979) S. 201ff

2 Vgl. dazu Altefrohne, Armut S. 22 (ebd. Anm. 88 Angaben aus der Literatur von R. Schutz); Guillet, Armut S. 12; Böckmann, Prüfstein S. 21; Sudbrack, Leben S. 58; Wisse, Armut S. 147

3 Armut S. 87

4 So zutreffend v. Balthasar, Jesus nachfolgen S. 9

5 Marxner, Armut S. 26

Kirche (sc. Entsprechendes gilt auf für die Kommunitäten) ein Hospital für Elende werden. Die Kirche ist für alle da, und Christus hat uns dies durch sein Leben unter Menschen aller Schichten gezeigt."[1] Das schließt nicht aus, daß die Christen in Kommunitäten die Freiheit vom Besitz Gestalt werden lassen wollen und ihren Dienst schwerpunktmäßig auf in verschiedener Hinsicht Arme konzentrieren.

Die kommunitäre Armut will nicht Theorie bleiben, sondern zu praktischer Lebensgestaltung führen. Ihr droht dabei von mehreren Seiten zugleich *mögliche Gesetzlichkeit.* Kommunitäre Armut könnte als Gleichheit aller Mitglieder der Gemeinschaft im Gebrauch der gemeinsamen Güter interpretiert werden. Solche Gleichheit müßte aber immer neu zu Ungerechtigkeit führen, da sie die Verschiedenheit der Rechte und Pflichten in den verschiedenen Dienstbereichen nicht beachtete. So würde sie bald zum Prokrustesbett für den Auftrag des einzelnen Mitglieds und der ganzen Gemeinschaft. Bald würde hier nur noch Mittelmäßigkeit als gut deklariert. Kommunitäre Armut als gesetzliche Gleichheit kann dem Leben der Kommunitäten nicht gerecht werden.

Eine ähnliche Gesetzlichkeit stellt eine zum Maßstab erhobene Bettelarmut dar. Hier hätte man an den kleinsten Bedürfnissen Not zu leiden; ein Dach über dem Kopf müßte bei der Verwendung eines solchen Maßstabs bereits als suspekt erscheinen. Solche Armut wäre traurige Ärmlichkeit und Primitivität. Tschudy/Renner stellen dazu fest[2]: Wenn man die Armut der Kommunitäten in der Armut eines Bettlers sieht, "dann gibt es freilich keine Armut in den religiösen Gemeinschaften, selbst in den Bettelorden nicht". Würde eine derartige Armut in kommunitären Statuten festgeschrieben, wäre ein Legalismus im Lebensstil real gegeben.

Die Gefahr der Gesetzlichkeit kann nun aber auch von der entgegengesetzten Seite her drohen: dem Mangel an ihrer Gestaltwerdung. Aus Angst vor Gesetzlichkeit würden keine Konkretionen der Armut gewagt. An die Stelle der Gesetzlichkeit durch ein Zuviel an Regelungen träte die Gesetzlichkeit durch das Zuwenig an ordnenden Hilfen zu ihrer Verwirklichung. Es herrschte eine Form des Liberalismus im Umgang mit den Gütern. Jeder Christ in den Kommunitäten wäre hier in der Armutspraxis sein eigener Gesetzgeber. Die Konkretionen hingen einzig und allein an der Gewissensprägung des einzelnen. Legalismus und Liberalismus in der kommunitären Armutsfrage werfen gleich große Probleme auf.

Die legalistische Gesetzlichkeit übersieht, daß der Geist der Armut vom Evangelium geprägt sein will. Dort, wo die Gottesherrschaft anbricht, lösen sich Verkrampfungen im Umgang mit den Gütern dieser Welt - auch da, wo solche Verkrampfungen in strenger Ablehnung des Besitzes bestehen. Die legalistische

---

1 Schutz, Entstehung S. 44f; ähnlich Marxner, a. a. O. S. 113; Böckmann, Impulse S. 222

2 Benedikt S. 189; vgl. zum gesetzlichen Armutsverständnis auch Pontoppidan, Pomeyrol S. 95; Stökl, Taizé S. 50f; Morin, Mönchtum S. 151; Altefrohne, Armut S. 75; Hempel, Franziskanerbruderschaft S. 155; Waschelitz, Jesus-Bruderschaft S. 42; K. G. Frank, Armut S. 153

calwer

Theologie
Neuerscheinungen
1994

RAINER LÄCHELE
Ein Volk, ein Reich, ein Glaube
Die »Deutschen Christen« in Württemberg 1925–1960

Quellen und Forschungen zur württembergischen Kirchengeschichte, Bd. 12
X, 319 Seiten, 15 schwarzweiße Abbildungen ISBN 3–7668–3284–0

Fortsetzungspreis: DM 39,80/ÖS 311,–/SFR 41,30
Einzelpreis: DM 44,–/ÖS 343,–/SFR 45,50

Das Buch zeichnet den Weg der deutsch-christlichen Bewegung in Württemberg von ihren Anfängen in der Weimarer Republik über die Zeit des Nationalsozialismus bis in die frühe Phase der Bundesrepublik nach. Der religiöse und geistesgeschichtliche Hintergrund der Deutschen Christen, ihre Anlehnung an den Nationalsozialismus und – damit verbunden – die konfliktvolle Distanz zur Landeskirche werden in ihrem politischen und kirchenhistorischen Zusammenhang minutiös nachgezeichnet. Dabei werden ereignis- und sozialgeschichtliche Aspekte durch exemplarische biographische Darstellungen führender Repräsentanten der Deutschen Christen ergänzt. Daß die Geschichte der Deutschen Christen nach 1945 nicht zu Ende war, zählt zu den wichtigen Ergebnissen dieser Studie. Die Arbeit wurde mit dem Johannes-Brenz-Preis ausgezeichnet.

Rainer Lächele, Dr. phil., geb. 1961, ist Wissenschaftlicher Mitarbeiter am Fachbereich Evangelische Theologie der Universität Gießen.

CLAUS WESTERMANN
Das Johannesevangelium aus der Sicht des Alten Testaments

Arbeiten zur Theologie, Bd. 77
112 Seiten.
ISBN 3–7668–3274–3

Fortsetzungspreis: DM 22,– ÖS 172,–/SFR 23,–
Einzelpreis: DM 24,80 ÖS 194,– SFR 25,80

Der große Heidelberger Bibelwissenschaftler lenkt den Blick auf die vielfältigen Verbindungen zwischen dem Alten Testament und dem Johannesevangelium. Er scheidet einen deutlich alttestamentliche Züge tragenden Grundbestand des Evangeliums von gnostischen Formulierungen und Erweiterungen. Dies entspricht der Trennung in eine ältere Überlieferungsschicht, die Jesus in der Kontinuität des Handelns Gottes an seinem Volk in der Geschichte sieht, und einer jüngeren, die von einem ungeschichtlichen, dualistischen Weltbild geprägt ist. Aus dieser Scheidung geht hervor, daß sich Jesu Erlösungswerk im Johannesevangelium keineswegs auf sein Sterben und Auferstehen beschränkt; er ist zugleich der helfende, heilende und segnende Christus, den eben dieses Wirken in das Leiden brachte.
Es geht »nicht darum, ob der Verfasser des Evangeliums das Alte Testament kennt; auch nicht darum, ob und wie oft Sätze des Alten Testaments in ihm vorkommen, sondern darum, ob zwischen beiden eine Gemeinschaft besteht in ihrem Reden von Gott und der Welt und den Menschen. Anders gesagt: Ist der Gott, den Jesus ›mein Vater‹ nennt, derselbe, von dem das Alte Testament redet?« (C. Westermann)

Claus Westermann, geb. 1909, ist emeritierter Professor für Altes Testament in Heidelberg.

Friedemann W. Golka
Die Flecken des Leoparden
Biblische und afrikanische
Weisheit im Sprichwort

Arbeiten zur Theologie, Bd. 78
176 Seiten
ISBN 3–7668–3275–1

Fortsetzungspreis: Ca. DM 42,–/ÖS 328,–/SFR 43,50
Einzelpreis: Ca. DM 48,–/ÖS 375,–/SFR 49,50

Die alttestamentliche Spruchweisheit entstammt einer Gelehrtenschule am Hof des israelitischen Königs und ist ein kunstvoll formuliertes literarisches Produkt. – Diese in der Forschung bislang gängige Behauptung wird durch die Untersuchungen des Oldenburger Alttestamentlers radikal in Frage gestellt. Ein Vergleich mit afrikanischen Sprichwörtern zeigt, daß der Ursprung der alttestamentlichen Proverbien in der israelitischen Stammesgesellschaft der Richterzeit liegt. Die verschiedenen Einzelstudien eröffnen neue Zugänge zum Verständnis der alttestamentlichen Weisheit; sie demonstrieren exemplarisch, wie die Berücksichtigung sozialanthropologischer Forschung der alttestamentlichen Wissenschaft zu neuen Sichtweisen und Erkenntnissen verhelfen kann. Darüber hinaus ist das Buch eine Fundgrube afrikanischer Sprichwörter zu vielen Bereichen des Alltagslebens.

Friedemann W. Golka, Dr. theol., geb. 1942, ist Professor für Altes Testament an der Universität Oldenburg.

Im Calwer Verlag ist von ihm außerdem der Bibelkommentar zum Buch Jona erschienen. 108 Seiten. DM 34,– Ös 265,– SFR 35,50 ISBN 3–7668–3115–1

Praxis der Armut erliegt der Gefahr, der materiellen Seite der kommunitären Armut einen übergroßen Stellenwert beizumessen. So kann selbst die strenge Distanzierung von einer materialistisch-kapitalistischen Lebensorientierung zu indirekter Fixierung an sie führen. Der materielle Aspekt ist jedoch nur einer von mehreren Aspekten. Die legalistisch ablehnende Armutshaltung übersieht ferner, daß jeder Mensch irgendwie in Abhängigkeit von den Gütern dieser Welt lebt und daß er damit in Beziehung zu ihnen steht. Soziologie und Psychologie weisen auf die Abhängigkeit der menschlichen Existenz von der Sach- und Güterwelt hin.[1] Auch der Christ in Kommunitäten, der Armut leben will, bewegt sich im Bereich der irdischen Wirklichkeit. Selbst wenn er u.U. ausgeprägten materiellen Verzicht übt, wird er die Wahrheit für sich selber nicht leugnen, die Boros in den Satz faßt[2]: "Besitz, Weltbeherrschung, Eigentum und Herrschaft sind also Formen menschlicher Vollendung, und zwar dermaßen, daß der Mensch ohne sie gar nicht existieren könnte." Auf die Dauer läßt sich kommunitäres Leben nicht ohne eine gewisse Kultur durchführen, auch wenn diese keineswegs sehr aufwendig sein muß. Der Verzicht auf Wissen und fachliche Ausbildung z.B. ist für sie kein Prinzip. Viele Tätigkeiten kommunitärer Christen erfordern außerdem einen beträchtlichen Einsatz von Arbeitsmitteln und Geld. Funktionsgerechter Einsatz derselben wird den Geist kommunitärer Armut nicht unterwandern. Kommunitäten, die ihre Armutspraxis reflektieren, befinden sich also in irgendeiner Weise in der Situation des Habens als Besitzende. Die Angewiesenheit auf die Welt ist für sie jedoch kein notwendiges Übel. An dieser Stelle muß in der Armutstheologie der Schöpfungsbezug den ihm gebührenden Platz erhalten. Die Kommunitäten verachten weder den Schöpfer noch seine Gaben. Nichts von Gott Geschaffenes verdient Verachtung. Auch für sie gilt der Zusammenhang, den die Schöpfungsberichte ansprechen: "Schon Adam ist der Erdling und kann gar nicht anders als Mensch leben denn im Umgang mit den materiellen, raumzeitlich gebundenen Dingen."[3] Der Christ in Kommunitäten ist wie jeder andere Mensch ein Teil der Schöpfung und kann ihr deshalb nicht entfliehen. Er vergißt nicht Gottes biblisch bezeugtes Interesse am Diesseits. Gerade auch die Aussagen, die die neue Schöpfung ankündigen, vergessen die alte (bei aller für sie bezeugten Wandlung) nicht.

Ein gewisser Gebrauch der Güter dieser Welt ergibt sich für die Kommunitäten aus ihrer Teilhabe am Schöpfungsauftrag, sich die Erde untertan zu machen. Gott hat den Menschen nicht als autarkes Wesen geschaffen. So können auch die Kommunitäten keine derartige Autarkie anstreben wollen. Selbst bei Jesus und seinen Jüngern ist dieses Leben in der Welt mit ihren Gütern selbstverständlich

---

1 Vgl. Altefrohne, Armut S. 10; Wulf, Geist S. 137ff; ders., Ev.Armut S. 21

2 Boros, Strukturen S. 252; vgl. auch dazu Sudbrack, Leben S. 102; Altefrohne, a. a. O. S. 70; Schutz, Heute S. 98; ders., Entstehung S. 45; W. Hümmer, Geld S. 98; Switek, Armut S. 203; Böckmann, Prüfstein S. 96; B. Schlink, Realitäten S. 90; Haeffner, Armut S. 1; Grau (Eigentum S. 64) zeigt, daß dies auch für Franziskus zutrifft.

3 Zulehner, Glauben S. 64; ähnlich Halkenhäuser, Kommunität S. 283; Marxner, Armut S. 96f; Lotz, Sinn S. 28; N. Lohfink, Armut S. 324f; Palm, Weg S. 119f; Wulf, Ev.Armut S. 21; Russo, Armut S. 95; Congar, Wohlstandsgesellschaft S. 343; Lefèvre, Armut S. 35f

vorausgesetzt, wenn vom Umgang mit ihnen gesprochen wird. So leugnen die Kommunitäten nicht die grundsätzliche Neutralität der Armut bzw. des Besitzes in bezug auf die Glaubensgemeinschaft mit Gott. Sie wissen sehr wohl, daß alle Habe Mittel zu geistlichem Handeln sein kann. Die kommunitäre Armut wäre nicht christlich, stünde hinter ihr eine Haltung der Weltverachtung. Nicht Weltverachtung, sondern eine tiefe Liebe zum Eigentlichen trägt die kommunitäre Armutspraxis. Sie wird bewußt innerhalb der Weltwirklichkeit gelebt.[1]
Neben dem Schöpfungsgedanken widerrät schließlich auch ein nüchterner, praktischer Grund einer rigoristischen Armutspraxis: Würde das Ideal der Armut in der Bettelarmut gesehen, wäre alle sinnvolle Arbeit ausgeschlossen. Die Kommunitäten wären für ihren Unterhalt auf einen tragfähigken Spenderkreis angewiesen; sie wären auf Gedeih und Verderb von diesem abhängig. Sie wissen aber, daß sie kein Recht haben, anderen zur Last zu fallen. Aus dem Nachfolgeruf, alles zu verlassen, ergibt sich nicht, daß die Kommunitäten jeder verantwortlichen Sorge enthoben wären.[2] In ihrem Vertrauen zu Gott haben sie der sozialen Umwelt, in der sie leben, Rechnung zu tragen. Eine vernünftige Vorsorge widerspricht dem Geist kommunitärer Armut nicht, wobei eine derartige Vorsorge vom ängstlichen Sorgen in Mt 6,25ff zu unterscheiden ist. "Will man selber die Armut üben und später nicht anderen zur Last fallen, ist es ehrlicher, wie alle von den jeweiligen Möglichkeiten sozialer Daseinsvorsorge Gebrauch zu machen."[3]
Die libertinistische Gesetzlichkeit übersieht, daß die Berufung zum Leben in kommunitärer Armut den Umgang mit den anvertrauten Gütern vom Evangelium her real prägt. Armut im Sinn des Evangeliums ist nicht nur innerlich und individualistisch zu verstehen. Eine Variante libertinistisch-gesetzlicher Armutspraxis kann sich noch von anderer Seite her einschleichen: Die Frage nach der kommunitären Armut stellt sich nicht nur dem einzelnen, sondern auch der Gemeinschaft als ganzer. Dabei kann Armut vorwiegend als persönliche Sparsamkeit (miß-)verstanden werden. Der einzelne kann hier bis an die Grenze des Möglichen gehen. Wenn der persönliche Besitz in das Gemeinschaftseigentum übergeht, kann aber an die Stelle privater Habgier eine Art kollektive Habgier treten. Die Frage erhebt sich, ob dann wirklich noch von kommunitärer Armut gesprochen werden kann. Hier zeigt sich das Problem der "gesicherten Armut"[4] in einer sichernden Gemeinschaft. Genau genommen lebte nur derjenige, der keine Gemeinschaft hinter sich hätte, in der beschriebenen Weise wirklich Armut. Dem Christen in Kommunitäten wird solche persönliche

---

1 Ähnlich v. Breemen, Gerufen S. 51 u. Lippert, Räte S. 665. Zutreffend bemerkt Lefèvre (Armut S. 36): "Die Geringschätzung des Philosophen oder Asketen für die Dinge des Leibes beleidigt die Güte des Schöpfers."

2 Das heißt nicht, daß das Leben der Brüder und Schwestern "sicherzustellen" wäre (gegen Strack, Armut S. 134).

3 Switek, a. a. O. S. 207; (zu Mt 6,25ff vgl. o. Punkt 1.4.2)

4 Hardik, Armut S. 9; das Problem sehen auch Lotz, Sinn S. 27; Bacht, Bürde S. 308.311; Halkenhäuser, Kirche S. 303.

Besitzlosigkeit nicht zur Existenzbedrohung. So kommt der Bemerkung Congars auch im Hinblick auf die Kommunitäten einige Relevanz zu[1]: "Geben wir es offen zu: Es sind die Reichen, auf alle Fälle die Menschen, denen nichts fehlt, die von Armut reden ... Jeder ist in seinen Daseinsstrukturen und -bedingungen gefangen, die er praktisch nicht ändern kann." Die Kommunitäten werden zu bedenken haben, daß ihre Armutspraxis noch nicht gewährleistet ist, wenn jeder einzelne für sich arm lebt. In reichen Kommunitäten ist Armut kaum zu leben. Das Leben im Überfluß eines Gruppenreichtums widerspricht dem Geist der Armut.

Alle diese Darlegungen zeigen, daß es einiger Behutsamkeit in der Verwendung des Begriffs Armut für das kommunitäre Leben bedarf. Die kommunitäre Armut ist von einer festzustellenden Unklarheit des Armutsbegriffs mitbetroffen. Daß er für die Kommunitäten dennoch nicht gestrichen werden kann, bringt die Wahrheit der Äußerung von Kamphaus zum Ausdruck: "Ich ahne, daß mit der Armut ein Nerv des Evangeliums und der Erneuerung der Kirche berührt ist."[2]

Um die richtige Orientierung für die kommunitäre Armutspraxis zu finden, muß ihre *Zuordnung zur Nachfolge* gesehen werden. Der engere Jüngerkreis Jesu lebte Armut als konkreten Besitzverzicht. Armut war für die Jünger keine Theorie, sondern Lebenspraxis: Heimat, Besitz und Erwerb waren von ihnen real zu verlassen. Ihre Armutspraxis war aber kein Selbstzweck oder religiöse Extravaganz. Vielmehr ergab sie sich folgerichtig als Antwort auf den an sie ergangenen Ruf Jesu. Im Besitzverzicht gehorchen sie dem Gnadenimperativ: "Komm und folge mir nach!"[3] Der Verzicht des Jüngers ist in seinem Zentrum berufungsbezogen. Die kommunitäre Armut findet ihre sachgerechte Begründung also im engeren Jüngerkreis Jesu, der im nachösterlichen Wanderradikalismus seine Fortsetzung fand. Mit dem speziellen Ruf zur Nachfolge sind die kommunitären Christen auf etwas Wunderbares gestoßen, auf die kostbare Perle, die sie dazu veranlaßt, alles zu verlassen. Das mit dem Kommen Jesu angebrochene Gottesreich ist ihnen so groß geworden, daß es den Wert des Habens und Besitzens in den Schatten stellt. Die Armut der Kommunitäten orientiert sich unter christologischem Aspekt am gekommenen Herrn, der sie als der Erhöhte beschenkt und beansprucht hat.

Zur christologischen Begründung gehört auch der Blick auf die Armut Jesu.[4] Wenn dabei die Gefahr der imitatio Christi, in der Jesus Christus zum ethischen

---

1 Wohlstandsgesellschaft S. 346; vgl. auch N. Lohfink, Armut S. 334; Berve, Gemeinsam S. 15

2 Armut S. 73

3 Die Verbindung zwischen der kommunitären Armutspraxis und der Nachfolge heben ebenfalls hervor Böckmann, Prüfstein S. 31; Steidle, Regel S. 223; Halkenhäuser, Kommunität S. 293ff; Lippert, Räte S. 665f; Heufelder, Räte, S. 42; Grau, Eigentum S. 67; Pontoppidan, Pomeyrol S. 95; Bacht, a. a. O. S. 315; Altefrohne, Armut S. 43; Wulf, Ev.Armut S. 30; N. Lohfink, Armut S. 328.

4 Vgl. dazu Punkt 1.4.1 u. 1.4.2; ferner auch Böckmann, Diskussion S. 79ff; Berve, Gemeinsam S. 4f; Hünermann, Armut S. 6f; Palm, Weg S. 119; Guillet Armut S. 11ff.

Vorbild verflacht, vermieden wird, kann gegen eine solche Begründung nichts eingewandt werden. Jesus lebte in zweierlei Hinsicht arm: Zum einen verzichtete er auf alle Habe. "Er ist (sc. zwar) kein stoischer Prediger der Bedürfnislosigkeit"[1], aber die Armut, die er praktizierte, hatte eine deutlich materielle Seite. Als Wandercharismatiker lebte er ohne Vorräte und ohne feste Pläne von Tag zu Tag. Er klammerte sich an nichts und war darin verfügbar für andere. Die Armutspraxis Jesu will jedoch von seiner Armutshaltung her begriffen werden. So ist zum andern mit Böckmann zu sagen[2]: "Jesus ist ein Armer sowohl vor den Menschen als auch vor Gott ..." Er handelt nicht aus Eigensinn oder um eigener Ehre willen, sondern lebt in radikaler Offenheit vor dem Gott, den er seinen Vater nennt. Von ihm empfängt er alles. So ist er der Bringer der Gottesherrschaft und der Liebe Gottes in Person. Diese Armut gipfelt in seinem Erlösungswerk am Kreuz. Dort kulminiert die Armut Jesu als die ohnmächtige - und gerade darin übermächtige - Liebe Gottes.

Die *Armut vor Gott* macht die geistliche Haltung als Motivation kommunitärer Armut aus. Armut lebend, wollen die Christen in Kommunitäten ihrer *existentiellen Armut* nicht ausweichen. Sie wissen um ihre radikale Bedürftigkeit, die sie nicht selber durch Reichtümer materieller oder geistiger Art überspielen wollen. Sie lassen sich auf die Erkenntnis ihrer eigenen Leere und Schwächen ein. Anstatt sie zu verleugnen, erkennen sie diese an. Da, wo das Herz des Menschen an die Oberfläche kommt, kann es aus Erschrecken und Angst zu verschiedenen Formen der Flucht oder Selbstverkrampfung kommen. Diese Anerkenntnis der eigenen Schwäche muß freilich noch nichts spezifisch Christliches sein, käme nicht noch das weitere Element hinzu: Der Christ in Kommunitäten erkennt seine Leere und Grenze - vor Gott. Mit seiner existentiellen Armut flieht er nicht vor Gott. Er tritt vielmehr erwartungsvoll vor ihn hin: "... Meine leere Hand hinstrecken, immer wieder, geduldig, und mich daran erinnern, daß Du immer die leere Hand gefüllt hast, daß Du keiner leeren Hand widerstehen kannst, daß es Dein Entzücken ist, meine leere Hand übervoll zu machen."[3] Der kommunitäre Christ steht in seiner Nacktheit und Wehrlosigkeit bewußt vor Gott. Er lebt, was er ist: ein Bettler vor Gott. So will er, daß Gott bei ihm selbst mehr und mehr alles in allem wird. Den letzten Grund seiner Bedürftigkeit sieht er in seiner Gottesbedürftigkeit als Sünder.

Für den kommunitären Christen ist deshalb seine Praxis der Armut im Zentrum *Glaube*. Glaube und Armut vor Gott sind zwei Seiten derselben Sache. Indem Kommunitäten ihre Armut auf der Basis des Glaubens leben, nehmen sie die Tatsache ernst, daß die erste Seligpreisung weder die Armut noch den Armen an

---

1 Hempel, Franziskanerbruderschaft S. 255

2 Diskussion S. 81. Böckmann stellt (ebd.) fest, daß der zweite der im Zitat genannten Aspekte in der Literatur weniger Beachtung finde.

3 Pfister, Loslassen S. 51; ähnlich auch Louf, Geist S. 157; Raguin, Freude S. 145; Wenningmann, Armut S. 19; Kramer, Protestantismus S. 46; Altefrohne, Armut S. 44; Sr. Christamaria, Armut (o. S.); B. Schlink, Räte S. 52

sich seligpreist[1], sondern den, der sich in seiner Armut vertrauend an Gott bindet. Die aus Glauben gelebte kommunitäre Armut ist die Realität eines vom Gottvertrauen getragenen Lebens. Sie ist Vollzug einer von der speziellen Berufung herkommenden Lebensgemeinschaft mit Christus. Die Kommunitäten bekennen mit dem Verzicht auf Güter, daß sie an das Gottesreich glauben. An die Stelle des Vertrauens auf Reichtum tritt bei ihnen das Vertrauen auf Gott. Auf diese Weise ziehen sie "Gott absolut vor, in dessen Augen nichts wirklich zählen kann"[2]. Die kommunitäre Armut lebt von dem Bewußtsein, daß Gott mit seinem Heil da ist, das den ganzen Menschen betrifft. Wenn der Glaube die Armutshaltung prägt, dann ist sie Gott gegenüber gelebtes Kindsein.[3] Die Armutshaltung vor Gott weist auf den Geschenkcharakter der Gottesherrschaft. So hält sich der kommunitäre Christ bis in den materiellen Bereich hinein für das offen, was Gott schenkt. Empfangend und sich beschenken lassend, liefert er sich ganz der Barmherzigkeit Gottes aus. "Die neuen Kommunitäten erstreben Armut oder Gütergemeinschaft ... als eine Möglichkeit, von der Güte Gottes allein zu leben."[4] Ihre Gottesbedürftigkeit prägt so ihren Umgang mit den Gütern. Ihr Gottvertrauen setzt eine Sorglosigkeit für den kommunitären Lebensweg frei und wird zum Zeichen für die Angewiesenheit auf die Erfüllung von Gott in allen Lebensgebieten. Sie leben so auf ihre Weise, dem Anruf des Evangeliums gehorsam, im "Heute Gottes"[5]. "Der Christ verliert seine Freude von dem Augenblick an, wo er beginnt, sich um den nächsten Tag zu sorgen."
Die so verstandene geistliche Haltung hinter der kommunitären Armutspraxis läßt sich als vertrauende und wagende *Ganzhingabe* in der Nachfolge begreifen. Sie ist Vollzug der Rückgabe der eigenen Existenz an Gott. "Der tiefe Sinn der monastischen Armut ist zuletzt ... Freisein für Gott, Hingabe an Gott."[6] Die antwortende Liebe zu Christus steht an ihrem Anfang. Christen in Kommunitäten wollen wachsen im Vertrauen, sich in allem ihrem Herrn zu überlassen und "nicht ruhig werden, bis wir alles an Ihn verschenkt haben"[7]. Solche Armut als Hingabe ist ein umfassendes, weittragendes Geschehen. Sie erschöpft sich nicht im Verhältnis zu den materiellen Gütern. "Man könnte diese Armut (sc. des

---

1 Mt 5,3; Lk 6,20 vgl. dazu K. G. Frank, Armut S. 153

2 Congar, Akt S. 257. Congar weist (ebd.) darauf hin, daß die Armut des Franz v. Assisi wesentlich theologal zu verstehen sei: "Sie ist Ausübung einer radikalen Abhängigkeit in der Vertikalen, nämlich vom Vater."

3 Vgl. dazu Spaemann, Orientierung am Kind passim; Congar, Weg S. 258

4 Schleiter, a. a. O. S. 84; vgl. auch Stökl, Taizé S. 50; B. Schlink, Marienschwesternschaft S. 159; Braulik, Brüdergemeinde S. 91.95

5 Schutz, Heute S. 37 (vgl. ebd. auch das folgende Zitat; ferner Gerhartz, Arm S. 327; Halkenhäuser, Hinter offenen Türen S. 9; Zulehner, Gott geweiht S. 38)

6 Steidle, Regel S. 225; vgl. auch Außendorfer, Armut S. 9; Palm, Armen S. 135; Halkenhäuser, Kirche S. 294; B. Schlink, Marienschwestermschaft S. 149; Pontoppidan, Pomeyrol S. 95; Boros, Strukturen S. 252; Strack, Armut S. 134; Sr. Christamaria, Armut (o. S.); Böckmann, Diskussion S. 307; Lotz, Sinn S. 29

7 Christusbruderschaft 1987 S. 327

Geistes) eine Opferung des Verstandes ... nennen"[1]. In ihrer Armutshaltung geben die Christen in Kommunitäten um Gottes willen ihre Autonomie, ihren Eigenwillen, Ehrgeiz und möglichen Erfolg preis. Sie wollen auf alles verzichten, was nicht ihren Herrn meint. In ihrer Hingabebereitschaft lassen sie Gott als den Unverfügbaren über sich verfügen in der Offenheit für sein Wirken. Sie verstehen ihrc Armut als die ihrer Berufung entsprechende Weise, vor Gott nichts zurückzubehalten, sondern ihm sich ganz zu schenken. Wie die Selbsthingabe so ist auch Armutspraxis ein Geschehen der Liebe zu Gott. Solche Armut will dazu dienen, Gott auf berufungsorientierte Weise Raum zu lassen und ungeteilt dem Herrn zu gehören.

Weiter ist die kommunitäre Armut als gelebte *Loslösung von den Dingen*, als Freiheit von ihnen zu verstehen. In seinen verschiedenen Formen ist der Verzicht auf Güter Ausdruck und Mittel der inneren, geistlichen Loslösung. Armut ist für die Kommunitäten die vom Glauben erleuchtete Einstellung und selbstlose Verfügung über die ihnen anvertraute irdische Wirklichkeit. "'Armut' heißt für uns nicht in erster Linie Verzicht auf äußeren Besitz, sondern inneres Gelöstsein von allen Dingen."[2] Immer wieder will die Entscheidung getroffen werden: Ich will um des Rufes Jesu willen alles loslassen. Dazu gehört auch, daß sich der kommunitäre Christ aus Liebe zu seinem Herrn von allen Sicherungen durch Sammeln, Planen, Leisten und Sorgen lösen läßt. Im Loslassen ist er dazu gerufen, sich in allem und mit allem Christus zu überlassen. Er will sein Herz durch nichts binden lassen. In solcher inneren Gelöstheit von allen Dingen liebt der kommunitäre Christ "den Geber mehr als alle seine Gaben"[3].

Die Gelöstheit vom Besitz resultiert für die Kommunitäten wesentlich aus dem *eschatologischen Aspekt des Glaubens*. Sie verstehen sich als Pilgergemeinschaften, die auf das endgültige Offenbarwerden der Basileia zugehen. Weil sie die letzte Erfüllung und Vollendung mit sich bringt, kann nichts anderes diese vorwegnehmen. Die kommunitären Christen gehen bewußt auf ihre "Heimat im Himmel" zu. Sie wissen, daß diese Welt auch als Schöpfung Gottes eine Fremde ist. Das hält sie nicht von einem verantwortlichen Dasein mitten in der Welt ab. Aber sie stehen zu den irdischen Gütern in einer Beziehung eschatologischer Distanz und wissen sich zum konkreten Vorübergehen-lassen der Welt und ihrer Güter gerufen. Sie richten sich auf den wiederkommenden Herrn hin aus. So

---

1 Riedinger, Geweihte S. 23; Riedingers Unterscheidung zwischen den Geweihten des Herrn und der allgemeinen Ordnung des Vorhofs sollte jedoch besser nicht übernommen werden, da sie wieder einen Rückfall in eine Zwei-Stufen-Ethik darstellte (mit Halkenhäuser, Kommunität S. 294 Anm. 60).

2 Christusbruderschaft, in: Mohaupt, a. a. O. S. 106; vgl. auch Christusbruderschaft 1987 S. 14; Pfister, Loslassen S. 49; Boros, Strukturen S. 256f; Bruder Franz Nr 5(1975) S. 132; v. Balthasar, Theologie S. 52; Tobien, Johannis-Konvent S. 172; Hempel, Franziskanerbruderschaft S. 258; Stählin, a. a. O. S. 76f; H. Hümmer, Gott ruft S. 28; Delchard, Armut S. 79; v. Campenhausen, Askese S. 38f; Bockmühl, Gesetz S. 282; Lefèvre, Armut S. 42: "Die Armut ist weniger ein Verzicht auf das Geld als ein Verzicht darauf, sich auf das Geld zu stützen."

3 Bouyer, Spiritualität S. 130; ähnlich Schulte, Ordensleben S. 414

sind sie mit ihrer Armutspraxis "Herolde der Eschatologie"[1]. Der eschatologische Bezug ihrer Armutspraxis hält sie dazu an, ohne Absicherung auf die Zukunft hin zu leben. Sie relativieren mit ihrer Lebensgestaltung die materiellen Werte vom kommenden Gottesreich her und lassen sich ihren Lebensstil nicht von der vergehenden Welt vorschreiben. In diesem Sinn "kann Armut in einer besonderen Weise des Besitzens liegen, besser: in einer neuen Beziehung zur Welt"[2]. In dieser Distanz zur Welt drückt sich gerade ihre Hoffnung nicht allein für sie selbst, sondern für diese Welt aus. Die eschatologische Dimension der kommunitären Armut birgt dabei beide Seiten der Eschatologie in sich: Zum einen bringt sie das "Noch-nicht" des Glaubens im materiellen Verzicht zum Ausdruck. Hier ist sie intensives Warten und Hoffen auf das endgültige Heil. Zum anderen ist sie eine Leben im "Schon" der bereits angebrochenen Gottesherrschaft. "Wer in die Armut Jesu hier eingeht, der tritt damit in die verborgenen Herrlichkeiten der Gemeinschaft mit dem Herrn."[3]
Als weiterer Aspekt der Armut vor Gott soll hier das Stichwort *"Verfügbarkeit"* genannt werden. Christen in Kommunitäten geht es zentral in ihrer Armutspraxis um die Verfügbarkeit für Gott in dieser Welt. Sie wollen Werkzeuge in der Hand Gottes sein, durch nichts gehindert in ihrer Transparenz für ihn. Als Arme wollen sie die empfangene Liebe Gottes weitergeben. Von ihr soll der Umgang mit allem geprägt sein, was ihnen anvertraut ist.
Ist von der Armut vor Gott die Rede, so darf der Aspekt der *Demut* nicht fehlen. Die kommunitäre Armut als Demut bewahrt erstere davor, ein frommes Werk zu werden, und damit vor der Gefährdung durch Leistungsstolz, Selbstgenügsamkeit und "Pharisäismus". Geistliche und materielle Armut können zu einer Art neuem Besitz werden. "Wie schnell werden wir ein gelähmtes Glied am Leib Christi, wenn wir uns nicht nur persönlich, sondern auch als Gemeinschaft auf unsere Erkenntnisse und Glaubenserfahrungen versteifen."[4] Was nicht in demütiger Bereitschaft für den Nächsten und in Abhängigkeit von Gott gebraucht wird, wird zur Gefährdung. Ohne Demut kann materieller Verzicht in Kommunitäten von Habsucht, Hartherzigkeit und Geiz überfremdet werden. Die Demut hält die Armut auch von der Gefahr magischen Denkens frei, etwa durch eine Armutshaltung einen Anspruch auf Gott erheben oder über ihn verfügen zu wollen.
Die Demut Gott gegenüber führt zur Demut Menschen gegenüber: Christen in Kommunitäten wollen ihren Mitmenschen nicht von oben herab begegnen. Sie wollen nicht als von anderen Christen abgehobene elitäre Gruppe gelten. Sie vermeiden in der Demut alle Gesuchtheit, Eitelkeit und Zurschaustellung ihrer Armutspraxis. Die kommunitäre Armut als kollektive und persönliche Demut macht die Christen in Kommunitäten gegenüber anderen beziehungs- und

1 Marxner, Armut S. 121; Bacht weist (Bürde S. 314) auf den frühmonastischen Gedanken der "Xeniteia".

2 Altefrohne, Armut S. 75

3 Riedinger, a. a. O. S. 28

4 Pontoppidan, a. a. O. S. 96

dienstfähig, d.h., die Not der anderen in ihr Dasein aufzunehmen und selbstvergessen für sie dazusein.
Die bisher dargelegten Aspekte weisen darauf hin, daß die kommunitäre Armut als Armut vor Gott von einer tiefen *Freude* getragen ist. Sie darf nicht "abgestorbene ... verkümmerte Menschen"[1] produzieren. Da sie der anbrechenden Gottesherrschaft zugeordnet ist, läßt sie bei allem Verzicht, der zuzeiten schwer fallen mag, Raum für die Freude an Gott in der bleibenden Offenheit ihm gegenüber. Soll solche Armut Zeugnis für die Güte Gottes sein, dann paßt zu ihr weder finstere Verbissenheit noch eine Vorwurfshaltung anderen Menschen mit anderen Lebensführungen gegenüber. Kommunitäre Armut will gelebte Freude am Reichtum Gottes sein. Die Freude an Gottes Zuwendung im Verzicht auf materielle Güter wirkt einladend und läßt die mit ihm gegebenen Schwierigkeiten und Leiden erträglicher werden. "Als junge Schwester vollzieht man alle diese Absagen ganz voll Freude, wie der Mann im Evangelium, der alles verkaufte, um den Acker mit dem Schatz zu erwerben (Mt 13,44-46)."[2] Die Freude verbindet sich mit der Liebe zu der übernommenen Lebensform um Jesu willen. Evangelische Gelöstheit vom Besitz ist für die Kommunitäten etwas Seliges, weil sie von der erfüllenden Liebe Jesu Christi geprägt ist und ihre Sicherheit allein in Gott hat. Die Armutspraxis in Kommunitäten ist von Freiwilligkeit und damit von einer Heiterkeit des Glaubens geprägt. Die geistliche Faszination, die der kommunitären Armut zu eigen sein kann, drückt sich in der folgenden Äußerung B. Schlinks nach einer konkreten Erfahrung materieller Hilfe durch Gottes Eingreifen aus: "Da erfaßte mich ein großes Verlangen, in noch größere Abhängigkeit vom Vater im Himmel einzugehen, noch ärmer zu werden, um Ihm noch mehr Möglichkeiten zu lassen, sich zu verherrlichen."[3]
Überblicken wir die verschiedenen Aspekte der Armut vor Gott, so zeigt sich, daß sie eine umfassende, das Ganze des kommunitären Lebens betreffende Haltung anspricht. Die Armut vor Gott beseelt nicht nur die kommunitäre Armutspraxis. Sie durchdringt auch die beiden anderen Engagements, das Zölibat und den Gehorsam. Unter Verwendung traditioneller Begrifflichkeit weist auch Bouyer in diese Richtung: "Grundlegend ist die Armut, sie umfaßt in gewissem Sinn alle drei Gelübde: Sie wird in ihnen nur auf das ganze Leben ausgedehnt."[4]
Mit Entschiedenheit muß gesagt werden, daß im Zentrum kommunitärer Armut die Armut vor Gott steht. Die ihr eignende verborgene Dimension bewahrt sie vor Effekthascherei und religiösem Materialismus. Der *Außenaspekt der kommunitären Armut* darf jedoch nicht hinter dem Innenaspekt verlorengehen.

---

1 Lotz, Sinn S. 28

2 Pontoppidan, a. a. O. S. 95; vgl. auch W. Hümmer, Christusbruderschaft S. 185; ders., Geld S. 80; Raguin, Freude S. 142f; Mohr, a. a. O. S. 68; Stökl, Taizé S. 51; Bruderschaft vom gemeinsamen Leben, in: I. Reimer, Leben S. 55; Hempel, Franziskanerbruderschaft S. 256: "Die minderen Brüder sollten ... Kinder der Freude sein."

3 Realitäten S. 131

4 Spiritualität S. 130; ähnlich Wulf, Ev.Armut S. 20

Die geistliche Armut kann unter der Hand eine Theorie oder eine Verbrämung kommunitären Reichtums werden, wenn die Lebenspraxis einer Kommunität mehr oder weniger unreflektiert von dem bestimmt wird, was in einer Wohlstandsgesellschaft üblich ist. Sicher muß ein Leben lang um den Geist der Armut gerungen werden. Aber die innere Loslösung von allem kann für die Kommunitäten nicht losgelöst vom Verzicht auf materielle Güter gelebt werden. Äußerer Verzicht will die innere Armut zum Ausdruck bringen. "Sie (sc. die geistliche Armut) bedarf des leibhaftigen Ausdrucks, um eindeutig zu werden ... Der Stachel der Armut sitzt nicht nur im Geist, sondern auch im Fleisch."[1] Führte die Armut vor Gott in materieller Hinsicht nicht zu Konsequenzen, wäre zu fragen, ob in Kommunitäten wirklich radikale Armut vor Gott gelebt wird. Wird das "Als-ob" beim Haben-als-hätte-man-nicht im Hinblick auf die Armutspraxis überstrapaziert, kann diese dadurch im Ergebnis außer Kraft gesetzt werden. Der Geist der kommunitären Armut will sich inkarnieren. Gewiß gilt auch hier: Der Geist ist es, der lebendig macht; aber wenn die kommunitäre Armut wirklich vom Geist Gottes beseelt ist, dann wird sie nicht auf der unsichtbaren Ebene stehen bleiben können. Andernfalls kann sie von der "billigen Gnade" zersetzt werden, so daß die Leibhaftigkeit kommunitärer Nachfolge ausbleibt. Sowohl der einzelne Christ in Kommunitäten als auch die Gemeinschaft als ganze werden sich hier von ihrem Auftrag her immer neu in Frage stellen lassen. Die Kommunitäten sind nicht nur zu kommunitärer Gesinnung, sondern zur Nachfolge berufen, die sich aus Liebe zu Jesus Christus in zeichenhaften Konkretionen verwirklicht. Dies wird nicht ohne Selbstüberwindung und geistliche Opfer um der speziellen Berufung willen gehen.

Im folgenden sind einige Orientierungspunkte für den *Dienstcharakter der kommunitären Armut* anzugeben, die für die kommunitäre Armutspraxis einen angemessenen Weg finden helfen. Bereits bei der Armutspraxis Jesu und seiner Jünger war zu erkennen, daß sie kein Selbstzweck war (Punkt 1.4.2). Mit ihr wurde nicht der Zweck religiöser Selbstheiligung verfolgt. Sie ergab sich vielmehr aus ihrer Sendung zum Volk Israel. Auch in der kommunitären Nachfolge steht aller Verzicht auf materielle oder geistige Güter im Dienst des Auftrags der geistlichen Gemeinschaft. Im Vordergrund geht es nicht um die Frage: Wieviel Besitz dürfen wir (nicht) haben?, sondern: Wozu sind wir gerufen? Kommunitäten wissen sich dazu gerufen, alles in den Dienst Gottes und der Menschen zu stellen. Nicht nur für das Geld, sondern für allen Besitz trifft die Feststellung W. Hümmers zu: "Das Geld wird in der Bibel als brauchbares Mittel im Dienst der Liebe angesehen."[2] So steht z.B. eine Großzügigkeit im Bau

---

1 Kamphaus, Armut S. 99; vgl. auch Halkenhäuser, Kirche S. 280; v. Campenhausen, Askese S. 11; Gründel, Consilia S. 194; Schober, Berufung S. 18; Guillet, Armut S. 8; A. Schulz, Grundlegung S. 443.455; Altefrohne, Armut S. 58; Delchard, Armut S. 74; Geistliche Lebensordnung, Sießen S. 288. Man sollte jedoch nicht davon sprechen, daß dem Geist der Armut ein realer und materieller Vollzug "vorauszugehen" hätte (gegen v. Balthasar, Theologie S. 33).

2 Geld S. 77; vgl. dazu Hünermann, Armut S. 8; v. Breemen, Gerufen S. 58f; Egger, Weg S.

und in der Einrichtung von Gästehäusern, die der Einkehr und der Stille für Gäste dienen, in keiner Weise im Gegensatz zum Geist kommunitärer Armut. Kommunitäten stellen solchen Besitz selbstlos zur Verfügung, wobei sie auf eigene Interessen verzichten. Die Bejahung der kommunitären Armut unterstützt die Freiheit von allen materiellen Bindungen, um anderen um so mehr zu dienen. Daher finden die Kommunitäten in der Gottes- und Nächstenliebe eine Orientierung im Umgang mit den Gütern. Eine Armutsforderung, die die Nächstenliebe erschwerte, entspräche nicht der Intention der kommunitären Armut. "Die Güter dienen nicht mehr der Vergrößerung des Ich, sondern werden Weg und Mittel zum Du und Wir ..."[1] Als selbst von Gott und Menschen Beschenkte wollen die Kommunitäten Freigebigkeit üben und in der Freiheit vom Haben-wollen für andere leben. Sie wollen sich mit ihrem Besitz von Gottes Plan engagieren lassen, der sie als Mitarbeiter gebraucht und der will, daß der Mensch lebt.

Kommunitäre Armut als Dienst und Verfügbarkeit wird besonders in der Begegnung mit den Armen herausgefordert. Hier wird die radikale Bereitschaft, sich selbst zu vergessen und für den anderen da zu sein, immer wieder konkret an die Kommunitäten herangetragen. Von ihrem Ruf her lassen sie sich von der Not der Armen treffen. Die "Armen" sind dabei im weitesten Sinn zu verstehen[2]: Sie reichen von den Hungernden in der Dritten und Vierten Welt bis zu denen, die in unserer westlichen Zivilisation mit einem Existenzminimum an Liebe und Geborgenheit auskommen müssen oder unter einer Glaubensverarmung leiden. Kommunitäten haben das Zeugnis der Armut in entschiedener, ausdrücklicher Armut zu geben. "Solidarität mit den Armen kann nur üben, wenn einer selbst arm sein kann ..."[3] Wichtiger als arm zu erscheinen, hat den Kommunitäten zu sein, daß sie den Armen nach ihrem Vermögen beistehen, ihnen dienen und darin sich ihnen selber zugänglich machen. An den vielfältig Armen will ihre Liebe zuerst leibhaftig werden. Mit ihrem Besitz wollen sie den Lebensraum Bedürftiger erweitern. Kommunitäten werden sich den Blick für die Lücken, die Schwachstellen in ihrer Gesellschaft offen halten. Ihre geistliche Armut treibt sie dazu, den vielfältigen Formen der Armut tatkräftig entgegenzuwirken und sich

---

230; Delchard, Armut S. 83f; Wulf, Ev.Armut S. 35: "Die Armut der heutigen Christen, auch in den Orden, ist die des Dienens."

1 Altefrohne, Armut S. 73; vgl. auch Haeffner, Armut S. 4; Lotz, Sinn S. 27; Congar, Akt S. 259; Russo, Armut S. 106f; Böckmann, Ev.Armut S. 492; dies., Prüfstein S. 40f; Roustang, a. a. O. S. 115; Herbstrith, Kirche S. 26: "Arm sein heißt nicht: sparen, sondern hergeben, immer wieder teilen."

2 Vgl. dazu Wulf, Ev.Armut S. 32; Herbstrith, Kirche S. 26. Auf den Aspekt der Solidarität mit den Armen weisen die meisten Autoren in Verbindung mit der kommunitären Armut.

3 Wulf, Ev.Armut S. 33; vgl. auch Congar, Wohlstandsgesellschaft S. 349: "Nur wenn wir selber eine gewisse Armut auf uns nehmen, werden die Armen auf uns hören"; ähnlich Hoch, Räte S. 50; Pflästerer, Taizé S. 77; Brüning, Erneuerung S. 291; Gündel, a. a. O. S. 194. Der Ruf nach der "Kirche der Armen" (bei Böckmann, Diskussion S. 127ff; Berve, Gemeinsam S. 14; Kramer, Protestantismus S. 62ff) wird in den Kommunitäten sicher gehört, geprüft und in unterschiedlicher Weise gelebt werden.

mitleidend unter die jeweilige Not zu beugen. Sie sind auf den in 2. Kor 8,13 angesprochenen Ausgleich bedacht. Bei ihnen wird sich die Verpflichtung "zur Großherzigkeit notleidenden Menschen gegenüber"[1] finden. Ihr Dienst für die Armen besteht immer wieder im Mitleiden mit der Not der Armen von der Hoffnung auf Jesus Christus her. "Gewiß ... ergeben sich aus diesem Leben der Hoffnung direktes Engagement, Protest und Einsatz. Aber gewollt und gelebt wird an der Basis zuerst anderes: das schlichte 'Dabei-sein', das Hineingehen in die Not mit dem Blick auf die Zukunft Gottes."[2]

Nicht jede Kommunität hat im Dienst für die Armen den gleichen Auftrag. So vielfältig wie die Formen der Armut, so vielfältig sind auch die Aufträge an ihnen. Kommunitäten können und brauchen nicht allein zu dienen. "Sich noch mehr in die Existenzbedrohung der wirklich Armen hineinzubegeben und bewußt mittellos von einem Tag auf den anderen zu leben, erfordert ein besonderes Charisma der betreffenden Gemeinschaft."[3] Wenn die Realität der Not so klar wie möglich wahrgenommen wurde, dann wird die Frage nach dem Charisma der jeweiligen Kommunität (einschließlich der Fähigkeiten der Mitglieder und der Struktur der Gemeinschaft) im Hinblick auf den zur Debatte stehenden Dienst unabdingbar. Den Kommunitäten wird in ihrem Einsatz für die Armen immer auch deren Heil am Herzen liegen. Sie werden den Dienst an ihnen als Gottesdienst ausüben: "Gewiß, auch denen, die im Elend helfen wollen, wird oft nur zu deutlich gezeigt, daß ihr Dienst am notleidenden Mitmenschen zuerst und zuletzt Gottesdienst ist, daß sie ihren religiösen Auftrag nur erfüllen können, wenn sie ihn immer tiefer als religiöse Aufgabe verstehen lernen."[4]

An dieser Stelle, an der von der kommunitären Armut im Dienst am (armen) Mitmenschen die Rede ist, muß von ihrem *Protestcharakter* gesprochen werden. Es wurde bereits erwähnt, daß die Liebe und Freude bei der geistlichen Armut nur schwer mit einer Vorwurfshaltung vereinbar sind. Das Element des Protests ist nun aber der kommunitären Armut nicht abzusprechen. Er ist in zwei Richtungen zu sehen, die miteinander verbunden sind. Die eine liegt in gesellschaftlicher Richtung. Indem Christen evangelische Armut leben, haben sie in einer saturierten Welt des Wohlstands eine gesellschaftskritische Funktion. Durch ihren Verzicht auf materielle Güter stellen sie bürgerliche Denk- und Lebensmaßstäbe in Frage, die im gesellschaftlichen Maßstab verheerende Folgen zeitigen. Die Berechtigung und Grenze des Protestcharakters weist v. Breemen auf, wenn er schreibt: "Die gemeinschaftliche Wahl für einen solchen Lebensstil (sc. der Armut) erhält ... eine gewisse gesellschaftskritische Bedeutung, indem sie zeigt, daß die landläufig als anzustreben betrachteten Werte für uns nicht die höchsten sind. Nun soll man zwar diese Bekehrung zur authentischen Armut nicht um der Gesellschaftskritik willen anstreben; ein gewolltes Zeugnis ist ja

---

1 Stott, Reich Gottes S. 21

2 Sudbrack, Leben S. 56f

3 Berve, Gemeinsam S. 15; vgl. auch Böckmann, Prüfstein S. 93f

4 Fischer-Barnicol, Wege S. 48

schon innerlich abgeschwächt und läuft Gefahr, unecht zu werden. Aber ebensowenig soll man die Entscheidung für eine reellere Armut um der Gesellschaftskritik willen unterlassen."[1] Christen in Kommunitäten sprechen nicht nur von den Gefahren des Konsumdenkens, um von anderen eine Änderung zu erwarten, sondern leben auch in ihrem Rahmen selbst eine Alternative und stellen sich dem Zwang entgegen, immer mehr haben zu müssen. Sie lassen sich von den in der technisierten Welt relativ billigen Angeboten an Reizmitteln nicht gefangennehmen. Die kommunitäre Armut hindert sie daran, im Strom der Vermassung einfach mitzuschwimmen. Mit ihrem Beispiel widerstehen sie der Verführung, durch Besitz andere von sich abhängig zu machen oder über sie zu herrschen. Sie stellen sich der Bewertung des Menschen nach seinem Besitz entgegen, durch die ganze Gesellschaftsschichten sich von wechselseitiger Kommunikation abhalten lassen, und machen deutlich, daß dem Wohlstandsdenken mangelnde Brüderlichkeit anhaftet.
Daß auch Kommunitäten keine institutionelle Sicherung vor solchen Tendenzen darstellen, zeigt Friedemann, wenn er - auf die Orden bezugnehmend - meint[2]: "Die Mönche hätten sich zu sehr dem allgemeinen Lebensstil und Lebensstandard angepaßt und führten ein bürgerliches, von der Wohlstandsmentalität angestecktes Durchschnittsleben." Wenn auch die Kommunitäten nicht zu zwanghafter Profilierung innerhalb ihres gesellschaftlichen Kontextes berufen sind, so stehen sie zur Gesellschaft kraft ihrer Berufung in einer Beziehung kritischer Distanz. Sie können "durch Einfachheit, Konsumaskese, durch Verzicht auf kollektive Habgier und durch Uneigennützigkeit im Wirtschaften den Sinn für die rechte Wertskala wecken, das Bewußtsein für den Primat des Geistlichen wachhalten und dafür, daß personale und geistige Werte über Sachwerten liegen ..."[3] Ohne Liebe und die Geduld des langen Atems aus Glauben, verbunden mit dankbarer und zufriedener Armut, wird hier freilich nichts im Sinne des Evangeliums zu erreichen sein. Die Armut in Kommunitäten kann sicher nicht die Vielschichtigkeit sozialer Probleme lösen, aber sie leistet einen unverzichtbaren Beitrag dazu.
Man sollte allerdings mit dem Prädikat "prophetisch" im Zusammenhang mit kommunitärer Armutspraxis vorsichtig sein. Prophetisch wird dabei meist im Sinne von "sozialkritisch" verwendet. Wie unter Punkt 1.4.2 gezeigt wurde, stimmt es zwar, daß in der alttestamentlichen Prophetie der Reichtum kritisiert wurde, wenn er zu menschlicher Eigenmächtigkeit, Überheblichkeit und Unterdrückung führte. Der Arme wurde in besonderer Weise als unter dem

---

1 Gerufen S. 58. Auch Kamphaus (Armut S. 106) warnt davor, den Aspekt des Protestes überzubetonen: "Appelle, die lediglich ein schlechtes Gewissen einjagen wollen, machen Angst und führen zu Krampf, nicht zur Freiheit der Kinder Gottes. Das Evangelium ergeht als Einladung, nicht als Vorladung oder Stellungsbefehl ..."; vgl. auch Schmidt-Biesalski, Sendereihe S. 10; v. Kortzfleisch, Strukturen S. 17; Bodamer, Askese S. 36; Gründel, a. a. O. S. 193; Imhof, Nachfolge S. 18.

2 Mönche S. 153 (auf Metz, Zeit der Orden hinweisend); vgl. auch Lechner, Benedikt S. 27

3 Böckmann, Ev.Armut S. 492; dies., Prüfstein S. 66; vgl. auch Sudbrack, Leben S. 32.57

Schutz Gottes stehend gesehen. Der verständliche Unmut über Unrechtsstrukturen aber und eine aus ihm hervorgehende Lebenspraxis sind nicht als prophetisch zu bezeichnen, auch wenn dabei christliches Vokabular verwendet wird. Prophetisches Reden und Handeln bedarf der Bevollmächtigung, der Beauftragung durch den sich durch seinen heiligen Geist bezeugenden Herrn. Das Reden von "prophetischer"[1] Armut im Hinblick auf die kommunitäre Armutspraxis muß deshalb eher verwirren, weil es am Wesen und Auftrag kommunitärer Armut vorbeigehen kann. Daß Gott ihr je und dann diese Dimension zuwachsen lassen kann, bleibt dabei unbestritten.

Die andere Seite des Protestes liegt in persönlich-individueller Richtung: Vom Reichtum kann eine Faszination ausgehen, die den Menschen, wie z.B. den reichen jungen Mann (Mk 10,17-22), davon abhalten will, den Ruf Jesu zu beantworten. Die Täuschung des Reichtums bringt verschiedene Spielarten materialistischer Orientierung eines Lebens hervor. Der Mensch läßt sich dann durch sein Verhältnis zu den Gaben Gottes zur Unabhängigkeit Gott gegenüber verführen. Die Gier nach Reichtum macht ihn im Genuß zum Sklaven desselben. Gott und der Reichtum können nicht zugleich angebetet werden. "Die aufgeklärte Neutralität der objektivierenden Lebensbetrachtung kommt unvermeidlich dahin, die dämonische Gefährlichkeit des Reichtums und den radikalen Ernst der Nachfolge abzuschwächen oder zu verdecken."[2] Der Besitz, der die schöpferischen Energien des Menschen anregen kann, kann ebendiesen Menschen in Ketten legen. Der Mensch wird maßlos, verliert sich selbst. "Ein Mensch ... kann dem Besitzstreben so nachgeben, daß er dabei seine Würde und seine innere Freiheit einbüßt, daß er ihm verfällt."[3] Die Augenblicke der Glückserfahrung verdecken den Blick für die innere Leere. Der Reiche behauptet sich selbst und wird zum Selbstversorger. Befriedigte Wünsche produzieren immer größere Wünsche und absorbierende Sorgen.

Gegenüber solcher Faszination des Reichtums meldet sich der "Protestcharakter der evangelischen Armut"[4] zu Wort. Christen in Kommunitäten wollen sich hier nicht anpassen. Ihr Vertrauen auf den sie berufenden Herrn stellen sie über das Gesetz des Geldes. Sie geben mit ihrer Antwort auf den Ruf Gottes zugleich ihre

1 Armut und prophetisches Zeichen sehen zusammen Matura, Ehelosigkeit S. 117; Hünermann, Armut S. 8 Congar, Akt S. 258; Böckmann, Prüfstein S. 47; Zulehner, Glauben S. 23.

2 v. Campenhausen, Askese S. 20; vgl. ferner Schutz, Heute S. 98; Wulf, Orden S. 337; Kraus, Reich Gottes S. 392f; Halkenhäuser, Kirche S. 283; W. Hümmer, Geld S. 83: "Alle guten Gaben Gottes sind ... in dieser Welt überhaust von Dämonen."

3 Haeffner, Armut S. 3; vgl. auch Butte, Opfer S. 15; Class, Bruderschaft S. 20; Schutz, Heute S. 7f.35; Bohren, Lebensstil S. 42; Lotz, Sinn S. 29; Egger, Weg S. 232; Schleiter, Mönchtum S. 5; Herbstrith, Kirche S. 25, Knoch, a. a. O. S. 75.77f; Bouyer, a. a. O. S. 124; Brunner, Leib S. 432

4 Wulf, Ev.Armut S. 17; ähnlich W. Hümmer, Orden S. 108; Marxner (Armut S. 141) meint, den Orden falle im Nonkonformismus gegenüber typischen Formen der Genußsucht eine vorbildliche Funktion zu.

Antwort auf die "Forderung der Zivilisationsaskese"[1] und leben Freiheit von der Dingberauschung auf der Jagd nach Scheinwerten. Sie leben Protest gegenüber derjenigen Lebenseinstellung, die den Lebenssinn im Haben und Besitzen finden will, indem sie ihren Besitz nicht als eine von Gott abgesonderte Privatsphäre betrachten, in die der lebendige Gott nicht hineinwirken dürfte. Vom Glauben her wollen sic die Zweideutigkeit des Besitzens in Eindeutigkeit verwandeln, indem sie den Geber zwischen sich und den Gaben sehen. So sind sie fähig, zwischen Lebensqualität und Lebensstandard zu unterscheiden. "Die Sprache der Armut zeugt wider das Gerede derer, die sich ihrer Reichtümer rühmen."[2] Die Kommunitäten leben der Welt vor, daß ihre Berufung sie befähigt, wenig zu bedürfen, um glücklich zu sein. So rufen sie der Welt in Erinnerung, daß der Mensch nicht vom Brot allein lebt. Während der Besitz den Menschen tendenziell zur Seßhaftigkeit in der Welt verführt, lassen sich die Christen in Kommunitäten von der Kraft der eschatologischen Erwartung zu immer neuem Aufbruch bewegen. So halten sie den Menschen vor Augen, daß sie nicht alles vermögen und daß die endgültige Vollendung Gottes alleiniges Werk ist. In der eschatologischen Ausrichtung praktizieren die kommunitären Christen Distanz von den irdischen Gütern; sie üben einen eschatologisch begründeten neuartigen Umgang mit den Dingen. Die Kommunitäten sind - gerade indem sie die eschatologische Relativierung des Besitzes, den eschatologischen Vorbehalt gegenüber der vergehenden Welt leben - Träger der Hoffnung, die in geistlicher Wachsamkeit den Blick von ihrer Gegenwart her auf die Zukunft richten. Eschatologisch motivierte Armut lebend, übereignet der kommunitäre Christ sein ganzes Leben an Jesus, wobei die Preisgabe von Besitz und Besitzstreben einen Teil dieser umfassenden Übereignung darstellt. Sein eschatologischer Protest ist eine Alternative ohne Aggressivität, Bitterkeit oder ungute Abgrenzung gegenüber anders geführten Christen. Hierbei wird erneut der Geist der Liebe prägend sein.

Von der kommunitären Armut als Dienst kann nicht gesprochen werden, ohne ihren *Bezug zur Arbeit* zu bedenken. Hier werden nur diejenigen Aspekte der Arbeit bedacht, die die Armut betreffen. Bereits in der monastischen Tradition wird die Bedeutung der Arbeit für das Leben der Mönche erkannt[3]: Statt Almosen zu erwarten, sollte der Mönch fleißig arbeiten. Die Handarbeit sollte dabei dem Müßiggang wehren, eine äußere Hilfe zur Meditation schaffen, den Lebensunterhalt sichern und Mittel für die soziale Hilfeleistung an Bedürftige besorgen helfen. Weil die Christen in Kommunitäten erkennen, daß ein Leben in Bettelarmut einem verantwortlichen Lebensstil aus Glauben nicht entspricht, halten sie sich nicht von der Arbeit fern. Es geht ihnen dabei um ein Arbeitsethos, das dem christlichen Glauben entspricht. Gerade auch die Arbeit ist

---

1 Wendland, Bruderschaften S. 24

2 Imhof, Orden S. 322

3 Vgl. Bacht, Bürde S. 304f; Lefèvre, Armut S. 38f; Tschudy/Renner, a. a. O. S. 119ff. Selbst für Franziskus war das Arbeiten der Normalfall, der Bettel der Ausnahmefall (vgl dazu Marxner, a. a. O. S. 79; Altefrohne, a. a. O. S. 29 Anm. 175).

Ausdruck ihrer Verantwortung Gott und den Menschen gegenüber. So verträgt sich die kommunitäre Armut sehr wohl mit treuer Arbeit, die auch die damit verbundene Last nicht scheut. Sie legen darin Zeugnis vom Sinn der Arbeit als Gottes- und Nächstendienst ab.
Freilich darf die Arbeit nicht zum Idol des kommunitären Christen werden, auch nicht zum Fluchtweg vor der Erfahrung existentieller Armut; sie findet vom Gebet her ihre Orientierung und Einordnung in den kommunitären Lebensvollzug. Sie dient der kommunitären Gemeinschaft auch zum Erwerb ihres Lebensunterhalts. Von ihrer Armutshaltung her weisen die Christen in Kommunitäten alle unangebrachte Sorge von sich, da sie im Vertrauen auf die Fürsorge Gottes leben. Dieses Vertrauen hindert sie daran, sich arbeitend ihre Zukunft absichern zu wollen. Arbeit ist für sie Verwirklichung ihres Dienstes und darin eine Verleiblichung der Armutshaltung als Hingabe. "Verrichten wir ... diese Arbeit mit großem Ernst. Unsere Arbeitsstunden gehören nicht uns selbst, und wir haben wie Lohnempfänger zu arbeiten ... Mit unendlicher Geduld wollen wir uns regelmäßige und geordnete Arbeit angewöhnen."[1] In Taizé sehen die Brüder in der Arbeit den Weg voller Solidarität mit den Armen, mit denen, die hart arbeiten müssen, um ihren Lebensunterhalt zu verdienen.[2] Mit ihrer Arbeit stellen sich die Christen in Kommunitäten an die Seite derer, die an der Mühsal der Arbeit zu tragen haben.
Sowohl die einzelnen Mitglieder einer Kommunität als auch die Gemeinschaft als ganze wollen mit ihrer Arbeit bleibende Beweglichkeit und Verfügbarkeit leben. Armut ist hierbei gelebte "Dynamik des Vorläufigen"[3]. Sie macht die Kommunitäten beweglich und bereit zu neuen Aufbrüchen in ihren Reihen, da sie ihren Einsatz elastisch werden läßt. Im Wissen um die Vorläufigkeit von allem beziehen die Kommunitäten diese auch verantwortlich auf die übernommenen Dienste. Sie kennen Gott als den, der mit ihnen unterwegs ist. Kommunitäten werden sich der auch ihnen drohenden Stagnation und der hemmenden Beharrungstendenz in ihren Diensten wachsam entgegenstellen und für Gottes Führungen in neue Dienste hinein offen bleiben. So wie das geistliche Leben der Erneuerung bedarf, so ist auch der Dienst der Kommunitäten immer wieder - von ihrer speziellen Berufung her - auf eine mögliche und nötige Erneuerung hin zu prüfen. Im Geist ihrer Armut müssen sie z.B. beweglich genug sein, Dienste und Lebensformen zu ändern, wenn es eine spezielle (Not-) Situation erfordert. Zu ihrer Armutspraxis gehört somit die Bereitschaft, um des Dienstes willen Altes loszulassen und in geistlicher Offenheit Neues aufzugreifen.

---

1 Schutz, Warten S. 70; vgl. auch Stökl, Taizé S. 58f; Morin, Mönchtum S. 148; K. G. Frank, Armut S. 153; Sudbrack, Leben S. 30f; Halkenhäuser, Kirche S. 301; Pandey, Christusträger S. 22

2 Vgl. Gerhartz, Arm S. 326f; Altefrohne, Armut S. 29

3 Vgl. dazu den Titel des gleichnamigen Buches von R. Schutz; ferner Braulik, Brüdergemeinde S. 106f; Lippert, Ordensgemeinschaften S. 61; C. Schütz, Benediktiner S. 111

Der *Gemeinschaftsaspekt* der kommunitären Armutspraxis muß nun noch eigens thematisiert werden. Der einzelne Christ in Kommunitäten kann zwar einen persönlichen Akzent in seinem Armutsstil haben, er lebt diesen jedoch nicht individualistisch, sondern in Zuordnung zum Armutsstil seiner Kommunität. Jede Kommunität braucht für ihre Armutspraxis ein gemeinsames Ziel, so daß sich alle verantwortlich in Richtung auf dieses Ziel zubewegen können. Das äußere Zeichen kommunitärer Armut ist die gemeinsame Kasse. Anstatt von Armut sprechen manche Kommunitäten lieber von einer "Verpflichtung zur Gütergemeinschaft"[1]. Die Kommunitäten wissen sich von ihrer Berufung her dem Jüngerkreis im engeren Sinn verwandt, in dem auch eine Art von Gütergemeinschaft praktiziert wurde (Lk 8,2f; Joh 13,29). Ebenso wichtig ist ihnen die Darstellung der Urgemeinde in den Summarien der Acta, in denen auf dem Hintergrund des hellenistischen Armuts- und Brüderlichkeitsideals sowie von Dt 15,4 her die Gütergemeinschaft der ersten Jerusalemer Gemeinde bezeugt wird.[2] Solche Gütergemeinschaft faßt für sie verschiedene Aspekte ihrer Armut zusammen:

Zum einen weist sie auf die *Glaubenseinheit mit Christus.* "Gütergemeinschaft ist uns nach Apg 4,32 ein fast selbstverständlicher und notwendiger Ausdruck erfahrener Einheit mit Christus."[3] Jesus Christus ist den kommunitären Christen mit seiner speziellen Berufung so in den Weg getreten, daß er sie zu konkreter Lösung von ihrem Besitz im Teilen bewegt hat. Die Gütergemeinschaft will praktischer, gemeinschaftlicher Vollzug solcher Loslösung sein. Sie ist gemeinschaftliches Zeugnis für ein Leben, das sich Gott verdankt, in dem also alles Gott gehört. Sie weist auf die Koinonia mit und um den erhöhten Herrn im heiligen Geist.

Als zweiter Aspekt kommt der Gütergemeinschaft ein Hinweischarakter auf die verbindliche *Zugehörigkeit zum Leib Christi* zu. "Er (sc. der Verzicht auf eigenen Besitz) soll zeigen, daß man mit allem, was man hat und ist, zur Gemeinde, zum Leib Christi gehört."[4] Eine Kommunität ist als intensive Lebensgemeinschaft ein Ausschnitt des einen ganzen Leibes Christi. Indem sie Einheit (in der Gütergemeinschaft bis in den materiellen Bereich hinein) lebt, bildet sie im kleinen diese allumfassende größere Einheit und Gemeinschaft ab. Gütergemeinschaft ist so ein Stück Einordnung in das Ganze.

Damit kommt als dritter Aspekt die *Bruder- und Schwesterliebe* in den Blick. In dieser Hinsicht leben die Kommunitäten eine positive Alternative zur zutreffenden Bemerkung Bohrens: "Die Unfähigkeit zur Armut ... erweist sich als

1 Schutz, Entstehung S. 44; ders., Warten S. 34

2 Apg 2,42ff; 4,32ff. Im Rahmen dieser Arbeit können wir diesen Perikopen exegetisch nicht nachgehen (vgl. außer den Kommentaren Degenhardt, Lk S. 160ff; Böckmann, Prüfstein S. 42f; dies., Diskussion S. 112ff; Altefrohne, Armut S. 52f; Matura, Ehelosigkeit S. 52f).

3 Halkenhäuser, Hinter offenen Türen S. 8; vgl. auch Pfister, Gütergemeinschaft S. 8

4 Schutz, Communauté des Taizé S. 134

Unfähigkeit zur Gemeinschaft."[1] Brüderlich-schwesterlich wie die ganze Gemeinschaft soll auch der Umgang mit ihren materiellen Gütern sein. Um der Agape willen frei gewählte Gütergemeinschaft stiftet und fördert die Gemeinschaft innerhalb der Kommunitäten - und über ihre Grenzen hinaus. "Dieses Mit-Teilen schafft Gemeinschaft; es ist nicht nur Zeugnis der Gemeinschaft, sondern läßt sie schöpferisch erstehen."[2]

Weiter stellt die Gütergemeinschaft die *soziale Dimension des Glaubens* vor Augen. Die persönlich erfahrene Berufung hat den kommunitären Christen in eine verbindliche Beziehung zu den mitberufenen Brüdern und Schwestern gestellt. Sie bezieht alle Dimensionen des Daseins ein. Für die Kommunitäten gilt in besonderer Weise: "Neues Leben kann nur in neuem Zusammenleben, und zwar in der brüderlichen Gemeinschaft der Gemeinde beginnen."[3] Die Gütergemeinschaft bringt auf ihre Weise zum Ausdruck, daß die geistliche Erfahrung auch für die Kommunitäten zugleich die mitmenschliche Dimension einschließt. Die Verbindlichkeit der Gütergemeinschaft entspricht der Bindung des einzelnen Gliedes an die Gemeinschaft. Der Gemeinschaftsgedanke gewinnt als Gütergemeinschaft sichtbare Gestalt. So bestätigen die Kommunitäten mit ihrer Lebensweise: "Der Anspruch brüderlichen Teilens ist nicht in unser Ermessen gestellt... Das Teilen 'unter Brüdern' ist eine Zumutung des Glaubens."[4] Die Gütergemeinschaft öffnet auch den Blick auf das *kommende Gottesreich* hin, in dem das Heil Gottes auch die Situation des Gott vertrauenden Armen wandeln wird. "Diese Gütergemeinschaft ... weist hin auf das kommende Reich Gottes, in dem alle, reich und arm, am Endheil teilnehmen werden."[5]

Das Wesen kommunitärer Armut wäre unzureichend erfaßt, wenn nur die materielle Seite der Gütergemeinschaft Beachtung fände. Die Gütergemeinschaft umfaßt die *materiellen, geistigen und geistlichen Güter*. So wird vor allem von Taizé betont, daß die Gütergemeinschaft "total"[6] ist. Dazu gehört der Verzicht auf jeden Selbstbesitz im Hinblick auf die Arbeitskraft, die Zeit, die Ausbildung und die Charismen. "Die Gabe, die jeder von Gott geschenkt bekommen hat, soll weitergeschenkt werden. In diesem Sinn haben wir auch im geistlichen Bereich eine Gütergemeinschaft. Die Erfahrungen im geistlichen Leben gehören nicht mehr uns allein, wenn sie jemandem anderen helfen können. ... So haben wir in fast allen Gemeinschaften den Austausch auf geistlicher Ebene in den

---

1 Lebensstil S. 173; zum Aspekt der Bruder- und Schwesterliebe vgl. Morin, Mönchtum S. 139f.146; Wendland, Ethik S. 39; Böckmann, Prüfstein S. 59f; Braulik, Brüdergemeinde S. 92; Herbstrith, Kirche S. 26; Hemmerle, Orden S. 145; Altefrohne, Armut S. 57; Hagermann, Vielfalt S. 223

2 Brüning, Erneuerung S. 292; vgl. auch Pfister Gütergemeinschaft S. 8

3 Kraus, Reich Gottes S. 393; vgl. auch W. Hümmer, Grundstrukturen S. 23ff; Halkenhäuser, Kirche S. 296f; Wulf, Ev.Armut S. 30

4 Kamphaus, Armut S. 103f

5 Böckmann, Ev.Armut S. 491

6 Vgl. dazu Stökl, Taizé S. 55f; Gerhartz, Arm S. 323; Marxner, Armut S. 84; Schutz, Warten S. 34; Gründel, a. a. O. S. 194

verschiedenen Formen entdeckt und pflegen ihn."[1] Hinter der kommunitären Armut steht hier die Haltung des offenen Herzens nicht nur Gott, sondern auch den Menschen gegenüber. Das Empfangene wird mitgeteilt. Um der Berufung und der Gemeinschaft willen kann Verzicht auf Vorrechte und Nutznießung verschiedener Gaben und Güter ebenso gefordert sein wie ihr hingebender Einsatz. In die Beziehungen kommt so innerhalb der Kommunität eine Durchsichtigkeit, eine Transparenz, die jeder Art von materieller oder geistiger Habsucht, sowie jeder Art von Privatdomäne hinsichtlich der Persönlichkeit entgegensteht. Die totale Gütergemeinschaft macht weder vor den Grenzen des einzelnen noch denen der Gemeinschaft halt, ohne daß deshalb die geistliche Eigenständigkeit des einzelnen zerstört würde.

Eine Kommunität ist keine heile Welt und jeder, der in sie eintritt, bringt neben seinen Gaben auch seine Geschichte, Belastungen und *Grenzen* mit. So gehört zur Gütergemeinschaft auch die Anteilhabe an diesen Schwächen. Der Schatz kommunitärer Berufung wird in irdischen Gefäßen getragen. Die Liebe nimmt nicht nur die Fähigkeiten und Freuden einer Gemeinschaft an, sondern auch ihre Schwächen und Leiden. Die Andersartigkeit des anderen will angenommen werden. Die kommunitäre Armut impliziert die Annahme gegenwärtiger Unvollkommenheiten; sie hofft dennoch auf Verbesserung in der Überwinderkraft des Glaubens. "Der Glaube bekennt sich zur Einheit zwischen dem unvollkommenen Jetzt-Zustand der Gemeinschaft und ihrem Ideal."[2]

Es ist deutlich, daß die kommunitäre Armut als Gütergemeinschaft dem gemeinsamen *Dienst* für Gott und die Menschen zur Verfügung stehen soll. Sie ist gelebte Verantwortlichkeit füreinander im Sinne der kommunitären Sendung und Beauftragung. Die Gütergemeinschaft befreit die einzelnen Glieder der Gemeinschaft von der Sorge um das tägliche Brot, so daß sie sich dienend den Sorgen anderer zuwenden können. Sicher bewährt sich die Liebe in der vita communis zuerst in der Verantwortung für den Nächsten innerhalb der eigenen Gemeinschaft. Aber die Gütergemeinschaft ist für die Kommunitäten ebenso die Ermöglichung eines ihre Gemeinschaft überschreitenden Teilens in der Hingabe. Sie leben keine abgeschlossene Selbstgenügsamkeit, sondern die grenzüberschreitende Liebe der Bruderschaft in Christus als Präsenz "mitten im Herzen der Massen"[3]. Mit der Gütergemeinschaft nehmen die Kommunitäten ihren Auftrag

---

1 Böckmann, Prüfstein S. 80; ähnlich dies., Impulse S. 225; K. G. Frank, Armut S. 153f; Matura, Ehelosigkeit S. 117; Gerhartz, a. a. O. S. 321.323ff; Altefrohne, Armut S. 23.53; Hoch, Räte S. 39; Halkenhäuser, Kommunität S. 298; ders., Hinter offenen Türen S. 8; Pfister, Chance S. 58; Switek, Armut S. 204; Schutz, Heute S. 99; Stökl, Taizé S. 54.56; Zulehner, Gottgeweiht S. 38; Geistliche Lebensordnung, Sießen S. 289; Schleiter, a. a. O. S. 63; Rosenkranz, Communität S. 35; Löwa (Laurentiuskonvent S. 63) spricht auch von einer "gemeinsamen Willensbildung".

2 Sudbrack, Leben S. 33; ebd. spricht er auch von der "Armut-des-nicht-gehört-werdens", die es im Innenraum der geistlichen Gemeinschaft gebe, zu dem es auch gehören könne, um geübter Kritik willen unberechtigterweise an den Rand gedrängt zu werden.

3 Vgl. den gleichlautenden Titel des Buches von S. v. Kortzfleisch. Taizé will in der Gütergemeinschaft Solidarität mit allen Menschen, besonders den Armen, leben.

zum kollektiven Zeugnis wahr. Dieses Zeugnis besteht nicht zuletzt darin, daß sie zeigen: der Verzicht auf Güter in der Hingabe an Gott und die Menschen muß die Persönlichkeit nicht verstümmeln.

Folgende Punkte können zur *praktischen Orientierung für die Verwirklichung der Gütergemeinschaft* eine Hilfe sein: Alle Güter sollen der *Bruder-, Schwester- und Nächstenliebe* dienen. Damit soll einer selbstzweckhaft verengten Sicht der Gütergemeinschaft gewehrt werden. Alle Sachwerte und -fragen sollen Gott und dem Menschen dienen. Bei der Frage danach, was der einzelne oder die Gemeinschaft an Besitz haben darf, ist immer der Mensch als Geschöpf und Geliebter Gottes im Blick zu behalten. Er darf keinem Armutsgesetz geopfert werden. Zur Bruder- und Schwesternliebe gehört besonders für die Kommunitäten die Bereitschaft, den anvertrauten Besitz innerhalb der Gemeinschaft und über ihre Grenzen hinaus zugänglich zu machen. Der Verzicht auf Güter will im Teilen und Hingeben beständig neu aktualisiert werden. "Wohl wichtiger als der einmalige Güterverzicht zu Anfang des Ordenslebens ist der immer wieder erneuerte Verzicht auf Dinge, die den einzelnen als Geschenk und Gehalt (Lohn, Honorar etc.) zukommen."[1] Das Teilen, Abgeben und Zirkulieren-lassen hält im Dienst der Nächstenliebe dazu an, die innere Loslösung von allen Dingen in der Offenheit für den Mitmenschen jeweils neu zu praktizieren. In solchem Teilen ist die Gütergemeinschaft radikale Überwindung des Mendikantentums.
Kommunitäre Armut als Gütergemeinschaft wird ferner auf einen schlichten Gebrauch der Güter und auf eine *Einfachheit des Lebensstils* achten. Sie wird sich so ohne Effekthascherei manifestieren und vor Spiritualisierung schützen. Weder die Gemeinschaft als ganze noch der einzelne in ihr wird deshalb vor Entscheidungen zurückschrecken, die Verzicht mit sich bringen. Hier verdient die Feststellung Wisses Beachtung[2]: "... Armut (meint) immer einen Mangel, ein Entbehren, einen Verzicht auf ein gewisses Maß an Gütern, die uns unser Leben leben und vielleicht sogar genießen lassen." Bereits Benedikt stellt neben den Gedanken der sufficientia (daß im Kloster alles in ausreichendem Maß vorhanden sein solle) den der parcitas (daß Einfachheit und Bescheidenheit gewahrt werden solle).[3] So werden die Häuser der Kommunitäten bei allem Sinn für das Schöne nicht mit großem Komfort gebaut werden. Der Weg der kommunitären Armut führt zwischen Armseligkeit und Luxus hindurch. Kommunitäten werden immer wieder zu überprüfen haben, was für sie

1 Böckmann, Prüfstein S. 56

2 Armut S. 146

3 Vgl. dazu Tschudy/Renner, a. a. O. S. 190f. In Kommunitäten sollte der "Anschein von Luxus, von Gewinnstreben, von Güterhäufung vermieden werden" (Switek, Armut S. 206). Ähnlich auch Morin, a. a. O. S. 147; W. Hümmer, Orden S. 108; ders., Geld S. 80; Heufelder, Räte S. 69; Halkenhäuser, Kirche S. 284f; Geistliche Lebensordnung, Sießen S. 289; Hardick, Erneuerung S. 275; Altefrohne, Armut S. 38.70; Strack, Armut S. 136; Schulte, Ordensleben S. 414; Krüger, Lebensformen S. 144; Greshake, Erneuerung S. 114; Waschelitz, Imshausen S. 46; Planck, Michaelsbruderschaft S. 299; Heinsius, Gedanke S. 450; Class, Bruderschaft S. 8.20; Riesner, Formen S. 41f

überflüssig ist, und darauf dann verzichten. So werden sie nach überzeugenden Formen suchen, ihre Beauftragung zu kommunitärer Armut zu verwirklichen. Sie werden sich nicht von der Suche nach persönlicher Bequemlichkeit fortreißen lassen und werden auf die uneingeschränkte Nutznießung ihres Besitzes verzichten. Da die Sparsamkeit und Selbstgenügsamkeit des kommunitären Christen von der Mitverantwortung für andere geprägt sind, werden sie ihres negativen Beigeschmacks entkleidet. Freude und Zufriedenheit werden dabei Zeichen für die Echtheit kommunitärer Armut bleiben, da es ja um einen "freiwilligen, christlich fruchtbaren Verzicht"[1] geht, der aus der Vatergüte Gottes und aus dem Geschenk der Erlösung lebt.
Zur Gütergemeinschaft gehört ferner das Ja zu einem *ungesicherten Leben.* Kommunitäten werden ihr Dasein nicht absichern wollen. Ihre Sorglosigkeit ist ein Implikat ihres Vertrauens zu Gott. "Der Arme des Evangeliums lernt es, zu leben, ohne für den kommenden Tag gesichert zu sein, in dem fröhlichen Vertrauen, daß für alles gesorgt werden wird."[2] Auf der einen Seite haben die Kommunitäten die Freiheit, alles, was ihnen an Besitz anvertraut ist, verantwortlich zu nutzen. Zu dieser Freiheit gehört auch der Gebrauch von Hilfsmitteln für die Arbeit. Auf der anderen Seite wollen sie im Umgang mit den Gütern auch als Gemeinschaft nicht die "Lücke"[3] schließen, die der Armut wesensmäßig anhaftet. Den Kommunitäten ist etwas von den Risiken und Schwierigkeiten vertraut, wie sie die Armen der Welt auszuhalten haben. Sie scheuen sich nicht davor, sich auf den Ruf Jesu hin auf die "unrevozierbare Situation"[4] einzulassen. Sie meiden darin nicht die Erfahrung realer Abhängigkeit von Gott. Der Glaube an ihn sprengt alles angsthafte Planen und Sichern bei ihnen. In Taizé leben die Brüder Gütergemeinschaft als risikoreiches Wagnis, das Mut erfordert: "Die irdischen Güter in gemeinsamen Besitz nehmen, schließt keineswegs aus, daß man möglicherweise verarmt."[5] Diese Lebensweise hält den Kommunitäten den Sinn für das Provisorium wach.
Im Geist kommunitärer Armut werden die Kommunitäten ihre auftragsbezogene Beweglichkeit zu erhalten suchen und nicht nur in materieller, sondern auch

---

1 v. Balthasar, Jesus nachfolgen S. 10; vgl. auch Schleiter, a. a. O. S. 35. Gerade in der Zufriedenheit und Freude wird sich die kommunitäre Armut bei allem Verzicht als "Ausdruck des Glaubens" (Berve, Gemeinsam S. 16) bewähren.

2 Schutz, Entstehung S. 45; vgl. auch ders., Warten S. 34.109; Deichgräber, Leben S. 28f; B. Schlink, Marienschwesternschaft S. 157; dies., Realitäten S. 11.48f.94.196; Riedinger, Geweihte S. 27; Christusbruderschaft 1987 S. 14; Stökl, Taizé S. 48.52; Hemmerle, Orden S. 145; Brüning, Erneuerung S. 292; Dibelius, Jünger S. 60; Böckmann, Diskussion S. 313; Altefrohne, Armut S. 26ff

3 Böckmann, Prüfstein passim

4 Bonhoeffer, Nachfolge S. 34

5 Schutz, Heute S. 96; vgl. ebd S. 99: "Die, die ein gemeinsames Leben leben, sind deswegen noch nicht von der Sorge um das tägliche Brot frei, besonders wenn sie ausschließlich von ihrer Arbeit leben ... Es wagen, gefährlich zu leben ..." Das schließt freilich nicht aus, das Morgen um des Nächsten willen zu bedenken (s. dazu Stökl, Taizé S. 52f).

in struktureller und geistig-geistlicher Hinsicht auf das verzichten, was nicht mehr vertretbar ist. Der ungesicherte Lebensstil wird so auch alle institutionelle Absicherung vermeiden. Kommunitäten werden Infragestellungen nicht aus dem Weg gehen.

Es entspricht ferner der kommunitären Armut, wenn geistliche Gemeinschaften ihren Dienst nicht zuerst nach Kriterien der Rentabilität und der Lukrativität aussuchen. "Immer ist unsere Hauptaufgabe die, ob ein Auftrag Gottes vorliegt, ob dadurch Menschen gesegnet werden sollen, - und nicht die Frage nach den Mitteln, die zur Verfügung stehen oder nach der Rentabilität des Unternehmens."[1] In der Praxis kann das heißen, daß eine Kommunität einige ihrer Glieder da, wo es erforderlich ist, ohne Vergütung arbeiten läßt. Die Kommunitäten behalten so ein offenes Herz und eine offene Hand für die Bedürftigen in verschiedener Hinsicht.

Kommunitäten werden ihre Armutspraxis darin bewähren, daß sie ein *Streben nach Machtpositionen vermeiden.* Pointiert formuliert Bodamer in diesem Sinn[2]: "Der asketische Mensch ... verzichtet auf jede ausgeprägte Machtposition ... Echte Macht fällt nur demjenigen zu, der sie primär gar nicht erstrebt ..." Wie die Gottesherrschaft im Kommen Jesu Christi die Gestalt der Ohnmacht und Armut angenommen hat, so wollen die Kommunitäten von ihrer Berufung her in der Nachfolge den Weg der Niedrigkeit gehen. "Am Kreuz erweist sich, daß Jesus von nichts anderem beseelt ist als von der ohnmächtigen und gerade darin übermächtigen Liebe Gottes."[3] Von dieser Liebe wollen sich Kommunitäten prägen lassen. Weder durch materiellen noch durch geistigen Besitz wollen sie andere in ihre Abhängigkeit bringen. Mit allem Machtstreben verzichten sie auch auf alles Karrieredenken, auf Ehre und Ansehen. Weil sie wissen, daß alles Können und Vermögen Gabe Gottes ist, können sie auf Ehrgeiz und die Bestätigung von Menschen verzichten. Die Kommunitäten werden den Nachweis ihrer Existenzberechtigung durch Leistungen nicht nötig haben. Die Rechtfertigung allein aus Glauben befreit sie von der Rechtfertigung durch Leistungen und Erfolge. Auch im geistlichen Auftrag der Bezeugung des Heils werden sie sich der Machtausübung ihren Mitmenschen gegenüber enthalten. So kommt der kommunitären Armut bei aller Verbindlichkeit im Dienst eine Atmosphäre der Gelassenheit zu; diese verbindet die Armut mit der Demut.[4]

Die Frage der Macht und Ohnmacht taucht nicht allein im Verhältnis der Kommunitäten zu Kirche und Welt auf. Sie kann auch die innerkommunitären Beziehungen im Vollzug des gemeinsamen Lebens empfindlich belasten. Das Problem kann sich hier von der Beobachtung her ergeben, die Morin in die

---

1 B. Schlink, Realitäten S. 98

2 Askese S. 34f; vgl. auch Hempel, Franziskanerbruderschaft S. 156; Kahr/Schmidt, Mutterhaus S. 492; Riedinger, a. a. O. S. 24; Fischer-Barnicol, Wege S. 44; Zulehner, Glauben S. 20; Wolf, Mariens-Töchter S. 119

3 Hünermann, Armut S. 7

4 Zur Verbindung zwischen Armut, Gehorsam und Demut vgl. Thurian, Maria S. 55; v. Balthasar, Theologie S. 35; Wenningmann, Armut S. 20

Worte faßt[1]: "Die klösterliche Gleichheit ... ist eine bedingte Gleichheit, die den körperlichen und geistigen Verschiedenheiten, den Gaben ... Rechnung trägt und einem jeden Arbeit und Ruhe, körperliche und geistige Erleichterungen zuweist, je nach Kräften und Bedürfnissen des einzelnen." Vor Gott sind alle Mitglieder der Kommunität gleich. Unterschiedliche Begabungen und Dienste bringen aber unterschiedliche Erfordernisse mit sich, die nicht jedem gleich zukommen können und dennoch nicht als Ungerechtigkeit angesehen werden dürfen. Von seiten der "Besitzenden" kann sich in die Beziehung zum Mitbruder und zur Mitschwester Macht- und Einflußdenken einschleichen. Von seiten der Nichtbesitzenden können die Beziehungen durch Neid belastet werden. Die kommunitären Christen sind auch untereinander angehalten, auf Machtstreben zu verzichten und auf die Andersartigkeit des Mitbruders und der Mitschwester im Auftrag, in der Begabung und in den Bedürfnissen Rücksicht zu nehmen. Gleichmacherei führte hierbei gerade zu keiner Lösung des Problems. Das einzelne Mitglied einer Kommunität hat vielmehr seinen unverwechselbaren, der Berufung entsprechenden Platz zu finden und die anderen Mitglieder an ihren Platz und Auftrag zu entlassen. Eine derartige berufungsorientierte Haltung schließt freilich den Versuch nicht aus, die Bedürftigen innerhalb der Gemeinschaft zu fördern und mögliche Ungerechtigkeiten abzubauen. Für die Besitzenden so wie die Nichtbesitzenden gilt es, die Wahrheit des Satzes zu beherzigen: "Beide Seiten müssen zur Armut im Geiste vorstoßen ..., ihre Situation vertiefen."[2]
Für die Verwirklichung kommunitärer Armut als Gütergemeinschaft werden *Gemeinschaften überschaubarer Größenordnung* hilfreich sein. Dort, wo eine Kommunität eine große Mitgliederzahl aufweist, wird eine Untergliederung in Kleingruppen einer anonymen Verwaltung des kommunitären Besitzes fruchtbar entgegenwirken können.[3] Die Kommunität mit ihren Kleingruppen ist der erste Ort, an dem die brüderlich-schwesterliche Koinonia eingeübt werden kann. Der Umgang mit dem Besitz kann in überschaubaren Gruppen eher gemeinsam praktiziert werden. Hier werden sowohl die Zeit als auch die Aufgaben und Lasten miteinander geteilt. In Kleingruppen kann über die gemeinsame Hinwendung zur Welt beraten werden. So kann beständig neu die Suche nach dem der jeweiligen Zeit und Situation vom Auftrag her angemessenen Ausdruck der kommunitären Armut stattfinden, wobei die Sicht eines jeden zumindest gehört werden kann. In einer kommunitären Kleingruppe kann auch am ehesten die Abhängigkeit voneinander, die sicher ein Element kommunitärer Armut bleiben wird, auf erwachsene Weise gelebt werden. In überschaubaren Gruppen kann eher die "Gefahr einer Verkümmerung des Wirklichkeitssinnes und der Verantwortungsbereitschaft und die Gefahr, einen weltfremden und

---

1 Mönchtum S. 151; vgl. auch Wenningmann, Armut S. 19; Lenzeder, Leben S. 94

2 Böckmann, Prüfstein S. 76

3 Zur Frage der Kleingruppen in Kommunitäten vgl. die bei Halkenhäuser, Kirche S. 299f Anm. 80-83 genannte Literatur, außerdem Altefrohne, Armut S. 61; Krüger, Lebensformen S. 174; Roesle/Perrez, Führung S. 113; Marxner, Armut S. 143f

unselbständigen Menschentyp herauszubilden ..."[1] vermieden werden. Außerdem kann dort der Gefahr, daß in den Händen einiger weniger "Besitz- und Machtfülle"[2] sich konzentriert, oder der anderen Gefahr, daß der Reichtum unkontrolliert anwächst, vorgebeugt werden.
Die Ausführungen zur kommunitären Armut zeigten, daß dieser Begriff eine vielfältige Wirklichkeit einfängt. Deshalb bedarf es einer *Erziehung zum Umgang mit der kommunitären Armut*. Sie wird nicht im luftleeren Raum gelebt, sondern ist relativ - bezogen auf den gesellschaftlichen, sozialen und wirtschaftlichen Kontext, in dem das kommunitäre Leben Gestalt gewinnt. Daß sie in der Gegenwart sogar im globalen Bezugsrahmen zu sehen ist, bemerkt F.Wulf zutreffend[3]. Da die kommunitäre Armut relativ ist, kann sie auch sehr verschieden gelebt werden. Diese Vielfalt möglicher Formen kommunitärer Armut macht es unmöglich, eine allgemeingültige Theorie und Praxis für sie aufzustellen. Auch können Modelle ihrer Praxis, die sich zu anderern Zeiten und an anderen Orten bewährt haben, nicht unreflektiert übernommen werden. Zugleich gilt jedoch, daß die kommunitäre Armut die Kommunitäten an der Wurzel ihres Glaubens trifft. Sie ist ein ganzheitlich einforderndes Geschehen. So bedarf es für den Christen in Kommunitäten einer Hinführung zu konkreter Armutspraxis im Sinne verantworteter Einübung in die kommunitäre Nachfolge unter verschiedenen Bedingungen. Folgende Aspekte werden hierbei zu berücksichtigen sein, wobei auch hier keine Vollständigkeit der Aspekte erreicht werden soll und kann:
1. Es ist auf die *personale Erfülltheit* dessen zu achten, der kommunitäre Armut leben will. Ohne diese Erfüllung (und sie kann nicht als Besitzstand gewahrt werden) wird die Armutspraxis früher oder später zum gutgemeinten Gesetz, dem die Liebe Gottes fehlt. "Der erfüllte Mensch sieht in allem, auch im Mangel und in der Entbehrung noch die Fülle durchscheinen. Alles wird ihm zur Begegnung."[4] Gelebte Abhängigkeit des Glaubens von Jesus Christus verleiht die Kraft, konkrete Loslösung von den Dingen vertrauensvoll zu vollziehen. Sie schenkt die Freude, ohne die der Geist der kommunitären Armut erstirbt, und läßt vom Glauben her eine neue Sicht der Dinge entstehen.

2. Der Blick ist dafür zu wecken, daß es in allen konkreten Fragen der Armutspraxis um den *Gottes-* und den *Nächstendienst* geht. Der Blick auf den Dienst kann vor Selbstzweckhaftigkeit, Kleinlichkeit und Gesetzlichkeit in den

---

1 Bacht, Bürde S. 313

2 Ebd. S. 43.

3 Gerufen S. 43. Die Relativität kommunitärer Armut wird von sehr vielen Autoren hervorgehoben. Böckmann (Prüfstein S. 29) weist zu Recht darauf hin, daß es bereits bei Jesus verschiedene Konkretionen seiner existentiellen Armut gebe. Rahner (Welt S. 262) meint, man könne die Geschichte des Ordenslebens als eine Geschichte der Auslegung der Armut begreifen.

4 Wulf, Ev.Armut S. 27. Die Armutspraxis ist dann Folge der Besitzergreifung der Gottesliebe am Menschen: "Die Liebe ergreift Besitz vom Menschen, nicht der Mensch von der Liebe" (Lefèvre, Armut S. 49).

Regelungen und Vorschriften schützen. Zugleich wird die dienende Liebe auf verbindliche Taten in der Armutspraxis hindrängen.

3. Unumgänglich wird eine *Gewissensbildung* im Hinblick auf die Armutspraxis der Kommunitäten sein. Weil diese vielgestaltig ist, sollte der Christ in Kommunitäten möglichst klar und umfassend erkennen, was ihn in seiner Armutshaltung bestimmt. Das gilt zunächst im Hinblick auf seine persönliche Einstellung zu den geistigen und materiellen Gütern. Die Gewissensschulung wird dabei zur Maßhaltung befähigen und den Extremismus des Zuviel und des Zuwenig kritisch im Auge behalten: "Die Maßhaltung beschränkt sich auch nicht darauf, das Zuviel zu verhindern: das ist nur eine Seite ihres Wesens. Man fehlt gegen sie auch durch zuwenig wie durch zuviel."[1] Ein Mensch, der sich aus Zwanghaftigkeit und mangelnder Selbstannahme heraus nichts gönnt, bedarf ebenso der Heiligung in seiner Gewissensprägung wie derjenige, der in egoistischer Großzügigkeit unbedenklich zuviel für sich beansprucht. "Armsein im Sinne des Verzichts auf an sich wertvolle oder sogar notwendige Güter ist nur dann human und darum auch religiös gerechtfertigt, wenn einer mit dem Besitz und den Gütern so umgehen kann, daß er daran reift, wächst und zu sich selbst kommt ..."[2] Eine Gewissensschärfung vom Evangelium her wird die Orientierung in der Erkenntnis dessen finden, was "standesgemäße Armut"[3] meint. Eine derartige Gewissensschulung wird den Blick für eine den Menschen und die Welt fördernden Umgang mit den Gütern dieser Welt öffnen. Ein gewisser persönlicher Spielraum ist in der Benutzung der Güter notwendig; er kann und darf in Kommunitäten nicht durch Vorschriften unterbunden werden. Die Gewissensschulung soll hier dem einzelnen und der Gemeinschaft helfen, Wege des gelösten, hingebungsvollen Gebrauchs der Dinge in der Freiheit und im Gehorsam des Evangeliums zu suchen und zu gehen.

4. Ein Fragen um Erlaubnis zum Gebrauch der Dinge mag in den Kommunitäten einen Sinn haben. Solches Fragen darf jedoch nicht von der *Übernahme eigener Verantwortung* dispensieren. In den Fragen des täglichen Lebensstils wird immer wieder die Fähigkeit gefordert sein, in gewisser Eigenständigkeit der Intention kommunitärer Armut entsprechende Entscheidungen zu treffen. Hierzu ist es erforderlich, daß das Mitglied einer Kommunität die Verantwortung persönlicher Wahl und Entscheidung wahrnimmt, denn es übt Verzicht auf Güter nicht aus Feigheit oder Flucht vor dem Leben in der gesellschaftlichen Verantwortung. Im Umgang mit den Gütern wird es einen Weg zwischen Eigensinn und Unselbständigkeit durch Bevormundung zu gehen versuchen.

5. Ein gesundes Gemeinschaftsleben in kommunitärer Armut setzt voraus, daß

---

1 Morin, a. a. O. S. 154
2 Wulf, Ev.Armut S. 22
3 Krüger, Lebensformen S. 160

die Fähigkeit gelernt wird, die *eigenen Interessen* in fruchtbarer Weise mit dem *Auftrag der Gemeinschaft zu verbinden.* Armut meint dabei weder, daß das einzelne Mitglied seine eigenen Bedürfnisse nicht mehr haben und zur Kenntnis nehmen dürfte, noch daß diese immer Vorrecht vor denen der anderen haben sollten. Die Fähigkeit ist zu pflegen, die eigenen Bedürfnisse sensibel zu erkennen, unter der Berufung und dem Auftrag zu reflektieren, zu äußern, ohne ihre Durchsetzung zu erzwingen, und sie im Gespräch auf ihre Verwirklichung hin zu bedenken. Es wird dabei immer wieder die Bereitschaft gefordert sein, sie loszulassen und um anderer willen zurückzustehen. Dazu wird das Gespräch über die Fragen der Armut in den Kommunitäten wachzuhalten sein.
Das Wachstum in der Verantwortungsfähigkeit setzt eine tiefe Einwurzelung im Auftrag voraus. Der Auftrag umfaßt dabei beides: den Auftrag der gesamten Kommunität wie denjenigen des einzelnen Mitglieds in ihr. Wenn "die praktischen Formeln für die persönliche Armut ... äußerst schmiegsam und wandelbar"[1] sind, dann ist damit nicht persönlicher Beliebigkeit und Unverbindlichkeit Tür und Tor geöffnet. Der Umgang mit den Gütern dient dann auch nicht der persönlichen oder gemeinschaftlichen Zukunftssicherung. Die Elastizität in der kommunitären Armut läßt vielmehr der Orientierung am Auftrag Raum. Diese bringt eine Erziehung zu bleibender Beweglichkeit und zur Bejahung ungesicherter Existenz mit sich. Ihr ordnen sich auch die Fragen der Ausbildung und Sachkenntnis einzelner Mitglieder der geistlichen Gemeinschaften zu. Vom Auftrag her verliert auch die Wandelbarkeit der Armutspraxis eventuelle Bedrohlichkeit.

6. Da der Bezug der kommunitären Armut zur *Gesellschafts- und Wirtschaftsstruktur* einer Region in einer bestimmten Epoche unleugbar ist, wird er von den Kommunitäten immer wieder in geistlicher Wachsamkeit zu reflektieren sein. Hier taucht das Problem der angemessenen Anpassung auf, das keiner Kommunität erspart bleibt. Diese Notwendigkeit bringt jedoch erhebliche Gefahren für eine glaubhafte Armutspraxis mit sich, die Roustang so beschreibt[2]: "Wenn uns die Rücksicht auf unsere Mitmenschen verbietet, ihnen eine Last aufzulegen, die sie nicht tragen können, dann gebietet sie uns auch umgekehrt, daß wir uns von ihnen jene ganz konkrete Gestalt unserer Armut vorschreiben lassen, die ihnen ein Zeugnis für Christus zu geben vermag." Die Anbindung an die Meinung der umgebenden Gesellschaft könnte hier zum Korsett für die kommunitäre Armut werden. Die Fragen nach dem Grad kommunitärer Armut, nach dem Lebensstandard, sind im Kontext der Umgebung einer Gegend, eines Landes, ja selbst der internationalen Zusammenhänge zu bedenken. Es ist

---

1 Delchard, Armut S. 86; vgl. dazu auch A. Schulz, Grundlegung S.433; Geistliche Lebensordnung, Sießen S. 289

2 Ärmer werden S. 124 (anders ebd. S. 117f). Dagegen ist die Anfrage auch von den Kommunitäten zu vernehmen: "Bezeugen wir Christen nicht oft eine erstaunliche Phantasielosigkeit?" (Katholischer Digest 10(1952) S. 90 [zitiert bei Heufelder, Räte S. 45])

deutlich, daß keine Kommunität hier alles bedenken kann; eine solche Forderung wäre unrealistisch und machte handlungsunfähig. Aber ohne eine gewisse Sachkenntnis der größeren Zusammenhänge wird die Reflexion über die Fragen kommunitärer Armutspraxis zu oberflächlich bleiben müssen. In dieser Hinsicht gilt: "Der Christ, der die 'Wahrheit tun muß', muß eben deshalb der Verschlungenheit der Wirklichkeit Rechnung tragen, ohne sich dadurch zur Tatenlosigkeit verführen zu lassen ... Vielmehr heißt nach dem Evangelium leben: den Mut haben, der Zeitlage ins Auge zu sehen, die uns immer randvoll mit Problemen und Schwierigkeiten scheinen wird; es heißt, aus diesen ganz konkreten Umständen heraus dem Anruf Antwort zu geben."[1] Die Reflexion und Praxis der kommunitären Armut wird vom Glauben her die wirklich Armen im Blick behalten und nach Wegen zeichenhafter Zuwendung zu ihnen suchen. "Es geht um die Karriere zu den Armen unserer Zeit."[2] Bei solcher Reflexion wird der Versuchung zu widerstehen sein, eine sofortige Lösung für die komplexen Zusammenhänge finden und propagieren zu wollen. Andererseits dürfen auch nicht die kleinen, aber konkret möglichen Schritte im Heute versäumt werden. Weil in der Einübung der kommunitären Armut der ganze Mensch gefordert ist, bedarf es der Bereitschaft, sich auf einen lebenslangen Prozeß der Einübung, der Erneuerung und des Experimentes einzulassen.

2.2.2 Das kommunitäre Zölibat

Die Thematik dieses Abschnitts kündigte sich bereits im Abschnitt über Jesu Stellung zu Ehe und Ehelosigkeit (Punkt 1.4.3) an. Sie ist durch Unklarheiten und Mißverständnisse belastet, die den Zugang zu ihr erschweren. Auf einige von ihnen soll zuerst eingegangen werden.
Die Unklarheiten beginnen bereits mit der Begrifflichkeit. Die Begriffe "Reinheit" und "Jungfräulichkeit" dürfen nicht als Spezifikum des kommunitären Lebens reklamiert werden, da sich keiner, der im Glauben an Jesus Christus lebt, von ihnen dispensieren kann. Es gibt ferner in der Reinheit des Glaubens keine Steigerung, sondern nur ein Entweder-Oder, das an keinen Stand gebunden ist. Außerdem gilt: "Das Wort 'Jungfräulichkeit' hat für uns einen sentimentalen Beigeschmack. Dazu insinuiert es für viele eine unterentwickelte oder sogar unechte Menschlichkeit."[3] In diesem Sinn weist auch M. Thurian auf die Problematik des Jungfräulichkeitsbegriffs, die ihm im Laufe der Kirchengeschichte zugewachsen ist[4]: "Das Wort 'Jungfräulichkeit' hat eine Entwicklung durchgemacht und sich mit einem Inhalt gefüllt, der es uns heute nicht mehr

---

1 Roustang, Armut S. 108; vgl. auch Leclercq, Überlegung S. 72.88f; Guillet, Armut S. 7: "Und doch eignet sich nichts weniger zum Schlagwort als gerade die Armut."

2 Adams, Karriere S. 201

3 Wulf, Ehelosigkeit S. 341

4 Ehe S. 51f; vgl. auch Hardick, Frage S. 9 (u. ders., Vorwort S. 7); Strack, Ehe S. 116; Maas, Affektivität S. 100.167

erlaubt, mit ihm die Ehelosigkeit zu bezeichnen ... Dieser Ausdruck schließt heute tatsächlich eine Verurteilung des Geschlechtslebens sowie den Gedanken der Überlegenheit und des Verdienstes ein." Die Verwendung des Begriffs "Keuschheit" für den hier zur Diskussion stehenden Sachverhalt engt das Bedeutungsspektrum dieses Begriffs sehr leicht auf den sexuellen Aspekt ein - als ob keusch ein Gegensatz zu sexuell wäre. Außerdem erhebt sich bei der Verwendung dieses Begriffs im Hinblick auf die Kommunitäten sofort die Frage, ob denn Christen in der Ehe nicht ebenfalls Keuschheit zu leben hätten. Auch der Begriff "Enthaltsamkeit" ist zu unspezifisch, da er die Christen in der Ehe ebenfalls betrifft. Der Verwendung des Begriffs "Ehelosigkeit" fehlt es an Eindeutigkeit. Ehelosigkeit gibt es aus sehr verschiedenen Gründen, die mit dem kommunitären Leben nichts zu tun haben müssen. Außerdem unterstreicht dieser Begriff einseitig den Verzichtaspekt: dieser gehört unbestreitbar zur kommunitären Daseinsweise. Er läßt jedoch den positiven, mit der Erfüllung durch die Liebe Gottes gegebenen Aspekt unberücksichtigt.
So könnten sich Umschreibungen wie "gottgeweihte, christliche Ehelosigkeit"[1] oder (nach Mt 19,12) "Ehelosigkeit um des Himmelreichs willen" anbieten. Sie sind jedoch, besonders letzterer, zu weitschweifig. Wir sprechen deshalb vom "kommunitären Zölibat". Der Ausdruck wird in dem Sinne verwendet, den Maas wie folgt definiert[2]: "Der Ausdruck wird ... verwendet ... für den Lebensstand, in dem man als Mann oder Frau in vielfältiger Weise mit anderen in Beziehung steht, aber in einer Weise, die ein eheliches oder Besitzverhältnis ausschließt. Der Entschluß dazu und die lebensmäßige Verwirklichung werden von religiösen Motiven getragen." Gewiß ist auch dieser Begriff nicht frei von Belastungen, da er an das gesetzlich geforderte Amtszölibat der römisch-katholischen Kirche denken läßt. Wenn jedoch von dieser Assoziation abgesehen wird, eignet sich der Begriff für den hier zu behandelnden Sachverhalt.

Das kommunitäre Zölibat geht von einer *Bejahung der Leiblichkeit und Ehe* aus. Wer sich auf eine zölibatäre Lebensform einläßt, hat sicher auf einen für den Menschen wichtigen Bereich sinnlichen Genusses zu verzichten. Daß der Verzicht nicht nur den geschlechtlichen Bereich umfaßt, sondern auch die Erfahrung der Geborgenheit in einer ehelichen Beziehung, hält Sudbrack fest[3]: "Die Sätze (sc. Mk 10,28-30) zeigen, daß mit 'Ehelosigkeit' nicht einfach geschlechtliche Enthaltsamkeit verlangt wird, sondern der Verzicht auf Geborgenheit, in der das Entsagen vom geschlechtlichen Zusammensein die

---

1 Thurian, Ehe S. 52

2 Affektivität S. 17. Fouché (Ehelosigkeit S. 113) sieht zwei Hypothesen, den Ursprung des Wortes herzuleiten: Die eine leite sich aus dem Sanskrit ab, wonach es "einäugig" meine. Nach der anderen komme es aus dem Lateinischen und bedeute "der die Einsamkeit liebt". Letztere ist zutreffend (caelebs=ehelos); vgl. Hanselmann, Lexikon S. 211. Zur Praxis des Zölibats im Lauf der Kirchengeschichte vgl. Barion, Zölibat II S. 1924; Mörsdorf, Zölibat S. 1395ff; Weber, Zölibat S. 1440ff.

3 Leben S. 107; ähnlich auch v. Breemen, Gerufen S. 68; Matura, Ehelosigkeit S. 110

Mitte ausmacht." Soll das Zölibat wirklich evangelisch gelebt werden, ist auf die Motivation aufmerksam zu achten. Diese vermischte sich im Laufe der Ordensgeschichte immer wieder mit Motiven, die dem christlichen Glauben fremd sind. Vor allem wirkte sich das hellenistische Denken belastend auf das christliche Ordensleben aus. Für dieses Denken war primär der Geist als Quelle der Erkenntnis von Interesse. Ihm galt es, alle Aufmerksamkeit zuzuwenden. Das Geistige wurde als das Allgemeine dem Göttlichen zugeordnet. Alles Einzelhafte wurde als Beschränkung und Verminderung beurteilt. Zum Einzelhaften gehört auch der Leib, der hier eine Abwertung erfuhr. In der Aufwärtsbewegung zum Geistig-Göttlichen konnte für dieses philosophische Denken das Leibliche nur hinderlich sein und war deshalb so weit wie möglich abzutöten. "Es ist wohl kein Zweifel, daß man, als es galt, die ganz anders gemeinte und begründete christliche Askese gedanklich zu rechtfertigen, in der Verlegenheit mehr als einmal zu den Beweisen und Erklärungen griff, die von den antiken Philosophen her schon bereit lagen ... Eine solche Übernahme geschah um so leichter, als sich antike und christliche Aszese im äußeren Tun oft begegnen mußten ..."[1]
Einer biblisch orientierten Anthropologie ist die dualistische Sicht des Menschen verwehrt. Der Christ in Kommunitäten kann vom Glauben her auch in seiner Lebensweise Leib und Geist nicht mehr als Konkurrenten betrachten. Als geschlechtsloses Wesen existieren zu wollen, führte ihn zu einem falschen Ideal. Die Berufung meint kein Streben nach einer "neutrischen" Existenzweise. Ihre Leiblichkeit und das Empfinden als Mann und Frau ist den kommunitären Christen kein lästiges Übel, das ihre Persönlichkeit oder ihren Glauben minderte. Sie wollen keine Ängstlichkeit und Skrupulösität gegenüber der fremden und eigenen Leiblichkeit pflegen, auch ihr Selbstwertgefühl nicht verlieren und ihre Gefühlswelt nicht verkümmern lassen. Das Ziel des zölibatären Lebens in Kommunitäten ist nicht die stoische Gefühllosigkeit, die "apatheia". Die mit dem Menschsein gegebene "ontolotische Sexualität"[2], welche die unwiderrufliche Grundlage der Lebensbeziehungen der Geschöpfe bildet, kann vom Schöpfungsglauben her kein unglückliches Faktum sein. Auch für die Christen in Kommunitäten ist die Geschlechtlichkeit Gabe Gottes und als solche gut. Von Gott dem Schöpfer her hat es auch für sie einen tiefen Sinn, als Mann und Frau geschaffen und gewollt zu sein. Trotz ihres Verzichts haben sie vom Glauben her ein tiefes Interesse daran, daß durch den Umgang mit ihrer Leiblichkeit Gott der Schöpfer zu Ehren kommt. Sie wollen ihren Leib als Tempel des heiligen Geistes achten, durch den Gottes Liebe transparent wird, und vermögen einzustimmen in den Lobpreis Gottes, der den Menschen bis in seine tiefen Wünsche hinein

---

1 A.Brunner, Leib S. 338; s. zum hellenistischen Denken ebd S. 336ff; Bohren, Lebensstil S. 62; Harnack, Briefe S. 54; Trzaskalik, Katholizismus, in: Sexualität S. 37ff; Troeltsch, Askese S. 69ff; Weber, Dogmatik I S. 642f; Sudbrack, Leben S. 107f; K. S. Frank, Ehelosigkeit S. 79.f.88f

2 M. Oraison, Le mystère de la sexualité (Paris 1966) S. 152 (=ders, Psychologie des ehelosen Lebens, Mainz 1969; zitiert bei Matura, Ehelosigkeit S. 62); ähnlich Maas, a. a. O. S. 126f. Haskamp (Psychologie S. 21): "Man kann sein Mann- oder Frausein nur um den Preis der Persönlichkeit leugnen."

ursprünglich gut geschaffen hat. In der Form des Gebets schreibt Tobien in diesem Sinn[1]: "Auch unser Leib gehört Dir. Er ist Dein Tempel, und wer den Tempel Gottes verdirbt, den wird Gott verderben. Er ist uns anvertraut. Ihn wollen wir mit aller Liebe und Sorgfalt pflegen, seine bösen Regungen meistern und ihn weder herrschen lassen noch ihn mißachten ..." Die Sexualität, die weder ausschließlich leiblich noch ausschließlich seelisch-geistig, sondern als eine menschliche Wirklichkeit mit vielen Dimensionen begriffen werden will, ist auch für den kommunitären Christen als integraler Teil seiner Person anzunehmen. "Vorgegeben ist ein Doppeltes: einerseits der zölibatäre Lebensstand, der voll ernsthaft und positiv gestaltet wird, andererseits die Tatsache, daß der Mensch ein sexuelles Wesen ist, Mann und Frau, und ausgerichtet auf den jeweils anderen. Was noch zu finden ist, wäre die Harmonie zwischen beiden, ihr gegenseitiges Verhältnis."[2] Im Dasein für Gott und die Menschen tut die zölibatäre, kommunitäre Lebensweise dem Mann- und Frausein keinen Abbruch.

Die Einstellung zur Leiblichkeit mußte mit innerer Logik auf die Einstellung zur Ehe zurückwirken. Die Höherbewertung des Zölibats auf Kosten der Ehe findet sich schon in der altkirchlichen Tradition. Bei Tertullian z.B. lebt "die Propaganda für die Ehelosigkeit zuerst von der Abwertung der Ehe"[3]. Vom Zölibat als dem eigentlichen Weg zu Gott her wurde die spezielle Führung zum Ideal erhoben und die Ordnung der Ehe geriet in zweifelhaftes Licht. Hier war die biblische Hochschätzung der Ehe vergessen.[4] Die zölibatär lebenden Christen in Kommunitäten dagegen sehen und achten, daß auf der Ehe Gottes Segen und seine Verheißung ruht. Was Gott gut nennt (Gen 1,31a), das wird auch der kommunitäre Christ nicht für schlecht halten können. Erfüllt doch der Herr selber durch seinen Geist die Verbindung der Ehegatten. Die Höherbewertung der Ehelosigkeit lebte nicht zuletzt von der irrigen Voraussetzung, die Liebe zum Partner täte der Liebe zu Gott Abbruch. "Wenn Ehe prinzipiell eine ... Zwiespältigkeit des Christen gegenüber Gott bewirkte, die die Befolgung des Gebots der Gottesliebe 'mit ganzem Herzen, ganzer Seele und allen Gedanken' (Mt 22,37) unmöglich macht, dann müßte die Ehe Christen verboten sein. Aber Gott ist nicht endliche Konkurrenz für die Liebe zweier Menschen; er ist vielmehr das jede christliche Liebe umfangende transzendente Du, Grund und Horizont sowohl der ehelichen Liebe, wie auch der Virginität."[5] Aus diesem

---

1 Johannis-Konvent S. 178; zur Leibbejahung aus dem Glauben vgl. ferner Zulehner, Glauben S. 92; Hauser, Ordensstand S. 44; Oraison, Psychologie S. 60ff

2 Maas, a. a. O. S. 126

3 K. S. Frank, a. a. O. S. 84. Cyprian (Über die Haltung der Jungfrauen 21-23, zitiert ebd. S. 86) beschreibt das Leben der Verheirateten als arm und bedauerlich (vgl. auch Thurian, Ehe S. 54).

4 Vgl. oben Punkt 1.4.3. Diese Hochschätzung der Ehe spricht sehr eindrücklich aus Eph 5,22ff. Zur Frage der Gleichwertigkeit von Ehe und Zölibat vgl. Thurian, Maria S. 17; Halkenhäuser, Kirche S. 265f; v. Balthasar, Jesus nachfolgen S. 9.

5 Halkenhäuser, Engagement S. 67; vgl. auch Stökl, Taizé S. 78 Anm. 31; Rahner, Räte S. 418 Anm. 1; Schulte, Zeichen S. 408 Anm. 84

Grund bedarf die Formulierung "ungeteilte Hingabe" jeweils der Erläuterung, da sie leicht mißverstanden werden kann im Sinne der Konkurrenz zwischen der Gottes- und der Nächstenliebe. Konsequenterweise müßte dann die Liebe des kommunitären Christen zu seinen Mitbrüdern und -schwestern seine Liebe zu Christus verringern. Gott würde hierbei als eine kategoriale Größe betrachtet, die sich mit der zwischenmenschlichen Liebe "streiten" und sie mit sich "teilen" müßte.[1]

Einer Abwertung der Ehe gegenüber dem Zölibat widerrät auch die Beobachtung zentraler gemeinsamer Sachverhalte, von denen einige hier genannt seien: Sowohl die Ehe als auch das Zölibat leben von der einen Liebe Gottes, die beiden Lebensweisen Tragfähigkeit und Beständigkeit verleiht. Beide haben christlich nur insofern Wert, als in ihnen dem Herrn gegenüber Gehorsam praktiziert wird. Beide wollen in Liebe und in Offenheit gegenüber der zukünftigen Welt gelebt werden. "In gewissem Sinn liegt der Verzicht auf jeden eigenen Besitz, auf den eigenen Leib und letzten Endes auf den eigenen Willen der ehelichen Verbindung auf die gleiche Weise zugrunde wie die Ablegung der Mönchsgelübde."[2] Beiden kommt auf je eigene Weise ihre Würde und Erfüllung darin zu, Zeichen für die Gottesherrschaft in dieser Welt zu sein. Schließlich spielt die Sexualität im engeren, genitalen Sinn für die meisten zwischenmenschlichen Beziehungen keine Rolle. Der Gegensatz zwischen Ehe und dem kommunitären Zölibat ist also nicht so tiefgreifend wie es oberflächlicher Betrachtung erscheinen mag. Bei einer so breiten Parallelität zwischen beiden Ordnungen müßte die Abwertung der Ehe zugleich eine Abwertung des Zölibats mit sich bringen. Mit seinem Verzicht auf die Ehe verzichtet der kommunitäre Christ auf ein hohes Gut. Die Gleichwertigkeit beider Ordnungen unterstützt Wulfs methodische Empfehlung im Hinblick auf eine Darstellung der Ehelosigkeit[3]: "Und doch können beide, Ehe und Jungfräulichkeit, nur im Hinblick auf den jeweils anderen Stand theologisch und pastoral sachgerecht dargestellt werden." Schließlich geht es in beiden Ordnungen um ein Leben unter der Berufung. Auch die Ehe ist vom Glauben her keine rein natürliche Ordnung. Da es sich um zwei Berufungen handelt, sind dem Christen zwei Wege der Christusnachfolge eröffnet. "Wenn es für den Menschen nur einen einzigen natürlichen Weg gibt, dann kann man nicht von einer Berufung reden. Soll es sich tatsächlich um eine Berufung handeln, dann muß eine Wahl zwischen mindestens zwei Wegen möglich sein."[4] Daher ist mit der Blickrichtung auf die

---

1 Von daher ist es auch unangemessen, dem Zölibat eine größere Unmittelbarkeit zu Gott zuzusprechen (gegen Legrand, Jungfräulichkeit S. 112; Schulte, Zeichen S. 408).

2 Bouyer, a. a. O. S. 162; vgl. auch Halkenhäuser, Engagement S. 67

3 Theologie S. 341

4 Thurian, Ehe S. 36; vgl. auch ebd S. 4.35.51; Strack, Ehe S. 123f; Schutz, Heute S. 86f (Man sollte jedoch besser nicht von zwei "Absoluten" sprechen S. 87; ebenso ders., Entstehung S. 50); Trémeau, Zölibat S. 93; Class, Bruderschaft S. 21; Schleiter, Mönchtum S. 105; Hümmer, Ehelosigkeit S. 139; Rahner, Räte S. 406.412; Halkenhäuser, Kirche S. 264

Kirchen der Reformation zu sagen: Wer das Zölibat abwertet, der wertet auch die Ehe ab. Daß das Zölibat vor Gott niemand gerecht macht, wußte man in protestantischen Kreisen sehr genau. Das entsprechende Wissen schien im Hinblick auf die Ehe nicht immer gleichermaßen präsent zu sein. Die Berufung zur Ehe mindert in nichts die Berufung zum zölibatären Leben in Kommunitäten. Das Zölibat sollte deshalb in den reformatorischen Kirchen weder ein besonderes Lob noch eine Abwertung erfahren.[1]

Fragt man nach der *Motivation und den Wesenszügen des kommunitären Zölibats,* so stößt man bei dieser Nachfolgebedingung in der Literatur immer wieder auf das Stichwort *Berufung.* Das kommunitäre Zölibat wird durch sie als "geistlich begründete Ehelosigkeit ... das freiwillige, entschlossene Ja eines Menschen zu einem anderen Weg als zu dem Weg in die Ehe"[2] gelebt. Weder philosophische noch neurotische Abnormitäten lassen die Christen in Kommunitäten auf eine eheliche Beziehung verzichten; hier würden negative Momente in der Motivation überwiegen. An erster Stelle stehen auch keine Nützlichkeitserwägungen. Das kommunitäre Zölibat wird zuerst und vor allem als charismatische Berufung durch den heiligen Geist erkannt und existentiell anerkannt. Damit ist der Verzicht auf die Ehe eine Sache besonderer Gabe, eine Lebensmöglichkeit, die Gott einzelnen Christen durch seinen Ruf ermöglicht. Wenn Jesus in Mt 19,11f sagt: "Wer es fassen kann, der fasse es", so gibt es auch gegenwärtig Christen, die für sich einen solchen Ruf vernehmen und fassen. Gottes freies Du wendet sich im konkreten Ruf einem Menschen zu und bewegt ihn dazu, freiwillig in das kommunitäre Zölibat einzuwilligen. So stellt die Berufung die neutestamentliche Legitimität der Entscheidung für das kommunitäre Zölibat dar. Ein charismatisches Ergriffensein führt die Christen in Kommunitäten dazu, existentiell nicht mehr anders zu können, als auf die Ehe zu verzichten. Von der Berufung her ist das kommunitäre Zölibat so zu verstehen: "Das Zölibat ist ein Charisma - man kann es sich nicht nehmen, man kann nur staunend erkennen, daß Gott es verliehen hat."[3] Im Hören auf den Ruf Jesu wird es gelingen, das Ja zur Leiblichkeit und das Ja zum Verzicht auf die Ehe als Synthese zu leben. Von diesem Ruf her erhält das Zölibat einen positiven Inhalt und wird vom Berufenen her auch als etwas Positives akzeptiert.

Das dem Ruf Jesu zugeordnete Zölibat schließt religiöses Leistungsdenken, Selbstheiligung und damit alle wertende Betrachtung im Sinne einer Besserstellung als Motiv für die Wahl dieser Lebensform aus. Da, wo der Wille und der Ruf Gottes entscheidend sind, kann die Ehelosigkeit nur aus Liebe zum rufenden Herrn und aus Dank ihm gegenüber gelebt werden. Eine solche Lebensweise ist gelebter *Gehorsam.* Auf diesen Aspekt weist Lang hin, wenn er schreibt[4]: "Der Liebe kann nicht geantwortet werden mit einschränkendem,

---

1 So auch B. Lohse, Verständnis S. 291; Halkenhäuser, Kirche S. 264

2 Class, Bruderschaft S. 21. Dieser Aspekt wird in der kommunitären Literatur häufig erwähnt.

3 Ordo Pacis, Regelentwurf (zitiert bei Halkenhäuser, Kirche S. 267)

4 Kennzeichen S. 145; vgl. auch Schutz, Heute S. 89; Barth, KD III/4 S. 164; Schleiter,

sondern immer nur mit bedingungslosem Ja." Auch für das kommunitäre Zölibat muß deshalb die Bezeichnung "Rat" als ungeeignet fallen gelassen werden. Die Antwort der Ehelosigkeit ist ebenso unbedingt wie der an sie ergangene Ruf; sie ist von der Berufung her höchste Freiheit und zugleich höchste Notwendigkeit als unausweichliche Bestimmung. So ist das Zölibat die dem kommunitären Christen aufgetragene Form der Nachfolge. Das "Alles-verlassen" macht sie zum Heiraten unfähig. Vom Gehorsam her erübrigt sich alles unfruchtbare Vergleichen zwischen Ehe und Zölibat. Auf der allgemeinen Diskussionsebene wird sich für jedes Argument für die eine oder andere Lebensform ein Gegenargument finden lassen. Der kommunitäre Lebensweg ist nicht das Ergebnis des Abwägens von Für und Wider im Hinblick auf das Zölibat.
Betrachtet man das kommunitäre Zölibat unter dem Gesichtspunkt "Du darfst nicht ...", so ergibt sich eine sehr einseitige Sichtweise. Es muß ein weiterer Aspekt betrachtet werden. Schillebeeckx weist auf diesen hin, wenn er schreibt: "Phänomenologisch ist der freiwillig übernommene Zölibat um einer Wertrealisierung willen Ausdruck eines besonderen Gespürs für einen bestimmten tiefen Lebenswert."[1] Ein solcher, den Menschen voll in Beschlag nehmender Wert kann irdischer oder religiöser Art sein. Im kommunitären Zölibat geht es um das positive *Überwältigtsein von Jesus Christus*. Das Unverheiratetsein ist nur die "negative" Komponente dieses Überwältigtseins. Der "Wert" des kommunitären Christen ist die Person Jesu Christi. Er ist das Herz des kommunitären Zölibats und muß das tiefe Ergriffensein von seiner Person immer neu schenken. Freilich macht die Person Jesu Christi auch jede christliche Ehegemeinschaft wertvoll. Durch ihre Berufung wissen sich jedoch die Christen in Kommunitäten dazu gerufen, von ihrer Christusbeziehung her auf die Ehe zu verzichten. Die Gegenwart Jesu Christi durch seinen heiligen Geist hat sie so stark ergriffen, daß sie die Nähe Gottes zu ihrem zentralen Lebensinhalt machen und so zur Ehelosigkeit fähig werden. Die Christusrelation ist ihnen eine ihr Leben prägende Realität geworden. "Zölibat meint nicht, daß man etwas verloren hat, sondern vielmehr, daß der Mensch in der Ehelosigkeit einen Jemand gefunden hat."[2] Enthaltsamkeit erwächst für die kommunitären Christen aus der mit der Berufung gegebenen spezifischen und erfüllend

---

Mönchtum S. 96; Thurian, Ehe S. 4.45. Halkenhäuser (Kirche S. 266) bemerkt treffend: "... Das charismatische Ergriffensein durch Christus (Phil 3,12) (entbindet) einen echten christlichen Gehorsam ..., der den Menschen nicht in die Ehe, sondern an der Ehe vorbeiführen kann."

1 Der Amtszölibat S. 64 (zitiert bei Maas, a. a. O. S. 106)

2 v. Breemen, Gerufen S. 67. v. Breemen (ebd. S. 65) stellt einen zutreffenden Vergleich auf: Wie eine Frau, die ihren Mann liebt, kein Interesse mehr für einen anderen hat, so hat der um Jesu willen Zölibatäre kein Interesse an ehelicher Gemeinschaft und ist in diesem Sinn "Eunuch". Vgl. auch Maas, a. a. O. S. 108.152; Thurian, Maria S. 22; Albrecht, Er rief S. 31; Nouwen, Gottes Clown sein S. 57; Picard, Jungfräulichkeit S. 56; ders., Aufgabe S. 377; Wulf, Ehelosigkeit S. 348; Stökl, Taizé S. 73; Häring, Liebe S. 105; Strack, Ehe S. 121; Riedinger, a.a.O. S. 32; Schleiter, a. a. O. S. 64; Schutz, Heute S. 85

erfahrenen Beziehung zwischen Christus und ihnen, so daß sie keinen anderen Menschen für sich allein haben wollen. Jesus Christus läßt sie ihre Identität so erfahren, daß sie ihren Selbstwert aus seiner Liebe empfangen. Ohne das große Du Gottes wäre für sie der zölibatäre Weg nicht lebbar. "Im 'ehelosen' Leben von heute soll sichtbar werden, daß Gottes 'Du' Raum und Halt schenkt zur Freundschaft ..."[1] Der erhöhte Herr schenkt den Christen in Kommunitäten die tiefste Lebenserfüllung und in allem Verzicht die volle Entfaltung ihres Menschseins. So lebt das kommunitäre Zölibat aus dem Geheimnis, von dem rufenden Herrn bejaht, unendlich geliebt, im eigenen Verlangen und Begehren von ihm gestillt zu sein - und damit aus dem Geheimnis der "Christusfreundschaft"[2]. Durch die Erfahrung dieser Christusfreundschaft "kann es geschehen, daß der Gerufene in einer solchen Tiefe des Herzens angerührt wird, daß er alles, was er bisher als erstrebenswert angesehen hat, als belanglos oder sogar als Unwert erachtet"[3].

Sprechen wir vom christologischen Aspekt des Zölibats, so darf der Hinweis auf die Ehelosigkeit Jesu nicht fehlen. Wird das Zentrum der christologischen Begründung dieser Lebensform in der Glaubensgemeinschaft mit dem erhöhten Herrn gesehen, dann werden die Gefahren einer Vorbildchristologie in dieser Frage vermieden. Zweifellos ging Jesus als Wandercharismatiker keine eheliche Beziehung ein. Wie seine Jünger in der Nachfolge auf die Ehe verzichteten und so eine Angleichung des Lebensstils an ihren Herrn und Meister vollzogen, so leben auch die kommunitären Christen eine solche Angleichung an die Ehelosigkeit des irdischen Jesus. "Die freiwillige Ehelosigkeit schafft nicht nur eine geistliche, sondern auch eine leibliche und praktische Ähnlichkeit mit Christus und ist darum zum Dienst des Reiches Gottes in besonderer Weise geeignet."[4] So wie Jesu Verzicht auf die Ehe im Dienst der Liebe Gottes stand, so gilt Entsprechendes auch für das Zölibat der kommunitären Christen.

Steht im Mittelpunkt des kommunitären Zölibats die Glaubensgemeinschaft mit dem erhöhten Herrn, dann gehört zu seinem Wesen das Leben aus und mit dem *Gebet*. So suchen die Christen in Kommunitäten in ihrem Verzicht nach einer reichen Gestaltung ihres Gebetslebens, um auf diese Weise ihren Auftrag zur Vertrautheit mit Gott wahrzunehmen. Hier gewinnt der Hinweischarakter auf das große Du Gottes Gestalt. In gewisser Weise unterstützt der Verzicht auf die eheliche Gemeinschaft das Gebet, weil er zeitlich mehr Freiraum ermöglicht.

---

1 Subrack, Leben S. 48; vgl. auch Pfister, Chance S. 58; Matura, Ehelosigkeit S. 111: "Die tiefstmögliche Beziehung des Menschen ist jene, die er mit Gott und ... mit dem auferstandenen Christus anzuknüpfen vermag."

2 Picard, Jungfräulichkeit S. 72; vgl. auch Bours, Ehelosigkeit S. 60. Wie intensiv die Christusfreundschaft das zölibatäre, kommunitäre Leben bestimmt, kommt in der folgenden Aussage M. Pfisters (Lächelt einander zu S. 42) zum Ausdruck, in der sie auf Mutter Theresas Ausspruch "Ja, ich bin verheiratet" Bezug nimmt: "Das gilt auch für die (sc. Schwestern) unter uns, die Profeß gemacht haben. Ja, ich bin verheiratet."

3 Wulf, Aspekt S. 109

4 Thurian, Ehe S. 10; vgl. auch Stökl, Taizé S. 73; Strack, Ehe S. 117f; Wulf, Ehelosigkeit S. 34; Albrecht, Er rief S. 31

Dem kommunitären Zölibat wohnt damit wesensmäßig eine kontemplative Komponente inne. "Das Gebet ist Atem, Ausdruck und Quelle der Intimität zwischen Gott und Mensch. Nur der betende Mensch vermag zu 'fassen', was es um die christusgeweihte Jungfräulichkeit ist, und nur betend kann der Berufene sie erfüllen."[1] Vom Indikativ der Gnade her lebt der zölibatäre Christ in Kommunitäten in einer betend-rezeptiven Haltung Gott gegenüber.

Die Christusgemeinschaft und das Gebet sind tragende Elemente der *Ganzhingabe* an den zum Zölibat rufenden Herrn. Hingabe an Jesus Christus schließt für die Christen in Kommunitäten die Hingabe der Möglichkeit einer ehelichen Beziehung mit ein. Im Zölibat geben sie ihr Leben Gott als lebendiges Opfer hin. "Da wirkt sich ... die Keuschheit aus in dem lebendigen Opfer des Leibes, das lebendig, heilig und gottwohlgefällig ist ... Aber von den Brüdern und Schwestern, die nicht mehr sich selber leben wollen, sondern nur noch dem Herrn und den Menschen, wird in dem Gelübde der Keuschheit ausgesprochen, daß nichts mehr ausgenommen werden soll von diesem Opfer. Sie sind ja auch von den Menschen ausgegangen, auch von den geliebten Menschen, ausgegangen in die Liebe des Herrn, die sie allein erfüllen soll."[2] Hier hat die Formulierung "ungeteilte Hingabe" ihren legitimen Ort. Kommunitäres Zölibat ist ungeteilte Sache des ganzen, unteilbaren Menschen. Im Zölibat übergibt der kommunitäre Christ die Verfügungsgewalt über sein Leben der Liebe Gottes. Diese Lebensweise ist eine Weise liebender Ergebenheit in Gott, eine Weise der Leidenschaft für Gott. "Ihnen allen (sc. den Kommunitäten) geht es darum, daß das ganze Leben von der Wirklichkeit der Liebe Gottes erfaßt wird."[3] Das Zölibat ist gelebte Ausschließlichkeit des Christus überantworteten Leibes und der Seele auf den Gnadenimperativ hin. So weiht der kommunitäre Christ Christus sein Leben und läßt sich auf die geistliche Selbstenteignung, die gnadenhafte Aussonderung ein, für die das Zölibat Zeichen ist. "Es bleibt ihm (sc. dem Berufenen) aufgegeben, die Liebeshingabe seiner Entscheidungszeit eine Lebenslänge hindurch erst zu realisieren ..." Aller Radikalismus der Hingabe im Eheverzicht erhält seine Berechtigung um des Glaubens an Christus willen. Der Glaube läßt den zölibatären Christen seine Zuflucht bei Gott nehmen und erhält die Hingabe lebendig.

Mit dem christologischen untrennbar verbunden ist der *eschatologische Aspekt* des Zölibats.[4] Mt 19,12 zeigte (Punkt 1.4.3), daß der Bezug der Jüngerehelosigkeit auf die Gottesherrschaft zentral ist. Diese Motivation ist auch für das Zölibat der kommunitären Christen tragend. Damit ist diese Lebensweise

---

1 Lauter, Geheimnis S. 192. Auch Class (Bruderschaft S. 22) meint, es dürfe nicht übersehen werden, "daß der ehelose Weg ohne den beharrlichen Dialog der Liebe mit Jesus auf Dauer kaum glaubwürdig durchgehalten werden kann, wenn man nicht unter ein lähmendes, freudlos und hart machendes Gesetz kommen will" (vgl. auch Halkenhäuser, Kirche S. 270; Thurian, Maria S. 42; Geistliche Lebensordnung, Sießen S. 290).

2 Riedinger, Geweihte S. 35

3 Ev.Erwachsenenkatechismus S. 1282f

4 Wulf (Aspekt S. 109) weist darauf hin, daß die Zusammengehörigkeit beider Aspekte bereits im frühen Christentum erkannt wurde.

ein eschatologisches Zeichen, das auf die letzten Dinge hin ausgerichtet ist. "Etliche haben schon immer zeigen dürfen, daß 'das Reich Gottes nahe herbeigekommen' ist."[1] Die Doppelstruktur der Basileia, ihre gegenwärtige und künftige Komponente hat ihre Konsequenzen für das kommunitäre Zölibat. Auf der einen Seite gilt, daß die Gottesherrschaft mit der Person Jesu angebrochen ist. Dieses "Schon" hat sich mit seiner Auferstehung und mit dem Pfingstereignis fortgesetzt und verdichtet. Durch seinen Stand weist der Christ in Kommunitäten darauf hin, daß die Gottesherrschaft bereits angebrochen ist. Auf diese Komponente weisen solche Formulierungen über das kommunitäre Zölibat, die davon sprechen, daß man in dieser Lebensweise "zu einer vollen Lebenserfüllung finden"[2] kann. Der kommunitäre Christ lebt aus der Neuheit, die Gottes eschatologisches Handeln mit sich bringt und die mit der sich erfüllenden Zeit gegeben ist. Das Leben im kommunitären Zölibat ist "nicht nur ein Element der Wüste, sondern auch des Neuen Jerusalem"[3]. In ihm geschieht ein beginnendes Einswerden in der ungeteilten Gemeinschaft mit dem wiederkommenden Herrn und im ungeteilten Ergreifen seiner jetzt schon gegenwärtigen Liebe. Das Zölibat erhält seine Lebendigkeit vom Beginn der neuen Schöpfung her, in der Gott dem Menschen ganz nahe gekommen ist. So weist es in dieser vergehenden Welt auf die Wirklichkeit der kommenden Welt. Zur neuen Ordnung der Basileia gehört, daß die Auferweckten beim vollendeten Erscheinen der Gottesherrschaft "nicht mehr freien, noch gefreit werden" (Mk 12,25). Der Verzicht auf die Ehe um der Basileia willen manifestiert etwas von der Relativität der Dinge als der "Bezogenheit aller Dinge auf dieses Reich"[4]. Ehelosigkeit ist in diesem Kontext Zeichen für die Vergänglichkeit dieser Welt und vorausweisendes Zeichen auf die Auferstehungswirklichkeit und damit für das Leben in Fülle. Die anbrechende Basileia hat die Ordnungen dieser Welt relativiert. Die Ehe ist keine Institution der Weltvollendung, und so kann K.Barth sagen: "Ein Obligatorium kann die Ehe in der neutestamentlichen Zeit gerade nicht mehr sein."[5] Die kommunitären Christen wollen die Ordnungen und geschaffenen Dinge dieser Welt niemals als letztes Wort betrachten. Damit redet man in den Kommunitäten keiner Verachtung der Schöpfungsordnungen das Wort. "Gewiß haben auch wir Christen die Schöpfungsordnungen zu erfüllen, solange wir noch auf Erden sind, aber wir haben auch durch unser ganzes

---

1 W. Hümmer, Christusbruderschaft S. 186; vgl. auch Stökl, Taizé S. 70; Hauser, Ordensstand S. 43; Imhof, Nachfolge S. 19; Hoch, Räte S. 39; Neuhäusler, Ruf S. 54f

2 Halkenhäuser, Engagement S. 67; vgl. auch ders., Kommunität S. 274ff; Thurian, Maria S. 23; ders., Ehe S. 45; Wulf, Standort S. 303; Johannes-Paul II, Leben S. 62; Füglister, Zeugnis S. 150; Louf; a. a. O. S. 90; Matura, Ehelosigkeit S. 20.56.89; K. Barth KD III/4 S. 154ff; Wendland, Bruderschaften S. 30; W. Hümmer, Orden S. 105; Bours, Ehelosigkeit S. 66f; Strack, Ehe S. 118; Lang, Kennzeichen S. 142.147; W. Pesch, Räte S. 88.96; Hillmann, Begründung S. 171; Bertrams, Jungfräulichkeit S. 99; Picard, Jungfräulichkeit S. 18f; ders., Aufgabe S. 365

3 Legrand, Jungfräulichkeit S. 105

4 Lafont, Institution S. 499; vgl. ferner Wulf, Ehelosigkeit S. 347; Zulehner, Glauben S. 92

5 KD III/4 S. 159

Verhalten zu bezeugen, daß das Schema dieser Welt vergeht."[1] Das Zölibat weist auf die Größe und den Vorrang des Gottesreichs gegenüber den Ordnungen dieser Welt hin. Der Verzicht auf die Ehegemeinschaft ist für die Kommunitäten Praxis der eschatologischen Freiheit der Kinder Gottes, die neben dem Gebrauch der Schöpfungsgaben auch ihren Verzicht im Vorbeigehen-lassen der Welt ermöglicht. Solche Freiheit, die unter dem Zeichen des Exodus unter einem speziellen Ruf steht, befreit zur gelösten Begegnung mit dem Mitmenschen. "Keuschheit heißt für uns inneres Gelöstsein von Menschen und Freisein vom Begehren."[2]

Auf der anderen Seite sind die Christen in den Kommunitäten mit der gesamten Kirche noch Wartende. Sie harren der noch ausstehenden Vollendung der Welt entgegen. Neben das "Schon" tritt damit auch für sie das "Noch-nicht" der Gottesherrschaft. Auch letzteres prägt das kommunitäre Zölibat. In diesem Zusammenhang ist eine Behutsamkeit in den das eschatologische "Schon" betreffenden Aussagen über das Zölibat geboten. Wenn etwa Matura äußert[3]: "Der wesentliche Wert der Ehelosigkeit, ihre erste und dauerhafte Bedeutung beruht für uns darauf, daß sie den endgültigen, eschatologischen Zustand des Menschen, der in der Welt der Auferstehung zur Vollendung gelangt, schon hier sichtbar macht und darstellt", so ist zu ergänzen, daß das kommunitäre Zölibat in dieser Welt und also in einer unvollendeten Wirklichkeit gelebt wird. Keine Brautmystik kann die Tatsache verdecken, daß das Zölibat von Sündern in einer gefallenen Welt gelebt wird. Damit soll das "Schon" nicht zurückgenommen werden. Es bedarf nur um der dogmatischen wie lebensmäßig-praktischen Ehrlichkeit willen der nüchternen Ergänzung durch konkrete Aussagen zum "Noch-nicht" des zölibatären, kommunitären Lebens. Die Christen in Kommunitäten wissen um den schmerzhaften Verzicht, der mit der Ehelosigkeit gegeben ist. Sie wissen um die Erfahrung des entleerten Herzens, das sich nach der Zuwendung eines Ehepartners und nach einer erfüllenden Beziehung sehnt. Es bleibt auch für sie die Diskrepanz zwischen den Wünschen und ihrer Erfüllung. Die Erfahrung erfüllenden Erlebens ist auch für sie nicht konservierbar. Stillende geistliche Erfahrungen sind im zölibatären Leben nicht das ewige Leben selbst, sondern Vorzeichen desselben.

Die kommunitären Christen wissen jedoch zugleich darum, daß das Eingehen einer ehelichen Beziehung ihnen weder letzte Erfüllung schenken würde noch ihrer Berufung dienlich wäre. So halten sie die Spannung zwischen ihren sehnsuchtsvollen Wünschen und der Erfüllung bewußt aus. "Einige Menschen sind von der Hoffnung auf die Erfüllung ihres Sehnens durch Gott so erfüllt und gepackt, daß sie in extravaganter, verrückter Weise eine irdische Befriedigung, Beruhigung ihrer Urwünsche zurückstellen. Sie werten dabei die Sehnsucht nicht

---

1 W. Hümmer, Orden S. 105; vgl. dazu auch J. Schneider, εὐνοῦχος S. 766; Halkenhäuser, Kirche S. 273; Stauffer, γαμέω S. 649; Thurian, Maria S. 23.25.29; Bockmühl, Gesetz S. 279 Anm. 89

2 W. Hümmer, Christusbruderschaft S. 186

3 Ehelosigkeit S. 60; vgl. auch ebd. S. 61f; Bouyer, a. a. O. S. 156

ab, vielmehr schürt das Offenhalten die Urwünsche oft bis an die Grenze des Erträglichen. Und dennoch sind sie (von Gottes Ruf) gehalten, die Wünsche offenzuhalten ... Dabei machen sie die für viele wichtige Erfahrung, daß nicht allein die Beruhigung der Wünsche lebendig erhält, sondern ebensosehr (und vielleicht noch mehr) das Offenhalten des Wunsches ... Denn das unendliche Sehnen des menschlichen Herzens läßt sich nur durch den Unendlichen selbst zur Ruhe bringen."[1] Die kommunitären Christen verzichten auf vorletzte Werte, um sich für die Erwartung der letzten offenzuhalten. So leben sie das Zölibat als Zeichen der Erwartung des wiederkommenden Herrn und der Hoffnung auf ihn. Sie scheuen das Kreuz auf dem zölibatären Lebensweg nicht in der gewissen Hoffnung, daß der in der Auferstehung Jesu errungene Sieg sich in der Vollendung durchsetzen wird. In ihrem Verzicht lebt der brennende Wunsch, Christus zu schauen, der alles Verlangen stillen wird. "Es liegt also im Sinn ihrer Wahl, sich in ganz besonderer Weise auf die Wiederkunft des Herrn in seiner Herrlichkeit am Ende der Zeiten auszurichten."[2] So ist das zölibatäre Leben unter dem Aspekt des "Noch-nicht" auf der einen Seite von schmerzhafter Erwartung gezeichnet, zugleich aber auf der anderen Seite von einer drängenden, liebenden Vorfreude: Hat doch der Exodus des Glaubens ein lohnendes Ziel, die freudige Erwartung auf das Offenbarwerden des Gottesreichs. Der schmerzhafte Verzicht ist für die Kommunitäten ein- und untergeordnet in die Freude des Aufbruchs um des Herrn willen. Der kommunitäre Christ läuft, von der Berufung gezogen, der Zukunft Gottes entgegen. Als Erwartender ist er von seiner eschatologischen Ausrichtung her zur Wachsamkeit gerufen.

Das "Noch-nicht" des eschatologischen Aspekts läßt die große Nähe des Zölibats zur *Armut* der kommunitären Gemeinschaften an den Tag treten. "Man kann nach dem Ausweis der Evangelien die Berufung zur Ehelosigkeit und die Berufung zur Armut nicht säuberlich voneinander trennen. Beide stehen unter dem Zeichen des Verlassens von allem, um frei und ohne andere Bedingungen dem Herrn nachfolgen zu können."[3] Der Verzicht auf eine eheliche Beziehung läßt in der Seele des zölibatären Christen ein Vakuum entstehen. Unter dem Aspekt der Armut wird der Blick darauf gelenkt, daß zum Leben im Zölibat Zeiten der Leere, der Dürre und der Einsamkeit hinzugehören. Das "deo

---

1 Zulehner, Glauben S. 92f; vgl. auch ebd. S. 52.77. In diesem Zusammenhang spricht Zulehner (ebd. S. 32) vom "unentrinnbaren Leiden an der Endlichkeit"; zu diesem Aspekt der Sehnsucht und der Hoffnung vgl. v. Breemen, Gerufen S. 67; Schutz, Heute S. 8; Herbstrith, Kirche S. 25; Halkenhäuser, Kirche S. 272f; Sudbrack, Leben S. 47; Maas, a. a. O. S. 111; Class, Bruderschaft S. 23; Bours, Ehelosigkeit S. 72f; Gründel, a. a. O. S. 195; de Vries, Ehelos S. 412; Schulte, a. a. O. S. 413; Imhof, Nachfolge S. 22f; Stökl, Taizé S. 77; Strack, Ehe S. 125 (er sieht allerdings nicht den Aspekt des "Schon" für den zölibatären Stand) 129f; Lang, Kennzeichen S. 149.151; Riedinger, Geweihte S. 28: "Man könnte sagen, daß dieses Gelübde (sc. des Zölibats) der Schrei der Sehnsucht ist nach einem letzten Ziel Gottes, in dem der Herr alles in allem geworden ist."

2 Thurian, Ehe S. 102

3 Wulf, Ehelosigkeit S. 347. Legrand (Jungfräulichkeit S. 121) und Thurian (Maria S. 20) weisen auf diesen Aspekt für die Jungfräulichkeit Marias im jüdischen Kontext hin.

vacare"[1] wird so für die Christen in Kommunitäten hautnahe Erfahrung. Die Einsamkeits- und Armutserfahrung drängen den zölibatären Christen zu einem Leben beständiger Abhängigkeit von Gott. "Wer die Einsamkeit der Ehelosigkeit erfährt, wird ganz von selbst dazu getrieben, sich in die Hand Gottes zu geben und sein Leben als ein einziges Abhängigsein von ihm und eine einzige Freundschaft zu ihm zu führen."[2] Solche Armut macht die Kommunitäten frei für Gott. In Demut rechnet der kommunitäre Christ damit, daß Gott selbst dieses Vakuum nicht leer läßt, auch wenn immer ein Rest unerfüllten Verlangens nach persönlicher, intimer Liebe bleiben wird. In ihrer Ehelosigkeit dürfen die Kommunitäten für sich die Verheißung im Makarismus der Armen hören und annehmen und Gottes gnadenhaftes Eintreten für die ihm vertrauenden Armen erwarten.
Wird von der Einsamkeit im zölibatären Leben gesprochen, so muß nun hinzugefügt werden, daß dieses Element nicht einseitig überbetont werden darf. Man wird zu dieser Frage sagen können, daß sich die Einsamkeitserfahrungen im kommunitären und im ehelichen Leben entsprechen. Außerdem ist festzuhalten, daß das zölibatäre Dasein in Kommunitäten keiner Vereinzelung das Wort redet. So ist im folgenden auf den Aspekt *Liebe* und der *Gemeinschaft* im kommunitären Zölibat einzugehen. Es wäre gründlich mißverstanden, würde es als liebeloses Leben verstanden. "Die Ehelosigkeit erfordert keine Verkalkung der Gemütskräfte."[3] Es mag vorkommen, daß der Weg der Ehelosigkeit angetreten wird, weil jemand die unwiderrufliche und opferreiche Liebe in der Ehe scheut. Es mag auch Menschen geben, die äußerem Erfolgs- und Zweckdenken so sehr verhaftet sind, daß für sie der Weg in eine Ehe nicht in Frage kommt. Solche Motive gehen jedoch am Wesen des kommunitären Zölibats, der Agape, fundamental vorbei. Die selbstlose, sich hingebende Liebe, die in Gott ihren Ursprung hat, gibt den Raum für eine volle Entfaltung der Beziehungsfähigkeit frei. Will das kommunitäre Zölibat "ein Zeichen der zukünftigen Wirklichkeit (sein) ..., einer Wirklichkeit, die Liebe heißt, einer gegenseitigen Liebe, die allen geöffnet ist ..."[4], so müssen alle Motive, die letztlich mit Egoismus und anderen Formen der Lieblosigkeit zu tun haben,

---

1 Wulf, Standort S. 304; Tschudy/Renner, Benedikt S. 188

2 Thurian, Ehe S. 118; Stökl, Taizé S. 79. de Vries (a. a. O. S. 417) meint: "Es geht darum, so gering zu sein, daß man sogar des Geringsein nicht selbst wählt, sondern sich selbst dem Herrn in die Hand gibt, daß er die Geringheit und ihr Maß wählt." Auch von dieser Sicht her kann der zölibatäre, kommunitäre Christ die Ehe hoch achten und zugleich für sich selbst einen anderen Weg wählen.

3 Carré, Einführung S. 15

4 Matura, Ehelosigkeit S. 66. Ebd. möchte Matura (ähnlich auch Brüning, Erneuerung S. 291; Bertrams, Jungfräulichkeit S. 98; Zulehner, Glauben S. 51) das Zölibat und die Gemeinschaft als "Zeichen für das Verheißene: für die Vereinigung aller Menschen in der Liebe" verstehen. Im Eschaton sei die Liebe entgrenzt. Zur Agape als Mitte des Zölibats vgl. auch Legrand, Jungfräulichkeit S. 107; Carré, Einführung S. 15; Leclercq, Erneuerung S. 275; Pontoppidan, Pomeyrol S. 103; Maas, a. a. O. S. 158.237; Stählin, Bruderschaft S. 80; Heinz-Mohr, a. a. O. S. 62f; H. Hümmer, Gott ruft S. 29.

ausscheiden. Die Erkenntnis, daß die Agape tragender Grund des Zölibats ist, lenkt den Blick erneut auf den eschatologischen Aspekt. "In der eschatologischen Situation - in der vollen Manifestation des Gottesreiches - ist die Urwirklichkeit die bei jedem Menschen verwirklichte Fähigkeit zur vollen und gänzlichen Begegnung mit dem andern, mit allen andern ..."[1] Die Glaubensbeziehung zu Christus gibt den zölibatären Christen in Kommunitäten Anteil an seiner Liebe, die in ihnen eine nicht vom Begehren überfremdete Beziehungsfähigkeit wachsen läßt. Im zölibatären Leben wird ihnen ihre Lebens- und Liebeskraft nicht genommen. Sie wird jedoch zur gottgeweihten Opfergabe. Die Liebe gibt dem Verzicht in der Ehelosigkeit ihren Wert. Sie bewahrt den zölibatären Christen vor menschlicher und geistlicher Verarmung. Gerade die Kommunitäten wissen darum, daß die liebesfähig gewordene Person die andere Person sucht. Wenn Freiheit zu verstehen ist "als Mächtigkeit zur Liebe"[2], dann will sie sich gerade im zölibatären Leben aktualisieren und vertiefen. Sicher impliziert das Zölibat die Ablehnung einer ganz bestimmten Art der Beziehung. Es ist jedoch von der uneingeschränkten Beziehung zu Gott und - davon abgeleitet - zum Nächsten motiviert. In der Nachfolge Christi will sich der zölibatäre Christ an Gott und den Mitmenschen verschenken. "... Der ganze Wert der Berufung zum Zölibat (zeigt sich), wenn sie in Männern und Frauen verkörpert ist, die Wesen von Fleisch und Blut und manchmal mit einer feurigen Seele begabt sind, Wesen, die oft sehr reich an menschlichen Möglichkeiten und gar nicht empfindungsarm sind."[3]

Es ist in sich folgerichtig, daß sich das von der Agape getragene Zölibat in der Gemeinschaft gelebt wird. Die Liebe des zölibatären Christen drängt von seiner Berufung her zur gemeinschaftlichen Verwirklichung. Anschaulich-greifbare, enge Gemeinschaft ist zugleich Ausdruck und Bedingung gelebter Liebe. Gilt im Hinblick auf die Kommunitäten, daß sie Gemeinschaft sind, da diese zum Kern ihres Auftrags gehört, so hat das kommunitäre Zölibat an dieser Wesensbeschreibung Anteil. Der zum zölibatären Leben Gerufene ist immer in die Gemeinschaft der Brüder und Schwestern gerufen. Die Gemeinschaft stellt auf ihre Weise eine neue Familie dar; um ihretwillen verlassen die kommunitären Christen frühere Beziehungen. "Auch der Mensch, der sich Gott geweiht hat, kann der mitmenschlichen Partnerschaft nicht entraten."[4] Das kommunitäre Zölibat wird im Teilen des gemeinsamen Lebens und im Sich-öffnen für den Nächsten immer wieder eine Stütze finden. Somit ist die mit dem Zölibat gegebene Einsamkeit in den Kommunitäten gemeinschaftsbezogen. "So ist der 'solitäre' Zölibat jedes Bruders stets auch ein 'kommunitärer', ein

---

1 Matura, Ehelosigkeit S. 111; vgl. auch Lotz, Sinn S. 33f

2 Picard, Jungfräulichkeit S. 34

3 Schutz, Heute S. 89

4 Wulf, Anthropologie S. 357; Thurian, Ehe S. 111: "Auch für den ehelosen Christen bleibt es wahr, daß die Einsamkeit dem Menschen nicht gut ist (1.Mose 2,18)." Die Ehe ist allerdings seit dem Erscheinen Jesu nicht mehr der einzige Schutz vor unguter Einsamkeit.

gemeinschaftsbezogener und von der Gemeinschaft mitgetragener Zölibat. Der ehelose Bruder soll kein Eremit sein."[1] Im Zölibat wollen die kommunitären Christen auf ihre Weise das Evangelium ganzheitlich leben. Die Gemeinschaft will die Verwirklichung des Zölibats fördern und nicht hemmen. Das kommunitäre Zölibat ist eine Einweisung in die Liebe zu denen, die Gott in und außerhalb der Kommunität liebt. "Der Jungfräuliche Mensch wird, obwohl - nein: weil - er ganz Gott gehört, allen Menschen gegenüber aufgeschlossen, verständnisvoll und bereit zu echter Freundschaft sein können."[2] Als Liebender wird er zu einem Menschen, der bei den Brüdern und Schwestern im engeren und weiteren Sinn mitträgt, mit ihnen leidet, um mit ihnen zu überwinden.
Mit dem zuletzt Dargelegten trat bereits im mitmenschlichen Bereich der *Aspekt des Dienstes* des kommunitären Zölibats in das Blickfeld. Hier steht der Sachverhalt zur Debatte, der mit dem Stichwort "Verfügbarkeit" zusammengefaßt wird. In der apologetischen Situation mag dieser Gedanke als willkommenes Argument zur Verteidigung der Ehelosigkeit um der Basileia willen erscheinen.[3] Wird der Gedanke der Verfügbarkeit jedoch überbetont und zum Zentralbegriff erhoben, so entsteht die akute Gefahr des Pragmatismus und der Über-Funktionalisierung des kommunitären Zölibats. Die Motivation des Glaubens kann dabei leicht verdeckt werden, so daß die "Häresie des Aktivismus"[4] die zölibatäre Intention überlagert. In den Mittelpunkt der Überlegungen müssen dann mehr und mehr Fragen nach größtmöglicher Effektivität für den Dienst treten. Sicher mag ein ehelos Gebliebener Enormes auch an kirchlichen Aktivitäten leisten. Und doch fehlte einem so gelebten Zölibat möglicherweise das Entscheidende. "... Denn sein (sc. des Ordenschristen) Zölibat war niemals darauf angelegt, aus ihm ein so rastloses Arbeitstier zu machen."[5] Das kommunitäre Zölibat kann nicht primär aus seiner Aktivität und Effektivität begründet werden. In ihm ist nicht alles verwertbar in nach außen gerichteten Aktivitäten. Das kommunitäre Leben darf nicht zu immer ungehemmterem Aktionismus führen, da dieser auf Kosten des Gebetslebens gehen müßte. Alle Hingabe an Menschen will beim zölibatären Christen von der kontemplativen Dimension getragen sein. Dem Zölibat kommt in den Kommunitäten ein zweckfreies Moment zu, das auf der Linie der Muße (Punkt 2.1.2) liegt und das keinem ausschließlich funktionalen Denken geopfert werden darf. Es reichte auch sicher nicht für eine Ehegemeinschaft aus, wollte man sie eingehen, um mit dem Ehepartner mehr leisten zu können. Entsprechendes gilt für das kommuni-

---

1 Stökl, Taizé S. 79; vgl. auch Friedrich, Sexualität S. 72. Mit dem Aspekt der Gemeinschaft im Zölibat beschäftigt sich Matura, Ehelosigkeit passim ausführlich.

2 Strack, Ehe S. 121; vgl. auch Christusbruderschaft 1987 S. 14

3 Man kann sich dazu auch auf Paulus (1.Kor 7,32ff) berufen.

4 Halkenhäuser, Kommunität S. 270 (ähnlich ders., Engagement S. 69)

5 v. Breemen, Gerufen S. 70; vgl. auch Pfister, Haben S. 11; Lang, Kennzeichen S. 145; Bours, Ehelosigkeit S. 35.47. Zu solchem Mißverständnis kann eine Formulierung wie die folgende Anlaß geben: "Dein Streben nach Selbstbeherrschung hat nichts anderes zum Ziele als eine größere Verfügbarkeit" (Schutz, Warten S. 14).

täre Zölibat. Andernfalls verwechselt man die Folgen dieser Lebensform mit ihrer Motivation.
Das kommunitäre Zölibat wird "um des Himmelreiches willen" gelebt, und diese Motivation übersteigt die zweckrationale. Alle dienende Hingabe will nicht von der Haltung des Haben-wollens, sondern aus dem Sein getragen werden, das aus der Gottesrelation geschenkhaft empfangen wird. Bleibt die spirituelle Rückbindung an Christus fundamental, so wird der Gedanke der dienenden Verfügbarkeit seine unverzichtbare Bedeutung erhalten. Dieser umgreift verschiedene Aspekte. Vor allem Tun legen die Christen in Kommunitäten durch ihre ehelose Lebensweise ein existentielles *Zeugnis* ab. Es ist ein ebenso unaufdringliches wie unübersehbares Zeugnis. Wenn das Zölibat um des Himmelreichs willen in seiner Tiefe ausgeschöpft wird, ist es in sich selbst ein Dienst. In der radikalen Offenheit für Gott bezeugt es ihn als diejenige Realität, die ein Menschenleben ohne eine eheliche Beziehung zu erfüllen vermag. "Das ist der größte Dienst, den wir den Menschen durch unsere Jungfräulichkeit erweisen können: vorleben, daß Gott so wirklich ist, daß er ein Menschenherz füllen und ein Menschenleben zur Erfüllung bringen kann."[1] Indem die menschliche Daseinsmöglichkeit der Ehe um der unsichtbaren Realität Gottes willen preisgegeben wird, weist der im geistlich begründeten Eheverzicht lebende Christ existentiell auf diese Realität. Er spricht nicht nur davon, daß Gott unersetzlich das einzige in der Tiefe erfüllende Gegenüber für den liebenden Menschen ist, sondern er lebt der Welt die Wahrheit dieses Satzes vor. Er lebt dar, daß die Du-Beziehung zu Gott bereits gegenwärtig zu ungeteiltem Aufgreifen einlädt und daß Jesu Einladung zur Ehelosigkeit um der Basileia willen noch nicht hinfällig geworden ist. Der Zeugniswert des kommunitären Zölibats liegt darin, daß es eine Daseinsweise darstellt, die ohne die Existenz Gottes christlich nicht lebbar wäre. So sagt Suhard[2]: "Zeuge sein besteht nicht darin, Propaganda zu machen ..., sondern darin, ein lebendiges Mysterium zu sein. Es bedeutet, so zu leben, daß unser Leben sinnlos wäre, wenn Gott nicht existierte." Das zölibatäre Leben in Kommunitäten manifestiert etwas von dem alles Immanenzdenken übersteigenden Sinn des Lebens. In seinem zölibatären Stand setzt der kommunitäre Christ alles auf eine Karte. Die "Vergeudung" des

---

1 v. Breemen, Gerufen S. 72. Man sollte jedoch auch für diesen Zusammenhang lieber das Wort "beweisen" (ebd.) vermeiden. Vgl. auch Strack, Ehe S. 120.126; Nouwen, Gottes Clown sein S. 58

2 zitiert bei v. Breemen, Gerufen S. 72f; vgl. ferner Maas, a. a. O. S. 111; Matura, a. a. O. S. 16.57; Rahner, Entsagung S. 66; Bsteh, Aufgabe S. 198. Sudbrack, Leben S. 106f: "Wer sich nur überhaupt Gedanken über das Leben macht, ist anfällig für dieses existentielle Argument"; ähnlich H. Volk (in: Bours, Ehelosigkeit S. 69): "Es gibt eine Argumentationslücke für das Christliche, die gar nicht anders geschlossen werden kann als durch den Zeugen ..." Wenn jedoch Carré (Ehelosigkeit S. 13) meint: "In den Zeiten des Glücks kann sich eine verheiratete Frau zuweilen einbilden, daß sie Gott nicht braucht. Die Ehelose kennt diese Versuchung nicht in gleicher Weise", so ist dazu korrigierend zu sagen: Auch in kommunitären Gemeinschaften gibt es an dieser Stelle der Ehe entsprechende Gefährdungen.

eigenen Lebens kann ein Zeugnis für die Glaubwürdigkeit des Glaubenden, für die göttliche Liebesmacht in der menschlichen Liebesbedürftigkeit sein.
Es ist an dieser Stelle sinnvoll, den spezifischen Zeugniswert des Zölibats im Vergleich mit der Ehe zu betrachten. Ehe und Eheverzicht wollen als in einem "Verhältnis sozusagen eschatologischer Partnerschaft"[1] stehend begriffen werden; eine unterschiedliche Bewertung beider Lebensformen ist dabei ausgeschlossen. Während die Ehe vom Glauben her gleichnishaft transparent wird für das Ausschließlichkeitsverhältnis zwischen Gott und seinem atl Bundesvolk[2] bzw. seiner neutestamentlichen Gemeinde[3], wird das Zölibat vom Glauben her transparent für die entschränkte Agape. Die Christen in Kommunitäten leben von ihrer Berufung her ihre Liebe in einer nicht so ausschließlichen Partnerbeziehung wie die Christen in der Ehe. Auch wenn sich der Kreis derer, denen sie ihre Liebe zuwenden, durch die Zugehörigkeit zu einer speziellen Kommunität und durch den Dienstbereich praktisch einschränkt, ist ihre Lebensweise doch mehr ein Zeichen für die universale Liebe Gottes.
Die Christen in der Ehe bezeugen mit ihrem Leben der Partnerschaft, daß die Schöpfungsordnung noch eine von Jesus Christus bestätigte und vertiefte Gültigkeit hat. Das Zölibat weist auf die von Christus her begonnene eschatologische Relativierung derselben. Es verkündigt der Welt, daß die Gestalt dieser Welt vergeht. In ihrem Eheverzicht sind die zölibatären Christen Zeugen für Gottes Macht und Liebesfülle und weisen Menschen in der Ehe auf das eigentliche Geheimnis ihres Christseins. Sie sind für die Verheirateten eine Herausforderung, ihre Existenz in der Ehe ebenfalls auf die in der Tiefe stillende Gottesliebe zu gründen und auch in ihrem Stand auf den kommenden Herrn zu warten. Damit ist nicht gesagt, daß Eheleute nicht auf ihre Weise ganz Eigentum ihres Herrn sein könnten. Wohl aber kommt dem um des Himmelreichs willen angenommenen Zölibat ein unmittelbarerer Hinweischarakter auf diesen Tatbestand des Glaubens zu. Freilich bedarf dieses existentielle Zeugnis des begleitenden, deutenden Wortes.
Dem kommunitären Zölibat in Kirche und Gesellschaft wohnt auch ein *Moment des Protests* inne. "Der um Christi willen Ehelose ist in hervorragender Weise Anlaß zur Auseinandersetzung, Stein des Anstoßes und manchmal Auslöser notwendiger Unruhe."[4] Sicher wird dieses Moment von den Kommunitäten nicht unmittelbar intendiert und darf deshalb nicht überbetont werden. Aber sekundär besteht es unzweifelhaft. In einer sexualisierten Gesellschaft wird das Charisma des Zölibats zu einer Provokation, zu einem Zeichen des Protests gegen die Vergötzung des Eros. Ohne zu moralisieren, stellt das Zölibat eine Alternative dar zur "moderne(n) Form der Leibverachtung, die darin besteht, daß man zwar

---

1 Lang, Kennzeichen S. 148
2 Z.B. Jes 50,1; 54,6; 62,5; Jer 2,2; 3,1; Ez 16,8; Hos 2,20; Mal 2,14
3 Eph 5,22ff; vgl. zu diesem Gedanken Lang, Ehe S. 124; Matura, Ehelosigkeit S. 63f
4 Bsteh, Auftrag S. 198. Das Zölibat ist ein "Zeichen des Anstoßes ... in einer verhärteten Welt ..., die nicht hören kann und sichtbare Zeichen nötig hat" (Schutz, Heute S. 88; vgl. auch ders., Kampf S. 108; Halkenhäuser, Engagement S. 77; Thurian, Maria S. 25).

viel vom Leib redet, aber nie von dem Leib spricht, den Gott gemeint hat"[1]. Es stellt den Menschen in Frage, der sich gierig auf den Genuß wirft, dabei den anderen zum Lustobjekt degradiert und entmenschlichende, egoistische Besitzansprüche an ihn erhebt. Es protestiert gegen die Verwechslung von augenblicklicher Befriedigung mit wirklicher Erfüllung. Die zölibatären Christen stellen die irrige Meinung in Frage, ein Mensch, der seine genitale Sexualität nicht betätige, gerate aus dem seelischen, gesundheitlichen Gleichgewicht. Sie widersprechen mit ihrer Lebensform der Beherrschung des Menschen durch einen ungeordneten Gebrauch der Sexualität. Gleichzeitig warnt ein Leben im Zölibat denjenigen, der seine Erfüllung in der Partnerschaft sucht, davor, seine Einsamkeit, die auch für ihn bestehen bleibt, zu übergehen. Diese Einsamkeit wird nicht durch Flucht in die Intimität überwunden. Glaubwürdig gelebtes Zölibat kann den falschen Umgang mit der Einsamkeit korrigieren.

Das Zölibat stellt ferner einen Protest gegenüber einem Protestantismus dar, der den eschatologischen Vorbehalt gegenüber der Ehe lange Zeit übersehen hat. Zum Verhältnis zwischen Ehe und Zölibat bemerkt Thurian in diesem Zusammenhang[2]: "... Wenn anstatt der dialektischen Spannung des Wortes Gottes nur noch ein Selbstgespräch stattfindet, dann ist die Botschaft der Kirche verarmt und einseitig und verliert ihren prophetischen Charakter." Durch ihren Lebensstand halten die kommunitären Christen die reformatorischen Kirchen dazu an, dieses Selbstgespräch durch einen neu aufgenommenen Dialog zu ersetzen. Sie helfen der Kirche in Erinnerung zu behalten, daß das Ziel des Menschen weder in der Ehe noch im Zölibat liegt, sondern "in der Umwandlung des Menschen in Jesu Bild"[3].

Schließlich dient das Zölibat der kommunitären Christen vom eschatologischen Vorbehalt her dem Protest gegenüber der "Diesseitsreligiosität, wo Menschen sich in dem niederlassen wollen, was sie aus eigenen Kräften oder denen der Welt erreichen können"[4]. Das Sprechen von der zu fordernden Weltlichkeit des Christen kann zur Plattheit eines Schlagwortes herabsinken, wenn die Priorität des Gottesreichs übersehen wird. So stellt das kommunitäre Zölibat gegenüber der einseitigen Forderung der Weltlichkeit ein heilsames Korrektiv dar. Die mit der zölibatären Berufung gegebene Weltdistanz mahnt gegenüber einer Weltverfallenheit zur Vorsicht. Die kommunitären Christen widersprechen mit ihrem

---

1 Deichgräber, Leben S. 15; vgl. auch Bouyer, a. a. O: S. 152; Thruian, Ehe S. 53; Maas, a. a. O. S. 77ff.186; Schleiter, a. a. O. S. 70f; Trémeau, Zölibat S. 81,93; Stökl, Taizé S. 73; Imhof (Nachfolge S. 23) spricht von "befreiender Negation".

2 Ehe S. 14; vgl. auch Gollwitzer in seinem Nachwort (Thurian, ebd S. 126): "Was in der urchristlichen Gemeinde einen so bestimmten Ort hatte, kann von der heutigen Gemeinde nicht ohne Schaden ignoriert werden." Zum Gedanken des mit dem Zölibat gegebenen Korrektivs für die protestantische Kirche vgl. Bohren, Lebensstil S. 50; Heinsius, Gedanke S. 448

3 W. Hümmer, Orden S. 101

4 Sudbrack, Leben S. 51; vgl. auch Imhof, Nachfolge S. 19.22. Für manche theologische Richtungen gilt die Feststellung von Maas (a. a. O. S. 120): "Die heutige Theologie, die mehr 'diesseitig' orientiert ist, beachtet weniger die eschatologische Spannung."

Zölibat der irrigen Meinung, daß derjenige der beste Realist sei, der die Realität Gottes ausblendet. Sie stellen die Sicht der Welt vor allem da in Frage, wo man sie als letzte Wirklichkeit oder als Gefängnis betrachtet. Sie protestieren gegen alle Versuche, innerweltlich zur Vollendung zu gelangen. Ihre loslassende Haltung den Menschen gegenüber korrigiert alle überspannten Mitmenschlichkeitstheologien. Mit dem allem kommt der zölibatären Lebensweise ein prophetisches Element zu als mit der Dimension Gottes konfrontierendes Zeugnis im Protest gegen die Hoffnungslosigkeit.
Der Dienst des zölibatären Christen bleibt jedoch nicht beim passiven Hinweis auf die die Weltwirklichkeit sprengende Realität des Reiches Gottes stehen. So ist nun auf den *funktionalen Aspekt des Zölibats* einzugehen. Die mit ihm gegebene Verfügbarkeit nimmt in vielfältigen Formen der diakonischen Zuwendung zum Nächsten Gestalt an. Hier zeigt sich für jedermann wahrnehmbar, daß die Ganzhingabe an Gott in keiner Weise mit der Verfügbarkeit für den Nächsten konkurriert. "Nur wer Gottes Geheimnis anerkennt, der sich einem einzigen Menschen restlos zuneigt und zugleich für alle Menschen da ist, wird verstehen, daß auch die wahre, in eheloser Keuschheit gelebte Hingabe an Gott sowohl ganz Gott gehört, wie auch sich öffnet für den Menschen."[1] Die Zuwendung zum Mitmenschen bewahrt das Zölibat davor, aus Flucht vor der mitmenschlichen Begegnung gelebt zu werden. Die zölibatäre Daseinsform will der inkarnatorischen Liebe Gottes Raum geben. Dienend wenden sich die zölibatären, kommunitären Christen als ganze Menschen ihren Mitmenschen zu. Sie werden ihre Empfindsamkeit, ihre Fähigkeit zur Mitfreude und zum Mitleiden, ihre Gaben - auch die der Leiblichkeit - zur aktiven Weltgestaltung für Gott und die Menschen einsetzen. Da die kommunitären Christen in ihrem Zölibat von der empfangenen Gottesliebe leben, liegt ihnen daran, daß diese Liebe auch in dem Bereich wirksam wird, in dem sie Verantwortung tragen. Ihre Verfügbarkeit will von der Wahrheit des Satzes getragen sein[2]: "Nur so (sc. in allem Gott zugewandt) bin ich frei von allen Menschen und Dingen, frei von der Gier, sie

---

1 Sudbrack, Leben S. 112. Zum funktionalen Aspekt des Zölibats vgl. auch ebd. S. 110; ferner Halkenhäuser, Engagement S. 75; ders., Kirche S. 269 (s. ebd. S. 262 das ausführliche Zitat aus dem Art 14 der Wittenberger Artikel von 1536); Häring, Liebe S. 106; Richter, Neuentdeckung S. 172; v. Balthasar, Theologie S. 52; Erwachsenenkatechismus S. 1283; Schutz, Warten S. 32; Heinz-Mohr, a. a. O. S. 62; Picard, Jungfräulichkeit S. 65; v. Breemen, Gerufen S. 71; Lafont, Institution S. 495; Heinsius, Gedanke S. 448; Wulf, Aspekt S. 112.119; ders., Kirche S. 146; Zillessen, Protestantismus S. 91; Thurian, Ehe S. 103 (mit dem Hinweis auf Calvin) 104ff; Splett, Erwartungen S. 16; Albrecht, Er rief S. 31.33; Leuret, Gedanken S. 56f; Imhof, Nachfolge S. 24; Friedrich, Sexualität S. 72; Bougé, Zölibat S. 70; Boros, Strukturen S. 259; Hauser, Ordensstand S. 42f; Fouché, Ehelosigkeit S. 122; W. Hümmer, Ehelosigkeit S. 133; Geistliche Lebensordnung, Sießen S. 291; Waschelitz, Imshausen S. 51; Stökl, Taizé S. 68.84f; Lippert, Ordensgemeinschaften S. 73; Legrand, Jungfräulichkeit S. 91; Bayerlein, Grundauftrag S. 98; K. S. Frank, Ehelosigkeit S. 83; Strack, Ehe S. 122.126; Lang, Kennzeichen passim; Maas, a. a. O. passim; Matura, Ehelosigkeit passim.

2 Br. Michael, Keuschheit, in: 46.Rundbrief der Christusbruderschaft 1972; vgl. auch ebd.: "Keuschheit ist wie ein Damm, der mein Leben für Jesus Christus bewahrt und für seine Sendung unter die Menschen bereitet."

für mich zu besitzen. Und in dem Maß, wie ich frei von ihnen bin, bin ich auch frei für sie." In der Disponibilität für den Nächsten entfaltet sich die soziale Fruchtbarkeit des kommunitären Zölibats. Die Einsamkeit des zölibatären Christen und der Verzicht auf eine eheliche Beziehung erweitern seine Begegnungsmöglichkeiten auf den nichtprimären Ebenen. Diese mehr offenen Beziehungen ermöglichen den zölibatären, kommunitären Christen eine Mobilität, wie sie den Christen in Ehe und Familie nicht möglich sind. Jesus Christus macht das Herz der um seinetwillen Zölibatären weit, daß es viele Menschen aufnehmen kann. Mobilität heißt für sie im Hinblick auf Beziehungen nicht Unverbindlichkeit. Im Gegenteil: Das kommunitäre Zölibat wird vielfältige Formen geistlicher Vater- und Mutterschaft in verantwortlicher Zuwendung ermöglichen. Der kommunitäre Christ vermag tragfähige Beziehungen einzugehen. "Solidarität, Verantwortung und Besorgtsein um den andern bestimmen so (sc. durch konkrete Formen der Verbundenheit) viel stärker das zölibatäre Lcben."[1] Weil der kommunitäre Christ will, daß durch seinen Dienst Gottes Liebe sich in der Welt ausbreitet, wird er von seinem Auftrag her mit den Nöten und Freuden der Menschen außerhalb der Kommunität in Kontakt bleiben wollen. Die durch das Zölibat gegebene Disponibilität ermöglicht gerade Mitgliedern geistlicher Gemeinschaften den Einsatz in schwierigen Situationen in einer Weise, wie er durch Ehe und Familie gebundenen Christen oft nicht durchführbar ist. Der Dienst der zölibatären Christen wird auch nicht zuletzt eine Hilfe für diejenigen bedeuten, die das Unverheiratetsein unfreiwillig und deshalb als Not erleben. Im Dienst an ihnen wird der zölibatäre Christ in Kommunitäten Solidarität erweisen. Die Verbundenheit in der Lebensexistenz kann vom Glauben her zur Hilfe für neue Hoffnung werden. Die Begegnung mit den um des Himmelreichs willen Zölibatären kann für die unfreiwillig ehelos Gebliebenen den Horizont auf das letzte Geliebtsein von Gott hin öffnen. Das aus Glauben vorgelebte Beispiel kann letzteren die Augen dafür öffnen, daß sie ihr Lebensschicksal in Gott verankern und nach seinem Willen für ihr Leben fragen lernen.[2]

Die Überlegungen zu den *anthropologischen und geistlichen Voraussetzungen für das zölibatäre kommunitäre Leben* schließen an die Kriterien für die kommunitäre Berufung an (Punkt 2.1.1). Das Charisma für ein zölibatäres Leben ist Geschenk der Gnade. Auf der einen Seite ist es als solches unverfügbar, nicht manipulierbar. Auf der anderen Seite fällt ein erfüllt gelebtes, zölibatäres Leben nicht in einem Augenblick vom Himmel. Es ist vielmehr Frucht eines Wachstumsprozesses und bedarf der Hilfestellungen. In der Wahl einer solchen Lebensform ist Wachsamkeit gegenüber Nebenmotiven vonnöten. "Man muß beachten, daß eine Wahl bewußt getroffen werden und dennoch in der Tiefe andere Motive besitzen kann als das sich selbst täuschende, wählende Individuum."[3] Je frühzeitiger derartige falsche Motive erkannt und bearbeitet

---

1 Maas, a. a. O. S. 105

2 Vgl. zu diesem Aspekt des Dienstes Gollwitzer, Nachwort, in: Thurian, Ehe S. 126f; Wolf, Mariens-Töchter S. 118f; Imhof, Nachfolge S. 24

3 Leuret, Gedanken S. 47f

werden, desto mehr wird dies der geistlichen Prüfung einer Berufung zum zölibatären, gemeinsamen Leben dienen. Beim Vorhandensein einer solchen Berufung wird das Erkennen solcher falschen Motive rechtzeitige Korrekturen erleichtern, so daß gegebenenfalls tragfähige Motive vertieft werden können. Das Leben im Zölibat erfordert in jedem Fall Arbeit an sich selbst aus dem Glauben heraus.

Für die Erstellung von Kriterien besteht nun folgende Schwierigkeit: Zölibatäres Leben läßt sich nur auf dem Boden menschlicher Reife verwirklichen. Ohne sie wird der Verzicht auf eheliche Partnerschaft unfruchtbar bleiben und der Weg zu einem erfüllten Leben kaum zu finden sein. Was aber menschliche Reife ausmacht, läßt sich nur sehr schwer definieren. "Die Reife ist eine komplexe Realität und nicht in ihrem vollen Wesen zu beschreiben. Immerhin ist man sich einig, im allgemeinen jemand als reif zu beurteilen, der seine Berufung als Mensch verwirklicht hat."[1] Als wichtigstes Kennzeichen für Reife kann sicher die Bereitschaft und der Wille, in der eigenen Persönlichkeit zu wachsen, angegeben werden. Eine Noviziatsbegleitung sollte nicht nur wachsen lassen, sondern das Wachstum der Persönlichkeit fördern. Ohne Vollständigkeit anstreben zu können, seien im folgenden wesentliche Kriterien genannt, die der Entfaltung (bzw. Erkennung) eines in menschlich reifer Weise gelebten kommunitären Zölibats dienen können.

Als erstes Kriterium für ein Leben im Zölibat sei das *psychologische Gleichgewicht* genannt. Jeder Mensch vereinigt in sich eine weibliche und eine männliche Seite, Animus und Anima. "Ein wichtiger Strang des Reifungsweges im zölibatären Leben ist die Integrierung der Anima."[2] Für das Gelingen eines Lebens im Verzicht auf einen Ehepartner ist gerade diese Integration der weiblichen und männlichen Persönlichkeitsanteile im Sinne ihrer Entfaltung von großer Bedeutung. Um der Gefahr einer Projektion des eigenen weiblichen bzw. männlichen Seelenanteils auf einen andersgeschlechtlichen Partner vorzubeugen, bedarf es eines ausgewogenen Verhältnisses zwischen dem Ich (als dem Bewußtsein) und dem Schatten (als dem unbewußten, verdrängten Personenanteil) im "Selbst". In diesem "Selbst" soll es zur Integration von Ich-Bewußtsein und Schatten kommen. Der angenommene weibliche bzw männliche Schatten vermag eine für das zölibatäre Leben wichtige Gestaltungskraft freizusetzen, die im Falle der Verdrängung das Leben belastet und hemmt. Während die verdrängte Anima den Mann in Depressionen und Regression stimmungsabhängig macht, bewirkt ihre Integration Ruhe und Gelassenheit. Die Verdrängung des Animus hat für die Frau verhängnisvolle Folgen: "Bei der Frau produziert der ins Unbewußte verdrängte Animus starre und fixierte Meinungen, die nicht

---

1 Kirchlicher Anzeiger für das Erzbistum Köln S. 73 (zitiert bei Lippert, Ordensgemeinschaften S. 70); vgl. auch Stenger, Gedankengänge S. 47

2 Bours, Ehelosigkeit S. 49. Für die zölibatäre Frau geht es entsprechend um die Integration des Animus. Vgl. zu diesem Fragenkreis ebd. S. 48ff; Grün, Ehelos S. 13ff; ders., Lebensmitte passim; Wulf, Anthropologie S. 457; Haskamp, Psychologie S. 32f

mehr hinterfragt werden, Meinungen um ihrer selbst willen."[1] Hilfreich für die Integration der Anima des Mannes ist das Zulassen seiner Gefühle, der zärtliche Umgang mit anderen und mit sich selbst und die Pflege der Kreativität. Alle Kräfte des Temperaments, des Gefühlslebens und der Intelligenz sind hierbei aufgerufen. Für die Frau trägt die Bereitschaft, Verantwortung zu übernehmen, der Mut zum Wagnis und das Durchstehen einer Sache zur Integration ihres Animus bei. Sicher sollten dabei keine Idealmaßstäbe angelegt werden, die niemand erreichen kann und die deshalb entmutigen. Aber es ist wichtig, daß der kommunitäre, zölibatäre Christ den Prozeß der zuweilen schmerzhaften Selbsterkenntnis nicht scheut, um verdrängten Anteilen in der eigenen Persönlichkeitsstruktur zum Leben zu verhelfen und sich der Bewegung auf beide Pole hin zu öffnen. Zu diesem Öffnen wird auch immer neu die Bereitschaft gehören, sich mit den in der eigenen Biographie erfahrenen Verletzungen konfrontieren zu lassen, um sie der heilenden Gegenwart Jesu auszuliefern. Solche Verletzungen können da, wo sie im Elternhaus erfahren wurden, zu Abhängigkeiten von den Eltern führen, die das Hineinwachsen in eine geistliche Gemeinschaft verhindern. Für das zölibatäre Leben ist also entscheidend, daß jeder, der diese Lebensform wählt, immer mehr ganz Mensch wird. Zu einem ganzheitlich zu lebenden Zölibat würde es nicht passen, wollte man es allein unter dem Vorzeichen des Verzichts betrachten. Der ehelose Christ in Kommunitäten hat für sich selbst in der *Sexualität eine von Gott geschenkte Kraft* zu erkennen. Er wird sich die Wahrheit des Satzes zu Herzen nehmen: "Nicht die Enthaltsamkeit als solche schadet, wohl aber eine nicht bewältigte, verdrängte Geschlechtlichkeit. Denn die Geschlechtlichkeit bleibt."[2] Es ist also vom zölibatären Christen in Kommunitäten zu akzeptieren, daß er seine Empfindungen dem anderen Geschlecht gegenüber behält. Würde das Zölibat als Verzicht auf die Männlichkeit bzw. Fraulichkeit verlangt, führte das zur Verstümmelung des Menschseins. Die zölibatäre Lebensweise soll für eine sinnvolle Entwicklung des Mann- und Frauseins Raum lassen. Dazu bedarf es der Herauslösung der Sexualität aus der Einengung auf das Nur-Genitale. Der zölibatäre, kommunitäre Christ steht immer neu vor der Aufgabe der Integration seiner Sexualität. "Bei dieser Haltung (sc. der Integration) wird die sexuelle Bestimmtheit in all ihren Dimensionen innerlich bejaht und so geordnet, daß sie eine mit der eigenen Lebenswahl übereinstimmende Bedeutung gewinnt."[3] Die Aufgabe des zölibatären Christen besteht in der Kultivierung seiner Sexualität, ohne auf ihren genitalen Ausdruck zuzuleben. Wer im ehelosen Stand seine Sexualität verleugnet, wird sehr viel Energie für eine anstrengende Gedankenkontrolle aufbringen müssen. Der Glaube an Gott

---

1 Grün, Ehelos S. 16. Treffend bemerkt A. Brunner (Leib S. 343): "... Die Gefühle sollen nicht absterben, sondern in die Heilung und Heiligung mit hineingenommen werden ...; sie sollen ... zu einem neuen Reichtum erblühen. Das wahre Ziel ist die Entfaltung eines menschlich reichen, aber reinen und selbstlosen Gefühlslebens ..."

2 Wulf, Anthropologie S. 353

3 Maas, a. a. O. S. 149. Ebd (S. 234) spricht Maas von einer "jungfräulichen Sexualitätsgestaltung". Vgl. auch Haskamp, Psychologie S. 34f.

den Schöpfer und Erlöser muß noch nicht automatisch diese Fehlhaltung korrigieren. "Neuere Ergebnisse der Tiefenpsychologie weisen auf die Entfremdung hin, die eintritt, wenn jemand sich mit Gott vor den Menschen und dem anderen Geschlecht abschließt."[1] Die Isolierung unter Zuhilfenahme Gottes dient hier der Flucht vor der Konfrontation mit der Geschlechtlichkeit.
Der zölibatäre Christ muß sich den Blick für die vielfältigen Äußerungen des Geschlechtlichen offen halten. Es äußert sich im Körperempfinden, wozu die Haltung, der Gang, die Gebärde, die Stimme, der Gesichtsausdruck gehören; ebenso im seelischen Empfinden, in der Phantasie und im Denken. Wird die Sexualität als umfassende Wirklichkeit des Menschen verstanden, kann man die Feststellung Wulfs nur unterstreichen[2]: "Es gibt nichts im Menschen, was nicht geschlechtlich geprägt wäre. Es gibt keine geschlechtsfreie oder neutrale Zone."
Die Integration der Sexualität besteht für die Zölibatären wesentlich darin, daß sie sich auf eine ihrer Berufung entsprechende Weise verhalten lernen. Sie haben in ihrem Stand eine Gestaltungsfähigkeit ihrer leibseelischen Verfaßtheit zu entfalten. So können sie in ihrem Verzicht zu einem Reichtum des Erlebens finden. In diesem Sinn meint A.Grün[3]: "Für den Ehelosen heißt die Annahme der Sexualität, daß er die Sexualität zu Ende denkt, anstatt sie abzuschneiden. Wenn er sie zu Ende denkt, wird er auf seine Ursehnsucht nach Lebendigkeit stoßen."
Der zölibatäre Christ sollte seine Fähigkeiten fruchtbar einbringen und seine Kreativität fördern. So kann die richtige Einordnung der Geschlechtlichkeit in das Ganze seines Menschseins reifen.
Hierher gehört der Bereich der Erotik, der auch für den zölibatären Christen in Kommunitäten sein Recht hat. Der Eros bringt in das Leben Lebendigkeit und Aufbruch. Für Sokrates ist der Eros "die psychische Energie, die uns antreibt, der es darum geht, daß wir wachsen, uns ausstrecken, Bindungen, Verknüpfungen mit anderen und anderem herstellen, daß wir uns nicht mit dem zufriedengeben, was da ist, sondern uns aufmachen in der Suche nach dem Schönen und Schöneren, der Wahrheit"[4]. Die Annahme der so verstandenen Erotik mit ihrer Dynamik bewahrt das kommunitäre Zölibat vor dem Vertrocknen.
In die Überlegungen zur Integration der Geschlechtlichkeit gehört auch die Frage nach dem Recht und der Grenze der Sublimation. Die Sublimation sexueller Triebe wird im Leben der Zölibatären sicher zur bereits angesprochenen Kultivierung ihrer Sexualität hinzugehören. Die sexuelle Kraft kann in den Dienst anderer Werte gestellt werden, wozu die Übernahme von Aufgaben und das Gebetsleben zu rechnen sind. Es gilt jedoch, die Gefahren der Sublimation im Auge zu behalten. Sie kann, falsch gelebt, eine Integration der Sexualität geradezu verhindern. "Sublimation, die auf Verdrängung der sexuellen Impulse als überwiegend bedrohlich beruht, führt zum sogenannten Angelismus:

---

1 Ebd. S. 36
2 Anthropologie S. 353; ähnlich auch Maas, a. a. O. S. 129
3 Ehelos S. 19f
4 W. Müller, Intimität. Vom Reichtum ganzheitlicher Begegnung, Mainz 1989 S. 99f (zitiert bei Grün, Ehelos S. 49); vgl. auch Haskamp, Psychologie S. 34

Alles wird unter Ausschluß des Triebbereichs rein geistig und ideal gesehen."[1] Bei einer in dieser Weise gelebten Sublimation wird man die sexuellen Impulse als überwiegend bedrohlich erfahren. Positive Sublimation läßt die Wahrnehmung und Anerkennung des Triebbereichs zu, setzt also die Annahme der eigenen Sexualität voraus. Sie ermöglicht die Beherrschung der Triebe, die bei den Ehelosen um des Himmelreichs willen aus dem Glauben an den rufenden Herrn getragen ist. Freilich ist in diesem Zusammenhang nicht zu verschweigen, daß den zölibatären Christen ihre Sexualität immer wieder Not macht. Eine ideale, konfliktfreie Integration anstreben oder sogar fordern zu wollen, durch die die Lust nach einer intimen Beziehung zu einem Partner ein für allemal verbannt würde, wäre unrealistisch und ungeistlich. Es gibt keine Methode, die Sexualität so in den Griff zu bekommen, daß der zölibatäre Christ vor ihrem Verlangen sicher wäre. Das Ziel des Ehelosen um Jesu willen kann nicht sein, sein Leben immer mehr unter die Selbstkontrolle zu bekommen. Als Christen werden die Zölibatären hier immer wieder ihrem Unvermögen gegenüberstehen. Die Hilfe zum Frieden in der sexuellen Bedürftigkeit will beständig von Gott erbeten und empfangen werden, so daß die Sexualität nicht alle Gedanken, Gefühle und Phantasien gefangennehmen darf. Ein Leben lang ist hier das Vertrauen und die existentielle Abhängigkeit von Gott herausgefordert. Auf diese Weise kann der zölibatäre Christ es lernen, "die Sexualität wie ein Barometer" anzusehen, das "anzeigt, wie und wo der Mensch sich innerlich befindet, wie es ihm gelingt, seine Kräfte einzusammeln und einzusetzen"[2]. Dazu gehört die Bereitschaft, nach den Ursachen zu fragen, die die Sexualität zum brennenden Problem werden lassen. Zur Überprüfung kann es hilfreich sein, sich die Frage zu stellen, wie sich die Grundrelationen des eigenen Daseins gestalten: Wie ist meine Beziehung zu Gott? Wie ist meine Beziehung zum Mitmenschen und zur Umwelt? Wie ist meine Beziehung zu mir selbst?[3]. Der zölibatäre Christ wird sein Leben hindurch einen Weg in dem Spannungsfeld zu suchen haben, das mit den folgenden Sätzen markiert werden kann: Auf der einen Seite kann das sexuelle Verlangen nicht ein für allemal beherrscht werden. Auf der anderen Seite kann aber auch nicht gesagt werden, daß gegen das sexuelle Verlangen "nichts getan" werden könne. Das Zölibat erfordert Disziplin und Selbsterziehung in der Gegenwart Gottes. Sicher gilt, daß durch eine wachsende Annahme der Männlichkeit bzw. Fraulichkeit einem Überfallenwerden von sexueller Begehrlichkeit zunehmend der Boden entzogen wird.

Entscheidend für das Gelingen des zölibatären Lebens ist die Ausrichtung auf die

---

1 Ebd. S. 39; vgl. zum Gedanken der Sublimation Grün, Ehelos S. 8.42.48ff; Legrand, Jungfräulichkeit S. 85; Leuret, Gedanken S. 57

2 Sudbrack, Leben S. 116

3 Gerade die zuletzt genannte Relation kann bei Vernachlässigung zu gesteigertem sexuellen Verlangen führen. Der Mensch, der durch grundsätzlichen Verzicht auf jeden Genuß in der Seele abzusterben droht (Grün, Ehelos S. 38; Bouyer, a. a. O. S. 153), kann die Sexualität als Schrei nach Leben erfahren. Sexuelles Verlangen kann auch ein Hinweis darauf sein, sich mehr der Realität des Alltags zu stellen.

Liebe. Die eigene Persönlichkeit soll in den Dienst des Nächsten gestellt werden. Der zölibatäre Christ will und soll leiblich-geistig für andere da sein. Mit seiner ganzen Person soll er sich dem Nächsten zuwenden können. Auch unter diesem Gesichtspunkt kommt der Aufgabe der Entfaltung der Sensibilität, der Affektivität, des Gemütslebens eine hohe Bedeutung zu. Um der wachsenden Beziehungsfähigkeit willen ist es hilfreich, wenn der zölibatäre Christ sein Gefühlsleben verfeinert. In die liebende Zuwendung zum Nächsten wird die mit der Sexualität gegebene Dynamik ohne ihren genitalen Ausdruck einzubringen sein. Die Liebe des zölibatären Christen soll nicht platonisch oder stoisch sein. Das Zölibat "beruft uns zur Verwandlung unserer natürlichen Liebe. Christus allein bewirkt die Verwandlung der Leidenschaften in eine völlige Liebe zum Nächsten."[1] Die Affektivität der Zölibatären darf in ihrer Liebe zum Nächsten mitklingen. Eine entfaltete Affektivität kann sich auch in der Liebe ausdrücken und einbringen. Wird sie unterdrückt, kann sie auch nicht mehr in die Liebe zum Nächsten einfließen. Unter dem Vorzeichen der Liebe will sich das zölibatäre Leben auf der einen Seite im Verzicht, auf der anderen Seite in der Bezogenheit entfalten. Wenn Sexualität nicht zuerst genitale Sexualität bedeutet, sondern die Bestimmung des Menschen zur Hinordnung auf das Du, dann ist der Zölibatäre hier nicht weniger - wenn auch anders als der Verheiratete - gefragt. "Annahme der Sexualität bedeutet daher ein Pflegen guter Beziehungen."[2] Die zölibatären Christen werden von der Liebe her verantwortliche, verbindliche Beziehungen nicht scheuen.

Das auf die Liebe ausgerichtete Zölibat will *gemeinschaftsbezogen* verwirklicht werden. Die Frage nach der menschlichen Entfaltung im Zölibat ist für die Kommunitäten immer zugleich eine Frage nach der Qualität ihrer Gemeinschaft. Die kommunitäre Gemeinschaft kann das zölibatäre Leben nähren oder ersticken. Erfährt das Mitglied einer geistlichen Gemeinschaft Geborgenheit und Halt, wird diese Erfahrung einen wichtigen Beitrag zum Gelingen eines erfüllten Lebens im Verzicht auf die Ehe leisten. Hier ist die Einsicht wichtig, daß Kommunitäten mehr als Zweckverbände sind. In der Gemeinschaft kann der einzelne sich selber kennenlernen, Korrektur erfahren und Einfühlsamkeit entwickeln. In einer guten Gemeinschaft besteht die Möglichkeit zur offenen Begegnung untereinander. In ihr kann das, was der einzelne hat, und das, was er durch Schwächen nicht hat, eingebracht werden, wobei der Mitbruder und die Mitschwester den "Raum zum Atmen"[3] erfährt. Dazu ist eine beständige Einübung in eine vom Familiengeist geprägte Offenheit untereinander notwendig. Daß diese Kommunikation in Kommunitäten nicht selbstverständlich ist, deutet

---

1 Schutz, Heute S. 92; vgl. auch Halkenhäuser, Engagement S. 67; ders., Kommunität S. 268; Maas, a. a. O. S. 160f; Lotz, Sinn S. 32

2 Grün, Ehelos S. 20; vgl. auch ebd. S. 31: "Nicht Beherrschung, sondern größere Liebe ist das Ziel der rechten Umgangs mit der Sexualität." Treffend meint Maas (a. a. O. S. 161), die Talente des Gemüts sollten nicht vergraben werden.

3 Grün, Ehelos S. 52; s. auch Wulf, Anthropologie S. 359; Stenger, Gedankengänge S. 48f

z.B. die Frage von Bischof Class an[1]: "Man wird aber auch fragen müssen, ob denn innerhalb der Bruder- und Schwesternschaften das Gespräch über diese ganz persönlichen und oft sehr beschwerlichen Dinge (sc. der Sexualität) immer offen und klar genug geführt wird?" Zur Offenheit in einer geistlichen Gemeinschaft wird auch die Bereitschaft gehören, vom Glauben her beständig an der Vermenschlichung der Beziehungen untereinander zu arbeiten.
Hierher gehört auch die Frage nach dem Recht und der Grenze einer *Freundschaft* innerhalb oder außerhalb einer Kommunität.[2] In einer Kommunität wird die Intensität von Beziehungen zu den einzelnen Mitgliedern verschieden stark erfahren werden. Es wäre unrealistisch, dies nicht wahrhaben und unklug, dies unterbinden zu wollen. In geistlichen Gemeinschaften muß der Raum für Freundschaften sein. Eine Freundschaft tut weder der Berufung zum Zölibat, noch der kommunitären Gemeinschaft, noch der Hingabe an Gott Abbruch. "Man ist ... zur Überzeugung gekommen, daß besondere Beziehungen miteinander in der Freundschaft sehr viel beitragen können zur harmonischen Entfaltung der Person und Gemeinschaft."[3] Freundschaft ist ein Geschenk, das auf gegenseitigem Vertrauen basiert, ohne daß irgendeine Notwendigkeit im Hintergrund stünde. Die Gegenseitigkeit in Gleichheit und Verschiedenheit wirkt sich auf die Beteiligten ergänzend und befruchtend aus. In der Freundschaft ist man bereit, sich auf die unaufdringliche Nähe des andern einzulassen. Freundschaft in einer Kommunität bedeutet bewußte Weggenossenschaft auf dem gemeinsamen geistlichen Weg. Sie wird dem kommunitären Christen helfen, seine Berufung zum zölibatären Leben immer tiefer zu erfassen. Eine gute Freundschaft zwischen Menschen kann zur Vertiefung der Freundschaft mit Gott führen. Sie erhält im gemeinsamen Gebet und im Gebet füreinander eine letzte Tiefendimension. Die Bildung von Zellen und Kleingruppen kommt dem Anliegen der persönlicheren Beziehungen innerhalb einer größeren Kommunität hilfreich entgegen, auch wenn Freundschaften noch eine intensivere Qualität eignet.
Eine Freundschaft wird sicher dann zur Gefahr, wenn sich zwei in ihrem Lebensstand Unzufriedene treffen und durch ihre Beziehung negativ bestärken. Auch die Freundschaft zwischen psychisch Labilen kann Probleme mit sich bringen. Sie wird im Ansatz überfordert, wenn sie der Flucht vor der Einsamkeit dienen soll, anstatt diese zu integrieren und auch Distanz auszuhalten. Für eine geistliche Gemeinschaft wird eine Freundschaft in ihren Reihen ferner dann zur Belastung, wenn sich die Beteiligten gegenüber dem größeren Ganzen der Kommunität abkapseln. Für die Befreundeten ergibt sich die Aufgabe, ihrer Beziehung im Ganzen der Gemeinschaft den richtigen Platz einzuräumen und

---

1 Bruderschaft S. 22

2 Wir können auf diese Frage im Rahmen dieser Arbeit nicht ausführlich eingehen. Vgl. dazu Maas, a. a. O. S. 187-232; Grün, Ehelos S. 45ff; Haskamp, Psychologie S. 36ff; Sudbrack, Leben S. 114

3 Maas, a. a. O. S. 204

ihr zu dienen. Eine Freundschaft darf die Beteiligten auch nicht im Dienst hindern, auch wenn nicht übersehen werden kann, daß zwischen der Intensität und der Exklusivität einer Beziehung ein Wechselverhältnis besteht.
Wichtig ist die Erkenntnis, daß kein psychologischer Trick, keine noch so geglückte Integration der Sexualität, keine noch so gute Gemeinschaft und Freundschaft das kommunitäre Zölibat gelingen lassen, wenn nicht die *Gottesbeziehung* zur alles tragenden Grundlage wird. "Man darf niemals vergessen, daß kein Versuch, zur Reinheit zu kommen und dadurch Gott zu schauen, ohne die Kontemplation gelingen kann."[1] Das Gefühl, die Sinne, das Temperament wollen in die Gottesbeziehung eingebracht werden, so daß sie ihre Gestaltung durch ihn erhalten. Im Gebet will sich die Verbindung zwischen Menschsein und kommunitärem Glaubensleben realisieren. Weiß sich der zölibatäre Christ in Kommunitäten von der Person des Herrn ergriffen, so wird er sich im Gebet Zeit nehmen, um seine Relation zu Gott zu verwirklichen und zu vertiefen. "Das herzliche, affektive Verhältnis zu Gott"[2] gilt es zu entdecken. Dazu wird wichtig sein, daß der zölibatäre Christ seine erotische Dynamik in seine Glaubensbeziehung zu Gott einbringt. "Wenn der Eros in unsere Beziehung zu Gott einfließt, wird er unser unruhiges Herz immer näher zum Du Gottes führen, bei dem unsere Sehnsucht nach wahrer Intimität erfüllt wird."[3] Sicher wird das göttliche Du nicht einfach das Du eines Ehepartners ersetzen, da beide nicht auf derselben Ebene anzusiedeln sind. Aber in seinem Verzicht wird sich der zölibatäre Christ in einer lebendigen Gottesbeziehung um so mehr der Liebe Gottes zuwenden. "Es geht im Umgang mit der Sexualität nicht darum, daß wir sie in den Griff bekommen und dann von ihr frei sind, sondern darum, daß wir uns durch unsere Sexualität immer näher zu Gott führen und unser Herz immer mehr für Gottes Liebe öffnen lassen. Die Sexualität will nicht nur unseren menschlichen Beziehungen, sondern auch unserem Verhältnis zu Gott Lebendigkeit und Kraft, Liebe und Vitalität schenken."[4] So vermag die Sexualität durch Gottes Geist zum Eingangstor für seine Gnade zu werden. Das Du Gottes will zur alles bestimmenden Realität des um seinetwillen zölibatär Lebenden werden. Alle notwendige Arbeit an sich selbst will von der Liebe Gottes getragen sein. "Aber für den Ehelosen muß auch alles in diese Beziehung zu Jesus Christus hineingenommen werden. Sonst bleibt die Ehelosigkeit zu sehr unser Werk ..."[5] So haben die um Christi willen Zölibatären die Heimatkraft der Christusliebe zu entdecken und aus ihr zu leben. Sie haben im Gebetsleben heimisch zu werden. Dort ereignet sich immer neu der Blickwechsel - weg von den eigenen (Un-)

---

1 Schutz, Heute S. 94

2 Maas, a. a. O. S. 239; ähnlich Geistliche Lebensordnung, Sießen S. 291

3 Grün, Ehelos S. 49

4 Ebd. S. 30; vgl. auch ebd. S. 32: "Aber unsere Sehnsucht wird sich nur von Gott erfüllen lassen, wenn wir unseren sexuellen Wünschen nicht einfach nachgeben ..., sondern wenn wir unser verwundetes Herz Gott hingeben, damit er es heilt und mit seiner Liebe erfüllt."

5 Ebd. S. 74

Fähigkeiten, von der Beobachtung der eigenen Veränderungen hin zum liebenden und sendenden Herrn. Gerade die Christen im Zölibat werden darauf achten, daß der Gottesdienst ihrem diakonischen Wirken im weitesten Sinn vorausgeht. Von der empfangenen Gottesliebe her kann der mit dem Zölibat verbundene Verzicht in freier Selbsthingabe und in evangelischem Opfergeist gestaltet werden.

Da der zölibatäre, kommunitäre Christ menschlich und geistlich ganz gefordert ist, reicht spontane Begeisterung für eine solche Lebensform sicher nicht aus. Die verschiedentlich festgestellte Ichschwäche der gegenwärtigen jüngeren Generation[1] bringt viel Unentschlossenheit mit sich, die die notwendige Selbst- und Wirklichkeitsbeurteilung erschwert. Auf der einen Seite suchen junge Menschen Geborgenheit und Zuwendung; auf der anderen Seite fällt es ihnen schwer, eine Bindung einzugehen, wie sie für das Leben im kommunitären Zölibat notwendig ist. Für eine solche Entscheidung ist ein geistlich gesundes Selbstbewußtsein gefragt und die Fähigkeit zur gesunden Eigenständigkeit. Diese Problematik wird bei der Prüfung, ob eine Berufung zum zölibatären Leben vorliegt, zu berücksichtigen sein. Hierzu ist es notwendig, eine Entscheidungsatmosphäre zu schaffen und zu unterstützen, in der aller Druck von außen und von innen weitgehend vermieden wird. "Je weniger der Zölibat durch den Druck sozialer Umstände bewirkt wird, um so mehr tritt er als persönliche Konsequenz einer freien Wahl in Erscheinung."[2] Da eine übereilte Entscheidung sehr notvolle Auswirkungen haben kann, wird ihr genügend Zeit zur Prüfung eingeräumt werden müssen. Zur richtigen Entscheidungsfindung bedarf es einer Erziehung zur Mündigkeit und Freiheit des Glaubens, damit eine derartige Lebensentscheidung nicht von einem ängstlichen Gewissen her gefällt wird.

Bereits in der Reifungszeit für die Entscheidung zum zölibatären, kommunitären Leben bedarf es der Vertiefung des Kandidaten im Gebetsleben und in der behutsamen Auseinandersetzung mit der eigenen Persönlichkeitsstruktur, um für die Nebenmotive im Entscheidungsprozeß sensibel zu werden. Es ist auch notwendig, den Kandidaten mit der Frage nach dem Recht und der Pflicht, seine Geschlechtlichkeit anzunehmen und zu entfalten, vor einer endgültigen Bindung zu konfrontieren. Eine von der Liebe getragene Offenheit wird den Prozeß der Klärung fördern. Eine gesunde Persönlichkeitsbildung wird mit der Fähigkeit zusammenhängen, immer neu eine Verbindung zwischen dem angestrebten Ziel der zölibatären Lebensform und der gegenwärtigen Realität herzustellen. Für den Prozeß der Entscheidungsfindung ist sicher einem Perfektionismus entgegenzutreten: Der Prozeß der Erkenntnis von Nebenmotiven wird in den seltensten Fällen bis zur endgültigen Entscheidung für das kommunitäre Zölibat abgeschlossen sein. Hier ist jedoch zu erkennen, daß eine Verwandlung von Nebenmotiven zu eigentlichen Motiven auch später möglich und notwendig ist.

---

1 Vgl. dazu Trémeau, Zölibat S. 89; Hardick, Fragen S. 10; Grün, Ehelos S. 21; Picard, Aufgabe S. 367; ders., Jungfräulichkeit S. 28

2 Folliet, Ehelosigkeit S. 27; Picard, Aufgabe S. 370: "Gott kann warten, so müssen wir es auch tun."

Die Echtheit einer solchen Berufung muß dadurch noch lange nicht in Frage gestellt sein. Es ist nicht möglich, eine Entscheidung völlig abzusichern. Auch hier geht es um ein Wagnis des Glaubens.

2.2.3 Der kommunitäre Gehorsam

Es ist auffallend, daß im Abschnitt über die Nachfolge in der Situation des irdischen Jesus (Punkt 1) - im Unterschied zur Armut und zum Zölibat - aus der synoptischen Tradition kein eigener Abschnitt über den Gehorsam eruiert werden konnte. Diese Fehlanzeige hängt mit der Feststellung zusammen, die Lippert in die Worte faßt[1]: "Es gibt in der Schrift nicht das Spezifische des Ordensgehorsams." Wenn trotz dieser Beobachtung dennoch die Frage des kommunitären Gehorsams nicht übergangen wird, so kommt das nicht von einer traditionalistischen Übernahme der Trias Armut, Zölibat und Gehorsam her. Die Exegese zu den Nachfolgeworten führte immer wieder - auch ohne die Verwendung des Begriffs - zur Sache des Gehorsams. Sie begegnet in der synoptischen Nachfolgetradition häufig. Man wird allerdings sagen können, daß die Gemeinsamkeiten zwischen dem allen Christen geltenden und dem kommunitären Gehorsam noch breiter sind, als dies bei den anderen beiden Nachfolgebedingungen der Fall ist. Im folgenden sind die Ausführungen über die Jüngerberufungen (Punkt 1.2) vorausgesetzt.
Wenden wir uns den *Motiven des kommunitären Gehorsams* zu, so ist als wesentlichstes die *Nachfolge Jesu* zu nennen. Die Jünger, die den Ruf Jesu in die Nachfolge vernommen hatten, folgten Jesus nach und übten darin Gehorsam. Ebenso verstehen die Christen in Kommunitäten ihre Lebensform als Gehorsam gegenüber ihrer speziellen Berufung. Dies ist für sie die außergewöhnliche Antwort auf den an sie ergangenen außerordentlichen Gnadenimperativ, von dem sie sich ganz einfordern lassen. Auf dem Weg der kommunitären Nachfolge lassen sie sich im einfältigen Gehorsam zur geistlichen Selbstverleugnung herausfordern. Der spezifische Charakter ihres Gehorsams erwächst aus ihrem spezifischen Weg. "Die im Menschen gnadenhaft geweckte und genährte Bereitschaft, in der Gemeinschaft mit Christus und in dessen Nachfolge sein Leben für die heillose Welt ... hinzugeben, wird von einigen in der Kirche immer wieder auf einen Impuls des Geistes hin radikalisiert und gleichsam zum Thema des Lebens gemacht."[2] Gehorsam ist für die Christen in Kommunitäten die kon-

---

1 Räte S. 663; vgl. auch Bockmühl, Gesetz S. 282: "Gehorsam als Gelübde ... kann nur durch Allegorese oder Kombination anders gerichteter biblischer Texte erhoben werden." S. dazu ferner Halkenhäuser, Kirche S. 312 Anm 23 (dort einige Bibelstellen und weitere Literaturangaben).

2 Wulf, Sinn S. 250; zur Verbindung von Nachfolge und Gehorsam vgl. Thiele, Tun S. 59; Bonhoeffer, Nachfolge passim, Goffi, Umwege S. 605.611; v. Balthasar, Gehorsam S. 26f; Molinski, Gehorsam S. 382; Stöger, Gehorsam S. 81; Lau/Vogt, Gruppenentscheidung S. 131f; Häring, Freiheit S. 113; Hirschmann, Dialog S. 9f; Greshake, Gottes Willen S. 44

sequente Unterordnung ihres Eigenwillens unter die Leitung des heiligen Geistes. Ihren Gehorsam verstehen die kommunitären Christen auch vom *Gehorsam Jesu* her. Sicher wissen sie um die Wahrheit der Äußerung von Kamphaus[1]: "Jesus ist ein Original, das nicht zu kopieren ist. Er ist für die Glaubenden nicht Vorbild, sondern ihr Herr. Er ruft nicht zur Imitation auf, sondern zur Nachfolge." Aber dennoch ist in den Evangelien der Gehorsam gegenüber Gott im Leben Jesu unverkennbar: Er gab sein Leben aus seiner Hand an Gott hin. Sein Weg des Gehorsams war gezeichnet von der dauernden Bereitschaft, den Willen des Vaters zu tun. Sein Weg war der Weg der Niedrigkeit bis ans Kreuz, den das "Muß" des göttlichen Willens zeichnete. Die kommunitären Christen verstehen ihren Gottesbezug als Gehorsam und wollen in ihrem Dasein etwas von der Haltung Jesu widerspiegeln. Mit ihrer Lebenweise wollen sie dem Satz nachkommen: "Jünger sein heißt: gehorsam dem Gehorsamen folgen."[2]
Die Kommunitäten geben mit ihrem Gehorsam ihrer Grundentscheidung Ausdruck, daß für sie der *Wille Gottes* letztes Maß ist. Seinem Willen wollen sie ihr Leben radikal und unkalkulierbar ausliefern. Ihr "Gehorsam ist nicht bloß die punktuelle Befolgung einzelner Befehle, sondern eine vom 'Hören' und nicht vom Wollen bestimmte Lebenshaltung."[3] Die Kommunitäten wollen die Gemeinschaft derer sein, die dem - ihnen mit ihrer speziellen Berufung offenbarten - Willen Gottes antworten. In ihm findet ihr Leben im hörenden und tätigen Glauben Ruhe und Geborgenheit. Das Erkennen des Willens Gottes soll ihre Lebensform prägen. So lassen sie sich immer neu ins Gebet führen, um von Gott, in der lebendigen Begegnung mit seinem Wort, Hilfen für konkrete Entscheidungen zu empfangen. Der kommunitäre Gehorsam ist unbedingter Gehorsam gegenüber Jesus Christus, er läßt ihn über sich verfügen. Die Christen in geistlichen Gemeinschaften wissen darum: "Gott ist nicht nur ein rufender, sondern auch ein Antwort heischender Gott."[4]
Die Kommunitäten verstehen ihren Gehorsam als Lebenspraxis freiwilliger *Ganzhingabe*. Sie zeigen damit, daß ein Leben der Selbsthingabe an Gott kein gezwungenes Geschehen ist, sondern daß es frei macht. Wenn sie ihre Freiheit

---

1 Gehorsam S. 142; ähnlich Floristan, Gehorsam S. 604; v. Balthasar, Gehorsam S. 9

2 Kamphaus, Gehorsam S. 148; vgl. dazu ferner Molinski, Gehorsam S. 382; Sagne, Gehorsam S. 640; Loosen, Gehorsam S. 204; Greshake, Gottes Willen S. 16ff; Waach, Gehorsam S. 146f; Goffi, a. a. O. S. 605; von Iersel (Weg S. 627) charakterisiert Jesu Gehorsam nicht als reproduktiv, sondern als kreativ. Jesu Gehorsam sei auf Heil und Heilen ausgerichtet. Stöger, Gehorsam S. 81; Tschudy/Renner, Benedikt S. 182f; Grotz, Gehorsam S. 27ff; v. Balthasar, Theologie S. 46; Westermeyer, Wille Gottes S. 260; Häring, Gehorsam S. 34f

3 Voss, Weg S. 61; vgl. auch Boros, Strukturen S. 260; Gründel, Consilia S. 195; Rousseau, Idee S. 9; Schnell, Berufen S. 16; Hemmerle, Orden S. 126; Ruf, Konfliktfeld S. 123f; Halkenhäuser, Kirche S. 310f; Lotz, Sinn S. 38; Geistliche Lebensordnung, Sießen S. 285; Schulte, Zeichen S. 410; Christusbruderschaft, in: Mohaupt, a. a. O. S. 106; Beyerlein, Grundauftrag S. 96; H.Hümmer, Gott ruft S. 29; Heinz-Mohr, a. a. O. S. 51; I. Reimer, Adelshofen S. 58f; Schleiter, Mönchtum S. 71; Daniélou, Stellung S. 416; Imhof, Nachfolge S. 19; Levinson, Wege S. 70

4 Albrecht, Er rief S. 45; vgl. auch v. Balthasar, Berufung S. 9

und Selbstbestimmung aufgeben, so tun sie es, weil Gott sie in ihrer Daseinsweise zu seinem Eigentum gemacht hat. In ihrer Hingabe vollziehen sie "ein Sich-Loslassen an Gott"[1], in das ihre ganze Existenz einbezogen wird. "Der Gehorsam ist eigentlich die Geistes-, Seelen- und Leibeshaltung, aus der heraus allein die Herrlichkeit Gottes im Geschöpf wiederaufleuchten kann. Und dieser Gehorsam fordert alle Geistes- und Seelenkräfte. Hier ist eine heilige Entscheidung nötig; eine heilige Übergabe aller Kräfte und des ganzen Wesens ..."[2]
Wie der Geist der Armut und des Zölibats so ist auch der kommunitäre Gehorsam von der *Liebe* getragen. "Ihr (sc. der Gehorchenden) ... Gehorsam (steht) der Liebe nahe, die ja die Gleichförmigkeit der Willen bewirkt."[3] Er ist als Haltung und Tat Äußerung der liebenden Zuwendung zu Gott und den Nächsten. Die Willensübereignung an Gott beruht auf der empfangenen Liebe Gottes. Der kommunitäre Gehorsam will der Gehorsam der Söhne und Töchter gegenüber ihrem himmlischen Vater sein. In ihm wollen sich die kommunitären Christen an der Liebe Gottes genügen lassen. So erschließt sich ihnen das Herz Gottes, der sich ihnen im Anruf seines Wortes mitteilt. Von dieser Liebe her kommt ihrem Gehorsam sowohl Selbstverständlichkeit als auch Notwendigkeit zu. Nichts entspricht dem Anspruch der Liebe mehr als der Gehorsam im Verlangen nach einem Einssein im Wollen und Nicht-wollen dem gegenüber, der geliebt wird. Die Liebe nährt den kommunitären Gehorsam und bewahrt ihn davor, zur "bloß äußere(n) Legalität"[4] herabzusinken. Die Zusammengehörigkeit von Gehorsam und Liebe bringt A.Butte treffend zum Ausdruck, wenn sie schreibt: "Zwar gibt es keine Liebe zu Gott ohne Gehorsam, aber das Gott wohlgefällige Opfer ist der 'Gehorsam aus Liebe'."[5]
Den bisher erwähnten Aspekten des kommunitären Gehorsams fehlte das Spezifikum, wenn nicht der *gemeinschaftliche Aspekt* bedacht wird. Gehört zum kommunitären Gehorsam zentral die Gottesliebe, so darf sein Bezug zur kommunitären Gemeinschaft nicht unerwähnt bleiben. Die gehorsame Hingabe an Gott weist die Mitglieder einer Kommunität auch aneinander. Der Dialog mit Gott setzt sich fort und konkretisiert sich in der Beziehung zu den Mitschwestern und -brüdern. Gott wendet sich mit seinem Ruf zum kommunitären Leben

---

1 Christusbruderschaft 1987 S. 18; vgl. auch B. Schlink, Räte S. 47; A. Müller, Autorität S. 358; Motte Theologie S. 91; Ludwig v. d. hl. Theresia, Weg S. 206f; Morin, Mönchtum S. 26; Albrecht, Er rief S. 36f; Plé, Gehorsam S. 170; A. Brunner, Gehorsam S. 183

2 Riedinger, Geweihte S. 37

3 Scholz, Gehorsam S. 87; zum Aspekt der Liebe im Gehorsam vgl. Riedinger, Geweihte S. 43ff; Motte, Theologie S. 72.85; Sainte-Marie, Gehorsam S. 120f; Plé Gehorsam S. 166: "Je größer diese Liebe (sc. zu Gott), desto besser ist mein Gehorsam"; Ludwig v. d. hl. Theresia, Weg S. 204; A. Müller, Problem S. 134.174; Splett, Gehorchen S. 15; Soballa, Freiheit S. 371; Waach, Gehorsam S. 147; A. Brunner, Gehorsam S. 180; Br. Rafael, Gehorsam, in: 46. Rundbrief der Christusbruderschaft 1972. Auf diesem Hintergrund ist Sölles Urteil (Gehorsam S. 44) zu pauschal: "Alle Opfer und alle Verzichte, die lebenslänglich verlangt werden, produzieren Unmenschlichkeit."

4 Hammer, Autorität S. 64

5 Opfer S. 53

nicht nur an die einzelne Person als Individuum, sondern er fügt sie in das Ganze einer Gemeinschaft ein, so daß die ganze Gemeinschaft den einzelnen und der einzelne die Gemeinschaft braucht. Im Gehorsam nimmt der kommunitäre Christ nicht nur Gottes Willen für sich, sondern auch alle Mitglieder seiner Gemeinschaft an. Somit ist der kommunitäre Gehorsam eine Form der geschwisterlichen Liebe in der Ausrichtung auf das Evangelium. Er ist Proexistenz für die geistliche Gemeinschaft. Der einzelne will sich als Glied der Gemeinschaft etwas sagen lassen und ist bereit, seinerseits der Gemeinschaft etwas zu sagen. Im Vollzug dieses Geschehens kommt es zum Hören und zum Gehorchen. "Wer sich nichts sagen läßt, ist im Grunde gemeinschaftsunfähig."[1] In der Haltung des Gehorsams wollen die kommunitären Christen einander so begegnen, daß sie im Wort der Mitberufenen den Anspruch Christi vernehmen und von ihm her initiativ werden. "Gehorsam zu Gott befreit von uns selbst, und das ist die Freiheit. Dazu kommt für uns noch, daß es uns eine Freude ist, auf den Bruder (die Schwester) zu hören, weil wir wissen, daß auch durch sie der Wille Gottes zu uns kommt."[2] Im Hören aufeinander lassen sich die kommunitären Christen zu Entscheidungen herausfordern.

Der tiefste Grund für den gemeinschaftlichen Aspekt des kommunitären Gehorsams liegt in der *Gemeinsamkeit der Berufung*. Die Kommunitäten leben den Gehorsam als eine intensive Form der Weggenossenschaft unter dem gemeinsamen Ruf. Das mit dem göttlichen Ruf gegebene Gehören zum Herrn läßt geschwisterlich zusammengehören. Der kommunitäre Christ geht mit seinen Brüdern und Schwestern auf einem Weg, den er sich nicht selber erschlossen hat, sondern auf den sein Herr ihn gestellt hat. Im Gehorsam hat er zu diesem Weg Ja gesagt, und er bejaht ihn immer neu. Kommunitärer Gehorsam ist unter dem speziellen Ruf Gottes gelebter Gemeinschaftsgeist. So ist die Kommunität eine "Gemeinschaft im Innersten, was Menschen gemeinsam sein kann: in der Weise, dem Ruf Gottes zu folgen und unter dem Ruf Gottes das Leben zu gestalten"[3]. Der in der Berufung gründende Gehorsam unterscheidet sich sowohl vom Kollektivismus als auch vom Individualismus. Im Kollektivismus kommt das Moment der freien Entscheidung und Bejahung für den Gehorsam zu kurz. Der Individualismus pervertiert die Freiheit in Beliebigkeit, so daß ein gemeinsames Leben unmöglich wird. Im kommunitären Gehorsam stehen die Pole von Freiheit und Gemeinsamkeit in einem fruchtbaren Spannungsverhältnis: Das Gemeinsame der geistlichen Gemeinschaft ist für den einzelnen Christen in ihr zugleich sein Persönlichstes. Die Gemeinsamkeit der Kommunität lebt und wird getragen von der unerzwingbaren freien Entscheidung des einzelnen Mitglieds. Der Gehorsam in den Kommunitäten ist weniger ein Programm als vielmehr

---

1 Class, Bruderschaft S. 24; ähnlich Lippert, Ordensgemeinschaften S. 67; Hardick, Freiheit S. 61; Plé, Gehorsam S. 168

2 H. Hümmer, Gott ruft S. 30; vgl. auch Riedinger, Geweihte S. 45; Soballa, Gehorsam S. 32; Splett, Gehorchen S. 15; Loosen, Gehorsam S. 26

3 Hemmerle, Orden S. 125; vgl. auch Schülle, Freiheit S. 79

Vollzug gemeinschaftlichen berufungsorientierten Glaubens. Er strukturiert das Beziehungsnetz der geistlichen Gemeinschaften. So kann er auch als ein "Bemühen um Gemeinschaft"[1] vom Glauben her bezeichnet werden. Er ist dem Geschenk der Gnade zugeordnet. "Der Gehorsam vor Gott gibt dem sozialen Geflecht des konkreten Gehorchens Sicherheit und Unbedingtheit. Das soziale Gefüge des Gehorchens aber ist die Sichtbarkeit und Konkretheit des Glaubensgehorsams."[2] Der sich einer geistlichen Gemeinschaft gegenüber konkretisierende Gehorsam stellt eine Hilfe dar gegenüber einer Überfremdung des kommunitären Charismas durch innere und äußere Stimmen, die nicht das Wort des rufenden Herrn sind.

Die bisherigen Ausführungen zum kommunitären Gehorsam haben gezeigt, daß nicht der Gehorsam einem einzelnen Befehl gegenüber im Vordergrund des Interesses steht. Darauf weist der Aspekt der *"Einübung in den Christusleib"*[3]. Der Gemeinschaftsbezug im Gehorsam ist von daher nicht Selbstzweck, sondern er ist hingeordnet auf das Ziel der geistlichen Gemeinschaft. Der kommunitäre Christ hat mit seinem Gehorsam die Grundentscheidung getroffen, seine Kommunität als den ihm von Gott zugewiesenen Ort des Glaubens, Dienens und Lebens beständig anzunehmen und mitzugestalten. Jedes Glied weiß sich auf die in Gott gründende Einheit der Gemeinschaft hingeordnet und ihr verpflichtet. Es geht davon aus, daß die Gliederung der Gemeinschaft nicht Willkür oder bloße Übereinkunft menschlicher Planung ist. Als Ausdruck ihres Gehorsams erkennen und suchen die kommunitären Christen immer neu Gottes Plan mit der Gemeinschaft als ganzer und mit dem einzelnen Mitglied.

Dem Ziel der geistlichen Gemeinschaft, in Einheit vor Gott und für ihn da zu sein, wird die Gestaltung des gemeinsamen Lebens zu- und untergeordnet. An ihm findet alle persönliche Freiheit ihre Orientierung. "... Hoffend und vertrauend auf Gottes Gnade, auf die 'Berufungsgnade', bieten wir all unsere Freiheit, deren Tat selbst noch einmal Gnade ist, auf, um, soweit es uns angeht, den Weg weiterzuverfolgen, den wir durch unseren Ordenseintritt eingeschlagen haben, um unserem Beruf die Treue zu halten ..."[4] In der Freiheit des Glaubens übernimmt das einzelne Mitglied in den Kommunitäten die Verpflichtung zur Ausrichtung auf das gemeinsame Ziel. Von diesem her werden auch die einzelnen Akte des Gehorsams sinnvoll. Auch für die kommunitären Christen gilt: "Prinzipiell sind die Dinge sehr einfach: Soweit der Mensch über das Gehorchen sein Ziel besser erreichen kann, wird sein Gehorsam sinnvoll. Gehorsam gegen Gott und Gehorsam gegen Menschen unterscheiden sich somit nicht grundsätzlich."[5] So ereignet sich für den kommunitären Christen Freiheit

---

1 Sudbrack, Leben S. 37

2 Ebd. S. 92; vgl. auch Schulte, Zeichen S. 412; Corselis, Franziskus S. 47; Greshake, Gottes Willen S. 45

3 Pfister, Communität II, in: Mohaupt, a. a. O. S. 97; vgl. auch Halkenhäuser, Kirche S. 311f; ders., Hinter offenen Türen S. 9

4 Rahner, Wagnis S. 152

5 Ruf, a. a. O. S. 127; vgl. auch Hillmann, Gehorsam S. 168; Floristan, Gehorsam S. 604

des Glaubens als Bindung an die mitberufenen Schwestern und Brüder. Die täglichen Geschehnisse spielen sich im Raum des Grund-Ja zur konkreten Gemeinschaft ab. Im kommunitären Gehorsam lassen sich die Mitglieder geistlicher Gemeinschaften von Gott her das Wohl des Ganzen auf ihr Herz legen, um als Glied innerhalb dieses Ganzen die Sendung mitzutragen und auszuführen. Ein wesentliches Element der Einordnung in den Christusleib ist die Treue im Ja zur Berufung in eine konkrete Gemeinschaft. Die Christen in Kommunitäten verstehen ihre Platzanweisung als Auftrag zum beständigen Ausharren in ihrer Lebensgemeinschaft. Der Aspekt der Einordnung in den Christusleib und die Zielorientierung enthalten für den kommunitären Christen zwei wichtige Implikationen. Zunächst bedeutet das für jedes Mitglied einer Kommunität, daß es wie jedes andere grundsätzlich die gleiche Unmittelbarkeit zu diesem Ziel hat. Jedes Glied ist auf seine Weise für die Erreichung des Ziels mitverantwortlich. Dies bringt die Redewendung vom "mündigen Gehorsam" u.a. zum Ausdruck. "Die Kommunitäten legen bei dem Wort Gehorsam den Akzent auf die Formulierung 'mündiger Gehorsam'."[1] Weil sich kein Mitglied dem unmittelbaren Bezug zum Ziel der Kommunität entziehen kann und soll, ist auch kein Mitglied vom verantwortlichen Mitdenken dispensiert. Die Person des kommunitären Christen ist beim mündigen Gehorsam niemals bloß Mittel zum Zweck der Befehlsausübung. Sie ist vielmehr mit ihrer geistlichen Sicht, mit ihrer Gewissensentscheidung und Verantwortung gefragt, da sie selber Gottes Anruf hören kann. So ist der kommunitäre Gehorsam als verstehendes Mithören völlig unterschieden von jeder Art psychischer oder willensmäßiger Selbstvernichtung. Er hat seine Grenze an der Wahrheit und der Liebe Gottes.
Die gleiche Unmittelbarkeit eines jeden zum Ziel der geistlichen Gemeinschaft begründet unter den Brüdern und Schwestern eine Bereitschaft, im *Hören aufeinander* den Willen Gottes zu erkennen. Der Weg der Erkenntnis des göttlichen Willens führt nicht nur von Gott her zum einzelnen, sondern er wird häufig im geschwisterlichen Gespräch deutlich. So gehört zur geschwisterlichen Verwirklichung des kommunitären Gehorsams auch der gegenseitige Gehorsam. Der kommunitäre Christ weiß sich dem ihn auch durch die Mitberufenen beanspruchenden Herrn verpflichtet. Er läßt sich auf die Wechselseitigkeit des aus dem Hören erwachsenden Tuns ein.
Zu erwähnen ist schließlich noch der *sozial-funktionale Aspekt* des kommunitären Gehorsams. Unter diesem Aspekt wird die ordnende Funktion des Gehorsams angesprochen. Sie läßt sich in dieser Hinsicht mit einer Verkehrsregel vergleichen, die dem möglichst reibungslosen Ablauf des Verkehrs dient. Sicher kommt dem kommunitären Gehorsam ein praktisches Erfordernis für ein effektives Miteinander im gemeinsamen Leben zu. Das gemeinsame Leben bedarf der konkreten Ordnung und damit auch der

---

1 Class, Bruderschaft S. 23; vgl. auch Pfister, Chance S. 58; Lotz, Sinn S. 42. Walther (Gehorsam S. 156f) verfehlt den Sinn des kommunitären Gehorsams, wenn er meint, die Freiheit werde in ihm so aufgehoben, daß er selber in der ihn ausübenden Person an Richtung und Sinn verliere.

konkreten Anordnungen. Im Hinblick auf diesen sozial-funktionalen Aspekt ist mit A.Müller zu sagen[1]: "Reibungsloser Gehorsam erhöht die Eintracht und damit die Liebe in einer ganzen Gemeinschaft." Dieser Aspekt sollte weder über- noch unterbewertet werden. Würde er überbewertet, so würde möglicherweise das Harmoniebedürfnis über Berufung und Auftrag einer Kommunität gestellt. Harmonie und Reibungslosigkeit im Gemeinschaftsleben dürfen keinen selbstzweckhaften Stellenwert erhalten. Um des Weges zum Ziel einer Kommunität willen sind manchmal Auseinandersetzungen unumgänglich. Würde der funktionale Aspekt des Gehorsams jedoch unterbewertet, so ergäben sich im gemeinsamen Leben ständig Reibungsverluste. Die Liebe im täglichen Leben würde dadurch empfindlich belastet und die Freude im gemeinsamen Dienst gefährdet.

Der kommunitäre Gehorsam muß im Zusammenhang mit der *Leitungsautorität* bedacht werden. Gewiß besitzt jeder kommunitäre Christ eine persönliche geistliche Autorität. Sie ist jedoch nicht die einzige "Referenzgröße zur näheren Bestimmung des Gehorsams"[2]. Zu diesen Referenzgrößen gehören die Brüder und Schwestern, die die Leitungsautorität wahrnehmen. Die Gestaltung der Leitungsverantwortung wird verschieden aussehen können, aber keine kommunitäre Gemeinschaft wird auf sie verzichten können. "Jede Gemeinschaft braucht Autorität. Ist es in einer Gemeinschaft aber nicht mehr klar, bei wem die Autorität tatsächlich liegt, ... so stürzt das eine Gemeinschaft in Konflikte, die nur mit der Klärung darüber gelöst werden können, wer faktisch die Autorität besitzt und ausübt."[3] In den Kommunitäten sieht man keinen Gegensatz zwischen dem persönlichen Hören auf Gottes Willen und der Unterordnung unter eine Leitungsautorität. Geschwisterliche Partnerschaft läßt sich mit der Ausübung einer Autoritätsfunktion verbinden. Es gibt "noch eine andere Autorität ... als die 'autoritäre' Autorität, nämlich die freie Autorität"[4]. Im Verhalten des einzelnen Mitglieds einer Kommunität zur Leitung wird sich der Gehorsam Christus gegenüber immer wieder inkarnieren.
Leitungsautorität in den Kommunitäten ist kein Selbstzweck. So ist nun nach ihrem "Telos-Charakter"[5], nach ihren Aufgaben zu fragen, denen sie dienen soll. Diese geben zugleich die Kriterien an, anhand derer sie geprüft werden kann. Hier ist noch einmal der bereits erwähnte *sozial-funktionale Aspekt*

---

1 Problem S. 196; vgl. dazu ebd. S. 132 u. Halkenhäuser, Hinter offenen Türen S. 9; ders., Kirche S. 311; Greshake, Gottes Willen S. 45; Splett, Gehorchen S. 5.10 (mit einseitig negativer Beurteilung); Matura, Ehelosigkeit S. 104; Rahner, Ordensgehorsam S. 117; ders., Wagnis S. 161ff

2 Walther, Gehorsam S. 149

3 Roesle, Möglichkeiten S. 61f; vgl. auch ders./Perrez, Führung S. 117; Moser, Autorität S. 26; Halkenhäuser, Kirche S. 313f; Olphé-Gaillard, Disziplin S. 45; v. Balthasar, Gehorsam S. 28

4 Busch, Freiheit S. 37

5 Walther, Gehorsam S. 149 (dort auf den Gehorsam bezogen)

aufzugreifen. Wenn die Rollenstrukturen einer kommunitären Gemeinschaft klar definiert und eingespielt sind, erleichtert das der ganzen Gemeinschaft, Entscheidungen zu treffen und in die Tat umzusetzen. Die Autorität trägt dazu bei, im Beziehungsgeflecht unter den Mitgliedern koordinierend zu wirken. Wenn sich Autorität definieren läßt als "Geltung und Einfluß, den eine Person hat, um andere in ihren Meinungen, Urteilen, Bewertungen und Entscheidungen zu motivieren und zu lenken"[1], so kann und soll kommunitäre Leitungsautorität ihren Einfluß in Richtung auf ein förderliches Miteinander im kommunitären Interaktionsprozeß geltend machen. Kommunitäre Leitungsautorität, die überwiegend vom sozialfunktionalen Aspekt her begriffen würde, nähme allerdings einen sehr formalen Charakter an. Für die Leitung einer geistlichen Gemeinschaft reicht eine solche Bestimmung nicht aus.

Als wichtige Aufgabe der Leitung ist die Verwirklichung *christozentrischer Kybernese*[2] zu nennen. Die Leitungsautorität hat die Brüder und Schwestern immer neu zu ihrer Basis in Christus hinzuführen, Christus anzuleiten, der allein sie bei ihrer Berufung zum kommunitären Leben erhalten kann. Die Leitungsautorität ist selber von der Autorität Jesu abhängig und weist die ganze Gemeinschaft auf diese Abhängigkeit hin.

Die christozentrische Kybernese durch die Leitung verwirklicht sich zentral in der Orientierung am *Willen Gottes*. "Der Gehorsam wird freilich menschlichen Obern gegenüber geleistet, aber doch immer nur mit dem Ziel und nach Maßgabe seiner Eignung, inniger mit dem Liebeswillen Gottes zu vereinen."[3] An diesen Liebeswillen ist die Leitung jeder Kommunität gebunden. Sie kann weder eigenmächtige Ziele formulieren noch eigenmächtige Befehle erlassen. Der Wille Gottes bindet also nicht nur denjenigen, der gehorcht, sondern primär auch denjenigen, der ein Leitungsamt innehat. Die Befehlskompetenz erhält ihre Ermächtigung und Begrenzung vom Ziel der Kommunität her in der Erfüllung des ihr konkret geltenden Anspruchs Gottes. "Oberer und Untergebener unterstehen beide der gemeinsamen Sache und haben in deren Dienst nur eine verschiedene Funktion."[4] Die leitenden Brüder und Schwestern werden ihre Einsicht, ihre geistliche Sachkompetenz und den mit diesen verbundenen Mitteilungswillen dafür einsetzen, daß dem Willen Gottes im Leben der Kommunität Raum verschafft wird. Von ihm her werden sie neue Impulse vermitteln und die Gemeinschaft in Kontinuität zur Tradition inspirieren. Die Leitungsautorität hat in der Suche nach dem Gotteswillen der Gemeinschaft voranzugehen. Mit Zuleh-

---

1 Roesle/Perrez, Führung S. 112. Ebd. S. 111 sprechen die Verfasser von der Funktion sozialer Führung als Aufgabe, symmetrische Interaktion zu ermöglichen, zu fördern, und zu motivieren".

2 Vgl. dazu Halkenhäuser, Kirche S. 314; Schleiter, Mönchtum S. 64; Das Amt der Priorin, in: Schwanberger Reihe 15 S. 51f; Schutz, Heute S. 106; ders., Entstehung S. 46

3 Häring, Gehorsam S. 35; Stökl, Taizé S. 97; Hirschmann, Dialog S. 10

4 Rahner, Wagnis S. 163; vgl. auch v. Balthasar, Jesus nachfolgen S. 11

ner kann deshalb festgehalten werden[1]: "Kriterum (sc. für den Gehorsam) bleibt das Sich-Einfügen in Gottes Absicht ...: Wobei die 'Vorgesetzten' deshalb und insofern 'Gehorsam' verdienen, als sie verläßliche Mitsucher und Interpreten der Absicht Gottes für sie (sc. die Gehorchenden) sind." Diese Bindung an den Willen Gott korrigiert die kommunitäre Leitungsautorität immer wieder selber. Sie hält in ihr das Wissen wach, daß ihre Autorität immer relative Autorität bleibt; Gott allein ist mit seinem Anspruch absolut. So empfängt die Leitungsautorität in Kommunitäten ihre Autorität vom Hören auf Gottes Wort.

Die kommunitäre Leitungsautorität hat ferner den Auftrag, der *Auferbauung der Gemeinschaft* als einem Teil des Leibes Christi zu dienen. Sie soll Wachstum fördern. Es ist beachtenwert, daß bereits Augustin "sein Bild des Obern ... von Väterlichkeit"[2] bestimmt sein läßt. Die Leitungsautorität ist deshalb nicht primär als Befehlsgewalt zu verstehen, die in allem Anweisungen gibt. Ihre Aufgabe ist vielmehr eine pastorale, die sowohl die Förderung und Bewahrung des einzelnen Mitglieds wie der ganzen Gemeinschaft im Auge behalten soll. Sie wird auf ein vom Geist und der Liebe Gottes geleitetes Miteinander zwischen sich und den ihr Anvertrauten achten und die Dialogfähigkeit, die gegenseitige Hilfe und das geschwisterliche Mittragen unterstützen. "Wenn der Obere sich selber ganz in Christus hineingibt, wird er nie despotisch befehlen, wird er nie die Person seiner Untergebenen verkürzen, wird sie nie zum Unmündigen herabdrücken ..."[3] Das heißt nicht, daß der Leitungsautorität Weichlichkeit nachgesagt werden sollte. Im Gegenteil: Eine schwache Autorität wird ihrer Aufgabe der Auferbauung einer geistlichen Gemeinschaft gerade nicht gerecht werden können. Aber der Machttrieb des Autoritätsträgers erfährt durch den Glauben eine Läuterung. Die kommunitäre Leitungsautorität wird die schwachen Mitglieder schützen und die dominanten begrenzen. Sie hat Güte und Milde mit Festigkeit und Geradheit zu verbinden. "Er (sc. der Prior) soll jeden Autoritarismus in sich zerschlagen, aber er soll sein Amt auch ohne Schwachheit ausüben, um seine Brüder in Gottes Plan zu erhalten."[4] Die der Auferbauung dienende Autorität hat die Verschiedenheit der Mitglieder zu berücksichtigen und daher auf rücksichtslose Unterschiedslosigkeit in den Forderungen und im konkreten Gehorsam zu verzichten. Sie hat die Vielfalt der Gaben schützen und entdecken zu helfen. Durch ihre Liebe wird es die kommunitäre Leitungsautorität den Gehorchenden erleichtern, hinter ihr Christus zu erkennen. Eine wachstumsfördernde Autorität

---

1 Glauben S. 70; vgl. auch Schutz, Heute S. 108: "Die Aufgabe des Priors ist es also, die anderen zu Christus zu ziehen." u. A. Müller, Problem S. 136

2 A. Müller, Problem S. 24; vgl. zum Aspekt der Auferbauung auch Greshake, Erneuerung S. 111; I. Reimer, Leben S. 55; Christusbruderschaft 1987 S. 26; Häring, Freiheit S. 121; Hirschmann, Dialog S. 11; Schutz, Warten S. 36; ders., Heute S. 109; Stökl, Taizé S. 93

3 Lotz, Sinn S. 42. Splett (Gehorchen S. 14) bemerkt treffend: "Sie (sc. die Macht) wird am gefährlichsten dort, wo sie Menschen dazu versucht, statt Mitarbeiter an unserer Freude, Herren unseres Glaubens zu sein (2.Kor 1,24)."

4 Schutz, Heute S. 109; ferner Haskamp/Schlück, Führungsstil S. 248; Das Amt der Priorin, a. a. O. S. 53

wird die Eigenständigkeit der ihr untergebenen Brüder und Schwestern nicht als Bedrohung empfinden, sondern sie fördern und Verantwortung gerne delegieren. Freilich wird die Leitung einer Kommunität auch bei einer aufbauenden Haltung niemals überflüssig werden, da die geschichtlich sich ändernden Situationen einer Kommunität beständig neue kybernetische Anforderungen mit sich bringen.[1] In jedem Fall wirkt die der Auferbauung der Gemeinschaft dienende Autorität im Zusammenleben kooperationsfördernd.

Die *Einheit der Gemeinschaft* ist ein wesentlicher Teil des Auftrags der Leitungsautorität. Die Worte der Regel Taizés formulieren bezüglich der Einheit sehr deutlich: "Ohne Einheit besteht keine Hoffnung auf kühne und totale Hingabe im Dienste Jesu Christi. Der Individualismus zersetzt die Communauté und hält sie auf ihrem Weg auf."[2] Die kommunitäre Leitungsautorität wird sich geduldig bemühen, das zusammenzubringen, was sich im Gemeinschaftsleben zu trennen droht oder getrennt hat. So sammelt sie die Kommunität um Christus als die Mitte der Gemeinschaft herum. Die Einheit, die Christus schenkt, realisiert sich durch die Leitungsautorität als einem sichtbaren Organ. Ihre einigende Kraft soll Einmütigkeit in den wesentlichen Fragen des gemeinsamen Lebens und Dienstes ermöglichen. Solche Einmütigkeit meint die innere Übereinstimmung vom berufenden Herrn her, der eine Vielheit der individuellen Ausdrucksformen des einen Glaubens schafft. Die Einheit der Kommunität soll nicht zur bloßen Idee herabsinken, ohne in der Realität verankert zu sein. Die Vielfalt der Gaben, Strebungen und Kräfte einer Kommunität sollen durch die Hilfe der Leitung zusammengefügt und -gehalten werden, indem diese die Suche nach dem Angelpunkt und Zentrum der kommunitären Gemeinschaft wachhält und so integrierend wirkt.

Leitungsautorität in Kommunitäten ist *charismatische Autorität.* Als solche ist sie Gabe und Aufgabe. Die leitenden Brüder und Schwestern sind auch nur Brüder und Schwestern, aber sie nehmen die Verantwortung für ihre Gemeinschaft als eine ihnen von Gott verliehene Aufgabe an. "Es ist eine der Ausdrucksformen Seiner Gegenwart, wenn Er jemandem die Aufgabe gibt in einer geistlichen Gemeinschaft. Es ist sein Handeln an allen."[3] Mit der geistlichen Tatsache, daß kommunitäre Leitungsautorität ein Charisma ist, verbindet sich die Schwierigkeit bzw. Unmöglichkeit, ein solches Amt mit Anordnungen und

---

1 In diesem Sinn ist die Grenze der Aussage Rufs (a. a. O. S. 114) im Auge zu behalten: "Die Hinführung zur gleichen Stufe ist im letzten der Zweck jeder Autorität. Das bedeutet, daß sie alles tun muß, um selbst überflüssig zu werden." Die Berechtigung dieses Gedankens kann in geistlicher Hinsicht als ein Raum-geben für Christus gesehen werden: "Die Rolle dieser Autorität (sc. des Priors) ist es, abzunehmen, damit Christus in denen wachsen kann, die ihr anvertraut sind" (Schutz, Heute S. 112). Sie wird also nicht abhängig von sich machen wollen, auch wenn sie nicht sich selber beseitigen kann.

2 Schutz, Warten S. 35; vgl. ferner ders., Entstehung S. 47; ders., Heute S. 105; Stökl, Taizé S. 92; Schleiter, Mönchtum S. 97; Halkenhäuser, Kirche S. 315; Sudbrack, Leben S. 42

3 Regelentwurf Ordo Pacis 27 (zitiert bei Halkenhäuser, Kirche S. 316; vgl. auch Stökl, Taizé)

Vorschriften regeln zu wollen. Damit ist der charismatisch verstandenen Leitung wesenhaft ein personales Moment eigen. "Es gehört zu den durchgehenden Zügen des christlichen Glaubens, daß Grundpositionen nicht von Strukturen oder Seinsgesetzen, sondern von Personen getragen werden ... In diese ... Grundstrukturen fügt sich auch die Tatsache ein, daß geistliche Gemeinschaften sich eher um eine Person als um ein anonymes Ideal und Gesetz bilden, daß man in ihnen jemandem 'gehorcht'."[1] Das personale Moment bringt es mit sich, daß mit der Person des Leitenden auch seine Grenzen einfließen. Diese Grenzen dürfen jedoch den Blick dafür nicht verstellen, daß Gott der Geber des Leitungsamtes ist. Das als Charisma verstandene Leitungsamt besagt, daß nicht die geistliche Gemeinschaft Schöpfer dieses Amtes ist. Das Leitungsamt ist der Gemeinschaft (bei aller geschwisterlichen Nähe) als von Gott gesetztes Gegenüber gegeben - selbst da, wo die Designierung der leitenden Personen durch einen Wahlmodus geschieht. Der Autoritätsvorrang der Leitung gründet, vom Glauben her betrachtet, nicht in Mehrheitsverhältnissen, auch nicht in den Vorzügen seines Trägers, sondern im von Gott ihm durch die Brüder und Schwestern verliehenen Leitungsauftrag. So begründen nicht zuerst pragmatische Erwägungen darüber, daß das gemeinsame Handeln ohne die Elemente von Befehlen und Gehorchen nicht möglich ist, das Autoritätsverständnis, sondern die Erkenntnis des kommunitären Leitungsamts als Gnadengabe. Der Gehorsam der Leitung gegenüber darf nicht an die Forderung ihrer Fehlerfreiheit und Sündlosigkeit gebunden werden. Menschliche Qualität und Charisma können zwar nicht voneinander getrennt, müssen jedoch unterschieden werden. Durch mangelnde Unterscheidung beider könnte der kommunitäre Gehorsam unterhöhlt werden. Sicher ist dennoch von den kommunitären Leitungsautoritäten zu erwarten, daß sie "geistliche Menschen"[2] sind, d.h. ihr Leben in der Gegenwart Gottes führen.
Zur charismatischen Leitungsautorität gehört ihre *Anerkennung* durch die Gemeinschaft. Die Gemeinschaft nimmt die Leitungsautorität als eine Gabe Gottes, als ein einendes, freimachendes Geheimnis an. Diese Anerkennung geschieht wesentlich im Vertrauen. Die Regel von Taizé sagt dazu: "Durch ihr Vertrauen erneuern ihn (sc. den Prior) die Brüder im ganzen Ernst seiner Berufung - zur Freude aller; durch eine kleinlich fordernde Haltung lähmen sie ihn in seinem Dienst."[3] In der Anerkennung der Leitungsautorität besteht ein

---

1 Sudbrack, Leben S. 41f; vgl. auch Class, Bruderschaft S. 24

2 vgl. dazu Häring, Gehorsam S. 35; Hirschmann, Dialog S. 12. Zu beachten ist hier v. Balthasars Hinweis (Gehorsam S. 25): "Somit darf der Befehlende die Authentizität seines Autoritätsanspruchs auch nicht ängstlich nach seinem persönlichen Zeugnis bemessen, sosehr er nach der Authentizität dieses Zeugnisses streben muß. Institutionalisierbar ist die Synthese von Autorität und Zeugnis nicht ..." Hierher gehört ferner die Kritik an der "Interpretation der aufgeklärten Vernunft, die jede Autorität nur insoweit gelten lassen will, als sie sich durch kognitive Kompetenz legitimieren lassen kann" (Schillebeeckx, Kritik S. 620).

3 Schütz, Warten S. 35; zur Anerkennung der Autorität vgl. Stökl, Taizé S. 98; Moser, Autorität S. 26f; Pfister, Chance S. 58; Ruf, Autorität S. 58 (unter allgemein anthropologischem Aspekt)

wesentliches Moment des kommunitären Gehorsams. Mit ihr bejaht der Christ in Kommunitäten die Dreierbeziehung, die zwischen ihm als dem einzelnen Mitglied, der Leitungsautorität und der ganzen Gemeinschaft besteht. Letztlich ist die Anerkennung ein wechselseitiges Geschehen, das nicht nur vom einzelnen kommunitären Christen gegenüber dem Autoritätsträger der Gemeinschaft gefordert ist, sondern auch in entgegengesetzter Richtung. "Das gemeinsame Wagnis, Autorität zu leben und Autorität anzuerkennen, kann gelingen, wenn alle sich immer wieder vor Augen halten, daß sie füreinander Gaben Gottes sind."[1]

Am Ende des Abschnitts über die kommunitäre Leitungsautorität muß noch auf eine für den kommunitären Gehorsam bedeutungsvolle Frage eingegangen werden: die *Regel bzw. Lebensordnung*. Jede Kommunität hat ihre spezifischen Ordnungen und Ziele des gemeinsamen Lebens. Diese wollen das persönliche und gemeinschaftliche Leben gestalten helfen. Die Regel einer Kommunität will solche Ordnungen und Ziele über den jeweiligen Einzelfall und Augenblick hinaus formulieren. Für alle Mitglieder einer Kommunität - gleichgültig ob in Leitungsverantwortung oder nicht - will sie eine verbindliche Hilfe sein. "Die Regel einer Bruderschaft ist immer und in allen ihren Teilen Forderung und Hilfe zugleich. Aber sie ist primär und wesentlich Hilfe. Indem sie dem einzelnen bis in seine täglichen Lebensgewohnheiten hinein bestimmte Weisungen gibt und ihn zu einer bestimmten Ordnung ermahnt, hilft sie ihm, die Widerstände zu überwinden, die ebenso aus der Trägheit und Wankelmütigkeit des eigenen Herzens wie aus einer andersartigen Umgebung kommen; sie hilft ihm, das zu verwirklichen, was er mit seinem Eintritt in die Bruderschaft als Ziel und Aufgabe ergriffen hat."[2] Damit will eine Regel Konkretion und Interpretation des Willens Gottes für eine bestimmte Gemeinschaft in einer bestimmten geschichtlichen Situation sein. Sie läßt jeden Christen innerhalb derselben Kommunität spüren und wissen, daß er Glied einer konkreten Gemeinschaft und nicht alleinstehender Christ ist. Sie will die innere und äußere Disziplin stützen und zu ihr anleiten. Sie sagt aus, was eine Kommunität in ihrem Dasein als Glaubens-, Lebens- und Dienstgemeinschaft als den aus dem göttlichen Zuspruch an sie erwachsenden Anspruch erkennt. Der Gehorsam gegenüber dem in ihr Geforderten geschieht deshalb um Christi willen. Die "Regel umfaßt das Minimum, ohne das eine Gemeinschaft sich nicht in Christus aufbauen, sich nicht dem gleichen Dienst für Gott hingeben kann"[3]. Die Regel bindet die Leitungsautorität nicht minder als jedes andere Mitglied einer Gemeinschaft. Ihre Anerkennung normiert und begrenzt die Weisungsgewalt der Leitungsautorität. Die Regel steht zwischen dem Ziel der Kommunität und der personellen Autorität der Leitung und stellt so ein wichtiges Bindeglied dar zwischen dem

---

1 Christusbruderschaft 1987 S. 26

2 Stählin, Bruderschaft S. 80; vgl. auch Stökl, Taizé S. 104; Heinz-Mohr, a. a. O. S. 60; Schülli, Freiheit S. 81; Soballa, Freiheit S. 368f

3 Schutz, Warten S. 13

Auftrag der jeweiligen Gemeinschaft und den konkreten Anordnungen ihrer leitenden Organe.
Es ist deutlich, daß der Geist einer Kommunität mehr ist als der Buchstabe ihrer Regel. Eine geschriebene Norm kann und soll niemals absolute Größe sein. Im Prozeß der Wegfindung auf das Ziel zu hat die Leitungsautorität eine wichtige Funktion. Diese besteht nicht in der Verregelung des gemeinsamen Lebens mit immer neuen Vorschriften, sondern darin, dem lebendigen Wirken des Geistes in einer Kommunität im Sinne der Regel Raum zu verschaffen. Die Leitung einer Kommunität hat somit die Aufgabe, die Regel in einer neuen Situation zu interpretieren und gegebenenfalls für Neuformulierung zu sorgen. "Die Regel ist also immer vom lebendigen Ordensgeist aus zu interpretieren..."[1] Leitungsautorität ist unter diesem Aspekt Dienst an der Gemeinschaft von der Regel her.

Dem bisher dargelegten kommunitären Gehorsam kommt für unsere Zeit in verschiedener Hinsicht ein *wichtiger Zeugniswert* zu. Diesem gehen wir zunächst für die Kirche nach. Der kommunitäre Gehorsam erinnert die Kirche daran, daß jeder Christ zum Gehorsam gerufen ist, weil er unter dem Antwort heischenden Willen Gottes steht. Indem die Christen in Kommunitäten auf ihre Weise radikalen Gehorsam leben, rufen sie mit ihrer Existenz alle Christen zum Ernst-nehmen des ihnen geltenden Anspruchs Gottes in der Verfügbarkeit für ihn.
Er erinnert die Christen daran, daß ihr Bezug zum Leib Christi nach Verleiblichung in der sozialen Dimension drängt. Der kommunitäre Gehorsam lädt mit der wesensmäßig ihm zugehörenden Gemeinschaftskomponente die Christen in der ganzen Kirche dazu ein, bei ihrem Hören auf den Willen Gottes die konkrete Gemeinschaft der Brüder und Schwestern in der Gemeinde zu suchen, um sich durch ihr Hören auf denselben ergänzen zu lassen. Sie halten den Sinn dafür wach, daß es beim Hören aufeinander um ein geistliches Miteinander in Liebe geht. Der kommunitäre Gehorsam ruft alle Christen dazu, für die persönliche Platzanweisung Gottes innerhalb des Leibes Jesu offen zu sein.
Mit ihrer verbindlichen Lebensform sind die kommunitären Christen ein Hinweis auf die verbindliche Kraft des Evangeliums, das auch gegenwärtig zur konkreten Nachfolge beruft. Indem sie auf das Wort Gottes hören, um daraus zu leben, legen sie Zeugnis ab für die Vertrauenswürdigkeit und Lebendigkeit dieses Wortes. Indem die kommunitären Christen sich dem Anspruch Gottes an sie öffnen und in Liebe hingeben, rufen sie allen Christen ins Gedächtnis, daß Offenheit gegenüber Gott und Hingabe an ihn in der Gemeinschaft der Glaubenden Grunddimensionen eines jeden Christusglaubens sind.
Mit all dem nimmt der kommunitäre Gehorsam wie die anderen beiden Nachfolgebedingungen ein *Moment des Protestes* an. Er ist ein "Stachel im Leben der Kirche."[2] Er stellt eine Korrektur für diejenige lutherische Tradition dar, in der "der gebietende Wille Gottes (voluntas signi) durch den unerforschlichen Rat-

---

1 Moser, Autorität S. 30
2 Zulehner, Glauben S. 81

schluß Gottes (voluntas beneplaciti) ersetzt (wird) ... Gehorsam besteht hier nicht mehr im Handeln nach der Weisung Gottes, sondern im Sich-Fügen in die Umstände. Aus dem aktiven wird ein passiver Gehorsam."[1] Der kommunitäre Gehorsam lebt dagegen aus dem konkret führenden Wirken des heiligen Geistes, der sich nicht durch Verhältnisse begrenzen läßt, sondern gestaltend in sie hineinwirkt, ohne sie ungeschichtlich zu übergehen. In einer Volkskirche ist der kommunitäre Gehorsam ein Protest gegen die als Pluralismus und Beliebigkeit mißinterpretierte "Freiheit eines Christenmenschen". Er mahnt dazu, die gottgesetzten Verbindlichkeiten des Glaubens zu achten und die Freiheit des Glaubens nicht mit Gestaltlosigkeit desselben oder mit Individualismus zu verwechseln. Zugleich lebt er eine Alternative zu allen Formen des Macht- und Einflußstrebens in der Kirche.

Die als Dienst gelebte kommunitäre Leitungsautorität und der ihr zugeordnete Gehorsam halten der Kirche eindringlich in Erinnerung, daß alle Macht (in) der Kirche als Gottes- und Nächstendienst gestaltet und so kultiviert werden will. Alle diese Aspekte des kommunitären Gehorsams sind Ausdruck seiner "ekklesiologische(n) Funktion"[2]. Er repräsentiert die erwähnten Weseneigentümlichkeiten des Glaubens und der Kirche als ganzer und macht diese existentiell sichtbar.

Das Moment des Protestes richtet sich auch mehr oder weniger direkt gegen manche gesellschaftlichen Zeiterscheinungen und Gefährdungen. In einer Zeit, in der der Gehorsam nicht hoch im Kurs steht, mahnt der kommunitäre Gehorsam zur Suche nach einer Alternative zur Autoritäts- und Gehorsamsverdrossenheit. Er zeigt, daß man einer Autorität nicht notwendig mit einem Vorschußmißtrauen begegnen muß, auch wenn sie in ihren Forderungen und Ansprüchen ständig geprüft werden will. Die unter Gott als der letzten Autorität stehende Leitungsautorität in Kommunitäten ist ein Protest gegen allen selbstherrlichen Gebrauch von Macht und Einfluß auch im politischen Bereich. Sie ist darin Einladung, die Verantwortung über andere in der Verantwortung vor Gott wahrzunehmen. Die Bindung des kommunitären Gehorsams an den Willen Gottes ermächtigt da zum Widerstand, wo dieser Wille mit Füßen getreten und Menschen geknechtet werden. Er entlarvt alle Machtbesessenheit als Folge des Unglaubens und stellt der Vergötzung der Macht die Anbetung des wahren, lebendigen Gottes entgegen.

Da der kommunitäre Gehorsam zur Freiheit in Christus führt, ist er ein Protest gegen die mehr oder weniger feinen, deshalb aber das Menschsein des Menschen nicht weniger gefährdenden gesellschaftlichen Abhängigkeiten. "Die faktische 'Hörigkeit' des Menschen zeigt sich existentiell, sozial, gesellschaftlich und kulturell. Ist es ein erzwungener oder befreiter/befreiender Gehorsam? Hier hätte sich christlicher Gehorsam zu bewähren, indem er Signale der Freiheit setzt, in Einspruch und Widerspruch gegen die tausendfachen Abhängigkeiten

---

1 Bockmühl, Gesetz S. 286

2 Waach, Gehorsam S. 150

und Süchte, die unsere Gesellschaft wie am Fließband produziert ... In unserer Zeit/Gesellschaft mit ihren Vermassungstendenzen und sich häufenden Hörigkeiten ist der christliche Gehorsam herausgefordert, die Freiheit und Erlösung zu bezeugen, die dem geschenkt wird, der Gott mehr gehorcht als den Menschen oder den Verhältnissen, eine Freiheit, die die Tyrannei der 'anderen Götter' und den Terror der 'Mächte und Gewalten' entlarvt."[1] Der kommunitäre Gehorsam stellt den Christen in den geistlichen Gemeinschaften in die Freiheit vom Urteil der Mitmenschen, was eine kritische Distanz und Liebe ermöglicht. Die Treue des kommunitären Christen zum Ruf Jesu führt keineswegs geradlinig zur Unterwerfung unter falsche Abhängigkeiten der Gesellschaft, in die er sich von Gott gestellt weiß. Hier wird der kommunitäre Gehorsam den "Mut zur Provokation"[2] nicht scheuen. Er konfrontiert die Welt mit der Überzeugung des Glaubens, daß mit dem Kommen Jesu in der Welt eine grundlegende Änderung begonnen hat. Der kommunitäre Gehorsam ist zugleich ein unübersehbarer Protest gegen alles Autonomiedenken und allen Individualismus, die das gesellschaftliche Leben belasten. "Während der moderne Mensch sich einerseits immer mehr selbst verliert in der Unterwerfung unter die Techniken und wissenschaftlichen Entwicklungen der Herrschaft, nährt er andererseits bis zur völligen Willkür das Verlangen nach einer totalen gesellschaftlichen Autonomie. Der Mensch hat sich noch niemals so wie heute von äußeren Mächten beherrschen lassen und es gleichzeitig so sehr als Erniedrigung empfunden, in konkreten Abhängigkeitsverhältnisse - und seien sie auch noch so subtil - verstrickt zu sein."[3] Er möchte Freiheit, die eher mit sich auslebender Beliebigkeit gepaart ist als mit Verantwortung und Einsatz. Er reagiert überempfindlich, wenn um anderer willen Einschränkungen und Opfer gefordert sind. So gehören Individualismus, Subjektivismus und Anspruchsdenken zu den Erscheinungen unserer Zeit. Die Kehrseite dieser Haltung ist die Versuchung, das Leben selbstmächtig zu gestalten und das Absolute in eigener Anstrengung erreichen zu wollen. Der kommunitäre Gehorsam kann der Welt zeigen und entdecken helfen, daß es sich lohnt, um wichtiger Ziele willen die eigene Freiheit heilsam zu beschränken. Er ist ein Protest gegen einen schrankenlosen Individualismus und legt der Welt existentiell dar, daß die Abhängigkeit von Gott und einer geistlichen Gemeinschaft der persönlichen Entfaltung und Reifung nicht im Wege steht, sondern im Gegenteil gerade zur Reifung des Menschen beitragen kann. Der kommunitäre Christ läßt sich etwas sagen. So ist er ein Beispiel für gelebte Kommunikation in einer Zeit, in der die Kommunika-

---

1 Kamphaus, Gehorsam S. 175; vgl. ferner dazu Halkenhäuser, Kirche S. 319; Br. Rafael, Gehorsam, in: 46.Rundbrief der Christusbruderschaft 1972; Wulf, Krise S. 12; Moser, Autorität S. 35; Biel, Gehorsam S. 148: "Das Zurücktreten des Gehorsamsbegriffs ist kein Indiz dafür, daß Mündigkeit verwirklicht wird."

2 Schwager, Gehorsam S. 206

3 Goffi, Umwege S. 609; vgl. auch Schumann, Gehorsam S. 1265; Kamphaus, Gehorsam S. 154; Splett, Gehorchen S. 3. (Klein [Glaube S. 32] sieht eine solche Gefährdung zum Individualismus auch im geistlichen Bereich.)

tion in manchen Bereichen des sozialen Gefüges abzusterben droht. Mit ihrer Gehorsamspraxis geben die Christen in Kommunitäten der Welt zu verstehen, daß krampfhafte Selbstbehauptung bei der Selbstentfremdung endet. Der kommunitäre Gehorsam ist ein beredtes Zeugnis dafür, daß nicht der Mensch Herrscher über den Menschen ist, sondern Gott. So kann er dem selbstherrlichen Menschen gegenüber ein Signal des Vertrauens auf den lebendigen Herrn sein. Freilich muß am Ende dieses Abschnitts über den Zeugniswert des Gehorsams gesagt werden, daß der kommunitäre Gehorsam nicht automatisch diesen Wert hat. Die Art, wie in Kommunitäten befohlen und gehorcht wird, will auf eine diesem Zeugniswert angemessene Weise gelebt werden. Hier können kritische Anfragen "von außen" eine Hilfe sein, einen der heutigen Zeit angemessenen Gehorsamsstil zu suchen und durch Infragestellungen im Umgang mit seinen Gefährdungen wachsam zu werden. Diese Gedanken berühren bereits den zu betrachtenden Bereich.

Nach den bisherigen Überlegungen zum Gehorsam lautet die Frage weniger, ob ein solcher Gehorsam berechtigt sei. Zu bedenken ist vielmehr die *Frage der Praxis kommunitären Gehorsams*, die Frage seines "Wie". Wenn bisher mehr thetisch und faktisch vom kommunitären Gehorsam geredet wurde, so ist im Auge zu behalten, daß er weniger eine Gegebenheit als vielmehr ein *Aufgabe* ist. Er soll im Namen Jesu geschehen; daß er auch tatsächlich so praktiziert wird, hängt sowohl von der Leitungsautorität als auch von den ihr Anvertrauten ab. Die Einsicht ist wichtig, daß der kommunitäre Gehorsam keine statische Größe ist. Sein Sinngehalt kann je nach Gemeinschaft unterschiedliche Akzentuierungen annehmen. Auch sein Umfang kann sehr variabel definiert werden. Er wird dabei nicht an den gesellschaftlich-kulturellen und kirchlichen Zusammenhängen vorbeigehen können. Je nach den Verantwortungsträgern und je nach den Gehorchenden wird er sich unterschiedlich strukturieren. Auch die Art des Dienstes wirkt auf seine Praxis ein. All das trägt dazu bei, daß er "nicht in eine vollkommene, ausformulierte Form zu bannen ist"[1]. Würde er zur bis ins einzelne gehenden Gesetzgebung, verdrängte er eine geistliche Beseelung sowohl des einzelnen als auch der ganzen Gemeinschaft, führte zur Uniformität und könnte der Vielfalt der Situationen des kommunitären Alltags nicht gerecht werden. Das Gleichgewicht zwischen dem Ganzen der Gemeinschaft, der Besonderheit des einzelnen und der Situation, sowie der Vorschrift und der individuellen Entscheidung will immer neu erarbeitet werden. "Über- und Unterordnung bedürfen der sittlichen Gestaltung, da sie keine Naturvorgegebenheiten sind."[2] Es bedarf einer geistlichen Erziehung, die Reifung zum kommunitären Gehorsam und in ihm ermöglicht. Der Gehorsam will als gemeinsame Aufgabe angenommen werden. Von Zeit zu Zeit wird es dazu des Muts zu Experimenten

---

1 Goffi, Umwege S. 606. Es bedarf immer wieder des "aggiornamento im Bereich von Autoritäts- und Gehorsamsvollzug" (Hirschmann, Dialog S. 3).

2 Ruf, a. a. O. S. 113; vgl. auch A. Müller, Autorität S. 358; Sudbrack, Leben S. 90; Steidle, Regel S. 119; Floristan, Gehorsam S. 604; Wulf, Krise S. 18

bedürfen, um durch praktische Erfahrungen den bestmöglichen gemeinsamen Weg zu entdecken.
Sicher darf nicht verschwiegen werden, daß die Praxis des kommunitären Gehorsams nicht allein von mangelnder Flexibilität bedroht wird. Er wird nicht minder durch eine unangemessene Anpassung an den Zeitgeist unterwandert. Soll nicht dieser, sondern der heilige Geist die Praxis des kommunitären Gehorsams regieren, so muß jedes Mitglied der Gemeinschaft im Auge behalten, daß es im Dienst der kommunitären Nachfolge steht. Von ihr her erhalten einzelne Anweisungen ihren Sinn und Stellenwert. Wer sich mit dem Ganzen der Gemeinschaft auf dem der Berufung entsprechenden Weg weiß, wird die alltäglichen Ordnungen des gemeinsamen Lebens besser einordnen und annehmen können.
Es ist daher darauf zu achten, daß sowohl die Leitungsautorität wie jedes einzelne Mitglied der Kommunität das *Ziel und die Aufgabe* der Gemeinschaft im Blick behalten. Der kommunitäre Gehorsam hat sich in diesem Sinn als Übersetzungsversuch der Gottes- und Nächstenliebe unter dem Anruf des heiligen Geistes zu realisieren. Warum eine solche persönliche Aneignung für das Autoritäts-Gehorsamsverhältnis sehr wichtig ist, formuliert A. Brunner sehr präzis[1]: "Um seiner Aufgabe heute zu genügen, muß das Ordensleben in seiner äußeren Form freier und beweglicher, dafür aber im inneren Geist um so fester und lebendiger werden. Je tiefer die persönliche Aneignung geschieht, desto schöpferischer wird sich das Verhältnis zwischen einer Leitungsautorität und den ihr Untergebenen gestalten können. Je klarer das Ziel und die Aufgabe einer Gemeinschaft sind, je mehr Freude an ihnen besteht, desto mehr Tragfähigkeit und Verantwortungsbereitschaft wird sich entwickeln. Je deutlicher der kommunitäre Gehorsam als Mittel der Liebe zu erkennen ist und je eindeutiger er auf dem Wort Gottes beruht, desto bereitwilliger werden Brüder und Schwestern auch seine unangenehmen Seiten annehmen. Ohne einen Bezug zum Ziel wird die Gehorsamspraxis hohl und veräußerlicht.
Weil alle Mitglieder einer Kommunität auf das gemeinsame Ziel bezogen sind, sind sie auch *gemeinsam gefragt, wenn der konkrete Wille Gottes gesucht wird.* Der gemeinsame Bezug zur Wahrheit des Rufes Gottes relativiert den Unterschied zwischen den Mitgliedern einer Kommunität im Hinblick auf das Vernehmen dieses Rufs. Auch für die Kommunitäten gilt, "daß gegenüber der Wahrheit Jüngere und Ältere gleich daran sind; gleich beschenkt, gleich berechtigt, gleich verpflichtet, gleich in die Schranken gewiesen und gleich auf den Weg vorwärts gerufen"[2]. Wenn also alle gemeinsam unter Gottes Wort stehen, dann ist jedes Mitglied einer Kommunität gleichberechtigt und gefragt, geistlich mitzuhören. Gehorsam wird deshalb immer wieder "die Gestalt gemein-

---

1 Gehorsam S. 184; vgl. auch ebd. S. 183: "Die Begeisterung für das hohe Ziel und die große Aufgabe muß die Glieder der Gemeinschaft innerlich untereinander verbinden zum gemeinsamen Werk." u. Soballa, Freiheit S. 368: "Das Eigentümliche des Ordens muß jeder, der sich ihm anschließt, vor Augen haben."

2 Busch, Freiheit S. 7; vgl. auch: Das Amt der Priorin, in: Schwanbergreihe 15 S. 52f

samen Hörens"[1] annehmen. Alle haben sich darum zu bemühen, den Plan Gottes zu erkennen, und alle haben sich im Gehorsam für seine Verwirklichung einzusetzen. In diesem Sinn meint Schutz: "Es versteht sich von selbst, daß alle an diesem Forschen nach Gottes Plan teilnehmen: der Bruderrat, dem alle angehören, die ihr Verpflichtungsversprechen abgelegt haben, sucht den Weg der Bruderschaft so umfassend wie möglich im Lichte Christi zu sehen. Der erste Schritt besteht also darin, daß man in sich selbst still wird und sich damit bereit macht, seinen Herrn zu hören."[2] So wird die geistliche Verantwortung für das Ganze miteinander geteilt, auch wenn diese Verteilung in der Praxis unterschiedlich aussehen wird.

Wie jeder Bruder und jede Schwester auf das Wort Gottes hören kann und soll, so kann und soll jede(r) auch um das Offenbar-werden des Willens Gottes beten. Für die Praxis kommunitären Gehorsams kann es notwendig sein, vor wichtigen Entscheidungen sich gegenseitig anzuhalten, längere Gebetszeiten zu suchen. "Das Hören vor Gott, zumal vor einer Neuorientierung des eigenen Lebens oder vor einer wichtigen Entscheidung, die man für andere zu treffen hat, vollzieht sich in der 'sammelnden' Stille."[3] Im Hören des Willens Gottes und im Austausch darüber hat sich eine Kommunität beständig auf einen Prozeß des Miteinander-Lernens und Erarbeitens des gemeinsamen Weges einzulassen.

Für den kommunitären Gehorsam ist die Frage nach der *"Atmosphäre"* alles andere als unerheblich. An dieser gestalten alle Glieder einer geistlichen Gemeinschaft mit. Eine Kommunität ist ein geistgeleiteter Organismus und kein Kasernenhof. Da, wo Brüder und Schwestern unter dem Anruf der Liebe und Gnade Gottes zusammenleben, werden nicht Befehlsgewalt und Unterwürfigkeit regieren. "Der Raum, in dem sich vom Evangelium her die Gehorsamsfrage stellt, ist die Bruderschaft."[4] D.h., sowohl die Leitung als auch jedes Mitglied einer Kommunität wird sich von der Liebe und vom Vertrauen prägen lassen. So werden Machtkampf und Willkür vermieden werden können. Fehlen die Liebe und das Vertrauen untereinander, wird die Angst voreinander immer wieder zum Versuch führen, den eigenen Freiheitsraum und die eigene Machtposition zu sichern.

Bisher kamen diejenigen Aspekte in den Blick, die sowohl der Leitung als auch jedem anderen Mitglied einer Kommunität gelten. Nun sollen diejenigen Aspekte der Gehorsamspraxis bedacht werden, die die Autoritätsträger und die ihnen Untergebenen in unterschiedlicher Weise betreffen.

Die *Leitungsautorität* wird einen möglichst großen *Freiraum für persönliche Entscheidungen* gewähren. Wenn es allen darum geht, den Willen Gottes in bestmöglicher Weise zu erfüllen, dann wird die Leitung einer Kommunität nicht

---

1 Kamphaus, Gehorsam S. 173

2 Heute S. 106f; vgl. auch Elsässer, Gehorsam S. 213; Zulehner, Gottgeweiht S. 37; Schwager, Gehorsam S. 209; Roesle, Möglichkeiten S. 81; Lau/Vogt, Gruppenentscheidung S. 120.122; Stökl, Taizé S. 99

3 Greshake, Gottes Willen S. 60f; vgl. auch Sudbrack, Leben S. 40

4 Kamphaus, Gehorsam S. 173

kleinlich und engherzig befehlen wollen. Der Freiraum für selbständiges Entscheiden widerspricht dem Geist kommunitären Gehorsams nicht. Die leitenden Personen werden nicht so viel wie möglich, sondern so wenig wie möglich Anordnungen treffen; das Ideal ist nicht ihre Maximierung, sondern ihre Minimierung. Für die täglichen Belange gilt ohnehin: "Die viefältigen Tätigkeiten des Alltags ... werden nicht vom Gehorsam in diesem fordernden Sinn gelenkt, sondern ergeben sich aus den Haltungen von Höflichkeit und Anstand, von Rücksichtnahme und Hilfe, von schwesterlichem (sc. und brüderlichem) Verstehen und verzeihender Liebe."[1] Indem die Leitungsautorität solchen Freiraum gewährt, nimmt sie die Personen ihres Verantwortungskreises gerade als Erwachsene ernst, deren Reife und deren Hören auf Gottes Anruf sie vertraut. Die Gewährung eines persönlichen Entscheidungsfreiraums trägt dazu bei, daß sich jedes Mitglied einer Kommunität an seinem Platz verantwortlich einbringen kann; auf diese Weise wird die Gemeinschaft als ganze indirekt gefördert. Achtet die Leitungsautorität auf die Verinnerlichung des kommunitären Ziels, so wird jeder einzelne Christ der Gemeinschaft auch in ihrer Abwesenheit auf die bestmögliche Lösung eines anstehenden Problems bedacht sein. Hätte jedes Mitglied auf eine Anordnung "von oben" zu warten, würde das eine Gemeinschaft unbeweglich machen. Schließlich spricht auch folgender psychologischer Grund für die Gewährung eines Entscheidungsfreiraums: "Je kleiner der Bereich ist, um so mehr können schon geringfügige Anlässe als existentiell bedrohlich empfunden werden."[2] Solche Bedrohungsgefühle würden durch kleinliches Anordnen nur unnötig gesteigert. So steht es der kommunitären Leitungsautorität sowohl aus geistlichen als auch aus menschlich-psychologischen Gründen gut an, eine Askese des Befehlens zu praktizieren.
Damit ist nicht gemeint, daß jede verbindliche Entscheidung der Einsicht und der Laune des einzelnen überlassen bliebe. Der kommunitäre Gehorsam hat es immer wieder mit Entscheidungen und deren verbindlicher Ausführung zu tun. Die Leitungsautorität darf den persönlichen Entscheidungsfreiraum nicht aus Gründen größter Bequemlichkeit gewähren. Von ihr ist vielmehr *Entscheidungsbereitschaft und -fähigkeit* zu erwarten. Es wäre ein empfindlicher Mangel, wollte sie sich in der Wahrnehmung ihrer Verantwortung hinter Formulierungen einer Regel zurückziehen oder aus Angst vor zu wagenden Entscheidungen notwendigen Anordnungen und Regelungen aus dem Weg gehen. Bei den Verantwortlichen einer Gemeinschaft muß die Fähigkeit vorhanden sein, auch schwierige Probleme aufzugreifen und unliebsame Fragen einer Klärung zuzuführen. "Wenn man, ehe man weitergeht, warten wollte, bis alle derselben Meinung sind, bliebe die Bruderschaft auf demselben Fleck stehen. Es

---

1 Lebensordnung, Sießen S. 286; vgl. auch Govaart-Halkes, Suche S. 686; Häring, Freiheit S. 111; Floristan, Gehorsam S. 603; Hirschmann, Dialog S. 13; A. Brunner, Gehorsam S. 179; Wulf, Krise S. 14f. Ohne Beachtung dieses Aspekts fiele der kommunitäre Gehorsam auf das Niveau des Kindesgehorsams herab.

2 Fragen, Schweikelberg S. 172

ist aber eine Tatsache im Leben: Man muß weitergehen."[1] Weder die eigene Fehlerhaftigkeit noch die Möglichkeit einer falschen Entscheidung darf eine Leitung daran hindern, anfallende Entscheidungen zu treffen. Dabei wird ein Weg zwischen den Extremen des Rigorismus und des Laisser-faire-Stils zu gehen sein.

Anstehende Entscheidungen werden - vor allem da, wo es um solche mit weitreichenden Konsequenzen geht - von den Leitenden in einem Prozeß herbeigeführt werden. In den Angelegenheiten, die die ganze Kommunität betreffen, haben die Verantwortlichen nach Möglichkeiten zu suchen, daß *möglichst alle ihre Sicht zur jeweils anstehenden Frage äußern* können. Für den Entscheidungsprozeß ist so etwas wie eine "innerkommunitäre Öffentlichkeit"[2] vonnöten. Dazu gehört auch, daß die ganze Kommunität auf angemessene Weise über das anstehende Problem informiert wird. Durch einen zu unterschiedlichen Informationsstand kann ein echter Meinungsbildungsprozeß erschwert oder verhindert werden. Die Leitungsautorität läßt mit der Bereitschaft, jedes Mitglied anzuhören, neben sich selbständige Initiative und selbständiges Mitdenken zu und fördert solche Aktivität, indem sie diese für das Ganze der Kommunität fruchtbar zu machen sucht. "Alle werden in den Kommunikationsprozeß einbezogen, weil 'der Herr oft einem jüngeren Bruder offenbart, was das Beste ist'."[3] Ein breit angelegter Meinungsbildungsprozeß kann die Vielfalt der Gaben im Entscheidungsprozeß fruchtbar machen und die Leitungsautorität erfährt so die notwendige Ergänzung. Die Bereitschaft der Leitung, jedes Mitglied der Gemeinschaft anzuhören, fordert jeden einzelnen heraus, selbst verantwortlich mitzuhören und sich einzubringen. So kann in der Kommunität eine Atmosphäre des Freimuts entstehen. Dem kommunitären Gehorsam geht so ein mehr oder weniger intensiver Dialog voraus. Daher ist es gut, wenn dem einzelnen Mitglied das persönliche Fragen nach dem jeweils besten Weg nicht zu schnell abgenommen wird. Die Bereitschaft, alle anzuhören, trägt dazu bei, einen vielschichtigen Einblick in einen Fragenkomplex zu erhalten. Eine Entscheidung kann auf diese Weise differenzierter im Hinblick auf verschiedene Personen und Umstände getroffen werden. Die Wahrscheinlichkeit, daß eine nach einem solchen Meinungsbildungsprozeß gefällte Entscheidung eher bejaht wird, ist weit größer, als dies bei einer im Alleingang entstandenen Gehorsamsforderung der Fall ist.

Was für Entscheidungen gilt, die die ganze Gemeinschaft betreffen, gilt nicht minder für solche, die einzelne Personen in ihr betreffen. Der einzelne muß seine Meinung zu einer ihn betreffenden Frage äußern dürfen, auch wenn er möglicherweise am Ende des Entscheidungsprozesses eine andere Platzanweisung erhält als er es sich gewünscht hätte. "Es kann ... sehr wohl geschehen, daß ein

---

1 Schutz, Heute S. 105; vgl. auch Motte, Theologie S. 99; Trapp, Gehorsam S. 39

2 In Abwandlung nehmen wir hier einen Gedanken Greinachers (Gemeinde S. 188) auf.

3 Lau/Vogt, Gruppenentscheidung S. 120 (unter Aufnahme eines Zitats aus der RB); vgl. auch dazu Hirschmann, Dialog S. 8; Roesle, Möglichkeiten S. 65 (der in diesem Zusammenhang von "sozial-integrativem Gehorsam" spricht), de Locht, Freiheit S. 634; E. P. Lang, Autorität S. 6f; Das Amt der Priorin, in: Schwanberger Reihe 15 S. 52

gläubiges, für Gottes Ruf aufmerksames Mitglied einer Gemeinschaft Gottes Willen für sich besser erkennt (sc. als die Obern) ... Sie (sc. die Kommunitäten) nehmen die Einmaligkeit des einzelnen Mitglieds ernst. Sie respektieren die Würde aller, die aus der Gottunmittelbarkeit einer/s jeden kommt. Deshalb gibt es für sie auch keine Entscheidung ohne oder gegen die Betroffenen."[1] Das persönliche Anhören des einzelnen wird die Ausübung von autoritativen Anordnungen feinfühliger und behutsamer werden lassen. Es stärkt das Vertrauen der Autoritätsbeziehung und bringt auf geistlicher Grundlage in den Entscheidungsvorgang - und damit in den kommunitären Gehorsam - von der Basis der Gemeinschaft her ein demokratisches Moment ein.

Es muß realistisch gesehen werden, daß ein breit angelegter Meinungsbildungsprozeß Spannungen mit sich bringt. Deshalb wird von der Leitung einer Kommunität ein gewisses Maß an *Konfliktfähigkeit* verlangt. Für die Leitung besteht immer wieder die Versuchung, einsame Entschlüsse zu fällen. "Es ist nicht zu leugnen, daß 'einsame Entschlüsse' der beauftragten Obern weniger Zeit, Energie und Engagement aller verlangen. Es sollte nicht beschönigt werden, daß ein Plädoyer für die Gruppenentscheidung ein Plädoyer für ein weniger bequemes Gemeinschaftsleben für alle Mitglieder - besonders aber für diejenigen mit Leitungsfunktion - mit sich bringt."[2] Auch wenn jedes Mitglied einer Kommunität sich im Sinne des Gehorsams in das Ganze der Gemeinschaft eingliedert, lassen sich Konfliktfälle nicht vermeiden. Sie können besonders dann als schmerzlich erfahren werden, wenn sie aus verschiedenen Meinungen zu einer folgenreichen Frage hervorgehen. Was dem einen als konstruktiv bedeutsam erscheint, mag vom andern als bedrohlich beurteilt werden und deshalb heftigen Widerspruch erregen. "Konfliktfälle können nur in ehrlichem Gespräch ausgetragen werden, das vom Geist des Gebets durchzogen ist."[3] Die leitenden Obern haben Konflikte zu erkennen und dafür zu sorgen, daß sie in dem ihnen angemessenen Rahmen angesprochen und nach Möglichkeit bewältigt werden. Der Leitungsautorität kommt für die Konfliktbewältigung die besondere Verantwortung zu, mit den Betroffenen nach Wegen zu suchen, die Konflikte sich nicht zu Parteiungen und Spaltungen verhärten zu lassen. Während diese eine Gemeinschaft lähmen, können fruchtbringend ausgetragene Konflikte eine Chance beinhalten. Wo eine produktive Konfliktbewältigung gelernt wurde, vermag eine Gemeinschaft durch sie noch enger zusammenzufinden. Die Obern haben durch ihre Haltung zu vermitteln, daß das Ringen um die beste Lösung

---

1 Zulehner, Gottgeweiht S. 37f. Zulehner weist (ebd. S. 38) zu Recht darauf hin, daß durch solche Mitbeteiligung am Suchen des Willens Gottes der einzelne in verbindlicher Weise Glied seiner Kommunität werde und daß ferner der verbreitete Individualismus verringert werde. Vgl. auch de Locht, Freiheit S. 633; Duquoc, Gehorsam S. 655; Hardick, Erneuerung S. 276

2 Lau/Vogt, Gruppenentscheidung S. 123; vgl. außerdem de Locht, Freiheit S. 630f; Schalück/Haskamp, Führungsstil S. 250

3 Lebensordnung, Sießen S. 287; vgl. dazu auch Sudbrack, Leben S. 39; A. Müller, Problem S. 183; Govaart-Halkes, Suche S. 685; Klein, Glaube S. 16; v. Bavel, Gruppe S. 505; Hirschmann, Dialog S. 15; Trapp, Psychologie S. 37

kein Unglück ist, sondern daß es ein wesentliches Element des kommunitären Gehorsams ist. Sie haben die mit der Pluralität einer kommunitären Gemeinschaft gegebenen Spannungen auszuhalten und auch die Mitglieder der Gemeinschaft immer wieder zu solchem Aushalten anzuleiten. Weder von der Leitung noch von der ganzen Kommunität darf hier ein Idealbild aufgestellt werden, da sonst die gegenseitigen Anforderungen Überforderung bewirken. In Konfliktfällen - und in Vorbereitung auf solche - hat die kommunitäre Leitung auf eine Erziehung zur Dialogfähigkeit zu achten. Sie wird der Gemeinschaft vermitteln, daß "Probleme und Konflikte schlechthin 'erlaubt' sind"[1], und hat in Krisen darauf zu achten, daß solche Zeiten dazu genutzt werden, das Vertrauen tiefer auf den rufenden Herrn und seinen Geist zu setzen.
In vielen Fällen wird es nicht möglich sein, daß eine kommunitäre Leitung alle Mitglieder einer Kommunität zu einer Frage anhören kann. Die Alternative zu einem solchen unrealistischen Modell ist nicht der Alleingang, sondern das *Beratungsgremium*. Die Leitungsautorität wird auf eine nicht nur zufällige Ergänzung durch Mitglieder der Gemeinschaft aus sein, die in der wachsenden Differenzierung der (kommunitären) Welt einen tieferen Einblick in das jeweilige Problem haben. Ein solches Gremium beugt dem Mißverständnis vor, als müßten die Leitenden kraft ihres Amtes die Klügeren, Weitblickenderen oder Erfahreneren sein. Es stellt auch einen wichtigen Beitrag zur Dezentralisierung von Verantwortung dar. Die Leitenden können und müssen sachlich nicht von allem etwas verstehen. In einem Beratungsgremium kann die notwendige Ergänzung der Leitungsautorität mit der Beweglichkeit einer kleineren Gruppe verbunden werden. So ist Hirschmann zuzustimmen, wenn er ausführt: "Damit der Obere den Willen Gottes leichter finde, soll er Menschen um sich haben, die guten Rat geben können. Er soll sich mit diesen auch oft beraten. Auch die Hilfe von Fachleuten soll er in Anspruch nehmen, wenn es darum geht, verwickelte Fragen zu entscheiden."[2] Eine beratende Gruppe wird helfen, die Fülle der in einer Kommunität zu einer bestimmten Frage auftretenden Argumente und Gesichtspunkte zu gewichten.
Für die Praxis des kommunitären Gehorsams darf nun unter keinen Umständen die Grenze des "demokratischen Elements" übersehen werden. Man wird sagen können, daß der kommunitäre Gehorsam mit einer Demokratie ebensowenig zu tun hat wie mit einer Diktatur. Der Wille Gottes muß nicht mit Mehrheiten - auch in Kommunitäten - deckungsgleich sein. R.Schutz hat die Gefahr der Demokratie in Kommunitäten klar erkannt: "Wäre aber, wenn es sich darum handelt, eine gemeinsame Entscheidung zu treffen, nicht der Mehrheitsbeschluß die beste Methode? Auf jeden Fall sind Zweifel anzumelden, wenn eine Methode

---

1 Halkenhäuser, Zeugniswert S. 57f. Dazu wird auch die Bereitschaft der Obern gehören, Kritik und "correctio fraterna" (Elsässer, Gehorsam S. 208.212) anzunehmen.

2 Dialog S. 12. Halskamp/Schalück (Führungsstil S. 154) sprechen von der "Mentalität der Arbeitsgruppe" und von "bewußter Kooperation". Vgl. auch Wulf, Krise S. 14; E. P. Lang, Autorität S. 8; Govaart-Halkes, Suche S. 681. Kommunitäten können hier in Abwandlung etwas vom Gedanken der "repräsentativen Demokratie" aufnehmen.

aus dem Bereich der menschlichen Gesellschaft auf die Ebene der Kirche übertragen werden soll. Das hieße, daß der Wille des Herrn sich in 61 Prozent der Stimmen ausdrücken müßte. In einer Bruderschaft würde eine solche Methode fast sofort der Quertreiberei und der Demagogie Raum geben."[1] In gleicher Weise, wie von der Leitungsautorität die Bereitschaft, jeden anzuhören, erwartet werden kann, so ist in gleicher Weise von ihr *Unabhängigkeit* von den kommunitären Meinungsströmungen zu erwarten. Sie darf nicht der Gefahr verfallen, einfach dem Druck der Mehrheit nachzugeben, auch wenn sie so weit wie möglich die eingebrachten Äußerungen zu berücksichtigen versucht. Zu ihrer Aufgabe der Prüfung dessen, was der Wille Gottes ist, kann die Aufgabe gehören, einer innerkommunitären Minderheit Recht und Raum zu verschaffen. Von einer falsch verstandenen Demokratisierung her können Mehrheitsbeschlüsse entstehen, denen es an geistlicher Reife fehlt. So können Minderheiten überfahren werden, wodurch unnötig neues Konfliktpotential geschaffen wird. Die Notwendigkeit der Unabhängigkeit der Leitung von innerkommunitären Mehrheitsverhältnissen erkennt auch Schutz, wenn er schreibt[2]: "Damit dem Geist des gegenseitigen Sich-Überbietens nicht Vorschub geleistet wird, hat der Prior vor seinem Herrn die Aufgabe, die Entscheidung zu treffen, ohne daß er dabei durch eine Mehrheit gebunden wäre." Das fruchtbare Spannungsverhältnis, das im Gegenüber von Leitungsautorität und Gemeinschaft besteht, muß durch die geistliche Unabhängigkeit der Leitung gewahrt bleiben.

Zu den Fragen der Anordnungen und Befehle können einige Kriterien angegeben werden: Zum einen werden Anordnungen dem *Wesen des Gehorsams als christlichem Liebesgehorsam* entsprechen. Die Leitungsautorität wird dann, wenn sie Gehorsam fordernde Entscheidungen trifft, die Wahrheit des Satzes nicht vergessen: "Christusnachfolge, weit entfernt von Naturnotwendigkeit, duldet keinen Zwang."[3] Leitungsautorität wird daher darauf achten, daß alle Anordnungen und Befehle der Liebe Gottes entsprechen und eigenes Machtstreben und Lieblosigkeit nicht die Oberhand gewinnen. Von der Liebe her hat sie ihre eigenen Befehle kritisch zu befragen. "Strukturen und Gesetze, ohne die kein menschliches Zusammenleben möglich ist, stehen unter dem Grundgesetz der Liebe und müssen an ihm gemessen werden."[4]

Autoritative Entscheidungen haben ferner die Würde eines jeden Mitglieds in Kommunitäten als *Kind Gottes* im Auge zu behalten. Alle zu fordernde Verbindlichkeit wird deshalb den persönlichen Freiraum schützen und fördern.

---

1 Heute S. 105; vgl. auch Duquoc, Gehorsam S. 654. Wenn "Demokratie ... im Grunde nichts anderes als 'institutionalisierter Dialog'" ist (Krauss, Gehorsam S. 262), dann muß man sich in Kommunitäten zwar vor diesem Element nicht fürchten; aber der Glaube ruft doch zur Wachsamkeit gegenüber dieser "Institution".

2 Heute S. 106; ähnlich auch ders., Warten S. 37: "Er lasse nicht zu, daß die Autoritäten sich aufdrängen, und schenke den Schwachen Vertrauen." vgl. ferner Lau/Vogt, Gruppenentscheidung S. 124

3 Hammer, Autorität S. 50; vgl auch J. Schlatter, Autorität S. 23: "Jesus drängt sich nicht auf. Jesus läßt sich suchen." u. Krauss, Gehorsam S. 263

4 Lebensordnung, Sießen S. 287

Sie wird den persönlichen Willen des einzelnen nicht unnötig demütigen und brechen wollen.
Kommunitäre Leitungsautorität wird vor allem auf die *Sachlichkeit ihrer Anordnungen* achten, die zu ihrer menschlichen Gestaltung beiträgt. Sicher wird sie nicht an der Person des Autoritätsträgers vorbei zu bestimmen sein. "Sachlichkeit erscheint als Gehalt der Person, der dennoch objektiv werden kann. Wissen und Wertverhalten, Sein und Sollen sind also jene Ur-Sachlichkeiten, die Autorität ermöglichen und begrenzen."[1] Die Sachbezogenheit von Anordnungen ermöglicht es, sie einsichtig weiterzugeben. Es werden sicher nicht unbegründete und uninterpretierte Befehle sein. Sachlicher Gehorsam fordert keinen Verlust der Vernunft, da niemand völlig unmotiviert gehorchen wird, der den Gebrauch seiner Vernunft einmal erlernt hat. Die Oberen in Kommunitäten werden so weit wie möglich einsichtig zu machen versuchen, warum eine autoritative Entscheidung gerade so und nicht anders getroffen wurde. Sie werden also offen ihre Kriterien darlegen. "Der Obere sorge dafür, daß der Sinn seiner Anordnungen den Mitbrüdern bekannt und von ihnen verstanden werde."[2] Die Notwendigkeit von Sachlichkeit und Einsichtigkeit hält die Leitenden dazu an, vor der Kommunität Rechenschaft abzulegen. Der Bezug einer Anordnung zum Ziel und Auftrag - und damit zur speziellen Berufung einer Kommunität - muß so verständlich wie möglich gemacht werden. Von diesem Bezugsrahmen her sollten die getroffenen Entscheidungen ihrerseits als Vollzug des Gehorsams einsichtig sein. Die Leitungsautorität wird dabei immer neu im Spannungsfeld von Tradition und Veränderung den konkreten Weg des Gehorsams zu suchen haben.
Ist eine Entscheidung nach bestem Wissen und Gewissen getroffen, so gehört zur Verantwortung der Leitung auch, auf die *Verbindlichkeit* der Ausführung zu achten. Der Anspruch auf Sachlichkeit und Einsichtigkeit darf nicht für die Willkür und Uneinsichtigkeit einzelner mißbraucht werden. Sonst kann der kommunitäre Gehorsam in Frage gestellt werden. Sicher wird der Dialog über eine Entscheidung auch dann weitergehen dürfen, wenn sie getroffen ist: Die Praxis wird zeigen müssen, ob sich eine getroffene Entscheidung bewährt oder ob sie der Änderung bedarf; nicht selten werden sich vorläufige Entscheidungen nahelegen. Aber alle Dialogbereitschaft darf nicht darüber hinwegtäuschen, daß

---

1 Hammer, Autorität S. 14; vgl. auch ebd. S. 60: "Abnehmender Sachkontakt bedeutet Verfall der Autorität." Sölle (Gehorsam S. 26) sieht den Gehorsam strukturell als eine Beziehung dreier Faktoren bestimmbar: "der Befehlende, der Gehorchende und der Inhalt des Befehls, die Sache". Vgl. auch Greinacher, Gemeinde S. 188

2 Hirschmann, Dialog S. 14 (Entsprechendes gilt natürlich auch für die Mitschwestern); ähnlich Ruf, Autorität S. 115; Motte, Theologie S. 100; Rahner, Wagnis S. 1622ff; Greshake, Gottes Willen S. 47; Elsässer, Gehorsm S. 212; Duquoc, Freiheit S. 652; Thesson, Jesuiten S. 63; Plé, Gehorsam S. 178f. Die Forderung des "Verstandesgehorsams", nach dem der Wille den Verstand dahin beeinflussen soll, auch eine unvernünftige Anordnung anzunehmen (vgl. dazu Soballa, Gehorsam S. 35), ist für den kommunitären Gehorsam abzulehnen.

das gemeinsame Ziel Verbindlichkeiten mit sich bringt, auf deren Einhaltung die Leitungsautorität von ihrem Amt her Wert legen muß.
Die Leitung in einer Kommunität soll eine *geistliche Person* innehaben. Prägnant heißt es dazu bei Hirschmann[1]: "Die Leitung soll also stets geistlich sein ... Zu Obern sollen solche erwählt werden, die soweit als möglich, auch wirkliche persönliche Autorität haben, so daß sie den freiwilligen Gehorsam ihrer Untergebenen anzusprechen wissen und die Untergebenen es gern annehmen, von jenen geleitet zu werden." Die Schwierigkeit, die sich hier auftut, besteht darin, daß das mit "geistliche Person" und "persönliche Autorität" Gemeinte nur schwer definiert werden kann. Dennoch sind diese Kriterien für eine Leitungsperson wichtig. Wir können hier keine Lehre zur Psychologie und zum geistlichen Leben einer Leitungsperson entwickeln. Es kann sich bei den folgenden Gedanken nur um einige Orientierungsaspekte handeln.
Zur persönlichen Autorität der Leiterperson gehört sicher auch die Fähigkeit, auf die Personen ihres Verantwortungskreises einen dem Auftrag der Kommunität entsprechenden Einfluß auszuüben. Sie muß den Mitgliedern der geistlichen Gemeinschaft mit Festigkeit und Barmherzigkeit gegenübertreten können, auch wenn dies immer wieder schwerfallen mag. Sie sollte möglichst frei von ungeordneten Affekten sein. Sie muß in ihrem Reden und Tun glaubwürdig sein, wozu geistliche Ausrichtung und Redlichkeit gehören. Sie muß in der Lage sein, klug zu unterscheiden und zu entscheiden. "Discretio ist die Fähigkeit zu situationsgerechten Entscheidungen."[2] Kommunitäre Leitungsautoritäten müssen die Gesamtheit der Gemeinschaft, den einzelnen und das Ziel der Gemeinschaft miteinander verbinden. Sie müssen fähig sein, die Tradition ernstzunehmen und zugleich interpretierend weiterzuführen. In der Wahrnehmung der Leitungsverantwortung ist die Person gefragt, so daß sowohl die Flucht in die Norm als auch situationsbedingte Wankelmütigkeit zu vermeiden sind. In allem soll sie dienen und auferbauen. Bei ihr ist in gleicher Weise kluge Voraussicht wie Mut zum Wagnis gefragt.
Es ist deutlich, daß eine Leitungsautorität in Kommunitäten ihr Amt nicht aus eigener Kraft wahrnehmen kann. Da rechte Entscheidungen Geschenk des heiligen Geistes sind, wird sie aus dem Gebet leben. Sie wird beständig neben dem Hören auf die ihr Anvertrauten das Hören auf Gottes Wort und Anruf praktizieren und wird selber immer wieder des seelsorgerlichen Gesprächs und der seelsorgerlichen Korrektur bedürfen. Letztlich wird allein das Vertrauen zu Gott diejenigen, die unter der Last der Leitungsverantwortung stehen, vor Überforderung bewahren können.

Dem kommunitären Gehorsam ist nun noch von der *Seite der Gehorchenden* aus nachzugehen. Er kann in angemessener Weise nur von Menschen gelebt werden, die ihre *Identität* geistlich und menschlich gefunden haben, denn er

---

1 Dialog S. 12
2 Soballa, Freiheit S. 371

führt nicht an der Selbstwerdung vorbei. Wer sich selber weder geistlich noch menschlich gefunden hat, wird sich nur schwerlich hingeben können. Die Sehnsucht, ganz er selbst zu sein bzw. zu werden, ist auch für den kommunitären Christen nichts in sich Schlechtes. Sicher ist das Wort "Selbstfindung" ein Modewort und teilt die Vieldeutigkeit eines solchen. Aber es gilt: "Wenn mit Selbstverwirklichung gemeint sein soll, daß ich als der von Gott 'Bei-seinem-Namen-Gerufene' und darum unverwechselbare Eine meinen unverwechselbaren Weg gehen muß, so ist damit eine tiefe Wahrheit des Glaubens angepeilt: Ich soll tatsächlich den mir von Gott bereiteten, ganz persönlichen Weg gehen und darin dem Ruf, der ich selbst bin, entsprechen."[1] Wird dieser Zusammenhang in "frommer" Meinung übergangen, so rächt sich das in der Gehorsamspraxis. Ein Mensch, der mit unverarbeiteten Verletzungen durch eine Autorität lebt, kann durch ein Verhalten der Überanpassung oder des rebellischen Aufbegehrens geprägt sein. Will er nun in einer Kommunität Gehorsam leben, wird seine Prägung in der Begegnung mit der innerkommunitären Autorität sehr leicht zum Problem. Es kann zu einer falschen Opferhaltung kommen, die über längere Zeit zu Verbitterung führt, oder es können überempfindliche Reaktionen auf Forderungen von seiten der Autorität kommen. Beides macht zu echter partnerschaftlicher Beziehung als Bruder bzw Schwester unfähig. Zur Selbstfindung gehört auch, seine geheimen Wünsche zu erkennen. Mit einem kommunitären Gehorsam, der durch das Übergehen der Selbstfindung bei Unzufriedenheit und seelischer Verarmung endet, ist weder dem einzelnen noch der ganzen Gemeinschaft gedient. "Selbstlosigkeit ist möglich, wo ein bestimmter Stand des zu sich selbst gekommenen Menschen erreicht ist. Ist die eigene Liebesfähigkeit geweckt, hat einer so viel an Glück erfahren, daß es von ihm ausstrahlen kann, ist seine Identität gegründet, so kann ein solcher Mensch in bestimmten Situationen tatsächlich Opfer bringen ... Je stärker aber die wirkliche Identität eines Menschen mit sich selber ... ist, um so leichter sind Teilverzichte möglich ... Es ist dem Menschen aber nicht möglich, auf die Identität mit sich selbst um anderer willen zu verzichten."[2] Kommunitärer Gehorsam will in Übereinstimmung des(r) Berufenen mit seiner geistlichen Identität gelebt werden. Die Relation zu Gott und zur Gemeinschaft darf nicht gegen die Relation des Berufenen zu sich selbst ausgespielt werden. Egozentrismus würde dabei erst dann entstehen, wenn die zuletzt genannte Relation die beiden zuerst genannten

---

1 Greshake, Gottes Willen S. 26

2 Sölle, Gehorsam S. 45f; vgl. auch ebd. S. 71: "Der Mensch wird wieder ermutigt 'ich' zu sagen, ohne damit anderen etwas wegzunehmen." Freilich müßte hier in einem Atemzug von der Liebesbeziehung zu und der Hingabe an Jesus Christus die Rede sein. Vgl. ferner Halkenhäuser, Kirche S. 317 Anm. 38; ders., Hinter offenen Türen S. 9; Maria v. d. Erlösung, Gehorsam S. 174; Bergh, Gehorsam S. 147; Pfister, Communität, in: Mohaupt, a. a. O. S. 96; A. Brunner, Gehorsam S. 179; Schutz, Warten S. 114; Haskamp/Schalück, Führungsstil S. 247; Lau/Vogt, Gruppenentscheidung S. 123; Bissonier, Initiative S. 184; Häring, Gehorsam S. 38f. Roesle (Möglichkeiten S. 72) spricht davon, daß "die allseitige Förderung der Selbstverwirklichung jedes einzelnen Mitglieds der einzige Weg (ist), das Gemeinwohl einer Kommunität zu heben."

verdrängte. Wer es gelernt hat, sich auf seine eigene geistlich-menschliche Identität zu beziehen, der wird es lernen, die Gemeinschaft - einschließlich ihrer Leitung - in sein Leben aus Glauben einzubeziehen.
Der kommunitäre Gehorsam setzt *Verantwortlichkeit* des Gehorchenden voraus. In seinem Bezug und seiner Verpflichtung zur Wahrheit ist er persönlich gefordert. Kein Befehl kann den Christen in Kommunitäten von diesem Bezug entbinden. "Verantwortung vor der Wahrheit läßt sich nicht dispensieren."[1] Der kommunitäre Gehorsam kann und soll keinen davon entbinden, sich und Gott Rechenschaft über sein Tun abzugeben. Verantwortung ist für den kommunitären Christen kein notwendiges Übel, sondern unveräußerliches Gut seines Mensch- und Christseins. Auch für den kommunitären Gehorsam gilt: "Sie (sc. die Verantwortung) ist das Verbindungsglied zwischen Autorität und Gehorsam, weil sie Äußerung einer gläubigen Mentalität ist, die sich so unmittelbar wie möglich an der Schrift und am Anruf der eigenen Zeit orientieren will."[2] Unterstellt sich der Christ in Kommunitäten der Autorität der Gemeinschaft, so tut er das nicht in Absehung von seiner Verantwortung, sondern gerade aufgrund derselben vor Gott und gegenüber der Gemeinschaft. Im kommunitären Gehorsam soll die Person nicht verschwinden oder zur Passivität verurteilt werden. Vielmehr ist er ein bewußter, gewollter Akt. "Der Untergebene ist ebenso freie Persönlichkeit wie der Obere."[3] Der Gehorsam würde gründlich mißbraucht, wenn er dazu dienen sollte, eigene Verantwortung an andere abzuschieben. Ein solches Verhalten belastete die Gemeinschaft. "Wenn ich nichts tue, wo es etwas zu tun gibt, dann trage ich die Verantwortung für das, was nicht geschieht."[4]
Zum kommunitären Gehorsam gehört auch die unveräußerliche Verantwortung dafür, daß er echt ist: Wenn der Gehorsam nicht als radikaler Gehorsam Gott gegenüber gelebt wird, dann kann er unter dem Deckmantel der Legalität dennoch umgangen werden. Der Gehorchende kann sich z.B. für ein Handeln die Erlaubnis holen, von dem er weiß, daß es dem Willen Gottes für ihn widerspricht. Die Erlaubnis kann die Verantwortung für solchen Ungehorsam nicht beseitigen. "Wie kein Befehl zwischen Gott und Mensch hindernd treten darf, kann auch keine Erlaubnis die verantwortliche Persönlichkeit vor Gott entpflichten, wenn sie nicht ehrlichen Gründen der uneingeschränkten

---

1 Hammer, Autorität S. 61; vgl. auch Plé, Gehorsam S. 162; Lotz, Sinn S. 40f; Pfister, Profil S. 23; v. Balthasar, Theologie S. 52; Biehl, Gehorsam S. 149; Halkenhäuser, Kirche S. 317; Greshake, Gottes Willen S. 42; Dauby, Wege S. 191; Sainte-Marie, Gehorsam S. 128; Rahner, Ordensgehorsam S. 125

2 Govaart-Halkes, Suche S. 686

3 Motte, Theologie S. 102. Im Hinblick auf den kommunitären Gehorsam ist sicher Kants bissige Bemerkung beachtenswert (zitiert bei Schillebeecks, Kritik S. 618): "Wer sich zum Wurm macht, kann sich nicht beklagen, daß man auf ihn tritt."

4 Pfister, Profil S. 24

Hingabe entstammt."[1] Nur der einzelne selber kann in diesem Fall beurteilen, ob eine Erlaubnis von seiten der Leitung und der göttliche Anruf übereinstimmen. Weil also für den kommunitären Gehorsam der Wille und die Kenntnis des Befohlenen vorausgesetzt sind, ist er als sehender Gehorsam zu praktizieren. Dem Tun geht auch beim kommunitären Christen das Hören, Sehen und Nachdenken voraus. Auch wenn Gottes Rufen menschliche Vernünfteleien sprengt, so ergeht er doch nicht gegen alle Vernunft. Blinder Gehorsam ist von daher sicher als Irrweg abzulehnen. "'Blinder Gehorsam' meint bestenfalls volles Vertrauen auf Gottes Vorsehung, keinesfalls blindes Befolgen uneinsichtiger Befehle Vorgesetzter."[2]
Von jedem Mitglied einer Kommunität ist die *Bereitschaft persönlicher Initiative* zu erwarten. Die Leitungsautorität ist eine, aber sicher nicht die einzige Stelle, an der Gottes Wille offenbar werden kann. Vor der eigenen Initiative soll niemand in den Gehorsam flüchten. Die Initiative aller Beteiligten soll dazu dienen, den konkreten Weg des Gehorsams zu finden, denn lle schöpferischen Kräfte werden für ihn gebraucht. Er soll nicht die geheiligte Spontaneität dämpfen. Die Führung des heiligen Geistes entbindet in einer geistlichen Gemeinschaft eine Vielfalt an Impulsen und Begabungen, die den kommunitären Gehorsam wesentlich formen. Die Fülle der Gaben, des Verstandes und der Willenskräfte wollen im kommunitären Gehorsam der Auferbauung des Gemeinschaftslebens dienen. Das einzelne Mitglied hat in der Hörbereitschaft auf die Impulse des heiligen Geistes und auf die anderen Glieder der Kommunität seine Sicht zu den wichtigen Fragen des gemeinsamen Lebens und Auftrags einzubringen. Gerade hier soll kein kommunitärer Christ sein Talent des eigenständigen Mitdenkens und -redens vergraben, sondern das Gespräch mit den leitenden Personen suchen. "Ich muß alles daransetzen, damit der andere oder die anderen genau verstehen, wie ich es gesehen habe, und darf mich nicht zufriedengeben, bis ich überzeugt bin, daß das auch wirklich der Fall ist."[3] In solchem Äußern und Sich-Einbringen wird der Gehorsam den Verantwortlichen gegenüber zur Mitverantwortung in den wesentlichen Fragen. Die kreative Gestaltung des Gehorsams bewahrt die Kommunitäten vor der Vermassung ihrer einzelnen Mitglieder, führt sie zur Mündigkeit in Christus und läßt den Gehorsam nicht buchstabenhaft, sondern geistlich lebendig werden. Zugleich wird so die Liebe eingeübt: im Angesicht Gottes und seines Rufs vom anderen her und auf ihn hin

---

1 Trapp, Psychologie S. 38; vgl. ferner Kälin, Philosophie S. 39.

2 Zulehner, Gottgeweiht S. 37

3 v. Breemen, Gerufen S. 79; vgl. auch Fragen, Schweikelberg S. 168: "... Meine Gehorsamsverpflichtung besteht ja nicht nur im Schlucken und Annehmen, sondern auch im vernünftigen Reden ..."; Elsässer, Gehorsam S. 206; Christusbruderschaft 1987 S. 26; Pfister, Profil S. 26; Häring, Gehorsam S. 37f; Moser, Autorität S. 34; Wulf, Geist S. 55; Thesson, Jesuiten S. 62; Bissonier, Initiative S. 185.189; Waach, Gehorsam S. 153f; E. P. Lang, Autorität S. 7.9; Lenzeder, Leben S. 84; Lau/Vogt, Gruppenentscheidung S. 131ff; Rahner, Ordensgehorsam S. 123; ders., Wagnis S. 168f; Sainte-Marie, Gehorsam S. 117

leben und dabei in der Wahrnehmungsfähigkeit und geistbegabten Phantasie wachsen.
Die für den kommunitären Gehorsam zu wünschende Phantasie kann nicht bedeuten, daß die Leitungsautorität übergangen werden sollte. Mit dem kommunitären Gehorsam sagt vielmehr jedes Glied einer Kommunität *Ja zur Leitungsautorität.* Alle Anregungen und Einsprüche werden in der grundsätzlichen Achtung ihr gegenüber vorzubringen sein. Es ist ein akutes Anzeichen für Krankheitserscheinungen innerhalb einer Kommunität, wenn die Leitungsautorität in ihrer Mitte nicht mehr Achtung findet. Die Bemerkung Schwagers verdient in diesem Zusammenhang Beachtung[1]: "Im Kampf gegen die Lüge greift man unbemerkt zu den Waffen der Lüge. Der gleiche Ansteckungsmechanismus ist auch am Wirken, wo die Autorität grundsätzlich angegriffen wird." Die Achtung gegenüber der Leitungsautorität darf dabei nicht an ihre Fehlerfreiheit gebunden werden. Würde der kommunitäre Gehorsam von der Fehler- und Sündlosigkeit der Verantwortungsträger abhängig gemacht, würde er praktisch außer Kraft gesetzt. So könnte man das eigene Fehlverhalten durch dasjenige der Leitung rechtfertigen. Im nüchternen Wissen um die Schwachheit der Obern schreibt Schutz im Hinblick auf die Gehorchenden[2]: "Der Prior unterliegt derselben Schwachheit wie seine Brüder. Lieben diese ihn um seiner menschlichen Eigenschaften willen, so laufen sie Gefahr, ihn nicht mehr in seinem Amt anzuerkennen, wenn sie seine Sünde erkennen." Akzeptanz der Leitungsautorität meint sicher nicht, daß ein Irrtum ihrerseits nicht als solcher erkannt werden dürfe. Da, wo die "correctio fraterna" einer Leitungsautorität gegenüber notwendig ist, muß sie von einem inneren Vorbehalt ihr gegenüber unterschieden werden.
Die Akzeptanz der Leitung wird nicht zuletzt konkret in der *Akzeptanz ihrer Anordnungen.* Auch da, wo der sach- und vernunftbezogene sozial-integrative Gehorsam praktiziert wird, kann er auf eine solche Akzeptanz nicht verzichten. "Selbstverständlich erfordert auch dieser Gehorsam in der entscheidenden und abschließenden Willensphase die persönliche Einordnung in das Gebot des Vorgesetzten."[3] Gehorsam gegenüber den Anordnungen der Leitungsautorität ist dabei ein Ausdruck für die Anerkennung des sich in der Gemeinschaft kundtuenden Willens Gottes. In der Annahme einer getroffenen Entscheidung geschieht nicht die Aufgabe des eigenen Willens, sondern seine Ausrichtung auf die unter Gottes Ruf stehende Gemeinschaft hin. Solcher Gehorsam ist von daher Dienst der Liebe zu Gott und der Gemeinschaft. Der "Gehorsam in Geschwisterlichkeit" gegenüber der Leitungsautorität ist die Übung des "verbindlichen Umgang(s) miteinander"[4].

---

1 Gehorsam S. 211; vgl. auch Schutz, Warten S. 35: "Auflehnung vor dem anderen gezeigt, kann nur ansteckend wirken." Außerdem gilt: "Übersteigerte Freiheit treibt maßlose Autorität hervor" (Hammer, Autorität S. 37).

2 Warten S. 36

3 Roesle/Perrez, Führung S. 115; vgl. auch Lau/Vogt, Gruppenentscheidung S. 133

4 Zulehner, Gottgeweiht S. 38

Vom Gehorchenden ist hier eine Willensentscheidung gerade dann gefordert, wenn ihm eine Anordnung schwerfällt. Gehorsame Annahme einer Anordnung schließt sicher nicht aus, daß der Gehorchende das Bestmögliche aus ihr zu machen sucht. So kann das von außen Befohlene durch eine innere positive Entscheidung zur fruchtbaren Gestaltung des Angeordneten führen. Dies wird den Gehorchenden vor einer inneren Emigration gegenüber der Gemeinschaft schützen.[1] Im Loslassen der eigenen Sicht, nachdem sie unmißverständlich dargelegt wurde, geschieht die Hingabe des Eigenwillens an Gott sowie die Gemeinschaft. Durch solches Hingeben setzt sich der Gehorchende dem prüfenden Urteil anderer aus. "Ich überlasse die letzte Entscheidung dem Obern oder der Gemeinschaft, die mir durch den Obern sagt, was ich zu tun habe ... Nach dieser Integration (sc. des eigenen Beitrags in den Entscheidungsprozeß) kann es geschehen, daß ich meinen eigenen Gedanken genauso zurückempfange, nun allerdings als Auftrag der geistlichen Autorität, und das ist ein bedeutender Unterschied ... Es kann auch sein, daß die Stimme der Autorität der Gruppe oder des Obern meinen Beitrag ganz oder teilweise ändert ... Gibt es echte Bereitschaft, nicht an den eigenen Ansichten festzuhalten, sondern sie loszulassen, ist Gehorsam ein heiliges Geschehen, und beide Partner werden die Gegenwart Gottes erfahren und den tiefen Frieden, der damit verbunden ist."[2] Wenn der Gehorchende sich solchem Loslassen der eigenen Sicht entzieht, muß er sich fragen, ob bei ihm an die Stelle des vertrauenden Gehorsams die Angst um die Existenz des Ichs getreten ist. Solche Angst vor der letzten Hingabe kann zu unangebrachter Radikalität und zu unerbittlichem Einsatz der eigenen Kräfte für die Durchsetzung der eigenen verabsolutierten Meinung führen. Hier wird es gut sein, sich nicht zu schnell bei Meinungsverschiedenheiten auf das eigene Gewissen zurückzuziehen.

Der Gehorsam ist ein praktiziertes *Glaubenswagnis,* denn er kann nicht im Vertrauen auf eigene moralische oder religiöse Fähigkeiten gelebt werden. Er erspart keinem Mitglied einer geistlichen Gemeinschaft das Wagnis, das mit dem Glauben als dem schöpferischen Akt des heiligen Geistes gegeben ist. "Reife und Freiheit ist nur zu gewinnen, wenn man das Wagnis des Vertrauens aufbringt, und sich in die Weite eines Beziehungsgefüges stellt, in welchem man hörend und liebend vom anderen her und auf ihn hin lebt."[3] Kommunitäre Leitungsautorität wird immer wieder Entscheidungen treffen, die im wagenden Vertrauen zu fällen sind, da die Verhältnisse nicht überblickt werden können. Sie wollen dann auch in ebensolchem wagenden Vertrauen angenommen werden. In diesem Sinn kann der kommunitäre Christ auch durch seinen Gehorsam keine Sicherheit für seinen Weg des Glaubens erwarten, da der auf eine Anordnung hin gewagte Gehorsam nicht vom Wagnis des Glaubens entbindet. Der Gehor-

---

1 Vgl. dazu A. Müller, Problem S. 274

2 v. Breemen, Gerufen S. 80f; vgl. ferner Greshake, Gottes Willen S. 83

3 Greshake, Gottes Willen S. 27; zum Wagnis des Glaubens vgl. auch Duquoc, Gehorsam S. 650; Häring, Freiheit S. 119; Hammer, Autorität S. 75; Ruf, Konfliktfeld S. 133

chende könnte hier versucht sein, die Leitung zu einer falschen Autorität für sich machen zu wollen, die ihm alle Risiken abnimmt.
Neben dem Wagnischarakter des kommunitären Gehorsams ist auch seine *Härte* nicht zu verschweigen. Im Konfliktfeld zwischen dem Interesse der Gemeinschaft und dem des einzelnen wird es immer wieder unumgänglich sein, das persönliche dem der Gemeinschaft unterzuordnen. "Nur wo es um ein Zentralanliegen der Gemeinschaft geht, um ihren Frieden, ihre Einheit, ihre Ziele oder ihr Weiterbestehen, kommen die Schwere und die Verpflichtung des Gehorsamsverprechens ins Spiel. Hier hat der Vorgesetzte ... das Recht und die Pflicht, von seinen Untergebenen den Gehorsam einzufordern."[1] In solchen Fällen wird das Kreuz gemeinschaftlicher Nachfolge erfahren. Kommunitäre Nachfolgegemeinschaft kann immer wieder solche Kreuzessituationen mit sich bringen. Der notwendige Dialog darf nicht beim Zerreden des Gehorsams enden. Sicher dürfen solche Kreuzessituationen in keinem Fall künstlich geschaffen werden. Ihnen sollte auch ein intensives Bemühen vorausgehen, unnötige Härten zu beseitigen. Aber eine radikale Selbsthingabe an Gott im Gehorsam kann nicht vermieden werden. "Wir wollen und müssen bereit sein, in der Nachfolge Christi das Geheimnis des Weizenkorns zu praktizieren, den Weg vom Tod zum Leben (Joh 12,24)."[2] Der Gehorsam rührt so an das Selbst, an das innerste Ich des kommunitären Christen. Im Wissen um die geistliche Berechtigung des Ziels und der Aufgabe einer Gemeinschaft wird auch das Vertrauen auf den Sinn der Opferdimension des Gehorsams festzuhalten sein. Ohne das Vertrauen zu Jesus Christus und ohne ein lebendiges Gebetsleben wird solcher Gehorsam kaum praktizierbar sein. Im Vertrauen auf ihn und aus Liebe zu ihm werden auch Teilverzichte, die dem Gehorchenden schwer fallen, lebbar und müssen ihm zum Besten dienen. Am Ende der Überlegungen zum kommunitären Gehorsam darf die Erwähnung der *Grenze des Gehorsams* nicht fehlen. Als Randmöglichkeit bleibt auch für die kommunitären Christen die - sicher äußerst seltene - Notwendigkeit des Ungehorsams bestehen. Auch für die Kommunitäten gilt die Feststellung von Kamphaus[3]: "Es gibt nur einen absoluten Gehorsam: Gott gegenüber..." Der Glaubensgehorsam Jesus Christus gegenüber und der

---

1 Sudbrack, Leben S. 96f; vgl. außerdem Greshake, Gottes Willen, S. 47; Rahner, Ordensgehorsam S. 121f; ders., Wagnis S. 165f; Ruf, Konfliktfeld S. 121; Scholz, Gehorsam S. 89; Krauss, Gehorsam S. 258; Maria v. d. Erlösung, Gehorsam S. 173. Mit solchen Härten des Gehorsams rechnet bereits RB 68 (s. dazu Tschudy/Renner, Benedikt S. 192f; Holzherr, Anleitung S. 271f).

2 Pfister, Kommunität, in: Mohaupt, a. a. O. S. 96; vgl. auch Lotz, Sinn S. 38f; Stökl, Taizé S. 99. Die Feststellung G. Merz (Freiheit S. 26) erfährt ihre kommunitäre Zuspitzung: "So wird das ganze Christsein ein Kampf gegen den Eigenwillen zu Ehren von Gottes Willen."

3 Gehorsam S. 158. Im Hinblick auf Jesus meint Kamphaus (ebd. S. 136): "Der Maßstab seines 'Ungehorsams' gegenüber diesen (sc. religiösen) Autoritäten ist die Autorität Gottes." Vgl. auch Sudbrack, Leben S. 95; Stökl, Taizé S. 97; Kälin, Philosophie S. 36; Motte, Rahner, Wagnis S. 171; A. Müller, Problem passim. Man kann von daher nicht sagen: "Nie wird im Kloster einem Menschen gehorcht, sondern nur und immer Gott" (Rousseau, Idee S. 18).

kommunitäre Gehorsam der Leitung gegenüber sind zwar nicht voneinander zu trennen, müssen aber unterschieden werden. Da die leitenden Personen ebenso Sünder sind wie die Gehorchenden, ist nicht auszuschließen, daß sich in ihre Anordnungen Sünde einschleicht. Würden sie für sich ganz Gottes Autorität in Anspruch nehmen, nähme sie leicht totalitäre Züge an. Es ist also ein Gewissenskonflikt zwischen dem Gehorsam gegen Gott und demjenigen der kommunitären Leitung gegenüber möglich. Deshalb hat auch der kommunitäre Gehorsam Grenzen. "Wenn er den Weg des schweren gehorsamen Ungehorsams geht, lernt der Gläubige ... ein wenig die Einsamkeit Jesu kennen."[1] Die Pflicht zur Prüfung einer Anordnung kann Brüder und Schwestern zur Kritik und zu gerechten Einwänden nötigen. Es gibt kein äußeres Kriterium, das eine Grenze festlegen könnte, ob Widerstand notwendig ist. Hierzu bedarf es der selbstverantworteten und selbstkritischen Gewissensentscheidung. Ein wichtiges Kriterium für die richtige Richtung solchen Widerstands ist das Ziel, sich durch ihn für den geistlich mündigen Gehorsam und die dem Willen Gottes dienende Autorität einzusetzen. Das Ringen im Widerstand um den richtigen Befehl dient der Anerkennung des kommunitären Gehorsams und der Leitungsautorität. Außerdem gilt: "Wo nur kritisiert und vor den Folgen der Kritik die Flucht ergriffen wird, lauert Willkür. Werden aber die Folgen des eigenen Widerstands ertragen, dann ist dieser Widerstand nicht Auflehnung, sondern er führt tiefer in die eigene Gemeinschaft hinein."[2]

2.2.4 Zur Frage der Verbindlichkeit der Engagements

An verschiedenen Stellen dieser Arbeit wurde bereits auf die Problematik des Ausdrucks "evangelische Räte" eingegangen. Der Begriff ist unangemessen, weil er das Mißverständnis nahelegt, als wäre die Wahl der kommunitären Nachfolgebedingungen Sache persönlicher Neigung und Beliebigkeit. "Im Leben der Liebe selbst sind Rat und Gebot nicht mehr zu unterscheiden."[3]
Auch der Begriff des "Gelübdes" ist zu vermeiden. "Der Gelübdebegriff ist in der Tat durch Kirchengeschichte und Kontroverstheologie belastet." Ihm haftet der "Beigeschmack des 'Verdienstlichen'"[4] an. Wir verwenden hier den Begriff

---

1 de Locht, Freiheit S. 636. Schillebeeckx (Kritik S. 620) spricht hier von einer Dialektik des Gehorsams: "Es ist in dieser Perspektive möglich, daß 'Illegitimität' in bestimmten Fällen eine höhere Form der christlichen Treue gegenüber dem Geist Gottes sein kann."

2 Schwager, Gehorsam S. 213

3 v. Balthasar, Die großen Ordensregeln S. 24 (zitiert bei Albrecht, Er rief S. 33); ders., Theologie S. 25; vgl. auch Ranwez, Räte S. 750f

4 Halkenhäuser, Kirche S. 32; so auch Bockmühl, Gesetz S. 28; Schleiter, Mönchtum S. 82; Gründel, Consilia S. 196; Ammon, Gelübde S. 1469. Heyer (Mönchtum S.401) weist darauf hin, daß Luther in seiner Schrift De votis monasticis Gelübde halten lassen wollte, daß er jedoch zwischen echten und unechten unterschied. Statt von "Gelübden" wird von "Profeß", "Bindung", "Einsegnung", "Versprechen", "Verpflichtung" o.ä. gesprochen.

"Engagement", da er die dynamische Dimension der kommunitären Nachfolgebedingungen gut zum Ausdruck zu bringen vermag. Außerdem weist er auf ihre Dienstfunktion in der Beziehung zu Gott und zum Nächsten. Er vermag etwas von der beanspruchenden Hingabe an Jesus Christus im Dienst für ihn einzufangen.

In den Ausführungen über das Wesen und den Sinn der kommunitären Nachfolgebedingungen wurde die Frage nach ihrer Verbindlichkeit, d.h. nach der Institutionalisierbarkeit kommunitären Lebens als Gemeinschaft auf Lebenszeit, bisher unberücksichtigt gelassen. Es fällt auf, daß die Kommunitäten in der Verschiedenheit ihrer Prägungen bezüglich der Endgültigkeit der Engagements einen Konsens aufweisen. Sie sehen darin keinen Widerspruch zum Kernanliegen der Reformation im sola gratia und in der "Freiheit eines Christenmenschen". Dafür können verschiedene Gründe angegeben werden:

Als gemeinsamer Wesenszug der drei Engagements Armut, Zölibat und Gehorsam ergab sich ihr zentraler Bezug auf die *spezielle Berufung zur Ganzhingabe aus Glauben.* Wenn sich die kommunitären Christen auf eine definitive Bindung einlassen, dann gründet diese nicht in ihrer religiösen Eigenmächtigkeit oder in religiösem Leistungsstreben, sondern im Gnadenimperativ der Berufung. Der unbedingte Ruf des Herrn fordert eine unbedingte Antwort. So ist die kommunitäre Berufung eine Berufung zur Totalhingabe. Diese läßt sich zeitlich nicht limitieren oder durch Bedingungen einschränken. Jedes der drei Engagements ist Vollzug radikaler Überantwortung der eigenen Existenz an den rufenden Herrn. Ein solches berufungsorientiertes Ganzopfer für Gott verträgt sich nicht mit einer zeitlichen Limitierung. Im Vertrauen auf Gottes Liebe und Treue, dessen Gaben und Berufungen ihn nicht gereuen (Röm 11,29), geben die kommunitären Christen ihr Treueversprechen. "Die Gewißheit, daß Gott treu ist und es ihn nicht reut, an uns diese oder jene Berufung gerichtet und uns diese oder jene Gaben gewährt zu haben, ruft in uns Freude hervor und unterdrückt in unseren Herzen alles Seufzen unter der Last eines Dienstes und Standes..."[1] So können die Christen in Kommunitäten existentiell nicht mehr aus den mit ihrer Berufung gegebenen Konsequenzen aussteigen. Sie erkennen, daß der Ruf Gottes sie in eine Art der Beziehung zu sich hineinnimmt und auf einen Weg der Nachfolge stellt, der den Zeitraum ihres ganzen Lebens umspannt. "Darum legen die Brüder in ihren definitiven Engagements Gott auf Gott fest. Sie berufen sich vor IHM auf IHN, weil er treu ist und sich selbst nicht verleugnen kann."[2] Die verbindlichen Engagements sind persönliche Bejahung

---

1 Thurian, Ehe S. 101; vgl. auch W. Hümmer, Kommunitäten S. 124; ders., Ehelosigkeit S. 139: "Gott ändert normalerweise seine Führung, seinen Plan und Willen mit uns nicht von heute auf morgen, wie wir in unserem wankelmütigen Sinn oft denken." v. Balthasar, Jesus nachfolgen S. 12; ders., Berufung S. 9: "Eine Perpetuierung von 'Gelübden auf Zeit' ist theologisch widersinnig und läßt den Akt endgültigen Sichweggebens nie zustandekommen."

2 Stökl, Taizé S. 45; vgl. ebd. auch das Zitat Thurians: "Ein als endgültig verstandenes Engagement gestattet es, Gott allein die Sorge für seine Vocation zu überlassen. Das Engagement, in Gottes Hand gelegt durch die Vermittlung einer Gemeinschaft, kann

der mit der Berufung von oben gegebenen Vollmacht zu solchen Verbindlichkeiten. Es handelt sich deshalb um eine definitive Annahme der Gnadengabe des kommunitären Lebens.
Die Christen in Kommunitäten wissen auch, "daß alle besonderen Gelübde - also auch die Mönchsgelübde - ihren Ermöglichungs- und Berechtigungsgrund allein in den allen Christen aufgetragenen Taufgelübden haben"[1]. Diese *Zuordnung zur Taufe* weist den definitiven Engagements ihren legitimen Platz zu. Sie sind für die kommunitären Christen bekräftigende Entfaltung und konkrete Verwirklichung des ihnen - wie allen Christen - zugesprochenen und zugeeigneten Heils. In den definitiven Engagements bejahen sie auf ihre Weise das mit der Taufe gegebene Geschenk des neuen Lebens aus Gott. Die in der Taufe zugesagte Treue Gottes zu ihnen bewegt sie ihrerseits zu Konkretionen antwortender Treue. Das eine Grund-Ja im Taufversprechen gibt den Raum frei für eine Vielzahl von aus dem Grund-Ja hervorgehenden Ja-Worten, wozu die drei Engagements gehören. "Die Kraft zum unbedingten Ja in einer geistlichen Gemeinschaft und die Neuerfahrung der Geistwirklichkeit eines Christen stammen aus eben dieser Quelle, die in der Taufe auf den dreieinigen Gott in jedem Christen erschlossen wurde."[2] Die drei Engagements sind eine Möglichkeit, der das ganze Leben umfassenden Ganzhingabe Ausdruck zu verleihen. Es war sicher ein verhängnisvoller Irrweg, die monastischen Gelübde als "zweite Taufe" zu verstehen und ihnen satisfaktorische Wirkung beizumessen. Hiergegen nimmt CA XXVII,11 mit bleibender Gültigkeit Stellung.[3] Es ist daher festzuhalten, daß die kommunitären Engagements der Taufgnade nichts hinzufügen können.
Verbindliche Engagements sind kein Rückfall der Kommunitäten in eine gesetzliche Daseinsweise. Sie sind vielmehr *Ausdruck der evangelischen Freiheit* und Aktualisierung derselben. Die in unerzwungener Entscheidung eingegangene Bindung auf Lebenszeit stellt in keiner Weise einen Gegensatz zur Freiheit des Glaubens dar. Vielmehr bewährt sich diese in der Verbindlichkeit und wird in der kommunitären Nachfolge eingeübt. Der Einwand, daß verbindliche Engagements der Freiheit des heiligen Geistes widersprechen, muß auf seine Motive hin befragt werden. "Um die Jenseitigkeit, Geistigkeit und Freiheit Gottes zu wahren, verwirft der Durchschnittsprotestantismus den Gedanken, es könne eine Berufung mit endgültiger Bedeutung geben ... So kommt man auf recht natürliche Weise dahin, zur angeblichen Verteidigung der Freiheit des Heiligen

---

nur von Gott widerrufen werden, der sich durch die Gemeinschaft ausdrückt." Dieses definitive Ja-Wort vollzieht sich als Ja-Wort zu einer konkreten Gemeinschaft. "Ein Christ kann sich und darf sich einer bestimmten Gemeinschaft mit ihren Zielen total verschreiben ..., weil er sich darin an den personalen Gott bindet" (Sudbrack, Leben S. 124).

1 Halkenhäuser, Kommunität S. 325; u. ders., Bewertung S. 306f; Thurian, Ehe S. 93; Butte, Opfer S. 71

2 Sudbrack, Leben S. 125

3 BSLK S. 111; vgl. dazu Steidle, Regel S. 284 (im Hinblick auf die alte Kirche); Halkenhäuser, Beurteilung S. 307; B. Lohse, Mönchtum S. 249ff.332ff

Geistes die Rechte der Gewissensfreiheit zu verkünden ... Sobald man die Möglichkeit verwirft, daß Gott sich mit dem Christen in Entscheidungen einlasse, die einen endgültigen Charakter tragen, ... läuft man Gefahr, den wahren Begriff der christlichen Freiheit zu verlieren. Diese Freiheit ist nicht mit der individuellen Gewissensfreiheit zu verwechseln. Da, wo der Herr anwesend ist mit allen seinen Forderungen, da ist die wahre Freiheit."[1] Mit der Bestreitung verbindlicher Engagements wird zugleich die Verbindlichkeit der mit der Berufung gegebenen Verheißung im Namen der "evangelischen Freiheit" bestritten. So kann diese leicht zu einem Schlagwort herabsinken, mit dem sich der Mensch dem Anruf Gottes entzieht und sich krampfhaft selbst zu bewahren versucht, anstatt sich zu verbindlicher Hingabe befreien zu lassen.
Das Ja-Wort, das der kommunitäre Christ zu einem Leben nach den drei Engagements spricht, ist kein statisches, sondern ein *dynamisches Ja*. In der Ausrichtung auf das Ziel läßt er sich darauf ein, in die kommunitäre Nachfolge immer tiefer hineinzuwachsen. Das Ja-Wort ist nicht nur ein einmaliger, abgeschlossener Sprechakt, sondern ein Lebensakt, der sich vom heiligen Geist her in der täglich neuen Hingabe erfüllen will. In der anhaltenden Offenheit gegenüber Gott will das kommunitäre Leben als beständiger Gehorsam gegenüber seinen Weisungen praktiziert werden. "Es wird dabei (sc. bei der gewählten Existenzweise) angenommen, daß die künftige Entwicklung der Lebensgeschichte in diese endgültig gewählte und versprochene Daseinsweise integriert werde."[2] Der Wille, sich verbindlich auf die drei Engagements einzulassen, wird auf alles, was auf den kommunitären Christen zukommt, bestimmend einwirken. Es geht bei ihnen um ein "Engagement schöpferischer Treue"[3]. Die pneumatische Dimension erfüllt die eingegangene Verpflichtung mit Lebendigkeit. Ohne Agape wird die Verbindlichkeit erstarren und zum unerträglichen Gesetz. Diese Agape will immer neu empfangen werden.
Sicher eignet der Verbindlichkeit der drei Engagements für die kommunitäre Dienstgemeinschaft auch ein *funktionales Moment*, - selbst dann, wenn dieses im Vergleich zu den bisher genannten untergeordneten Charakter hat. Verbindlichkeiten und Verabredungen fördern die Dauerhaftigkeit einer Gemeinschaft. Eine Lebens- und Dienstgemeinschaft ist sicher kaum möglich, wenn ihre Mitglieder sich ungebunden halten wollen. Das verbindliche Ja zu den drei Engagements in einer konkreten Gemeinschaft bringt mit sich, daß diese bei jedem Mitglied mit der Bereitschaft zur Hingabe rechnen kann.
Als Randmöglichkeit muß im Zusammenhang der Endgültigkeit kommunitärer

---

1 Thurian, Ehe S. 96f; vgl. hierzu Herbstrith, Kirche S. 19; Halkenhäuser, Beurteilung S. 387; ders., Kommunität S. 326; Schutz, Entstehung S. 52; ders., Heute S. 91; Class, Bruderschaft S. 29; Schleiter, Mönchtum S. 12.19; Heinz-Mohr, a. a. O. S. 45ff.; Bieneck, Klosterleben S. 10

2 Lafont, Institution S. 498; Schutz, Warten S. 107; Butte, Opfer S. 74

3 Haskamp, Treue S. 17 (Marcel zitierend), Wulf (Beurteilung S. 316) bemerkt zutreffend: "Selbst das in Freiheit eingegangene Gelübde kann zum heilsunfruchtbaren Gesetz werden, wenn nicht immer wieder die ursprüngliche Freiheit zurückgewonnen wird."

Engagements auf die *Möglichkeit des Austritts* aus der Kommunität hingewiesen werden. Es muß gesehen werden, daß bei allem persönlichen Erkennen des Willens Gottes und allem Prüfen desselben durch die Gemeinschaft Menschen tätig sind. Die Tatsache, daß bei diesem Erkennen immer die Menschlichkeit mitbeteiligt ist, macht es unmöglich, jegliche Fehlerhaftigkeit in diesem Vorgang auszuschließen. Es kann sich z. B. erst nach längerer Zeit zeigen, daß ein Ja zum kommunitären Leben auf neurotischen Motiven basierte. In solchen Fällen kann die Aufhebung der Engagements nicht als Untreue oder Ungehorsam bezeichnet werden. "Um die Ausnahme in der Regel zu wahren, die sich Gott in seiner Freiheit immer gestatten kann, kann ... eine Gemeinschaft eine Maßnahme vorsehen, einen ehelosen Christen ausnahmsweise von seinen Gelübden zu entbinden ... In der Tat bedarf es zum Verzicht auf das Gelöbnis des gleichen Ernstes wie zum verbindlichen Aussprechen desselben."[1] So ist hierzu ein erneuter intensiver Prozeß des Prüfens erforderlich, der vom einzelnen und von der Gemeinschaft zu leisten ist. Die Gemeinschaft kann und darf nicht mehr tun, als den einzelnen, der austreten will, zum intensiven Prüfen anzuhalten; sie hat ihn auch auf ein eventuell bereits gegebenes Ja-Wort hin anzusprechen. So hat sie ihm beizustehen, daß dieser seinen Austritt nicht aus einer augenblicklichen Krisensituation heraus vollzieht. Sie hat ihn auch u. U. darauf hinzuweisen, daß hinter Nebenmotiven für das kommunitäre Leben gute Motive entdeckt werden können, wenn die Mühe ihrer Verwandlung nicht gescheut wird. Aber sie hat allen ungeistlichen Druck auf den einzelnen zu vermeiden, den aus ihr Ausscheidenden freizugeben und sich der Verurteilung zu enthalten. Die ohnehin mit dem Austritt verbundene psychische Belastung des Austretenden sollte nicht durch Erhöhung der Gewissenskonflikte verschärft werden. Die Gemeinschaft wird außerdem nicht nur die Ausscheidenden, sondern auch sich selbst in Frage stellen und wachsam für das werden, was von ihr her zum Zusammenbruch der Beziehung beigetragen hat. Die vereinzelt auftretende Notwendigkeit, die Verbindlichkeit der kommunitären Engagements aufzuheben, beseitigt ihre Intention der Definität sicher nicht.

Die Verbindlichkeit aller drei kommunitären Engagements hat einen *Zeugniswert.* Der junge Mensch scheut sich, verbindliche Entscheidungen für sein Leben zu treffen. "... In der Schwierigkeit, sich anzuvertrauen, zeigt sich besonders deutlich die Problematik des entfremdeten Menschen: er tut sich schwer, Bindungen einzugehen ..."[2] Hinzu kommt die Schnellebigkeit unserer Zeit, die definitive Entscheidungen nicht gerade fördert. Die ständig sich wandelnde Welt erhöht das Wagnis definitiver Bindungen. Ein beinahe als mythisch zu bezeichnendes Selbständigkeitsverlangen hat nicht selten innere Heimatlosigkeit zur Folge. Die Sehnsucht nach Ungebundenheit verbindet sich

---

1 Thurian, Ehe S. 103; vgl. zur Frage des Austritts Gründel, a. a. O. S. 196; Meyer/Schütte, Ergebnis S. 318; Doman, Gemeinschaft S. 54; Schutz, Warten S. 107. Schober (Berufung S. 30ff; ähnlich Gollwitzer, Nachwort, in: Thurian, Ehe S. 129) möchte überhaupt definitive Engagements ablehnen.

2 Voss, Weg S. 61; vgl. auch Sudbrack, Leben S. 120f; Mohr, Kommunitäten S. 59

zum Teil auch mit einer Angst vor dem Leben und der Zukunft. Indem die kommunitären Christen im Vertrauen auf Gott dennoch definitive Engagements eingehen, sind sie ein lebendiges Zeugnis für das Verwurzelt-sein in Gott durch die Bindung an ihn in der Gemeinschaft der Brüder und Schwestern. "In unserer Zeit der Bindungsangst, wo viele in ein 'Leben auf Probe' ausweichen möchten, kommt es Euch (sc. geistlichen Gemeinschaften) zu, Zeugnis dafür zu geben, daß eine endgültige Bindung, eine das ganze Leben tragende Entscheidung auf Gott hin gewagt werden kann; mehr noch: daß sie Euch frei und froh macht, wenn sie Tag für Tag erneuert wird."[1] Sie leben mit ihrer Verbindlichkeit ihren Zeitgenossen vor, daß Beständigkeit nicht bei lebloser Starre enden muß, sondern sehr wohl mit der Dynamik des Glaubens einhergehen kann.

2.2.5 Zusammenfassende Aspekte zu den drei Engagements

Unter verschiedenen Stichworten soll nun versucht werden, das Wesen der kommunitären Nachfolgebedingungen zusammenzufassen. Die drei Engagements stellen zunächst die Frage nach dem Verhältnis des kommunitären Christen zur *Welt*. Der Begriff "Welt" bereitet deshalb leicht Verständigungsschwierigkeiten, weil er zwei konträre inhaltliche Bedeutungsvarianten annehmen kann. Die eine entspricht dem johanneischen κόσμος- Begriff.[2] Welt ist hier der Inbegriff der sich Gott gegenüber verschließenden Schöpfung, deren Exponent der ungläubige Mensch ist. Welt steht in diesem Gebrauch für Gottlosigkeit, für das mit Sünde Gemeinte. Die so verstandene Welt ist nicht nur vom kommunitären Christen, sondern von jedem zu meiden. Wenn von der Weltdistanz des Christen gesprochen wird, ist sicher zu einem wesentlichen Teil dieser negativ gefüllte Weltbegriff mitgemeint. So äußert Bouyer präzis[3]: "Die Welt bietet der Kirche Freundschaft an, aber diese fürchtet, sich darauf einzulassen. So entstand das Mönchtum." Aber der Weltbegriff kann ebenso die zweite Bedeutungsvariante annehmen: Welt ist auch und wesentlich gute Schöpfung Gottes. Als solche ist sie von allen Christen so zu lieben, wie Gott sie geliebt hat. Von der zweiten Bedeutung im Weltbegriff her wird die Bemerkung v. Balthasars einsichtig, wenn er äußert[4]: "So ist eine Spiritualität der Weltzuwendung zeitgemäß; sie wird dringend verlangt, weil sie bisher weitgehend gefehlt hat; sie besitzt die zu erwartende Stoßkraft nicht zuletzt darum, weil sie reagiert gegen eine jahrtausendalte Höherbewertung des Möchtums."

---

1 Johannes-Paul II, Leben S. 244

2 Joh 8,23; 12,31; 14,17 u. ö.

3 Spiritualität S. 129; vgl. Völkl, Überlegungen S. 11f

4 Theologie S. 15. In diesem Sinn bemerkt Bouyer (Spiritualität S. 175): "Die Tatsache, daß das Mönchtum eine Flucht aus der Welt besagt, ist für das Mönchtum selbst, aber auch für viele Christen von heute eine Schwierigkeit." Vgl. dazu ferner Schlumberger, Monachisme S. 482 (auf Bonhoeffer Bezug nehmend); Brüning, Erneuerung S. 285; Stählin, Bruderschaft S. 34

Das Weltverhältnis der Kommunitäten realisiert sich im Bezug zu beiden inhaltlichen Bedeutungsvarianten im Weltbegriff. Sie erkennen die Gefährdung des Menschen - und damit ihrer selbst - durch die Welt als der sündhaften Wirklichkeit. Hier wird das Menschsein ständig von seiner Selbstherrlichkeit bedroht, die nicht selten von Angst und Verzweiflung begleitet ist.[1] Im Leben des Menschen können ein hektischer Aktivismus und resignierende Lethargie eng beieinander liegen, worin sich die Macht der Sünde und des Unheils äußern. Die Kommunitäten lassen sich in diesen Fragen von ihrer Berufung her zur Weltdistanz rufen. Sie leben als Gemeinschaft ein notwendiges Korrektiv. Mit ihren drei Engagements mahnen sie ihre Mitmenschen, sich nicht von der Welt gebrauchen und immer mehr versklaven zu lassen. Die drei Engagements bewirken mit ihrer Weltdistanz eine Fremdheit ihrer Zeit gegenüber, die die Unterscheidung von Gott und Welt wachhält.

Freilich liegt in der Betonung der Weltdistanz die Grundgefährdung durch eine Ghettoexistenz. Es ist sicher zutreffend, daß die eschatologische Gottesherrschaft analogielos und daß deshalb die Zukunft der Basileia - auch von Kommunitäten - nicht in adäquater Weise realisiert werden kann. Diese Diastase darf jedoch nicht so überbetont werden, daß sich die Kommunitäten zur Selbstisolation verurteilen. Überradikale Kritik kann zur Absonderung führen, die am Zustand der gottlosen Welt mitverantwortlich ist und durch weltlose Innerlichkeit beim "Wahn einer kraftlosen Jenseitigkeit"[2] endet. Die Verweltlichung der Welt, die dabei gefördert würde, wäre besonders deshalb schlimm, weil sie unter religiös verklärtem Vorzeichen geschähe. Die Kommunitäten können sich nicht von der Welt trennen mit dem Ziel, reine Gemeinde zu werden. Die Wirklichkeit des Glaubens und die der Welt dürfen auch für die Kommunitäten nicht in zwei unverbundene Bereiche auseinanderfallen. "... Die betonte 'Trennung von der Welt', die den Stand der Religiösen kennzeichnet, (kann) nicht so übertrieben werden, als seien die Angehörigen nicht mehr in der Welt."[3]

Die Weltdistanz der Kommunitäten gestaltet sich als Weg zwischen Weltverachtung und Weltvergötzung. Ihr Weltverhältnis ist nicht in einem einzigen Wort auszusagen. Kommunitäten wollen ihr Christsein in der Welt leben. Ihre Weltdistanz steht im Dienst ihrer Weltzuwendung. Sie muß von ihrer Sendung her begriffen werden. "'In der Welt - aber nicht von der Welt'. Das wird die Spannung sein und bleiben, die wir als Kommunitäten auszuleben und auszuhalten haben."[4] Wenn es zur Berufung der Kommunitäten gehört, der

---

1 Vgl. dazu etwa Bodamer, Weg S. 7; Imhof, Nachfolge S. 15; Mumm, Kirche S. 18; Heinz-Mohr, Kommunitäten S. 38. Sudbrack (Nachfolge S. 42f) sieht auf der einen Seite die Gefahr der Flucht in die Innerlichkeit, auf der der anderen Seite diejenige der Flucht ins Engagement ("Meditation oder Revolution").

2 K. Müller, Kirche S. 167. Bamberg (Lernprozeß S. 15) spricht von "undifferenzierter Weltdistanz" und von "Selbstgenügsamkeit"; vgl. Fischer-Barnicol, Wege S. 39

3 v. Balthasar, Nachfolge S. 25; vgl. auch Völkl, Überlegungen S. 13f; Lotz, Sinn S. 20

4 W. Hümmer, Kommunitäten S. 130; ders., Christusbruderschaft S. 179; vgl. dazu Greshake, Erwartungen S. 88; Herbstrith, Kirche S. 17; Fischer-Barnicol, Wege S. 55; Bock/Domann, Nachwort, in: dies., Brüderlichkeit S. 224; Schutz, Entstehung S. 39;

Kirche und der Welt die Dimension des Nicht-von-der-Welt-Seins vorzuleben, so wissen sie sich auf die gesellschaftliche Welt angewiesen und in sie hineingestellt. Im Glauben lassen sie zwischen sich und die sie umgebende Wirklichkeit die Realität Gottes treten. Sie stellen die Abhängigkeit von Gott über die Abhängigkeiten dieser Welt. Sie sind nach Gottes Willen in der Welt "jenseitige Menschen". "Jesus hat nicht nur selbst ein solches Leben (sc. der zeichenhaften Relativierung) geführt. Er hat seine Jünger, die ihm nachfolgten, in diese zeichenhafte Darstellung der Relativität des Relativen hineingezogen. Und so haben auch die Bruderschaften und Kommunitäten den gleichen Grundsatz für ihr Leben."[1]

Die drei Engagements sind Zeugnis dafür, daß die neue Freiheit des Evangeliums in die Geschichte des Menschen hineinwirkt. Der Bruch mit der Welt in einem neuen Lebensstil resultiert für die Kommunitäten aus dem neuen Gehorsam Jesus Christus gegenüber. Die Liebe zur Welt von ihrer Sendung her hält die Kommunitäten für die Begegnung mit ihren Zeitgenossen bereit. Sie suchen von ihrem Auftrag her die Welt als Mitwelt, an die ihr Herr sie verweist. Die Weltdistanz in ihrem Leben nach den drei Engagements ermöglicht ihnen eine neue Beziehung zu den Menschen und Dingen. Die Unabhängigkeit von sich selbst, von den Menschen und Dingen gewährt ihnen eine Freiheit für den Dienst. Von ihrem Herrn lassen sie sich zu "geistlicher 'Erdung'"[2] rufen. Sie lassen sich zwar ihren Dienst nicht von der Welt vorschreiben, aber sie nehmen trotzdem die Anliegen der Zeit hörend, betend und handelnd auf. Die Nöte ihrer Mitmenschen und die Zeitlage wollen sie kennen, um im Hören auf Gottes Wort und im Gebet die gegenwärtige Welt im Licht des Glaubens sehen zu lernen und an ihrem Platz auftragsgemäß sich dienend einzusetzen. Sie wissen, daß der geistliche Exodus aus der Welt mit der Verantwortung für sie einhergeht. Das läßt z.B. die Praxis der Stille in den Kommunitäten erkennen. Hier wenden sie sich, äußerlich betrachtet, von der Welt ab. Eine Distanz zu den Aktivitäten der Arbeit wird dabei sichtbar. Aber gerade hier wird deutlich, daß die Stille keine Flucht vor der Welt ist. Vielmehr nehmen sie die Welt mit ihrer Last in ihre Weltabgewandtheit mit hinein. "Wer auf Erden sucht, was droben ist, wirkt ein wenig verrückt. Wer sich der Ewigkeit zuwendet, übt Kritik an seiner Zeit. Er kehrt der Erde den Rücken zu und sieht das Irdische im Hohlspiegel des Himmels."[3] In der Stille wenden sie sich Gottes Heil zu, das verändernd in die

---

Zulehner, Glauben S. 10; Friedmann, Mönche S. 186f; Heinz-Mohr, a. a. O. S. 105; Rahner, Wagnis S. 142; ders., Räte S. 424; Bouyer, Spiritualität S. 203f; Dibelius, a. a. O. S. 65; Schellenberger, Verständnis S. 84; Hirschmann, Einleitung S. 26; Wulf, Möglichkeiten S. 145; Pfister, Lebensthema S. 65; Heinz, Gemeinschaften S. 160

1 Deichgräber, Leben S. 33

2 Class, Bruderschaft S. 13 u. ebd.: "Wir sollen die Welt 'in Gott' sehen lernen." Gehrig, Räte S. 8; Brüning (Erneuerung S. 287) sprechen von der geforderten "Pro-Existenz".

3 Bohren, Lebensstil S. 60; vgl. auch K. Müller, Kirche S. 167; Friedmann, Mönche S. 187; Schleiter, Mönchtum S. 9 u. S. 62: "Gerade im konzentrierenden Abstand der inneren Stille vermag sie (sc. die Unbedingtheit religiösen Lebens) das Heute zu bewältigen." Wölber, Spiritualität S. 73

Geschichte hineinwirkt und ihnen Orientierung schenkt. So werden sie fähig zur Wachsamkeit des Glaubens in ihrer Zeit. Es ist somit auch im Hinblick auf das Weltverhältnis der Kommunitäten "mit dem verhängnisvollen Denken aufzuräumen, das sich immer noch ausdrückt in dem Gegensatzpaar 'weltabgewandt' und 'weltzugewandt'"[1].

Mit den Überlegungen zur Weltdistanz wurde bereits die Frage nach der Bedeutung der *Askese* für das kommunitäre Leben tangiert. Die Christen in den Kommunitäten leben die drei Engagements als Askese im Loslassen wertvoller Güter. Sie opfern in ihrer Lebensweise gute Gaben des Schöpfers. Der Verzicht auf materielle Güter, auf eine eheliche Beziehung und auf Macht wird von ihnen immer wieder schmerzhaft erfahren, so daß für ihre Lebensweise gilt: "... Dieser Lebensstil ist geprägt vom Verzicht."[2] Die Härte solchen Loslassens kann und darf sicher nicht verwässert oder verschwiegen werden. Es trifft die kommunitären Christen an der Wurzel ihrer Existenz. Die Askese ist auch für die Kommunitäten von zwei Mißverständnissen freizuhalten: Zum einen dient sie in keiner Weise einer selbstgewählten Frömmigkeit oder der Erlangung besonderer Heiligkeit. Luthers Kampf behält in dieser Hinsicht sein bleibendes Recht.[3] Die Praxis der Askese in Kommunitäten hat die Gnade nicht zum Ziel, sondern zur Voraussetzung und ist dankbare Antwort auf dieselbe. Zum andern hat die Askese für die Kommunitäten nichts Selbstzweckhaftes. Es ist entscheidend, für sie den richtigen Ansatzpunkt zu finden.
Für das Verständnis der kommunitären Askese ist erneut auf die spezielle Berufung zurückzugreifen. "Diese 'evangelischen Räte' der alten Kirche sind uns nicht Gesetz, sondern Geschenk und Nötigung des Geistes. Wir empfinden sie als Vorrecht besonderen Dürfens. Sie entspringen den innersten Bezirken des Glaubens aus dem Geheimnis der Begegnung mit Gott ..."[4] Die Art und Weise der kommunitären Askese ist beseelt von dem Ruf, den die Mitglieder der geistlichen Gemeinschaften vernommen haben. Dieser Ruf nötigt sie zu einem anderen Leben. Askese ist für sie von ihrer Berufung her eine Weise geistbegabter Selbstzucht und Ausdruck ihrer Ganzhingabe des Glaubens. Der

---

1 Albrecht, Er rief S. 17; vgl. auch ebd. S. 47: "Der ganz von Gott Beschlagnahmte ist der den Menschen nahe Mensch."

2 Pandey, Christusträger S. 23. Im Hinblick auf eine falsche Anpassung meint v. Breemen (Gerufen S. 93) treffend: "Wenn wir das Ordensleben so bequem machen, daß wir alles haben, was wir nur möchten, dann gibt es keinen Grund auszutreten, doch es gibt auch keinen einzutreten."

3 Vgl. dazu Stählin, Bruderschaft S. 40; Halkenhäuser, Kirche S. 13ff; B. Lohse, Mönchtum S. 217ff.260ff.284ff; Stamm, Ordensleben S. 114ff; Bohren, Lebensstil S. 158; Seeberg, Askese S. 138; Mohaupt, Spiritualität S. 116f. Auch die Verbindung mit einer eigenen Bußfrömmigkeit brachte die Askese im Hinblick auf das kommunitäre Leben in Mißkredit (vgl. dazu Goldammer, Buße S. 105).

4 H. Hümmer, Gott ruft S. 28; vgl. auch Wulf, Askese (HthG I) S. 740; Rahner, Entsagung S. 69; Eisenbach, Orden S. 83; Füglister, Zeugnis S. 145; I. Reimer, Leben S. 113; Butte, Opfer passim

geistliche Anruf hält sie "zum Tun des Außerordentlichen"[1] in den drei Engagements an. Askese ist für sie ein Implikat ihrer kommunitären Nachfolge. Das Wesen solcher Askese macht nicht dieser oder jener Akt der Zuchtübung aus. Vielmehr steht und fällt die kommunitäre Lebensform der Askese mit der Relation zum rufenden Herrn. Der kommunitäre Christ lebt die existentielle Angewiesenheit auf die Gnade. Das Leben unter den drei Engagements stellt eine Existenzweise dar, die vom innerweltlichen Autonomiedenken nicht mit positivem Sinn zu füllen ist. "Das einzig denkbare, gleichsam von unten erfolgende Bekenntnis des Menschen zu dem über die Welt hinausrufenden Gott der Offenbarung ist darum die Opferung der Welt über das in einer innerweltlichen, wenn auch theonomen Ethik sinnvolle Maß hinaus."[2] Die Opferung der Welt in der kommunitären Askese ist ein Akt radikalen Glaubens. Dieser Aspekt geht zwar den außerkommunitären Christen nicht völlig ab, aber er betrifft die Christen in Kommunitäten im Sinne eines Mehr an Ausdrücklichkeit in der Lebensführung. Die Gnade Gottes als seine Selbstmitteilung macht den Verzicht auf hohe Güter sinnvoll. In der Askese vollziehen die Kommunitäten das vertrauende Loslassen der eigenen Existenz als Hingabe an Gott. "Sie dokumentieren: Jesusnachfolge ist in jedem Fall Hingabe, Liebe, Opfer, Selbstverleugnung."[3] Das Ja zu Gott ist ausschlaggebend für den Verzicht der Kommunitäten, nicht das Nein zur Welt.

Erst wenn das Zentrum der kommunitären Askese in der auf die spezielle Berufung antwortenden Hingabe und damit im Glauben erkannt wird, kann auch der funktionale Aspekt erwähnt werden: Die drei Engagements fördern die Verfügbarkeit im Dienst. Ihre Askese macht die kommunitären Christen fähig, auch solche Dienste zu übernehmen, die mehr Beweglichkeit erfordern als es Christen in einer ehelichen Bindung möglich ist. Auch unter dem Gesichtspunkt des Dienstes geht es damit im Hinblick auf die drei Engagements nicht allein und zuerst um den Gedanken des Verzichts. Darauf weist Rahner, wenn er schreibt[4]: "... Das entscheidende Vakuum (wird) unvermeidlich und mit Recht, wenn es richtig ... im Ganzen des menschlichen Daseins ausgespart wird, gerade jene positiven Verhaltensweisen auf sich ziehen, die in innerer Verwandtschaft zu dem aufgegebenen Wert stehen und deshalb ... Objektivationen des liebenden Glaubens sind, um derentwillen diese Entsagung gewählt wird. Der Arme wird ein positives, gelöstes Verhältnis zu den irdischen Gütern gerade aus dem Abstand heraus gewinnen können ... Seine (sc. des Ehelosen) Entsagung ist nur dann

---

1 Bohren, Lebensstil S. 165

2 Rahner, Passion S. 97.

3 W. Hümmer, Herausforderungen S. 19; vgl auch v. Severus, Grundlagen S. 117 (im Hinblick auf Jesu Haltung); v. Balthasar, Berufung-neutestamentlich S. 18; Schellenberger, Verständnis S. 90; Bodamer, Weg S. 24; Knoch, a. a. O. S. 72; v. Campenhausen, Askese S. 47; Halkenhäuser, Frei für Gott S. 28: "Glaube und Leben, Rechtfertigung und Heiligung (CA 4 und 6) brauchen eine verbindliche, verpflichtende Gestalt." Die Kommunitäten erkennen diese im Leben nach den drei Engagements.

4 Räte S. 432 Anm. 1; vgl. ferner Schutz, Heute S. 40; ders., Entstehung S. 54; Lau, Askese S. 648

christlich und erlaubt, wenn sie für ihn Ermöglichung und Forderung wahrer Liebe zum Mitmenschen ... ist. Der religiöse Gehorsam ist ... die Selbstlosigkeit, mit der sie (sc. die eigene Initiative) zur Verfügung gestellt und einem höheren gemeinsamen Ziel untergeordnet wird." Die kommunitäre Askese trägt dazu bei, alle Kräfte konzentriert in den speziellen Auftrag Jesu zu stellen. In ihrer Askese wollen die kommunitären Christen alles, was zu ihnen gehört, Gottes Geist untertan machen. Die Ausrichtung auf den Mitmenschen um der Liebe Gottes willen gibt den persönlichen Bedürfnissen und dem eigenen Verlangen eine neue Dimension. "Echte Askese bedingt wohl Verneinung, soll aber andererseits Kräfte freimachen, um die Spannkraft der Seele zu heben; sie wird dadurch zu einem schöpferischen Element."[1] Die kommunitäre Askese ist eine eigene Weise des Dienstes am Menschen und so ein eigener Beitrag zur Humanisierung der Welt. Sie verleiblicht für die Kommunitäten ihre Liebe in der Vertikalen und der Horizontalen. Die Liebe Gottes zu ihnen befähigt sie zum antwortenden Verzicht im Loslassen. "Jesus selbst tritt mit seiner Liebe an die Stelle dessen, wovon es sich zu lösen gilt."[2] Der kommunitäre Christ lebt im Vertrauen, daß der rufende Herr die existentielle Lücke, die im Verzicht offen gehalten wird, mit seiner Liebe erfüllt, auch wenn diese Lücke in diesem Leben nicht vollendet geschlossen wird. Die empfangene Liebe wird in der Weitergabe im Dienst am Nächsten tätig.

Die kommunitäre Askese ist schließlich von ihrem eschatologischen Bezug her zu begreifen. Unter diesem Aspekt ist ihr ein unübersehbares Moment der Hoffnung eigen. In diesem Sinn führt Füglister aus[3]: "Er (sc. der Mönch) verzichtet im Blick auf das Letztgültige und Bleibende soweit als möglich auf das bloß Vorläufige und Vordergründige, Provisorische und Vergängliche, um frei von allem unnötigen Ballast unbehindert mit geschürzten Lenden und eilenden Laufes Christus nachzufolgen ... Darum (sc. um 1.Kor 7,25-35) geht es, und beides gehört untrennbar zusammen: angesichts des bereits in diese Zeit hineinragenden Endes aller Dinge frei zu sein - frei zu sein von Sorgen (neutestamentlicher Egoismus), frei zu sein für den Herrn und seinen Dienst." Die kommunitäre Askese kann als aktiv werdende eschatologische Freiheit verstanden werden. Hier streckt sich der hoffende Glaube nach der Zukunft Gottes in der Ankunft

---

1 Tschudy/Renner, a. a. O. S. 18. Im Hinblick auf das alte Mönchtum meinen sie (ebd. S. 22): "Sie (sc. die Mönche) waren aus der Welt ausgegangen, um nun die Welt zu Gott heimzuholen. Trennten sich auch die Mönche von einer Welt, die nicht auf Gott bezogen ist...so erwuchs ihnen gerade aus der Freiheit von der Welt die Freiheit für die Welt." Vgl. auch Zulehner, Glauben S. 78: "Die drei 'Losigkeiten' stehen ... im Dienst der Christen und durch sie im Dienst aller Menschen." Vgl. auch Wohlmacher, Humiliaten-Orden S. 229; Halkenhäuser, Frei für Gott S. 31; Schlumberger, a. a. O. S. 475

2 Knoch, a. a. O. S. 90; zum Aspekt der Liebe vgl. Eisenbach, Orden S. 84; Bouyer, Spiritualität S. 172; Christusbruderschaft; in: Mohaupt, a. a. O. S. 106; H.Hümmer, Gott ruft S. 29; Louf, Geist S. 122f; Rahner, Entsagung S. 70

3 A. a. O. S. 144; vgl. ferner Wulf, Orden S. 337; Lippert, Ordensgemeinschaft S. 59; Synodentext I 2.1.5, in: Nachfolge als Zeichen S. 32; Deichgräber, Leben S. 18; Rahner, Passion S. 96; Splett, Erwartungen S. 14; Labourdette, Berufung S. 379; Richter, Neuentdeckung S. 171

Jesu Christi aus. Sicher gilt das, was Rahner in die Worte faßt: "Die Räte selbst als solche, insofern sie von ihrem Grund, der Rechtfertigungsgnade und Liebe, verschieden sind, 'antizipieren' nicht das ewige Leben als solches."[1] Der Verzicht der kommunitären Christen ist jedoch auf die Vollendung ausgerichtet. Die Lebensform der drei Engagements ist eine Lebensform der Wartenden, die sich die eschatologische Erfüllung nicht selber nehmen wollen. Die kommunitären Christen halten sich leer und offen für die Vollendung, die der Kommende mit sich bringt. Das Spüren des Verzichts läßt sie in erwartungsvoller Spannung leben. "Es dürfte sehr wichtig sein, das Räteleben von da her (sc. der eschatologischen Spannung) wieder als ein bewußtes Leben in der 'Krise' und im Provisorium zu erschließen ..."[2] Das Leben nach den drei Engagements will dem alles übersteigenden Wert des Reiches Gottes einen besonderen Platz einräumen. So geben die kommunitären Christen mit ihrer Lebensform für ihre Zeit eine mögliche Antwort auf die Frage F. Laus[3]: "Mit Nachdruck darf man jedoch fragen, ob aus dem im reformatorischen Denken vorhandenen Ansatz in der ev. Ethik der Gegenwart schon die vollen Konsequenzen gezogen sind."
Freilich ist für die Kommunitäten die richtige Praxis der Askese kein sicherer Besitz. Die Krisis des Kreuzes wird immer neu die Krisis ihrer eigenen Askesepraxis mit sich bringen. Ihre Askese ist ja nicht zeitlos. Die sich wandelnden Zeitverhältnisse werden in der Gestaltung zu berücksichtigen sein. Die Tatsache ihres Verzichts macht die Christen in Kommunitäten nicht freier als andere Christen. Die Freiheit will vielmehr vom Glauben her beständig neu errungen und bewahrt werden.

In Verbindung mit der kommunitären Askese muß noch auf zwei Begriffe eingegangen werden, die in den Kontext dieser Gedanken gehören. Zum einen handelt es sich um den *Vollkommenheitsbegriff*. Das Verständnis der Vollkommenheit muß im Hinblick auf die kommunitäre Nachfolge von den Mißverständnissen religiöser Höchstleistung im Sinne der Zwei-Stufen-Ethik und idealen ethischen Denkens freigehalten werden. Wie für jeden Christen so ergibt sich die Vollkommenheit des kommunitären Christen allein vom Glauben an Christus her. Sie ist auch für ihn in ihrem Zentrum von der Gottesgemeinschaft her bestimmt; damit ist sie Gnade. Vom kommunitären Christen sind unter dem Gesichtspunkt des Gnadenimperativs nicht größere Taten des Glaubens erwartet als von jedem anderen. Seine Hingabe an Gott soll ebenso ungeteilt sein wie die eines jeden Christen.
Der Unterschied besteht allein in der Ausprägung der Vollkommenheit. Diese ergibt sich von der speziellen Berufung her. Von ihr her verbindet sich für die kommunitären Christen die Vollkommenheit mit den drei Engagements. Die individuelle Komponente im christlichen Vollkommenheitsverständnis nimmt

---

1 Räte S. 432
2 Schellenberger, Verständnis S. 91
3 Askese S. 648

für sie Gestalt an in ihrer Lebensform der Askese. So ist ihre Vollkommenheit gelebte Liebe zum rufenden Herrn und damit für den Vergleich mit derjenigen anderer ungeeignet[1], weil Gottes Geist dem einzelnen seine Gabe austeilt, wie er will (1.Kor 12,11). Die Vollkommenheit ist nicht in ihr Belieben gestellt; sie ist vielmehr gelebter Gehorsam dem an sie ergangenen speziellen Ruf gegenüber. Mit der Bindung an den Glauben, an den Ruf und damit an den heiligen Geist, ist auch ihre Vollkommenheit als ein Wachstum in der Liebe und in die Berufung hinein zu bestimmen. Die individuelle Komponente der kommunitären Vollkommenheit macht es unmöglich, sie exklusiv zu verstehen.

Zum andern muß nun noch auf den Begriff der *Heiligung* im Hinblick auf das Christsein in Kommunitäten eingegangen werden. Wenn die kommunitären Christen die Heiligung ernst nehmen, so wollen sie in keiner Weise über die Rechtfertigung allein aus Gnaden hinausgelangen. Sie erkennen ihre Lebensform nach den drei Engagements vielmehr als die ihnen zugewiesene Art, den Glauben in der Heiligung zu bewähren und so Nachfolge in der auch ihnen geltenden Gewißheit des Glaubens zu leben: "Alles Streben führt dahin, diese in der Taufe empfangene Heiligkeit nicht nur zu bewahren, sondern sie zu entfalten und zu vollenden. Sie ist ja nichts als das neue Leben, das Leben des auferstandenen Christus selbst."[2] Das neue Leben, das ihnen geschenkt ist, wollen sie ihrer speziellen Berufung entsprechend ergreifen. Sie wissen sich zum Leben in der Gottes- und Nächstenliebe gerufen und wollen sich von dieser Liebe immer mehr durchdringen lassen. Durch die Gnade sind sie für Gott ausgesondert und deshalb heilig. Die drei Engagements sind ihnen die von Gott zugedachte Verwirklichung der Heiligung als Aussonderung für ihn, die sie als sein Eigentum in berufungsmäßiger Hingabe in der Welt leben.

2.3 Zum Auftrag der Kommunitäten

Die Frage des Auftrags der Kommunitäten wurde bereits öfter tangiert. Sowohl im Abschnitt über die Berufung (Punkt 2.1) als auch in dem über die kommunitären Nachfolgebedingungen (Punkt 2.2) konnte nicht von ihm abgesehen werden. In diesem Abschnitt sind nun die bisherigen Ausführungen zum Auftrag zusammenzufassen und zu vertiefen. Jede Kommunität hat ihren spezifischen Auftrag. Der allgemeinen Frage nach ihm wohnt die Grenze einer reduzierenden Betrachtungsweise inne, die für spezifische Akzente des Auftrags nicht genügend

1 Vgl. dazu Iparraguirre, Wesen S. 365.368

2 Labourdette, Berufung S. 356

Raum läßt. Die Ausführungen müssen von daher hier in einer gewissen Allgemeinheit (die in sprachlicher Hinsicht eine gewisse Formelhaftigkeit mit sich bringt) gehalten werden. Wir greifen vorwiegend solche Aspekte auf, die bei aller Verschiedenheit der geistlichen Gemeinschaften zum Wesen der kommunitären Daseinsweise gerechnet werden können.
In den schriftlichen Äußerungen zum kommunitären Leben fällt immer wieder der Begriff des "*Zeichens*" ins Auge. So schreibt etwa J. Halkenhäuser[1]: "... U. E. (erscheint) das Faktum des Wiedererstehens kommunitären Lebens in der evangelischen Christenheit als ein Zeichen für das Wirken des Geistes Gottes in der Kirche heute." Da diese Zeichenhaftigkeit einen wichtigen Aspekt des kommunitären Auftrags zur Sprache bringt, ist auf sie einzugehen. Die Kategorie des Zeichens geht im theologischen Kontext von der Geschichtlichkeit der Offenbarung Gottes in Jesus Christus aus. Gott wirkt in die Geschichte des Menschen und der Welt hinein. Er läßt Ereignisse durch die Kraft seines Wortes zum Zeichen seiner Gegenwart werden. "Gott bindet seine eigene gnadenhaft gewährte Nähe in souveräner Freiheit auf vielfältige Weise an irdische, von ihm geschaffene Wirklichkeit."[2] Zeichen sind geschichtliche Realität der schöpferischen Liebe Gottes. Sicher muß dabei beachtet werden, daß die Realität Gottes nicht mit dem Zeichen gleichgesetzt werden darf. Diese übersteigt vielmehr jedes begrenzte Zeichen. Dieses ist nicht das Heil, sondern weist auf die Gegenwart desselben. So ist es konsequent, daß Gottes Heilsfülle eine Vielfalt von Heilszeichen aus sich heraussetzt. Zu diesen Zeichen gehören etwa neutestamentlich die Heilungswunder und Exorzismen oder der Zwölferkreis (Punkt 1.2). Die anbrechende Gottesherrschaft ist ebenso geschichtlich wie die Zeichen ihrer Gegenwart.
Werden die Kommunitäten als Zeichen verstanden, so werden sie als "Kommunikationsinstrument"[3] erkannt. Sie wollen und sollen nicht auf sich selbst verweisen. Das Zeichen vereint zwei Wirk- und Zeigerichtungen: Die eine geht hin zu Gott, der die Kommunitäten berufen hat und dem sie dienen. Die andere geht hin zum Menschen, der das Zeichen sehen und verstehen soll. In diesem Sinn sind Kommunitäten lebendige Zeichen für die lebendige Gegenwart Gottes und seines Heils. Sie zeigen auf ihre Weise, daß das Reich Gottes nahe herbeigekommen ist und verdeutlichen das eschatologisch Neue des in der Person Jesu Christi bereits angebrochenen Gottesheils. "Sie sind Zeichen für die

---

1 Evangelium S. 493; ders., Kommunitäten, in: Ev.Soziallexikon S. 739; ders., Kirche S. 350; ähnlich Stökl, Taizé S. 38f; Wulf, Orden S. 336; Greshake, Erwartungen S. 83; Schutz, Heute S. 105; ders., Entstehung S. 39f; A. Schulz, Zeichen S. 42f; Krüger, Lebensformen S. 109; Waschelitz, Jesus-Bruderschaft S. 45; Drewes, Rätestand S. 5; v. Breemen, Gerufen S. 86; Bock/Domann, Einleitung S. 9; Strack, Ehe S. 108f; Christusbruderschaft 1987 S. 11; Deichgräber, Leben S. 19f.45; Pontoppidan, Pomeyrol S. 102; Braulik, Brudergemeinde S. 107; B. Schlink, Räte S. 58

2 A. Schulz, Zeichen S. 43; vgl. zur Geschichtlichkeit des Gottesreiches Gloege, Reich Gottes III S. 924.926; Kraus, Reich Gottes S. 402

3 Stökl, Taizé S. 108

religiöse Dimension des menschlichen Lebens"[1], dafür, daß der Glaube gelebt werden und Gestalt annehmen will und daß sich der Gerechtfertigte seinem Gott total und unwiderruflich mit uneingeschränkter Bereitschaft zum Dienst übereignet. Gerade in der Redlichkeit ihrer Nachfolge sind die Kommunitäten für ihre Zeit ein Zeichen und Vorzeichen des endgültigen Heils. Sie manifestieren in Kirche und Welt, daß der Glaube nichts rein Innerliches ist, sondern daß er greifbar wird. So erwecken sie Aufmerksamkeit und Widerspruch.

Das Auffallende bei den Kommunitäten ist, daß sie nicht allein mit Worten, auch nicht zuerst mit Aktionen Zeichen sind, sondern mit ihrem ganzen Dasein. Ihre "durch die eigene Existenz bezeugte Interpretation des evangeliumsgemäßen Lebens (hat) ihre unersetzliche Bedeutung"[2]. Die kommunitäre Existenzweise ist vor allem deshalb ein Zeichen, weil sie allein im Glauben sinnvoll ist. Die Christen in Kommunitäten gestalten ihr Leben so, daß es ohne Gott sinnlos wäre. Gerade so weisen sie auf die Realität Gottes. Sicher darf das kommunitäre Leben nicht als Gottesbeweis interpretiert werden. Das Zeichen ist mehrdeutig und bedarf deshalb des deutenden Wortes.

Ihrer zeichenhaften Existenz entspricht es, wenn in einigen Kommunitäten das Tragen einer Tracht üblich ist. "Sie (sc. die Tracht) sollte Bekenntnis zur Sache sein und erst recht die Gemeinschaft zusammenschließen ..."[3] Hier ist die gemeinsame Bekleidung äußeres Zeichen für die geistliche Wirklichkeit der gemeinsamen Berufung und der verbindlichen Gemeinschaft.

Dem Zeichencharakter des kommunitären Lebens ist die Doppelstruktur von Indikativ und Imperativ eigen. Die Kommunitäten entscheiden sich nicht eigenmächtig dazu, Zeichen vor den Menschen sein zu wollen. Indem sie den Anruf an sich vernommen haben und ihm gemäß leben, läßt Gott ihrem Lebensstil den Zeichencharakter zufallen. Ihr tiefstes Verlangen ist nicht auf die Zeichenhaftigkeit, sondern auf ihren Herrn und auf seinen Willen hin ausgerichtet. Unter diesem Gesichtspunkt ist das Zeichen-sein sekundär. Weil es Geschenk ist, gilt dann aber auch der Gnadenimperativ: Sie wollen und sollen Zeichen sein, zu dem Gott sie durch seine Berufung gemacht hat. "Ein Ordenschrist sollte sicherlich das Außerordentliche nicht um des Außerordentlichen willen tun, andererseits soll er aber dafür sorgen, daß er das Wesentliche seines Ordenslebens lebt und sich darin auszeichnet ... Sind wir nicht länger ein Zeichen, werden wir ein Skandal."[4]

---

1 Krüger, Lebensformen S. 109; vgl. Mohaupt, Spiritualität S. 108; Wulf, Beurteilung S. 312 (Ebd. Anm. 14 versteht er das Zeichen theologisch als etwas, "das die zentrale Botschaft des Evangeliums für den Glaubenden ansichtig und greifbar macht und das kirchenbildend ist".)

2 A. Schulz, Zeichen S. 50; vgl. hierzu Stökl, Taizé S. 39; v. Breemen, Gerufen S. 85; Heinz-Mohr, a. a. O. S. 119; Pfister, Erlösung S.72; Bohren, Lebensstil S. 61; Schleiter, Mönchtum S. 60.70; B. Schlink, Marienschwesternschaft S. 161; Schellenberger, Verständnis S. 87

3 Haupt, St. Jürgen-Orden S. 346 (vgl. auch ebd. S. 357)

4 v. Breemen, Gerufen S. 87

Die Kommunitäten wollen mit ihrer Nachfolge *Kirche leben.* Da Nachfolge Urform eines jeden christlichen Glaubens ist, kann gefolgert werden, daß die Kommunitäten, auch wenn sie von ihrer Berufung her manche Nachfolgeworte wörtlicher leben, dennoch keine Sonderkirche gründen wollen. Sie sind nicht mehr und nicht weniger Gott geweiht als alle anderen Christen, die unter einer anderen Berufung leben. "Sie (sc. die Bruderschaft) ... ist ein lebendiger und fruchttragender Zweig an dem Baum der Kirche ... dadurch, daß sie innerhalb des Ganzen und mit ständigem Blick auf das Ganze ihr Sonderleben führt und sich nicht scheut, gemäß dem ihr innewohnenden Gesetz zu tun, was andere nicht tun ..."[1] Eine Kommunität will darin mit der ganzen Kirche eine Lebensgestaltung der Verbundenheit mit Jesus Christus praktizieren. So verwirklichen die Kommunitäten kirchliche Existenz im kleinen. Es ist für sie von daher selbstverständlich, daß sie ihren Dienst im Rahmen und Raum der geschichtlich gewachsenen Kirche verstehen. Das gilt auch dort, wo sie ungewöhnliche Wege des Dienens beschreiten. Gemeinsam mit den Christen der ganzen Kirche lassen sie sich vom Geist Gottes leiten.

Wenn die Kommunitäten selber Kirche sind, könnte etwas kurzschlüssig gefragt werden, warum sie dann wieder existieren. Sich dieser Frage stellen heißt, nach dem Auftrag der Kommunitäten *in* der und *für* die Kirche zu fragen. Die Kommunitäten geben mit ihrer Existenz eine wichtige Antwort auf "die Frage nach der christlichen Existenz ... als (der) Frage nach Sinn, Aufgabe und Wesen der Kirche"[2]. Indem sie ihre radikale Berufung leben, rufen sie die Kirche dazu, ihre Berufung zu erkennen und anzunehmen. Der Ruf Gottes ermächtigt sie, auf konzentrierte Weise Darstellung kirchlicher Existenz zu sein, - sicher vorläufig und unvollkommen, aber doch konkret herausfordernd.[3] So sind sie Vorhut für die Erneuerung der Kirche. "Die Nachfolgegruppen, wie ich sie (sc. die Kommunitäten und Basisgemeinden) nenne, sind dann die Pioniere einer neu neuen, der ganzen Kirche abverlangten Entscheidung."[4] Sie machen durch ihren Lebensstil den biblischen Glauben leibhaftig. Mit ihrer Hingabe erinnern sie die Kirche daran, daß alle Christen zur uneingeschränkten Hingabe an Gott gerufen sind. Indem die kommunitären Christen ein gottgeweihtes Leben führen, dienen

---

1 Stählin, Bruderschaft S. 90 u. S. 22: "Eine solche 'Bruderschaft' will also gar nichts Besonderes; sie hat keine besondere Lehre, sondern sie hat teil an der Wahrheit, die der ganzen Kirche anvertraut ist ..." W. Hümmer, Bruderschaft S. 22: "Bruderschaft in der Gemeinde ist nichts Besonderes. Etliche machen ernst mit dem, was allen aufgetragen ist" (ähnlich ders., Grundauftrag S. 105; ferner Mumm, Kirche S. 24; Lippert, Räte S. 667; Heufelder, Räte S. 68; Hillenbrand, Ordensspiritualität S. 506; Thon, Mönche C S. 831)

2 Fritzsche, Hauptstücke S. 201. Sehr gut formuliert Zulehner (Gottgeweiht S. 29): "Wer erfahren will, worum es bei der Kirche geht, kann dies bei den Orden lernen." (Vgl. auch Rahner, Wagnis S. 134f).

3 Wulf (Orden S. 337) spricht im Hinblick auf den Modellcharakter des kommunitären Lebens für die Kirche von der "ethischen Seite ihres Auftrags". Schutz (Warten S. 59) bezeichnet die Kommunitäten als den "Mikrokosmos der Kirche".

4 Duchrow, Ortsgemeinde S. 336 (der allerdings die Existenz der Kommunitäten zu einseitig unter sozial-politischem Aspekt betrachtet)

sie der Kirche als Signal, ihrerseits ihr Dasein als gottgeweihtes zu begreifen. Die kommunitäre Nachfolge hat zum "Ziel ... die Gewinnung von persönlichen Jesusjüngern ..., die lebendige Gemeinde, die sich als Bruderschaft um Jesus versteht"[1]. So zeigen die Kommunitäten der Kirche, daß Glaube und Nachfolge als gestalthaftes christliches Leben eine unlösbare Einheit bilden. Sie haben den Auftrag, in der Kirche die Frage nach dem christlichen Lebensstil wachzuhalten. Zu dieser Frage gehört wesentlich die nach der bruderschaftlichen Struktur der Kirche. Sicher eignet dem Wesen der Kirche als ganzer eine bruderschaftliche Dimension. Aber diese Dimension bleibt in der kirchlichen Praxis oft unkonkret und unanschaulich. Hier eignet den Kommunitäten ein Modellcharakter. "Bruder- und Schwesternschaften sehen es als Aufgabe, durch ihr Dasein und Leben die verlorene Dimension der Bruderschaft in der Kirche wieder einzubringen."[2] Indem sie sich als Brüder und Schwestern zu geschwisterlicher Gemeinschaft rufen lassen, realisieren sie ein Stück greifbarer das Wesen der Kirche als familia Dei. Sie wollen und sollen als kleine Gruppe gleichsam "intensive Kirche" sein, die auf andere ausstrahlt. Als Kerngruppen und Keimzellen in der Kirche erinnern sie sie an die soziale Komponente des Glaubens. Sie wollen den übrigen Christen der Kirche nicht das Engagement des Glaubens abnehmen; in diesem Sinn können und dürfen sie nicht Stellvertreter der übrigen Christenheit sein. Vielmehr wollen sie Ansporn sein, daß die Kirche ihren eigenen Glauben und die Chance geistlicher Gemeinschaft ernst nimmt. "Denn in der echten Stellvertretung, die hier gemeint ist, handelt nicht etwa der eine anstatt des andern, um ihn zu entbinden von dem, was eigentlich er selber tun sollte, sondern der eine handelt zunächst allein und geht voran, damit der andere durch das Beispiel an das, was ihm obliegt, erinnert und mitgenommen werde zu gleichem Tun."[3] Sie zeigen der Kirche, daß kein Christ die tragende Gemeinschaft entbehren kann. Menschen sollen spüren, daß hier eine Lebensweise praktiziert wird, die auch ihren Glauben betrifft. Die Kommunitäten können mit ihrem gelebten Beispiel so etwas wie Bausteine für eine zukünftige Kirche sein, die ihre eigenen Wesensmerkmale selber wieder ernster zu nehmen beginnt, als sie das bisher getan hat.

Die Kommunitäten verstehen sich in ihrem Zentrum als *Glaubensgemeinschaft*. Ihr gemeinsames Leben beruht auf keinem besonders intensiven Bedürfnis nach Mitmenschlichkeit. Es steht und fällt vielmehr mit dem Glauben als dem Ver-

---

1 W. Hümmer, Bruderschaft S. 11; vgl auch Jacob, Nachfolge S. 255

2 Hage/Finckenstein/Krause, Bruderschaften S. 207. Der Modellcharakter der Kommunitäten ist in der evangelischen und katholischen Literatur so breit vertreten, daß sich Einzelnachweise erübrigen.

3 Stählin, a. a. O. S. 23; vgl. auch Hillenbrand, Ordensspiritualität S. 515. Halkenhäuser (Kommunitäten, in: Ev.Soziallexikon S. 739) spricht von der "prophetische(n) Aufgabe zeichenhafter Erinnerung für die Gesamtkirche" als Auftrag der Kommunitäten. S. auch Gleede, Hin und Her S. 40: "Keine Gemeinde kann wahre Gemeinschaft werden, wenn nicht einige als Salz und Licht Grundelemente der Kirche Jesu sind." Man sollte besser jedoch nicht von der Aufgabe der Kommunitäten als der "Verwirklichung der idealen Kirche Christi" (Tschudy/Renner, Benedikt S. 87; ähnlich v. Balthasar, Gehorsam S. 27) sprechen.

trauen zu dem Gott, der sie berufen hat. "Ihr ganzes Sehnen zieht sie zum Vater ihres geliebten Herrn, zu ihrem Vater, damit Er sie ziehe an das Herz des Sohnes. Diese Vereinigung mit dem Vater und dem Sohn ist die Quelle ihres gemeinsamen Lebens."[1] Alles, was in ihrem Gemeinschaftsleben geschieht, soll zur Ehre ihres Herrn dienen. So sind sie, von ihrer Berufung her gehorsam, arm und zölibatär lebend, Menschen einer Liebe, in einer radikalen Ausrichtung auf Gott hin und in einer Leidenschaft für ihn. Sie ordnen das Reich Gottes auch ihrer eigenen Gemeinschaft vor. Dieses Verlangen nach der Eindeutigkeit eines Lebens aus Glauben gibt ihnen den mit dem Glauben geschenkten Mut, das Wagnis verbindlicher Glaubensgemeinschaft einzugehen. Der gemeinsame Glaube schafft unter ihnen eine tragfähige Basis für ihr gemeinsames Leben. Ihre Glaubensgemeinschaft ist Berufungsgemeinschaft. Für die Kommunitäten gilt in verdichteter Weise die Aussage von H. J. Kraus[2]: "Die Gemeinschaft, in der Christen miteinander vereinigt sind, ist kein Ideal, sondern die von Gott in Jesus Christus durch die Kraft seines Geistes geschaffene neue Wirklichkeit, an der Menschen in einem veränderten Zusammenleben teilnehmen dürfen." In diesem Sinn ist für sie Gemeinschaft Geschenk und als solches Vorgabe des Glaubens. Diese Vorgabe ist jedoch zugleich eine Aufgabe der Kommunitäten. Die Gemeinschaft als Geschenk ist nichts in sich Ruhendes; sie ist vielmehr im Werden. "Gemeinschaft, die ausschließlich als Vorgegebenheit verstanden wird, holt den einzelnen nicht heraus aus seinem Schneckenhaus, läßt ihn unverändert, weil in der Tiefe unbeansprucht, bleibt statisch und unpersönlich, was im Grunde so unmenschlich wie ungeistlich ist."[3] Als dem Glauben zugeordnet ist die kommunitäre Gemeinschaft immer auch wachsende (oder erkaltende) Gemeinschaft. Wie dem Glauben Geschehens- und Wagnischarakter eignet, so auch der Gemeinschaft der Kommunitäten. Die Pole der Vorgegebenheit und Aufgegebenheit der Glaubensgemeinschaft müssen in ihrem Spannungsverhältnis gesehen und gelebt werden.

Das kommunitäre Dasein als Glaubensgemeinschaft hat für die Kirche Modellcharakter, denn alle kirchliche Gemeinschaft ist Gemeinschaft auf der Basis des Glaubens. Die Gottesbeziehung der einzelnen ist für solche Gemeinschaft nicht gleichgültig. Alle kirchliche Gemeinschaft soll ja der Verherrlichung und Ehre Gottes dienen. Sie ist ihrem Wesen nach Gemeinschaft der zum Heil der Gottesherrschaft Berufenen. So kann sie sich von den Kommunitäten an ihre Doppelstruktur erinnern lassen: Dem Heilsindikativ zugeordnet ist sie Geschenk, während sie vom Heilsimperativ her zugleich Auftrag ist. Jeder Christ ist eingeladen, sich durch die Gemeinschaft der Glaubenden beschenken zu lassen. Zugleich ist er aufgefordert, diese vom Evangelium her mitzugestalten.

---

1 Riedinger, Geweihte S. 13; vgl. Ruhbach, Bedeutung S. 39f; Daniélou, Stellung S. 421

2 A. a. O. S. 390; vgl. dazu Stählin, a. a. O. S. 7; W. Hümmer, Herausforderung S. 12; Stott, a. a. O. S. 17: "Was uns miteinander verbindet, ist also nicht nur ein gemeinsames Interesse ... , sondern ein gemeinsames Erbe."

3 Bamberg, Lernprozeß S. 10f; vgl. auch Schütz, Benediktiner S. 112; Brüning, Erneuerung S. 292

Als Glaubensgemeinschaften leben die Kommunitäten in intensiver Weise die *kommunikative Dimension* des Glaubens. "Der kommunitäre Lebensentwurf (zeigt) ..., daß der Glaube seiner Grundgestalt nach 'kommunikativ' ist. Das meint, daß der Personalismus des Evangeliums und die Sozialität von Glaube einander bedingen."[1] Sie kennen keinen Gegensatz zwischen der Gottesbeziehung und der zum Nächsten, sondern lassen sich vielmehr von der Gottesbeziehung her in die Beziehung zum Nächsten einweisen. Die kommunikative Dimension des Glaubens impliziert im kommunitären Gemeinschaftsleben eine fruchtbare Spannung zwischen Individuum und Gemeinschaft. Auf der einen Seite ist der Glaube des kommunitären Christen und seine Antwort auf den empfangenen Ruf eine sehr persönliche Angelegenheit. Keiner kann hier den anderen vertreten. Diese unverzichtbare Komponente bewahrt die kommunitäre Gemeinschaft vor dem Kollektivismus. Auf der anderen Seite kennzeichnet die Kommunitäten gerade das gemeinsame Leben. Das Leben nach den drei Engagements wird vom Glauben her bewußt miteinander gestaltet. Die kommunikative Dimension ihres Glaubens bewahrt sie vor dem Abgleiten in den Individualismus.[2]

Die Kommunitäten haben auch hier für die Kirche Modellcharakter: Indem sie mit ihrer Lebensweise die kommunikative Dimension des Glaubens sehr ausdrücklich verleiblichen, halten sie der Kirche vor Augen, daß niemand seinen Glauben allein leben kann. Jeder bedarf der Einbindung in die Gemeinschaft der Glaubenden. Ein Glaube, der bei Vereinsamung und Vereinzelung endet, ist nicht der biblische. Kommunitäten können "Orte gemeinschaftsstiftender Kommunikation sein, d.h. Gemeinschaftsbildung als Urfunktion des Glaubens ... erweisen, das Gleichnis der brüderlich-offenen Gemeinschaft ... leben ..."[3] Sie zeigen, daß im Glauben weder das Individuum noch die Gemeinschaftsfähigkeit ausgelöscht werden. An die Stelle der Privatisierung und Individualisierung des Glaubens, die die geistliche Kraft der Kirche lähmen, weisen sie auf die Fruchtbarkeit gemeinschaftlich gelebten Glaubens.

---

1 Halkenhäuser, Evangelium S. 496 (ferner ders., Nachfolge S. 82f; ders., Grundauftrag S. 99; ders., Bewertung S. 306); den Gemeinschaftsaspekt heben hervor Mohaupt, Spiritualität S. 119; K. Schweitzer, Zukunft S. 64ff; Krüger, Lebensformen S. 88; Schlumberger, a. a. O. S. 477; Hauser, Frauenjugend S. 45f; Zulehner, Gottgeweiht S. 33; v. Balthasar, Welt S. 76; Schuldes, Leben S. 117; Fritzsche, Hauptstücke S. 209; Heinz-Mohr, a. a. O. S. 16f; Kraus, Reich Gottes S. 375.388; Schmidt-Bisalski, Sendereihe S. 12; v. Kortzfleisch, Stukturen S. 17; Löwa, Laurentiuskonvent S. 62; Wulf, Ordensreform S. 367; Bohren, Lebensstil S. 14; Sökl, Taizé S. 40f; I. Reimer, Leben S. 96; Eisenbach, Orden S. 84f; Levinson, Wege S. 60; Gleede, Hin und her S. 12.22; Bittlinger, Leben S. 15; Braulik, Brudergemeinde S. 75f; Class, Armut S. 17

2 Zur Polarität zwischen Gemeinschaft und Individuum vgl. Lenzeder, Leben S. 74; Hillenbrand, Ordensspiritualität S. 516; Hein, Gemeinschaft S. 153; Lechner, Benedikt S. 38; Class, Bruderschaft S. 10f; Halkenhäuser, Evangelium S. 496; Thimme, Glaube S. 19; Hanselmann, Gestaltung S. 9f; Beinert, Einzelne S. 32.35; Wulf/Bamberg/Schulz, Nachfolge S. 38f.331; Görtz, Nachfolge S. 351.334f; Albrecht, Welt S. 44; Vögtle, Einzelne S. 50.91; Fischer-Barnicol S. 42f; Levinson, Wege S. 60

3 Halkenhäuser, Zeugniswert S. 54

Als überschaubare Gemeinschaft kommt den Kommunitäten auch eine Modellfunktion zu im Hinblick auf die Durchbrechung der Anonymität einer Ortsgemeinde. Die Kommunitäten können der Kirche durch ihr Dasein helfen, nach neuen Kommunikationsräumen mit ihren Gliedern Ausschau zu halten, in denen der auf Geschwisterlichkeit hin angelegte Glaube verwirklicht werden kann. Sie können auf verschiedene Formen christlichen Gemeinschaftsvollzugs inspirierend wirken und fordern so heraus, die bruderschaftliche Struktur der Gemeinde in der Bildung überschaubarer Gemeinschaftsgruppierungen zu konkretisieren. "Ferner...werden wir mit an Sicherheit grenzender Wahrscheinlichkeit nicht umhin kommen, die Gesamtgemeinde in kleine Gemeinschaftsgruppen aufzuteilen."[1] Diese bedarf dringend der Untergliederung in Hauskreise und andere zellenartigen Kleingruppen, die sich als Teil des Ganzen wissen und dem Ganzen dienen. So kann die brüderlich-schwesterliche Liebe die Beziehungen in der christlichen Gemeinde durchdringen und prägen.
Kommunitäten sind *charismatische Gemeinschaften*; sie sind Schöpfung des heiligen Geistes. Der eine Geist Gottes entfaltet in ihrer Mitte die Vielfalt der geistlichen Gaben, die der Auferbauung der Gemeinschaft dienen. Indem der einzelne seine Gaben in die Gemeinschaft einbringen darf, achtet diese die Verschiedenheit der Gaben, die sich durch die Liebe zu einem Ganzen zusammenfügen. "Ob es Gemeinschaft in unseren Orden geben kann, ob sie heute werden kann, das hängt zuletzt davon ab, daß dem Geist Raum gelassen wird, dem Geist Jesu, der heute wie vielleicht noch nie dieses Zeugnis seiner Anwesenheit will ..."[2]
Der Modellcharakter der Kommunitäten besteht unter diesem Aspekt darin, kirchliche Gemeinschaft dazu zu ermutigen, dem Wirken des Geistes in ihrer Mitte bewußt Raum zu geben und mit solchem Wirken erwartungsvoll zu rechnen. Die dankbare Annahme und Aktualisierung der Charismen trägt dazu bei, die gelebte Geschwisterlichkeit wechselseitig bereichernd und ausstrahlend zu erfahren. Im dienenden Einbringen der Charismen nimmt der einzelne seine Gliedfunktion am Leib wahr. Dazu gehört auch die Teilnahme und Teilgabe an geistlicher Erfahrung und Einsicht. "Die eine Charis Gottes erscheint in vielen Charismen; die vielen Charismen dienen dem einen Ziel, die Welt in die Charis Gottes zu führen."[3] Der erhöhte Herr ist in seiner Gemeinde mit den Charismen des Geistes gegenwärtig. Da jedes Glied des Leibes Christi aus der Wirkkraft des gegenwärtigen Geistes lebt, ist jeder aufgefordert, die ihm anvertraute Gabe

---

1 Stott, a. a. O. S. 20; vgl. auch Erwachsenenkatechismus S. 1283; Wiebering, a. a. O. S. 109; Fritzsche, a. a. O. S. 207; Kraus, a. a. O. S. 380f.395; Greshake, Erneuerung S. 109; Herbstrith, Zellen S. 182; Wendland, Bruderschaften S. 23f; Bohren, Lebensstil S. 39; Gleede, a. a. O. S. 16,42; Levinson, Wege S. 66; Trillhaas, Ethik S. 550; Sudbrack, Hilfen S. 174; Halkenhäuser, Frei für Gott S. 22 (Ders. [Hinter offenen Türen S. 10] spricht von einer "quälenden Unanschaulichkeit von Gemeinde als Bruderschaft".)

2 Bamberg, Lernprozeß S. 35f; vgl. ferner Wulf, Ordensreform S. 365; Hillenbrand, Ordensspiritualität S. 516; Altefrohne, Armut S. 71; v. Severus, Elemente S. 237

3 Beinert, Einzelne S. 35; vgl. zur charismatischen Strukur der Kirche Kraus, a. a. O. S. 371.397; Ruhbach, Gemeinschaft S. 246; Gleede, a. a. O. S. 246; Schürmann, Gemeinde S. 236ff; Moltmann, Kirche S. 321ff

einzubringen. Die Kommunitäten können der Kirche zeigen, daß zwischen Amt und Charisma kein unversöhnter Gegensatz bestehen muß. Wie in den Kommunitäten, so wird auch in den Gemeinden das Leitungsamt niemals überflüssig werden.
Die vielfältige Gestaltung der Gottesdienste in den Kommunitäten kann den Gemeinden zur Rückgewinnung der gottesdienstlichen Vielfalt helfen. "Die charismatische Gemeinde befreit den Prediger aus dem unerträglichen Positionszwang, neutrales, für alle hörendes, für alle denkendes und dann auch für alle und zu allen sprechendes Medium des Wortes Gottes zu sein. Charismatischer Gottesdienst befreit andererseits die Gemeinde aus der unzumutbaren Situation der Passivität und der schweigenden Kommunikationslosigkeit."[1] Die Kommunitäten können der Kirche Anregung sein, in ihrer Mitte wieder dem "Priestertum aller Gläubigen" Raum zu verschaffen. Ihre Praxis kann den Gemeinden zeigen, daß diese Wendung nicht blasse Theorie bleiben muß. So können sie helfen, den faktisch bestehenden Graben zwischen Amtsträgern und Laien abzubauen und letztere in ihrer Mündigkeit aufzuwerten und herauszufordern. "Und ein Neuaufbruch der Gaben und Kräfte und Dienste des Geistes in einer echten Sammlung der Heiligen als Erfüllung des genügend propagierten Allgemeinen Priestertums aller Gläubigen ist die gebieterische Forderung der gegenwärtigen Stunde."[2]
Die Kommunitäten willigen in ein *verbindliches Gemeinschaftsleben* ein. Ausdruck für diese Verbindlichkeit ist das Ja zu den drei Engagements und damit zu einer konkreten gemeinschaftlichen Lebensgestaltung. Die Kommunitäten "tun ... den Schritt aus der weitverbreiteten Unverbindlichkeit und Agonie heutigen Christseins zu einer verbindlichen und verpflichtenden Gestalt"[3]. Hier leisten die Kommunitäten als Modell gemeinschaftlichen Glaubens der Kirche einen wichtigen Dienst. Auf der einen Seite zeigt sich: "Ein ... Zeichen der Zeit ist die Sehnsucht heutiger Menschen nach mehr Verbindlichkeit, Treue, verläßlicher Gemeinschaft."[4] Auf der anderen Seite bestehen Ängste vor verbindlichen Ordnungen, so daß es selten zu tiefgehenden Gemeinschaftsformen kommt. "Man klagt heute laut über die Bindungslosigkeit vieler Jugendlicher."[5] Die Kommunitäten können der Kirche entdecken helfen, daß der Weg zu geistlicher Gemeinschaft weder in der Richtung gestaltloser Innerlichkeit noch in der Zwangsordnung zu suchen ist. Es geht um die Entdeckung, daß geistliche Ordnungen und Strukturen den persönlichen Gestaltungsraum achten, zugleich aber das Gemeinschaftsleben ermöglichen. "In der Ordnung des geistlichen Lebens sind

---

1 Kraus, a. a. O. S. 398

2 Gleede, a. a. O. S. 41; Class, Bruderschaft S. 24: "Müßte sich unsere Kirche nicht von den Kommunitäten fragen lassen, wie sie es eigentlich mit dem reformatorischen Grundsatz des allgemeinen Priestertums der Gläubigen hält?" Schutz, Heute S. 9; Stählin, Bruderschaft S. 110

3 Halkenhäuser, Kirche S. 349

4 Zulehner, Gottgeweiht S. 32

5 Riesner, Formen S. 40

die Glieder der Bruderschaft nicht an ein absolutes Gesetz geschmiedet. Sie birgt vielmehr die Kräfte der wahren Freiheit in sich, ist Hilfe zum Freiwerden, Dienerin und nicht Meisterin der Liebe ... Andererseits ist es ein schwärmerisches Mißverständnis des Hl. Geistes ..., daß er ein Feind der Regel, der Ordnung, der gefügten Gemeinschaft und ein Freund der Regellosigkeit ... wäre."[1] Indem die Kommunitäten in ihren guten Ordnungen leben, halten sie andere Christen dazu an, ihrerseits gute Ordnungen zu suchen und zu praktizieren. Gemeinschaftsfördernde Verpflichtungen halten die Auflösung der Kirche durch individualistische und spiritualistische Tendenzen auf. Sie befestigen eine Gemeinschaft, indem sie sie im Objektiven begründen. Die kommunitären Christen können die anderen Christen ermutigen, nach Wegen zu suchen, die Begegnung mit anderen Brüdern und Schwestern des Glaubens nicht dem Zufall überlassen. So kann sich in der Gemeinde wieder das Bewußtsein ausbreiten, daß verbindlicher Glaube mit verbindlichen Entscheidungen und verbindlicher Gemeinschaft lebt. Hier realisiert sich etwas von Apg 2,42: "Sie blieben aber beständig ..." Aus der Bindung an Gott heraus darf und soll sich der Christ auch an die Brüder und Schwestern des Glaubens binden lassen. Verbindliche Gemeinschaftsordnungen stellen die Christen untereinander in gegenseitige Verantwortung und stärken sie im Widerstand gegen den Geist dieser Welt.
Zur Verbindlichkeit der Kommunitäten gehört wesentlich die Verbindlichkeit der praxis pietatis. Die gottesdienstlichen Elemente prägen ihr gemeinsames Leben. "Bestimmend für unser geistliches Leben war von Anfang an die Stille Zeit, das Hören auf Gott, der Austausch unter dem Wort Gottes, das gemeinsame und einsame Gebet, das häufige Feiern des Heiligen Mahles."[2] Sicher können diese Vollzüge von anderen kirchlichen Gruppen nicht einfach übernommen werden. Denn kommunitäre Gruppen dürfen und müssen im gottesdienstlichen Leben Prioritäten setzen. Aber ihnen kommt bei dieser Akzentsetzung in der praxis pietatis dennoch Modellcharakter für die anderen Christen zu. Die Kommunitäten erinnern die Kirche daran, daß vor aller Sendung die Sammlung kommt. Durch ihren Lebensstil helfen sie den anderen Christen dazu, die Gestalt ihrer persönlichen und gemeinschaftlichen praxis pietatis zu suchen und Angebote in dieser Hinsicht wahrzunehmen. "Leben aus dem Wort. Verbindliche Gemeinschaft. Beheimatung am Tisch des Herrn. Ausharren im Gespräch mit Gott - darum geht es in jeder Kommunität. Darum

---

1 Wendland, Bruderschaften S. 28; vgl. auch Herzberg, Sydower Bruderschaft S. 233: "Jede Ordnung ist dazu da, daß man zu ihr zurückkehrt."; Maeder, Villemetrie S. 410; I. Reimer, Gemeinschaft S. 108; dies., Leben S. 14.17; Class, Bruderschaft S. 11.19; Hanssen, Verbindlich leben S. 14; Deichgräber, Leben S. 35.40; W. Hümmer, Orden S. 106; Ruhbach, Bedeutung S. 38ff; ders., Gemeinschaft S. 241ff; Bohren, Lebensstil S. 21.56; Stählin, Bruderschaft passim; Hauser, Frauenjugend S. 46

2 H. Hümmer, Gott ruft S. 27; vgl. ferner Ruhbach, Bedeutung S. 40f; v. Kortzfleisch, Johanniterorden S. 223; Grün, Kurzformel S. 156ff. Hierher gehören die unter Punkt 2.1.2 genannten Aspekte des gemeinsamen Lebens.

sollte es auch in jeder Gemeinde, in jedem Christenleben gehen, wenn es zielgerichtet verlaufen soll."[1]

Sicher soll das ganze Leben des Christen ein Gottesdienst sein. Diese Grundwahrheit des Glaubens darf jedoch nicht gegen die Notwendigkeit besonderer, ausgesparter gottesdienstlicher Vollzüge und Zeiten ausgespielt werden. Ohne gottesdienstliche Zeiten im engeren Sinn kommt auch der Christ außerhalb der Kommunitäten nicht aus. Auch er bedarf der persönlichen und gemeinschaftlichen Zeiten des Gebets, des Gotteslobs, der Stille, des Hörens und Austauschs mit anderen Christen über das Wort Gottes, der Beichte; auch er bedarf der Stärkung seines Glaubens im Herrenmahl. Er hat nach den ihm entsprechenden biblisch begründeten Wegen zu suchen, sich dem lebendigen Gott auszusetzen und sich in Glaubenserfahrungen einzuüben. So fordern die kommunitären Christen die anderen heraus, zu einem Leben aus Glauben zu finden, in dem Arbeit und gottesdienstliche Leben zu einer Einheit, Regelmäßigkeit und Ausgewogenheit finden.

Eine Kommunität ist nicht nur und nicht zuerst eine Arbeitsgemeinschaft, sondern *Lebensgemeinschaft*. Das Zusammenleben ist für sie charakteristisch. Die Kommunitäten sind keine Gemeinschaft von elitären Christen und auserlesenen Menschen. Die Brüder und Schwestern in geistlichen Gemeinschaften suchen sich nicht gegenseitig aus. Vielmehr leben sie zusammen als die Gemeinschaft der begnadeten Sünder. "Wir sind uns einander gegeben mit unseren Gaben und Grenzen, mit unseren Möglichkeiten und mit unserem Versagen."[2] Der Weg zur bedingungslosen Annahme des Bruders bzw. der Schwester will durch Konflikte hindurch immer wieder gegangen sein. So sind Kommunitäten immer neu gefragt, Konflikte vom Glauben und der Liebe her anzugehen und zu bewältigen. Sie erleben hautnah: "Die Gemeinschaft der Christen ist immer eine Gemeinschaft des Kreuzes. ... Je intensiver die Gemeinschaft, desto mehr Leiden wird sie mit sich bringen."[3]

Kommunitäten haben als Modellgemeinschaften auch in dieser Hinsicht einen wichtigen Auftrag für die Kirche. Sie korrigieren geistlich unrealistische Erwartungen an eine Gemeinschaft. Sie helfen den anderen Christen, den Blick dafür freizuhalten, daß reale Gemeinschaft niemals ideal sein kann. Als Berufungsgemeinschaft machen sie deutlich, daß christliche Gemeinschaft nicht auf Sympathie beruht oder durch Antipathie zerbrechen muß; die geistlichen Brüder und Schwestern kann man sich nicht aussuchen. Sie weisen darauf hin, daß Annahme des Bruders und der Schwester durch die Agape nicht erst nach,

---

1 Class, Kommunitäten S. 9; vgl. auch Schlumberger, a. a. O. S. 479.481; Köberle, Vergebung S. 63; Schürmann, Gemeinde S. 617f; Stellungnahme, in: Mohaupt, a. a. O. S. 142: "Sie (sc. die Kommunitäten) bringen damit (sc. dem Vorrang von Gottesdienst, Gebet und Stille) zum Ausdruck, wie sehr wir in unserem Alltag Gottes bedürfen."

2 Pfister, Bedeutung S. 69; W. Hümmer, Grundstrukturen S. 26: "Wir bejahen den anderen nicht um seines Soseins, sondern um seines Daseins willen." Vgl. ferner Görtz, Nachfolge S. 321; Bittlinger, Leben S. 26f; Christusbruderschaft 1987 S. 11; Greshake, Erneuerung S. 101

3 Deichgräber, Leben S. 46

sondern vor seiner bzw. ihrer Veränderung zu geschehen hat. Indem sie selber den Konflikten in ihrer Lebensgemeinschaft nicht aus dem Weg gehen, machen sie den anderen Christen Mut, ihrerseits Konflikte in christlichen Kreisen nicht zu scheuen. Mit ihrem Dasein in verbindlicher Gemeinschaft wirken sie einem Fluchtverhalten entgegen, das sich bei Schwierigkeiten der Gemeinschaft entziehen will. Die Kommunitäten leben beispielhaft vor, daß die Mühe der Konfliktbewältigung zwar zuzeiten groß ist, aber daß sie sich auch lohnt. So tragen sie bei zur Korrektur der verbreiteten Frage: Was bringt mir die Gemeinschaft? in die: Wie kann ich die Gemeinschaft des Glaubens mittragen und heilen helfen?[1] Indem die Kommunitäten Konflikte geistlich angehen und vom Glauben her (aus-)tragen, können sie anderen Christen beistehen, sich auf das Ringen *mit* dem Konfliktpartner - und nicht *gegen* ihn - einzulassen. So wird deutlich, daß Einmütigkeit nicht zuständlich vorhanden ist, daß sie auch nicht in dieser oder jener Meinung zu erlangen ist, sondern von Jesus Christus als der Mitte der Gemeinschaft herkommt. "Gerade in der Art der konkreten Überwindung der Spannungen können aber die Ordensgemeinschaften einen gewissen Modellcharakter erhalten und somit weit über ihren unmittelbaren Bereich 'in die Welt' wirken."[2] Die Kommunitäten bezeugen den anderen Christen, daß jede Art von christlicher Gemeinschaft mit der Vergebung und mit beständig neuer Versöhnungsbereitschaft steht und fällt. Auf der anderen Seite gilt: Ohne Vergebung und Versöhnung werden der Frieden und die Einheit von einer Gemeinschaft weichen. Das gegenseitige Tragen wird ohne Vergebung unerträglich. Dies erfordert von jedem Umkehrbereitschaft, der sich auf die Gemeinschaft mit Christus einläßt. "Nur die Realität des gegenwärtigen Christus und der in Ihm vorhandenen Vergebung und Versöhnung kann tragender Grund solchen (sc. bruderschaftlichen) Lebens sein."[3] Neben der Vergebung kann auch der Sinn und Segen biblischer Ermahnung neu erkannt und praktiziert werden. Unkorrigiertes Christsein, das ein Gemeinschaftsleben belastet, bedarf der Ermahnung durch die Mitchristen. In gegenseitiger Vergebung und Korrektur wird sich eine Gemeinschaft in Einheit und geistgeleiteter Pluralität entfalten können, wofür die Kommunitäten ein lebendiges Beispiel sind.
Bereits Punkt 2.2 zeigte verschiedentlich, daß Kommunitäten als *eschatologische Gemeinschaften* zu verstehen sind. Sehr kurz formuliert Füglister in diesem Sinn[4]: "Monastische Existenz ist, will sie echt sein, eschatologische Existenz." Das kommunitäre Leben ist weniger ein Stand als vielmehr eine Bewegung, ein

---

1 Pfister, Wovon kann ich (nicht) leben S. 9: "Kann ich von der Gemeinschaft leben? Da möchte ich sagen ja und zugleich nein."

2 Fürst, Ordensrecht S. 50; vgl. auch Bock/Domann, Riskierte Brüderlichkeit S. 225; Pfister, Wege der Umkehr S. 16

3 Heß, Bruderschaft S. 56; Ruhbach, Gemeinschaft S. 245: "Gemeinschaft lebt von der praktischen Vergebung."

4 Zeugnis S. 133; vgl. auch ebd. S. 137: "Er (sc. der Benediktiner) ist ... zukunftsbesessen und zukunftssüchtig: ein Mensch der Sehnsucht, der mit Leib und Seele ausgespannt ist auf das Kommende, auf den Kommenden."

Leben im Aufbruch. Es lebt mitten in seiner Zeit und Welt auf die Zukunft dessen hin, der wiederkommen wird.
Im Hinblick auf die Kirche kommt den Kommunitäten auch in dieser Hinsicht Modellcharakter zu. Ihr Leben nach den drei Engagements erinnert die ganze Kirche an ihren Exoduscharakter. Kommunitäten sind die Vorhut der Kirche, die immer neu den "Über-gang" aus dieser Welt zum Vater vollziehen. Sie möchten darin nicht allein bleiben, sondern die ganze Kirche zu dieser Orientierung einladen. Mit ihrem Verzicht locken sie die Christen dazu, "sich nirgends letztgültig zu etablieren außer in einem ruhelosen Aufbruch zur Ruhe in Gott"[1]. Sie halten der Kirche in Erinnerung, daß sie als wanderndes Gottesvolk zwischen den Zeiten lebt und deshalb die Bewegung des Glaubens nicht gegen zunehmende Seßhaftigkeit eintauschen darf. Kommunitäre Christen erinnern die anderen Christen daran, daß auch sie zur Nachfolge des Wiederkommenden berufen sind. Sie rufen zu einem Leben in eschatologischer Erwartung und Wachsamkeit. Als "berufene Kinder des Harrens auf den Herrn"[2] rufen sie andere zu solchem Harren. Sie verdeutlichen mit ihrer Lebensweise, daß das Heil nicht von dieser Welt ist. So rufen die Kommunitäten der Kirche in Erinnerung, daß auch ihr Dienst von der eschatologischen Dimension geprägt sein soll. Auch die Kirche hat von ihrer Fremdlingschaft her allen faulen Kompromiß mit der Welt zu meiden. Dem Handeln der Christen wohnt ein "Moment der heilsamen Irritation"[3] inne. Die eschatologische Weltdistanz bringt nicht nur in den Kommunitäten, sondern in der ganzen Kirche immer wieder Elemente einer alternativen Lebensform hervor. Das Dasein der Kommunitäten ruft die Kirche unter dem Aspekt der eschatologischen Weltdistanz dazu, ihr eigenes Dasein und Handeln sub specie aeternitatis zu gestalten, sich dem Sog der Masse zu entziehen, um das zu erkennen, was der in der Masse unterzugehen drohende Mensch wirklich braucht. Der Gedanke der Fremdlingschaft wird sich auch in der Kirche nicht selbstzweckhaft verselbständigen, da sie ihren Dienst in und für die Welt vollzieht. Die Kommunitäten leben den anderen Christen vor, daß die Gegenwart von der eschatologischen Ausrichtung her gerade nicht in Passivität oder Weltflucht übersprungen wird. Das Handeln aller Christen soll zum Zeugnis für die Hoffnung vom bereits angebrochenen Heil her auf das vollendete Ziel hin werden. "Solchermaßen ist die kritische Weltpraxis der Nachfolge zugleich Praxis der Hoffnung."[4] Dadurch, daß die Kommunitäten in ihrem Dasein und Dienen die eschatologische Dimension mit der Ethik verbinden, halten sie die Kirche an, ihrerseits konkreter um dieselbe Verbindung zu ringen und gegen alle Resignation Zeichen der Hoffnung zu setzen.

---

1 Braulik, Brüdergemeinde S. 71; vgl. auch Fritzsche, a. a. O. S. 210; Bouyer, Spiritualität S. 180; Görtz, a. a. O. S. 333; Leclercq, Überlegung S. 81

2 Tschudy/Renner, a. a. O. S. 14; vgl. auch Giampiccoli, Communità S. 385; Hanselmann, Gestaltung S. 14

3 Halkenhäuser, Kirche S. 410; vgl. ders., Nachfolge Christi S. 86; Brüning, Erneuerung S. 298

4 Görtz, a. a. O. S. 336; vgl. ferner Albrecht, Nachfolge S. 54.62f

Die Kommunitäten wissen, daß ihre Lebensgemeinschaft eine "vorläufige Gemeinschaft"[1] ist. Unter diesem Aspekt laden sie die Kirche ein, ihre Strukturen von der eschatologischen Dynamik des Glaubens her und auf sie hin zu gestalten. Aber sie wissen auch um die Wahrheit der Äußerung Bonhoeffers[2]: "So ist es in der Zeit zwischen dem Tode Christi und dem Jüngsten Tag nur wie eine gnädige Vorwegnahme der letzten Dinge, wenn Christen schon hier in sichtbarer Gemeinschaft mit anderen Christen leben dürfen." Indem sie selber dieses Geschenk annehmen, laden die Kommunitäten die Kirche ein, es selber auf ihre Weise zu aktualisieren. Sicher darf und muß dies auf verschiedene Weise geschehen; aber daß dies auch für die Kirche Ereignis werden sollte, darauf verweisen die Kommunitäten mit Nachdruck.
Die Ausführungen zum kommunitären Leben als kirchliches Leben lassen sich unter dem Gesichtspunkt zusammenfassen: Die Kommunitäten sind *Experimentierfelder des kirchlichen Lebens.* "Was sie ... für die Gemeinden tun, und was nicht unterschätzt werden sollte, geschieht einfach durch ihre Existenz: Sie helfen zu neuer Sicht, sie geben Impulse, sie schaffen Modelle, und sie machen Mut zum Experiment."[3] In dieser Frage meldet sich die Problematik des Verhältnisses zwischen Institution, Tradition und Inspiration. Die Großkirchen haben als Institutionen Anteil an den Chancen und Grenzen einer Institution. Zu ihren Chancen gehört sicher die Gewährung von Dauer, Ordnung, Erhaltung sowie einer gewissen Sicherheit für eine Gruppe. Für die Institution Kirche kommt hinzu, daß der heilige Geist so etwas wie ein Gefäß benötigt - oder ein solches schafft -, in das er "fließen" kann. Die Institution der Kirche vermag eine geistliche Kontinuität zu erhalten, d.h. sie kann dazu beitragen, Gehalte des Glaubens durch Zeiten hindurchzutragen, in denen sie keine Wirksamkeit entfalten, da sie nicht oder nur wenig beachtet werden. Die Institution Kirche unterliegt jedoch der Gefahr, die Krüger beschreibt[4]: "Institutionen müssen nicht in jedem Fall dem Geist dienen, sie können ihn auch behindern ... Institutionen stehen auf Grund ihres Beharrungsvermögens immer in der Gefahr der Verhärtung und Erstarrung. Während der Geist in Bewegung bleibt und sich in immer neuen Formen ausprägen will, können die auf Stabilität und Unveränderlichkeit bedachten Institutionen diesem geistigen Leben einen Widerstand entgegensetzen, der den Geist hemmen und hindern, ersticken und töten kann." Die Kommunitäten haben selber Anteil an diesem Spannungsfeld, das zwischen Institution, Tradition und Inspiration besteht. Ihre Entstehung ist Frucht des lebendigen Geistwirkens. Dieses Geistwirken schafft sich Traditionen und Institutionen, und damit stellt sich für die Kommunitäten im Hinblick auf sie selbst die Aufgabe, darauf zu achten, daß letztere ersterem dienen. Kommunitäten werden ständig darum zu ringen haben, daß sie als Institutionen für das Wirken

---

1 Heinz-Mohr, a. a. O. S. 104
2 Gemeinsames Leben S. 6; vgl. auch Schlumberger, a. a. O. S. 485
3 Heinz-Mohr, a. a. O. S. 108f
4 Lebensformen S. 102; vgl. dazu ebd. S. 93ff u. Gordan, Angebot S. 18

des Geistes offen bleiben; bei aller Kontinuität haben sie sich für Veränderungen offen zu halten. Die Gestalt einer Kommunität kann und darf sich ändern.
Im Hinblick auf die Kirche haben die Kommunitäten den Auftrag, Glaubensvollzüge, die in der Volkskirche vergessen wurden, aufzugreifen und sich auf Experimente des Glaubens einzulassen. Da sie selber durch geistliche Impulse bewegt wurden, können sie diese aus eigener Erfahrung an die Kirche weitergeben. Weil Gottes Geist sie selber inspiriert hat, können sie die Kirche in verschiedenen Bereichen inspirieren und befruchtend ergänzen. Als Zellen innerhalb der Kirche haben die Kommunitäten größere Beweglichkeit als die Volkskirche im ganzen. Eine überschaubare Zelle kann sich eher auf neue geistliche Impulse und Erfahrungen einlassen als eine große Masse von Menschen. Sie ist elastischer und kann mehr Mut, mehr Risikobereitschaft aufbringen. Sie kann leichter das Provisorium des Glaubens leben und eine "Lerngruppe"[1] für neue Ausdrucksformen des Glaubens werden. "Das Dasein von Bruderschaften ist der Schutz dagegen, daß die unentbehrlichen Versuche und Erfahrungen auf Kosten der Gemeinden selbst gemacht ... werden. Hier, im Schoß der Bruderschaft, kann, ohne Beunruhigung der Gemeinde, um eine echte Erneuerung unseres gottesdienstlichen Lebens gerungen werden ..."[2] Als Zellen innerhalb der Kirche können die Kommunitäten auf diese Weise Kristallisationskerne und Keimzellen für die Erneuerung der Kirche sein, indem sie Reformen anstoßen. Wenn sich neue Glaubensvollzüge in den Kommunitäten bewährt haben, können sie inspirierend und initiierend in Gemeinden hineinwirken und zur Regeneration eines erlahmten Gemeindelebens beitragen.
Neben den Experimentierfeldern der Kleingruppe als überschaubarer Glaubensgemeinschaft und des gottesdienstlichen Lebens ist sicher die *ökumenische Orientierung* als ein solches zu nennen. "Es gehört zum Freiraum ... der Kommunitäten, wenn sie mit Recht 'ökumenische Grenzüberschreitungen' beanspruchen, ohne ihrer eigenen Kirche gegenüber untreu zu werden ... Ich bin immer wieder aufs Neue Gott dankbar, daß er mit den Kommunitäten und Bruderschaften diese ökumenische Avantgarde geschaffen hat ..."[3] Sie suchen immer wieder die Gemeinschaft mit Christen über die Konfessionsgrenzen hinweg, ohne die Wahr-

1 Hoffmann/Eid, Jesus S. 102; Schutz (Heute S. 83; vgl. v. Kortzfleisch, Herzen S. 125) spricht von einer "sportlichen Frömmigkeit".

2 Stählin, Bruderschaft S. 99; ebd. S. 103: "Jedermann weiß, daß es sich hier (sc bei verschiedenen geistlichen Übungen) um neue und noch unerprobte Wege oder richtiger um die Wiederentdeckung und Wiedererschließung alter, halb verschütteter und verfallener Wege handelt; hier gibt es noch keine sicheren Markierungen, die von dem, der diese Wege beschreitet, jede Gefahr fernhalten." Vgl. zur Frage der Erneuerungsimpulse durch Kommunitäten W. Hümmer, Bruderschaft S. 20; Krüger, Lebensformen S. 201ff; Schleiter, a. a. O. S. 93; v. Kortzfleisch, Strukturen S. 20; Waschelitz, Imshausen S. 48; Lettmann, Miteinander S. 284; Herbstrith, Kirche S. 25; Greshake, Erneuerung S. 118f; Friedmann, Mönche S. 183; Hanselmann, Gestaltung S. 23; Stellungnahme, in: Mohaupt, a. a. O. S. 143; Levinson, Wege S. 62.71; Heinz-Mohr, Kommunitäten S. 122. Schutz (Entstehung S. 41) hat sicher recht, wenn er schreibt: "Die Kirche ist oft so ängstlich gegenüber neuen Erfahrungen ..."

3 Class, Bruderschaft S. 32; vgl. auch ders., Armut S. 17

heitsfrage zu übergehen. Damit geben sie zu erkennen, daß die Konfessionsgrenzen relativ sind. Die ökumenische Verpflichtung hat einige Kommunitäten dazu veranlaßt, in ihrer Lebensgemeinschaft Brüder und Schwestern einer anderen Konfession aufzunehmen. So halten sie sowohl in ihrer eigenen Lebensgemeinschaft als auch damit in der Kirche "die ökumenische Unruhe"[1] wach. Sie wollen den ökumenischen Austausch durch die eigene Praxis im vorausgehenden Pionierdienst anregen. Solches stellvertretende und dienende Experimentieren stellt an die Kirche die Frage, ob sie bereit ist, die Impulse der Kommunitäten anzunehmen und ihr den notwendigen Freiheitsraum zu lassen.
An dieser Stelle ist erneut auf den *Aspekt des Protests* im Hinblick auf den Dienst der Kommunitäten *an den bestehenden Großkirchen* einzugehen. Zur Debatte steht hier der Auftrag der Kommunitäten als Beitrag zur Erneuerung der Kirche. Sicher gilt auf der einen Seite: "Eine Erneuerung der Kirche wünschen, heißt nicht der Kirche am Zeug flicken, sondern ihr Ehre erweisen."[2] Auf der anderen Seite ist das Moment der kritischen Partnerschaft zwischen den Kommunitäten und der Kirche in der Literatur nicht zu übersehen. So wird von ihrer Aufgabe als "heilsamer Stachel im Fleisch der Kirche"[3], von "ihre(r) kritische(n) Funktion als permanente(m) Korrektiv kirchlichen Lebens"[4], von der "heilsamen Unruhe"[5] und von der "Schocktherapie des Heiligen Geistes"[6] gesprochen. Sicher sind die Kommunitäten als aus der Agape um des Evangeliums willen kritische Gruppen der Kirche zu verstehen. Die kritische Funktion der Orden richtet sich wesentlich gegen eine Kirche, die durch die Ausschaltung des biblischen Nachfolgezeugnisses mehr und mehr verbürgerlicht. Sehr deutlich redet Trillhaas[7]: "Die evangelische Kirche wird nicht umhin können, ihre

---

1 Halkenhäuser, Die ev. Kommunitäten S. 42; ebd. S. 45: "Dabei kommt den evangelischen Kommunitäten ... immer mehr Bedeutung als 'Laboratorien der Einheit' zu. Hier wird konkret ökumenische Existenz eingeübt ..." Halkenhäuser sieht die ökumenische Aktivität (ebd. S. 44ff u. ders., Kirche S. 381ff) im Gebet für die Einheit, in der ökumenischen Begegnung und in ökumenischen Aktivitäten. Vgl. zur ökumenischen Frage im Hinblick auf die Kommunitäten Stökl, Taizé S. 149; Christusbruderschaft 1987 S. 12; K. S. Frank, Mönch B S. 831; Richter, Neuentdeckung S. 174; Schweitzer, Zukunft S. 67ff; Hoch, Räte S. 43

2 Heinz-Mohr, a. a. O. S. 106; vgl. außerdem die Aussage einer Ordensfrau (zitiert bei Lippert, Ordensgemeinschaften S. 49): "Man kann nicht immer nur und auf Dauer von der Kritik leben."

3 Mumm, Kirche S. 28

4 Halkenhäuser, Kommunitäten (in: Ev.Soziallexikon) S. 740

5 Class, Kommunitäten S. 7; ähnlich W. Hümmer, Bruderschaft S. 26

6 J. B. Metz (zitiert bei Lippert, Ordensgemeinschaften S. 42)

7 Ethik S. 551; zur Kritik an der Kirche vgl. I. W. Frank, Bruderschaften S. 171; Wiebering, Handeln S. 165f; v. Kortzfleisch, Strukturen S. 18; Pandey, Christusträger S. 22; Hampe, Integrierte Gemeinde S. 100; Schleiter, a. a. O. S. 74; Kraus, Reich Gottes S. 376; Hanssen, Verbindlich leben S. 4f; Duchrow, Ortsgemeinde S. 336; Wendland, Bruderschaften S. 15.19; Mohaupt, Spiritualität S. 136; Herbstrith, Zellen S. 181; Bonhoeffer, Nachfolge S. 94: "Es ist ein böser Sophismus, der aus dem Kreuz Jesu die Weltförmigkeit der Kirche herleitet." Schlumberger, a. a. O. S. 487: "La vie pour le monde, signifie-t-elle la vie comme le monde?" Sehr deutlich redet Bohren (Lebensstil

Verbürgerlichung zu revidieren." Der Aufschwung der Kommunitäten im Raum der evangelischen Kirche spiegelt auch (sicher nicht nur!) etwas von der Krise der Volkskirche und der gängigen Parochialstruktur wider. Die Kommunitäten protestieren gegen die Anpassung der Kirche an den Zeitgeist auf Kosten des Evangeliums, gegen eine Kirche, die in der Gefahr steht, zum "dummgewordenen Salz" zu werden. Sie üben mit ihrem Dasein Kritik an einem Christsein, das sich von der Botschaft des Evangeliums nicht mehr verändern lassen will und haben in einer Kirche, in der es nicht wenige Namenschristen gibt, die Aufgabe aufzuwecken und aufzurütteln. Sie helfen der Volkskirche, ihre Schäden der "Orientierungslosigkeit" und "Entscheidungslosigkeit"[1] zu erkennen und zu korrigieren. Einem entscheidungslosen Christentum gegenüber zeigen sie, daß eine Ganzentscheidung für den gekreuzigten und auferweckten Herrn gefragt ist. Mit ihrem lebendigen Beispiel rufen sie die Christenheit zum Aufbruch aus der Mittelmäßigkeit. "Die christentumsgeschichtliche Abspaltung der evangelischen Räte vom alltäglichen christlichen Glauben ist eine der Hauptursachen der Verbürgerlichung des Christentums, seiner Einebnung in das herrschende Alltagsbewußtsein, für den Verlust seiner widerständigen lebenschaffenden Kraft."[2] Sie mahnen die Kirche der Rechtfertigung, Glaube und Werke nicht auseinanderfallen zu lassen. Der Verlust der Gnade zieht den Verlust der zweckfreien Glaubensvollzüge nach sich. Der Sinn für das Gotteslob und die Stille vor Gott schwindet. Auf der anderen Seite folgt aus dem Verlust der Gnade entweder die Inaktivität oder die Überaktivität. Sowohl bezüglich der Inaktivität als auch der Überaktivität gilt die Feststellung Thimmes[3]: "Wenn der Glaube nicht in Ordnung ist, dann stimmt es auch mit den Werken nicht." Die Erneuerung der Kirche hat als Erneuerung des Glaubens zu erfolgen. Indem die kommunitären Christen das Evangelium leben, korrigieren sie die Leugnung eines durch den Geist Gottes erneuerten Lebens, die sich hinter einer sterilen Betonung der rechten Lehre verbergen kann. Sie heben dagegen die Einheit von beidem hervor und mahnen die Kirche, ihre gottesdienstlichen Versammlungen nicht als Versammlungen eines unverbindlichen Hörerpublikums mißzuverstehen.

So mahnen die Kommunitäten die Kirche in zweierlei Richtung: Auf der einen Seite halten sie diese an, die entschlossene Bewegung der geistlichen Konzentration zu vollziehen. "Zentren der Sammlung entstehen zu lassen gehört zweifellos zu den vordringlichsten Aufgaben der Kirche heute ..."[4] Sie weisen darauf

---

S. 38): "Es könnte sehr wohl die im Schwange gehende Polemik gegen die Weltflucht der Christen ein Zeichen der Korruption sein ..." und Wendland; Bruderschaften S. 26: "Es geht um die Fragen, wo das 'Mitmachen' der Christen aufhört ..." W. Hümmer, Herausforderungen S. 11; Bouyer, Spiritualität S. 184; Jacob, Nachfolge S. 254f; Stählin, Bruderschaft S. 50

1 Class, Kommunitäten S. 8f; vgl. auch Hemmerle, Orden S. 130f

2 Zulehner, Glauben S. 91

3 Glaube S. 15; vgl. auch Görtz, a. a. O. S. 321

4 Ebeling, Dogmatik III S. 383; vgl. ferner Schellenberger, Zweckverbände S. 64f;

hin, daß der Glaubens- und Gebetsverlust zum Substanzverlust der Kirche führen muß und daß die Investition von Zeit für das Gebet und den Gottesdienst für das kirchliche Leben not-wendig ist. Auf der anderen Seite korrigieren die Kommunitäten ein Christentum, das Erfüllung im Beruf und in der Leistung sucht. Sie weisen darauf hin, daß "die Religion des 'Allein aus Glauben' in Gefahr (steht), zur Religion der Werke zu werden"[1].
Mit ihrem Protest sind die Kommunitäten keine Kritiker aus innerer Distanz zur Kirche. Sie sind vielmehr als Beter für den Leib der Kirche so etwas wie das Herz: Ihr Protest ist kein Vorwurf bitterer Anklage. Er ist vielmehr von der Einladung zur Begegnung mit dem lebendigen Herrn geprägt, der als die Liebe Erneuerung der Kirche bewirkt. Sie stellen die Kirche in Frage aus Liebe zu ihr, - ihre Schwächen mittragend. Sie stellen sich selbst und die Kirche immer wieder unter die Kritik des Evangeliums. Im Moment des Protestes stehen die Kommunitäten innerhalb der Kirche und zugleich ihr gegenüber. Auf diese Stellung der Kommunitäten weist Mumm hin, wenn er schreibt[2]: "Der Kontakt mit der übrigen Kirche soll Sie (angeredet sind Angehörige der Kommunitäten) nicht 'verkirchlichen' oder verweltlichen." Alles "Gegeneinander" steht im Dienst des "Füreinander" von Kommunität und Kirche. Diese Gedanken leiten zum abschließenden Punkt 3 über.

Zuvor ist jedoch noch die *dreifache Entfaltung des kommunitären Dienstes* zu bedenken. Bisher kam der Auftrag der Kommunitäten überwiegend unter dem Aspekt in den Blick, der sich aus der Tatsache ihres Daseins ergibt, das bereits Zeichencharakter hat. Der Auftrag läßt sich freilich nicht unter Absehung der konkreten Dienste bestimmen, die nun, der Intention einer geistlichen Grundlegung entsprechend, in ihren Grundrichtungen ins Auge zu fassen sind.
Es fällt auf, daß der Dienst der Kommunitäten nicht selten unter den drei Stichworten entfaltet wird: Leiturgia, Martyria und Diakonia.[3] Es sind die Aufgaben des Gebets, des Zeugnisses (der Lehre und der Seelsorge) und der dienenden Liebe. Diese drei Dimensionen ihres Dienstes wollen als eine Einheit verstanden werden. Fehlt eine unter ihnen, dann fehlt dem Dienst einer Kommunität etwas Entscheidendes, auch wenn die Gewichtung der einzelnen Dimensionen in den verschiedenen Kommunitäten differiert. Die Einheit der drei Dimensionen des einen kommunitären Dienstes bringen die Sätze H. Hümmers

---

Halkenhäuser (Evangelium S. 501) spricht vom Ringen um "das rechte Gleichgewicht von Aktion und Kontemplation."

1 Butte, Opfer S. 22; vgl. ferner Breemen, Gerufen S. 91. Auf den Aspekt des Protests gegen die Verkümmerung der Gemeinschaftsdimension in der Volkskirche wurde bereits weiter oben in diesem Abschnitt hingewiesen.

2 Kirche S. 23; vgl. auch Class, Kommunitäten S. 8; Halkenhäuser, Evangelium S. 498

3 So etwa Stählin, Bruderschaft S. 91; Halkenhäuser, Kommunitäten (Ev. Soziallexikon) S. 740; Christusbruderschaft 1987 S. 20ff; H. Hümmer, Gott ruft S. 31; Planck, Michaelsbruderschaft S. 301; Schweitzer, Zukunft S. 70

klar zum Ausdruck[1]: "Mit der Horizontalen vergleiche ich den Dienst der Diakonie, mit der Vertikalen den Dienst des Zeugnisses, der geheime Schnittpunkt beider Dienste ist der Dienst des Gebets. So soll unser Dienst gelebt und erfüllt sein aus der inneren Begegnung mit Gott. Aller wahre Dienst am Menschen hat hier sein Geheimnis ... Nur aus der schöpferischen Stille vor Gott ist wahrer Dienst und wahres Zeugnis möglich; wiederum ist demütiger Dienst und Zeugnis wahre Anbetung ... Diakonia ohne Leiturgia wird Sklavendienst, und Martyria ist leerer Schall ohne die schöpferische Kraft des Gebets." Sicher wird man den letzten Satz ergänzen können: Leiturgia ohne Diakonia ist weltlose Existenz. Die soeben zitierten Sätze zeigen, daß alles dienende Handeln in Kommunitäten von der Begegnung mit Gott geprägt sein will. Wenn sich die kommunitären Christen auf den Ruf Jesu hin Gott weihen, dann wissen sie, daß sie sich damit dem Auftrag des Herrn zur Verfügung stellen. Solche rückhaltlose Verfügbarkeit für Gott nimmt in der rückhaltlosen Verfügbarkeit für die Menschen Gestalt an. In diesem Sinn sind Kommunitäten als Glaubens- und Lebensgemeinschaft auch Dienstgemeinschaft. Sie sehen auf Gott, um nicht auf die Welt zu starren, aber nicht, um von der Welt abzusehen. "Wir sollen die Welt 'in Gott' sehen lernen."[2] Die kommunitäre Nachfolge ist dienende Hingabe. In ihr und durch sie soll Gottes Willen geschehen; so wollen sie die empfangene Gottesliebe weitergeben. Heinz-Mohr ist zuzustimmen, wenn er im Hinblick auf die Verbindung von Gottesbeziehung und Dienst für den Nächsten im Dasein der Kommunitäten schreibt[3]: "Zwar haben sie (sc. die Kommunitäten) Stille, Askese, Gebet ... neu für sich entdeckt und intensiv bejaht. Aber sie verstehen sich nicht als Salz, das in einem schönen Gefäß abgesondert aufbewahrt wird und 'unter sich' bleibt. Sie wissen sich zur Existenz mitten in der Welt und für die Welt gerufen ..." So leben sie den Rhythmus von Gebet und Dienst, Kontemplation und Aktion. Nach diesen allgemeinen Gedanken zum Dienst der Kommunitäten kann nun auf die einzelnen drei Dimensionen eingegangen werden.

Wenden wir uns zuerst der *Leiturgia* zu, so ist daran zu erinnern (Punkt 2.1.2), daß das Gebet für die Kommunitäten nicht nur und zuerst unter dem Gesichtspunkt des Dienstes zu betrachten ist. Allerdings ist nun zu ergänzen, daß die Kommunitäten das Gebet als die Mitte ihres Dienstes sehen. Sie nehmen an dieser Stelle unter den Menschen eine stellvertretende Aufgabe wahr. Das heißt nicht, daß die Menschen durch den Gebetsdienst der Kommunitäten vom Gebet

---

1 Gott ruft S. 31f; vgl. auch Class, Bruderschaft S. 35; Halkenhäuser, Kirche S. 359; Heinz, Perspektiven S. 19

2 Class, Bruderschaft S. 13. Ebd. (S. 17) zitiert Class die Äußerung Schlatters: "Das Ziel der Gnade ist der Dienst." Vgl. auch O. Dibelius, Jünger S. 63: "Nur wer die Jünger niemals wirklich kennengelernt hat, kann sagen, daß die Bindung an die obere Welt sie hindere, sich mit ungeteilter Seele an ihre irdischen Pflichten hinzugeben."

3 Kommunitäten S. 44f (ähnlich Schleiter, Mönchtum S. 91); zum Gedanken der Kontemplation und Aktion vgl. Schutz, Entstehung S. 41; ders., Heute S. 82; Pflästerer, Taizé S. 75; Weschke/Geppert, Gabriels-Gilde S. 338; Stökl, Taizé S. 136; I. Reimer, Leben S. 16; Herbstrith, Aspekte S. 16.

dispensiert werden sollten. Aber nicht wenigen Menschen im bürgerlichen Leben fehlt in ihrem Gefordertsein durch den Alltag die Zeit zum gesammelten Gebet. Das Gebet der kommunitären Christen nimmt ihre Anliegen auf und trägt sie vor Gott. "Seufzen und Leiden, Bitten und Klagen der Menschen, der Schöpfung, der kirchlichen und der politischen Welt wollen wir im Gebet aufnehmen und vor den bringen, dem alles untertan ist."[1] Die Begegnung der kommunitären Christen mit den Menschen "draußen" bereichert die Wahrnehmung ihres Gebetsauftrags. Fürbitte für die Menschen in Kirche und Welt ist für die Kommunitäten eine wichtige Art der Einflußnahme auf die Welt. Im fürbittenden, hörenden Gebet empfangen sie immer wieder den Blick für Menschen und Situationen, so daß sie die im Gebet empfangene Orientierung wegweisend weitergeben können. Auch die eigenen Dienste bringen sie im Gebet vor ihren Herrn. So öffnen sie sich in ihrer Welt für Gottes Anruf und Wirken durch sie.
Der Auftrag des Gebets der Kommunitäten entfaltet sich auch in ihrem vielfältigen Angebot für Gäste. In Retraiten, Einkehrtagen, Tagen der Stille und Freizeiten geben sie anderen Menschen Anteil an ihrer Gebetserfahrung. In diesem Sinn meint Greshake[2]: "In der Tat, gerade wenn man bedenkt, wie viele Menschen, zumal Jugendliche, sich heute nach Stille sehnen oder die Möglichkeit suchen, mit anderen Menschen in Gemeinschaft zu beten und sich im Glauben auszutauschen ... so wäre hier eine riesige Aufgabe für viele Orden gestellt ..." Indem die Kommunitäten anderen Menschen an ihrem gemeinsamen Beten Anteil geben, können sie diesen Hilfen zum Gebet und geistlichen Leben anbieten und so dem Verlangen nach Vertiefung im oder nach Anweisung zum Gebet und zur christlichen Meditation in der Gegenwart nachkommen. Das Mitleben in Kommunitäten und das Miterleben des Gebets kann bei denen, die ein geringes geistliches Vorverständnis mitbringen, den existentiellen Zugang zum persönlichen und gemeinschaftlichen Gebet eröffnen. Hier wird geistliches Lernen durch Vorbilder erleichtert. "In der Hektik der Leistungsgesellschaft suchen viele einen Raum des Schweigens, um zu sich zu kommen, zu einer tieferen Beziehung zu Gott zu finden und ihr Leben neu zu orientieren. Zugleich ist damit ein intensives Bedürfnis verbunden, diese Neuorientierung an einem Ort zu suchen, an dem gebetet wird, wo man sich dem Gebet einer Gemein-

---

1 Regel der Christusbruderschaft (zitiert in: Christusbruderschaft 1987 S. 20 (Zur Frage des Gebets und seiner Erhörung bei Luther vgl. v. Loewenich, Theologia crucis S. 164ff.) Auf die Fürbitte der Kommunitäten gehen ein Matura, Ehelosigkeit S. 106; Class, Bruderschaft S. 33; Eisenbach, Orden S. 90; Heinz-Mohr, a. a. O. S. 80; B. Schlink, Ökumenische Marienschwesternschaft S. 68ff; Schütz, Benediktiner S. 122; Grün, Kurzformel S. 157.160; Louf, Geist S. 148; Deichgräber, Leben S. 31; Schweitzer, Zukunft S. 63f.

2 Erwartungen S. 92; vgl. auch Wulf, Kirche S. 156; Herbstrith, Aspekte S. 171; Hauser, a. a. O. S. 47; Pontoppidan, Pomeyrol S. 110; Wendland, Bruderschaften S. 25f; Schleiter, a. a. O. S. 54; I. Reimer, Leben S.24; Altenähr, Orden S. 137f; Sudbrack, Hilfen S. 168f; Grandchamps, in Prägeer, a. a. O. S. 142; Heinz-Mohr, a. a. O. S. 19; Thimme, Glaube S. 13; Rosenkranz, Casteller Ring S. 38; Waschelitz, Imshausen S. 62; Halkenhäuser, Hinter offenen Türen S. 16

schaft anschließen kann und davon getragen wird."[1] Kommunitäten sind Orte der Sammlung und der Stille für viele, Orte, an denen ein Stück der Vielfalt kirchlichen Gebetslebens zu erleben ist. Hier können Menschen nicht nur lernen abzuschalten und Abstand zu nehmen; sie können erkennen, wohin ihre Fragen und Probleme gehören.
Die zweite Dimension des kommunitären Dienstes bezeichnet das Wort *Martyria.* Unter den Punkten 1.2 und 1.5 wurde deutlich, daß die Nachfolge der missionarischen Sendung dient. Die Sendung zur Verkündigung - und damit zur Teilnahme an Jesu Auftrag - gehört zu einem ihrer Wesensmerkmale. So ist auch im Hinblick auf die kommunitäre Ausprägung der Nachfolge zu sagen: "Nachfolgeexistenz ist Sendungsexistenz."[2] Nichts steht einer Flucht aus der Welt mehr entgegen als dieser missionarische Aspekt des Auftrags der Kommunitäten. Ihre missionarische Ausstrahlung hängt damit zusammen, daß sie sich nach außen keineswegs abschirmen. Sie sind vielmehr geistliche, soziale Gruppierungen, die für jedermann weit geöffnet sind. Der Hauptakzent ihres missionarischen Auftrags erfüllt sich durch ihr konsequent gelebtes gemeinsames Leben nach den drei Engagements als Hinweis auf die anbrechende Gottesherrschaft. "Der Dienst der Kommunitäten hat, bei aller Sammlung und Konzentration auf die Mitte, einen missionarischen Charakter."[3] Durch ihr Dasein sind sie Repräsentanten des Christusanliegens unter den Menschen. Sie leben so, daß ihre Existenzweise keine Plausibilität hätte, wenn es Gott nicht gäbe. Das läßt Zeitgenossen, die dem Glauben fernstehen, immer wieder aufhorchen. Die missionarische Wirkung der Kommunitäten ergibt sich unter diesem Blickwinkel weniger von persönlichen Qualitäten der einzelnen Mitglieder als vielmehr von der geistlichen Kraft der Gemeinschaft her. Die Kommunitäten, die ihre Mission als Abbild des Evangeliums in Gemeinschaft vollziehen, sind nicht selbst Subjekt

---

1 Strehle, Karmeliten S. 197; vgl. auch Hillenbrand, Ordensspiritualität S. 507; W. Hümmer, Orden S. 109; I. Reimer, Gemeinschaft S. 7; Class (Bruderschaft S. 45) meint zutreffend: "Ich denke, daß es eine große Aufgabe und eine nicht minder große Chance der Kommunitäten wäre, den gebetswilligen, aber gebetsunfähigen Menschen in das Beten hineinzuführen."

2 Albrecht, Nachfolge S. 60; ähnlich Hemmerle, Berufungspastoral S. 13; Bouyer, a. a. O. S. 183; Wulf, Kirche S. 157; Fritzsche, a. a. O. S. 214; Knoch, a. a. O. S. 43.74.95f; Stählin, Bruderschaft S. 20f; Fischer-Barnicol, Wege S. 29; W. Hümmer, Kommunitäten S. 127: "Unsere Kommunitäten haben instrumentalen Charakter."

3 Mumm, Kirche S. 26; zum Gedanken der Mission durch die Lebensweise vgl. Hemmerle, Orden S. 136 (ebd. S. 147: "Sein vor Wirken, Wirken durch Sein ..."); Herbstrith, Zellen S. 184: "Im Grunde ist dies der Anfang allen Ordenslebens: In Gemeinschaft miteinander, um Jesus geschart, den Menschen Gottes frohe Botschaft künden." S. ferner Stökl, Taizé S. 139.141; Schutz, Heute S. 38; Schuldes, Leben S. 117f; Tschudy/Renner, Benedikt S. 139; Schütz, Benediktiner S. 120; Friedmann, Mönche S. 184 (u. ebd. S. 186: "Dieser 'zweckfreie' Dienst der Mönche [sc. im Hören des Wortes Gottes und im Beten] ist in höchstem Maße missionarisches Wirken."); Christusbruderschaft, in: Mohaupt, a. a. O. S. 105; ders., Spiritualität, ebd. S. 135; A. Schulz, Zeichen S.46f; Altenähr, Orden S. 239; Lettmann, Miteinander S. 282; Bleistein, Jugend S. 318; W. Hümmer, Christusbruderschaft S. 185; Gleede, Hin und her S. 25; Kraus, Reich Gottes S. 401

ihrer Mission, sondern Instrument des missionarischen Wirkens Gottes durch sie in der Welt. Sie lassen sich selber vom Wort Gottes treffen und bewegen; dadurch verleiht Gott es ihnen, daß ihr Dasein ihrerseits Menschen trifft und bewegt. Hier kommt das biblische Motiv der Völkerwallfahrt zum Zion in verwandelter Weise zum Tragen: Indem Gott sich inmitten der Kommunitäten als Gemeinschaften von Sündern verherrlicht, schenkt er ihnen Anteil an seiner Gegenwart, die auf andere anziehend wirkt. Er schenkt solcher Gemeinschaft trotz aller Nöte und Lasten eine Schönheit des Glaubens, die andere Menschen zum Leben mit Jesus Christus als Herrn verlockt. "Es ist unsere Hoffnung, daß von uns heilende und befreiende Wirkung ausgeht ... Wir glauben, daß wir dadurch etwas beitragen können zur Veränderung der Welt."[1] Indem die Kommunitäten Jesus Christus als dem Licht der Welt dienen, spiegeln sie etwas von diesem Licht wider; so wirkt ihre Existenz missionarisch.
Die mit der Martyria gegebene Sendung erschöpft sich für die Kommunitäten jedoch nicht in der Komm-Struktur gegenüber Außenstehenden. Sie wissen darum, daß es nicht genügt, das Evangelium wortlos zu leben; ihr Zeichen bedarf der Deutung durch das Wort. Sie lassen sich auch auf die Geh-Struktur im missionarischen Wirken ein. Sie suchen ihrerseits von der Sendung her den Kontakt mit (Menschen-)Gruppen, die nicht zu ihnen kommen können. Für sie gilt: "Nicht nur ich muß mich, auch wir müssen uns noch einmal 'verlassen', wo die Nachfolge 'alles' verläßt. Die Menschenfischer müssen dorthin gehen, wo die Menschen sind. Solidarität mit ihnen ist die Voraussetzung dafür, daß sie die Einladung zum Reich Gottes annehmen können. Die Verantwortung des Rufs Jesu ... und die Verantwortung für jene, zu denen der Hörer gesandt ist ..., sind untrennbar."[2] Im Hingehen zu den Menschen bemühen sie sich darum, daß Gottes Wort von den Menschen gehört und auch verstanden werden kann. Sie wollen sowohl den Menschen ihres Landes als auch - je nach Auftrag und Vermögen - denen in Missionsländern Gottes freies Angebot seiner erlösenden Gnade in Jesus Christus weitergeben.
Dem Dienst der Martyria ist auch der Bereich der Seelsorge zuzuordnen. Die Kommunitäten leben selbst mit dem Angebot der Seelsorge. Darin erfahren sie selber immer wieder Gottes Gnade für den Sünder und sein heilendes Angebot für Seele und Leib. Die Gottesbegegnung in der Stille und im Gotteslob läßt ihnen einen geistlichen Einblick und Durchblick zuwachsen, der für viele Menschen mit geistlichen, seelischen und körperlichen Problemen wegweisende Worte ermöglicht und Menschen zu größerer Gottesnähe zu führen vermag. Class[3] weist in diesem Zusammenhang auf die "Gästehäuser als Orte praktizierter Seelsorge" hin. Gottes Wirken, das sie bei sich selber bis in die Tiefe ihres eigenen Herzens eindringen lassen, dringt durch ihr seelsorgerliches Wort auch immer wieder in die Tiefen des Herzens anderer. Im Dienst an vielen Menschen

---

1 Pfister, Casteller Ring II, in: Mohaupt, a. a. O. S. 95
2 Görtz, a. a. O. S. 335; vgl. auch v. Balthasar, Berufung S. 2f
3 Bruderschaft S. 33

wollen sie dennoch den einzelnen mit seinen Fragen, Freuden und Nöten im Blick behalten. So trägt der Dienst der Kommunitäten in der Dimension der Martyria dazu bei, den Menschen zu helfen, daß sie zum Glauben finden und im Glauben wachsen können.
Das Zeugnis der Kommunitäten ist schließlich ein wichtiger Beitrag zur Überwindung der Sinnkrise in der Gegenwart. Nicht wenigen Zeitgenossen fehlt der Sinn ihres Lebens. Diese Tatsache ist häufig Konsequenz einer tiefgehenden Glaubensunsicherheit. Dabei fehlt den Menschen eine Leitorientierung für ihr Leben, an der sie sich ausrichten können. Zulehner stellt dazu fest: "In unserer Gesellschaft wächst die Sehnsucht nach Sinn."[1] Der Sinn der Lebenszwecke als der Nahziele im Leben erscheint sinnlos. Die Überwindung dieser Krise ist nun nicht Ergebnis menschlicher Leistung; der Sinn will vielmehr im Glauben an Gott erkannt und empfangen werden. Verkündigungsappelle helfen dabei nur zum Teil. Es bedarf des Vorbildes derer, die ihn sich von Gott schenken und sich zu Konsequenzen des Glaubens bewegen lassen: verba docent, exempla trahunt. Die Kommunitäten gehen auf ihre Weise einen sinnvollen Lebensweg und können so den Weg zu dem weisen, der den Hunger nach einem erfüllten Leben stillt. Sie leben selber aus Gottes Ja zu ihnen persönlich sowie zur Gemeinschaft des Glaubens. So können sie viele anleiten, ihrerseits in beidem den Lebenssinn zu entdecken. Sie öffnen den Blick dafür, daß das Geschöpf zum Lobpreis Gottes geschaffen ist. "Man erwartet von den geistlichen Gemeinschaften Orientierung in der Frage nach dem Sinn des Lebens, Glaubensermutigung, Hinführung zu Gebet und Meditation, ein Zeugnis brüderlichen Zusammenlebens..."[2] Die Kommunitäten können existentiell von einem sinnerfüllten Leben her zu einer positiven Lebenseinstellung verhelfen.
Die dritte Dimension ihres Dienstes bringen die Kommunitäten mit dem Begriff *Diakonia* zum Ausdruck. Er ist sicher nicht in der inhaltlichen Einengung zu verstehen, den er durch die im 19. Jhd entstandenen Diakonissenhäuser erhalten hat. "Unter Diakonie verstehen wir das Dienen im weitesten Sinn."[3] Wenn es auch stimmt, daß die Kommunitäten ihr tägliches Leben nicht von der Arbeit bestimmt sein lassen wollen, sondern die Arbeit vom Gebet, so gilt dennoch, daß ihnen von ihrer Berufung her die den Menschen und der Welt zugewandte Seite

---

1 Gottgeweiht S. 34; vgl. zur Frage nach dem Sinn und der Sinnkrise Frankl, Sinn passim; ders., Leiden passim; Trillhaas, Ethik S. 152ff; Wiebering, Handeln S. 59ff; Heinz-Mohr, a. a. O. S. 15; Thiele, Tun S. 112ff; I. Reimer, Gemeinschaf S. 7; Lebensordnung, Sießen S. 296; Albrecht, Nachfolge S. 48f; Mohaupt, Spiritualität, in: ders., a. a. O. S. 128; Bleistein, Berufe S. 25

2 Synodentext, in: Wulf/Bamberg/Schulz, a. a. O. S. 11; Greshake, Erwartungen S. 87: "Wer nach Sinn fragt, möchte aber nicht mit Worten abgespeist werden." Zulehner, Gottgeweiht S. 36: "Ordensleute können für andere Menschen in Erinnerung rufen, daß das wahre Ziel ihres maßlosen Sehnens der maßlose Gott selbst ist." Vgl. auch Splett Erwartungen S. 12f; Bleistein, Berufe S. 28; Hemmerle, Nachfolge S. 117; Punsman, Ort S. 38; Schleiter, a. a. O. S. 58: "Vor allem sollte man sich durch sie begeistern lassen, ein Christ zu sein ..."

3 Christusbruderschaft, in: Mohaupt, a. a. O. S. 107

des Glaubens am Herzen liegt. Das Dasein der Kommunitäten läßt sich sicher nicht von ihren Aktivitäten her definieren und so funktionalisieren. Aber die kommunitäre Nachfolge umfaßt notwendig das Tun des Glaubens. Die Unterbrechung der Arbeit durch ihre Gebetszeiten bewahrt sie davor, sich von der Arbeit beherrschen zu lassen; die Arbeit jedoch bewahrt sie vor falscher Innerlichkeit und vor der Flucht vor dem Leben. "Ohne Gebet wird die Arbeit blind. Doch ohne die Arbeit wird das Gebet leer."[1] Arbeitend nehmen die Kommunitäten vom Glauben her ihre soziale Verpflichtung wahr. Sie nehmen mit ihrer Arbeit teil an den Lasten und Nöten der Menschen. Alle Arbeit, die den Glauben nahe an der täglichen Wirklichkeit hält, will aus der Stille heraus getan werden. Die Arbeit als Dienst ist in keiner Weise eine mindere Form der Frömmigkeit. Die Kommunitäten verstehen ihr ganzes Dasein als ein geistliches; Arbeit ist dabei die tätige Weitergabe der Liebe Gottes. So will alle Arbeit Zeugnis für die Gegenwart Jesu Christi sein. Der Dienst der Kommunitäten erhält von der Ewigkeit her seine Kraft, und er richtet sich in der Zeit auf sie hin aus. "Da sie (sc. die Geweihten des Herrn) nicht mehr sich selber gehören, sondern nur ihrem Herrn, darum kann der Herr sie auch einsetzen zum Dienst für die Welt ... Ihre ganze Arbeit wird nicht mehr getan von dem Gesichtspunkt der Zweckmäßigkeit, des Eigennutzes aus, sondern von der Zweckmäßigkeit dem Reiche Gottes gegenüber und der Liebe des Herrn entsprechend."[2] Allgemein kann gesagt werden, daß in den Kommunitäten keine Arbeit rundweg verpönt ist. Sie stellen sich als eine Gemeinschaft von "Leibeigenen Jesu Christi" der Begegnung mit der Welt, in der sie stehen. Für ihren Dienst ist die Auseinandersetzung mit der jeweiligen Zeit von Bedeutung. "Was ... von ihnen (sc. den Orden) verlangt wird, ist ein Sichauseinandersetzen, eine Konfrontation mit der Situation von Welt und Kirche von heute und ihren Problemen."[3] Von den Kommunitäten ist bei aller berechtigter Weltdistanz ein Grundmaß an Informations- und Kommunikationsbereitschaft gefordert. Hierin vollzieht sich der erste Schritt dienender Selbsthingabe der geistlichen Gemeinschaften. Die Suche nach dem auftragsgemäßen Dienst ist zugleich die Suche nach dem Ort der Kommunitäten in der Gesellschaft. Der Dienst der Kommunitäten bestimmt sich im Spannungsfeld von spezieller Berufung und der konkreten gesellschaftlichen Situation. Die geistlichen Gemeinschaften sehen ihren Auftrag wesentlich darin, an den "neuralgischen Punkten des modernen

---

1 Grün, Kurzformel S. 163. Hier kommt das benediktinische ora et labora zum Tragen. Vgl.. auch Halkenhäuser, Hinter offenen Türen S. 17; Louf, Geist S. 148: "Arbeit und Gebet verschlingen sich, um ein Ganzes zu bilden." Heinz-Mohr, Kommunitäten S. 81; Wendland, Bruderschaften S. 17; Casteller Ring, in: Präger, a. a. O. S. 18.

2 Riedinger, Geweihte S. 17; vgl. auch Ruhbach, Bedeutung S. 41

3 Wulf, Orden S. 331; vgl ferner Bamberg, Lernprozeß S. 23; Friedmann, Mönche S. 179f; Punsman, Orte S. 41; Herbstrith, Aspekte S. 169. In diesem Zusammenhang ist an W. Dirks (Antwort passim; s. auch Tschudy/Renner, a. a. O. S. 261ff) zu erinnern, der die Aufgabe des Mönchtums als Antwort auf eine jeweilige gesellschaftliche Situation verstehen lehrt.

Lebens"[1] zu dienen. Dabei wollen sie geistliche Sensibilität des Glaubens für die konkreten Nöte in kreativer Liebe bewahren. So verbinden sie das Wortzeugnis mit dem Tatzeugnis. Bei allem Dienen in den verschiedenen Bereichen rechnen sie mit der wirkmächtigen Gegenwart Gottes. So schreibt I.Handke im Hinblick auf die Schwestern des Irenenrings[2] (und Entsprechendes gilt für die Brüder und Schwestern aller Kommunitäten): "Die Schwester steht in der heutigen Welt als ein Mensch, der in allem mit Gott rechnet, auch in Fragen der staatsbürgerlichen und gesellschaftlichen Verantwortung."[3]

Ein Spezifikum kommunitärer Diakonia ist das Dienen als Gemeinschaft. Außerhalb des Zentrums einer Kommunität wirken die Brüder und Schwestern meist in Zellen von mindestens zwei Angehörigen einer Gemeinschaft. Als ausgesandte Brüder und Schwestern repräsentieren sie die ungeteilte Kommunität. "Immer und überall stehen sie (sc. die Brüder) für die Communauté; ihr Verhalten ist verbindlich für das Zeugnis aller."[4] Das Dienen des einzelnen Mitglieds wird von der ganzen Gemeinschaft mitgetragen und mitverantwortet. Gerade da, wo sich kommunitäre Christen in schwierigen, belastenden Diensten einsetzen, werden sie auf die Stütze der Gemeinschaft in Gebet und Anteilnahme angewiesen sein. Der Dienst des einzelnen erwächst aus der geistlichen Erfahrung und Einsicht der Gemeinschaft und aus der gemeinsam getragenen Verantwortung. Als Gemeinschaft haben die Kommunitäten besondere Chancen des Dienstes, von denen hier beispielhaft zwei erwähnt seien:

Zum einen können es die Kommunitäten wagen, unrentable Dienste zu übernehmen, bei denen Aufwand und Ertrag in keinem aufrechenbaren Verhältnis stehen. Mancher Einsatz für Menschen in Not lohnt sich unter dem Gesichtspunkt der Rentabilität nicht. Die Kommunitäten können hier, vertreten durch einzelne ihrer Mitglieder, Zeit für notwendige Dienste aufbringen, wo sonst niemand Zeit hat. Zum andern bieten die Kommunitäten als Lebensgemeinschaften eher die Chance, Menschen aufzunehmen, die in der Gesellschaft überfordert sind und eine längere Zeit heilender Gemeinschaft benötigen. Sicher sind auch hier die Aufträge verschieden, aber der in einer geistlichen Gemeinschaft wirkende Segen vermag immer wieder Menschen zu kräftigen und für neue Belastungen vorzubereiten.

Die Darlegungen über den Dienst der Kommunitäten haben verschiedene

---

1 Halkenhäuser, Kommunitäten (Ev. Soziallexikon) S. 739; ähnlich Schutz, Heute S. 82. Darin praktizieren sie das "nicht determinierte zur-Verfügung-Stehen für Jesus" (W. Hümmer, Leben S. 119).

2 zitiert in: I. Reimer, Leben S. 83

3 Dabei geht es ihnen nicht um die Verwirklichung von Programmen, sondern um Verfügbarkeit im Sinne der Präsenz unter den Menschen: "... Sie wollen einfach dasein, als ein Zeichen, das Gott in dieser Welt der Hetze, der Angst und der Unruhe aufgerichtet hat. Es geht um Anwesenheit und Bekümmerung, um den schlichten Erweis von Freundschaft, nicht um das Erzielen von Erfolgsmeldungen" (Heinz-Mohr, a. a. O. S. 90f; zum Gedanken der Präsenz vgl. Stökl, Taizé S. 41.113; Halkenhäuser, Hinter offenen Türen S. 16; Krüger, Lebensformen S. 137; Richter, Neuentdeckung S. 167).

4 Schutz, Warten S. 38; vgl. dazu Stökl, Taizé S. 133 und Stählin, Bruderschaft S. 95

Momente des Protests gegenüber der Gesellschaft berührt.[1] Dasein und Dienst der Kommunitäten ist ein Protest gegenüber aller Diesseitsreligiosität. Da, wo in einer positivistischen Grundhaltung nur das gelten gelassen wird, was gesehen und gemessen werden kann, zeigen die Kommunitäten, daß Gott dem Menschen die dienende Ganzhingabe des Lebens abzuringen vermag. Die kommunitären Christen zeigen, daß eine wahrhaft alternative Existenz aus dem Glauben an Gott hervorgeht. Ihre theozentrische, ins Gebet führende Ausrichtung ist eine Kritik gegenüber allem neuzeitlichen Anthropozentrismus. Sie sind Mahner gegenüber Menschen, die so sehr auf sich selber starren, daß sie Gott aus dem Blick verlieren. Sie korrigieren alle aktivistische Lebenseinstellung, die sich in der Meinung kundtut, der Mensch werde die Welt retten. Die auf Gott hörende Einstellung und Praxis der Kommunitäten steht aller Eigenmächtigkeit entgegen. In einer Welt, in der es eine Fülle von Angeboten zur Zerstreuung gibt, ist ein Leben der Stille und der Sammlung ein Zeichen. "Dem Bedürfnis, gerade in einer Welt atemberaubender Hektik und mörderischer Aggressivität durch einen Raum erfüllter Stille zu entsprechen, ist fraglos ein Dienst am Leben und am Überleben."[2] So rufen sie den von Betriebsamkeit umgetriebenen Menschen zur Gelassenheit aus dem Glauben und von der Außenlenkung weg zur Innenlenkung hin. Die kommunitären Christen haben sich von der Angst, zu kurz zu kommen (die viel Unrast erzeugt), befreien lassen. Als christliche Gemeinschaften stellen die Kommunitäten "einen Protest gegen die Eindimensionalität des modernen Lebens dar"[3].

Die Kommunitäten stellen eine Leistungsgesellschaft in Frage, in der der Wert des Menschen nach dem bemessen wird, was er erbringt. In der Freiheit des Glaubens können kommunitäre Christen frei von einseitiger Leistungsorientierung Dinge tun, die sich nur deshalb lohnen, weil sie zur Ehre Gottes dienen. Ihre vom Gebet getragene Existenz sprengt alles einseitige Denken in Kategorien von Nutzen und Leistung. Sie halten ihre Mitmenschen dazu an, den Blick vom Tun und Haben abzuwenden - hin zum Sein. Zu den Erscheinungen der Leistungsgesellschaft gehören der Neid und das Prestigedenken. Die Kommunitäten können durch ihre Art des dienenden Daseins eine heilsame Alternative zu diesen Haltungen anbieten und sie auf ihre Weise durchbrechen. Sie erinnern zugleich den Menschen daran, daß er sich unter Gott als seinen Schöpfer und Erlöser zu stellen hat. "Entweder wird sein (sc. des Menschen) Tun ein kontemplatives sein, oder er wird Sklave seiner Erfindungen."[4] In einer techni-

---

1 Vgl. die diesbezüglichen Gedanken unter Punkt 2.2.

2 Gordan, Angebot S. 16; Heinz-Mohr, a. a. O. S. 14; vgl. auch Altenähr, Orden S. 137f; Wendland, Bruderschaften S. 23; Class, Bruderschaft S. 9

3 Evangelische Spiritualität (Denkschrift der EKD) 19802 S. 53 (zitiert bei Ruhbach, Bedeutung S. 39)

4 Herbstrith, Aspekte S. 162; ebd. S. 181: "Heute ist es wichtiger als je, daß kleine Gruppen von Berufenen sich zu einem Leben zusammenfinden, das bezeugt, daß nicht der planende, wissende, manipulierende Mensch die Mitte dieser Welt ist, sondern der barmherzige, liebende Gott ..." Vgl. auch Köberle, Vergebung S. 6f; Imhof, Orden S. 321.

sierten Welt mahnen die Kommunitäten, hinter Maschinen, Daten und Fakten den Menschen nicht zu übersehen und ihn nicht zur Funktion im Getriebe der Technik zu machen.
Das Gemeinschaftsleben der Kommunitäten ist eine Kritik an und eine Alternative zur Vereinsamung des "unbehausten" Menschen in der Massengesellschaft. In der kommunitären Gemeinschaft ist der einzelne wichtig; in ihr lebt er mit den anderen zielgerichtet. Im Gemeinschaftsleben sieht Schleiter zugleich eine Antwort auf eine nihilistische Lebenseinstellung[1]: "Der Nihilismus ist in allen seinen Formen zu überwinden durch Gemeinschaft. Denn wahres Leben, religiöses Leben ist immer ein gemeinsames. Der Einzelne hat ein sinnvolles Leben nur in der Gemeinschaft und für die Gemeinschaft. Und die Gemeinschaft befruchtet den Einzelnen."
Schließlich sind die Kommunitäten ein Protest gegen die Konsum- und Wohlstandsgesellschaft, in der die Sinnfrage mit Hilfe verschiedener Formen des Konsums verdrängt wird. Mit ihrer Lebensweise leisten die Kommunitäten einen wichtigen Beitrag für eine "kritische Theorie der Bedürfnisse"[2]. Sie sind ein Protest gegenüber der mit der schrankenlosen Befriedigung aller Bedürfnisse verbundenen Blindheit für die Nöte der Bedürftigen. Sie korrigieren zugleich die damit verbundene Maß- und Normenlosigkeit.

---

1 A. a. O. S. 43
2 H. Falcke (zitiert bei Wiebering, Handeln S. 75)

3 Kirche und Kommunität - ihre Zusammengehörigkeit im Gegenüber

Wir können die Untersuchungen dieser Arbeit zusammenfassen, indem wir abschließend noch einmal die Zuordnung von Kirche und Kommunität betrachten. Die grundlegenden Gemeinsamkeiten und Verschiedenheiten sollen in Verbindung mit dem sich aus ihnen ergebenden Auftrag aneinander hervorgehoben werden.
Die zentralen Gehalte christlichen Glaubens gelten allen Christen gemeinsam. Alle leben aus dem im Wirken Jesu angebrochenen Heil der Gottesherrschaft, das sich bedingungslos dem Glaubenden schenkt (Indikativ) und das ihn für das Leben nach dem Willen Gottes beansprucht (Imperativ). Ferner sind Armut, Keuschheit und Gehorsam Dimensionen eines jeden christlichen Glaubens. Jeder Christ ist zum Leben in der Dienstbereitschaft für den Herrn gerufen. Die Lebensweise der Christen in und außerhalb der Kommunitäten sind deshalb Formen ein und derselben Grundberufung zum Heil. Da jeder Christ zur ganzen Hingabe an Jesus Christus gerufen ist, gibt es keine verschiedenen Klassen von Christen. Kirche und Kommunität haben ein- und denselben Grundauftrag, Gott und den Menschen zu dienen. Wenn damit erkannt wird, daß in jedem Teil der Kirche das Ganze da ist und daß jedes Teil für das Ganze einsteht, kann ein entspanntes, konkurrenzfreies Miteinander zwischen Kirche als größerem Ganzen des Leibes Christi und den Kommunitäten als einem Teil des Ganzen entstehen. Alle Christen und Gemeinschaften haben sich den Blick für das Ganze der Kirche Jesu Christi offen zu halten. Die alle Christen verbindende Gemeinsamkeit des Glaubens wurde in den Kirchen der Reformation zu Recht gewürdigt.
Darüber vergaß man, daß der christliche Glaube eine Vielfalt von Glaubenswegen eröffnet, die in der Praxis des kirchlichen Lebens wieder zurückzugewinnen ist. Diese Arbeit hat die Grundlegung des kommunitären Lebens als eine legitime Ausformung des christlichen Glaubens dargelegt. Den Ansatz dafür bietet das synoptische Zeugnis mit der historisch zutreffenden Unterscheidung von Wandercharismatikern, den Jüngern Jesu im engeren Sinn, und den ortsansässigen Sympathisanten der Jesusbewegung. Ein Charakteristikum der Jesusüberlieferung sind die Berufungserzählungen, die den vollmächtigen Ruf Jesu an Menschen bezeugen, wodurch die Jüngergemeinschaft als Glaubens-, Lebens- und Dienstgemeinschaft entsteht. Die harten Nachfolgebedingungen zeigten sich als Berufsbedingungen im Dienst für Jesus unter den Menschen. In nachösterlicher Zeit setzen sich die Berufungserfahrungen fort. Menschen erkennen sich als von einem speziellen Ruf getroffen, der sie zum radikalen Verzicht auf Besitz, Ehe und Macht in einem gemeinsamen Leben nach den drei Engagements befähigt. Sie wissen sich darin zum Dasein für Gott und die

Menschen gerufen. So muß festgehalten werden: Die Berufung aller zum Heil darf nicht gegen die spezielle Berufung im Sinne einer persönlichen Lebensführung ausgespielt werden. Vielmehr gilt umgekehrt: Letztere beruht auf ersterer.

In paulinischer Terminologie kann gesagt werden: Das Charisma des Heils (Röm 6,23) setzt verschiedene Charismata (1.Kor 12,4) aus sich heraus. Die Charismata beziehen sich sowohl auf den einzelnen Christen mit seinen Führungen und Begabungen als auch auf eine Gemeinschaft von Christen, die unter demselben Ruf stehen. In diesem Sinn können Kommunitäten als Gnadengabe Gottes an seine Kirche betrachtet werden. Da, wo die Vielfalt der Berufungen unterbunden wird, wird der Leib Christi krank. Die Kommunitäten wollen und sollen ihre Gaben in das kirchliche Leben einbringen. Das Ganze des christlichen Glaubens darf und muß bei verschiedenen Christen verschiedene Gestalt annehmen. Die Verschiedenheit der Berufungen wirkt im Ganzen des Leibes Jesu nicht trennend; vielmehr ist unter dem einen Herrn Vielfalt in Einheit lebbar. Das eine Heil schafft die eine Kirche als ein vielgliedriges Gebilde. Wie es ein Irrweg war, das monastische Leben als höherstehend zu bewerten, so war es ein Irrweg, das kirchliche Leben durch ein Parochialdenken zu vereinseitigen und verarmen zu lassen. Die Nachfolge Jesu läßt sich nicht hinter die Mauern einer Parochie verbannen. Lebendiges Christsein verträgt sich nicht mit einer Nivellierung des christlichen Lebens. Der Geist Gottes wirkt nicht zuerst parochialbezogen, sondern Reich-Gottes-bezogen. Er baut den Leib Christi auf. Es ist deshalb notwendig, daß sich verschiedene Gemeinschaftsstrukturen von den verschiedenen Berufungen her ergänzen. Die Kommunitäten leisten einen wertvollen Beitrag zur Darstellung der Vielgestaltigkeit kirchlicher Existenz und Gemeinschaftsbildung. Jede Kommunität ist als eine Zellgruppe bzw. Glied am gesamten Leib Jesu Christi zu verstehen. Als eigenständige Lebensäußerung des Glaubens haben die Kommunitäten einen legitimen Platz in der Kirche.

Fragen wir nun zusammenfassend nach dem spezifischen Auftrag der Kommunitäten, so fällt die Schwierigkeit auf, diesen Auftrag begrifflich auf eine kurze Formel zu bringen. Solche Formeln stellen meist eine Verkürzung einer vielschichtigen Wirklichkeit dar. Kommunitäten sind lebendige Gebilde des lebendigen Glaubens. Wenn wir dennoch den Versuch solcher zusammenfassender Formulierungen wagen, dann sind diese eher als Akzentsetzungen und Wegmarkierungen innerhalb eines vielschichtigen Auftrags zu verstehen. Die Kommunitäten, die ihren legitimen Platz innerhalb der Kirchen der Reformation zurückerhalten und neu einnehmen, wirken nicht auf eine Verklösterlichung des gemeindlichen Lebens hin. Sie sind nicht in der Weise Modelle gelebten Glaubens, daß sie als verbindliche Lebensgemeinschaften imitiert werden könnten oder sollten. Es widerspräche ihrem von der spezifischen Berufung geprägten charismatischen Charakter, wollte man sie auf diese Weise idealisieren.

Die Kommunitäten haben vielmehr von ihrer speziellen Berufung her den Auftrag, mit ihrem ganzen Dasein zentrale Implikationen des Glaubens sichtbar zu machen. Ihr Auftrag liegt eher in Richtung der Inspiration, die sich auf verschiedene Bereiche bezieht. Zu diesen Bereichen gehören die Gestaltung der praxis pietatis[1], das Leben mit der dialektischen Spannung von Weltdistanz und Weltzuwendung[2], die gemeinschaftsbildende Dimension des Glaubens und das Leben dienender Existenz[3]. Das Leben nach den drei Engagements ist tatsächlich eine "Sonderform" des Glaubens mit paradigmatischem Charakter (wenn Sonderform hier nur als spezielle geistliche Führung, nicht aber als höherwertiges Christsein begriffen und wenn sie als auf das Ganze des Leibes Christi bezogen erkannt wird). Diese Lebensform verwirklicht Aspekte des biblischen Zeugnisses, die bei Christen im bürgerlichen Leben zu kurz kommen können. Kommunitäten halten auf ihre Weise für alle Christen die Radikalität des christlichen Glaubens in Erinnerung, die ohne ihr Dasein leicht in Vergessenheit geraten könnte. So gehen von den Kommunitäten Impulse der Erneuerung für Kirche und Welt aus.

In den Darlegungen dieser Arbeit wurde deutlich, daß Kirche und Kommunität einander wechselseitig bedürfen. Christsein in und außerhalb der Kommunitäten muß in der Christenheit nebeneinander möglich sein. Es handelt sich dabei um zwei Weisen des Glaubens, die sicher nicht gleichartig, aber dennoch gleichwertig sind. Kirche und Kommunität haben immer neu in eine Wechselbeziehung zu treten. Wie von der Kirche Offenheit für die Kommunitäten zu erwarten ist, so gilt dasselbe auch von den Kommunitäten. So wird für sie immer neu die mittragende Teilnahme am gemeindlichen Leben und an der kirchlichen Sendung selbstverständlich sein. Die Kommunitäten werden sich bei allem Leiden an den volkskirchlichen Verhältnissen und bei aller kritischen Distanz zu ihnen selber als Glied am Leibe der Kirche Jesu Christi verstehen. Ihnen wird die Einheit der Kirche in Vielfalt am Herzen liegen.

Die gegenseitige Ergänzung wird nicht durch falsche gegenseitige Anpassung von Kirche und Kommunität zu erzielen sein. Vielmehr wird der Dialog darin fruchtbringend, daß die Christen in den Kommunitäten und diejenigen im

---

1 Schulte (Zeichen S. 391) sieht die Zeige- und Wirkrichtung der Glaubenden außerhalb der Kommunitäten "von Gott hin zu den Menschen und hin zur Welt". Die Zeige- und Wirkrichtung der Kommunitäten bestimmt er als ein Aus-dieser-Welt-Weisen, als Hin-zu-Gott (ebd. S. 399). Die Grenze dieses Verständnisses kommt in Sicht, wenn man diese beiden Apekte zu ausschließlich den beiden genannten Gruppierungen zuordnet. Denn die Kommunitäten erkennen ihren Dienst als Sendung hin zur Welt und die Christen außerhalb der Kommunitäten lassen sich ihrerseits auf die Bewegung des Glaubens "aus der Welt - hin zu Gott" ein. Im Sinne einer Akzentsetzung hat jedoch Schultes Verständnis eine gewisse Berechtigung.

2 Greshake (Erwartungen S. 85; ähnlich Matura, Ehelosigkeit S. 69.72; Maas, Affektivität S. 113; v. Balthasar, Theologie S. 22) ordnet den Aspekt der Wanderung dem "Weltstand", den Aspekt der Freiheit des kommenden Reiches dem "Ordensstand" zu. Durch dieses Verständnis kann die Sicht dafür verstellt werden, daß für alle Christen das "Schon" und "Noch-nicht" des Glaubens gilt. Man wird aber auch diesem Verständnisses eine gewisse Berechtigung zugestehen können, da die Kommunitäten der eschatologischen Dimension des Glaubens von ihrer Berufung her mehr Ausdruck verleihen.

3 Moser (Autorität S. 20f) vergleicht das Leben der Christen im bürgerlichen Leben mit Partisanen im geistlichen Kampf, während er in den Kommunitäten so etwas wie den Zusammenschluß einer "konzentrierten Einheitsbasis" erblickt.

bürgerlichen Leben von ihrer unterschiedlichen Berufung her ein persönliches Profil des Glaubens gewinnen. Auf dem Fundament der gemeinsamen Grundberufung wird solche Profilierung nicht auf Kosten des jeweils anderen Dialogpartners gehen. Gegenseitige Begegnungen werden hier vielmehr die verschiedenen Formen der Christusnachfolge bereichern. Um einer fruchtbaren Ergänzung willen benötigen die Kommunitäten im Gegenüber zur Kirche auf der einen Seite einen charismatischen Freiraum, der ihnen von der Kirche zuzugestehen ist. Ohne ihn könnten die Kommunitäten ihr Charisma nicht entfalten und einbringen. Auf der anderen Seite sind zwischen den Gemeinden und Kommunitäten immer wieder gemeinsame Erlebnisfelder durch Begegnungen persönlicher und gemeinschaftlicher Art zu schaffen, so daß ein wechselseitiger Lernprozeß in Gang kommen kann. Ein solches fruchtbares, sich gegenseitig ergänzendes Miteinander stellt ein wichtiges Moment in der Realisierung des Leibes Christi als der einen großen, geistlich vielgestaltigen familia Dei dar.

Literatur

Adams, U., Karriere nach unten. Ein Weg für Ordensleute und andere Christen, in: GuL 52(1979) S. 201-217

Albrecht, B., Er rief zu sich, die er wollte (Mk 3,13). Erwägungen zu kirchlichen Berufen, evangelischen Räten und Priestertum, Freising 1971

dies., Nachfolge Jesu Christi im Glauben - mitten in dieser Welt, in: dies./H.U.v.Balthasar, Nachfolge Jesu Christi mitten in der Welt, Freising 1971 S. 27-45

dies., Nachfolge Jesu Christi in der Hoffnung - mitten in dieser Welt, in: dies./H.U.v. Balthasar, Nachfolge Jesu Christi mitten in dieser Welt, Freising 1971 S. 47-64

Altefrohne, M., Zeichen evangelischer Armut heute. Taizé und die Erneuerung der biblischen Armut im Ordensleben, Köln 1974

Altenähr, A., Die monastischen und die kontemplativen Orden (3.1.3), in: Wulf/Bamberg/Schulz, Nachfolge als Zeichen, Würzburg 1978 S. 132-139

Althaus, P., Gebot und Gesetz. Zum Thema "Gesetz und Evangelium", in: E.Kinder/ K.Haendler, Gesetz und Evangelium. Beiträge zur gegenwärtigen theologischen Diskussion (WdF 142) Darmstadt 1968 S. 201-238

Amelung, E., Autorität III. Ethisch, in: TRE Bd. 5 Berlin 1980 S. 36-40

Ammon, H., Gelübde, in: EKL^2 Göttingen 1962 S. 1468-1470

Armut - beglückende Freiheit (o. Verf.), in: Bruder Franz 28(1975) S. 132f.

Arndt, M., Nachfolge (imitatio) Christi, in: Historisches Wörterbuch der Philosophie Bd. 6 Basel-Stuttgart 1984^2 S. 351-353

Auer, A., Ehe, in: HthG Bd 1 1977^2 S. 273-283

ders., Freude II. Moraltheologisch, in: LThK^2 Bd. 4 Freiburg 1960 S. 361-362

Aukrust, T., Bergpredigt II. Ethisch, in: TRE Bd. 5 Berlin 1980 S. 618-626

Außendorfer, F., Heilige Armut als Läuterung unseres Wesens, in: Brüderlicher Dienst 61(1978) S. 5-12

Bacht, H., Die "Bürde der Welt". Erwägungen zum frühmonastischen Armutsideal, in: Schlier/v.Severus/Sudbrack/Pereira, Strukturen christlicher Existenz, Würzburg 1968 S. 301-316

Baltensweiler, H., Die Ehe im Neuen Testament, Stuttgart 1967

Balthasar, H.U.v., Berufung - neutestamentlich, in: Das Wirken des Geistes deuten, Würzburg 1979 S. 12-23

ders., Berufung. Theologische Meditation, in: pwb Sonderdrucke 1 Bonn S. 1-17

ders., Die Nachfolge Christi im Neuen Testament, in: B.Albrecht/ders., Nachfolge Jesu Christi mitten in dieser Welt, Freising 1971 S. 11-26

ders., Gehorsam im Licht des Evangeliums, Hrsg.: Informationszentrum Berufe der Kirche, Freiburg S.19-29

ders., Jesus nachfolgen - arm, ehelos, gehorsam, Antwort des Glaubens 27, Freiburg 1982

ders., Nachfolge Jesu Christi in der Liebe - mitten in der Welt, in: B.Albrecht/ders., Nachfolge Jesu Christi mitten in der Welt, Freising 1971 S. 65-79

ders., Zur Theologie des Rätestandes, in: S.Richter, Das Wagnis der Nachfolge, Paderborn 1964 S. 9-57
Baltzer, K., Die Biographie der Propheten, Neukirchen-Vluyn 1975
Bamberg, C., Hat Muße Platz im Kloster? (unveröffentlichtes Manuskript)
dies., Lernprozeß Ordensgemeinschaft. Probleme und Möglichkeiten, Freising 1973
Bammel, E., πτωχός, πτωχεία, πτωχεύω in: ThWNT Bd. 6 Stuttgart 1959 S. 885-915

ders., Glaube III. Zwischentestamentliche Zeit und rabbinisches Judentum, in: TRE Bd 13 Berlin 1984 S. 704f.
Barclay, W., Lukasevangelium, Wuppertal 1974[2]
ders., Markusevangelium, Wuppertal 1965[8]
ders., Matthäusevangelium 2, Wuppertal 1956
Bardtke, H., Ehe II. Im AT, in: EKL[2] Bd 1 Göttingen 1986 S. 996-998
Barion, H., Zölibat II, in RGG[3] Bd 6 Tübingen 1928 S. 1924-1927
Barth, F., Buße, in: TRT Bd. 1 Göttingen 1971 S. 149-151
ders., Heiligung, in: Taschenlexikon Religion und Theologie Bd. 2 Göttingen 1971 S. 16f.
Barth, G., πίστις, in: EWNT Bd. 3 Stuttgart 1983 S. 216-231
ders., Bergpredigt I. Im Neuen Testament, in: TRE Bd. 5 Berlin 1980 S. 603-618
Barth, K., Die kirchliche Dogmatik (=KD) Bd. II/2 1985[7]; III/4 1969[3]; IV/2 1990[5] Zürich
Bartsch, H.W., Freiheit III. Griechisch-hellenistische Antike, in: TRE Bd. 11 Berlin 1983 S. 505f.
Bauder, W., ὀπίσω, in: ThBNT Bd. II/1 Wuppertal 1968 S. 954f.
Bauer, J.B., Uxores circumducere (1 Kor 9,5), in: BZ 3(1959) S. 94-102
Bauer, W./Aland, K. u. B., Griechisch-deutsches Wörterbuch zu den Schriften des Neuen Testaments und der frühchristlichen Literatur, Berlin 1988[6]
Baumgärtel, F., Glaube II. Im Alten Testament, in: RGG[3] Bd. 2 Tübingen 1958 S. 1588-1590
Bavel, T.J.v., Kleine Gruppe und große Welt: Strukturprobleme, in: Conc 10(1074) S. 500-506
Bayerlin, W., Der Grundauftrag der Orden und anderer geistlicher Gemeinschaften aus der Sicht eines Laien, in: Wulf/Bamberg/Schulz, Nachfolge als Zeichen, Würzburg 1978 S. 93-98
Becker, J., Buße IV. Neues Testament, in: TRE Bd. 7 Berlin 1981 S. 446-451
ders., Johannes der Täufer und Jesus von Nazareth, Neukirchen-Vluyn 1972
Behm, J., μετανοέω, μετάνοια, in: ThWNT Bd. 6 Stuttgart 1942 S. 972-1004
Beilner, W., Das spirituelle Leben als Nachfolge in Gemeinschaft, in: R. Bock/G. Domann, Riskierte Brüderlichkeit, Olten 1979 S. 13-38
ders., Der Einzelne und die Gemeinschaft. Ekklesiologische Aspekte zum Thema Nachfolge, in: MThZ 30(1979) S. 25-36
Beintker, H., Autorität IV. Systematisch-Theologische Aspekte, in: TRE Bd.5 Berlin 1980 S. 40-51
Beirnaert, L., Askese IV, in: LThK[2] Bd.I Freiburg 1957 S. 937-939
Beisser, F., Das Reich Gottes, Göttingen 1976
Benrath, G.A., Buße V. Historisch, in: TRE Bd. 7 Berlin 1981 S. 452-473
Berger, K., VI. Dekaloggebote als Weg zum ewigen Leben in Mk 10, 17-22, in: ders., Die Gesetzesauslegung Jesu Teil I, Neukirchen-Vluyn 1972 S. 396-460
Bergh, E., Das Mysterium der Frau und der religiöse Gehorsam, in: J.Züricher, Die Gelübde im Ordensleben Bd. 1 Der Gehorsam, Einsiedeln.Zürich.Köln 1956 S. 132-155
Bertrams, W., Priestertum, Jungfräulichkeit und Keuschheitsgelübde in ihren theologischen Beziehungen, in: GuL 28 (1955) S. 95-104
Berve, M., Alles war allen gemeinsam. Evangelische Armut - klösterliche Armut? in: WidZ 125(1984) S. 3-17

ders., "... auf daß Gott verherrlicht werde". Benediktinisches Mönchtum heute, in: WidZ 126(1984) S. 14-20
Best, E., Discipleship in Mark: Mark 8.22-10.52, in: ScotJT 23 (1970) S. 323-337
Betz, H.D., Nachfolge und Nachahmung Jesu Christi im Neuen Testament, Tübingen 1967
Betz. O., Rechtfertigung und Heiligung, in: G.Müller, Rechtfertigung, Realismus, Universalismus in biblischer Sicht (FS A.Köberle) Darmstadt 1978 S. 30-44
Beyreuther, E., Quietismus, in: RGG[3] Bd 5 Tübingen 1961 S. 736-738
Beyschlag, K., Zur Geschichte der Bergpredigt in der alten Kirche, in: ZThK 74(1977) S. 291-322
Bibra, O.S.v., Die Bevollmächtigten des Christus. Eine Untersuchung über die Kennzeichen der echten Diener am Wort nach dem Neuen Testament, Stuttgart 1946
Bieder, W., Gottes Sendung und der missionarische Auftrag der Kirche nach Matthäus, Lukas, Paulus und Johannes, Theologische Studien 82, Zürich, o.J.
Biehl, P., Gehorsam, in: E.Fahlbusch, Taschenlexikon Religion und Theologie Göttingen 1983[4] S. 148-150
Bieler, W., Die Berufung im Neuen Testament, AThANT Zürich 1961
Bieneck, F., Rechtfertigungsglaube und Klosterleben, in: Gebet und Dienst 3(1981) S. 9-11
Billerbeck, P., Die Briefe des Neuen Testaments und die Offenbarung des Johannes erläutert aus Talmud und Midrasch, München 1969[5]
Bissonier, H., Persönliche Initiative und Gehorsam, in: J.Zürcher, Die Gelübde im Ordensleben Bd. 1 Der Gehorsam, Einsiedeln.Zürich.Köln 1956 S. 184-190
Bittlinger, A., Leben in Gemeinschaft, Gnadenthal 1981[2]
Bittner, W.J., Heilung - Zeichen der Herrschaft Gottes, Neukirchen-Vluyn 1984
Blass, F./Debrunner, A., Grammatik des neutestamentlichen Griechisch, Göttingen 1965[12]
Bleistein, R., Die Jugend und die Orden. Überlegungen zur Nachwuchswerbung geistlicher Gemeinschaften (4.3.2), in: Wulf/Bamberg/Schulz, Nachfolge als Zeichen, Würzburg 1978 S. 310-321
ders., Geistliche Berufe heute entdecken - Schwierigkeiten und Chancen, in: Das Wirken des Geistes deuten, Würzburg 1979 S. 24-32
Blendinger, C., ἀκολουθέω, in: ThBNT Bd. II/1 Wuppertal 1968 S. 945-947
Blinzler, J., Εἰσὶν εὐνοῦχοι. Zur Auslegung von Mt 19,12, in: ZNW 48(1957) S. 254-270
ders., Jesus und seine Mutter nach dem Zeugnis der Evangelien, in: Klerusblatt 47(1967) S. 173-175
ders., Jüngerschaft, in: ders., Aus der Welt und Umwelt des Neuen Testaments, Stuttgart 1969 S. 9-19
ders., Vollkommenheit I. Biblisch, in: LThK[3] Bd. 10 Freiburg 1965 S. 863f.
ders., Jesus und seine Jünger, in: H.J.Schultz, Kontexte Bd. 3 Die Zeit Jesu, Stuttgart 1966 S. 73-82
Böcher, O., Johannes der Täufer I. Religionsgeschichtlich II. Neues Testament, in: TRE Bd. 17 Berlin 1988 S. 172-181
Bock, R., Kommunikationskrise in Primärgruppen, in: ders./G.Domann, Riskierte Brüderlichkeit, Olten 1979 S. 135-155
ders./Domann, G., Nachwort der Herausgeber, in: dies., Riskierte Brüderlichkeit, Olten 1979 S. 223-226
dies., Einleitung, in: dies., Riskierte Brüderlichkeit, Olten 1979 S. 9-12
Böckmann, A., Die Armut in der innerkirchlichen Diskussion. Ein Beitrag zu einem Neuverständnis der Ordensarmut, Münsterschwarzach 1973
dies., Prüfstein Armut. Die Herausforderung des Ordenslebens heute, Freiburg 1981[2]
dies., Was bedeutet "evangelische Armut"? Welchen Sinn kann in den Wohlstandsgesellschaften und in der wirklich "armen" Dritten Welt Ordens"armut" haben? in: Conc 10(1974) S. 488-494

dies., Welches sind die Impulse des Neuen Testaments für das Verhältnis der Kirche zu den Armen? in: Conc 13 (1977) S. 221-225

Bockmühl, K., Gesetz und Geist. Eine kritische Würdigung des Erbes protestantischer Ethik Bd. 1 Gießen 1987

Bodamer, J., Der Weg zur Askese als Überwindung der technischen Welt, Hamburg 1962

Boff, C., Für eine Ethik des kritisch-sozialen Gehorsams, in: Conc 16(1980) S. 645-647

Bohren, R., Fasten und Feiern, Neukirchen-Vluyn 1973

ders., Lebensstil. Fasten und Feiern, Neukirchen-Vluyn 1986

Bonhoeffer, D., Ethik. (Hrsg. E.Bethge) München 1975

ders., Gemeinsames Leben, München 1970[13]

ders., Nachfolge, München 1976[11]

ders., Schöpfung und Fall - Versöhnung, München 1968

ders., Widerstand und Ergebung. Briefe und Aufzeichnungen aus der Haft (Hrsg. E.Bethge) München 1977[2]

Bornkamm, G., Der Lohngedanke im Neuen Testament, in: Studien zu Antike und Urchristentum. Gesammelte Aufsätze Bd. 2 (BEvTh 28) München 1970[3] S. 69-92

ders., Jesus von Nazareth, Stuttgart 1977[11]

ders., Verdienst III. Im NT, in: RGG[3] Bd. 6 Tübingen 1962 S. 1263-1266

Boros, L., Strukturen christlicher Vollendung, in: Schlier/v.Severus/Sudbrack/Pereira, Strukturen christlicher Existenz, Würzburg 1968 S. 251-262

Bougé, Y, Zölibat und Beruf, in: A.-M. Carré, Ehelosigkeit - Berufung oder Schicksal, Stuttgart 1961 S. 61-97

Bours, J., Die Ehelosigkeit um des Reiches Gottes willen, in: ders./F. Kamphaus, Leidenschaft für Gott, Freiburg 1981 S. 24-71

Bouwman G., Folgen und Nachfolgen im Zeugnis der Bibel, Salzburg 1965

Bouyer, L., Einführung in die christliche Spiritualität, Mainz o.J.

Bracht, W., Jüngerschaft und Nachfolge. Zur Gemeindesituation im Markusevangelium, in: J.Hainz, Kirche im Werden, München-Paderborn-Wien 1976 S. 143-165

Braulik, G., Leben in der Brudergemeinde des Klosters, in: G.Braulik, Herausforderung der Mönche, Freiburg 1979 S. 65-108

Braun, H., Glaube III. Im NT, in: RGG[3] Bd. 2 Tübingen 1956 S. 1590-1597

ders., Spätjüdisch-häretischer und frühchristlicher Radikalismus. Jesus von Nazareth und die essenische Qumransekte. Bd. 2 Die Synoptiker (BHTh 24) Tübingen 1969[2]

Breemen, P.v., Gerufen und gesandt, Würzburg 1979

Breytenbach, C., Nachfolge und Zukunftserwartung nach Markus. Eine methodenkritische Studie, Zürich 1983

Bruce, A.B., The Training of the Twelve or Passages out of the Gospels, New York 1930

Brüning, M.M., Erneuerung des Ordenslebens durch Erneuerung des geistlichen Lebens, in: Schlier/v.Severus/Sudbrack/Pereira, Strukturen christlicher Existenz. Beiträge zur Erneuerung des geistlichen Lebens, Würzburg 1968 S. 283-389

Brunner, A., Der Leib in heidnischer und christlicher Aszese, in: GuL 23(1950) S. 336-345

ders., Religiöser Gehorsam heute, in: GuL 37(1964) S. 177-184

Bsteh, I., Auftrag und Chancen außerklösterlicher Gemeinschaften... Vom Gespräch und vom Teilen des Lebens mit anderen (3.2.5), in: Wulf/Bamberg/Schulz, Nachfolge als Zeichen, Würzburg 1978 S. 194-199

Bühner, J.A., ἀποστέλλω, in: EWNT Bd. 1 Stuttgart 1980 S. 340-342

ders., ἀπόστολος, in: EWNT Bd. 1 Stuttgart 1980 S. 342-351

Bultmann, R./Weiser, A., πιστεύω, πίστις ktl, in: ThWNT Bd 6, Stuttgart 1959 S. 174-230

Bultmann, R., ἀφίημι ktl, in: ThWNT Bd. 1 Stuttgart 1957 S. 506-509

ders., ζάω, ζωή E. Der Lebensbegriff des NT, in: ThWNT Bd. 2 Stuttgart 1960 S. 886-877

ders., Die Geschichte der synoptischen Tradition (FRLANT) Göttingen 1964[6]

ders., Jesus, München-Hamburg 1970[4]

ders., Theologie des Neuen Testaments, Tübingen 1980[8]
Burchard, C., Bergpredigt, in: EKL[3] Bd. 1 Göttingen 1985 S. 433-436
ders., Das doppelte Liebesgebot in der frühen christlichen Überlieferung, in: E.Lohse, Der Ruf Jesu und die Antwort der Gemeinde. (FS J.Jeremias), Göttingen 1970 S. 39-62
ders., Jesus von Nazareth, in: J.Becker/ders.u.a., Die Anfänge des Christentums, Stuttgart 1987 S. 12-58
Busch, E., Freiheit und Autorität. Das Generationsproblem in der Sicht des alten Barth (THS 119) Zürich 1976
Busemann, R., Die Jüngergemeinde nach Markus 10. Eine redaktionsgeschichtliche Untersuchung des 10. Kapitels im Markusevangelium, Bonn 1983
Butte, A., Das wiederentdeckte Opfer, Gnadenthal 1982[2]

Campenhausen, H.F.v., Der urchristliche Apostelbegriff, in: ST 1(1948) S. 96-130
ders., Die Askese im Urchristentum, in: ders., Tradition und Leben. Kräfte der Kirchengeschichte, Tübingen 1960 S. 114-156
ders., Die Askese des Urchristentums (Sammlung gemeinverständlicher Vorträge und Schriften aus dem Gebiet der Theologie und Religionsgeschichte 192) Tübingen 1949
Carpentier, R., Theologie des Ordensstandes und Heiligkeit des Laien, in: GuL 32(1959) S. 433-441
Carré, A.-M.(Hrsg.), Ehelosigkeit - Berufung oder Schicksal, Stuttgart 1961
Cerfaux, L., La mission apostolique des douzes et sa portée eschatologique, in: Mélanges Eugène Tisserant Vol. I Écriture Saint - Ancien Orient, Vatican 1964 S. 43-66
Christamaria, Sr. Schröter, Armut, in: 46. Rundbrief der Christusbruderschaft/Selbitz 1972 (ohne Seitenangaben)

Christusbruderschaft (Hrsg.), Denn er hatte seinem Gott vertraut. Zum Gedenken an Walter Hümmer, Nürnberg 1973
Christusbruderschaft Selbitz. Ein Bericht vom Werden und Auftrag der Christusbruderschaft in Selbitz, Nürnberg 1987
Christusbruderschaft, die ... in Selbitz, in: L.Mohaupt, Modelle gelebten Glaubens, Hamburg 1976 S. 104-107
Class, H., Armut, Keuschheit und Gehorsam. Ungewöhnlich leben in evangelischen Kommunitäten, in: Ideaspektrum 46(1990) S. 16f
ders., Gelebte Bruderschaft, Gnadenthal 1983
ders., Kommunität - Kirche - Gemeinde, in: I. Reimer, Verbindliches Leben in Bruderschaften, Kommunitäten, Lebensgemeinschaften, Stuttgart 1986 S. 7-11
Cognet, L., Quietismus, in: LThK[2] Bd 8 Freiburg 1963 S. 939-941
Colombo, C., Christliche Vollkommenheit und Leben in der Ehe, in: G.Thils/K.V.Truhlar, Laien und christliche Vollkommenheit, Freiburg 1966 S. 193-218
Colpe, C., ὁ υἱός τοῦ ἀνθρώπου, in: ThWNT Bd. 8 Stuttgart 1969 S. 403-481
Congar, Y., Armut als Akte des Glaubens, in: Conc 13(1977) S. 255-260
ders., Die Armut im christlichen Leben inmitten einer Wohlstandsgesellschaft, in: Conc 2(1966) S. 343-354
Conzelmann, H., die Mitte der Zeit. Studien zur Theologie des Lukas (BHTh 17) Tübingen 1964[5]
ders., Geschichte des Urchristentums (NTD Ergänzungsreihe 5) Göttingen 1978[4]
ders., Grundriß der Theologie des Neuen Testaments, München 1968[2]
ders., Reich Gottes I. Im Judentum und im NT, in: RGG[3] Bd. 5, Tübingen 1961 S. 912-918
Corselis, M.A., Franziskus und sein Orden, in: J.Züricher, Die Gelübde im Ordensleben Bd. 1 Der Gehorsam, Einsiedeln.Zürich.Köln 1956 S. 47-55

Coutts J., The Authority of Jesus and of the Twelve in St. Mark's Gospel, in: JThS 8(1957) S. 111-118
Cremer, Heiligung, in: RE^3 Bd. 7 Leipzig 1899 S. 573-578
Cullmann, O., Der zwölfte Apostel, in: ders., Vorträge und Aufsätze 1925-1962, Tübingen 1966 S. 214-222

Dammertz, V., Die Missionsarbeit der Orden (3.4.3), in: Wulf/Bamberg/Schulz, Nachfolge als Zeichen, Würzburg 1978 S. 267-273
Daniélou, J., Die Stellung der Ordensleute in der Kirche, in: G.Baraúna, De Ecclesia. Beiträge zur Konstitution "Über die Kirche" des Zweiten Vatikanischen Konzils. Bd. 2 Freiburg 1966 S. 415-422
Das Amt der Priorin (Aus der Konstitution der Communität Casteller Ring), in: J.Halkenhäuser, Abenteuer mit Gott (Schwanberger Reihe 15) Rödelsee 1989 S. 50-55
Daube, D., Responsibilities of Master and Disciples in the Gospels, in: NTS 19(1972) S. 1-15
Dauby, P., Gehorsamsschwierigkeiten und Wege zu ihrer Behebung, in: J.Züricher, Die Gelübde im Ordensleben Bd. 1 Der Gehorsam, Einsiedeln-Zürich-Köln 1956 S. 191-200
Daumoser, I., Berufung und Erwählung bei den Synoptikern. Ein Beitrag zur biblischen Theologie des Neuen Testaments, Meisenheim 1954
Degenhardt, H.-J., Lukas - Evangelist der Armen, Stuttgart 1964
Deichgräber, R., Zeichenhaftes Leben, Gnadenthal 1981^2
Deißler, A., Das Vollkommenheitsideal nach dem Alten Testament, in: GuL 32(1959) S. 328-339
Dekret über die zeitgemäße Erneuerung des Ordenslebens, Einleitung und Kommentar von F.Wulf, in: Das zweite Vatikanische Konzil, LThK Ergänzungsband 2 Freiburg 1967 S. 249-307
Delchard, A., Armut und Gemeinschaftsleben. Das Werden der ignatianischen Armutsform, in: P.Heinrici/J.Knecht, Die christliche Armut, Frankfurt 1966
Delling, G., τέλειος, in: ThWNT Bd 8 Stuttgart 1969 S. 68-80
Denter, T., Kriterien und Anzeichen einer Berufung. Versuch einer geistlichen Reflexion, in: Das Wirken des Geistes deuten, Würzburg 1979 S. 44-50
Der Casteller Ring, in: L. Präger, Frei für Gott und die Menschen, Stuttgart 1959 S. 188-189
Der Lindenhof - Haus der Stille, in: L. Präger, Frei für Gott und die Menschen, Stuttgart 1959 S. 190-196
Dibelius, M., Die Formgeschichte des Evangeliums, Tübingen 1966^5
Dibelius, O., Die Jünger. Ein Bericht von der Nachfolge damals und heute, Berlin 1939
Die Bekenntnisschriften der evangelisch-lutherischen Kirche. Herausgegeben im Gedenkjahr der Augsburgischen Konfession 1930, Göttingen 1976^7
Dillmann, R., Das Eigentliche der Ethik Jesu. Ein exegetischer Beitrag zur moraltheologischen Diskussion um das Proprium einer christlichen Ethik (TthS 23) 1984
Dinkler, E., Jesu Wort vom Kreuztragen, in: Signum Crucis. Aufsätze zum Neuen Testament und zur christlichen Archäologie, Tübingen 1967 S. 77-98
Domann, G., Gemeinschaft als interpersonaler Prozeß, in: R. Bock/ders., Riskierte Brüderlichkeit, Olten 1979 S. 52-73
ders., Die "Suchbewegung" - Experiment einer Neuorientierung in: R. Bock/ders., Riskierte Brüderlichkeit, Olten 1979 S. 209-222
ders., Kommunitäres Leben und Konfliktverarbeitung, in.: R. Bock/ders., Riskierte Brüderlichkeit, Olten 1979 S. 175-191
Donaldson, J., "Called to Follow". A Twofold Experience of Discipleship in Mark, in: BThB 5(1975) S. 67-77

Dörrer, A., Buße III. Religiöse Volkskunde, in: LThK[2] Bd 2 Freiburg 1958 S. 818f.
Dowden, G.F., The Significance of Mark 6, in: ChQR 158(1957) S. 39-48
Drewes, L., Ist der Rätestand für die Kirche lebensnotwendig, in: Hrsg.: pwb Sonderdrucke 22 Bonn S. 1-7
Duchrow, U., Zwischen Ortsgemeinde und Weltkirche, in: EvK 18 (1985) S. 336f.
Duquoc, C., Gehorsam und Freiheit in der Kirche, in: Conc 16(1980) S. 649-655

Ebeling, G., Dogmatik des christlichen Glaubens Bd. I-III Tübingen 1982[2]
Eckert, J., Wesen und Funktion der Radikalismen in der Botschaft Jesu, in: MthZ 24(1973) S. 301-325
Egger, W., Nachfolge als Weg zum Leben. Chancen neuerer exegetischer Methoden, dargelegt an Mk 10,17-31, Wien 1979
ders., Nachfolge Jesu und Verzicht auf Besitz. Mk 10,17-31 aus der Sicht der neuesten exegetischen Methoden, in: TPQ 128(1980) S. 127-136
Eibach, J., Eigentum I. Altes Testament, in: TRE Bd. 9 Berlin 1982 S. 404-407
Eichholz, G., Gleichnisse der Evangelien. Form, Überlieferung, Auslegung, Neukirchen-Vluyn 1975[2]
ders., Auslegung der Bergpredigt, Neukirchen-Vluyn 1970[2]
Eid, V., Nachfolge, in: Wörterbuch des Christentums, Gütersloh 1988 S. 853
Eiler, E. Kirche der Armen, in: L.Hardick, Leben in Armut, Werl 1972 S. 100-114
Eilers, E., Die biblischen Grundlagen des Rates der Ehelosigkeit, in: L.Hardick/E.Häcker, Leben in Ehelosigkeit, Werl 1972 S. 58-70
Eisenbach, F., Die Orden und andere geistliche Gemeinschaften aus der Sicht des Weltpriesters, in: Wulf/Bamberg/Schulz, Nachfolge als Zeichen, Würzburg 1978 S. 76-92
Eisenberg, H., Berufung zu einem radikalen Leben, in: Neue Stadt 3(1979) S. 26-27
ders., Die Communität Imshausen, in: L. Präger, Frei für Gott und die Menschen, Stuttgart 1959 S. 122-126
Elsässer, A., Gehorsam - Geist der Untertänigkeit oder Freiheit der Kinder Gottes? Franz von Assisi und die heutige Zeit. in: Gründel/Rauh/Eid, Humanum. Moraltheologie im Dienst des Menschen, Düsseldorf 1972 S. 193-214
Evangelischer Erwachsenenkatechismus, hrsg. v. W.Jentsch/H.Jetter/M.Kießig/H.Reller, Gütersloh 1975

Falk, Z.W., Ehe/Eherecht/Ehescheidung III. Judentum, in: TRE Bd. 9 Berlin 1982 S. 313-318
ders., Eigentum II. Judentum, in: TRE Bd. 9 Berlin 1982 S. 407-410
Fascher, E., Vergeltung IV. Im NT, in: RGG[3] Bd. 6 Tübingen 1962 S. 1347-1349
Fetscher, I, Freiheit III. Systematisch, in: RGG[3] Bd 2 Tübingen 1958 S. 1108-1110
Fischer, M., Asketische Radikalisierung der Nachfolge Jesu, in: J.Rogge/G.Schille, Theologische Versuche IV, Berlin 1972 S. 11-25
Fischer-Barnicol, H., Neue Wege der Nachfolge Jesu Christi in der katholischen Laienschaft. in: F.Vierig, Wege der Nachfolge, Göttingen 1962 S. 23-59
Floristan, C. Der christliche Gehorsam, in: Conc 16(1980) S. 603f.
Flusser, D., Qumran und die Zwölf, in: C.J.Bleeker, Initiation, Leiden 1965 S.134-146
Fohrer, G., Einleitung in das Alte Testament, Heidelberg 1969[11]
Folliet, J., Ehelosigkeit und Gesellschaft, in: A.-M. Carré, Ehelosigkeit - Berufung oder Schicksal, Stuttgart 1961 S. 19-42
Föller, O., Verbindliches Leben, Stuttgart 1984[2]
Förster, W., ὀπίσω, in: ThWNT Bd 5 Stuttgart 1954 S.475-486
ders./Rad, G.v., εἰρήνη, in: ThWNT Bd 2 Stuttgart 1960 S. 398-418
Fouché, S., Zur Ehelosigkeit berufen, in: A.-M. Carré, Ehelosigkeit - Berufung oder Schicksal, Stuttgart 1961 S. 113-124

Fragen um den klösterlichen Gehorsam. Abendliches Gespräch in Schweikelberg, in: GuL 10(1969) S. 166-181

Frank, I.W., Bruderschaften, Schwesternschaften, in: Wörterbuch des Christentums, Gütersloh 1988 S. 171

Frank, K.G., Die Armut von Taizé, in: Bruder Franz 28(1975) S. 153f.

Frank, K.S., Die Katholische Reaktion, in: H.Meyer/H.Schütte, Confessio Augustana. Bekenntnis des einen Glaubens, Paderborn.Frankfurt 1980 S. 293-302

ders., Ehelosigkeit um des Himmelreiches willen im Verständnis der frühen Kirche, in: L.Hardick/E.Häcker, Leben in Ehelosigkeit, Werl 1972 S. 77-99

ders., Einführung, in: ders., Askese und Mönchtum in der Alten Kirche (WdF 309) Darmstadt 1975 S. 1-33

ders., Mönch, Mönchtum B. Kirchengeschichtlich, in: V.Drehsen, Wörterbuch des Christentums, Gütersloh 1988 S. 830f.

Frankemölle, H., Jesus von Nazareth. Anspruch und Deutungen, Mainz 1976

Frankl, V.E., Das Leiden am sinnlosen Leben, Freiburg.Basel.Wien 1980

ders., Der Wille zum Sinn. Ausgewählte Vorträge über Logotherapie, Bern.Stuttgart.Wien 1982

Frerichs, F., Gehorsam, in EKL^2 Bd. 1, Göttingen 1961 S. 1463-1465

ders., Nachfolge Christi, in: EKL^2 Bd. 2 Göttingen 1962 S. 1495-1498

Freyne, S., The Twelve: Disciples and Apostles. A Study in The Theology of the First Three Gospels, London 1968

Friedmann, E., Mönche im Dienst der Kirche für die Menschen, in: G.Braulik, Herausforderung der Mönche 1979 S. 175-196

Friedrich, G., κῆρυξ, in: ThWNT Bd. 3 Stuttgart 1959 S. 683-695

ders., Sexualität und Ehe. Rückfragen an das Neue Testament, Stuttgart 1977

Fritzsche, H.G., Kapitel V: Christentum und Jüngerschaft als "Zeugnis und Dienst" (Gottesdienst und Dienst am Menschen), in: ders., Hauptstücke des christlichen Glaubens. Grundriß der christlichen Glaubenslehre, Berlin 1979^2 S. 200-217

Fuchs, E., Die vollkommene Gewißheit. Zur Auslegung von Matthäus 5,48, in: ders., Zur Frage nach dem Historischen Jesus, Tübingen 1960 S. 126-135

Füglister, N., Zeugnis gelebter Hoffnung, in: G. Braulik, Herausforderung der Mönche, Freiburg 1979 S. 131-154

Fürst, H., Das Verständnis der Armut in der Hl. Schrift (Teil 1 u. 2), in: L.Hardick, Leben in Armut, Werl 1972 S. 15-29.47-54

Fürst. C.G., Ordensrecht und spiritueller Lebensvollzug, in: R.Bock/G.Domann, Riskierte Brüderlichkeit, Olten 1979 S. 39-51

Gager, J.G.; Das Ende der Zeit und die Entstehung von Gemeinschaften, in: W.A.Meeks, Zur Soziologie des Urchristentums, München 1979

Gatzen, H., Beruf, in: EKL^3 Bd. 1 Göttingen 1985 S. 436-440

Gehrig, H., Einführung, in: J.B.Lotz/H.Riedlinger/B.Schlink/R.Völkl, Die evangelischen Räte in der heutigen Welt, Freiburg o.J. S. 7-9

Geist, H., Jesus vor Israel - der Ruf zur Sammlung, in: K.Müller, Die Aktion Jesu und die Re-Aktion der Kirche. Jesus von Nazareth und die Anfänge der Kirche, Würzburg 1972 S. 31-64

Geistliche Lebensordnung einer Ordensgemeinschaft, Arbeitsgruppe, Sießen - München, in: GuL 53(1980) S. 281-298

Gerhardsson, B., Die Boten Gottes und die Apostel Christi, in: SEA 27(1962) S. 89-131

Gerhartz, J.G., Wirklich arm sein. Die Armut in der "Communauté de Taizé", in: Schlier/v.Severus/ Sudbrack/Pereira, Strukturen christlicher Existenz, Würzburg 1968 S. 317-331

Giampiccoli, N., Die Communità d'Agape, in: L. Präger, Frei für Gott und die Menschen, Stuttgart 1959 S. 377-385
Giblet, J., Bedeutung der christlichen Armut nach dem Neuen Testament, in: G.Thils/ K.V.Truhlar, Laien und christliche Vollkommenheit, Freiburg 1966 S. 187-192
Gleede, E., Hin und Her in den Häusern. Die besonderen Gaben und Aufgaben des Hauskreises, Gnadenthal 1982[2]
Gloege, G., Heilig IV. Heilig, systematisch-theologisch, in: RGG[3] Bd. 3 Tübingen 1959 S. 151-155
ders., Reich Gottes III. Dogmatisch, in: RGG[3] Bd 5 Tübingen 1961 S. 924-929
Glombitza, O., Die christologische Aussage des Lukas in seiner Gestaltung der drei Nachfolgeworte Lukas IX 57-62, in: NT 13(1971) S. 14-23
Gnilka, J., Das Evangelium nach Markus (EKK II/1 u. II/2) Neukirchen-Vluyn 1978/79
ders., Zur Theologie des Hörens nach den Aussagen des Neuen Testaments, in BuL 2(1961) S. 71-81
Goffi, T., Umwege und Irrwege des christlichen Gehorsams, in: Conc 16(1980) S. 605-611
Goldammer, K./Körner, A., Buße, in: ders., Wörterbuch der Religionen, Stgt. 1962[2] S. 105
ders., Begründung des Glaubens durch Jesus, in: ders., Christologie und Ethik. Aufsätze zum Neuen Testament, Göttingen 1968 S. 44-65
Goppelt, L., Theologie des Neuen Testaments, Göttingen 1976
Gordan, P., Angebot und Nachfrage. Ein Briefwechsel, in: G.Braulik, Herausforderung der Mönche, Freiburg 1979 S. 11-25
Görtz, H.-J., Die fundamentaltheologische Bedeutung der Nachfolge, in: TuP 60(1985) S. 321-340
Govaart-Halkes, T., Auf der Suche nach neuen Autoritäts- und Gehorsamsformen in der Kirche, in: Conc 5(1969) S. 680-686
Graß, H., Glaube V. Dogmatisch, in: RGG[3] Bd. 2 Tübingen 1958 S. 1601-1611
ders., Heiligung, in: Taschenlexikon Religion und Theologie, Bd. 2 Göttingen 1983[4] S. 351f.
Grau, E., Leben ohne Eigentum. Das Armutsverständnis des hl. Franziskus, in: L.Hardick, Leben in Armut, Werl 1972 S. 55-70
Greeven, H., Ehe III A. Im NT, in: RGG[3] Bd. 2 Tübingen 1958 S. 318-320
Greinacher, N., Herrschaftsfreie Gemeinde, in: Conc 7(1971) S. 181-189
Greshake, G., Erwartungen der Kirche an die Orden, in: W. Herbstrith, Orden als Lebensmodell, München 1983 S. 78-98
ders., Geistliche Erneuerung der Orden, in: W. Herbstrith, Orden als Lebensmodell, München 1983 S. 99-119
ders., Gottes Willen tun. Gehorsam und geistliche Unterscheidung, Freiburg 1984
Gribomont, J., Askese IV, in: TRE Bd. 4 Berlin 1979 S. 204-225
Groß, H., Heiligkeit I. Biblisch, in: HthG Bd. 2 München 1974[2] S. 290-295
Grotz, J., Heiligkeit II. Theologisch, in: HthG Bd 2 München 1974[2] S. 295-299
Grün, A., Bete und Arbeite - Kurzformel benediktinischen Lebensstils, in: G.Braulik, Herausforderung der Mönche, Freiburg 1979 S. 155-174
ders., Ehelos - des Lebens wegen (Münsterschwarzacher Kleinschriften 58) Münsterschwarzach 1989
ders., Lebensmitte als geistliche Aufgabe (Münsterschwarzacher Kleinschriften 13) Münsterschwarzach 1980
Gründel, J., Consilia Evangelica, in: TRE Bd. 8 Berlin 1981 S. 192-196
Grundmann, W., Das Evangelium nach Lukas (ThHNT Bd. 3) Berlin 1984[10]
ders., Das Evangelium nach Markus (ThHNT Bd. 2) Berlin 1968[3] u. 1980[5]
ders., Das Evangelium nach Matthäus (ThHNT Bd. 1) Berlin 1981[15]
Guillet, J., Die Armut Jesu Christi, in: P.Heinrici/J.Knecht, Die christliche Armut, Frankfurt 1966

Gulin, E.G., Die Nachfolge Gottes, in: StOr 1925 S.34-50
Gunneweg, A.H.J., Geschichte Israels bis Bar Kochba (ThW Bd. 2) Stuttgart 1976

Haacker, K., Glaube II/3. Neues Testament, in: TRE Bd. 8 Berlin 1984 S. 289-304
Hack, U., Beruf, in: TRT Bd. 1 Göttingen 1971 S. 100-102
Haeffner, G., Christliche Armut - anthropologische Grundlegung, in: Sonderdruck hrsg. von Informationszentrum Berufe der Kirche, Freiburg o.J. S. 1-9
Haenchen, E., Der Weg Jesu, Berlin 1968[2]
Hage, G./Finckenstein, J.G./Krause, G., Bruderschaften/Schwesternschaften/Kommunitäten 7. 20.Jahrhundert, in: TRE Bd 7 Berlin 1981 S. 207-212
Hahn, F., Das Verständnis der Mission im Neuen Testament (WMANT 13) Neukirchen-Vluyn 1963
ders., Die Nachfolge Jesu in vorösterlicher Zeit, in: P.Rieger, Die Anfänge der Kirche im Neuen Testament, Göttingen 1967 S. 7-36
Halkenhäuser, J., Das Engagement christlicher Ehelosigkeit - Herausforderung und Verheißung, in: ders., Engagement und Zeugnis, Schwanberger Reihe 8 1982 S. 63-78
ders., Das Evangelium in Gemeinschaft leben, in: J. .Schreiner/K.Wittstadt, Communio Sanctorum. Einheit der Christen, Einheit der Kirche, Würzburg 1988 S. 490-503
ders., Der Grundauftrag der geistlichen Gemeinschaften in ökumenischer Sicht, in: Wulf/Bamberg/Schulz, Nachfolge als Zeichen, Würzburg 1978 S. 99-107
ders., Der Zeugniswert erneuerter Ordensstrukturen, in: R. Bock/G. Domann, Riskierte Brüderlichkeit, Olten 1979 S. 192-208 (= ders., Der Zeugniswert erneuerter Ordensstrukturen, in: ders., Engagement und Zeugnis, Schwanberger Reihe 8 1982 S. 49-62)
ders., Die Communität Casteller Ring I.u.III, in: L. Mohaupt, Modelle gelebten Glaubens, Hamburg 1976 S. 90-93.99-103
ders., Die evangelischen Kommunitäten - die ekklesiale und ökumenische Dimension ihres Lebens, in: ders., Engagement und Zeugnis, Schwanberger Reihe 8 1982 S. 34-48
ders., Frei für Gott und die Menschen. Leben und Auftrag der evangelischen Kommunitäten, in: ders., Engagement und Zeugnis, Schwanberger Reihe 8 1982 S. 21-33
ders., Hinter offenen Türen. Die Kommunität Casteller Ring, in: ders., Engagement und Zeugnis, Schwanberger Reihe 12 1982 S. 5-20
ders., Kirche und Kommunität. Geschichte und Auftrag der kommunitären Bewegung in den Kirchen der Reformation, Paderborn 1982 (2. Aufl.)
ders., Kommunitäten, in: Evangelisches Soziallexikon, Stuttgart 1980[7] S. 737-740
ders., Was bedeutet "Nachfolge Christi" im Kontext heutigen Ordenslebens? in: ders., Engagement und Zeugnis, in: Schwanberger Reihe 8 1982 S. 79-88
ders., Zur Bewertung und Beurteilung von CA 27 aus der Sicht evangelischer Kommunitäten, in: H.Meyer/H.Schütte, Confessio Augustana. Bekenntnis des einen Glaubens, Paderborn-Frankfurt 1980 S. 303-308
Hammer, F., Autorität und Gehorsam, Düsseldorf 1977
Hampe, J.C., Die Integrierte Gemeinde, in: I. Reimer, Alternativ leben in verbindlicher Gemeinschaft, Stuttgart 1979 S. 99-108
Hanselmann, J., Kleines Lexikon kirchlicher Begriffe, München 1969
ders., Soziale Gestaltung von Glaube, in: L.Mohaupt, Modelle gelebten Glaubens, Hamburg 1976 S. 9-28
Hanssen, O., Verbindlich leben... unmodern? unbiblisch? und doch gefragt?, Gnadenthal 1980[2]

Hardick, L, Fragen um das Leben in Ehelosigkeit heute, in: ders./E. Häcker, Leben in Ehelosigkeit, Werl 1972 S. 9-13
ders.(Hrsg.), Leben in Armut (Wandlung in Treue Bd 14) Werl 1972
ders., Armut II. Kirchengeschichtlich, in: RGG[3] Bd. 1 Tübingen 1957 S. 624-627
ders., Freiheit? Wir haben doch Gehorsam gelobt! in: Dienender Glaube 57(1981) S. 61
ders., Möglichkeiten und Grenzen der Anpassung und Erneuerung in Vergangenheit und Gegenwart, in: OK 3(1962) S. 273-281
ders., Zum Begriff "Armut", in: ders., Leben in Armut, Werl 1972 S. 9-14
Hardick, L/Häcker,E.(Hrsg.), Leben in Ehelosigkeit (Wandlung in Treue Bd.13) Werl, 1972
Häring, B., Die allgemeine Berufung zur Vollkommenheit als Grundzug der christlichen Moral, in: G.Thils/K.V. Truhlar, Laien und christliche Vollkommenheit, Freiburg 1966 S. 115-154
ders., Freiheit oder Gehorsam? in: GuL 21(1948) S. 108-121
ders., Gehorsam im Ordensleben, in: OK 8(1967) S. 34-40
ders., Heiligkeit (des Menschen) II. Dogmatisch, in: LThK[2] Bd 4 Freiburg 1960 S. 130-133
ders., Liebe und Ehelosigkeit, in: GuL 31(1958) S. 103-106
ders., Vollkommenheit II. Systematisch, in: LThK[2] Bd. 10 Freiburg 1965 S. 865f.
Harnack, A., Die pseudoclementinischen Briefe de virginitate und die Entstehung des Mönchtums, in: K.S.Frank, Askese und Mönchtum in der Alten Kirche (WdF 309) Darmstadt 1975 S. 37-68
Haskamp, R./Schalück, H., Leitungs- und Führungsstil, in: Wulf/Bamberg/Schulz, Nachfolge als Zeichen, Würzburg 1978 S. 247-257
Haskamp, R., Zur Psychologie des ehelosen Lebens, in: L.Hardick/E.Häcker, Leben in Ehelosigkeit, Werl 1972 S. 21-42
Haspecker, F., Gnade I. Der Begriff der Gnade im AT, LThK[2] Bd 4 Freiburg 1960 S. 977-980
Haspecker, J., Ehe II. E. im AT, in: LThK[2] Bd. 3 Freiburg 1959 S. 675-677
Hauck, F.Kasch. W., πλοῦτος κτλ, ThWNT Bd.6 Stuttgart 1959 S.316-330
ders., θερίζω, θερισμός, in: ThWNT Bd 3 Stuttgart 1938 S. 132f.
Haupt, F., Der St. Jürgen-Orden, in: L. Präger, Frei für Gott und die Menschen, Stuttgart 1959 S. 344-358
Hauser, T., Zur Verkündigung der Jungfräulichkeit und des Ordensstandes, in: OK 4(1963) S. 41-46
Heimler, A., "Opferbereitschaft" kontra Selbstverwirklichung? in: GuL 56(1983) S. 347-357
Heinen, K./Weiser, A., Jüngernachfolge im Alten und Neuen Testament, in: LZ 27(1972) S. 7-21
Heinsius, M., Der schwesternschaftliche Gedanke bei Johann Hinrich Wichern und Wilhelm Löhe, in: L. Präger, Frei für Gott und die Menschen, Stuttgart 1959 S. 423-454
Heinz, H., Neuere geistliche Gemeinschaften - ein Anruf an unsere Zeit, in: Wulf/Bamberg/Schulz, Nachfolge als Zeichen, Würzburg 1978 S. 150-163
ders., Perspektiven heutiger Berufungspastoral, in: pwb Sonderdrucke 24 Bonn S. 16-33
Heinz-Mohr, G., Christsein in Kommunitäten, Stuttgart 1968
ders., G./Bahr, H.E., Brüder der Welt, Hamburg.Freiburg. Zürich 1965
Held, H.J., Der Christusweg und die Nachfolge der Gemeinde. Christologie und Ekklesiologie im Markusevangelium, in: D.Lührmann/G.Strecker, Kirche (FS G.Bornkamm), Tübingen 1980 S. 79-93
Helfmeyer, F.J., Die Nachfolge Gottes im Alten Testament, Bonn 1968
Hemmerle, K., Berufungspastoral um die Jahrtausendwende, in: pwb Sonderdrucke 24 S. 1-14
ders., Kriterien und Anzeichen einer Berufung. Versuch einer Zusammenschau, in: Das Wirken des Geistes deuten, Würzburg 1979 S. 51-55

ders., Orden und Jugend im Lebensraum der Kirche, in: W. Herbstrith, Orden als Lebensmodell, München 1983 S. 120-148

ders., Ruf/Beruf/Berufung, in: C.Schütz, Praktisches Lexikon der Spiritualität, Freiburg 1988

ders., Theologie als Nachfolge. Bonaventura - ein Weg für heute, Freiburg 1975

ders., Zum Wegverlauf geistlicher Berufung, in: Das Wirken des Geistes deuten, Würzburg 1979 S. 33-37

Hempel, E., Die Evangelische Franziskanerbruderschaft der Nachfolge Christi, in L. Präger, Frei für Gott und die Menschen, Stuttgart 1959 S. 254-271

Hengel, M., Das Ende aller Politik. Die Bergpredigt in der aktuellen Diskussion. in: Ev.Kom. 14(1981) S. 686-690

ders., Die Bergpredigt im Widerstreit, in: ThB 14(1983) S. 53-67

ders., Die Stadt auf dem Berge, in: Ev.Kom. 15(1982) S. 19-22

ders., Eigentum und Reichtum in der frühen Kirche. Aspekte einer frühchristlichen Sozialgeschichte, Stuttgart 1973

ders., Nachfolge und Charisma. Eine exegetisch-religionsgeschichtliche Studie zu Mt 8,21f. und Jesu Ruf in die Nachfolge, Berlin 1968

Herbstrith, W., Aspekte kontemplativen Lebens, in: dies., Orden als Lebensmodell, München 1983 S. 159-176

dies., Kirche - das eine Volk der Erlösten, in: dies., Orden als Lebensmodell, München 1983 S. 17-28

dies., Zellen in der antlitzlosen Stadt, in: dies., Orden als Lebensmodell, München S. 177-189

Hermann, R., Buße, dogmatisch-ethisch, in: RGG^3 Bd. 1 Tübingen 1957 S. 1534-1538

Herzberg, U., Die Sydower Bruderschaft, in L. Präger, Frei für Gott und die Menschen, Stuttgart 1959 S. 231-244

Heß, K., Die Bruderschaft vom gemeinsamen Leben, in: L. Präger, Frei für Gott und die Menschen, Stuttgart 1959 S. 55-68

Heufelder, E., Die evangelischen Räte, Wien 1953

Heyer, F., Mönchtum, in: Konfessionskunde, Berlin 1977 S. 391-405

Hillenbrand, K., Ordensspiritualität und Leben des Diözesanpriesters. "Einander helfen" als konkrete Communio, in: J.Schreiner/K.Wittstadt, Communio Sanctorum. Einheit der Christen - Einheit der Kirche (FS P.W.Scheele) Würzburg 1988 S. 504-522

Hillmann, W., Perfectio evangelica. Der klösterliche Gehorsam in biblisch-theologischer Sicht, in: WiWei 25(1962) S. 163-168

ders., Perfectio evangelica. Neutestamentlich-theologische Grundlagen des Ordenslebens, in: WiWei 19(1956) S. 162-172

Hirschmann, H., Dialog oder Gehorsam? in: OK 8(1967) S. 2-16

Hoch, F., Die evangelischen Räte Armut, Keuschheit, Gehorsam. Arbeitshilfen des Kaiserswerther Verbandes Deutscher Diakonissenmutterhäuser, Breklum 1964 S. 5-74

Hoffmann, P., Studien zur Theologie der Logienquelle, Aschaffenburg-Münster/Westf. 1982^3

ders., Nachfolge Christi II. Systematisch, in: LThK^2 Bd. 7 Freiburg 1962 S. 759-762

ders./Eid,V., Jesus von Nazareth und eine christliche Moral. Sittliche Perspektiven der Verkündigung Jesu, Freiburg 1975

Hofmeister, H., Freiheit 1. Philosophisch, in: EKL^3 Bd 1 Göttingen 1986 S. 1346-1353

Holtz, T., δώδεκα , in: EWNT Bd. 1 Stuttgart 1980 S. 874-880

Holzherr, G., Die Benediktusregel: Eine Anleitung zu christlichem Leben, Zürich. Einsiedeln.Köln 1980

Horst, F., Ehe II. Ehe im AT, in: RGG^3 Bd. 2 Tübingen 1958 S. 316-318

ders., Heilig II. Heilig und profan im AT und Judentum, in: RGG^3 Bd. 3 Tübingen 1959 S. 148-151

ders., Vergeltung II. Im AT, in: RGG^3 Bd. 6 Tübingen 1962 S. 1343-1346
Huber, W./Reuter, H.-R., Friedenserziehung, Stuttgart.Berlin.Köln 1990
Hümmer, H., Gott ruft dem, was nicht ist, daß es sei, Nürnberg o.J.
Hümmer, W., Die Christusbruderschaft in Selbitz, in: L. Präger, Frei für Gott und die Menschen, Stuttgart 1959 S. 178-187
ders., Brauchen wir evangelische Orden? in: ders., Neue Kirche in Sicht, Marburg 1970 S. 101-110
ders., Bruderschaft als Herausforderung an die Gemeinde, in: ders., Neue Kirche in Sicht, Marburg 1970 S. 9-22
ders., Das Leben evangelischer Kommunitäten in Deutschland, in: ders., Neue Kirche in Sicht, Marburg 1970 S. 111-121
ders., Der Auftrag der Kommunitäten, in: ders.: Neue Kirche in Sicht, Marburg 1970 S. 123-130
ders., Geld und geistliches Leben, in: ders.: Neue Kirche in Sicht, Marburg 1970 S. 75-84
ders., Grundstrukturen und Wesenszüge lebendiger Gemeinde, in: ders.: Neue Kirche in Sicht, Marburg 1970 S. 23-32
ders., Jesus und die Idealisten, in: ders.: Neue Kirche in Sicht, Marburg 1970 S. 85-90
ders., Von der Ehelosigkeit, in: ders.: Neue Kirche in Sicht, Marburg 1970 S. 131-139
ders., Warum Bruderschaft? Gnadenthal 1981^2
Hünermann, P., Christliche Armut - theologische Begründung, in: pbw-Sonderdruck (Informationszentrum Berufe der Kirche) Bonn o.J.
Hunzinger, C.H., Vergeltung III. Im Judentum, in: RGG^3 Bd. 6 Tübingen 1962 S. 1346f.

Iersel, B.v., Der Weg des Gehorsams. Jesu Lebensweg im Evangelium nach Markus, in: Conc 16(1980) S. 622-629
Imhof, P., Orden. Zu einem Modell christlicher Lebensgemeinschaft, in: GuL 59(1986) S. 321-323
ders., Überlegungen zur Nachfolge Jesu, in: ON 27(1988) S. 15-28
Iparraguirre, I., Wesen der Heiligkeit - Wege zur Heiligkeit, in: G.Baraúna, De Ecclesia. Beiträge zur Konstitution "Über die Kirche" des Zweiten Vatikanischen Konzils. Bd. 2 Freiburg 1966 S. 364-380
Iserloh, E., Nachfolge Christi III, in: $LThK^2$ Bd 7 Freiburg 1962 S. 762- 764

Jacob, G., Nachfolge, in: H.J.Schulz, Theologie für Nichttheologen, Stuttgart 1966 S. 250-255
Jacobs, L., Buße III. Im Judentum, in: TRE Bd 7 Berlin 1981 S. 439-446
ders., Herrschaft Gottes/Reich Gottes III. Judentum, in: TRE Bd. 15 Berlin 1986 S. 190-196
Jacobs, P., Sünde und Schuld VI. Dogmengeschichtlich, in: EKL^2 Bd. 3 Göttingen 1962 S. 1222-1228
Jeremias, J., Die Bergpredigt, Stuttgart 1976^6
ders., Die Gleichnisse Jesu, Göttingen 1980^8
ders., Die Salbungsgeschichte, in: ders., Abba - Studien zur neutestamentlichen Theologie und Zeitgeschichte, Göttingen 1966 S. 107-115
ders., Die Sprache des Lukasevangeliums. Redaktion und Tradition im Nicht-Markusstoff des dritten Evangeliums, Göttingen 1980
ders., Jesu Verheißung für die Völker, Stuttgart 1959^2
ders., Neutestamentliche Theologie. Erster Teil: Die Verkündigung Jesu, Gütersloh 1971
ders., Paarweise Sendung im Neuen Testament, in: ders., ABBA - Studien zur neutestamentlichen Theologie und Zeitgeschichte, Göttingen 1966 S. 132-139
ders., Zöllner und Sünder, in: RGG^3 Bd. 6 Tübingen 1962 S. 1927f
ders., Zöllner und Sünder, in: ZNW 30(1931) S. 293-300

Joest, W., Berufung IV. Dogmatisch, in: RGG^3 Bd. 1 Tübingen 1957 S. 1088f.
ders., Dogmatik Bd. 2 Der Weg Gottes mit dem Menschen, Göttingen 1986
ders., Gnade V. Dogmatisch, in: RGG^3 Bd. 2 Tübingen 1958 S. 1640-1645
ders., Heiligung III. Dogmatisch, in: RGG^3 Bd.3 Tübingen 1959 S. 181f.
ders., Ontologie der Person bei Luther, Göttingen 1967
ders., Rechtfertigung VII. Im evangelischen Glaubensverständnis, in: LThK^3 Bd. 8 Tübingen 1963 S. 1046-1050
ders., Sünde und Schuld VI. Dogmatisch, in: RGG^3 Bd. 6 Tübingen 1962 S. 494-500
Johannes Paul II, Gottgeweihtes Leben, Vallendar-Schönstatt 1982
Jüngel, E., Paulus und Jesus. Eine Untersuchung zur Präzisierung der Frage nach dem Ursprung der Christologie (HUTh 2) Tübingen 19724

Kahr, I./Schmidt, H., Das Mutterhaus für kirchliche Diakonie München, in: L.Präger, Frei für Gott und die Menschen, Stuttgart 1959 S. 485-493
Kälin, B., IV. Der Gehorsam, in: ders., Zur Philosophie der Benediktinerregel, Sarnen 1929 S. 34-40
Kamphaus, F., Der Gehorsam, in: J. Bours/ders., Leidenschaft für Gott, Freiburg 1981 S. 121-182
ders., Die Armut, in: J. Bours/ders., Leidenschaft für Gott, Freiburg 1981 S. 72-120
Karpp, H., Buße II. Bußwesen in der christlichen Kirche, in: EKL^2 Bd. 1 Göttingen 1961 S. 631-635
Keck, L.E., Armut III. Neues Testament, in: TRE Bd. IV Berlin 1979 S. 76-80
Kerber, W., Beruf, in: SM Bd 1 Freiburg 1967 S. 497-501
Kern, W., Zur Theologie des Ordensstandes, in: GuL 32(1959) S. 57-60
Kertelge, K., Die Funktion der "Zwölf" im Markusevangelium, in: TThZ 78(1969) S. 193-206
ders., Jesus und die Gemeinde, in: K.Müller, Die Aktion Jesu und die Re-Aktion der Kirche, Würzburg 1972 S. 101-117
Kinder, E., Buße III. Dogmatisch, in: EKL^2 Göttingen 1961 S. 635-638
Kirn, O., Sünde, in: RE^3 Bd. 19 Leipzig 1907 S. 132-148
Kittel, G., ἀκολουθέω κτλ, in: ThWNT Bd. 1 Stuttgart 1957 S. 210-216
ders., ἀκούω, ἀκοή κτλ, in: ThWNT Bd. 1 Stuttgart 1957 S. 216-225
Klassen, W., Die Gestalt des Glaubens in der Nachfolge, in: H.J. Goertz, Die Mennoniten, Stuttgart 1971
Klein, G., Die Berufung des Petrus, in: ZNW 58(1967) S. 1-44
ders., Die zwölf Apostel. Ursprung und Gehalt einer Idee (FRLANT) 1961
Klein, L., Glaube, Gehorsam und Gewissen, Freising 1970
Klemm, H.G., Das Wort von der Selbstbestattung der Toten, in: NTS 16(1969/70) S. 60-75
Klöber, R., Richtig, vollkommen, in: ThBNT Bd II/2, Wuppertal 1971 S. 1046-1050
Knoch, O., Auf, Mir Nach! spricht Christus. Nachfolge heute im Lichte der Nachfolgeworte Jesu, Kevelaer o.J.
ders., Die Bedeutung des "Charismatischen" für die zeitgemäße Erneuerung des Ordenslebens. Biblische (paulinische) Überlegungen zum Grundauftrag, in: Wulf/Bamberg/Schulz, Nachfolge als Zeichen, Würzburg 1978 S. 69-75
Köberle, A., Rechtfertigung und Heiligung, Leipzig 1930
ders., Vergebung und neues Leben. Vorzeichen christlicher Existenz, Stuttgart 1979
Kortzfleisch, S.v., Der Johanniterorden, in: L. Präger, Frei für Gott und die Menschen, Stuttgart 1959 S. 205-217
ders., Mitten im Herzen der Massen. Evangelische Orden und Klienten der Kirche, Stuttgart 1963
ders., Strukturen und Ziele der Gemeinschaften, in: I. Reimer, Alternativ leben in verbindlicher Gemeinschaft, Stuttgart 1979 S. 13-20

Kosmala, H., Nachfolge und Nachahmung Gottes I. Im griechischen Denken, in: ASThI 2(1963) S. 38-85

ders., Nachfolge und Nachahmung Gottes II. Im jüdischen Denken, in: ASThI 3(1964) S. 65-110

Köstlin, J., Buße, in: RE^3 Bd 3 Leipzig 1897 S. 584-591

Kraft, H., Die Entstehung des Christentums, Darmstadt 1981

Kramer, R., 3 Protestantismus, in: H.Balz u.a., Ethik der Religionen - Lehre und Leben Bd. 4: Besitz und Armut, München-Göttingen 1966 S. 46-66

Kraus, G./Stupperich, R., Bruderschaften/Schwesternschaften/Kommunitäten 1.-6, in: TRE Bd. 7 Berlin 1981 S. 195-207

Kraus, H.J., VI.1 Die Gemeinde, in: ders., Reich Gottes: Reich der Freiheit, Neukirchen-Vluyn 1975 S. 369-402

Krauss, H., Der Gehorsam gegenüber Menschen in den Ordenssatzungen. Reflexionen zu einer Anpassung des Ordensgehorsams. in: GuL 39(1966) S. 252-264

Kretschmar, G., Ein Beitrag zur Frage nach dem Ursprung frühchristlicher Askese, in: ZThK 61(1964) S. 27-67 (= in: K.S.Frank, Askese und Mönchtum in der Alten Kirche, WdF 309 Darmstadt 1975 S. 129-180)

Krüger, G., Lebensformen christlicher Gemeinschaften, Heidelberg 1969

Kuhn, H.-W., Nachfolge nach Ostern, in: D.Lührmann/G.Strecker, Kirche (FS G.Bornkamm), Tübingen 1980 S. 105-132

Kuhn, K.G., Askese IV. Im Urchristentum, in: RGG^3 Bd. 1 Tübingen 1957 S. 642-644

Kümmel, W.G., Der Begriff des Eigentums im Neuen Testament, in: ders., Heilsgeschehen und Geschichte, Marburg 1965 S. 271-277

ders., Die Theologie des Neuen Testaments nach seinen Hauptzeugen Jesus - Paulus - Johannes (NTD Ergänzungsreihe 3) Göttingen 1972^2

ders., Jesu Antwort an Johannes den Täufer. Ein Beispiel zum Methodenproblem in der Jesusforschung, in: ders., Heilsgeschehen und Geschichte Bd. 2 Marburg 1978 S. 177-200

ders., Jesus und der jüdische Traditionsgedanke, in: ders., Heilsgeschehen und Geschichte. Gesammelte Aufsätze (MThSt 3) Marburg 1965 S. 15-35

ders., Jesus und die Anfänge der Kirche, in: ders., Heilsgeschehen und Geschichte (MThSt 3) Marburg 1965 S. 289-309

ders., Jesus und die Rabbinen, in: ders., Heilsgeschehen und Geschichte (MThS 3) Marburg 1965 S. 1-35

ders., Verheißung und Erfüllung. Untersuchungen zur eschatologischen Verkündigung Jesu, Basel 1945

Küng, H., Rechtfertigung. Die Lehre Karl Barths und eine katholische Besinnung, Einsiedeln 1957^2

Künzel, G., Studien zum Gemeindeverständnis des Matthäus-Evangeliums, Stuttgart 1978

Kurowski, L., Ist Armut weiblich? in: ZEE 33(1989) S. 49-53

Kuß, O., Der Begriff des Gehorsams im Neuen Testament. in: Theologie und Glaube im Neuen Testament 27(1935) S. 695-702

Kutsch, E., Armut I. Biblisch, in: RGG^3 Bd. 1 Tübingen 1957 S. 622-624

Küven, C., Weisung für die Nachfolge. Eine Besinnung über Lk 9,57-62, in: BL 2(1961) S. 49-53

Labourdette, M., Die Berufung aller Glieder der Kirche zur Heiligkeit, in: G.Baraúna, De Ecclesia. Beiträge zur Konstitution "Über die Kirche" des Zweiten Vatikanischen Konzils. Bd. 2, Freiburg 1966 S. 351-363

Lafont, G., Die Institution des Ordenszölibats, in: Conc 10 (1974) S. 494-500

Lang, E.P., Autorität und Gemeinschaft - Tatsachen und Meinungen zur Praxis, in: M.Löhrer, Autorität und Gemeinschaft in den Orden, Freiburg 1975 S. 5-17

Lang, J., Die eschatologischen Tugenden als Kennzeichen eines Lebens in Ehelosigkeit, in: L.Hardick/ E.Häcker, Leben in Ehelosigkeit, Werl 1972 S. 141-158

Lau, E.E./Vogt, G.E., Gruppenentscheidung als kommunikativer Prozeß, in: R. Bock/G. Domann, Riskierte Brüderlichkeit, Olten 1979 S. 119-134

Lau, F., Armut, III Ethisch, in: RGG[3] Bd. 1 Tübingen 1957 S. 627-628

ders., Askese V. In katholischer und protestantischer Ethik, in: RGG[3] Bd. 1 Tübingen 1957 S. 644-648

Lauter, H.-J., Vom Geheimnis der Jungfräulichkeit, in: GuL 28(1955) S. 189-193

Lechner, O., Benedikt - Ursprung und Gegenwart eines Segens, in: G.Braulik, Herausforderungen der Mönche. Benediktinische Spiritualität heute, Freiburg 1979 S. 27-40

Leclercq, J., Erneuerung des Ordenslebens, in: Schlier/v.Severus/Sudbrack/Pereira, Strukturen christlicher Existenz. Beiträge zur Erneuerung des geistlichen Lebens, Würzburg 1968 S. 263-281

ders., Überlegung und Neubesinnung im heutigen Mönchtum, in: S.Richter, Das Wagnis der Nachfolge, Paderborn 1964 S. 59-94

Lefèvre, A., Die christliche Armut, in: P.Heinrici/J.Knecht, Die christliche Armut, Frankfurt 1966 S. 32-52

Legrand, L., The Prophetical Meaning of Celibacy - 1, in: Scripture 12(1960) S. 97-105

ders., Jungfräulichkeit, Würzburg 1966

ders., The Prophetical Meaning of Celibacy - 2, in: Scripture 13(1961) S. 12-20

Lemme, L., Beruf, in: RE[3] Bd 2 Leipzig 1897 S. 652-657

ders., Vollkommenheit, in: RE[3] Bd. 20 Leipzig 1908 S. 733-737

Lenhardt, H., Gehorsam II. Moraltheologisch, in: LThK[2] Bd. 4 Freiburg 1960 S. 602-604

Lenzeder, F., Kommunitäres Leben - Chance oder Hindernis personaler Reife? in: R. Bock/G. Domann, Riskierte Brüderlichkeit, Olten, 1979 S. 74-96

Lettmann, R., Das Miteinander von Bistum und geistlichen Gemeinschaften, in: Wulf/ Bamberg/Schulz, Nachfolge als Zeichen, Würzburg 1978 S. 280-290

Leuret, S., Gedanken einer Ärztin, in: A.M.Carré, Ehelosigkeit, Berufung oder Schicksal, Stuttgart 1961 S. 43-57

Levinson, D., Neue Wege der Nachfolge Jesu Christi in der katholischen Laienschaft. in: F.Vierig, Wege der Nachfolge, Göttingen 1962 S. 60-71

Levinson, P.N., 1 Jüdische Religion, in: M.Klöcker/U.Tworuschka, Sexualität (Ethik der Religionen - Lehre und Leben Bd. 1) München-Göttingen 1984 S. 11-34

Lindemann, A., Herrschaft Gottes/Reich Gottes III. Neues Testament und spätantikes Judentum, in: TRE Bd 15 Berlin 1986 S. 196-218

Linnemann, E., Gleichnisse Jesu, Göttingen 1982[2]

Lippert, P., Die "Evangelischen Räte" - Grundprinzip oder Sonderform christlicher Spiritualität? in: Die Kirche im Wandel der Zeit (FS f. Kardinal Höffner) Köln 1971 S. 659-669

ders., Ordensgemeinschaften - Zeugen des Lebens in der Kirche Christi, in: W. Herbstrith, Orden als Lebensmodell, München 1983 S. 29-77

Locht, P.d., Gibt es in der Kirche die Freiheit zum Gehorsam gegen den Heiligen Geist? in: Conc 16(1980) S. 630-637

Loewenich, W.v., Luthers Theologia crucis, Witten 1967[5]

Lohfink, G., Wie hat Jeus Gemeinde gewollt? Zur gesellschaftlichen Dimension des christlichen Glaubens, Freiburg 1982[5]

Lohfink, N., Die Armut der Jesuiten. Kritische Deutung im Licht der biblischen Überlieferung, in: GuL 59(1086) S. 323 -342

Lohmeyer, E., Das Evangelium des Markus (KEK 2) Göttingen 1967[17]

ders./Schmauch, W., Das Evangelium nach Matthäus (KEK Sonderband) Göttingen 1967

Lohse, B., Mönchtum und Reformation. Luthers Auseinandersetzung mit dem Mönchsideal des Mittelalters, Göttingen 1963

ders., Zum Verständnis von CA 27, in: H.Meyer/H.Schütte, Confessio Augustana. Bekenntnis des einen Glaubens, Paderborn-Frankfurt 1980 S. 281-292

Lohse, E., Die Ethik der Bergpredigt und was sie uns heute zu sagen hat, Hannover 1984

ders., Grundriß der neutestamentlichen Theologie (Theologische Wissenschaft Bd. 5) Stuttgart 1974

ders., Kirche im Alltag. Erwägungen zur theologischen Begründung der Ethik im Neuen Testament, in: D.Lührmann/G.Strecker, Kirche, Tübingen 1980 S. 401-414

ders., Nachfolge Christi I. Im NT, in: RGG[3] Bd. 4 Tübingen 1960 S. 1286-1288

ders., Verdienst II. Im Judentum, in: RGG[3] Bd. 6 Tübingen 1962 S. 1263f.

Long, B.O., Berufung I. Altes Testament, in: TRE Bd. 5 Berlin 1980 S. 676-684

Loosen, J., Der Gehorsam in heilstheologischer Sicht, in: GuL 29 (1956) S. 21-27

Loth, H.-J., 1 Jüdische Religion, in: H.Balz u.a., Besitz und Armut (Ethik der Religionen. Lehre und Leben Bd. 4) München 1986 S. 9-24

Lotz, J.B., Über den Sinn des Ordenslebens, in: H.Gehrig, Die evangelischen Räte in der heutigen Welt, Freiburg o.J. S. 17-44

Louf, A., In uns betet der Geist, Einsiedeln 1976[2]

Löwa, O., Der Laurentiuskonvent, in: I. Reimer, Alternativ leben in verbindlicher Gemeinschaft, Stuttgart 1979 S. 61-70

Luck, U., Zöllner und Sünder, in: EKL[2] Bd. 3 Göttingen 1962 S. 1918f.

Ludwig von der heiligen Theresia, P., Auf dem Weg zur Ganzhingabe, in: J.Züricher, Die Gelübde im Ordensleben Bd. 1 Der Gehorsam, Einsiedeln.Zürich.Köln 1956 S. 201-219

Luther, M., De libertate christiana/Von der Freiheit eines Christenmenschen, 1520, in: H.U.Delius, Martin Luther. Studienausgabe Bd. 2 Berlin 1982

Luz, U., Die Jünger im Matthäusevangelium, in: ZNW 62(1971 S. 141-171

Maas, C., Affektivität und Zölibat, Bonn 1978

Maeder, R., Das Centre Protestant de Villemétrie und die Communauté de Villemétrie, in: L. Präger, Frei für Gott und die Menschen, Stuttgart 1959 S. 406-412

Manstein, M., Ein Mensch - ein klösterlicher Mensch... Bemerkungen einer Psychologin (3.3.1), in: Wulf/Bamberg/Schulz, Nachfolge als Zeichen, Würzburg 1978 S. 211-220

Margull, J., Mission III A. Begründung und Ziel, in: RGG[3] Bd 4 Tübingen 1960 S. 973-980

Maria v. d. Erlösung, Sr., Gehorsam und Persönlichkeitsbildung im Noviziat, in: J.Züricher, Die Gelübde im Ordensleben Bd. 1 Der Gehorsam, Einsiedeln.Zürich.Köln 1956 S. 172-183

Marxner, F., Christliche Armut Heute, Aschaffenburg 1970

Matura, T., Ehelosigkeit und Gemeinschaft. Die Grundlegung des Ordenslebens nach dem Evangelium, Werl 1969

Mehl, R., Vollkommenheit, in: RGG[3] Bd. 6 Tübingen 1962 S. 1486f.

Meinhold, P., Bußwesen II. In der christlichen Kirche, in: RGG[3] Bd 1 Tübingen 1957 S. 1544-1554

Merendino, P., "Er geht euch voran - ihr werdet ihn sehen" (Mk 16,7), in: LZ 27(1972) S. 22-33

Merkel, H., Eigentum III. Neues Testament, in: TRE Bd. 9 Berlin 1982 S. 410-413

Merklein, H., μετάνοια, in: EWNT Bd. 2 Stuttgart 1981 S. 1022-1031

ders., πτωχός, in: EWNT Bd. 3 Stuttgart 1983 S. 466-472

ders., Der Jüngerkreis Jesu, in: K.Müller, Die Aktion Jesu und die Re-Aktion der Kirche, Würzburg 1975 S.65-100

ders., Die Gottesherrschaft als Handlungsprinzip. Untersuchung zur Ethik Jesu (FzB 34) Würzburg 1984[3]
Merz, G., Freiheit und Zucht. Die reformatorische Lehre von der Freiheit in ihrer Bedeutung für die Erziehung, München 1932
Meyer, H./Schütte, H., Ergebnis, in: dies., Confessio Augustana. Bekenntnis des einen Glaubens, Paderborn-Frankfurt 1980 S. 316-318
Michael, Br. Schaffert, Keuschheit, in: 46. Rundbrief der Christusbruderschaft/Selbitz 1972 (ohne Seitenangaben)
Michel, D., Armut II. Altes Testament, in: TRE Bd. 4 Berlin 1979 S. 72-76
Michel, O., μισέω, in: ThWNT Bd. 4 Stuttgart 1942 S. 687-698
Micheli, G., Die Communauté de Grandchamp, in: L.Präger, Frei für Gott und die Menschen, Stuttgart 1959 S. 139-145
Michl, J., Ehe III. Im Neuen Testament, in: LThK[2] Bd. 3 Freiburg 1959 S. 677-680
ders., Johannes der Täufer, in: LThK Bd 5 Freiburg 1960 S. 1084-1086
Micskey, K.N., Sünde und Schuld, in: TRT Bd. 5 Göttingen 1971 S. 111-114
Miethke, J., Autorität I. Alte Kirche und Mittelalter, in: TRE Bd. 5 Berlin 1980 S. 17-32
Milson, F., Jesus a Leader of Crowds, Individuals and Groups, in: TET 82(1970/71) S. 211-215
Mohaupt, L., Modelle gelebten Glaubens, Hamburg 1976
ders., Spiritualität als Leben aus der Rechtfertigung, in: ders., Modelle gelebten Glaubens, Hamburg 1976 S. 108-141
Molinski, W., Ehe A. B., in: HthT Bd. 2 Freiburg 1972 S. 84-88
ders., Gehorsam, in: HthT Bd. 2 Freiburg 1972 S. 380-386
Moltmann, J., 4. Kreuzesnachfolge, in: ders., Der gekreuzigte Gott, München 1973[2] S. 55-66
ders., Kirche in der Kraft des Geistes: ein Beitrag zur messianischen Ekklesiologie, München 1975
Morin, G., Mönchtum und Urkirche, München 1922
Mörsdorf, K., Zölibat, in: LThK[2] Bd. 10, Freiburg 1965 S. 1395-1400
Moser, R., Autorität und Gemeinschaft - Versuch einer theologischen Ortsanweisung, in: M.Löhrer, Autorität und Gemeinschaft in den Orden, Orden in Diskussion 9, Freiburg 1975 S. 19-36
Motte, A., Theologie des Gehorsams, in: J.Zürcher, Die Gelübde im Ordensleben Bd. 1 Der Gehorsam, Einsiedeln.Zürich.Köln 1956 S. 71-105
Moulde, N., La Mission des Apôtres, in: Christus 10(1963) S. 450-460
Moulton, W.F./Geden, A.S./Moulton, H.K., Concordance to the Greek Testament, Edinburgh 1978[5]
Mühlen, K.H.zur, Buße 1. Buße in der Kirchengeschichte, in: EKL[3] Bd. 1 Göttingen 1986 S. 599-604
Müller, A., Autorität und Gehorsam in der Kirche, in: Conc 2(1966) S.354-361
ders., Das Problem von Befehl und Gehorsam im Leben der Kirche, Einsiedeln 1964
Müller, D., μαθητής, in: ThBNT Bd. II/1 Wuppertal 1969 S. 947-953
Müller, G., Nachfolge Christi als Zentralbegriff christlicher Ethik, in: ZEE 12(1968) S. 321-333
ders., Nachfolge, in: Evangelisches Soziallexikon, Stuttgart 1980[7] S. 936-938
Müller, K., Die Kirche in der modernen Gesellschaft, in: ders., Die Aktion Jesu und die Re-Aktion der Kirche, Würzburg 1972 S. 151-168
ders., Jesu Naherwartung und die Anfänge der Kirche, in: ders., Die Aktion Jesu und die Re-Aktion der Kirche, Würzburg 1972 S. 9-29
Mumm, R., Was erwartet die Kirche von den Kommunitäten und Bruderschaften? Ludwigshafen 1959
Mundle, W., ἀκούω, in: ThBNT Bd II/1 Wuppertal 1969 S. 716-721

Mußner, F., Die evangelischen Räte und das Evangelium, in: Benediktinische Monatsschrift 30(1954) S. 485-493
ders., Gnade II. Der Begriff der Gnade im NT, in: LThK^2 Bd. 4 Freiburg 1960 S. 980-984

Nagel, W., Gehorsam, gehorchen, in: Calwer Bibellexikon, Stuttgart 1967 S. 576f.
Nepper-Christensen, P., μαθητής, in: EWNT Bd. 2 Stuttgart 1981 S. 915-921
Neuhäusler, E., Anspruch und Antwort Gottes. Zur Lehre von den Weisungen innerhalb der synoptischen Überlieferung, Düsseldorf 1962
ders., Berufung, in: LThK^2 Bd. 2 Freiburg 1958 S. 280-283
ders., Jünger (μαθητής, der biblische Begriff des Jüngers), in: LThK^2 Bd. 5 Freiburg 1960 S. 1208f
ders., Jüngerschaft. Ein biblischer Begriff, in: BL 11 (1970) S. 67-69
ders., Ruf Gottes und Stand des Christen. Bemerkungen zu 1.Kor 7, in: BZ 3(1959) S. 43-60
Nicol, M., Meditation bei Luther, Göttingen 1984
Nieder, L., Gehorsam I. in der Schrift, in: LThK^2 Bd. 4 Freiburg 1960 S. 601f
Niederwimmer, K., Askese und Mysterium (FRLANT 113) Göttingen 1975
Nouwen, J.M., Gottes Clown sein. Vom Beten und Dienen, Freiburg 1985

Olphé-Galliard, M., Die monastische Disziplin im Urchristentum, in: J.Züricher, Die Gelübde im Ordensleben Band 1 Der Gehorsam, Einsiedeln.Zürich.Köln 1956 S. 31-45
Olson, O.K., Flacius Illyricus, Matthias (1520-1575), in: TRE Bd. 11 Berlin 1983 S. 206-214
Oraison, M., Psychologie des ehelosen Lebens, Mainz 1969

Palm, L., "Wohl den Armen...", in: Bruder Franz 28(1975) S. 135- 136
ders., Die franziskanische Armut als Weg zum gottgewollten Verhältnis zur Schöpfung, in: Bruder Franz 24(1971) S. 119f.
Pandey, H., Die Christusträger, in: I. Reimer, Alternativ leben in verbindlicher Gemeinschaft, Stuttgart, 1979 S. 21-29
Pesch, O.H./Peters, A., Einführung in die Lehre von Gnade und Rechtfertigung, Darmstadt 1981
Pesch, R., Berufung und Sendung, Nachfolge und Mission. Eine Studie zu Mk 1,16-20, in: ZkTh 91(1969) S. 1-31
ders., Jesus und das Hauptgebot, in: H.Merklein, Neues Testament und Ethik (FS R.Schnackenburg) Freiburg 1962 S. 99-109
ders., Levi-Matthäus (Mc 2.12/Mt9,9;10,3). Ein Beitrag zur Lösung eines alten Problems, in: ZNW 59(1968) S. 40-56
ders., Naherwartungen. Tradition und Redaktion in Mk 13 (KBANT) Düsseldorf 1968
Pesch, W., μισθός, in: EWNT Bd. 2 Stuttgart 1981 S. 1063-1065
ders., Die evangelischen Räte und das Neue Testament, in: OK 4(1963) S. 86-96
ders., Paulus über die Ehelosigkeit, in: OK 6(1965) S. 279-291
ders., Zur biblischen Begründung des Ordenslebens, in: Sonderdruck aus der Ordenskorrespondenz 6(1965) S. 31-47
Peters, A., Der Mensch (HST Bd. 8) Gütersloh 1979
ders., Rechtfertigung, (HST 12) Gütersloh 1984
ders., Zum Dienst der Bruderschaft in Kirche und Welt, in: Quatember 49(1985) S. 203-217
Peterson, E., Theologie des Kleides, in: BM 14(1934) S.347-356
Pfister, M., 1.Kor 7: Lebensthema unserer Communität, in: dies., Gemeinschaft wagen (Schwanberger Reihe 7) 1984 S. 60-65

dies., Abraham - ganz sein, in: dies., Zeuge sein aus Existenz, (Schwanberger Reihe 7) 1984 S.5-8

dies., Die Chance unseres neuen Ordenshauses, in: dies., Zeuge sein aus Existenz (Schwanberger Reihe 7) 1984 S. 55-60

dies., Die Communität Casteller Ring II, in: L. Mohaupt, Modelle gelebten Glaubens, Hamburg 1976 S. 94-99

dies., Eucharistie - Feier der Gemeinschaft und des Festes, in: J.Halkenhäuser, Abenteuer mit Gott (Schwanberger Reihe 15) Rödelsee 1989 S. 9-25

dies., Geh in ein Land, das ich dir zeigen will, in: Zeuge sein aus Existenz (Schwanberger Reihe 7) 1984 S. 45-48

dies., Gütergemeinschaft, in: Schwanbergbrief 2(1972) S. 7-9

dies., Haben und Sein, in: dies. Zeuge sein aus Existenz (Schwanberger Reihe 7) 1984 S. 10-12

dies., Loslassen, in: dies., Zeuge sein aus Existenz (Schwanberger Reihe 7) 1984 S. 49-51

dies., Profil gewinnen, in: dies., Gemeinschaft wagen (Schwanberger Reihe 12) 1984 S. 22-26

dies., Wege der Umkehr, in: dies., Gemeinschaft wagen (Schwanberger Reihe 12) 1984 S. 10-17

dies., Wovon kann ich (nicht) leben, in: dies., Zeuge sein aus Existenz (Schwanberger Reihe 7) 1984 S. 8-10

Pflästerer, H.-A., Die Communauté de Taizé und das Konzil der Jugend, in: I. Reimer, Alternativ leben in verbindlicher Gemeinschaft, Stuttgart 1979 S. 71-79

Picard, P., Jungfräulichkeit. Verkündigung und Zeugnis, Freiburg 1964

ders., Von der Aufgabe, Jungfräulichkeit zu verkündigen, in: GuL 36(1963) S. 361-383

Planck, O., Die Evangelische Michaelsbruderschaft, in: L. Präger, Frei für Gott und die Menschen, Stuttgart 1959 S. 283-310

Plé, A., Gehorsam als Schule der Freiheit und der Reife, in: J. Züricher, Die Gelübde im Ordensleben Bd. 1 Der Gehorsam, Einsiedeln.Zürich.Köln 1956 S. 159-171

Pontoppidan, E., Die Communauté de Pomeyrol, in: L. Präger, Frei für Gott und die Menschen, Stuttgart 1959 S. 89-115

Präger, L., Der Irenenring, in: dies., Frei für Gott und die Menschen, Stuttgart 1959 S. 358-377

Preisker, H., μισθός ktl, in: ThWNT Bd. 6 Stuttgart 1942 S. 699-736

Prenter, R., Schöpfung und Erlösung. Dogmatik, Göttingen 1960

Punsman, H., Ort der Orden in der Gesellschaft, in: Dienender Glaube 57(1981) S. 37-41

Rad, G.v., "Gerechtigkeit" und "Leben", in: Die Kultsprache der Psalmen (FS A.Bertholet) 1950 S. 418-437

ders., βασιλεύς ktl B., in: ThWNT Bd 1 Stuttgart 1957 S. 563-569

ders., Die Stadt auf dem Berge, in: Evangelische Theologie 10(1949) S. 439-447

ders., Theologie des Alten Testaments. Bd. 2 Die Theologie der prophetischen Überlieferungen Israels, München 1968[5]

Rafael, Br. Ernst, Gehorsam, in: 46. Rundbrief der Christusbruderschaft Selbitz Juni 1972 (ohne Seitenangaben)

Raguin, J., Die Freude des Armen, in: P.Heinrici/J.Knecht, Die christliche Armut, Frankfurt 1966 S. 135-148

Rahner, K., Buße II., in: LThK[2] Bd. 2 Freiburg 1958 S. 816-818

ders., Bußsakrament, in: SM Bd 1 Freiburg 1967 S. 655-679 (=HthT Bd 1 Freiburg 1972 S. 353-369)

ders., Der Anspruch Gottes und der Einzelne, in: ders., Schriften zur Theologie Bd 6, Einsiedeln 1965 S. 521-536

ders., Die Armut des Ordenslebens in einer veränderten Welt, in: GuL 33(1960) S. 262-290

ders., Die Freiheit in der Kirche, in: ders., Schriften zur Theologie Bd. 2, Einsiedeln. Zürich.Köln 1964[7] S. 95-114

ders., Eine ignatianische Grundhaltung. Marginalien über den Gehorsam, in: Stimmen der Zeit 158(1955) S. 253-267 (=in: ders., Sendung und Gnade, Innsbruck 1988[2])

ders., Gnade IV. Systematik, in: LThK[2] Bd. 4 Freiburg 1960 S. 991-1000

ders., Passion und Aszese, in: ders., Schriften zur Theologie Bd. 3, Zürich.Köln 1956 S. 73-104

ders., Sünde V. Dogmatisch, in: LThK[2] Bd 9 Freiburg 1964 S. 1177-1181

ders., Über die Evangelischen Räte, in: ders., Schriften zur Theologie Bd. 7 Einsiedeln. Zürich.Köln 1966 S. 404-434

ders., Wagnis des Christen. Geistliche Texte, Freiburg.Basel.Wien 1974

ders., Was heißt Ordensgehorsam? Überlegungen für eine heutige Theologie des Ordenslebens. in: GuL 46(1973) S. 115-126

ders., Zur Theologie der Entsagung, in: ders., Schriften zur Theologie Bd 3, Zürich,Köln 1956 S. 61-72

Ranke-Heinemann, U., Eunuchen für das Himmelreich. Katholische Kirche und Sexualität, Hamburg 1989

Ranwez, E., Drei Evangelische Räte? in: Conc 1(1965) S. 748-751

Rauschecker, L., Zum Thema: "Orden und Gemeinde", in: Wulf/Bamberg/Schulz, Nachfolge als Zeichen, Würzburg 1978 S. 301-309

Reicke, B., Ehe/Eherecht/Ehescheidung IV. Neues Testament, in: TRE Bd. 9 Berlin 1982 S. 318-325

Reimer, I., Die Kommunität Adelshofen, in: dies., Alternativ leben in verbindlicher Gemeinschaft, Stuttgart 1979 S. 53-60

dies., Eine Sendereihe im Deutschlandfunk, in: dies., Alternativ leben in verbindlicher Gemeinschaft, Stuttgart 1979 S. 10-12

dies., Verbindliches Leben in Bruderschaften, Kommunitäten, Lebensgemeinschaften, Stuttgart 1986

dies.(Hrsg), Alternativ leben in verbindlicher Gemeinschaft, Stuttgart 1979

Rendtorff, T., Ethik VII. In der Neuzeit, in: TRE Bd. 10 Berlin 1982 S. 481-517

Rengstorf, K.H., δώδεκα ktl, in: ThWNT Bd. 2 Stuttgart 1957 S. 321-328

ders., μαθητής, in: ThWNT Bd. 4 Stuttgart 1942 S. 417-464

ders., Das Evangelium nach Lukas, NTD Bd. 3 Göttingen 1969[14]

Riches, J., Heiligung, in: TRE Bd. 14 Berlin 1985 S. 718-737

Richter, S., Neuentdeckung der Orden in der evangelischen Christenheit, in: ders., Das Wagnis der Nachfolge, Paderborn 1964 S. 155-175

Riebl, M., Nachfolge Jesu nach Ostern. Eine didaktisch aufbereitete Auslegung von Mt 8,23-27, in: Bibel und Liturgie 55(1982) S. 221-225

Riedinger, P., Von den Geweihten des Herrn, Gnadenthal 1982

Riedlinger, H., Die Evangelischen Räte als Ausdruck christlicher Hoffnung. in, H.Gehrig, die evangelischen Räte in der heutigen Welt, o.J. S. 57-65

Rienecker, F., Das Evangelium des Lukas (Wuppertaler Studienbibel) Wuppertal 1983

Riesenfeld, H., παρατήρησις, in: ThWNT Bd. 8 Stuttgart 1969 S. 148-151

Riesner, R., Formen gemeinsamen Lebens im Neuen Testament und heute, Gießen 1984[2]

ders., Jesus als Lehrer (WUNT 2. Reihe 7) Tübingen 1984[2]

ders., Soziologie des Urchristentums. Ein Literaturüberblick, in: ThB 17(1986) S. 213-222

Rigaux, B., Die "Zwölf" in Geschichte und Kerygma, in: K.Kertelge, Das kirchliche Amt im Neuen Testament, Darmstadt 1977 S. 279-304

ders., Die zwölf Apostel, in: Conc 4(1968) S. 238-242

Ringleben, J., Sünde, in: TRT[4] Bd. 5 Göttingen 1983 S. 119-122

Ritschl, D., Ehe,Ehescheidung 3. Dogmatisch-ethisch, in: EKL[3] Bd. 1 Göttingen 1986 S. 974-983

Ritter, R., Erfahrungen mit einer psychologischen Eignungsprüfung vor der Zulassung zum Noviziat, in: OK 8(1967) S. 53-59

Roesle, M.A., Möglichkeiten und Grenzen eines sozialintegrativen Führungsstils in Ordensgemeinschaften aus der Sicht der heutigen empirischen Psychologie. in: M.Löhrer, Autorität und Gemeinschaft in den Orden, Freiburg 1975 S. 37-81

dies./Perrez, M., Sozial-integrative Führung als Chance individueller Entfaltung, in: R.Bock/G. Domann, Riskierte Brüderlichkeit, Olten 1979 S. 99-118

Roloff, J., Apostel/Apostolat/Apostolizität I. Neues Testament, in: TRE Bd. III Berlin 1978 S. 430-445

ders., Die normative Bedeutung des irdischen Jesus für das Leben des Christen, in: G.Klapper, Nachfolge Jesu heute und die Verantwortung der Kirche (Fuldaer Hefte 22) Hamburg 1973

ders., Neues Testament (Neukirchner Arbeitsbücher) Neukirchen-Vluyn 1979[2]

ders., Zwölferkreis und Apostolat, in: ders., Apostolat - Verkündigung - Kirche, Gütersloh 1965 S. 138-168

Rosenkranz, M., Die Christusbruderschaft, in: I. Reimer, Alternativ leben in verbindlicher Gemeinschaft, Stuttgart, 1979 S. 30-34

dies., Die Communität Casteller Ring, in: I. Reimer, Alternativ leben in verbindlicher Gemeinschaft, Stuttgart, 1979 S. 35-39

Rott, Nachfolge, in: Evangelisches Gemeindelexikon, Wuppertal 1978 S. 383f.

Rousseau, O., Die Idee des Gehorsams, in: J.Zürcher, Die Gelübde im Ordensleben Bd. 1 Der Gehorsam, Einsiedeln.Zürich.Köln 1956 S. 9-27

Roustang, F., Ärmer werden, in: P.Heinrici/J.Knecht, Die christliche Armut, Frankfurt 1966 S. 109-134

Ruf, A.K., Konfliktfeld Autorität. Zur Ethik des dialogischen Gehorsams, München 1974

Ruhbach, G., Die Bedeutung der Regel für verbindlich lebende Gemeinschaften, in: ders., Theologie und Spiritualität, Göttingen 1987 S. 38-46

ders., Ordnung - Verbindlichkeit - Nachfolge Christi, in: ders., Theologie und Spiritualität, Göttingen 1987 S. 28-37

ders., Sich nach Gemeinschaft sehnen, in: ders., Theologie und Spiritualität, Göttingen 1987 S. 241-247

Ruppert, F., Meditatio - ruminatio. Zu einem Grundbegriff christlicher Meditation, EuA 53(1977) S. 83-93

Rusche, H., Ehelosigkeit als eschatologisches Zeichen, in: BuL5 (1964) S. 12-18

Russo, F., Die Armut im wirtschaftlichen und sozialen Umbruch der modernen Welt, in: P.Heinrici/ J.Knecht, Die christliche Armut, Frankfurt 1966 S. 89-108

Sabourin, L., Why is God called "perfect" in Mt 5:48? in: BZ 24(1980) S. 266-268

Sagne, J.-C., Der christliche Gehorsam und die Annahme des Todes, in: Conc 16(1980) S. 638-644

Sainte-Marie, F.d., Der Gehorsam und die göttlichen Tugenden, in: J.Züricher, Die Gelübde im Ordensleben Bd. 1 Der Gehorsam, Einsiedeln.Zürich.Köln 1956 S.106-131

Sasse, H., αἰών, αἰώνιος, in: ThWNT Bd. 1 Stuttgart 1957 S. 197-209

Schalück, H., Freiheit - erlitten, erkämpft und geschenkt, in: Dienender Glaube 57(1981) S. 82-89

Scharbert, J., Ehe/Eherecht/Ehescheidung II. Altes Testament, in: TRE Bd 9 Berlin 1982 S. 311-313

Scheerer, E./Schönpflug, U., Nachahmung, in: Historisches Wörterbuch der Philosophie Bd. 6, Basel. Stuttgart 1984[2] S. 319-336

Scheffczyk, L., Sünde, in: HthG Bd. 4 München 1962 S. 159-168

Schelkle, K.H., Jüngerschaft und Apostolat. Eine biblische Auslegung des priesterlichen Dienstes, Freiburg 1961[2]

ders., Kirche als Elite und Elite in der Kirche nach dem Neuen Testament, in: ThQ 142(1962) S. 257-282

Schellenberger, B., "Mehr als bloße Zweckverbände" (2.2.2), in: Wulf/Bamberg/Schulz, Nachfolge als Zeichen, Würzburg 1978 S. 61-68

ders., Zu Verständnis und Bereitschaft für die evangelischen Räte hinführen, in: Das Wirken des Geistes deuten, Würzburg 1979 S. 83-94

Schick, J., Freude I. Biblisch, in: LThK[2] Bd. 4 Freiburg 1960 S. 361

Schille, G., Die urchristliche Kollegiatenmission (AThANT 48) Zürich 1967

Schillebeeckx, E., Kritik des christlichen Gehorsams und christliche Antwort, in: Conc 16(1980)

Schlatter, A., Der Evangelist Matthäus, Stuttgart 1963[6]

Schlatter, J., Autorität und Freiheit im Lichte des göttlichen Wortes, Basel 1916

Schleiter, W., Evangelisches Mönchtum. Entwicklung und Aufgabe der Bruder- und Schwesternschaften in der Kirche, Stuttgart o.J.

Schlier, H., δάκτυλος, in: ThWNT Bd. 2 Stuttgart 1960[2] S. 21

Schlink, B., Die Evangelischen Räte und die Antwort der heutigen Christenheit, in: H.Gehrig, Die evangelischen Räte in der heutigen Welt, o.J. S. 45-56

dies., Die Oekumenische Marienschwesternschaft, in: L. Präger, Frei für Gott und die Menschen Stuttgart 1959 S. 146-161

dies., Oekumenische Marienschwesternschaft. Weg und Auftrag, Darmstadt-Eberstadt 1959[3]

dies., Realitäten. Gottes Wirken - heute erlebt, Darmstadt-Eberstadt 1975 (5. Aufl.)

Schlink, E., Gesetz und Paraklese, in: E.Kinder/K.Haendler, Gesetz und Evangelium. Beiträge zur gegenwärtigen theologischen Diskussion (WdF 142) Darmstadt 1968 S. 239-259

ders., Ökumenische Dogmatik. Grundzüge, Göttingen 1983

Schlösser, F./Lippert, P., Pastorale Aufgaben der Ordenspriester (3.1.2), in: Wulf/ Bamberg/Schulz, Nachfolge als Zeichen, Würzburg 1978 S. 115-128

Schlumberger, L., Dietrich Bonhoeffer et le Monachisme, in: Lumière et Vie 161(1983) S. 465-490

Schmahl, G., Die Berufung der Zwölf im Markusevangelium, in: TThZ 81(1972) S. 203-213

ders., Die Zwölf im Markusevangelium. Eine redaktionsgeschichtliche Untersuchung, Trier 1974

Schmaus, M., Katholische Dogmatik III/2 München 1965[6]

Schmid, J., Armut I, in: LThK[2] Bd.I Freiburg 1957 S. 878-881

ders., Zöllner (τελῶνης, publicanus), in: LThK[2] Bd. 10 S. 1401f.

Schmidt, K.L., βασιλεύς, βασιλεία ktl E. Der Gebrauch im NT, in: ThWNT Bd 1 Stuttgart 1957 S. 576-595

ders., καλέω, κλῆσις, κλητός, in: ThWNT Bd. 3 Stuttgart 1957 S.488-497

Schmidt-Clausing, F., Fasten II. Im Christentum, in: RGG[3] Bd. 2 Tübingen 1958 S. 882-885

Schmithals, W., Das Evangelium nach Lukas, Zürich 1980

ders., Das Evangelium nach Markus. Kapitel 1-9,1; 9,2-16 (ÖTK 21 u. 22) Würzburg 1979

Schnackenburg, R., Askese II, in: LThK[2] Bd.I Freiburg 1957 S. 930-932

ders., Basileia, in: LThK[2] Bd. 2 Freiburg 1958 S. 25-31

ders., Das Verständnis der Welt im Neuen Testament, in: ders., Christliche Existenz nach dem Neuen Testament, München 1967 S. 157-186

ders., Der Mensch vor Gott - zum Menschenbild der Bibel, in: ders., Christliche Existenz nach dem Neuen Testament Bd. 1 München 1967

ders., Die sittliche Botschaft des Neuen Testaments, München 1962

ders., Die sittliche Botschaft des Neuen Testaments. Bd. 1: Von Jesus zur Urkirche (HthK Supplementband) Freiburg 1986

ders., Die Vollkommenheit des Christen nach den Evangelien, in: GuL 32(1959) S. 420-431

ders., Die Vollkommenheit des Christen nach Matthäus, in: ders., Christliche Existenz nach dem Neuen Testament, München 1967 S. 131-155

ders., Glaube, in: LThK^2 Bd. 4 Freiburg 1960 S. 913-917

ders., Glauben im Verständnis der Bibel, in: ders. Christliche Existenz nach dem Neuen Testament Bd. 1, München 1967 S. 61-85

ders., Glauben im Verständnis der Bibel, in: ders., Nachfolge Christi - heute, Freiburg 1980^3 S. 13-33

ders., Gottes Herrschaft und Reich. Eine biblisch-theologische Studie, Freiburg 1963^3

ders., Matthäusevangelium, Kommentar zum Neuen Testament mit der Einheitsübersetzung, Würzburg Bd. 1 (1985) Bd. 2 (1987)

ders., Nachfolge Christi, in: ders., Christliche Existenz nach dem Neuen Testament, München 1967 S. 87-108

ders., Nachfolge Christi, in: ders., Nachfolge Christi - heute, Freiburg 1980^3 S. 34-51

ders., Umkehr-Predigt im Neuen Testament, in: ders., Christliche Existenz nach dem Neuen Testament Bd 1, München 1967 S. 35-60

Schneider, A., Fragen zur Ausbildung und Weiterbildung, in: Wulf/Bamberg/Schulz, Nachfolge als Zeichen, Würzburg 1978 S. 221-232

Schneider, G., "Nachfolge Jesu" heute? in: ders., Anfragen an das Neue Testament, Essen 1971 S. 132-146

ders., ἀκολουθέω , in: EWNT Bd. 1 Stuttgart 1980 S. 117-125

ders., ἀκούω , in: EWNT Bd. 1 Stuttgart 1980 S. 126-131

ders., ὑπακοή, in: EWNT Bd. 3 Stuttgart 1983 S. 942-945

ders., Das Evangelium nach Lukas. Kapitel 1-10 (ÖTK 3/1), Kapitel 11-24 (ÖTK 3/2) Würzburg 1977

ders., εὐνοῦχος, εὐνουχίζω, in: ThWNT Bd. 2 1957 S. 763-767

Schneider, J., σταυρός, σταυρόω, ἀνασταυρόω, in ThWNT Bd. 7 Stuttgart 1964 S. 572-584

Schnell, P., Berufen zur Christusnachfolge, in: W. Herbstrith, Orden als Lebensmodell, München 1983 S. 8-16

Schniewind, J., Das Evangelium nach Markus (NTD 1) Göttingen 1960^2

ders., Das Evangelium nach Matthäus, NTD 2 Göttingen 1968^{12}

ders., Die Freude der Buße, Göttingen 1968^2

Schnurr, G., Buße, in: EKL^3 Bd 1 Göttingen 1986 S. 604-606

Schober, T., Berufung und Gelübde. Versuch einer Klärung von zwei theologischen Begriffen, ohne die man auch die Mutterhausdiakonie nicht richtig verstehen wird, Neuendettelsau 1960

Scholz, F., Gehorsam II. Theologisch, in: HthG Bd. 2 München 1974^2 S. 84-89

ders., Sünde VI. Moraltheologisch, in: LThK^2 Bd. 9 Freiburg 1964 S. 1181-1183

Schoonenberg, P., Sünde und Schuld, in: SM Bd. 4 Freiburg 1969 S. 766-779 (=HthT Bd. 7 Freiburg 1973 S. 174-184)

Schottroff, L., Das Gleichnis vom verlorenen Sohn, in: ZThK 68(1971) S. 27-52

dies./Stegemann, W., Jesus von Nazareth, Hoffnung der Armen, Stuttgart 1978

Schrage, W., Das Ende der Politik? Kritische Fragen an Martin Hengel. in: Ev.Kom. 15(1982) S. 333-337

ders., Ethik des Neuen Testaments (NTD Ergänzungsreihe 4) Göttingen 1982^4

ders., Ethik IV. Neues Testament, in: TRE Bd. 10 Berlin 1982 S. 435-462

Schuldes, G., Leben in urchristlicher Gemeinschaft, in: Dienender Glaube 57(1981) S. 115-119

Schülli, E., Freiheit, was ist das eigentlich? in: Dienender Glaube 57(1981) S. 76-81

Schulte, R., Das Ordensleben als Zeichen, in: G.Baraúna, De Ecclesia. Beiträge zur Konstitution "Über die Kirche" des Zweiten Vatikanischen Konzils Bd. 2 Freiburg 1966 S. 383-414
Schulz, A., "Ein Zeichen für das in Christus angebrochene Heil" (2.1.1) ... Zur theologischen Begründung der geistlichen (Ordens-)berufung, in: Wulf/Bamberg/ Schulz, Nachfolge als Zeichen, Würzburg 1978 S. 42-50
ders., Geistliche Gemeinschaften der Kirche als "Jüngergemeinde", in: Wulf/Bamberg/ Schulz, Nachfolge als Zeichen, Würzburg 1978 S. 51-60
ders., Jünger des Herrn. Nachfolge Christi nach dem Neuen Testament, München 1964
ders., Nachfolge Christi I. in der Schrift, in: LThK[2] Bd 7 Freiburg 1962 S. 758f.
ders., Nachfolge und Nachahmen. Studien über das Verhältnis der neutestamentlichen Jüngerschaft zur urchristlichen Jüngerschaft und zur urchristlichen Vorbildethik, München 1962
ders., Unter dem Anspruch Gottes. Das Zeugnis von der Nachahmung, München 1967
ders., Zu einer neutestamentlichen Grundlegung der "monastischen Armut", in: Erbe und Auftrag 41(1965) S. 443-456
Schulz, S., Neutestamentliche Ethik, Zürich 1987
ders., Q. Die Spruchquelle der Evangelisten, Zürich 1972
Schumann, F.K., Gehorsam, in: RGG[3] Bd. 2 Tübingen 1958 S. 1263-1265
Schürmann, H., Die Geistlichen Gnadengaben in den paulinischen Gemeinden, in: ders., Ursprung und Gestalt, Düsseldorf 1970 S. 236-267
ders., Das Lukas-Evangelium, HThK III/1 1969
ders., Der Jüngerkreis Jesu als Zeichen für Israel, in: ders., Ursprung und Gestalt, Düsseldorf 1970 S. 45-60
ders., Die Verheißung an Simon Petrus. Auslegung von Lk 5,1-11, in: ders., Ursprung und Gestalt, Düsseldorf 1970 S. 268-273
ders., Gemeinde als Bruderschaft, in: ders., Ursprung und Gestalt, Düsseldorf 1970 S. 61-73
ders., Mt 10,5b.6 und die Vorgeschichte des synoptischen Aussendungsberichtes, in: FS. J.Schmid, Neutestamentliche Aufsätze, Regensburg 1963 S. 270-282
Schütz, C., Benediktiner - Spezialisten für "Gotteserfahrung"? Ein Zwiegespräch mit einem Laien. in: G.Braulik, Herausforderung der Mönche, Freiburg 1979 S. 109-130
Schutz, R., Das Heute Gottes, Gütersloh 1963[3]
ders., Die Communauté des Taizé, in: L.Präger, Frei für Gott und die Menschen, Stuttgart 1959 S. 127- 139
ders., Die Entstehung von Kommunitäten in den Kirchen der Reformation, in: L. Präger, Frei für Gott und die Menschen, Stuttgart 1959 S. 35-55
ders., Die Regel von Taizé, Gütersloh.Freiburg 1978[10]
ders., Dynamik des Vorläufigen, Freiburg 1967
ders., Einmütig im Pluralismus, in: ders., Warten auf das Ereignis, Freiburg 1970 S. 49f.
ders., Kampf und Kontemplation. Auf der Suche nach Gemeinschaft mit allen, Freiburg 1973
ders., Warten auf das Ereignis, Gütersloh 1968
Schwager, R., Gehorsam und Widerstand, in: GuL 47(1974) S. 202-213
Schwan, A., Freiheit VI. Freiheit in der Sicht der politischen Philosophie, in: TRE Bd. 11 Berlin 1983 S. 532-549
Schweitzer, B.K., Das Monastische und die Zukunft der Kirche, in: J.Halkenhäuser, Abenteuer mit Gott (Schwanberger Reihe 15) 1989 S. 62-71
Schweizer, E., πνεῦμα E. Das Neue Testament, in: ThWNT Bd. 6 Stuttgart 1959 S. 394-449
ders., Das Evangelium nach Lukas (NTD Bd. 3) Göttingen 1982[18]
ders., Das Evangelium nach Markus (NTD Bd. 1) Göttingen 1978[15]
ders., Das Evangelium nach Matthäus (NTD Bd. 2) Göttingen 1981[15]

ders., Erniedrigung und Erhöhung bei Jesus und seinen Nachfolgern, Zürich 1955
ders., Jesus Christus, Hamburg 1976[4]
ders., Jüngerschaft und Kirche, in: P.Rieger, Die Anfänge der Kirche im Neuen Testament, Göttingen 1967 S. 78-94
ders., Kreuz und Nachfolge, in: C.Westermann, Theologie IV x 12 Hauptbegriffe, Stuttgart 1967 S. 78-82
Seeberg, R., Askese, in: RE[3] Bd 2 Leipzig 1897 S. 134-142
ders., Berufung, in: RE[3] Bd. 2 Leipzig 1897 S. 657-659
Seitz, M., Askese IX. Praktisch-theologisch, in: TRE Bd. IV Berlin 1979 S. 250-259
Severus, E.v., Zu den biblischen Grundlagen des Mönchtums, in: GuL 26(1953) S. 113-122
Siewerth, G., Freiheit I. Philosophisch, in: LThK[2] Bd 4 Freiburg 1960 S. 325-328
Simon, R., Askese VIII. Die neuere katholische Diskussion, in: TRE Bd. IV Berlin 1979 S. 242-250
Slenczka, R., Glaube VI. Reformation/Neuzeit/Systematisch-theologisch, in: TRE Bd. 8 Berlin 1984 S. 318-365
Smolka-Nieschmidt, E.M., Ratschläge, evangelische, in: EKL[2] Bd. 3 Göttingen 1962 S. 446f.
Soballa, G., Gehorsam und Freiheit in den Konstitutionen der Gesellschaft Jesu, in: GuL 34(1961) S. 366-373
ders., Gehorsam und personale Vollkommenheit, in: GuL 29 (1956) S. 28-35
Søe, N.H., § 14. Die Nachfolge Christi und seine Vorbildlichkeit, in: ders., Christliche Ethik, München 1965[3] S. 66-74
Sölle, D., Phantasie und Gehorsam. Überlegungen zu einer künftigen christlichen Ethik, Stuttgart 1968
Spaemann, H. Orientierung am Kinde, Düsseldorf 1967
Splett, J., Erwartungen an den Rätestand heute? in: pwb Sonderdrucke 22 Bonn 1983 S. 8-20
ders., Gehorchen ist menschlich, Hrsg.: Informationszentrum Berufe der Kirche, Freiburg S. 1-18
Staats, R., Askese, in: EKL[3] Bd. 1 Göttingen 1985 S 287-292
Stählin, W., Bruderschaft, Kassel 1940
Stamm, H.-M., Luthers Stellung zum Ordensleben, Wiesbaden 1980
Stauffer, E., γαμέω, γάμος, in: ThWNT Bd. 1 Stuttgart 1957 S. 646-655
ders., Die Botschaft Jesu damals und heute (UB 333) Bern 1959
Stegemann, E.W., Zur Rolle von Petrus, Jakobus und Johannes im Markusevangelium, in: ThZ 42(1986) S. 366-374
Steidle, B., Die Regel St. Benedikts, Beuron 1952
Steiger, L., Freude II. Geistes- und theologiegeschichtlich, in: TRE Bd. 11 Berlin 1983 S. 586-589
Stellungnahme der Bischofskonferenz, in: L.Mohaupt, Modelle gelebten Glaubens, Hamburg 1976 S.142-144
Stendahl, K., Sünde IV. Im NT, in: RGG[3] Bd. 6 Tübingen 1962 S. 484-489
Stenger, H., Krisen des ehelosen Lebens und deren Überwindung. Tiefenpsychologische und pastoralpsychologische Gedankengänge, in: OK 8(1967) S. 41-52
Stock, K., Boten aus dem Mit-Ihm-Sein. Das Verhältnis zwischen Jesus und den Zwölf nach Markus, Rom 1975
Stöger, A., Armut und Ehelosigkeit - Besitz und Ehe der Jünger nach dem Lukas-evangelium, in: GuL 40(1967) S. 43-59
ders., Gehorsam I. Biblisch, in: HthG Bd. 2 München 1974[2] S.80-84
Stökl, A., Taizé, Gütersloh 1978
Stolle, V., Nachfolge Jesu im Neuen Testament, in: Evangelical Gospel 2(13) S. 145-156
Stott, J.R.W., Reich Gottes und Gemeinschaft. Kann das Reich Gottes den Hunger des Menschen nach Liebe stillen? in: ThB 8(1977) S. 1-24

Strack, B., Die Armut der Ordensleute nach dem Apostolischen Schreiben "Evangelica Testificatio" von Papst Paul VI, in: L.Hardick, Leben in Armut, Werl 1972 S. 126-137

ders., Ehe und Ehelosigkeit in ihrem Zeugnis für das Gottesreich, in: L.Hardick/E.Häcker, Leben in Ehelosigkeit, Werl 1972 S. 106-130

Strack, H.L./Billerbeck, P., Exkurse zu einzelnen Stellen des Neuen Testaments Bd. IV/1 München 1969[5]

dies., Kommentar zum Neuen Testament Bd. 1 Das Evangelium nach Matthäus erläutert aus Talmud und Midrasch; Bd. 2 Das Evangelium nach Markus, Lukas und Johannes und die Apostelgeschichte; Bd. IV/1 u. IV/2 Exkurse zu einzelnen Stellen des Neuen Testaments München 1969[5]

Strecker, G., μακάριος, in: EWNT Bd. 2 Stuttgart 1981 S.925-932

ders., Die Bergpredigt. Ein exegetischer Kommentar, Göttingen 1984

Strehle, A.M., Wie heute als Karmelitin leben? in: W. Herbstrith, Orden als Lebensmodell, München S. 190-202

Strobel, A., Die Bergpredigt als ethische Weisung heute, in: ThB 15(1984) S. 3-16

Strunk, R., Nachfolge Christi, München 1981

Stuhlmacher, P., Das paulinische Evangelium. I. Vorgeschichte (FRLANT 95), Göttingen 1968

ders., Jesu vollkommenes Gesetz der Freiheit. Zum Verständnis der Bergpredigt, in: ZthK 79(1982) S. 283-322

Sudbrack, J., Hilfen zum Gebet (3.1.5), in: Wulf/Bamberg/Schulz, Nachfolge als Zeichen, Würzburg 1978 S. 164-174

ders., Leben in geistlicher Gemeinschaft. Eine Spiritualität der evangelischen Räte für heute und morgen, Würzburg 1983

ders., Nachfolge Jesu im 20. Jahrhundert nach Jesu Tod, in: LZ 27(1972) S. 34-50

ders., Vom rechten Hören. Standpunkt und Offenheit, in: GuL 35(1962) S. 268-278

ders., Vom rechten Leben als Mensch, als Christ - Selbstverwirklichung und Askese, in: GuL 54(1981) S. 338-352

Surkau, H.W., Armenpflege IV. Im Urchristentum, in: RGG[3] Bd. 1 Tübingen 1957 S. 619f.

Switek, G., Zeitgemäße Formen der Armut 3.2.6), in: Wulf/Bamberg/Schulz, Nachfolge als Zeichen, Würzburg 1978 S. 200-207

Synodentext (Beschluß der Gemeinsamen Synode der Bistümer in der Bundesrepublik Deutschland über die Orden und andere geistliche Gemeinschaften), in: Wulf/Bamberg/Schulz, Nachfolge als Zeichen, Würzburg 1978 S. 11-13.31-36.109-112.180-182.208-210.258-260.274-279.340

Tannehill, R.C., Die Jünger im Markusevangelium - die Funktion einer Erzählfigur, in: F.Hahn, Der Erzähler des Evangeliums. Methodische Neuansätze in der Markusforschung (SB 118/119) Stuttgart 1985

Thalhammer, D., Askese III, in: LThK[2] Bd.I Freiburg 1957 S. 932-937

Theißen, G., Soziologie der Jesusbewegung (TEH 194) München 1981[3]

ders., Wanderradikalismus. Literatursoziologische Aspekte der Überlieferung von Worten Jesu im Urchristentum, in: ders., Studien zur Soziologie des Urchristentums, Tübingen 1983 S. 79-105

ders., "Wir haben alles verlassen" (Mc. X,28). Nachfolge und soziale Entwurzelung in der jüdisch-palästinischen Gesellschaft des 1. Jahrhunderts n. Chr., in: ders., Studien zur Soziologie des Urchristentums, Tübingen 1983 S. 106-141

Thesson, P.E., III. Kapitel 16. Jahrhundert: Jesuiten, in: J. Zürcher, Die Gelübde im Ordensleben. Bd. 1 Der Gehorsam, Zürich-Köln 1956 S. 56-67

Thiele, F., Unser Tun und Lassen. Leitfaden evangelischer Ethik, Konstanz 1984

Thielicke, H., Autorität, in: RGG[3] Bd. 1 Tübingen 1957 S. 792-794
ders., Der Evangelische Glaube. Grundzüge der Dogmatik. Bd. 2 Gotteslehre und Christologie, Tübingen 1973; Bd. 3 Theologie des Geistes, Tübingen 1978
ders., Theologische Ethik Bd. 1 Prinzipienlehre. Dogmatische, philosophische und kontroverstheologische Grundlegung, Tübingen 1981[5]; Bd. II/1 Mensch und Welt, Tübingen 1965[3]
Thimme, H.; Ehe III. Im NT und im Urchristentum, in: EKL[2] Bd 1 Göttingen 1986 S. 998-1000
ders., Glaube und Werke im Leben der evangelischen Gemeinde, in: F.Vierig, Wege der Nachfolge, Göttingen 1962 S. 11-22
Thomas, K., Der Ökumenische St. Lukas-Orden (OSL), in: L. Präger, Frei für Gott und die Menschen S. 386-406
Thon, N., Mönch, Mönchtum C. Orthodoxes und orientalisches Mönchtum, in: V.Drehsen, Wörterbuch des Christentums, Gütersloh 1988 S. 831f.
Thurian, M., Ehe und Ehelosigkeit. Zwei Dienstordnungen christlichen Lebens (mit einem Nachwort von H.Gollwitzer), Gelnhausen.Berlin, o.J.
ders., Gemeinsam glauben - gemeinsam handeln. Ein ökumenischer Katechismus, Mainz. Gütersloh 1967
ders., La Communauté de Cluny, in: Verbum Caro 1960 S. 108ff
ders., Maria, Mutter des Herrn, Urbild der Kirche, Mainz 1983[3]
Tillard, J.M.R., Frei sein in Gott. Zur Praxis des Ordenslebens heute, Freiburg 1979
Tobien, M.K.M., Der St. Johannis-Konvent vom gemeinsamen Leben, in: L. Präger: Frei für Gott und die Menschen, Stuttgart 1959 S. 162-178
Toit, A.B.du, Freude I. Neues Testament, in: TRE Bd 11 Berlin 1983 S. 584-586
Trapp, G., Gedanken zur Psychologie des religiösen Gehorsams, in: GuL 29(1956) S. 36-39
Trémeau, M., Der gottgeweihte Zölibat. Wien/Freudendorf 1981
Trillhaas, W., Ethik, Berlin 1970[3]
Trilling, W., Zur Entstehung des Zwölferkreises. Eine geschichtskritische Überlegung, in: R.Schnackenburg/J.Erns/J.Wanke, Die Kirche des Anfangs (FS H.Schürmann), Freiburg 1978 S. 201-222
Troeltsch, E., Askese, in: K.S.Frank, Askese und Mönchtum in der Alten Kirche (WdF 309) Darmstadt 1975 S. 69-90
Truhlar, K.V., Der Laie und das Leben der Räte, in: G.Thils/ders., Laien und christliche Vollkommenheit, Freiburg 1966 S. 155-186
ders., Heiligkeit, in: HThT 3 Freiburg 1972 S. 246-251
ders., Laien und Gehorsam, in: G.Thils/ders., Laien und christliche Vollkommenheit, Freiburg 1966 S. 219-256
Trütsch, J., Glaube III. Systematisch, in: LThK[2] Bd. 4 Freiburg 1960 S. 920-925
Trzaskalik, F., 2 Katholizismus, in: H.Balz u.a., Besitz und Armut (Ethik der Religionen. Lehre und Leben Bd. 4) München 1986 S. 25-45
ders., 2 Katholizismus, in: M.Klöcker/U.Tworuschka, Sexualität (Ethik der Religionen - Lehre und Leben Bd. 1) München.Göttingen 1984 S. 35-64
Tschudy, J.M./Renner, F., Der heilige Benedikt und das benediktinische Mönchtum, St. Ottilien 1979
Tworuschka, U., Askese, in: TRT Bd. 1 Göttingen 1983[4] S.112-115
Überlegungen zu Kapitel 2: Zum Wort "Grundauftrag" - Was heißt: "Grundauftrag", in: Wulf/Bamberg/ Schulz, Nachfolge als Zeichen, Würzburg 1978 S. 36-41

Verhey, S., Armut, in: SM Bd. 1 Freiburg 1967 S. 342-351
Vielhauer, P. Gottesreich und Menschensohn in der Verkündigung Jesu, FS G.Dehn, Bonn 1957 S. 51-79 (=ders., Aufsätze zum Neuen Testament 1965 S. 55-91)

ders., Gottesreich und Menschensohn in der Verkündigung Jesu, in: ders., Aufsätze zum Neuen Testament (TB 31) München 1965 S. 55-91
ders., Johannes, der Täufer, in: RGG^3 Bd. 3 Tübingen 1959 S. 804-808
Viller, M./Rahner, K., Aszese und Mystik in der Väterzeit. Ein Abriß, Freiburg 1939
Vincent, J.J., Nachfolge, in: BhHW Bd. 2 S. 1272f.
Vögtle, A., Der Einzelne und die Gemeinschaft in der Stufenfolge der Christusoffenbarung, in: J.Daniélou/H.Vorgrimmler, Sentire Ecclesiam. Das Bewußtsein von der Kirche als gestaltender Kraft der Frömmigkeit, Freiburg 1961 S. 50-91
ders., Wunder, in LThK^2 Bd. 10 Freiburg 1965 S. 1955-1261
Volk, H., Freude, in: HthG Bd. 2 München 1974^2 S. 40-44
Völkl, R., Theologische Überlegungen zum Verhältnis von Kirche und Welt, in: H.Gehrig, Die evangelischen Räte in der heutigen Welt, o.J. S. 11-16
Volkmann, A., Die Evangelisch-ökumenische Johannesbruderschaft, in: L. Präger, Frei für Gott und die Menschen, Stuttgart 1959 S. 272-276
Vorgrimler, H., Buß-Sakrament, in: HthG Bd. 1 München 1973^2 S. 233-247
Vorländer, H., Vergebung, in: ThBNT II/2 Wuppertal 1971 S. 1263-1266
Voss, G., Der Weg zum Leben nach der Regel des heiligen Benedikt, in: G.Braulik, Herausforderung der Mönche, Freiburg 1979 S. 41-64
Vries, P.P.de, "Ehelos um des Himmelreiches willen", in: GuL 40 (1967) S. 410-422
Vriezen, T.C., Sünde und Schuld II. Im AT, in: RGG^3 Bd. 6 Tübingen 1962 S. 478-482

Waach, H., Religiöser Gehorsam - ein Zeitproblem, in: Jahrbuch für mystische Theologie 1959 II S. 141-154
Wagner, F., Berufung II. Neues Testament, in: TRE Bd. 5 Berlin 1980 S. 684-688
ders., Berufung III. Dogmatisch, in: TRE Bd. 5 Berlin 1980 S. 688-713
ders., Buße VI. Dogmatisch, in: TRE Bd 7 Berlin 1981 S. 473-487
Walter, N., Zur Analyse von Mc 10,17-31, in: ZNW 53(1962) S. 206-218
Walther, C., Gehorsam, in: TRE Bd. 12 Berlin 1984 S. 148-157
ders., Herrschaft Gottes/Reich Gottes VII. Systematisch-theologisch, in: TRE Bd. 15 Berlin 1986 S. 228-244
Waschelitz, U., Die Jesus-Bruderschaft, in: I. Reimer, Alternativ leben in verbindlicher Gemeinschaft, Stuttgart, 1979 S. 40-45
ders., Die Kommunität Imshausen, in: I. Reimer, Alternativ leben in verbindlicher Gemeinschaft, Stuttgart, 1979 S.46-52
Watson, D., Jüngerschaft, Hochheim 1986^2
Weber, H.O., Mönchtum, in: EKL^2 Bd. 2 Göttingen 1958 S. 1431-1440
Weber, L.M., Zölibat, in: SM Bd. 4 Freiburg 1969 S. 1440-1452 (=HThT Bd. 8 S. 234-243)
Weber, O., Der Heidelberger Katechismus, Hamburg 1963
ders., Grundlagen der Dogmatik, Neukirchen-Vluyn Bd. 1 (1972^4) Bd. 2 (1972^2)
Weder, H., Die Rede der Reden. Eine Auslegung der Bergpredigt heute, Zürich 1985
Wehowsky, S., Beruf, in: TRT Bd. 1 Göttingen 1983^4 S. 166f.
Welten, P., Buße II. Altes Testament, in: TRE Bd. 7 Berlin 1981 S. 433-439
Wendland, H.-D., Ethik des Neuen Testaments (NTD Ergänzungsreihe 4) Göttingen 1975^2
ders., Bruderschaften in Kirche und Welt, in: L. Präger, Frei für Gott und die Menschen, Stuttgart 1959 S. 13-31
Wenningmann, T., Armut und Reichtum im Gottesreich, in: WidZ 125(1984) S. 18-34
Weschke, E./Geppert, I., Die Gabriels-Gilde, in: L. Präger, Frei für Gott und die Menschen, Stuttgart 1959 S. 320-340
Westemeyer, D., Der Wille Gottes - Frömmigkeit und Theologie, in: Dienender Glaube 57(1981) S. 254-261
Wiebering, J., Handeln aus Glauben. Grundriß der theologischen Ethik, Berlin 1981
Wilckens, U., ὑστερέω, in: ThWNT Bd. 8 Stuttgart 1969 S. 594-596

Wingren, G., Luthers Lehre vom Beruf, München 1952
Wisse, S., Armut macht frei, in: Bruder Franz 28(1975) S. 143-148
Wohlemacher, W.B., Der evangelische Humiliaten-Orden, in, L. Präger, Frei für Gott und die Menschen, Stuttgart 1959 S. 217-231
Wölber, H.-O., Spiritualität - Das Gebet des Gerechtfertigten. in: L.Mohaupt, Modelle gelebten Glaubens, Hamburg 1976 S. 55-77
Wolf, E., Die Congregation Marien-Töchter CFM, in: L. Präger, Frei Für Gott und die Menschen Stuttgart 1959 S. 115-122
Wolff, H.W.: Das Thema "Umkehr" in der alttestamentlichen Prophetie, in: ders., Gesammelte Studien zum Alten Testament, TB 22 München 1964 S. 130-148
Wulf, F., Aszese, in: HthG Bd. I München 1973² S.136-145
ders., Aszese, in: HThT Bd 1, Freiburg 1972 S. 202-210
ders., Der biblische Sinn des "Rates" des Gehorsams, in: GuL 39(1966) S. 248-251
ders., Der christologische Aspekt des priesterlichen Zölibats, in: GuL 41(1968) S. 106-122
ders., Die Frage der Erneuerung und zeitgemäßen Anpassung der Orden einmal anders gesehen, in: GuL 34(1961) S. 374f.
ders., Die Orden auf der Suche nach ihrem Ort in Welt und Kirche von heute, in: Wulf/Bamberg/ Schulz, Nachfolge als Zeichen, Würzburg 1978 S. 324-339
ders., Evangelische Armut. Sinn und Verwirklichung heute, Freising 1973
ders., Gehorsam gegenüber Führung durch den Heiligen Geist, in: GuL 29(1956) S. 46-56
ders., Krise und Problematik des kirchlichen und religiösen Gehorsams heute, in: GuL 29(1956) S. 12-20
ders., Ordensreform. 20 Jahre nach dem II. Vatikanischen Konzil, in: GuL 59(1986) S. 358-371
ders., Um den Standort der Orden in Kirche und Welt, in: GuL 36(1963) S. 302-306
ders., Vom Geist der Armut, in: GuL 38(1965) S. 137ff.
ders., Was erwartet die Kirche von den kontemplativen Orden in unserer Zeit? in: W. Herbstrith, Orden als Lebensmodell, München 1983 S. 149-158
ders., Zur Anthropologie von Zölibat und Jungfräulichkeit, in: GuL 36(1963) S. 352-360
ders., Zur katholischen Beurteilung des Artikels 27 der CA aus heutiger Sicht, in: H.Meyer/H.Schütte, Confessio Augustana. Bekenntnis des einen Glaubens, Paderborn.Frankfurt 1980 S. 308-316
ders., Zur Theologie der christlichen Ehelosigkeit und Jungfräulichkeit in: GuL 36(1963) S. 341-352
ders./Bamberg C./Schulz A., Nachfolge als Zeichen, Würzburg 1978
Würthwein, E., μίσθος II. Der Vergeltungsglaube im Alten Testament, in: ThWNT Bd. 4 Stuttgart 1942 S. 710-718
ders., Die Bücher der Könige 1.Kön 17-2.Kön 25 (NTD 11,2) Göttingen 1984

Yarnold, E., Τέλειος in St. Matthew's Gospel, in: F.L.Cross, Studia Evangelica Vol IV Berlin 1968 S. 269-273

Zahrnt, H., Warum ich glaube. Meine Sache mit Gott, München 1977
Zeller, W., Askese, in: EKL² Bd. 1 Göttingen 1961 S. 228-230
ders., Die kirchengeschichtliche Sicht des Mönchtums im Protestantismus, insbesondere bei Gerhard Tersteegen, in: W. Herbstrith, Orden als Lebensmodell, München S. 203-222
Zenger, E., Herrschaft Gottes/Reich Gottes II. Altes Testament in: TRE Bd. 15 Berlin 1986 S. 176-189

Zillessen, D., 3 Protestantismus, in: M.Klöcker/U.Tworuschka, Sexualität (Ethik der Religionen - Lehre und Leben Bd. 1) München.Göttingen 1984 S. 65-118

Zimmerli, W., Die Frage des Reichen nach dem ewigen Leben, in: EvTh 19(1959) S. 90-97

Zimmermann, H., Christus nachfolgen. Eine Studie zu den Nachfolge-Worten der synoptischen Evangelien, in: ThG 53(1963) S. 241-255

Zulehner, P.M., Gottgeweiht. Zur Berufung der Orden in Gottes Kirche heute, in: ON 27(1988) S. 29-48

ders., Leibhaftig glauben, Freiburg 1983